改革开放以来广东
反腐倡廉史

中共广东省纪律检查委员会
广东省监察厅 编

SPM
南方出版传媒
广东人民出版社
·广州·

图书在版编目（CIP）数据

改革开放以来广东反腐倡廉史 / 中共广东省纪
律检查委员会，广东省监察厅编. —广州：广东人民出
版社，2017.2

ISBN 978-7-218-11679-2

Ⅰ.①改… Ⅱ.①中… ②广… Ⅲ.①中国共产党—
廉政建设—党史—广东—现代 Ⅳ.①D262.6

中国版本图书馆CIP数据核字（2017）第044931号

Gaige Kaifang Yilai Guangdong Fanfu Changlianshi

改革开放以来广东反腐倡廉史

中共广东省纪律检查委员会 广东省监察厅 编　　　版权所有 翻印必究

出 版 人：肖风华

责任编辑：王 宁 施 勇 杨 珠
装帧设计：友间文化
责任技编：周 杰 吴彦斌

出版发行：广东人民出版社
地　　址：广州市大沙头四马路10号（邮政编码：510102）
电　　话：（020）83798714（总编室）
传　　真：（020）83780199
网　　址：http://www.gdpph.com
印　　刷：广州家联印刷有限公司
开　　本：787mm×1092mm　1/16
印　　张：36.75　彩插：4　字　数：530千
版　　次：2017年4月第1版　2017年4月第1次印刷
定　　价：65.00元

如发现印装质量问题，影响阅读，请与出版社（020-83791686）联系调换。

售书热线：（020）83780517　83795240

深入推进党风廉政建设和反腐败斗争，需要坚持发扬我们党在反腐倡廉建设长期实践中积累的成功经验，需要积极借鉴世界各国反腐倡廉的有益做法，也需要积极借鉴我国历史上反腐倡廉的宝贵遗产。研究我国反腐倡廉历史，了解我国古代廉政文化，考察我国历史上反腐倡廉的成败得失，可以给人以深刻启迪，有利于我们运用历史智慧推进反腐倡廉建设。

——2013年4月19日习近平总书记在中共中央政治局
第五次集体学习会上的讲话

　　1992年初，邓小平同志南方视察期间讲话指出，在整个改革开放过程中都要坚持四项基本原则，反对资产阶级自由化，反对腐败，防止帝国主义搞和平演变；要坚持两手抓，一手抓改革开放，一手抓打击各种犯罪活动，这两只手都要硬。图为小平同志在深圳视察，时任广东省委书记谢非陪同。

　　1994年10月，时任中共中央政治局委员、中央纪委书记尉建行（右二）在时任中共广东省委副书记张帼英（左二）、省纪委副书记康乐书（左三）陪同下在广东检查工作。

2005年5月，时任中共中央政治局常委、中央纪委书记吴官正（前左一）在时任中央政治局委员、广东省委书记张德江（前左二）陪同下视察东莞市长安镇。

2008年11月14日，时任中央政治局常委、中央纪委书记贺国强（中）在时任中央纪委副书记黄树贤（右二）陪同下到广东省纪委省监察厅看望纪检监察干部。

成立于1925年的中共广东区委监察委员会旧址位于广州市越秀区文明路75号-81号（2003年改为194号-200号）。

省纪委原办公所在地——省委大院四号楼（三楼）。

省纪委现办公所在地——省委大院二号楼（2006年12月启用）。

本书编辑委员会

前　言

改革开放30多年来，广东的反腐倡廉建设始终坚持围绕中心、服务大局、求真务实、探索创新，保障了广东改革发展各项事业的健康发展，在探索社会主义市场经济条件下反腐倡廉建设的规律方面，做了大量卓有成效的工作，积累了比较丰富的经验。历史是最好的教科书和营养剂，为系统回顾改革开放以来广东反腐倡廉的历程，认真总结历史规律和工作规律，发挥"存史、资政、警世、育人"的作用，2014年6月，十一届广东省纪委常委会作出部署，组织编写一部改革开放以来广东反腐倡廉建设的历史。这也是全省广大纪检监察干部的共同心愿。按照省纪委常委会的部署，省纪委联合省委党史研究室，组织有关专家学者和骨干力量，组成史书编写小组，全面广泛地搜集、查核史料，走访历史见证人，分析梳理历史脉络，历时两年多，终于形成了这部《改革开放以来广东反腐倡廉史》。

本书记述的是从1978年12月党的十一届三中全会召开到2016年广东反腐倡廉建设的历史，比较全面地展现了改革开放以来广东党风廉政建设和反腐败工作的基本脉络和走向，客观反映了党风廉政建设和反腐败工作为广东经济社会发展提供有力保证的工作历程。

党的十八大以来，以习近平同志为核心的党中央把全面从严治党纳入战略布局，提出了一系列新理念新思想新战略，作出一系列新部署，采取一系列新举措，全面从严治党取得显著成效，开创了全新局面。党的纪律建设全面加强，腐败蔓延势头得到有效遏制，反腐败形成了压倒性态势。2016年10月召开的党的十八届六中全会，明确了习近平总书记在党中央和全党的核心地位，对全面从严治党作出了全面部署。全面从严治党永远在路上。不忘初心，方得始终；镜鉴历史，昭示未来。站在新的历史起点上，面对全面从严治党的新形势新任务新要求，我们既感到肩上沉甸甸的责任与使命，同时又信心百倍、斗志昂扬。深入推进党风廉政建设和反腐败斗争，党中央和省委旗帜鲜明、态度坚决，领导坚强有力是根本保障；全省上下齐心协力、干部群众积极参与是动力源泉；坚持标本兼治，把纪律和规矩挺在前面，抓早抓小是基本策略。我们坚信，只要我们坚持用习近平总书记系列重要讲话精神武装头脑、指导实践，牢固树立政治意识、大局意识、核心意识、看齐意识，全面贯彻落实党中央和省委的决策部署，始终坚持改革创新、开拓进取，就一定能把党风廉政建设和反腐败斗争不断引向深入，形成不敢腐、不能腐、不想腐的有效机制，为全省经济社会持续健康发展提供坚强保障。

目　录

第一编

纪检监察机关恢复重建和
改革开放初期的党风廉政建设

（1978—1992）

第二编

社会主义市场经济体制条件下
反腐倡廉建设的探索

（1993—2002）

第三编

新世纪新阶段的反腐倡廉建设

（2003—2012）

第四编

党的十八大以来的党风廉政建设和反腐败斗争

（2013—2016）

绪 论

从建党到改革开放前
广东反腐倡廉建设的回顾

中国共产党的产生，是开天辟地的大事变。党自成立之日起，就坚持马克思主义的立党思想，高度重视党内监督和党的纪律工作。习近平总书记深刻指出，"95年来，中国共产党之所以能够完成近代以来各种政治力量不可能完成的艰巨任务，就在于始终把马克思主义这一科学理论作为自己的行动指南，并坚持在实践中不断丰富和发展马克思主义"。① 党的一大通过的党的纲领明确规定了党的性质、宗旨和必须遵守的纪律，规定党的地方执行委员会的财政、活动和政策，必须受中央执行委员会的监督；党员如果不是由于法律的迫使和没有得到党的特别允许，不能担任政府委员或国会议员，士兵、警察和职员不在此例。1922年7月党的二大通过的党的章程专章规定党的纪律，提出了政治纪律、组织纪律和保密纪律的基本要求，强调了民主集中制原则，规定党员违犯党的纪律在6种情形下必须予以开除。② 党的三大、四大通过的党章修正案，都专章规定了党的纪律。

一、成立初期和大革命时期

1924年1月国民党一大召开，决定实行国共合作，大革命风暴在南粤

---

① 人民出版社：《在庆祝中国共产党成立95周年大会上的讲话》（单行本）第8页。

② 这6种情形包括：言论行动有违背本党宣言章程及大会各执行委员会之决议案，无故联续二次不到会，欠缴党费三个月，无故联续四个星期不为本党服务，经中央执行委员会命令其停止出席留党察看期满而不改悟，泄漏本党秘密。

掀起。由此至1927年夏，党在广东迅速发展、大力推进国民革命，这一阶段是广东党史上十分重要的一个时期。1924年1月，在广州成立广州地委，10月改名为广东区委，由周恩来任委员长，后陈延年任书记，辖两广、福建等地的党组织，1926年初扩展到福建南部、云南、贵州以及南洋一带。

　　广东党组织为党的纪律检查工作做出了重要探索。建党初期，党组织先后于1923年、1924年将固执己见、不遵守党的纪律的陈公博、周佛海等人开除出党。[①] 广东区委是当时党员人数最多的地方党组织，区委领导人周恩来、陈延年等，是旅欧回国的党内精英，[②] 对国外政党及政府设立监察机构的做法较为熟悉，加上帮助国民党进行改组，借鉴国民党内部设置监督机构的做法，于1925年2月至6月间，成立了中共广东区委监察委员会，书记林伟民，副书记杨匏安。据考证，广东区委监委是党的第一个地方纪律检查机构，也是党的最早的纪律检查机构。据曾任广东区委秘书长的赖玉润（又名赖先声）1964年回忆称："1924年秋延年同志奉派来广州负责广东区党委书记，开始建立区党委的组织规模。并择定文明路75号楼上（原系中华全国总工会办事处）为区党委办公处。区团委亦附设在那里，这是广东党开始发展时期。""区监委是林伟民、杨殷、梁桂华等。其他候补委员已记不起。"广东区委监察委员会的工作实践，对探索和开展党内监督提供了最早的经验，为后来党的五大选举产生中央监察委员会起了很重要的先行探索作用。

----

　　① 陈公博和周佛海都是党的一大代表，两人后来都追随汪精卫叛国投敌，陈公博1946年4月被国民党南京高等法院以"通谋敌国、图谋反抗本国"罪判处死刑，6月3日被执行枪决。周佛海1946年11月被国民党南京高等法院以"通谋敌国、图谋反抗本国"罪判处死刑，第二年改判无期徒刑，1948年因病死于狱中。

　　② 陈延年（1898—1927），又名遐延，安徽怀宁（今安庆市）人，陈独秀长子。中共早期领导人之一，为中国解放革命事业做出过巨大贡献。1922年6月，与赵世炎、周恩来一起创建旅欧共产主义组织——中国少年共产党，并担任宣传部长。同年秋，加入法国共产党。不久，经中共中央正式承认为中国共产党党员。1924年10月任中共广东区委书记，1927年任中共江浙区委书记，被选为中共第五届中央委员和政治局候补委员，不久，任中共江苏省委书记。6月26日于上海被捕入狱，7月4日英勇就义。2009年9月，陈延年被中央宣传部、中央组织部等11个部门评选为"100位为新中国成立作出突出贡献的英雄模范人物"。

在大革命高潮中，党的队伍迅速扩张，党的内部混入了一些投机腐败分子，出现贪污行为和个人生活腐化的倾向。1926年8月，中央颁布了第一个惩治贪污腐败的文件——《关于坚决清洗贪污腐化分子的通告》，分析了一年以来革命形势的发展和党内混进许多"投机腐败的坏分子"的严重问题，指出这些人"不特丧失革命者的道德，且亦为普通社会道德所不容"，告诫全党，"一个革命的党若是容留这些分子在内，必定会使他的党陷于腐化，不仅不能执行革命的工作，且将为群众所厌弃"。《通告》要求各级党部"迅速审查所属同志，如有此类行为者，务须不容情的洗刷出党，不可令留存党中，使党腐化，且败坏党在群众中的威望"。① 之后，各地各级党组织开展了党内审查，将一部分贪污腐化分子清理出党组织。这一时期虽然党一再强调纪律，但是没有设置专门的纪律检查机构，对党组织和党员的纪律检查和处分是由中央执行委员会和地方各级党部执行的。

1927年"四一二"反革命政变后，中央决定尽快召开党的全国代表大会。1927年4月27日至5月9日，党的五大在武汉举行。到五大召开的时候，党自身的规模和党员结构已经发生了重大变化。时任中央总书记陈独秀在党的五大的报告讲到党内情况时说，经过党的四大以来不到两年的发展，全党党员已由不足1000人增加到57967人，中央直接领导的省级组织党的区委有8个，地委6个；党领导下的革命群团，有工会会员280万人，农会会员972万人，共青团员35000人，学联组织将近420个。从一定意义上说，党已经成为群众性的党。但是，在这个阶段，党的领导事实上存在着上海、广州和北京3个中心，中央的集体领导和中央对地方的指导，都比较薄弱。同时，在蒋介石"四一二"反革命政变前后，党内确实也有一些人丧失斗志，理想动摇甚至叛变，所以，加强党的纪律建设、纯洁党的队伍显得更加迫切和突出。陈独秀在党的五大的报告中指出，"我们党目前还不是一个完善组织的党，而是各个共产主义者的小组"，因此，"在组织工作方面，最重要的是使中央成为强有力的中央"，为适应革命形势的发展，保证党员队伍的纯洁性，严肃党的纪律，加强党风建设，大会决定中

---

① 该《通告》还要求各级党部"立即执行，并将结果具报中局"。

央领导机构改为中国共产党中央委员会,中央委员会设政治局;把民主集中制确立为党的指导原则,强调党的各级组织都要实行集体领导。党的五大还选举产生了中央监察委员会(即中央纪委的前身),这是党的历史上第一次成立中央一级专门的纪律检查机构。中央监察委员会由10人组成,7位正式委员,3位候补委员,担任中央监察委员会主席的王荷波,是中国工人运动先驱和党的早期领导人之一,有着丰富的革命经验。中央监察委员会10名委员分别来自上海、广东、湖北、湖南、江西和北方区委,有6人为工人运动领导人,4人为先进知识分子。1927年6月1日,中央政治局通过了《中国共产党第三次修正章程决案》,其中第八章专门就监察委员会做出规定,指出"为巩固党的一致及威权起见,在全国代表大会及省代表大会选举中央及省监察委员会";"中央及省监察委员,不得以中央委员及省委员兼任";"中央及省监察委员,得参加中央及省委员会议,但只有发言权无表决权。遇必要时,得参加相当的党部之各种会议";"中央及省委员会,不得取消中央及省监察委员会之决议,但中央及省监察委员会之决议,必须得中央及省委员会之同意,方能生效与执行。遇中央或省监察委员会与中央或省委员会意见不同时,则移交至中央或省监察委员会与中央或省委员会联席会议,如联席会议再不能解决时,则移交省及全国代表大会或移交于高级监察委员会解决之。"这是中央第一次对纪律检查机构的设立做出制度规定。从这次党章修正案可以看出,中央监委和省级监委属于领导机构,而不是一般的工作部门,具有党的工作部门无法比拟的权威性;党的监委与党的委员会具有一定的相互制约性,并且,高级监委具有较高的权力。

党的五大之后通过的《中国共产党第三次修正章程决案》,对党的纪律以及中央监委的职责、工作做了虽然简单但是非常重要的规定,比如,新的章程第一次明确写进了民主集中制的要求,对党的集体领导提出了要求,而且规定了党的纪律,尤其是政治纪律,包括对违反纪律的具体情形如何处理。新的章程还规定,中央和省级监委委员,不得由中央委员和省委委员兼任,监委委员可以列席同级党的会议,但是只有发言权没有表决权,也就是说可以列席,而且可以进行监督。党的五大决定成立的监察委员会和后来通过的章程修正案,标志着党的纪律检查制度的初步创立,为后来党的纪检工作的发展奠定了基础。第一届中央监委的成员,参与监委工作的时间不算很长,并且随后不久很多人都牺牲了。[①]但是,他们做了很多工作包括处理了一些案件等,发挥了重要的作用,最重要的是,他们开创了党的纪律检查制度的历史。在这一历史过程中,广东党组织的监委做了大量工作。

二、土地革命时期

土地革命时期,中央和各个农村革命根据地党组织在开展激烈军事斗争的同时,十分重视防止党内消极腐化现象。1931年2月19日,中央在给赣东北特委的指示信中特别指出,"苏维埃政府中的腐化现象,也是很严重的问题。党必须提高党员遵守纪律的自觉性。党员在政府中的行动与工作,要比一般非党员来得更艰苦更勤劳,才更能为一般群众的表率"。"东北党要坚决执行改造党的任务,要从下而上的实行改造,要将一切腐化分子富农分子立即开除出党"。1931年11月7日,中华苏维埃共和国临时中央政府在江西瑞金成立。中央革命根据地和红军实力不断增长和扩大,贪污浪费、以权谋私、生活腐化等腐败现象也时有出现,虽然为数极少,但造成的不良影响和危害却很大。因此,反对贪污浪费、消极腐化被提上了临时中央政府的议事日程。

苏维埃政府十分重视依靠群众的力量克服不廉洁行为。1932年3月初,临时中央政府副主席项英在《红色中华》上发表题为《反对浪费,严惩贪污》的文章指出,"吞没公款、营私舞弊等贪污行为,简直是反革命。"文章号召工农群众检举揭发,把各级政府中的贪污分子驱逐出苏维埃。1932年12月1日,中央工农检察人民委员部颁布第2号训令——《关于检查苏维埃政府机关和地方武装中的阶级异己分子及贪污腐化动摇消极分子问题》,要求各地对"阶级异己分子,和官僚腐化动摇消极的分子,要来一个大的检举运动,洗刷他们出苏维埃政府机关及地方武装中去"。"各级工农检察部组织临时检举委员会,以工农检察部部长任委员

---

① 这10个人当中,有8个人先后牺牲。副书记杨匏安曾在国民党高层工作,1931年被叛徒出卖入狱,牺牲以后连尸骨都没有找到。

会主席。"1933年1月,《红色中华》专门出版了《检举运动专号》,推动反贪污浪费运动进一步深入。

随着反贪污浪费斗争的深入,一些贪污浪费的案件被揭露出来。为了严惩贪污浪费行为,1933年12月15日,中央执行委员会下发了由主席毛泽东和副主席项英、张国焘签发的《关于惩治贪污浪费行为》的第26号训令。这是党成立以来颁布的第一个反腐败法令。第26号训令规定了非常严厉的惩罚标准:凡苏维埃机关,国营企业及公共团体的工作人员利用自己地位贪没公款以图私利者,依下列各项办理之:(甲)贪污公款在五百元以上者,处以死刑;(乙)贪污公款在三百元以上五百元以下者,处以二年以上五年以下的监禁;(丙)贪污公款在一百元以上三百元以下者,处以半年以上二年以下的监禁;(丁)贪污公款在一百元以下者,处以半年以下的强迫劳动。与此同时,对上述犯罪者还得没收其本人家产之全部或一部,并追回其贪没之公款;对挪用公款为私人营利者以贪污论罪;对于玩忽职守而浪费公款,致使国家受到损失者,依其浪费程度处以警告、撤销职务以至一个月以上三年以下监禁。根据这一训令,一些重大贪污犯被判处死刑,比如,瑞金县财政部会计科长唐红达侵吞公款、公债、谷票、公物折计大洋2000元;苏维埃大会工程所主任左祥云勾结反动分子贪污公款246.7元,并盗窃机密,私偷公章,企图叛逃;于都县军事部长刘仕祥贪污公款200余元,并挪用公款做生意,向总供给部报假账。3人经公审后均被判处死刑。在政策和法令威慑下,一些有贪污行为的人纷纷投案自首。在萍乡、上饶等地区出现了父亲检举儿子、妻子动员丈夫去坦白的事例。当时17个中央级的群众团体共检举出从厅长到科员43人,查出贪污款项计大洋2053元、棉花270斤、金戒指4枚。中央政府各部共处理64人。各地区同时开展了检举、审查贪污浪费的运动。通过反腐败斗争的洗礼,中央苏区的广大党员干部都自觉地置身于人民监督之下,"艰苦朴素、廉洁奉公、任劳任怨、公而忘私"的精神,在中央苏区蔚然成风。

三、延安时期

延安时期,尤其是随着抗战的到来、边区改制、抗日民族统一战线的形成,统一战线的复杂构成、国民党溶共政策的推行、新党员教育与训练的缺乏及边区相对和平安逸环境的出现等,都给我们党带来了严峻考验。为应对这些考验,维护党的清正廉洁的形象和革命斗争精神,确保党的战斗力,党中央高度重视党的作风和纪律建设。其中,历时3年多的延安整风运动,是党的历史上第一次大规模的整风运动。毛泽东同志于1941年5月和1942年2月,分别做了《改造我们的学习》《整顿党的作风》和《反对党八股》的报告,号召全党反对主观主义以整顿学风、反对宗派主义以整顿党风、反对党八股以整顿文风。同年6月,中央宣传部发出《关于在全党进行整顿三风学习运动的指示》,开启了以"惩前毖后,治病救人"为宗旨的全党范围的整风运动。整风运动从1942年2月开始至1945年春季结束,共计3年多时间。1945年4月,党的六届七中全会通过了《关于若干历史问题的决议》,对大革命失败后党内重大历史问题做出了系统总结。通过整风运动,提高了党员的马列主义理论水平,全党达到空前的团结和统一,为夺取抗日战争和民主革命的胜利奠定了思想基础。

这个时期,党的纪律建设也积累了比较丰富的经验。1937年11月,毛泽东同志在延安中国共产党的活动分子会议上强调,要防止国民党对共产党干部所施行的升官发财酒色逸乐的引诱,要求全党对这种情况保持高度的阶级警惕性。1938年秋,党的六届六中全会在充分讨论的基础上,总结王明和张国焘违反党的纪律的教训,通过了《关于中央委员会工作规则与纪律的决定》和《关于各级党部工作规则与纪律的决定》,重申了党的纪律,强调全党同志必须坚持"四个服从"的民主集中制原则,不得发表与中央委员会决定相违反的意见,亦不得有任何相违反的行动。1939年8月25日,中央政治局通过的《关于巩固党的决定》总结了自抗战以来党的队伍扩大的成效和存在的问题,强调"在思想上政治上组织上巩固党,成为今天极端重要的任务,成为完成党的政治任务的决定因素";必须加强党内教育,加强对各级干部的教育工作;必须在党内开展正确的思想斗争,必须提高党的纪律和加强党的团结。1941年7月1日,中央通过的《关于增强党性的决定》,深刻分析了由于环境和党员成分复杂等因素导致的党内违反党性的各种现象,提出通过在党内更加强调全党的统一性、集中性和服从中央领导的重要性,严格检查一切决议决定之执行，及时发现和纠正错误，在全党加强纪律教育，用自我批评的武器和加强学习的方法改造自己，从中央委员以至每个党部的负责领导者都必须参加支部组织、过一定的党的组织生活等六个方面的措施，把党进一步建设成为"思想上、政治上、组织上完全巩固的布尔塞维克的党"，以担负起伟大而艰难的革命事业。自此以后，增强党性锻炼成为党的建设的重要内容。1944年，毛泽东号召全体党员干部，认真学习郭沫若的《甲申三百年祭》，[①]吸取李自成农民起义军推翻明王朝后权力阶层发生腐败而导致失败的惨痛历史教训，警醒起来。1945年6月，党的七大通过党章规定：党的各级领导机关，必须遵照党内民主的原则进行工作，才能发扬党员的革命积极性、创造性与巩固党的纪律，并使这种纪律成为自觉的而不是机械的纪律。

中央通过严肃处理不合格党员，坚决维护党的纪律的刚性。1939年开除刘力功党籍是比较典型的案例。刘力功1938年加入共产党，抗大毕业后进入党的训练班学习。毕业时，党组织根据他的学习表现，考虑到他是没有工作经验的新党员，决定让他到华北基层去锻炼。但刘力功坚持要进马列学院或回原籍工作。为了教育他，党组织与他先后进行了7次谈话。最后，党组织给他时间反省错误，但几天后，刘力功声明愿意去华北，条件是一定要到八路军总司令部工作，党组织不同意，他就干脆拒绝执行党的决定。中央党务委员会从维护党的纪律出发，认为应该开除他的党籍，中央组织部研究决定开除刘力功党籍，并公布全党。时任中央组织部部长的陈云发表署名文章《为什么要开除刘力功的党籍》，剖析了这一事例，强调了严格遵守党的纪律，特别是组织纪律的极端重要性，指出"中国革命是长期艰苦的事业，共产党及其党员没有意志行动的统一，没有百折不回的坚持性和铁的纪律，就不能胜利。"强调"一个共产党员在党分配工作时只有说明自己意见的权利，只有在党决定以后无条件地执行决议的义务"，"除此之外，决不能增加一点权利，也决不能附加一

---

① 该文于1944年3月19日在重庆《新华日报》上首次发表。文章发表后受到毛泽东和中央的重视，毛泽东批示将《甲申三百年祭》作为中央整风的文件之一。该文在延安和各解放区多次印成单行本，产生了很大的影响。

个条件"，"只有使全体党员自觉地遵守纪律，纪律才能成为铁的、不可动摇的、有效的东西。"①

当时，从党的领袖、边区政府主席，到整个边区的党组织、政府、党员、公务人员都自觉执行党的纪律和边区法律，不搞特殊、不谋特权。毛泽东等中央领导同志和士兵吃一样的伙食，穿一样的衣服，亲自开荒、种地、修渠，带头参加生产劳动。周恩来和任弼时被评为纺线能手，朱德不但把自己骑的马让出搞运输，还时常背上粪筐拾粪积肥。边区政府主席林伯渠常常深入基层，每到一地都手持拐杖，走家串户，了解群众疾苦。习仲勋在环县工作时，有一位群众看到他衣衫单薄，两次欲将自己的一件皮大衣送给他，他都坚持不收，一次群众想给他做点羊肉荞面吃，他也坚决不同意。正是由于党的高级领导干部率先垂范，带动整个党和公务人员队伍廉洁勤政、一心为公，使我们党赢得了边区人民的信任和支持。1940年2月，毛泽东评价陕甘宁边区政府："边区是全国最进步的地方，这里是民主的抗日根据地。这里一没有贪官污吏，二没有土豪劣绅，三没有赌博，四没有娼妓，五没有小老婆，六没有叫化子，七没有结党营私之徒，八没有萎靡不振之风，九没有人吃磨蹭饭，十没有人发国难财。"这十个"没有"是对边区廉洁风气的系统归纳和高度概括。

在政权建设和法制建设方面，陕甘宁边区和各个敌后抗日根据地做了大量探索，确保了边区政权的巩固和政治的清明。

在政权组织形式上，我们党探索了民主监督的特殊形式——"三三制"民主政治。我们党严格执行关于"三三制"的规定，在第二届政府委员构成上共产党员超过1/3，徐特立当即声明退出。同时，党在抗战期间发布的一系列指示，都阐明党关于根据地建设的政策，强调共产党员在政府工作中的领导地位和优势要靠政策的正确、党员的模范作用和人民的拥护来实现；在政权建设中要不断健全民主制度，党员同党外人士实行民主合作。比如，让党外民主人士李鼎铭副主席有职有权，切实发挥作用。边区政府还建立了财务制度、审计制度、工作检查制度，实行政务公开和督查专员制度，随时接受群众的监督和检查。可以说，党外合作的形

---

① 本文原载1939年5月23日的中国共产党中央委员会机关刊物《解放》第七十三期。

式客观上起到了纪律建党的作用；民主监督的加强，增强了纪律执行的刚性，纯洁了干部队伍。

在反腐倡廉法规制度建设方面，边区政府也很有作为。1938年8月，陕甘宁边区政府颁布的《惩治贪污暂行条例（草案）》（1939年正式修订公布），是党的历史上第一部反腐败法规，规定了克扣或截留、盗窃、侵吞、强占、浪费公共财物、挪用公款、虚报账目、营私舞弊、敲诈勒索收受贿赂、违法收募捐税等10种行为，皆按贪污论罪，并且规定"共产党员有犯法者从重治罪"。1939年，陕甘宁边区政府制定《惩治贪污条例》，要求所有政府工作人员廉洁自律，奉公守法；重申检举贪污者奖励，徇私枉法者严处。同年4月，又公布了《陕甘宁边区抗战时期施政纲领》，其中第11条明确规定："发扬艰苦作风，厉行廉洁政治，肃清贪污腐化，铲除鸦片赌博。"陕甘宁边区政府对公务人员的工作先后制定和颁布了许多细则。① 例如《政纪总则草案》《政务人员交代条例》《各级政府干部任免暂行条例草案》和《政务人员公约》等制度规范，要求各级干部"要知法守法，不滥用职权，不假公济私，不要私情，不贪污，不受贿，不赌博，不腐化，不堕落"。上级对下级的监督是"两三个月一次小检查、一年一次大检查"。下级对上级的汇报机制是"一月不报告工作，批评；两月不报告工作，记过；三月不报告工作，撤职"。

毛泽东同志要求陕甘宁边区在政府中工作的党员成为"应该十分廉洁，不用私人，多做工作，少取报酬的模范"。对于1941年5月的《陕甘宁边区施政纲领》，他亲自修改。1943年4月，陕甘宁边区政府公布《陕甘宁边区各政府干部奖惩暂行条例》，对贪赃枉法、腐化堕落、假公济私、包庇蒙蔽者，给以下列惩戒：撤职查办或向法院提起公诉；撤职；撤职留任；记过；警告或申诉。任弼时同志明确要求："对那些消极怠工，不负责任，贪污腐化，脱离群众的干部，必须加以处罚。"② 陕甘宁边区政府严

---

① 延安干部学院编写的《中国的希望在延安》一书对这个时期边区政府制定的廉政建设相关制度做了比较系统、详细的介绍。比如，公务员的伙食费、办公费、被服费都有严格的标准，伙食费细致到每人每月多少柴、肉、油、盐。

② 任弼时同志当时是中央组织委员会委员，负责陕甘宁和晋西北的工作。

格执行条例，对认真执行施政纲要和有关政策法规者，特别是工作勤勤恳恳，埋头苦干，不怕流血牺牲者及时给予表彰；对违反政策法规，腐化堕落的分子及时予以处罚。

陕甘宁边区和各抗日根据地严格执行相关法律法规，严厉惩处了一批害群之马。1939年至1940年，边区政府先后查处乡级干部贪污分子150名，区级以上的27名，罪大恶极者绳之以法。1942年又查处了180多名贪污腐败分子。盐池县县长曹某，贪污两起破获赌博案的罚款，共159元，1938年2月被发现，边区政府当即予以撤职法办。安塞县第四、第六两区区长贪污被没收的烟土被撤职严办，分别被判处两年、三年徒刑。华池县第五区区委书记崔某，贪污100元，被送上法庭。据《陕甘宁边区政府指令》记载：甘泉县某县长因挪用公款边币220元，边区政府发觉以后，发出指令"严令交还，以重公款而正吏治"。边区税务局总务科长冯某渎职贪污并私藏烟土，边区政府立即发出指令"税务总局冯某渎职、贪污、私藏烟土、陷害同志等不一而足，可谓罪大恶极，如政府机关藏此败类，贻害匪浅，税局将该犯送交法院甚为妥当"。所有贪污分子都要受到严厉惩处，其党龄、地位、功劳和职务都不能作为赦罪、逃避惩罚的借口。当时边区有一个叫肖玉璧的税务所长，1933年参加革命，是个劳苦功高、身上有90多处伤疤的老红军。为给其治病，毛泽东在供给上给他以特别关照，把自己的牛奶特供证给他，保证其营养。但他功高自傲，无视法纪，公然贪污大洋3000多元，甚至和国民党军队做私人生意，导致边区重要物资流出。经核实后，被边区高等法院依法判处死刑。肖玉璧写信向毛泽东求救，毛泽东告诉边区政府主席林伯渠："我完全拥护法院判决。"1942年1月5日的《解放日报》专门发表了题为《从肖玉璧之死说起》的社论，社论说："我们要严重的注意！注意每一个反贪污的斗争，抓紧揭发每一个贪污事件，我们要做到在'廉洁治政'的地面上，不容许有一个'肖玉璧'式的莠草生长！有了，就拔掉它！"边区政府在惩治贪污上的坚定决心和坚决态度，教育和警示广大党员和干部时刻遵纪守法，不敢越雷池一步。

抗日战争期间，广东省委东南特委领导琼崖纵队、东江纵队等在内的抗日游击队开展敌后游击战争。广东地区各党组织虽然远在华南，同样高度重视纪律建设。抗战初期，琼崖特委传达了党中央关于做好三十多万少数民族工作、创建五指山根据地的指示，琼崖纵队广大指战员发扬"拥政爱民"的光荣传统，做了大量艰苦的工作，部队严格遵守纪律，对群众秋毫无犯，尊重民族风俗，取得了黎族苗族同胞的信任和支持。在五指山黎族苗族同胞的大力支持下，实现了"琼崖革命武装斗争二十三年红旗不倒"。在1942年开始的整风运动中，琼崖特委于4月13日决定整顿三风，并指出在整风中必须注意的一些问题，其中之一是"强调党员的廉洁，反对贪污腐化"。广东人民抗日游击队第三大队在大岭山建设抗日根据地期间，同样严格遵守党的纪律，大队长曾生率先垂范，游击队战士不拿群众一针一线，获得了当地百姓的热情支援。队伍不断发展壮大，于1943年成立了东江纵队，成为党的开辟华南敌后战场、坚持华南抗战的主力部队之一。1944年2月，东江纵队政治部颁布《广东人民抗日游击队东江纵队队员服役抚恤奖惩暂行条例》，其中第11条规定，"凡违犯我队政治纪律与军事纪律者，按情节之轻重，分别给予劳役、禁闭、撤职、降级、开除队籍，以至枪毙的惩罚。"1945年，针对少数违反队规的现象，东江纵队发布第五号通告，通告称，"查最近不少歹徒假冒本队名义强迫殷富借钱借枪，间亦有本队人员违反队规，乱作胡为，此种情形不独破坏本队信誉，且足以破坏军民团结，扰乱地方秩序。妨害抗战大业，本队必严予究办和取缔，嗣后凡本队人员在外一切筹借事宜，如无支队以上机关印信为凭，概属无效。"东江纵队以其严明的纪律，艰苦的风范而蜚声海内外。东江纵队成立四十周年时，1945年，朱德同志在"七大"军事报告《论解放区战场》中将东江纵队与琼崖纵队和八路军、新四军并称为"中国抗战的中流砥柱"。王震同志曾为东江纵队题词，"南粤先锋，海外蜚声，艰苦风范，永继永存"。美国的《美亚杂志》评价东江纵队"纪律良好，经验丰富，获得地方居民及国外爱国团体支持的一支很强的军队"，"对于盟军将来在华南沿海作战具有极大的重要性"。①

进入解放战争时期，广东党组织还处在地下工作状态，但仍然注意

---

① 东江纵队组成人员中知识分子多，港澳同胞多，归国华侨多，并且其活动范围包括香港，所以在海外有较高的知名度。

查整腐败问题。1948年2月,香港分局根据中央的指示,开展"三查三整"运动。香港分局从本地实际出发,把"三查三整"的主要内容定为:查成绩,查立场,查生活,整非群众观点,整自由主义,整小圈子作风。后来又改为:查立场,查工作,查生活,整自由主义,整享乐腐化,整好高骛远、标新立异。广东党组织把查生活、整享乐腐化作为一项重要工作来抓,惩治了一些消极腐败问题。在广东解放的过程中,香港分局(华南分局)在各地放手发展游击战争的同时,在各游击根据地内积极开展经济建设。1949年7月8日,经中央批准,华南分局设立南方人民银行总管理处,发行人民币,发放工业、农业、商业贷款。为此,华南分局制定了严格的财经纪律,禁止各部队和各机关干涉银行的行政与业务,禁止各部队和各机关从事经商活动,其所持有的金银、外币不得向市场直接抛售,应一律依照牌价售给银行。并建立新的会计制度,内部相互监督制度和群众检举方法,明定奖惩办法,对违反纪律者,根据情节轻重,分别给予批评、警告、记过乃至枪决的处分,其直属主管因为监督不周,要负连带责任,同样受处分。1949年8月,以叶剑英为第一书记的新的华南分局成立后,在开展军事行动的同时,同样高度重视党员干部的作风建设。叶剑英在9月下旬召开的华南分局高级干部会议上强调指出,"每一个党员都必须认真学习党的七届二中全会精神,继续保持谦虚谨慎、不骄不躁的艰苦奋斗的作风,反对骄傲自满情绪、以功臣自居情绪和停顿起来不求进步的情绪,反对贪图享乐的腐化生活"。

四、新中国成立以后

新中国成立后,党成为在全国范围内执政的党,尽管面临百废待兴的局面,中央和各级党组织仍然把加强党的纪律建设和防止党员干部腐化变质当作大事来抓。1949年11月,中央政治局通过决定,"加强党的组织性与纪律性,密切地联系群众,克服官僚主义,保证党的一切决议的正确实施",成立中央和各级党的纪律检查委员会。中央纪律检查委员会在中央政治局领导下工作,朱德任书记。在资产阶级的腐蚀和影响下,政府机关里的贪污、浪费、官僚主义现象严重滋长,有的干部堕落变质。在1951年10月开始的增产节约运动中,揭发出大量的贪污浪费现象。中央部署开展了从1951年底到1952年10月在党政机关工作人员中开展的"反贪污、反浪费、反官僚主义"和在私营工商业者中开展的"反行贿、反偷税漏税、反盗骗国家财产、反偷工减料、反盗窃国家经济情报"运动,史称"三反""五反"运动,拉开新中国建立初期轰轰烈烈的反贪腐斗争的序幕。

1951年11月,华北局查处了当时河北省天津地委和专署发生的以地委书记兼专员张子善和前任地委书记刘青山为首的严重的贪污浪费和破坏国家政策法令的行为。针对此案,11月30日,中央批转华北局关于刘青山、张子善大贪污案调查处理情况的报告,要求"必须严重地注意干部被资产阶级腐蚀发生严重贪污行为这一事实,注意发现、揭露和惩处,并须当作一场大斗争来处理"。在处理刘青山、张子善的问题上,中央非常谨慎,但是态度坚决。毛泽东指出,"正因为他们两人的地位高,功劳大,影响大,所以才要下决心处决他们。只有处决他们,才可能挽救二十个,两百个,两千个,两万个犯有各种不同程度错误的干部"。对此,薄一波同志在《若干重大决策与事件的回顾》一书中写道:"由此可见毛泽东在处理这个问题时所下的决心和所做的深思熟虑,他当时的心思完全倾注在如何维护党的事业上面,如何更好地挽救犯错误干部的多数上面,如何更有效地防止干部队伍的腐化上面。严惩刘青山、张子善的决定的果断作出,实际上是再一次用行动向全社会表明,我们党决不会做李自成!决不会放任腐败现象滋长下去!决不会让千千万万先烈用鲜血和生命换来的江山改变颜色!"针对一些人替刘青山、张子善"说情",毛泽东讲了"非杀不可"的道理:我们杀了几个有功之臣,也是万般无奈。我建议重读一下《资治通鉴》。治国就是治吏!"礼义廉耻,国之四维,四维不张,国之不国"。

1951年12月1日,中央发布《关于实行精兵简政、增产节约、反对贪污、反对浪费和反对官僚主义的决定》,向全党提出"为反对贪污、反对浪费和反对官僚主义而斗争"。中央尖锐地指出:"自从我们占领城市两年至三年以来,严重的贪污案件不断发生,证明1949年春季党的二中全会严重地指出资产阶级对党的侵蚀的必然性和为防止及克服此种巨大危险的必要性,是完全正确的。现在是全党动员切实执行这项决议的紧要时机了。再不切实执行这项决议，我们就会犯大错误。现在必须向全党提出警告：一切从事国家工作、党务工作和人民团体工作的党员，利用职权实行贪污和实行浪费，都是严重的犯罪行为。……一切贪污行为必须揭发，按其情节轻重，给以程度不等的处理，从警告、调职、撤职、开除党籍、判处各种徒刑，直至枪决。典型的贪污犯，必须动员群众进行公审，依法治罪。"为了系统地进行反贪污、反浪费、反官僚主义的斗争，中央要求从中央到地方，党派团体、政府、军队系统成立各级节约检查委员会，由首长负责，亲自动手，发动自上而下和自下而上的按级相互检查。党的纪律检查委员会、人民政府的监察委员会、检察机关和司法机关，军队的政治工作机关和纪律检查委员会应将这件事作为当前的中心工作。12月8日，中央发出《关于"三反"斗争必须大张旗鼓进行的指示》，指出"应把反贪污、反浪费、反官僚主义的斗争看作如同镇压反革命的斗争一样的重要，一样的发动广大群众包括民主党派及社会各界人士去进行，一样的大张旗鼓去进行，一样的首长负责，亲自动手，号召坦白和检举，轻者批评教育，重者撤职，惩办，判处徒刑（劳动改造），直至枪毙一大批最严重的贪污犯"。显示了党中央反腐败的坚强意志和决心。

广东党组织坚决贯彻落实中央的统一部署，大力开展反腐倡廉建设。新中国成立之后到党的十一届三中全会前夕，广东党的纪律检查和行政监察工作，从1950年3月中央华南分局纪律检查委员会成立和1951年3月广东省人民政府人民监察委员会成立，之后，经历了四个历史阶段，既承担和完成了大量的任务，又经历过一段曲折发展的历程。

新中国成立后，广东党组织的纪律检查工作，始于1950年3月中央华南分局纪律检查委员会的成立。广东党的纪律检查工作经历了4个时期：（1）华南分局纪律检查委员会（中共广东省委纪委）时期，即1950年3月至1955年9月。这一时期，全省共建立了党的纪律检查机构125个，配备了专职干部266人。华南分局纪律检查委员会时期的主要任务有三个方面：一是了解党员和党组织在执行党的路线、政策中和党的政治生活中所发生的违反党纪问题和不正确的倾向；二是加强对党员的纪律教育，实现全党的统一和集中；三是审批案件和受理党员群众的申诉控告。（2）中共广东省监察委员会（中共广东省委监察委员会）时期，即1955年9月至

1966年。1955年9月,根据中央的决定,成立中共广东省监察委员会,代替原纪律检查委员会。1959年2月,中共广东省监察委员会改称中共广东省委监察委员会。到1965年末,全省共建立党的监察机构1587个,有专职监察干部2313人。党的监察机关的主要任务有三项:经常检查和处理党组织和党员违反党的章程、党的纪律和国家法律、法令的案件;决定和取消对于党员的处分;受理群众对党的组织和党员的检举、控告及党员对处分不服的申诉。(3)党的监察机关被破坏时期,即1966年5月至1976年10月"文化大革命"时期,广东党的监察机关于1967年2月被撤销,党的纪律检查工作全面中断,维护党纪的工作由各级党委组织部门承担。监察机关的干部被调离机关或下放劳动,监察工作遭到严重损害。(4)重新恢复党的纪律检查委员会时期。1977年8月,中国共产党第十一次代表大会决定,中央和县以上党委设立纪律检查委员会。1978年4月召开的广东省第四届一次全会选举产生了"中共广东省委纪律检查委员会"。省委纪委是省委的一个工作部门,实行由省委领导的单一领导体制。重新建立的纪律检查机构,其任务是维护党规党法,切实搞好党风。

广东省行政监察工作始于1951年3月——广东省人民政府监察委员会的成立。1955年2月22日,根据国务院的决定,广东省人民政府监察委员会改名广东省监察厅,1959年7月,根据全国人民代表大会第一次会议的决定,广东省监察厅被撤销。从1951年3月建立到1959年7月撤销省监察厅为止,全省共建立了行政监察机关129个,有行政监察干部338人。行政监察机关的主要任务是:监督省人民政府委员会各部门及所属各级机关公务人员是否履行职责,有无违反国家政策、法律、法令或损害人民及国家利益的行为;纠举其中违法失职的机关、部门或人员,予以惩戒或纠正;接受及处理人民和人民团体对政府机关、企业部门及其工作人员违法失职行为的控告。

广东各级党的纪委(监委)和行政监察机关,认真履行职能,始终围绕党在不同历史时期的中心任务开展纪检监察工作,在保证党的路线、方针、政策的正确贯彻执行、保证经济建设的顺利进行和维护党纪政纪方面,发挥了重要的作用,在反腐倡廉建设方面做了卓有成效的工作。

其一,做好来信来访和举报工作。处理群众来信来访,受理有关党风党纪、政风政纪、反腐保廉问题的检举、控告和党员干部的申诉，是纪检监察机关的一项经常性、基本性的工作。全省各级纪检监察机关的信访举报工作，在密切党群、干群关系，保护党员民主权利，加强对党员特别是党员干部的监督，及时发现党员干部中一些违纪违法行为等方面，起到了重要的作用。各级纪检监察机关查处的案件，绝大部分都是从群众的检举控告中获得线索的。1950年至1954年华南分局纪委的5年间，全省共受理控告、申诉信件4042件（次），1955年至1966年10月，全省各级党的监察机关共受理控告、申诉信件102086件（次）。

其二，严肃查处违纪案件。案件查处在纪检监察工作中占有重要的地位，纪检监察机关的性质和任务决定了其经常的大量的工作是查处案件。通过查处违纪案件，达到严肃党纪政纪，端正党风政风，纯洁党的组织，维护党在政治上、组织上的团结统一，保证党的路线、方针、政策贯彻执行的目的。1950年3月至1955年，华南分局纪委建立的5年间，全省各级纪委围绕土改整队，清理中内层，镇压反革命，"三反""五反"运动，反官僚主义、强迫命令、违法违纪的"新三反"运动和整党整风等运动，共查处了违纪党员13893人，其中开除党籍4977人，留党察看2247人，撤销党内职务1114人，党内警告4471人，劝告987人。1956年至1965年的9年间，全省各级党的监委围绕"反地方主义""反右倾"斗争和社会主义教育等运动，查处了各种违纪案件，全省共查处违纪党员干部136552人，其中开除党籍47312人，留党察看31090人，撤销党内职务12893人，党内严重警告25175人，党内警告19669人，劝告413人（其中所谓"反地方主义""反右倾"斗争中出现较多错误处理的情况）。为保证党在过渡时期总路线的贯彻执行，保证国家法律、政策、制度的实施和经济建设的顺利进行，全省各级行政监察机关围绕和配合抗美援朝、土地改革、镇压反革命、"三反""五反"、社会主义改造和经济建设、民主建设等中心工作，着重检查处理了一批行政机关、企业、事业单位的工作人员由于工作失职造成严重损失浪费的案件和重大伤亡事故、质量事故；围绕农业合作化和人民公社化运动，检查处理了一些基层干部抵抗社会主义改造运动、丧失立场、支持地主家庭，破坏统购统销政策，阻挠合作化和人民公社化运动，以及由于严重官僚主义、强迫命令、违法乱纪造成人民生命财产损失以及影响党和政府信誉的案件。1951年至1959年7月，全省各级行政监察机关共查处了违纪案件14369件，给予政纪处分13890人，为国家挽回经济损失820万元。

其三，加强对党员干部的纪律教育，提高党员干部遵守和执行纪律的自觉性。全省各级纪检监察机关对党员干部进行教育，主要是围绕党和政府的中心工作来开展，一个时期突出一个主题，紧密联系党风廉政状况和党员干部思想实际，运用通报典型案例、总结推广先进典型、举办纪律教育展览以及在各个政治运动中重申党的纪律、对党员干部提出纪律要求等形式来进行。1957年，在全省党的监察工作会议上通过了《必须全党系统地开展纪律教育运动》和《加强党的纪律性，为保卫社会主义事业而斗争的宣传提纲》。1958年11月至次年4月，省监委在广州文化公园举办了"党的监察工作展览会"，参观的党员干部和群众近6万人，朱德、董必武、陶铸等领导人为这次展览会题词。1960年7月至8月，省监委在广州举办了反贪污、反浪费、反官僚主义的"三反展览会"，前往参观的党员干部和群众多达3.6万人。

"文革"时期，党的各项事业遭到新中国成立以来最严重的挫折和损失。这个时期，党的各级组织普遍受到冲击并陷于瘫痪、半瘫痪状态。党的监察工作也被全盘否定，大批监察干部受到迫害。党的纪律遭到严重践踏，党的监察机关陷于瘫痪。1969年，党的中央监察委员会被撤销。党的九大、十大党章都取消了设立党的纪律检查（监察）机构的条款。

党的十一届三中全会后，党的纪律检查机构和监察机构逐步得以重建，纪检监察工作恢复发展，广东党的反腐倡廉建设进入了一个新的时期。

第 一 编

纪检监察机关恢复重建和改革开放初期的党风廉政建设
（1978—1992）

党的十一届三中全会决定把党和国家的工作重心转移到经济建设上来，作出实行改革开放的战略决策。以邓小平同志为核心的党的第二代中央领导集体，科学揭示了在改革开放新的历史条件下为什么必须反腐倡廉和怎样反腐倡廉这两个根本性问题，初步构建了中国特色社会主义的反腐倡廉工作和理论框架。

从党的十一届三中全会到党的十二大期间，党在各条战线的主要任务是拨乱反正，党的纪律检查工作也主要是做恢复性的工作，逐步使这项久遭破坏的工作走上正轨。党的十二大坚持并发展了十一届三中全会以来的思想路线和政治路线，推动了经济体制改革和整党工作在全国、全党范围迅速全面展开；确立了以邓小平同志为核心的第二代中央领导集体，使十一届三中全会以来正确路线的贯彻执行有了可靠的组织保证；总结了拨乱反正的经验，制定了全面开创社会主义现代化建设新局面的正确纲领，把邓小平同志提出的关于建设有中国特色的社会主义的思想确定为新的历史时期改革开放和现代化建设的指导思想，并提出把党建设成为领导社会主义现代化事业的坚强核心的任务。十二大批准的中央纪委的工作报告，成为以后中央纪委工作报告的范例。

这个阶段党的纪律检查工作理论研究也形成了一批重要的成果。主要内容包括：执政党的党风和廉政问题，关系党和国家的生死存亡；在整个改革开放过程中都要坚持"两手抓、两手硬"；反腐败不搞群众运动但是必须紧紧依靠群众，坚持走群众路线；坚持不懈纠正各种不正之风，坚决制止和取缔严重危害社会风气的腐败现象；党风廉政建设和反腐败要以领导干部为重点，领导干部尤其高级领导干部要做全党的表率；反腐败要靠教育，更要靠法制；坚持从严治党，严肃纪律，在法律和纪律面前人人平等；坚持和发扬党的优良作风，保持艰苦奋斗的传统才能抗得住腐败；党要接受监督，要加强党内监督，要有专门机构进行铁面无私的监督检查；只有社会主义才能消灭腐败,我们党和国家有能力逐步克服并最终消除腐败。作为第二代中央领导集体的主要成员,陈云同志在党风廉政建设方面提出了"执政党的党风问题是有关党的生死存亡的问题",[①]"物质文明和精神文明要一起抓","党性原则和党的纪律不存在'松绑'的问题","越是改革深化,越要从严治党"等著名论断。陈云同志关于党风廉政建设的重要思想和观点,是邓小平党风廉政建设理论的重要组成部分。

广东在拨乱反正的过程中迅速恢复重建党的纪检监察机关,逐步加强党风党纪建设,围绕改革开放初期党员干部队伍中出现的各种不正之风和经济犯罪问题,坚持一手抓改革开放,一手抓端正党风和惩治腐败,保证了广东改革开放的顺利起步和社会主义现代化建设的健康发展。

---

① 陈云同志1978年12月到1987年11月担任了两届9年中央纪律检查委员会第一书记。陈云同志在1980年11月中央纪委召开的第三次贯彻《关于党内政治生活的若干准则》座谈会上首次提出该著名论断,此后中央出台的一系列关于党风廉政建设和精神文明建设的文件中,大都转引了这句话。

第一章

纪检监察机关重建与工作全面恢复

十年内乱给国家带来了深重灾难，积累下许多严重的政治问题和社会问题，党面临百业俱废、冤案遍地、是非颠倒、问题成山的严峻形势。据不完全统计，"文革"期间，仅国家干部被立案审查的就占当时国家干部人数的17.5%；其中，中央、国家机关副部长以上和地方副省长以上高级干部被立案审查的高达75%。有的虽然没有被立案审查，但是受到了错误批判和斗争。这些案件严重挫伤了广大干部群众的生产积极性，影响了党在人民心目中的形象。为了迅速恢复正常的社会生产和生活秩序，集中精力平反冤假错案成为当务之急。

第一节　党的纪律检查机关的重建

党的十一届三中全会到1992年党的十四大召开期间的十多年里，党的纪律检查体制由机构重建到体制改革，再到职能完善，经历了巨大的变化。

一、中央和各级纪律检查委员会的恢复重建

1977年8月12日至18日，中国共产党第十一次全国代表大会召开。会议吸取历史经验教训，决定健全民主集中制和党规党法，并决定恢复重建党的纪律检查委员会。会议指出，成立中央纪律检查委员会"是保障党

的政治路线的贯彻执行的一个重要措施"，并规定"纪律检查委员会的根本任务，就是维护党规党法，切实搞好党风"。邓小平同志在闭幕会上的讲话指出，"各级纪律检查委员会和组织部门的任务不只是处理案件，更重要的是维护党规党法，切实把我们的党风搞好"。大会通过的党章重新恢复了设置党的纪律检查委员会的条款，决定中央及县以上党委设立纪律检查委员会。大会选举产生了中央纪律检查委员会，陈云同志任第一书记，邓颖超同志任第二书记，胡耀邦同志任第三书记，黄克诚同志任常务书记。在没有现成经验的情况下，暂时设立了办公厅、研究室、纪律检查室、案件审理室、来信来访室等办事机构。

　　1979年1月4日至22日，十一届中央纪委第一次全会在北京召开。会议确定了党的纪律检查工作必须遵循的八项基本原则：一是严格区分、正确处理两类不同性质的矛盾，对于犯了错误的同志一定要实行"惩前毖后，治病救人"的方针。二是反倾向斗争，必须从实际出发，应该有领导、有准备、有步骤地进行，不能采取疾风骤雨式的、压服式的方法。三是重证据，重调查研究，严禁逼供信。四是对人的处理要持十分慎重的态度，坚持思想批评从严、组织处理从宽的原则。五是坚持实事求是，有错必纠。六是敢于斗争，刚正不阿。七是认真走群众路线，多从群众中听取各方面意见，防止偏听偏信。八是实行集体领导和个人分工负责相结合的制度，一切重大问题都由集体讨论决定。1月26日发布的《中共中央纪律检查委员会第一次全体会议通告》明确指出，遵照党中央的规定，党的纪律检查委员会的根本任务是，维护党规党法，保护党员的权利，发挥党员的革命热情和工作积极性，同一切违反党纪、破坏党的优良传统的不良倾向作斗争，协助各级党委切实搞好党风。1979年3月9日，中央纪委和中央组织部联合发出通知，要求省和县各级党的委员会，都设立纪律检查委员会。4月25日，中央纪律检查委员会和中央组织部再一次联合下发《关于迅速建立健全各级纪律检查机构的意见》，要求各省、市、自治区、地、州、县委纪委、纪检组（或筹备组），要在当年5月底前普遍正式建立起来。经过一段时间的努力，截至1982年党的十二大召开前，全国90%左右的县团级以上党委都建立了纪律检查机构。

二、党的纪律检查工作和领导体制重大改革

从1978年12月党的十一届三中全会召开到1982年9月党的十二大召开这四年,党在各条战线的主要任务是拨乱反正,这段时间党的纪律检查工作,完成了从酝酿准备,到逐步恢复和重建党的中央、地方各级纪律检查机关的过程。新的纪律检查机关在中央和各级党委的领导下,坚定不移贯彻执行十一届三中全会以来所制定的党的路线、方针、政策和决议,包括制定和贯彻《关于党内政治生活的若干准则》等重要党内法规,端正党风;维护四项基本原则,反对资产阶级自由化思潮;审理林彪、江青反革命集团及其有关重大案件,平反冤假错案,落实干部政策;纠正经济领域中的不正之风和打击严重经济犯罪活动等,取得了丰硕成果。其中,1979年和1980年,各级纪委着重对抵制落实干部政策,反对经济调整,反对十一届三中全会路线、方针、政策的案件,进行了检查和处理。1981年,中央就打击经济领域中的犯罪活动发出《紧急通知》后,各级纪委作为党委领导这场斗争的办事机构,全力以赴做好这项工作。

1982年9月1日至11日,党的十二大召开。大会选举陈云同志为中央纪委第一书记。十二大提出了新的形势下加强党的纪律检查工作的重要措施和指导方针。十二大党章专门写了"党的纪律"和"党的纪律检查机关"两章,对纪检机关的产生、领导体制、任务与职权等一些带根本性的问题作了新的规定:(1)中央和各级地方纪委均由相应的党的代表大会选举产生,选举产生机关由党委或者全会升格为党代会,使各级纪委的政治地位大大提高,使纪委在维护党的纪律方面更具有权威性。(2)党的中央纪律检查委员会第一书记必须从中央政治局常委中产生。十一届三中全会后,虽然陈云同志以中央政治局常委身份出任中央纪委第一书记,但是中央纪委第一书记的地位没有确定。十二大党章明确了中央纪委第一书记的地位。(3)各级纪检机关的领导体制有了进一步改革,地方各级纪委由受同级党委领导改为受同级党委和上级纪委双重领导,以同级党委领导为主。(4)各级纪检机关的任务明显加重,工作范围相应扩大。党章规定,"党的中央和地方各级纪律检查委员会的主要任务是:维护党的章程和其他重要的规章制度,协助党的委员会整顿党风、检查党

的路线、方针、政策和决议的执行情况"。"中央和地方各级纪律检查委员会,要经常对党员进行遵守纪律的教育,作出关于维护党纪的决定;检查和处理党的组织和党员违反党章党纪和国家法律法令的比较重要和复杂的案件,决定或取消对这些案件中的党员的处分;受理党员的控告申诉。"这就把各级纪委由过去单纯处理违反纪律的案件以维护党规党法的执纪者,提升为党章和党的重要规章制度的"守护神",工作范围也拓展为以抓党风为中心的三项主要任务和三项经常性工作。(5)各级纪检机关的职责权限进一步拓展。十一大以前党的纪委(监委)的职责主要是对下级组织和个人进行监督,权限也仅限于检查权、处分权和申诉权三项。十二大党章规定,中央纪委对中央委员的违纪行为负有检举责任,地方各级纪委对同级党委及其成员实行党章规定范围内的监督。可以说,纪委的监督职责空前加重。同时,权限扩充为六项,即:检举监督权、检查权、审批权、处分权、立"法"权、申诉权。这些权力的赋予,确立了纪委面向全党履责的地位,有利于以抓党风为中心的三项主要任务和三项经常性工作的顺利开展。这些规定具有很强的针对性,充分表明了我们党实现党风根本好转的决心。

1984年,全国以城市为重点的经济体制改革逐步展开。中央纪委明确提出支持、保证改革的方针和原则,作出《加强纪律检查工作,保证经济体制改革顺利进行》的决议。1985年,中央纪委和地方各级纪委着重检查了一些党组织和党员干部在工作中背离党的方针、政策的问题。比较典型的是中央纪委严肃查处的海南倒卖进口汽车案件。该案件的查处,不仅促进了海南岛及广东的改革开放沿着健康的方向发展,而且在全国其他地区产生了积极的影响。整个20世纪80年代,各级纪委始终把支持和保护改革开放、促进经济发展作为工作的立足点,积极探索为经济建设和改革开放服务的途径,普遍制定了纪检工作为经济建设服务、促进生产力发展的具体措施和办法,取得了比较好的成效。

三、广东纪律检查机关的恢复重建

1978年3月30日至4月6日,中国共产党广东省第四次代表大会在广州举行。大会选举产生了中国共产党广东省第四届委员会,韦国清、习仲勋、

1979年，中共中央副主席叶剑英在广州白云机场会见省委书记、省委纪委书记李坚真。

焦林义、王首道、刘田夫、李坚真等21人当选为省委常委，经报中央批准，韦国清为省委第一书记，[①] 习仲勋为省委第二书记，[②] 焦林义为常务书记。这次全会还选举产生中共广东省委纪律检查委员会（以下简称省委纪委），李坚真为书记，李进阶、白修成、韩宗祜、黄潞为副书记。省委纪委实行省委和中央纪委领导的双重领导体制。同年7月，经中央批准，增补路光为省委纪委副书记。根据中央纪委第一次全会和全国纪律检查工作会议的精神，广东省委纪委经过反复研究，确定了纪委工作的指导方针：围绕全党的中心工作，协助党委维护党规党法，搞好党风，严肃党纪，保证党的路线方针政策的贯彻执行，为安定团结地发展社会主义现代化建设服务。

随着省委纪委的建立，全省县以上党委陆续恢复重建纪检机构，建立纪律检查委员会。根据中央纪委〔1979〕纪通字3号和中央组织部〔1979〕

---

① 韦国清同志1976年任中共广东省委第一书记、广东省革命委员会主任，1977年起调中央工作。

② 习仲勋同志1978年4月起先后任中共广东省委第二书记、第一书记，兼广州军区第二政委，同年12月被增选为第十一届中央委员。1979年任广东省人民政府省长，1980年底调中央工作。

组通字10号文件的精神，1979年5月7日，省委纪委和省委组织部联合发出通知，决定将地委一级纪律检查委员会改为纪律检查组，纪律检查组的正、副组长由省委重新任命，其他领导成员由地委决定。同年11月9日，省委纪委和省委组织部又联合发出通知，根据中央纪委和中央组织部的要求，决定将地委一级纪律检查组恢复为纪律检查委员会。

1983年2月24日至3月4日召开的中共广东省第五次代表大会，选举产生中共广东省纪律检查委员会。3月18日，中共广东省委纪律检查委员会更名为"中国共产党广东省纪律检查委员会"。1983年3月18日，省纪委发出通知，要求将广州市和各地（市）、自治州、县的纪检机关名称分别改为：中国共产党广州市纪律检查委员会、中国共产党某地（市）、自治州、县纪律检查委员会。同年11月7日，省纪委办公室发出通知，要求省直部、委、办的纪检机构名称一律改为：中国共产党广东省（省委）某某部（委、办）纪检组。省直厅、局党的纪检机构改为：中国共产党广东省某某厅（局）纪检组（纪律检查委员会）。

省委纪委1978年成立时，内设机构有办公室、案件检查处、案件审理处和来信来访处。其后，随着任务与职责的变化，处室陆续有所调整和增加。1988年12月29日，经省委同意，省纪委将内设机构的处改为室，包括：办公室、第一检查室、第二检查室、第三检查室、来信来访室、案件审理室、调查研究室、党员教育室（即原第四检查处）、干部管理室。各室主任由副厅级干部担任。下属两个事业单位：干部培训中心、党风杂志社。

从1978年重建各级纪检机关至1994年1月省纪委、省监察厅合署办公止，全省20个地级以上市（不包括海南区），[①] 119个县（市、区）均建立纪检机关，1643个镇中有1538个建立纪检机构。全省共有纪检机构

---

① 1950年5月海南岛解放，次年成立广东省人民政府海南行政公署，1955年改称广东省海南行政公署。1966年"文化大革命"爆发后，海南行政公署停止行使职权，1976年10月改称海南行政区革命委员会，1980年1月，改称海南行政区公署，1984年10月撤销海南行政区公署，成立海南行政区人民政府。1987年撤销海南行政区和海南黎族苗族自治州，1988年4月，海南从广东省划出去，成立海南省和海南经济特区。

6834个。

在逐步恢复各级纪检机构的同时，广东比较注意扩大群众的参与。1989年6月27日至29日省人大常委会第八次会议在广州举行，会议审议通过了《广东省保护公民举报条例》。《条例》明确规定，"公民对国家机关和国家工作人员的违纪、违法和犯罪行为有举报的权利和义务，任何单位和个人不得压制和阻碍。"《条例》还对举报受理机构处置举报的时效和对举报人的保护做出了比较详细的规定。7月11日，省委办公厅、省政府办公厅印发《关于处理检举揭发的来信来访有关问题的通知》，明确了各个部门受理群众来信来访的职责，规范对公民举报的处置。

第二节　清查"三种人"和平反冤假错案

省委纪委刚成立时，面临的情况非常复杂：十年内乱期间受到破坏的党风和党的纪律有待大力整顿；大量的历史遗留案件急需复查处理，各级党组织和广大党员、群众对新成立的纪律检查委员会寄予殷切期望。面对广大党员群众的期盼，恢复重建后的省委纪委坚持解放思想、实事求是的思想路线，克服各种困难和阻力，紧紧围绕全党工作中心，一面着手自身的组建和推动全省各级纪委的尽快筹建，一面从查处典型案件入手，抓紧开展纪律检查工作，全面复查纠正"反地方主义"案件、"反右倾"运动案件、整风运动案件、"四清"运动案件等新中国成立以后历次政治运动中错误定性处理的案件，以及"文化大革命"中的大批冤假错案，落实干部政策，为拨乱反正，尽快实现安定团结，推动改革开放，搞好党纪和党风，做了大量艰苦细致、卓有成效的工作。至1980年前，全省各级纪检监察机关共受理并复查违纪案件10892件，结案9381件；复查在"文化大革命"中被立案做出结论判断干部72504人，对其中53036人做出撤销或减轻处分的处理，占复查总数的73%以上。复查在全省"反右派斗争"中被划为"右派分子"的36808人，经复查改正36550人，占总数的99.3%。从1980年至1987年，对需复查的35720件历史遗留案件进行彻底复查,复查后撤销或减轻处分15354人。对广东"反地方主义斗争"等突出的历史遗留问题进行实事求是的否定,对在"反地方主义斗争"中受到处分的1211人撤销原处分。对一些集团性的历史案件,包括"恩平松仔岭事件""江门事件"等,均进行复查,并作出实事求是的处理。

一、清查"两案"和"三种人"工作

1978年12月,新的中央纪委成立之时,中央将重新审理林彪、江青两个反革命集团案(简称"两案")的任务交给中央纪委。根据中央的指示精神,广东省委和全国各地一样,针对"四人帮"及其在广东帮派势力活动的特点,采取"决心要大、步子要稳"的方针,有领导、有步骤地在全省开展清查工作。省委按照中央部署,也把清查"两案"的任务交给省委纪委来负责。根据省委的指示,李坚真同志领导省委纪委会同省委清查办公室、省委组织部一起,共同负责全省清查与林彪、江青两个反革命集团有牵连的人和事(亦称"两案")的工作,并承担了后期定案处理、材料整理归档等任务。

1978年6月,省委第二书记习仲勋在省委四届一次常委扩大会议上的总结讲话中指出:对那些打砸抢者、帮派头头,他们要篡党夺权,祸国殃民,对他们不批判、不打击、不惩办,是不对的。对极少数跟着林彪、"四人帮"搞阴谋活动,至今仍不低头认罪的,就要狠狠批判,狠狠打击,不然就不足以平民愤。在此前后,全省各地对打砸抢者、帮派头头进行了深入批判和清查工作。

1979年1月,省委召开四届二次常委扩大会议,传达学习党的十一届三中全会精神,联系广东实际,清算林彪、"四人帮"及过去"左"的路线给广东工作带来的消极影响,同时,根据中央的指示,深入开展清查工作,把与林彪、江青两个集团有牵连的人和事彻底查清等问题作出具体部署。

省委常委扩大会议之后,省委纪委、省委"清查办"集中力量,突出抓了三项工作:(1)揭露和清查林彪、江青一伙指使黄永胜等人搜集整理材料,企图诬陷周恩来总理、叶剑英元帅等党和国家领导人的罪行;(2)揭露和清查他们借审查"广东地下党"为名,迫害大批广东革命老干部等罪行;(3)根据中央的指示,进一步清查和整理"四人帮"及其党羽在广东搞阴谋活动的有关材料并及时报送中央"两案"清查领导小组。

1979年4月,省委作出决定,为广东地下党彻底平反。当年10月5日至18日,省委根据中央的部署,召开第一次全省清查对象定性处理工作座谈会。会上,传达学习了中央"两案"审理工作会议精神,共同审议了几十个清查对象的问题,进行了通盘研究、全面平衡的工作。同时,对清查材料工作进行了一次检查,发现和纠正不少问题。

1980年6月14日至21日,省委召开第二次全省清查对象定性处理工作座谈会。会议进一步学习了中央"两案"审理座谈会精神和对受审人员定性处理的政策规定,联系本省实际,讨论研究了对12个主要的、有代表性的审查对象的定性处理问题,对下一阶段如何善始善终地搞好定性处理工作交换了意见。

1980年12月8日,时任省政协秘书长、省委统战部副部长左洪涛作为广东省唯一代表,赴北京出席了最高人民法院特别法庭审判林彪、江青反革命集团的公审大会并出庭作证,他列举了大量事实揭露黄永胜等人对广东地下党的残酷迫害。

众所周知,广东地下党组织是中国共产党的重要组成部分,在抗日战争和解放战争时期,曾经在以周恩来为书记、叶剑英为常委的中央南方局领导下进行了英勇的斗争。广东地下党及其所领导的人民武装队伍,为中国人民的民族独立与解放事业做出了重要贡献。黄永胜等人处心积虑"从广东地下党开刀",其险恶之用心,就是企图从中打开缺口,诬陷和整倒周恩来、叶剑英等中央领导人,以便达到他们排挤老领导、篡党夺权的罪恶目的。黄永胜等人诬陷广东地下党"招降纳叛",是"特务组织""叛徒支部""国民党支部""美蒋别动队",把地下党领导的人民武装诬陷为"土匪部队","要成窝去抓、从根上去抓"。他们制造伪证,乱捕无辜,使大批在抗日战争、解放战争中长期坚持在国民党统治区的广东省地下党各级领导人和干部遭受迫害。据不完全统计,"文化大革命"期间,因"审查广东地下党"一案而遭到非法关押,被审讯、打击、迫害的干部达7200多人,其中在广东省内工作的省、军级以上领导干部12人,地、师级干部103人,县、团级干部493人,还有分布在中央、国家机关和外省的地、师级以上干部47人。有85人在审查中被迫害致死。此外，还有许多干部群众被作为知情人受到株连迫害。这一骇人听闻的"审理广东地下党"案件，其受迫害者之众，株连面之大，危害之烈，是广东建党以来所罕见。

1982年11月5日，省委纪委正式发文，对在"文化大革命"中犯有严重错误的原广东省委委员、省革命委员会副主任刘继发，原十届中央委员、广东省委委员、广州市委常委刘均益，原十届中央委员、广东省委常委、省革命委员会副主任、省总工会主席兼党组书记梁锦棠，原广州市委常委、广州市革命委员会副主任孙亦武，原省革命委员会委员杨祥庆等，分别给予开除党籍的处分。

1983年3月3日，省委转发省委纪委、省委清查办公室《关于广东"两案"中受审查人员定性处理情况》的报告，报告总结和肯定了6年来全省清查与"两案"有牵连的人和事的工作情况。5月14日，省人民政府发文，分别给予刘继发、刘均益、梁锦棠、孙亦武、杨祥庆等人撤销一切行政职务或其他行政处分。

至此，全省清查"两案"工作基本结束，基本上查清了同林彪、"四人帮"篡党夺权阴谋活动有牵连的人和事。据统计，全省因"两案"牵连受审查人员共772人，其中有692人因错误性质较轻，不作组织处理，先后予以解脱；有16人参与帮派活动，但主要因触犯刑律被判处徒刑；不给处分，只作审查结论的20人；开除党籍4人；有40人受到党纪政纪处分。

1982底，全省在清理"两案"的基础上，开始对"三种人"（即"文化大革命"中造反起家的人、帮派思想严重的人和打砸抢分子）进行清查。1983年10月26日，省委转发了省委组织部《关于认真做好清理"三种人"工作的意见》，《意见》指出，对"三种人"必须严肃处理以达到纯洁组织、消除隐患的目的。省委强调，要坚定、慎重地做好清理"三种人"的工作：（一）严格掌握好区分"三种人"的政策界限；（二）认真作好结论处理；（三）做好思想教育工作；（四）要切实加强领导。各级纪委协助党委对清理出的"三种人"进行组织处理。至1988年9月，清理"三种人"工作结束，全省列为核查对象的4232人，查清结案4177人，结案率为98.7%。其中，定为"三种人"的500人，定为犯严重错误的1605人，定为犯一般性错误的2072人。

二、平反冤假错案，落实各项政策

十年内乱给广东制造了大批冤假错案，"文化大革命"前，由于"左"倾错误的影响，政治运动不断，也制造了大量冤假错案和许多历史遗留问题，因此，有步骤地处理新中国成立后的冤假错案和历史遗留问题，是一项十分紧迫而又重大的政治任务，是调整社会关系的一个重要措施。从1972年开始至党十一届三中全会前夕，在周恩来、邓小平等分别主持中央工作期间，广东已经按照中央的指示，逐步开展落实政策、平反冤假错案的工作。1975年初，为解决"文化大革命"初期大量冤假错案和政策遗留问题，省委发出了《关于落实政策的通知》，主要复查清理阶级队伍、"一打三反"、清查"五一六"中处理的案件和人员，错误的给予纠正；同时，清理1970年干部退职还乡、"文化大革命"初期战备疏散人员、清理城镇遣送回乡人员，该收回安置的收回安置；为"文化大革命"中非正常死亡人员做结论，对"文化大革命"中乱打乱杀的人员作严肃处理；对在整风整社和"四清"运动中改为剥削阶级成分的申诉案件，进行复查纠正。对因受错误处理而停发工资的人员，补发工资。上述工作，由于种种原因，有些政策落实得不够彻底。

粉碎"四人帮"之后，广东开始局部平反冤假错案工作。但由于当时仍受"左"的错误思想的影响，导致党的指导思想和各条战线的拨乱反正、平反冤假错案工作进展缓慢，特别是还没有触及许多大案要案，因此工作还相当艰巨。平反冤假错案包括两个部分：一部分是干部队伍中的冤假错案，有些是"文化大革命"中林彪、江青两个集团强加于大批干部头上的各种莫须有的罪名，诸如"叛徒""特务""走资派""反革命分子"等，有些是"文化大革命"前历次政治运动的遗留问题，主要是两次"反地方主义"问题、"反右派"问题等；另一部分是社会上的冤假错案，主要有"黑五类"扫地出门问题、"可教育子女"被赶下乡问题、"战备疏散"人员问题、知识青年上山下乡等问题，当时提出"我们也有两只手，不在城镇吃闲饭"的口号，让大量城镇居民下农村。这些问题面广、人多，群众反映强烈。

　　1978年4月，刚刚复出担任广东省委第二书记的习仲勋，就在广东省委第四次代表大会的讲话中强调，必须坚决落实党的干部政策，知识分子政策，统一战线政策，侨务政策，民族政策，对敌斗争政策，以及经济建设中的各项政策。1978年5月全国开展真理标准问题大讨论后，党内开始逐步摆脱长期"左"的思想桎梏，迅速推动各条战线的拨乱反正。广东省委和各级党委按照中央关于实事求是、有错必纠的原则，清除"左"的影响，把平反冤假错案，落实党的各项政策，作为拨乱反正，实现安定团结政治局面的一项重大举措，摆到党委的重要议事日程上来，加快了平反冤假错案的步伐和各项政策的落实工作。对历史遗留问题，省委主要依靠省委纪委进行复查，大刀阔斧地逐一加以解决。1978年6月，在省委四届一次常委扩大会议上，省委书记、省委纪委书记李坚真专门就落实干部政策问题作了专题发言，强调要坚持实事求是的原则，凡属冤假错案，坚决平反，凡属应纠正的坚决纠正，错多少纠多少，复查结论可留可不留尾巴的坚决不留。省委常委会议还决定，由李坚真负责，省委纪委牵头，在复查处理"文化大革命"中的案件、落实干部政策的同时，着手对"文化大革命"前的历史遗留问题进行复查处理。同年8月15日，全省落实干部政策会议在广州举行，会议强调要彻底肃清林彪、"四人帮"的流毒和影响，加快落实干部政策的步伐。全省各级党委加强领导，领导干部亲自负责，对重大问题和重大案件的处理坚持由常委会集体讨论决

习仲勋（左一）在湛江调研时与当地农村青年交流。

定,并先后成立了落实政策办公室或复查案件办公室、"摘帽"办公室等专门机构,组织专门队伍,坚持实事求是,坚决而稳妥地落实党的各项政策。

1978年12月十一届三中全会以后,广东按照实事求是、有错必纠的原则,进一步加快了拨乱反正、平反冤假错案的步伐。

三、平反"文化大革命"造成的冤假错案

在"文化大革命"中,广东是林彪、"四人帮"严重干扰破坏的"重灾区"之一。黄永胜一伙为配合林彪、江青两个集团篡党夺权,制造了大批骇人听闻的冤假错案。他们按照江青"审理广东地下党"的指示,揪所谓"南方叛徒网",把矛头指向周恩来总理,私设专案,搜集整理诬陷周恩来总理、叶剑英副主席的黑材料,并由此几乎把全国解放前所有在广东从事革命活动的烈士、干部和党员都打成"特务""叛徒""土匪"。不少老革命根据地的党员、群众也受到类似的迫害。例如共产党领导的东江纵队等革命武装,被打成"反革命别动队";湛江地区的揪"南路党事件",使广东西南部老根据地的广大党员和群众受到迫害。

1979年1月20日,广东省党、政、军和各界代表隆重举行仪式,悼念党和国家卓越领导人、久经考验的无产阶级忠诚的革命战士陶铸。[①]省委第一书记、省革委会主任习仲勋在讲话中郑重宣布:林彪、"四人帮"一伙把原中南局和广东省的许多干部诬蔑为"陶铸死党""陶赵死党"等不实之词,均应推倒。广东还先后为在"文化大革命"中被迫害致死的林锵云、朱光、周小舟、邓文钊、饶彰风等平反昭雪,举行隆重追悼会,对他们革命的一生给予实事求是的公正评价。

同年春,广东省委对在广东地区影响很大的所谓广东"地下党问

---

① 陶铸同志1955年7月起任中共广东省委书记、第一书记,同年起兼任广州军区第一政委、军区党委第一书记,并曾兼任广东省省长、暨南大学校长、华南师范学院马列主义教研室教授。1956年9月在党的八大上,陶铸同志当选为中央委员。1960年10月至1966年8月陶铸同志任中央中南局第一书记。1965年1月,在第三次全国人民代表大会上,陶铸同志被任命为国务院副总理,分管宣传和文教等方面事务。

题"予以审查,证实广东地下党14个所谓"案件",纯属冤案。1979年4月27日,省委正式作出《关于为所谓广东地下党问题彻底平反的决定》,肯定了抗战时期广东党组织是在以周恩来为书记的南方局领导下从事革命斗争的,是党领导革命斗争的一个组成部分。林彪、"四人帮"策划揪"南方叛徒网",其矛头是对着周恩来的,必须彻底揭露与清算。至于全国解放前活跃在广东各地的人民武装队伍,都是党所领导的革命武装,在革命斗争中起了重要作用。林彪、"四人帮"一伙的一切诬蔑不实之词,必须统统推倒。凡因这些案件受迫害的同志,都应平反昭雪。

彭湃是中国共产党早期著名的农民运动领袖,毛泽东称他是"农民运动大王"。"文化大革命"期间,林彪、江青两个集团为直接插手海丰,制造反彭湃的反革命事件,把彭湃宣布成"叛徒",迫害彭湃烈士90多岁的母亲,把彭湃烈士的儿子彭洪也迫害致死,还残酷杀害彭湃的侄儿彭科、彭竞等人,把彭科斩首示众。这一事件造成死160多人,伤3000多人,其罪行令人发指。彭湃烈士家属曾通过各种途径,数次上书省委、省革委会、省委纪委,反映反彭湃事件。1978年7、8月间,习仲勋到东三区(梅县、汕头、惠阳)进行为期一个月的考察,期间专门来到海丰县,听取在海陆丰县发生的反彭湃事件。习仲勋随后指示汕头地委要立场坚定,旗帜鲜明,放手发动群众,彻底把海丰问题揭开,解决好这一历史遗留问题。

当时,"四人帮"余毒尚未全部肃清,党内国内"左倾"势力和"左"的思想仍相当严重。尽管面临巨大阻力,但省委依然坚持要为这桩冤案平反。不久,省委组织一支由省委、广州军区等单位(包括省委纪委)30多位专业人员参加的联合调查组,由时任省委常委、省公安厅长王宁任组长,进驻海丰县,开展为期三个月的复查。为了查明彭洪的死因,联合调查组找到一个曾参与拖尸、埋尸的农民,在荒郊野地里开棺验尸,证明彭洪是被残忍杀害的。1978年11月10日,海丰县委为被迫害致死的彭洪举行隆重的追悼大会。省委、省革命委员会都送了花圈。习仲勋同志以这个有全国性意义的事件平反为突破口,推动全省冤假错案的平反。

反彭湃一案平反昭雪后,海丰3200多人获得平反,1300多人恢复或重新安排了工作。1979年2月12日,省委、省革委会决定:严肃处理反彭湃

参与平反彭湃案的省纪委干部和彭湃同志的儿子彭士禄（右三）在一起。

烈士事件。犯有严重罪行的原汕头地委副书记孙某已被捕；残杀彭湃烈士亲属及群众的洪某等几个杀人凶手，移交司法机关严惩。同一天，《人民日报》刊载了广东省委、省革委会关于《严肃处理反彭湃烈士的事件》的专题报道。

据统计，"文化大革命"中全省被打成"反革命集团""叛徒集团"等集团性假案669宗，牵涉干部9432人；干部个人冤假错案12427人。省委有关部门对这些冤假错案全部作出结论，给受审查的干部作出适当的安置，补发了被扣的工资。到1981年7月底，广东对"文化大革命"期间的案件基本复查处理完毕。

四、复查平反"地方主义"案件

"文革"前的17年，由于受到"左"的影响，广东曾发生过两次"反地方主义"斗争。第一次是1952年到1953年。当时，党中央和毛泽东对广东的工作进行了严厉的批评，认为广东"在决定关键上犯了错误"，广东土改"迷失方向，在农民问题上犯了右倾错误"，并认为时任华南分局第三书记、省政府第一副主席方方犯了"地方主义"错误。叶剑英、方方、冯白驹等人分别作了检讨。方方迭遭批判,被撤销本兼各职。① 一大批地方干部受到处分和牵连。第一次"反地方主义",处分7000多名地方干部。第二次是在1957年底,这年12月,省委作出《关于海南地方主义反党联盟和冯白驹、古大存同志的错误的决议》,② 报经中央批准,给予冯白驹撤销省委书记和常委职务的处分;给予古大存撤销省委书记、省人委党组副书记职务的处分。第二年,又给予古大存撤销省委常委、副省长职务的处分。全省受处分和受牵连的地方干部达2万多人。因这次"反地方主义"是紧接着反右派斗争展开或交叉进行的,混淆了两类不同性质的矛盾,致使当时许多地方干部被错划为右派分子。

这两次"反地方主义"斗争,使大批久经考验的地方干部蒙冤20多年,造成了极其严重的后果,给党和国家带来了巨大的损失,也给广东的社会主义革命和建设事业带来了不可估量的损失,在海外华侨中也造成很不好的影响。

1979年,广东省纪委根据党的十一届三中全会精神和省委四届二次常委扩大会议的决定,对全省1957年至1958年反地方主义处理的案件逐个作了复查,为在反地方主义案件中蒙冤受屈的方方(时任中共中央华南分局第三书记兼广东省政府第一副主席)、冯白驹(时任广东省委常委、省委书记)、古大存(时任广东省委书记、省人委党组副书记)等同志

---

① 方方,原名方思琼,广东省普宁市洪阳镇人。1926年参加中国共产党。1940年,中央成立南方工作委员会,方方担任书记。解放后任华南分局第三书记。1955年调任中央统战部副部长,国家华侨委员会党组书记、副主任,全国侨联副主席。"文革"期间遭受迫害,1971年9月21日含冤去世。1979年3月28日,中央为方方同志举行追悼会为他平反昭雪。1994年,中央政治局常委会作出决定,撤销50年代方方所受的不公正处理,恢复政治名誉。

② 冯白驹(1903—1973),海南琼山市人,琼崖革命武装和根据地创建人。新中国成立后,历任中共海南区委第一书记,海南军区司令员兼政治委员,海南行署主任,中共广东省委书记处书记,广东省、浙江省副省长等职。"文革"期间遭受审查和迫害,1973年在北京逝世。1983年,中央作出平反决定,恢复其名誉。

古大存(1897—1966),广东省五华县人,1924年加入中国共产党,抗日战争期间被任命为广东省委常委、统战部长,新中国成立后,担任广东省人民政府副主席、广东省委书记兼副省长等职;1957年被诬为"地方主义反党集团头子",1966年病逝。1983年平反。

方　方　　　　　　冯白驹　　　　　　古大存

平反。

　　1979年3月，省委常委扩大会议决定，根据中央关于实事求是地解决历史遗留问题的精神，对广东存在多年、影响较广的"反地方主义"问题进行复查。省委决定，由省委纪委牵头，从省委组织部、省委政法委、省委党史办公室、省人事厅等单位抽调干部组成处理省委复查案件办公室、"摘帽"办公室等专门机构，负责历史遗留问题的复查工作。8月17日，省委向中央报送《关于复查地方主义案件的请示》和《关于复查地方主义案件的通知》，其要点是：过去两次反地方主义，特别是第二次，混淆了两类不同性质的矛盾，"当时批评的地方主义，大量的是党内的思想认识问题"；"当时认定古大存、冯白驹两同志'联合起来进行反党活动'，存在一个'以冯白驹同志为首的海南地方主义反党集团'；有的地方也定了一些地方主义反党小集团。现在看来，这些结论都是不当的，应予以撤销"。在反地方主义中受处分的县（科）级以下干部一律撤销原处分。10月19日，中央正式批复同意上述请示意见。10月27日，省委印发全省贯彻执行，加快了复查工作的进度。

　　至1981年上半年，平反地方主义案件的工作告一段落。经复查后，全省撤销了原处分的有1226人（其中省委管理以上干部126人），其中，撤销原处分1211人，其余15人由于另有错误，在实事求是地否定了地方主义方面的问题之后，按其所犯错误保留适当的处分。同时，复查纠正了所谓"以冯白驹为首的海南地方主义反党集团""陈恩地方主义反党集团""蓬荆地方主义反党集团"等集团性质的案件。

习仲勋和杨尚昆两位领导同志调任中央工作后,[①]继任的任仲夷和林若同志等继续抓紧反"地方主义"冤案的彻底平反工作。[②] 1982年4月17日,广东省委又向中央报送了《关于冯白驹、古大存同志的问题复查结论的请示报告》。1983年2月,中央发出关于为冯白驹、古大存恢复名誉的通知:"中央同意中纪委《关于冯白驹、古大存同志的问题审理意见的报告》,撤销1957年12月广东省委第八次全体会议(扩大)《关于海南地方主义反党集团和冯白驹、古大存同志的错误的决议》,撤销对冯白驹、古大存同志原处分的决定,恢复他们的名誉。冯白驹、古大存同志都是我党的老党员,他们在极其艰苦的条件下,长期坚持武装斗争,对党对人民是有重要贡献的。"一大批因古大存、冯白驹错案而受牵连的地方干部也先后恢复名誉,重新出来工作。

后来省委根据中央的指示和方方夫人苏惠的申诉要求,成立了由省纪委、省委组织部、省委党史研究室组成的联合复查组,对1952年至1953年被批判为地方主义并受到处分的方方问题进行复查。1992年12月,广东省委将方方问题的复查结论报告中央,指出:"解放初期,方方同志在华南分局、叶剑英同志的领导下,为建立和巩固人民政权,恢复和发展广东的国民经济,做了大量的工作,作出了贡献,应予肯定。1952年对方方同志的'土改右倾'、'地方主义'的批判,1953年对方方同志的'官僚主义、分散主义'的批判,都是缺乏事实根据的。应予否定。"中央纪委根据中央的指示,迅速派工作组到广东进行复核。工作组经过深入调查研

---

① 杨尚昆同志1978年12月至1980年底,相继担任中共广东省委第二书记,广东省副省长,中共广州市委第一书记、革命委员会主任,兼任广东军区第一政委、党委第一书记。

② 任仲夷同志1980—1985年任中共广东省委第一书记兼省军区第一政委。1985年后退出领导工作岗位,任中央顾问委员会委员。

林若同志1982年12月任中共广东省委书记(当时设有第一书记),1985年7月任中共中央委员、广东省委书记;1987年11月任中共第十三届中央委员、广东省委书记;1988年3月任中央委员、八届全国人大代表、广东省委书记;1990年5月任中央委员、广东省委书记、省军区党委第一书记,兼任省人大常委会主任、党组书记。1991年1月至1996年12月任广东省人大常委会主任、党组书记。2004年9月离休。

究，1993年底，将复核结果上报中央。1994年2月，中央政治局常委会议决定，同意中央纪委、广东省委的复查结论，批准为方方同志平反，恢复政治名誉。4月，中央纪委批复广东省委，同意撤销原对方方撤销本兼各职的处分，为方方同志恢复政治名誉。至此，历时40余年的广东"反地方主义"案件得到了彻底平反。

五、复查改正错划右派案件

1978年4月5日，中央批准中央统战部和公安部关于全部摘掉右派分子帽子的请示报告，① 指出，"还没有摘帽的右派分子，经过长期的教育改造，大多数人有了好转，表现较好"。要求各级党委要认真贯彻执行，"切实做好对摘掉右派帽子人员的安置工作"。广东省委根据中央的要求，成立了摘掉右派分子帽子工作领导小组，由省委常委王宁任组长，开始对全省错划右派案件的平反和摘掉右派分子帽子的工作。9月17日，中央出台《关于全部摘掉右派分子帽子决定的实施方案》；同时指出，对于过去错划的人，要坚持有错必纠的原则，做好改正工作。广东各地党委根据中央文件的精神，在省委的统一领导下，实事求是地对错划右派进行"摘帽"、改正及做好安置工作。

在省委的统一领导下，全省各地党组织广泛深入听取群众的意见，认真扎实做好全部摘掉右派分子帽子的各项工作。1978年12月8日至18日，全省全部摘掉右派分子帽子工作会议在广州召开，加快推进"摘帽"工作。1979年1月20日，省委转发省委摘掉右派分子帽子工作领导小组《关于全省全部摘掉右派分子帽子工作会议情况报告》，要求各级党委要认真贯彻中央的指示精神，坚持实事求是的原则，不要搞唯成分论，要看他的一贯表现，要走群众路线，广泛听取群众的意见，抓紧在第一季度做好全部摘掉右派分子帽子的各项工作。至1980年12月，全省原划为右派分子36808人，经复查改正36550人，占99.3%；除已有工作、死亡和出港出国等以外，全省需要安置的16132人中，已安置16042人，占99.4%；未

① 1957年开始的反右派斗争出现了严重扩大化错误，被划定为"右派"的知识分子、爱国人士和党内干部等共55万人。

安置的90人。恢复1073名错划右派人员的党籍。1981年4月，广东省委对在全省乃至全国都有较大影响的原错划右派分子罗翼群、云应霖给予平反改正。① 至此，全省原错划的右派分子全部改正。

六、纠正恩平"松仔岭事件"和"江门事件"

恩平松仔岭事件是一桩普通的乡村凶杀案。1950年8月27日，恩平县蟠龙村的村民冯群忠被杀并悬尸在村外山上的松树上。当地司法部门在侦查和办理过程中存在诱供、刑讯逼供和严重违反司法程序等问题，致使有关当事人被错杀或错判。1952年，调查组把"松仔岭事件"定性为"不法地主、恶霸串通打入机关中的坏分子，勾结干部，有计划地杀害农民、积极分子和干部，破坏当时的清匪反霸运动、镇压农民翻身的事件"。1980年3月，省委组成联合复议小组，复查"松仔岭事件"。在复查的基础上，恩平县人民法院对松仔岭案件提起审判监督程序，实行再审，依具体情况分别作出不同判决，为有关当事人平反。

江门事件也是20世纪50年代发生在江门的一起轰动全省的事件。起因是1951年，当地农村进行土改宣传工作，动员群众揭发机关单位的贪污浪费和官僚主义现象。1952年12月，江门市委召开整顿作风会议，会上一些同志认为，市长罗哲民居功自傲，对地委领导不够重视。当时江门市工商界一些人士自筹款项建设工商界文化宫，虽然没有花费政府的钱，但是与当时提倡节约的精神不符，引起社会议论。根据这些情况，粤中地委认为，罗哲民的思想作风有问题，粤西区党委高度重视，区党委和地委派出检查组，对江门市委的工作及其负责人进行检查，并错误地把这一

---

① 罗翼群（1889—1967），广东兴宁龙田人，1907年参加同盟会，黄埔军校成立后，负责调拨军校经费。解放战争时期因反对内战被国民党开除党籍。新中国成立后任全国政协委员，广东省政协常委、民革中央委员等职。

云应霖（1896—1975），海南文昌人，早年参加国民革命，参加过北伐战争。抗日战争时期，任抗日游击纵队少将司令，与新四军合作抗日，因支持共产党被逮捕入狱四年多。新中国成立后，历任广东省第一届人民代表大会代表，政协广东省第一届委员会常务委员，农工民主党中央委员广东省第一届主任委员，海南行政公署副主任兼农林处处长，广东省人民政府监察厅副厅长等职。

问题定性为阶级路线上的投降主义错误,以及领导权掌握在谁手中的问题,还逮捕了江门市民盟负责人文植虞等人。事件不断升级,最后被炮制成"以文植虞为首的反革命集团的江门事件,是完全篡夺了江门市委和工人阶级领导权,部分篡夺了专署和新会县各机关的领导权,企图使人民民主专政完全变质,恢复其国民党反动统治的事件"。据不完全统计,该案牵涉104人,另有关系尚未查明的68人,共计172人。其中,逮捕99人,集训34人,管制28人,前已枪决或自杀者11人。由于极"左"路线的影响,事件一直得不到平反。1981年,省纪委对复查报告做了批复,明确指出,解放初期,江门市委是贯彻了党的七届二中全会精神的,成绩是主要的;当时出现一些问题和过失,属于工作上的缺点和错误,1952年认定江门市委犯右倾主义路线错误和在1957年复查后修改为严重投降主义的结论都是不恰当的,应予纠正。1981年3月,省纪委正式宣布对"江门事件"有关问题进行平反,至1986年9月,平反善后工作及处理遗留问题的工作全部结束。

第三节　清理信访积案,逐步建立信访工作制度

群众来信来访是党和政府倾听老百姓意见、了解社情民意的重要渠道。改革开放初期,全省各级纪委信访部门重点结合平反冤假错案、落实政策,打击经济领域严重犯罪,查处以权谋房和其他违纪案件等,开展信访来访受理工作。习仲勋到广东工作后,接到大批要求平反昭雪的信件,他指示身边工作人员要经常去信访办查看人民来信,并在接待室直接倾听来访者的呼声。在省委坚强领导下,广东省的信访积案清理工作大力推进,信访工作制度逐步建立完善。

一、信访来访的受理

从1978年4月省委纪委恢复至1983年2月,全省各级纪委在平反冤假错案等工作的同时,还处理了大量党员、群众的来信来访。仅省委纪委直

接受理的来信就有6.6万多件，接待群众来访2480多人。这期间，来信来访主要是反映"文化大革命"期间的冤假错案和历史遗留问题。1979年，全省各级纪委重点是平反"文化大革命"期间的冤假错案，处理"文化大革命"前历史案件的申诉。群众的控告信则以反映领导干部以权谋私、搞特殊化、压制民主、打击报复、官僚主义、违反财经纪律、投机倒把等方面的问题为主。

随着这些历史遗留问题的不断解决，1980年至1981年，申诉类信访明显减少。

1982年全省开展打击经济领域严重犯罪活动的斗争后，反映党员干部经济问题的来信来访又开始大幅增加，但反映的问题已经明显不同，不再是各类历史遗留问题，而是改革开放过程中遇到的新情况新问题。1982年至1985年，检控类来信来访集中反映的问题主要包括：党员干部进行经济犯罪活动，利用职权多分多占公房、非法建私房、搞非法"农转非"、安排亲属工作，违反财经纪律、请客送礼，压制民主、打击报复等。申诉件多属于要求解决因处分、精简等原因被处理回家而要求复工复职，以及平反冤假错案后要求解决经济补偿、工资级别等问题。

1984年，省纪委发出《关于做好信访案件查处结案工作的通知》，要求各级纪委重视信访积案的清理工作，加强办案力量，对信访积案分类排队，定期结案。省纪委和韶关、佛山、江门、汕头、茂名、肇庆、惠阳等市、地纪委负责人，亲自带队查处信访案件，处理了一大批久拖不决的陈年积案，妥善解决了一些信访老户的问题。1985年，省纪委派出干部深入各市、地和部分县检查督促，共同研究，帮助解决一些疑难问题，进一步加快信访积案和信访老户的清理工作。至年底，全省共办结1984年以前中央纪委和省纪委交办的信访案件104件，占历年积案总数的77%。全省14个市、地中，有汕头、梅县、佛山、江门、肇庆、珠海和茂名等7个市、地实现了无1984年前的积案。

1986年至1989年，各级纪委以"两个服务"（即为端正党风和党的中心工作服务，为领导掌握情况和解决群众问题服务）为指导思想，按照多办实事、讲求实效的要求，受理和处理了大量群众来信来访和信访积案。1988年，全省各级纪检机关，特别是县（市、区）级全面推行一般信

1989年召开的广东查处干部以权谋房工作会议。

访办理回报制度。部分县纪委走出机关办信访,定期或不定期到乡镇接待群众来访和处理信访问题。1989年,全省部分市、县纪委探索开展文明办信访活动,实行挂牌办公,接受群众监督,进一步增强了信访工作透明度。这一时期,群众反映比较突出的是贪污受贿、投机诈骗、走私贩私和以权谋私等问题。

1990年至1992年,各级纪委注重提高乡镇自办信访能力,力求把信访问题解决在基层,减少越级信访。这一时期,群众反映比较突出的问题仍以贪污受贿、倒卖物资、批文和套取外汇,利用职权谋地、建私房、多占住房和用公款超标准装修住房,公款旅游、请客送礼、挥霍浪费、挪用资金等经济问题为主,以及违反规定为子女亲属办理"农转非"(由农业人口转为非农业人口),安排工作、出国及用人方面的不正之风,徇私枉法、官僚主义、打击报复、生活腐化和弄虚作假骗取荣誉等问题。1992年,群众上访量明显增多,全省纪检监察机关受理群众上访达9314件。群众上访量明显增多的主要原因有三个方面:一是县以下基层纪委加强下访、巡回接访和领导挂牌定期接访活动,群众有问题愿意当面反映,各级纪委接访人数相应增多。二是随着对外开放的不断深化,城镇化步伐加快,带动"房地产热"迅速兴起,一些地区的群众对土地的管理使用和征地拆迁补偿费的分配使用意见大、矛盾多、上访多。三是一些地方农村管理区财务制度不健全、管理混乱，部分基层干部借机中饱私囊、侵占群众利益，引发群众不满，造成上访人数增加。

二、建立信访来访受理工作制度

省委纪委恢复初期，为了迅速开展信访来访受理工作，初步确立了一些信访来访受理制度：一是来信转办工作制度。对省管干部的控诉、申诉，详细摘要后，报纪委书记审阅后交审批处办理。对重大案件详细摘要后，经纪委书记审阅后，转党委有关部门办理。对一般的来信也要简单摘要转办。二是登记、统计制度。每天收到信件，以及信访案件处理结果，都按地区分别登记，涉及省管干部的控诉信和申诉信以及重大案件均要专门登记，每月统计一次。三是催办制度。所批转下去的信访案件，承办单位要定期上报办理结果。

1984年，各级纪委加强了信访工作制度建设，建立了从送阅、转办、催办、查报结果到结案归档、综合反映等制度，并推行岗位责任制，以保证信访工作的正常开展。

1985年，各级纪委建立了领导干部和纪委机关内部处理来信来访工作责任制，包括党政机关归口分级负责制、机关内部岗位责任制、查处案件"四定一包"制（即：定人员、定时间、定职责、定质量、一包到底），领导或纪委干部分片包干制等，做到分工明确，责任落实。

1986年9月19日，省纪委为加强机关信访业务建设，颁发《中共广东省纪委机关内部处理群众来信来访暂行办法》，规定党员、群众向省纪委来信、来访，由信访处统一管理、登记，根据反映的内容和干部管理范围按归口负责的原则进行处理。同时，对各类来信的呈送、阅批、转送、办理等作出具体规定。

1987年，各级纪委逐步建立起比较统一的分级负责、归口办理工作机制，以及阅信、接访、呈批、反映、转办、立案、查报、审结和归档等制度，办案工作"四定一包"制度，以及纪检信访人员守则、岗位责任制和检查、评比、考核奖励等制度。

1988年，省纪委在全省县级纪委全面推行一般信访办理回报制度，许多县（市、区）实行在转办信件的同时附上"回报卡"或"三联单"，承办单位办结后填写查处结果退回，做到件件有着落、处理有结果。

1989年12月，省纪委制定下发《广东省纪检信访工作细则（试行）》。

1991年，全省各市纪委根据省纪委颁发的《细则（试行）》，帮助乡镇纪委建立和完善了七项基本制度：（1）来信来访登记、办理制度；（2）领导阅批来信、接待来访制度；（3）信访案件查结制度；（4）信访信息反馈制度；（5）统计、归档制度；（6）信访目标管理制度；（7）检查考核制度。各地乡镇纪委实行信访工作目标管理。同年11月15日，省监察厅与省财政厅联合发出《关于对举报有功人员实行奖励的通知》，对举报有功人员的奖励办法作出明确规定。

第四节　学习贯彻《关于党内政治生活的若干准则》

"文革"结束后，为了使党内政治生活逐步走上正轨，党在恢复实事求是的思想路线和平反冤假错案的同时，高度重视党内法规制度的建设完善，先后制定了一系列党内重要法规制度，比如《关于党内政治生活的若干准则》《中共中央、国务院关于高级干部生活待遇的若干规定》《中共中央关于坚持"少宣传个人"的几个问题的指示》等，[①] 规范了党内生活制度，有助于恢复和弘扬党的优良作风。

一、中央出台《关于党内政治生活的若干准则》

党的十一大之后，中央着手制定《关于党内政治生活的若干准则》（《准则》）。中央纪委第一次全会在总结历史经验教训的基础上，着重

---

① 《若干规定》主要规定了高级干部的宿舍、房租和水电费、家具和生活用具、交通工具、服务人员、出差出国和外出休养、文化娱乐、不请客送礼、遗属的生活安排等十个方面的内容。

《指示》主要规定了为老一辈革命家个人建纪念堂、纪念馆、纪念亭、纪念碑等建筑，出版领导传记和文集，对于重要人物或重要历史问题的宣传，对领导讲话的宣传报道和为高级干部办理丧事等方面的规范和要求。

研究了维护党规党法、搞好党风的问题,讨论并制定了《关于党内政治的若干准则》草稿。1980年2月29日,党的十一届五中全会正式通过《准则》。制定《准则》,是党在新的历史条件下提高党员特别是领导干部的思想政治水平,加强党的建设的一项具有重大意义的措施。《准则》共有12条:一、坚持党的政治路线和思想路线;二、坚持集体领导,反对个人专断;三、维护党的集中统一,严格遵守党的纪律;四、坚持党性,根绝派性;五、要讲真话,言行一致;六、发扬党内民主,正确对待不同意见;七、保障党员的权利不受侵犯;八、选举要充分体现选举人的意志;九、同错误倾向和坏人坏事作斗争;十、正确对待犯错误的同志;十一、接受党和群众的监督,不准搞特权;十二、努力学习,做到又红又专。《准则》虽然只有12条,但内容广泛丰富,概括了我们党在历史上处理党内关系和整顿党风的经验教训,提出了体现时代特征的党的建设的任务和要求,是统一各级领导机关和全体党员行动的比较完备的一部党内法规,是对党章的必不可少的补充,对于进一步清除"文化大革命"的影响,健全党内政治生活,恢复和发扬党的优良传统和作风,发挥了重要作用。中央纪委从1980年4月到11月的半年时间里,先后三次召开座谈会,推动全党贯彻落实《准则》。各地区、各部门以党章(修改草案)和《准则》为主要内容,普遍进行党员、干部轮训,这是十多年来前所未有的一次广泛的党内教育。

二、广东认真学习贯彻《准则》

1980年3月17日至23日,省委召开四届二次全会传达学习《准则》。全会认为,党的五中全会通过的《准则》和讨论修改的《中国共产党章程》(修改草案),对加强党的思想和组织建设,加强和改善党的领导,恢复党的优良传统作风,加强党的战斗力,具有重大的意义。全会决定,全省各级党组织,要通过传达五中全会精神,讨论党章修改草案和贯彻《准则》,对全体党员和干部进行一次普遍、深入的思想政治教育。省委要求,"党的各级组织、每个党员,尤其党的各级领导干部,都要对照《准则》的规定,认真检查自己的思想、工作和作风,联系实际,开展批评与自我批评,总结经验,发扬成绩,克服缺点,改进工作"。同期召开的省委纪委第二次全会要求各级纪委把协助党委监督、保证《准则》在全党的贯彻执行作为主要任务，以《准则》为基本教材，加强对党员的党风党纪教育。

为协助省委推动《准则》的学习，监督、保证《准则》的贯彻执行，1980年5月中旬，省委纪委召开有各地、市纪委负责人参加的全省学习贯彻《准则》座谈会。会议传达了中央纪委第一次贯彻《准则》座谈会精神，并研究讨论了如何结合广东实际学习贯彻《准则》的问题。6月初，省委纪委又在广州召开省直机关学习贯彻《准则》动员大会，省直各部委办局及专职纪检干部1500余人参加了会议。会议传达了中央纪委贯彻《准则》座谈会精神，并对省直机关学习贯彻《准则》提出了具体要求。结合"七一"活动，省委纪委组织为省直各单位1500多名处级以上干部上党课，深入学习《准则》。同月，全省纪检干部学习班结业，省委第一书记习仲勋到会讲话，强调纪检干部要认真学习贯彻五中全会精神，学习《准则》，"要学习好，要吃透它，要联系工作实际，思想实际，认真学习，成为执行党规党法的模范，成为执行《准则》的模范"。

8月下旬和12月中旬，省委纪委召开有各地、市纪委负责人参加的全省学习贯彻《准则》座谈会。会议传达了中央纪委第二次和第三次贯彻《准则》座谈会精神，汇报和检查学习贯彻《准则》的情况。省委纪委还多次派出干部到一些地区和单位检查了解贯彻执行《准则》的情况，对成绩显著的党组织和党员予以通报表扬，并宣传推广其先进经验；对不认真、走过场，甚至边学边犯的进行批评教育。针对检查中发现的某些违背《准则》精神的不正之风，省委纪委协助省委研究并采取整顿措施，对少数严重违反《准则》的党员作出严肃处理，并在党内通报或在媒体上曝光。省委纪委还就学习贯彻《准则》的情况、效果、经验、措施和存在问题，向中央纪委和省委作了四次专题汇报。

12月，刚到广东任省委第一书记不久的任仲夷，在与省委纪委处级以上干部谈话中强调，要搞好党风，加强党纪，抓好《准则》教育，要搞好特区，一定要反对三个"特"，即：不能搞特权，不能搞生活特殊化，不允许有特殊党员。不把这"三特"反掉，特区就建不成，就要走偏方向。12月16日至22日，省委纪委召开贯彻《准则》座谈会，联系广东省的实际，揭露党内存在的不正之风，提出了进一步严肃党纪、纠正不正之风的意见。

1981年1月，中共广东省代表会议在广州举行。任仲夷在会上讲话强调，要以《准则》为武器，整顿好党风。他说，广东由于毗邻港澳，实行开放政策，受资产阶级思想侵染的机会较多，这就尤其要下大力气抓好党风。根据时任中共中央总书记胡耀邦1980年11月在中央纪委召开的全国贯彻《准则》座谈会上提出要先抓的六个方面的问题，结合广东的实际，省委提出侧重抓四个问题：第一，要抓对党的路线和党的纪律的态度。第二，要抓维护党的团结。第三，要反对以权谋私。第四，要抓对工作的态度。任仲夷还指出，省委希望全省各级党组织，都能以端正领导干部的党风为重点，以极端认真的态度，切实抓好党风党纪，要在全省党员中树立严守党的纪律之风，维护党的团结之风，廉洁奉公之风，密切联系群众之风，实事求是、调查研究之风，勤勤恳恳、恪尽职责、全心全意为人民服务之风。3月，省委召开全省纪检工作会议，重点交流了各地学习贯彻《准则》的经验与情况，要求各级党委必须进一步把学习贯彻《准则》，搞好党风提到重要议事日程上来，坚持不懈地抓下去，在全党逐步形成学《准则》、讲《准则》、用《准则》的新风尚。

1982年5月13日，任仲夷（中）在广东海丰县海边与海丰县负责人研究打私活动问题。

按照省委部署,全省掀起学习《准则》热潮。各级党委对贯彻《准则》十分重视,不少领导班子带头学习,带头执行,有的还通过民主生活会等形式,开展批评与自我批评,解决存在的一些突出问题。各级纪委都把协助党委推动《准则》的学习、监督,保证《准则》的贯彻执行,作为一项十分重要的任务,一级抓一级,层层抓落实。各级纪委为配合《准则》学习贯彻,还组织学习《中国共产党章程》(修改草案)、中央《关于高级干部生活待遇的若干决定》《关于建国以来党的若干历史问题的决议》以及中央一系列有关拨乱反正、端正党风的文件。各级纪委会同宣传、组织部门通过举办学习贯彻《准则》培训班,累计轮训党员160余万人,占全省党员80%以上。通过学习贯彻《准则》,全省党员受到一次深刻的党性、党风、党纪教育和党的基本知识的教育,坚持党的政治路线和思想路线的自觉性明显提高;党的优良作风得以恢复和发扬;执行民主集中制,实行集体领导的情况明显进步;党的组织生活和各级领导班子的民主生活逐步走上正常;党员的组织纪律观念也普遍增强。

第五节　监察机关重建和廉政工作的恢复开展

1982年修订后的宪法规定,国务院领导监察工作,为行政监察制度的恢复和发展奠定了法律依据。1986年12月2日,第九届全国人民代表大会常务委员会第十八次会议根据国务院的提请,决定设立中华人民共和国监察部。1987年监察部正式成立,同年8月15日,国务院发出了《关于在县以上地方各级人民政府设立行政监察机关的通知》。广东和全国各地一样,贯彻国务院《通知》要求,迅速恢复各级政府监察机关并开展监察工作。

一、监察机关全面恢复重建

1987年9月5日,广东省委常委会议决定组建广东省监察厅。省监察厅办公地址设于省委组织部东湖招待所六楼。内设机构有:办公室、调查研究室、干部处、监察一处、监察二处、案件审理处、信访处。9月11日,省人民政府发出《关于县以上各级人民政府设立行政监察机构的通知》。在各级党委、政府的重视和支持下,县级以上监察机构的组建工作进展较快。深圳市监察局成立于1987年5月。省监察厅的内设办事机构有:办公室、调查研究室、干部处、监察一处、监察二处、案件审理处、信访处。1987年7月29日,省监察厅向全省各市监察局转发监察部《关于县以上各级监察机关设立举报中心的通知》,决定当年的8、9月份在广州、深圳、珠海、汕头、湛江、佛山、韶关等7市的监察机关先行试点,其他市、县的监察机关举报中心应在1989年上半年全部设立。1990年2月,省监察厅的内设办事机构作了调整,调查研究室改为政策法规处,增设了宣传教育处。省监察厅成立后,全省各级监察机构也相继建立。至1993年12月,全省建立监察机构588个。

明确监察机关的基本任务和职能。主要任务是:监督检查国家行政机关及其工作人员和国家行政机关任命的其他人员贯彻国家法律、法令和政策以及决定、命令的情况;受理对国家行政机关及其工作人员和国家行政机关任命的其他人员不服行政处分的申诉,以及法律、法令规定的其他由监察机关受理的申诉。基本职能有两项:一是通过监察活动,监察行政机关及其工作人员和国家行政机关任命的其他人员遵纪守法,廉洁奉公,促进和保证政府机关实行廉政;二是通过监察活动,监察行政机关及其工作人员,不断改善和强化行政管理,提高行政效能,实现勤政。

二、监察机关重建以来做的主要工作

全省各级监察机关重新组建以来,以廉政监察为重点,努力履行监督职能,为保证广东改革开放和经济建设的健康发展作出了重要贡献。

第一,深入开展反腐败斗争,积极查处违法违纪案件。省监察厅恢复重建后,为规范信访举报工作,做到有章可循,当年就制定了《广东省监察厅信访处工作细则》《省监察厅机关内部处理群众来信来访暂行办法》《广东省行政监察信访工作暂行规定》《广东省监察厅违纪案件举报中心工作方案》以及《广东省监察厅举报中心工作细则》等制度,对处理信访举报案件、信访情况反映和文书管理等环节作出详细规定。1989年6月，省监察厅协同省检察院起草的《广东省保护公民举报条例》经省人大常委会议通过发布实施。该法规在保障群众的民主权利，鼓励群众同腐败行为作斗争，防止和严惩打击报复行为等方面，作出明确规定。当年9月，省监察厅下发《关于防止接访工作中突发事件的暂行办法》，要求各级监察机关重视接待群众来访工作，配备责任心强、有一定政策水平的接访工作人员，善于做好解释、解答和必要的劝导工作，把突发事件控制在萌芽状态。加强同公安等部门的联系，及时处理突发事件。

全省各级监察机关都把查处违法违纪案件作为反腐败的重要环节来抓，并注意突出重点，集中力量查处领导机关、领导干部以及经济管理、执法监督部门及其工作人员的严重以权谋私、贪污受贿、走私贩私、腐化堕落等案件。监察机关成立五年来，共受理信访举报121883件，其中属于监察业务范围的91110件；初查各类问题34154件，其中立案8654宗，给予政纪处分的9759人。在受处分的人员中，有厅（市）级干部21人，处（县）级干部305人；属于贪污受贿、以权谋私、腐化堕落等腐败性质的2089人；移送司法机关处理的712人。通过办案，为国家、集体挽回经济损失2.2亿多元。

各级监察机关始终坚持为改革开放和经济建设服务的指导思想，既严肃惩处违纪者，又注意掌握政策，旗帜鲜明地支持、保护改革者，帮助教育失误者。在查处案件时，对改革开放中出现的新问题，依照法律法规，合法、合理、合情地进行处理。五年来共为6514名干部澄清了问题（其中处级以上干部1108名），使他们放下思想包袱，大胆创新探索，积极搞好工作。同时，还严肃处理了极少数干扰改革开放的诬告者。

第二，围绕党和政府的中心工作，加强监督检查，保证了政令畅通。五年来，全省监察机关配合反腐败斗争的开展，逐步加大了执法检查工作力度，全面发挥监察职能作用。执法检查主要采取三种形式：一是由政府部署，比较全面地检查各部门、各单位执法和廉政建设情况。这种形式涉及面广，难度较大，只有少数市、县采用这种做法。如深圳市于1988年4月由市政府统一部署，市监察局具体负责，在全市范围内进行执法大检查。二是大多数市、县重点对公安、工商、经委、农委、建委等经常与人民群众打交道的执法部门、监督部门、经济管理部门以及公用事业单位开展检查。三是普遍开展各种专项检查。各级监察机关讲求实效，不搞形式主义，按照实际需要确定检查重点，开展专项检查，专项检查成为监察机关最普遍最常态的执法检查方式。各级监察机关恢复组建初期，按照监察部和省政府的部署，对全省1985年至1987年的31.75万份涉外经济合同进行了检查，涉及金额达179亿美元，挽回了经济损失4200多万元。1988—1990年，各级监察机关围绕治理整顿积极参加各种专项检查。在党委和政府的统一领导下，与有关部门一起，认真开展压缩固定资产投资项目、控制社会集团购买力、清理整顿公司、清理进口机电设备、财税物价大检查、清理党政领导干部以权谋房、用公款超标准装修住房、打击走私贩私以及检查国土法、统计法、矿产法、计划生育条例贯彻实施情况等工作，为党委和政府提供了一些建设性意见。1991—1993年，各级监察机关紧紧围绕经济建设这一中心，特别是围绕党中央、国务院和各级党委、政府关于经济工作的各项决策、措施的贯彻落实，加强这一工作。全省各级监察机关着重抓好有关搞好国营大中型企业以及加强农业和农村工作的法规、政策、措施贯彻执行情况的监督检查。同时还根据党委和政府的要求，参加了反腐败、财务税收、计生工作等大检查，并对群众反映强烈的热点问题，如土地管理、建筑工程招标、整顿社会文化娱乐市场、房地产交易、股票证券交易、挪用拖欠公款、征地补偿、招生招干招工、部分市县出卖"农转非"指标和自理口粮等问题，开展了一系列专项检查。

第三，纠正行业不正之风，推进廉政建设。1989年8月，国务院召开加强廉政建设、纠正行业不正之风电话会议后，省监察厅遵照省政府的决定，负责掌握全省开展这项工作的情况。各市、县（区）监察局和各政府工作部门的监察机构，也都抽调力量参加廉政建设领导小组或办公室工作，有的还被指定为具体负责这项工作的办事机构。各级监察机关领导班子都把纠正行业不正之风工作摆上议事日程，严格监督检查各部门、各地区贯彻执行有关纠风工作的情况，保证上级的部署落到实处。根据省委、省政府的要求，省监察厅、省纠风办把公安、工商、税务、教育、卫生等13个省直单位作为纠风工作的重点单位，加强对这些单位工作的指导,认真研究、制订专项治理措施。全省监察机关、纠风办突出重点,在全省范围内集中解决了一批群众反映强烈的"热点"问题:治理了困扰企业发展的问题,纠正了一些行政机关、团体对企业乱摊派、乱卡压和侵占企业资金、物品等不正之风;参与了打击生产、销售假冒伪劣商品等违法行为的工作,维护了消费者的合法权益;清理整顿了农村各项收费标准,切实减轻农民负担;清理整顿了在公路上乱设站卡乱查乱扣乱罚、违反政策出卖"农转非"指标和自理口粮户口、计划生育中的"四假"(假鉴定、假手术、假证明、假数字)等问题。此外,各市、各部门的监察、纠风机构还结合本地区本系统的实际进行专项治理。据统计,五年来,全省参加"纠风"机构的工作人员共17774人,查摆出各种违法违纪问题共37208件,其中已查清的4995件,处理了5852人,共追缴违法违纪金额、挽回经济损失1.6亿多元。

三、政府系统党组、纪检组的撤销

政府系统监察机关恢复的同时,政府党组、纪检组经过了一个曲折的发展过程。1987年,党的十三大对政治体制改革做出了部署,强调要实行党政分开,逐步撤销政府职能部门的党组织,相应地,政府职能部门党的纪检组(纪委)也要撤销。1988年3月,中央纪委二次全会对党政分开后的纪检机关的体制改革作出安排:中央和地方纪检机关派驻政府各部门和国家有关部门的纪检组逐步撤销,同时,适当充实有关机关纪委、地方纪委的力量。中央纪委和监察部按照党政分开的原则,作出《关于党的纪律检查机关和国家行政监察机关在案件查处工作中分工协作的暂行规定》(《暂行规定》),明确了纪律检查和行政监察的对象和范围、已有案件的交接和查处、党纪处分和政纪处分之间的协调和工作的协作等。在实际操作中,由于《暂行规定》只强调了分工,对交叉案件如何协调配合没有做出明确的规定,在一定程度上限制了对政府部门党员干部违纪问题的查处。并且,大部分党员违纪案件发生在政府管理的系统内,按照分工政府官员违纪问题又主要归监察部门管,结果在一些地方出现了监察部门管不过来、纪检机关管理范围内的案子又不多的情况,导致两家立案总数反而少于过去纪委一家的立案数。

1988年7月，中央同意并转发了中央纪委《关于逐步撤销国务院各部门党组纪检组和中央纪委派驻纪检组有关问题的意见》。《意见》规定，撤销党组的部门，党组纪检组或中央纪委派驻纪检组应随之撤销。纪检组撤销后，要加强各部门机关纪委的工作。由于工作需要，外交部、铁道部、民航局保留纪委；公安部、安全部设立纪委，撤销中央纪委派驻公安部、安全部纪检组；保留中央纪委派驻海关总署纪检组。同年8月，中央纪委和监察部联合下发《关于逐步撤销省级政府工作部门党的纪检组和组建行政监察机构问题的通知》，对省级政府部门撤销纪检组、组建监察机构的若干问题做了规定。到1988年底，中央国家机关各部门纪检组撤销工作基本完成，人员也得到了妥善安排。

面对党政分开的新形势，纪检干部队伍一度出现了思想波动。针对这种状况，新上任的中央纪委书记乔石于十三大结束后的第三天，就到中央纪委机关全体干部会议上讲话。他说，要在十三大精神指导下，按照党在社会主义初级阶段的基本路线，密切联系纪检工作实际，来研究和探讨如何用改革的精神加强党的建设，搞好党风，进一步改进和加强党的纪律检查工作。十三大的主题是加快和深化改革，今后5年党的建设、党风建设、纪检工作都离不开改革、开放、搞活。十三大以后，整个党的建设不是要放松，而是要加强。党风建设和党的纪检工作的任务不是轻了，而是更重了，并且是在经济体制改革、政治体制改革和两个文明建设这个大范围里来加强的，离不开这个范围，离不开党的基本路线。全党、全国人民对于党风建设都寄予很高的期望。

1988年，中央提出"经济要繁荣、党政机关要廉洁"的要求。从此，以保持党政机关廉洁为重要内容，带动纠正其他不正之风，成为新形势下纪检工作的重要特色。廉政建设问题提出后，立即在全党上下产生了很大影响。党中央多次在有关会议和文件中对廉政建设作了规定。1988年6月1日，中央发出《关于党和国家机关必须保持廉洁的通知》（《通知》），强调要把保持廉洁的问题尖锐地提到党和国家机关的全体共产党员和工作人员面前。党和国家机关能否保持廉洁，关系到人心的向背和改革的成败。在整个改革开放的过程中，我们必须做到：改革开放，繁荣经济，要坚定不移；保持廉洁，防止腐败，也要坚定不移。《通知》还对党和国家机关工作人员提出了"严守法纪，不贪赃枉法；秉公尽责，不以权谋私；艰苦奋斗，不奢侈浪费"的基本要求。《通知》下发后，各级纪检机关协助党委着力解决以权谋私、贪赃枉法、奢侈浪费以及某些基层政府职能部门和执法机关弄权渎职、敲诈勒索的问题。但是，由于当时正处于党政分开的过程中，同时在党内也存在"一手硬、一手软"的现象，致使查处违纪案件的数量整体上呈下降的趋势。

第二章

纠正改革开放初期的各种不正之风

随着党的工作重心的转移，大规模经济建设逐步展开，在商品生产和流通领域出现的问题日益严重。改革开放初期，1979年10月，中央纪委开始提出纠正经济领域的不正之风。进入80年代，群众反映的党员领导干部的突出问题，主要集中在搞"特权"、生活作风腐化、思想政治教育薄弱、自由化等违反政治纪律的问题，以及贪占浪费严重等方面。为此，中央围绕反对特殊化、反对奢侈浪费、反对突击花钱、请客送礼、收受钱物，禁止党员干部兼职和经商办企业，反对生活腐化，以及加强政治思想教育，强化党内民主监督等制定出台了一批制度规定，加强对党员领导干部行使权力的约束和监督。

1982年，党的十二大决定，从1983年下半年开始，用三年时间对党的作风和组织进行一次全面整顿，力争实现党风和社会风气的根本好转。1984年1月1日，中央整党工作指导委员会发出通知，强调所有第一期整党单位的党委或党组必须贯彻执行边整边改的方针，而其重点应放在纠正严重的不正之风上。主要抓两条：一是抓纠正利用职权和工作条件谋取私利的歪风；另一条是纠正对党和人民不负责任的官僚主义作风。活动采取逐个清理和纠正的办法，取得了较好成效。1985年，中央在人民大会堂召开万人大会，强调要结合整党纠正行业不正之风，这是我们党正式提出纠正不正之风。

20世纪80年代末、90年代初，一些部门和行业以职、以业、以权谋私问题严重，吃拿卡要，"门难进、脸难看、话难听、事难办"问题严重，群众反映强烈。1989年6月23日至24日，十三届四中全会召开。全会提出，当前要切实做好几件人民群众普遍关心的事情。7月27日至28日,中央政治局召开会议,讨论并通过了《中共中央、国务院关于近期做几件群众关心的事的决定》(《决定》)。《决定》指出,近期在惩治腐败和带头廉洁奉公、艰苦奋斗方面先做七件事情:一是进一步清理整顿公司,首先从国务院所属公司做起,把清理整顿公司作为惩治腐败、解决分配不公的一项重要工作,切实作出成效来。二是坚决制止高干子女经商。首先从中央政治局、书记处成员和国务院常务会议组成人员做起,实行回避政策,他们的配偶子女及其配偶,不得从事流通领域的经营活动;不得在流通领域公司任职、兼职。三是取消对领导同志少量食品的"特供"。四是严格按规定配车,严格禁止进口小轿车。中央政治局、书记处成员和国务院常务会议组成人员一律使用国产车。五是严格禁止请客送礼。六是严格控制领导干部出国。七是严肃认真查处贪污、受贿、投机倒把等犯罪案件,抓紧查处大案要案。

党中央、国务院下决心治理不正之风问题,真正形成一定的声势和规模是在90年代初。1990年,国务院设立纠正行业不正之风办公室,具体负责对全国纠风工作的组织协调和监督检查工作。各级纪检机关协同政法机关查处违法乱纪行为,纠正各种不良社会风气,认真查处了在招生、招工、招干、出国、农转非、建房分房中以权谋私,用公款请客送礼、挥霍浪费等不正之风,以及乱砍滥伐森林、失职渎职等违法乱纪活动。各级纪检监察机关还与有关部门一起,严肃纠正各种带有行业特点的不正之风,查处了大量违纪案件。

广东作为改革开放的前沿阵地,在改革开放初期出现的各种不正之风,既有和全国各地相同的地方,也有自身特殊的一面。随着改革开放的不断深化,全省各级纪检监察机关针对不同阶段的特点,从不断解决改革开放中出现的各类问题入手,刹风正纪、综合治理。20世纪70年代末至80年代初期,重点解决一些党员干部利用出国(境)工作的机会,违反规定带回大量洋货,利用职权以不正当手段送子女亲属到港澳,或假借接受华侨或港澳同胞捐赠的名义套汇逃税、投机倒把问题,在招工、招干、"农转非"等方面"走后门"和徇私舞弊的以权谋私问题。从80年代后期开始,重点解决党政机关经商办企业,滥发奖金、实物等不正之风问题，解决党政领导机关争相购买和更换进口高级小汽车，滥派人员出国（境），公款旅游、大吃大喝等铺张浪费问题。

第一节　纠正对外活动中的不正之风

广东实行对外开放、试办经济特区以来，同外国和港澳地区的交往日益频繁。在把境外一些先进的设备、技术、管理方法等引进来的同时，资本主义的腐朽思想、文化和生活方式，也随之通过各种渠道向广东社会以及党员、干部队伍中渗透。不仅影响基层单位和一般干部，而且影响到一些领导机关和领导干部。

这一阶段对外活动中的不正之风和当时的生产力发展水平密切相关，和当时干部群众的思想、生活状态密切相关。有的人在同外商洽谈贸易时，挥霍浪费，损公肥私，收礼受贿，拿原则做交易；有的人为了捞一把，采取各种手段争相赴港、出国，乃至不惜乞求对方发出邀请，向外国人、港澳资本家伸手要钱要物，违章带进高级消费品，甚至夹带私货；有的人在办理出境签证中贪赃作弊，搞所谓"以物易人"，或者要人家把自己的子女亲属带出港澳；有的人以接受华侨、港澳同胞捐赠物资为名，行套汇、走私之实，甚至直接同国内外投机倒把分子勾结，倒卖各种走私物品和统配物资；有的执法人员渎职枉法，利用职权掩护或参与走私倒卖、偷渡引渡等不法活动；有的国营或集体企业，违章收购，牟取暴利；有的单位私分或压价处理罚没物资或展销商品；等等。

一、纠正党员、干部在对外活动中的不正之风

针对党内种种违背党的优良传统的现象和不良社会风气，以及各种破坏安定团结政治局面的不正之风，从1979年开始，全省各级纪委协助党委和政府认真纠正党员、干部在对外活动中的不正之风。

1979年6月，根据省委的指示，省委纪委会同有关部门对一些地方和单位在受理华侨和港澳同胞捐赠时搞直接或间接劝募，索要、侵占钱物

的问题进行调查。在调查中发现，一些地方在对外活动和侨务工作中，有假公济私，或变相受贿现象。有的随便接受和私自处理礼品；有的任意向海外华侨、外籍人和港澳同胞写信或当面示意捐献；有的借捐献之名进口物资，或以回赠礼品之名以物易物，或在港澳向资本家借外币采购高级生活用品，冒充亲友赠送的礼品，实际上是托购套汇漏税；有的以集体名义办理礼品审批手续，免税进口后据为己有；有的拿原则作交易，以批准出境或给予其他方便为条件，换取"捐献"或索取"礼品"。10月，省委纪委会同省政府侨务办公室，对一些地方受理华侨、港澳同胞捐献钱物的情况又进行了调查，并写出调查报告报中央纪委和省委。11月8日，省委纪委发出《关于对受理华侨捐献情况进行检查的通知》，要求各级党委、党委纪委认真贯彻执行中央纪委《关于在受理华侨捐献中严禁违反政策和营私舞弊的若干规定》，在年底前对一年来受理华侨捐献的情况进行一次检查。此后，省委纪委会同省政府侨务部门，检查了广东省一些地方受理华侨、港澳同胞捐献钱物的情况。从1980年开始，全省对在对外活动中索礼、受礼问题进行检查整顿。1980年9月2日，省委发出《关于认真贯彻执行中共中央〈关于严禁在对外活动中送礼、受礼的决定〉的通知》，省委纪委组织对过去接受外国人、华侨或港澳同胞赠送礼品的情况进行了一次全面清理。

二、争取更大的自主权与加强反腐蚀斗争

1980年9月下旬，广东省委负责人习仲勋、杨尚昆、刘田夫向中央书记处汇报广东工作，提出希望中央给广东以更大的自主权，大办经济特区，与会的一位中央书记处书记当场大泼冷水："广东如果这样搞，那得在边界上拉起7000公里长的铁丝网，把广东与毗邻几个省隔离开来。"他是担心国门一旦打开之后，资本主义的腐朽东西会如洪水猛兽一样涌进来。虽然这位领导不赞成，但广东的大胆构想最终得到中央很多领导人的赞同和支持。最后，中央形成决议，给广东更大的独立自主权，"中央授权给广东省，对中央各部门的指令和要求采取灵活办法。适合的就执行，不适合的可以不执行或变通办理"。可以说，这是习仲勋、杨尚昆两位领导同志调回中央工作前，为广东争取到的一把尚方宝剑。

当年9月28日,《中央书记处纪要》(《纪要》)下发,在给予广东更大的独立自主权的同时,提醒广东要注意纠正对外活动中的不正之风。《纪要》指出:"随着特殊政策和灵活措施的实行,经济上的开放,在可以学到一些资本主义经营管理方法,加快四化建设的同时,也势必会有一些资本主义的腐朽的生活方式和意识形态渗透进来,侵蚀我们的干部和群众,广东更是首当其冲。这种现象是不可避免的。我们既不要害怕,也不要麻痹,要针对这种现象主动地采取预防措施。"为贯彻中央书记处这一指示,12月26日,省委、省政府下发《关于在对外开放中加强反腐蚀斗争的决定》(《决定》)。《决定》强调要充分认识反腐蚀斗争的必要性:各级党委、政府机关和工厂、企业、学校、街道、人民公社,都要克服忽视思想政治工作、对歪风邪气不愿管不敢管的倾向,认真抓好反腐蚀的思想教育;必须加强有关对外经济活动的管理工作,健全规章制度,堵塞各种漏洞;要普遍检查一次执行党纪国法的情况;今后在赴港、出国问题上必须严格执行纪律;各级党委和党的领导干部必须高度重视,加强对反腐蚀斗争的领导。

在中央的关心和支持下,广东凭借更加灵活的政策措施,实现了经济的跨越式发展。1980年,全省经济总量只有249.65亿元,列全国第五位,人均只有481元,略高于全国平均数(463元)。到1989年,仅仅用了9年的时间,广东经济总量就达到了1381.39亿元,增长了4.5倍,跃居全国第一位,人均达到2251元,远高于全国平均数(1519元),此后长期居于全国领先地位。开放的不断深化,经济的迅速发展和财富的迅速增长,也使得广东的党员干部更加直接地面对资产阶级生活方式的诱惑和腐蚀,各种特权思想、不正之风和腐败行为迅速蔓延,反腐败斗争的任务更加繁重。

三、在经济上实行特殊政策的同时坚决反对特权和特殊化

任仲夷到广东担任省委第一书记之前,1980年10月31日至11月6日,中央领导人叶剑英、邓小平、李先念、胡耀邦、万里等先后接见了他,对广东的工作作了具有指导意义的重要谈话。据任仲夷回忆,小平同志当时叮嘱:"特区不是仅仅指深圳、珠海那几块地方,是指广东、福建两个

省。单搞那一点地方不行,中央讲的是两个省。你们(指任仲夷和梁灵光)要充分发挥这个有利条件。对于搞特区,你们要摸出规律,搞出个样子来。"任仲夷到任之后,一方面解放思想、大刀阔斧推进广东的改革开放,一方面高度重视纠正对外经济活动的不正之风。他代表省委提出"有所引进,有所抵制""排污不排外"等重要工作原则。1981年9月18日,任仲夷出席广州市四届一次会议并作重要讲话,再次强调不允许"三特"。他指出:"在现代化建设中,身居各级领导地位的党员领导干部是否保持廉洁,的确是我们面临的严重问题。省委曾多次强调,广东在经济上实行特殊政策,但是不允许搞特权,不允许搞特殊化,不允许有不遵守党规党法的特殊党员。我们还多次强调,对外越是开放,对内的要求就越要严格。"他要求,在广东,应当把反腐蚀、反受贿作为整顿党风的一件大事来抓。要对党的各级干部加强廉洁奉公的教育,进一步树立贪污受贿可耻、一尘不染光荣的道德观念。全省针对对外开放新形势下的特权和特殊化问题,在党的作风和纪律建设方面做了大量工作。

一是严肃对外活动中的纪律。1982年2月22日,省委召开常委会议,传达2月18日中央政治局常委会议和19日中央领导人的重要指示,研究进一步贯彻中央关于反腐蚀斗争和端正党风指示的部署,决定:(一)召开省委常委民主生活会,着重谈思想认识,讲清楚个人问题,开展批评与自我批评;(二)向省直厅局以上党员负责人和参加五届人大四次会议的地、市、县委书记,传达广东、福建两省北京座谈会精神;(三)召开全省三级干部会议,系统地贯彻中央召开的广东、福建两省座谈会精神和中央政治局常委对广东的指示精神;(四)省委加强反腐蚀斗争的领导,除了省委第一书记、省长等亲自抓之外,省委常委、副省长也要抓好各自分管的战线、部门的工作。2月24日至3月5日,省委常委(党员副省长参加)召开了民主生活会,任仲夷主持会议。常委会决定:(一)省、地、市、县党政负责人不接受外商邀请去港澳和出国考察,如有特殊情况,确实需要应邀的,必须报上级批准;(二)除因统战或外经工作需要的特殊情况外,省、地、市、县党政负责人不接受外商和港澳商人的宴请。任仲夷代表省委在会上强调指出,广东存在资本主义腐蚀和资产阶级自由化倾向,必须认真解决,要严肃处理经济领域里的犯罪活动和纠正自由化倾向,抓紧大案要案的查处,不能手软,不能姑息。对经济工作,既要搞活,又要管严,做到活而不乱,管而不死。

二是严格制止对外索要钱物的行为。1982年,根据中央纪委、国务院侨务办公室党组《关于严格制止向华侨、外籍华人和港澳同胞伸手要钱要物的紧急通知》,全省各级纪委重点对四个方面的不正之风问题进行治理:(1)向外发动劝募,伸手要钱要物;(2)利用侨眷、港澳同胞亲属申请出境机会索取"捐赠";(3)挪用捐赠款,贪污、私分捐赠物品,长期拖延捐赠项目;(4)假赠真买,套汇逃税。针对对外活动中的各种不正之风,省纪委和部分地、市、县纪委进行党风调查,检查了各地受理华侨和港澳同胞捐赠中的一些违纪情况,并提出预防措施。至1983年春,各地假借接受捐赠的名义套汇逃税、投机倒卖的现象和利用出境工作的机会违章带回大量洋货的行为有所收敛。随后,省委、省政府和省纪委不断加强对党员、干部在对外经济活动中的纪律监督,收到了一定的成效。1988年4月,省委转发省纪委《关于在对外经济活动中加强对党员、干部作风纪律监督的意见》,要求各地各部门在对外活动中开展反腐蚀斗争,严肃党的纪律。

三是严格控制出国和赴港澳考察。1982年6月24日省政府发出《关于严格控制出国和赴港澳考察的通知》(《通知》)。《通知》要求严格控制派人出国或赴港澳进行经济贸易考察;必须外出的团组,一般应控制在5人以内;必须严格遵守外事纪律和有关规定。

第二节　纠正招生招工和"农转非"等工作中的不正之风

改革开放前后,特别是计划经济时代,商品供应相对紧缺,有些物品需要托关系才能买到,上大学不是通过参加高考,而是实行从工农兵中推荐入学,推荐的过程中存在着严重的"走后门"现象。老百姓一般把托关系、"走后门"叫作不正之风。

一、纠正高考工作中的不正之风

新中国1952年开始实行大学统一招生的高考制度。"文革"开始后不久，1966年7月24日，党中央、国务院发出通知，要求高等学校招生取消考试，"采取推荐与选拔相结合的办法"。1966年至1969年，所有大专院校均停止招生。1970年，为落实毛泽东同志"大学还是要办的"及"要从有实践经验的工人农民中间选拔学生，到学校学几年以后，又回到生产实践中去"的指示，北京大学、清华大学等部分高校开始招收工农兵学员。从1970年到1976年，全国295所大专院校按照"自愿报考，群众推荐，领导批准，学校复查"的原则，招收工农兵学员七届94万人。1972年，周恩来总理提出，在中学生中选一些有研究才能，钻研有成绩的，高中毕业后直接上大学，由于"四人帮"干扰，这个建议未能实施。1975年，邓小平同志领导开展全面整顿，曾设想搞一些试点，通过考试直接从高中生中选拔一批优秀学生到大学深造，由于"四人帮"干扰和"批邓、反击右倾翻案风"运动，这一设想没能得到实施。

"文革"结束后，1977年7月，邓小平同志复出工作，主动向中央提出分管教育科技工作，8月6日，小平同志提议并主持召开科学与教育工作座谈会，现场拍板决定当年恢复高考。10月，党中央、国务院决定从当年起，采取自愿报名、统一考试、择优录取的办法，所有符合条件的人都可以参加报名、考试。① 本月，广东省高等学校招生委员会成立。招生委员会按照全国招生工作会议精神，实行自愿报名、统一考试、按德智体成绩录取的招生制度。同时，中断了十多年的研究生招生制度也开始恢复。

高考制度的恢复，受到社会各界的广泛欢迎，为大批知识青年敞开了大学之门。但是，在高考招生过程中，有一些干部利用手中的权力，徇私舞弊，搞不正之风，广大干部群众反映强烈。

省委纪委于1978年恢复重建之始，就会同教育行政部门对高考招生徇私舞弊问题进行检查纠正。1978年，省委纪委与海南区党委、万宁县

---

① 当年有570万来自农村、工厂、部队的考生参加了高考，1978年夏参加高考的考生达到610万。

委联合检查了万宁县教育局、县招生办公室主要领导人在1977年的高考中有组织地进行徇私舞弊活动问题,对有关责任人作出了严肃处理。从1979年开始,各级纪检机关严肃查处了一批党员、干部在招工、招干、"农转非"和在选拔干部中以权谋私、徇私舞弊的违反组织劳动人事纪律案件。1981年3月20日,省委纪委联合省高等、中专学校招生委员会发出《关于严禁在招生工作中搞不正之风的通知》。各地按通知精神,加大了查处此类不正之风案件的力度。1981年10月20日,为纠正广东恢复高考制度后第一批本科毕业生分配工作中的违反纪律行为,省委纪委联合省高等教育局、省教育厅发出《关于严禁干扰高等学校毕业生分配工作的通知》,要求各级纪委严肃查处在高校毕业生分配和单位吸收大学生过程中的违反组织人事纪律案件。同年,省委纪委支持汕头市委纪委查处市卫生局一名副局长通过拉关系、"走后门"送两个女儿上大学的问题。

1982年,广东首次在全国统一高考前实行考生预选制。为防止改革后产生新的以权谋私、徇私舞弊问题,省委纪委联合省高等、中专学校招生委员会于当年3月25日发出《关于严禁在招生工作中搞不正之风的补充通知》,要求"各地在招生工作中如发现有徇私舞弊等事件,应予揭发,及时查处"。1983年以后,各级纪检监察机关会同教育行政主管部门,每年都通过不同的方式,加强对招生工作的监督检查,严肃查处违反规定的行为。

二、纠正"农转非"工作中的特权现象

在计划经济时代,我国实行从事农业生产人口和从事非农业生产人口区分的户籍制度。改革开放后,国家根据城市发展和规划需要,为帮助党政机关、事业单位在贫困边远地区、艰苦岗位工作的职工和乡镇企业中的管理人员解决户口困难,支持、鼓励各类人才到艰苦岗位工作,把其中符合条件的农业户籍人口转变为城市户籍人口。当时,"农转非"可以吃"商品粮",并享有很多政策优惠,是让人羡慕的事。

改革开放初期,广东和全国各地一样,仍然存在着较大的"三大差别"(即城乡差别、工农差别、脑力劳动与体力劳动的差别)。一些地方党员、干部利用职权,搞特殊化,批准亲属、朋友办理"农转非"手续。

1979年9月,省委书记、省委纪委书记李坚真在全省纪律检查工作会议上严肃指出:当前表现最突出,群众反感最大的就是有些领导干部利用职权,批准亲属、朋友进城入户。如有一个县,从去年到今年6月,全县批准进城入户的有3000多人,其中由县委领导人个人批条子的就有1200多人;县委常委原在农村的家属,现已全部进城入户;部委办局领导以至相当于股长以上的干部,原在农村的家属也大部分进城入户。1979年10月22日,省革委会批转省公安厅、省粮食局《关于严格控制非农业人员增长的报告》。《报告》指出:1978年,全省共38万农业人口转为非农业人口,其中干部职工的农村家属迁入城镇的有32100多人。《报告》强调必须坚决制止不按政策规定把集体所有制单位的农业人口就地转为非农业人口。

从1979年开始,省委纪委协助省委纠正一些地方党员、干部利用职权为亲友办理"农转非"的不正之风。1979年,廉江县委纪委查处一些领导干部在办理大碑村移民归回廉江林场时,利用职权,营私舞弊,把亲属和朋友的子女安插入廉江林场,骗取户口和供给商品粮问题。1980年海南区党委纪委会同有关部门查处了澄迈县部分领导人违反政策滥批农业人口进城落户造成"进城风"问题。1982年,国务院下发《关于严格控制农村劳动力进城做工和农业人口转为非农业人口的通知》和省政府转发《国务院关于严禁在招收、调配职工工作中搞不正之风的通知》后,省委纪委要求各地坚决刹住在"农转非"问题上以权谋私的不正之风,对边纠边犯的行为严肃查处。各级纪委会同劳动人事部门对在招工、职工调动、"农转非"中的违纪案件进行检查处理。

1987年,汕头市纪委查处了市公安局一名副局长违反规定为多名亲友办理"农转非"手续的案件。1988年,龙川县纪委、监察局、公安局联合查处了一些民警与粮食部门干部职工串通,非法办理200多人户口"农转非"并从中受贿的案件。省纪委将上述两案向全省通报,推动纠正"农转非"中的不正之风。

1992年,全省进一步把"农转非"中的不正之风作为纠风工作的重点进行整治。各级监察机关根据省政府关于坚决制止买卖户口的指示,集中力量对出卖"农转非"户口和自理口粮户口指标问题进行清理整顿。

第三节　反偷渡外流与纠正
利用职权送子女到港澳的歪风

1957年之后，由于国家采取了一系列"左"的政策，加上三年严重经济困难和"文化大革命"十年经济发展缓慢，人民生活得不到应有的改善和提高，广东曾连续发生群众偷渡外逃香港、澳门事件。据统计，从1954至1978年，全省共偷渡外逃56.5万多人，逃出14.68万多人。

一、领导干部利用职权送子女到港澳的问题突出

1978年下半年，广东偷渡外逃势头很猛，最严重的是惠阳、汕头、佛山地区以及广州市。一些过去很少发生偷渡外逃的韶关、肇庆、梅县等地区，也发生不少外逃。偷渡的不仅有农民，而且还有干部、职工及其子女，甚至十几岁的中小学生也结伴偷渡。1978年1月至9月，全省共发生外逃40337人，逃出8890人，比上年同期分别上升1.3倍和2.3倍。1978全年，发生"逃港"事件9.7万多人次，逃出1.8万多人。

1979年5月6日，来自惠阳、东莞、宝安80多个乡镇的7万群众集体逃港，为了堵截偷渡者冲关，港英当局差不多动用了香港警力的整个家底，还出动了7架直升机，2艘军舰，军警4000人，24小时不间断地进行海陆空立体巡逻。当年1月至5月，广东省累计发生偷渡外逃11.9万多人，逃出

当时的港英政府给逃港者划定的难民区。

2.9万多人，人数超过历史上最高的1962年。6月21日，省革委会发出《关于坚决制止偷渡外逃的布告》，规定一切人员出境，都必须经过批准，按指定的口岸凭证出境，对偷渡外逃者，要按照政策收容、教育、遣送；屡教不改者，要严肃处理；对干部偷渡外逃者，要从严处理；对反偷渡外逃有功者，给予奖励。尽管省里对偷渡行为始终保持了高压政策，但是仍然遏制不住偷渡风。

1980年1月至8月，广东又发生偷渡外逃14.3万多人次，逃出36673人，增长势头凶猛。当时，一些党员干部对待偷渡的态度并不一致，一些党员干部在思想上同情，在行动上支持，自身也滋生了向往港澳、羡慕资本主义和以权谋私的错误倾向，甚至利用职权或采取弄虚作假手段送子女到港澳，在群众中造成不良的影响。深圳自1978年以来，有119名干部和193名干部子女，经申请批准，以"合法"身份去了香港，全市干部逃港有557人，逃出183人。市直机关有40名副科级以上干部发生子女外逃问题，共逃出56人。造成了"有权的批出去，有钱的买出去，没权没钱的逃出去"的局面。广州番禺县的沙湾大队，还出现了以生产队长为首，党支部书记和治保主任全部参与的偷渡事件，他们乘船外逃之时，竟还有数十名村民到海边饯行。惠阳县的澳头公社新村渔业大队，一共才560多人，短短几个月就有112人偷渡成功，大队党支部的6名支部党员，除一名妇女委员外，其余5名都偷渡去了香港。

二、纠正偷渡外逃和利用职权送子女去港澳歪风

省委对偷渡外逃问题极为关注。为了遏制日益严重的偷渡潮，省委在1978年9月发出制止偷渡外逃的紧急电报通知。根据习仲勋和省委的指示，同年10月14日至18日，全省反偷渡外逃座谈会在汕头市召开。会议提出必须切实加强对反偷渡外逃斗争的领导，积极搞好生产，发展经济，提高人民生活水平，做好宣传教育工作，深入开展破预谋、挖黑窝，狠狠打击阶级敌人的破坏活动，严格边防管理，加强堵截工作等项措施。按照省委的部署，从1978年下半年开始，各级纪委就针对广东沿海特别是靠近港澳的一些地区，党员、干部利用职权或采取弄虚作假手段送子女到港澳的风气十分突出这一问题，协助各级党委开展纠正利用职权送子女

去港澳歪风的工作。

中央非常重视广东的偷渡外逃问题。1979年6月10日至13日,国务院、中央军委在北京召集广东省革命委员会、广东省军区和国务院、中央军委有关部门的负责人开会,在听取广东汇报之后,研究了制止偷渡外逃的紧急措施。6月14日,国务院、中央军委向广东省革命委员会、广州军区、广东省军区发出《关于坚决制止广东省大量群众偷渡外逃的指示》。中央副主席、国务院副总理李先念指出:当前广东偷渡问题很严重。要求省委第一书记习仲勋要好好抓一下。6月17、18日,省委召开两次常委会议,专门研究贯彻中央指示,对开展反外逃斗争作了部署。省委成立了反偷渡外逃领导小组,习仲勋任组长。6月21日,广东省革委会发出《关于坚决制止偷渡外逃的布告》,随后在全省展开反偷渡斗争。

1979年下半年,各级纪委协助党委开展纠正利用职权送子女去港澳歪风的工作。根据中央指示,省委纪委组织对党员、干部偷渡外逃问题进行调查,制定措施,按照"教育为主,组织处理为辅"的原则,切实纠正党员、干部偷渡外流之风。是年7月,省委纪委联合惠阳地区纪委,查处惠阳地区计委一名副主任利用职权,并采用虚报年龄、伪称儿子准备继承在港的岳父、岳母财产的手段,将儿子、儿媳送往香港的案件。海南屯昌县委也对一个利用职权、冒名顶替把女儿送去港澳的公安局副局长,作了严肃处理,给予留党察看两年,撤销职务的处分。8月,根据省委关于反偷渡外逃斗争和反对党员领导干部利用职权送子女、亲属到香港、澳门的部署,省委纪委会同公安、海关、侨务和工会、共青团、妇联等部门组成7个调查组,到佛山、惠阳、汕头等地进行调查,提出应对措施。9月,省委纪委在全省纪律检查工作会议上印发《关于党员领导干部送子女、亲属去港澳情况的调查报告》,要求各级纪委从加强思想教育入手,按照中央纪委提出的"晓之以理,导之以规,绳之以法"方针,迅速刹住这股歪风;并提出,"党员、干部特别是领导干部必须主动接受党组织的监督""严格审批制度"。11月8日至12月6日,省委纪委派员配合中央纪委,到深圳、东莞、佛山、中山、珠海、惠阳等地调查党员、干部偷渡外逃情况,向中央纪委和省委提出具体意见。这一年,省委纪委通报番禺县一名副局长违反纪律送亲属到澳门被处分的情况,推动了全省的刹风工作。

三、探索从源头上治理党员偷渡外逃

1977年11月,复出后的邓小平将视察的第一站定在广东,对广东的"逃港"问题,邓小平深刻指出:"这是我们的政策有问题,此事不是部队管得了的。"据统计,当时,宝安县农民一个劳动日的收入为0.70到1.20元,而香港农民劳动一日收入60~70港币,两者差距悬殊近100倍。在一些地区,普遍流传着"辛辛苦苦干一年,不如人家8分钱"(指寄信到香港叫亲属汇款回来),"内地劳动一个月,不如香港干一天"的说法。这也诱使许多人"前赴后继"般逃往香港。省委重点从三个层面治理偷渡外逃问题。

一是继续保持对非法偷渡的打击力度。1980年1月8日广东省政府发布《广东省关于处理偷渡外逃的规定》,详细列举了12种应当予以追究刑事责任的偷渡行为:为首组织、策划偷渡外逃的;制造谣言或利用封建迷信煽动偷渡外逃,后果严重的;从事带引、运送他人偷渡外逃活动或者伪造边防证件的;扒乘车船外逃,损害国家财产或破坏交通设施,危害交通安全的;抢劫、盗窃车船等交通工具进行偷渡外逃的;行凶殴打边防执勤人员与堵截偷渡外逃的群众的;对反偷渡外逃积极分子及其家属进行报复陷害的;为外逃人员制造、倒卖船只或提供其他交通工具的;组织、策划冲击收容站,拦截、劫持被收容的外逃人员的;国家工作人员利用职权,收受贿赂,支持、包庇人偷渡外逃的;携带机密文件、枪支偷渡外逃的;以及以反革命为目的进行偷渡外逃的。同时强调,对被堵截的偷渡外逃人员,要送指定地点进行收容审查,分别情节轻重,作出处理。

二是明确开展反偷渡外流的相关政策问题。1980年12月12日,经省委批准,省委纪委发出《关于印发〈对偷渡外逃党员进行组织处理的若干政策界限〉的通知》,规定处理党员偷渡外流问题的有关政策界限。规定:凡违犯国家边境管理法规,偷渡外流,被依法判刑者,应一律开除党籍,并建议开除公职;凡偷渡外流被送劳动教养、强制劳动或行政拘留者,原则上应开除党籍;已经偷渡外流出境的,原则上应开除党籍,并建议开除公职;偷渡出境被遣返的,给予留党察看至开除党籍处分;凡持有合法有效证件出境逾期不归半年以上者,应在党内除名;支持、运送子

女、亲属偷渡外流或骗取合法证件送子女、亲属出境者,给予党纪处分至开除党籍;预备党员有偷渡外流行为的,原则上应取消其预备党员资格。1980年全省因偷渡外逃受处分的党员将近600人。

三是发展生产,改善人民生活。广东毗邻港澳、两地人民生活差距大的现实,使省委领导人深刻地认识到,尽快缩短与香港的差距,才能稳定人心,有效地刹住这股偷渡外逃风。习仲勋到广东工作后,对从源头上治理偷渡问题高度重视,曾公开表示,"不能将偷渡外逃当做敌我矛盾,港澳也是我们领土,群众日子过不下去往那边逃,只能叫'外流',不能叫'外逃'。今天不跑明天还是会跑。关键的问题还是要发展生产,提高生活水平。"1979年4月中央赞同和支持习仲勋同志代表省委提出的建议,决定发挥广东毗邻港澳、华侨众多的优势,让广东在改革开放中先走一步。同年7月,党中央、国务院批复广东、福建两个省委的报告,正式批准两省实行"特殊政策、灵活措施、先走一步",和试办四个出口特区。1980年8月26日,中国经济特区在"逃港"最严重的深圳市正式诞生,广大人民看到了希望,"逃港风"骤然停止。没过多久,有些偷渡到港澳去的人见家乡经济发展了,又成批成批地回来了。当年曾参与特区筹建工作的原省委书记吴南生后来回忆说:"最令人感到高兴和意外的是,在特区条例公布后的几天,最困扰着深圳——其实也是最困扰着社会主义中国的偷渡外逃现象,突然消失了!"① 至1983年初,少数党员干部利用职权以不正当手段送子女亲属去港澳的问题基本得到解决。

第四节　纠正滥发奖金实物歪风

广东改革开放先行一步,简政放权的力度比较大,一些企业、事业单

---

① 吴南生,1922年生,汕头市潮阳区人,1936年参加革命工作,1937年加入中国共产党。1975年后,任中共广东省委常委、省委书记。1979年初,负责筹办广东省三个经济特区,兼任省特区管理委员会主任,同时兼任中共深圳市委第一书记、深圳市市长。1985年后,当选为广东省第五、六届政协主席。中国共产党第十二、十三次全国代表大会代表。

位陷入"一放就乱"的怪圈,在搞活经济的同时,拜金主义、本位主义等思想滋生,一些单位产生滥发奖金实物的歪风。

一、纠正经济领域中违反财经纪律的不正之风

1980年3月,针对一些企业、事业单位在转换机制、搞多种经营过程中滥发奖金实物的做法,省委纪委派员到一些单位进行调查,建议省委、省政府制定切实可行的奖金制度,以明确政策界限,首先把一些明显属乱发、滥发奖金的不正之风问题纠正过来。下半年,根据中央纪委和省委要求,全省各级纪委都投入主要力量抓纠正经济领域中的不正之风,检查处理了一批走私贩私、投机倒把、索礼受贿、滥发奖金实物、违反财经纪律、侵占公共财物等案件。其中有些案件涉及领导机关和领导干部,省委纪委仅在一年左右的时间里直接组织检查的县级以上干部就有20多人。这一年,省委纪委会同省财政厅等部门对省二轻工业公司动用企业基金、税后利润留成、房租水电费等资金和滥发实物的不正之风问题进行检查处理。

1981年12月29日,省委纪委发出《关于元旦、春节期间发扬优良传统,防止不正之风的通知》,要求各地各单位在元旦、春节期间不得巧立名目,突击花钱,滥发奖金和实物。此后,省纪委每年都针对一些单位逢年过节借各种名义给职工滥发物品和"过节费"等不正之风,提前发出通知提醒制止,并要求各级纪委主动掌握情况,严肃查处顶风违纪的典型案件。

1983年至1984年,全省范围内结合打击经济领域的犯罪活动和整党工作,重点对滥发奖金、实物等突出问题进行整治。1983年11月30日,省纪委专门发出通知,要求"要严格遵守国家的财务制度、物资管理制度和财经纪律,严禁借改革之机,巧立名目,私分公款公物",严禁"滥发实物、奖金,低价贱卖公物","严防财产损失和个人损公肥私"。12月9日,省纪委又发出《关于以整党精神检查纠正滥发钱物歪风的通知》,要求全省各级党委、纪委认真学习中央纪委印发的关于兵器工业部违反财经纪律、滥发钱物问题的通报,"结合财经纪律大检查,认真检查纠正滥发钱物的不正之风"。

二、查处一批典型案件

尽管省纪委三令五申，个别单位仍然顶风作案。1984年，就发生了省二轻厅滥发奖金、补贴和实物案。省二轻厅发放钱物总额23.3万元，人均1165元，比制度允许的省级行政机关应发放的225元多出4倍以上，相当于省清理奖金界限最高限额450元的2.59倍；该厅1985年第一季度发放总额6.7万元，人均345元，为规定发放限额90元的3.83倍。该厅时任厅长、党组书记对该厅违规滥发钱物问题负有主要领导责任，省纪委给予其党内严重警告处分，并对省二轻厅党组予以通报和公开登报批评，责成其作出深刻检查。

1985年3月，全国人大三次会议通过的《政府工作报告》，提出必须纠正各种不正之风，排除对改革的干扰。报告指出："前个时期，乱发奖金、实物和补贴，乱涨物价牟取高利，利用权力倒买倒卖紧缺物资，以及请客送礼、行贿受贿等不正之风有所滋长。这些新的不正之风，对改革具有极大的危害。如果不坚决加以纠正，不仅败坏改革的信誉，妨碍改革的顺利进行，而且破坏社会主义物质文明和精神文明建设。"报告还对纠正新的不正之风的目的、方针、措施和办法，作了明确的阐述。4月10日，中央整党工作指导委员会发出《关于第二期整党工作的基本要求的通知》（《通知》），强调要切实认清新的不正之风的实质和危害，坚决加以纠正。《通知》强调，各级党委和党的组织"必须按照中央、国务院关于制止新的不正之风的要求和各项规定，进行认真的检查，采取经济的、行政的、法律的手段，迅速纠正这些歪风"。据此，省委、省政府迅速作出部署，大力纠正新的不正之风。

三、开展警示教育

从1985年至1991年，省纪委先后印发和转发《关于始兴县一些单位以参观为名用公款旅游的通报》《关于吴川县塘尾区建镇搞铺张浪费问题的通报》《关于兴宁县民政局非法动用大量民政事业经费错误的通报》《关于严肃处理惠州市财政局三个科与惠阳县财政局联合用公款送礼问题的通报》《关于茂南区1990年春节用公款送礼问题的通报》等。

根据省纪委上述通报的要求，各级纪委结合本地实际，运用典型案例在党内开展以增强纪律观念、加强廉政建设、发扬艰苦奋斗精神、自觉抵制不正之风等为主要内容的党性党风党纪教育。

1985年，全省将清理滥发奖金作为"纠正新的不正之风"的重点内容。各级纪委会同有关部门对党政机关违反规定发放奖金和企业缴交奖金税问题进行全面清理。7月23日，省政府、省纪委联合印发《关于对省二轻厅和省乡镇企业局供销公司滥发奖金、补贴实物问题处理的通报》，要求省直各部（委、办），各市、地认真吸取省乡镇企业局供销公司和省二轻厅滥发奖金问题的教训，严格按照党的原则和规定办事。省纪委还通报了汕头市旅游总公司和斗门县经济发展联合总公司等单位滥发奖金实物受到严肃查处的情况，要求各地各单位吸取教训，严格按照党的原则和规定办事，认真抓好纠正滥发钱物等新的不正之风工作。这一年，省直厅局级以上单位共清退奖金和实物折价83万多元，补缴奖金税41万多元。

第五节　反对铺张浪费之风

改革开放后，党中央、国务院多次强调，各级党政机关要厉行节约、反对奢侈浪费，树立艰苦奋斗、勤俭节约的良好风气，不断加强和改进作风建设，并作出一系列部署。广东在不断深化改革开放、大力发展经济、创造财富的同时，坚决贯彻中央部署和要求，坚决反对铺张浪费，弘扬党的艰苦奋斗的优良传统。

一、整顿公款大吃大喝和请客送礼等歪风

从1979年开始，全省各级纪委对改革开放之初一些地方出现的公款大吃大喝、请客送礼等不正之风进行集中整顿。1979年，省委纪委根据中央纪委的要求，部署纠正干部侵占农村社员劳动所得用于大吃大喝、请客送礼不正之风的工作，通报了顺德县委严肃处理县卫生局、县供销社

动用公款大吃大喝问题的行为。1981年12月29日，省委纪委发出《关于元旦、春节期间发扬优良传统，防止不正之风的通知》，要求防止和纠正一些地方和单位利用过节之机，给职工滥发物品和"过节费"，花费公款请吃请喝、互送礼品等不正之风。1983年11月30日，省纪委下发通知，要求各地在政社分开和建立乡政权中要严禁借改革之机大吃大喝、突击花钱的错误做法。1984年，全省重点对一些商场、公司开业时请客送礼的歪风进行纠正。

这一时期，虽然各级纪委三令五申，但是有些地方不正之风不仅没有纠正过来，反而继续发展蔓延。在对内对外开放重大活动中，有些单位发一些和活动无关，甚至根本没有纪念意义的纪念品，而且一发就是几十元、上百元，相当于普通干部一个月的工资。有的单位发西装，甚至一发就是好几套，滥发奖金的情况也很多。有些单位严重铺张浪费，大吃大喝、宴会成风，群众意见很大。

1985年2月，中央纪委下发《令必行，禁必止》的文件，指出，对于新的不正之风和"有令不行、有禁不止"的歪风，必须引起全党高度重视。广东省把用公款请客送礼作为"纠正新的不正之风"的重点工作之一。1986年，全省重点落实中央办公厅、国务院办公厅《关于简化各级领导干部外出活动接待工作若干规定》，纠正在接待工作中违反规定用公款请客送礼的行为。

随着对外开放的不断推进，物质财富迅速增长，一些党员领导干部开始滋生享乐思想，一些部门和地方奢靡之风日趋严重，党政机关争相建大楼、买轿车，讲排场、比阔气的风气迅速蔓延。1989年6月23日，省政府发出《关于严格控制购买进口小轿车的通知》。《通知》指出：近年来，广东盲目进口小轿车的状况有所好转，但仍有一些党政机关和企事业单位，通过各种渠道购买进口小轿车，因而增加了非生产性开支，刺激了超前消费，在社会上造成不良影响。为了压缩非生产性开支，严格控制社会集团购买力，厉行勤俭节约，省政府决定严格控制购买进口小轿车，监察、审计、控购、车辆管理和银行等部门要共同做好监督管理工作，违反规定的要严肃追究单位领导和当事人的责任。

1985年，林若同志（左二）在湛江农村调研时与干部群众交谈。

二、严肃查处典型案件和开展纪律教育并重

在纠正各种铺张浪费不正之风的过程中，省纪委对少数性质严重、影响较大的违纪人员进行了严肃处理。据统计，1983年至1987年，全省共处分违纪党员28080人，其中给予开除党籍处分的9333人。受处分的县级以上党员干部共有349人，其中市地厅局以上干部有20人。省（委）纪委结合严肃查处省内一些地方和单位滥发奖金、实物，利用公款请客送礼、吃喝玩乐、游山玩水、违反财经纪律等不正之风，在党内通报其中有普遍教育意义的典型案件，以起到警示作用。

为了总结教训，提高干部思想认识，1985年8月，省委在从化温泉宾馆举办了为期20天的县委书记学习班。在学习班上，时任省委书记林若作了题为《分清是非界限，增强党性锻炼》的讲话，联系海南走私汽车等事件，结合当时正在进行的整党，认真总结改革开放以来的经验教训，使大家认识到，改革开放必须坚持正确的方向，必须严格执行党和国家的方针政策，从本地实际出发，扬长避短，扎扎实实地办实业，发展生产，积累资金，决不能急功近利，以非法手段牟取暴利。讲话还联系广东实际，批评了"会捞钱的干部就是好干部、开拓型干部"，"来路不当用途

正当就没有多大错误",“要腾飞靠浮财"等"一切向钱看"的错误思想。会后,省委还组织各级领导干部加强学习,提高认识,辨清是非,开展批评与自我批评,纠正不正之风。

第六节　查处干部以权谋房歪风

20世纪70年代末以来,广东部分县、公社负责人和其他一些领导干部中出现了在住房方面以权谋私、搞特殊化的问题。在干部建私房问题比较突出的市、县,群众将干部的住宅群称之为"官僚街"“蚂蝗街"“臭虫村"“高级动物保护区",群众举报干部以权谋房问题的信件不断增加。1979年9月,省纪委在全省纪律检查工作会议上通报了部分领导干部搞住房特殊化的情况,并部署全省纠正"以权谋房"歪风的工作。此后,省纪委开展调查研究,明确政策界限,从1982年开始,结合打击经济领域犯罪活动,集中力量进行狠刹建房分房中歪风的专项斗争。至1984年底,共检查出15793名党员干部在城镇非法建私房,7133人多分多占公房。1985年以后,结合贯彻中央纪委关于集中力量查处经济大案要案的指示,全省各级纪检监察机关把"以权谋房"和在"房子"方面的经济违法违纪问题作为办案工作的重点之一。省纪委牵头查处了阳江、吴川两县借住房改革之名,挥霍大量公款发放所谓"建房补贴",造成国家600多万元资金流失的重大案件。

从1989年3月开始,全省各级纪检监察机关和建设、国土等部门抽调人员组成工作机构,开展一次声势更为浩大的公开监督党政领导干部建私房和装修住房的纠风专项斗争。1989年3月至1991年底,广东为加强党风廉政建设,抓住群众反映强烈的"热点"问题,全面持续开展了查处干部以权谋房的行动。

一、省委6号文的出台和试点工作的开展

1989年2月,时任省委书记林若根据各方面反映的情况,指示省纪委

组织调查了解干部建私房的情况。由此,省纪委决定由常委带队,分头到反映问题比较突出的市、县调查干部建私房问题。同时,向省直单位和各市、县印发了干部建私房问题调查统计表。

从调查掌握的情况看,全省党政干部建私房和用公款超标准装修住房问题已发展到相当严重的程度,突出表现在:一是有的党政干部利用职权多占地皮,大部分建了私房的干部占地面积均超过了国家规定的私房用地面积每户50平方米的标准,最高的竟达628平方米;二是有的党政干部利用职权或工作之便压价购买建筑材料,严重损害了国家或集体的利益;三是有的党政干部无偿使用公家的运输工具和施工力量;四是有的党政干部动用巨额公款超标准装修个人住房;五是有的市、县主要领导用公款建造超标准单家独院式高级住房;六是有的党政干部为了营建私房和装修住房大量贪污公款,大搞权钱交易,索贿受贿;七是有的地方趁机向干部滥发建房补贴;八是有的党政干部利用职权向银行贷款建私房。3月24日,省委发出"粤发〔1989〕6号"文件,批转了省纪委《关于对党政领导干部建私房和住房装修情况实行公开监督的意见》。省委决定,对全省党政领导干部建私房和住房装修情况实行公开监督,严肃处理党政干部在建房、住房中严重以权谋私的问题,作为治理整顿、从严治党、保持党政机关廉洁的一项重要内容,首先在现职县以上领导干部中进行。

1989年3月,省委、省政府研究决定,由时任省委常委、省纪委书记王宗春,副省长匡吉负责抓查房工作,并决定从省纪委、省建委、省监察厅、省国土厅和省检察院等单位抽调部分干部,组成省贯彻省委6号文件工作组,负责抓具体工作。4月2日,匡吉召集省纪委、省建委、省监察厅、省国土厅负责同志开会,研究如何抓好贯彻落实省委6号文件的具体工作问题,包括如何抓先行点及研究制定有关政策规定等问题。4月6日,省纪委召集工作组全体成员开会学习文件,市县选择化州县抓先行点,省直单位选择省二轻厅、商业厅抓试点工作。5月,经省委同意,先行点扩大到遂溪、平远、恩平、罗定4个县,并从省直机关再次抽调部分干部组成工作组到这些先行点开展工作。各市、县也参照省的安排和做法,陆续组织工作组开始了试点工作。

8月22日至24日，省委常委会听取省纪委关于查房试点工作的情况汇报。会议结合贯彻党的十三届四中全会精神，决定再抽调一批干部组成若干个工作组和检查组，分赴各市协助当地党委、政府推进查处党政干部以权谋房工作。同时决定，在原工作组的基础上成立"贯彻省委6号文件办公室"（"省6号办"）。8月24日，省委办公厅、省政府办公厅发出《关于进一步抓好贯彻省委6号文件工作的通知》的电报，通报了省委、省政府成立"省6号办"的决定，同时要求各地、各单位要参照省的做法，成立专门工作机构，把这项工作一抓到底。遵照省委指示，全省各市、县先后成立领导小组和办公室。至1990年9月，全省投入这项工作的干部共19818人，其中市（厅）级167人，县（处）级2189人。

二、采取有效措施狠抓工作落实

为了推动查房工作的顺利开展，省委、省政府、省纪委先后多次召开工作会议，作出具体部署，并在实践中加强了检查督促和具体指导。

1989年5月28日至29日，省政府在广州市召开了化州、遂溪、恩平、平远、罗定5个先行点以及所在的茂名、湛江、江门、梅州、肇庆5个市和省直有关单位负责人会议，交流开展试点工作的情况和经验，提出搞好试点工作的要求和措施。7月17日至20日，省纪委在广州召开各市纪委书记会议，汇报上半年工作，部署下半年工作。会上分析了各市党政干部对开展查房工作的思想动态，强调各级纪委要积极主动当好各级党委、政府的助手，把这项工作扎扎实实地抓紧抓好。

9月12日至13日，省委、省政府在广州召开进一步贯彻省委6号文件工作会议，研究部署贯彻省委粤发〔1989〕17号文件，即《中共广东省委、广东省人民政府批转省纪委、省建委、省监察厅、省国土厅关于处理党政干部建私房及超标准装修住房问题的两个规定的通知》（《两个规定》）的有关措施。《两个规定》具体规定了处理党政干部建私房和超标准装修住房问题的政策界限和实施的步骤和方法，同时明确，有关的规定"原则上也适用于处理企事业单位的干部建私房中存在的同类问题"。省委、省政府在通知中强调："各级党委和政府，必须贯彻从严治党、从严治政的方针，坚决贯彻随本通知颁发的《两个规定》。经济上的处理要'对号入座'，各地方、各单位不得另搞'土政策'；应当给予党纪、政纪、法纪处理的，不能手软，绝不能让严重以权谋私违纪违法的人在经济上继续得到好处，绝不能让该受党纪、政纪、法纪处理的人继续逍遥于纪律、法律之外。"省纪委领导在会上作了《关于处理党政干部建私房及超标准装修住房问题的两个〈规定〉的说明》，对《两个规定》贯彻执行中应注意的问题作了说明。

10月11日至12日，林若在湛江市主持召开了粤西片的湛江、茂名、肇庆、阳江4市贯彻省委6号文件情况汇报会。会议认为，一些地方的党政干部特别是领导干部以权谋私建私房的问题是严重的，已经发展到严重以权谋私、违法违纪的地步，是一种严重的腐败现象和腐败行为。会议强调，在干部建私房问题突出的地方，党委必须集中时间、集中力量抓，坚决把这场反腐败斗争进行到底，不获全胜，决不收兵。

10月26日，省委印发《部分市贯彻省委6号文件情况汇报会纪要》（《纪要》），提出要采取的"三点方针"和"五点措施"。"三点方针"：一是发动群众，依靠群众；二是要靠政策；三是重点地方要有一定的声势。"五点措施"：一是以领导干部的问题为主攻方向，首先解决县委、县政府领导班子中某些人的问题，特别是建了私房的党政一把手的问题；二是对重点违纪违法案件，要组织攻坚，务必在近期内突破几个案件；三是运用典型教育干部；四是在查处少数违法犯罪分子的基础上，依照政策，抓紧进行处理；五是加强领导和办案力量。"湛江会议"的召开及《纪要》的印发，体现了省委、省政府治理以权谋房问题的决心，推动了查处以权谋房工作的深入开展。11月3日，省委、省政府召开全省电话会议，动员各级党委、政府进一步积极行动起来，下决心把查房工作抓紧抓好抓到底。12月3日，省委再次召开电话会议，省委书记林若讲话要求全省各市、县主要领导，要积极主动，切实抓紧深入查处党政干部以权谋房的工作。

1990年2月6日至9日，省委、省政府在广州召开全省贯彻省委6号文件工作会议，通报省委"粤西会议"以来全省贯彻省委6号、17号、19号文件的情况，部署下一步工作，湛江、阳江、梅州市和廉江、高州、增城县等在会上介绍了经验。4月17日至28日，省委召开六届四次全体（扩大）会议，传达学习党的十三届六中全会于1990年3月12日通过的《中共中央关于加强党同人民群众联系的决定》，以整风的精神，联系广东省实际，开展批评与自我批评，重点讨论了如何进一步解决一些干部对开展查处干部以权谋房工作的思想认识问题。王宗春在会上作了题为《用六中全会精神统一认识，扫除思想障碍，坚定不移地把查处干部以权谋房的反腐败斗争进行到底》的重点发言，逐一澄清了一些干部对查房工作存在的错误认识，再次强调了切实抓好开展查处以权谋房工作的重要意义。随后，各市、县分别召开全会或市委扩大会议，仿照省委的做法，围绕查处干部以权谋房问题，以整风精神开展批评与自我批评，落实整改措施。省委常委、副省长分头到各市指导开好会议，进一步统一认识，确保查房工作顺利开展。10月5日，省委、省政府召开全省深入查处干部以权谋房工作电话会议，要求各级领导必须一鼓作气，善始善终把查处干部以权谋房工作抓好、抓到底。

三、查处各类以权谋房违纪案件

查处干部以权谋房中的违纪违法案件是搞好查房工作的中心环节。对此，省纪委反复研究并作出具体部署，明确要求各级纪委做到以下几点：（1）对查房工作中暴露出来的党员以权谋房、违纪违法问题，该立案的要及时立案。（2）实行分级负责制，即省负责抓市厅级干部的案子，市负责抓县（处）级干部的案子，县负责抓科以下干部的案子。（3）抓紧查处大案要案，省市重点抓紧查处县（处）以上领导干部的违纪违法案件，市、县则重点抓科、局级以上领导干部。（4）在查处干部以权谋房案件中，要重点抓住建房资金来源这个要害问题。（5）加强检查监督部门的协调配合，发挥联合办案的优势。省纪委先后抽调数批干部奔赴恩平、遂溪、英德、廉江、阳江、东莞、化州、高州等重点市、县和单位，加强办案力量。省纪委主要负责同志亲自抓大要案查处工作，与办案人员一起研究案情，制定突破案件的策略和措施。

1990年9月21日至23日，省委、省政府在广州召开了全省查处干部以权谋房案件经验交流会，阳江、清远、梅州、湛江市和英德、遂溪、廉江县等在会上介绍了经验。10月9日，省委、省政府颁布《关于在建房、住房方面有违纪违法行为党员干部纪律处分的若干规定》，在总结前段时间经验的基础上，明确相关政策和纪律界限。查处干部以权谋房工作期间，全省合计立案检查的干部以权谋房案件共有830件，至1991年底，查清结案698件，党纪、政纪、法纪处理607人。在已处理的人员中，有市厅级干部6人，县（处）级干部94人，科级干部321人，一般干部186人。其中，开除党籍的162人，留党察看的76人，党内撤职的51人，党内严重警告的110人，党内警告的81人；行政开除公职的36人，行政开除留用的30人，行政撤职的102人，行政降职的19人，行政降级的23人，行政记大过的42人，行政记过的10人，行政警告的19人；依法判刑的75人，免予起诉的55人。英德县公安局原局长张文列，廉江县委原常委兼长青果林场场长叶树章等人被依法判处死刑。张文列1986年至1989年在担任英德县公安局局长期间，利用职务之便，在审批"农转非"户口、国内公民申请出境和批准基建工程发包过程中，先后94次索取、收受36人贿赂总价值计18.6万元；截留县公安局推土工程款2000元；另有9.5万多元巨额财产不能说明合法来源。在侦查期间，张文列千方百计掩盖犯罪事实，搞攻守同盟，阻挠查处工

1991年12月24日，英德县公安局原局长兼党组书记张文列因犯受贿罪被判处死刑。图为张文列被押赴刑场。

作。1991年12月24日,经最高人民法院核准,对张文列执行死刑。

四、查处干部以权谋房工作的总结验收

1991年1月至2月,省委、省政府组织了9个检查验收组,对全省19个市和省直机关两年来开展查处干部以权谋房工作进行检查验收。检查验收组根据省委提出的"8条标准",重点检查了55个县(区),抽查了省直3个厅局,32个市县直属单位和23个乡镇,召开了242次座谈会,与80多名干部包括犯了错误的干部进行个别谈话,比较全面地了解掌握各地查处干部以权谋房的情况。"省6号办"综合了全省检查验收的情况,向省委、省政府作了汇报。经过两年多的努力,广东查处干部以权谋房工作取得了明显成效。据查房工作结束时统计,全省查清建私房的干部有41533人,其中市(厅)级干部31人,县(处)级干部963人,科级干部11562人,一般干部28977人。其中按规定"对号入座"需要作经济处理的共有25463人,占建私房干部总人数的61.3%。全省用公款超标准装修住房的干部有28133人,其中市(厅)级干部712人,县(处)级干部3638人,科级干部12877人,一般干部10878人,合计超标准装修费用3568.42万元。全省还查清用公款建造单家独院式住宅的干部有1782人,合计花掉公款10555.75万元,平均每户59235元。在弄清情况、调查核实的基础上,各地、各单位根据省委有关文件的规定,对干部在建房住房方面出现的问题进行严肃处理。至1991年9月,(1)全省应收各种补、退、缴、罚款总额为11766.56万元,已收回10748.62万元,占应收款总额的91.34%。其中收回属于建私房应补、退、缴、罚款7326.54万元,属于超标准装修款3422.08万元。(2)收回已参加房改的补交住房面积超标准部分加价款1736.16万元。(3)共没收严重违纪违法建起的私房36幢(套),收购有严重违纪违法行为建起的私房488幢(套)。(4)收回干部原来在城镇取得土地但尚未建房的地皮共5824块计69.89万平方米。(5)清退建了私房的干部仍占住的公房共6776套。(6)将1365幢单家独院式干部住房分别作了改建为公寓式住房,增加住户或改作其他用途的处理。

在解决党政领导干部以权谋房问题的同时,还为一批干部和群众解决了住房困难,密切了党群关系。一是把建了私房的干部退出的6000多

套公房大部分调整分配给住房困难户居住；二是把部分单家独院式干部住宅改建增加住房，安排给住房困难户；三是把查处干部以权谋房收回的钱，加上财政拨款和集资，全省共动工兴建了17791套"解困房"。据不完全统计，查处干部以权谋房工作期间，通过采取上述三项措施合计解决了近3万户干部、群众的住房困难。通过清房，全省各地均建立健全了一系列关于干部建房住房方面的管理制度，堵塞了漏洞，进一步完善了管理。

1991年4月10日至12日，省委、省政府在广州召开各市和各省直机关贯彻省委6号文件领导小组负责人、"省6号办"主任会议，通报了全省查处干部以权谋房工作检查验收的情况。会议认为，全省两年来查处干部以权谋房工作取得了显著成效，查处了一批严重以权谋私的违纪违法案件，建立和健全了干部建房和住房方面的制度，使广大党员、干部受到了一次深刻的思想教育。4月17日省委、省政府发出《批转〈关于全省查处干部以权谋房工作检查验收情况的报告〉的通知》。《通知》指出：通过开展以查处干部以权谋房为突破口的反腐败斗争，刹住了部分干部以权谋房的歪风；惩治了一批腐败分子，严肃了党纪政纪法纪；广大党员、干部受到了一次生动的党的宗旨、反腐倡廉的教育，增强了公仆意识、廉政意识、纪律观念和群众观念；密切了党群、干群关系，增强了干部、群众对惩治腐败，加强党风和廉政建设的信心和决心，得到了党内外广大干部、群众的拥护和支持。查处干部以权谋房的工作已基本达到了预期的目的；少数未达到要求的市、县，必须继续抓紧抓好，直到合格为止。《通知》还明确了治理领导干部以权谋房要落实领导责任。强调，"今后，一个单位如出现干部以权谋房的问题，要追究单位领导人的责任"。

第三章

大力治理经济环境
和打击严重经济犯罪活动

改革开放初期，有的党员干部经不起市场经济的考验，各种见利忘义、利用职权谋取私利的不正之风开始抬头，发生了一些新的败坏党风、败坏社会风气、违反党纪的行为。一些党员干部纪律观念松弛，思想混乱，认为经济要搞活、纪律要"松绑"；有的把改革开放同党性、党风、党纪对立起来，认为"改革上去了党风要下来"，或者只抓改革，不抓党风；有的甚至把纪律检查工作看作是改革的障碍。对此，陈云同志明确指出，"纪检工作应当研究新情况，适应新情况"。"党性原则和党的纪律不存在'松绑'问题，没有好的党风，改革是搞不好的。共产党不论在地下党时期或执政时期，任何时候都必须坚持党的纪律"。①

在这个时期，各级纪检机关围绕保证、促进改革的顺利进行，着重抓了三个方面的工作：一是坚决反对和纠正妨碍、破坏改革的人和事，严肃查处了一大批趁新旧体制交替之际钻改革空子、违法乱纪的案件。1986年1月，中央纪委发出《关于决不允许打击、诬陷搞改革的同志的通知》，要求各级党组织和纪检机关，对一些真正搞改革但因缺乏经验而出现这样那样的缺点和失误的同志，应当慎重地、实事求是地核清问题、澄清是非，及时帮助他们总结经验教训，使他们放下包袱，轻装前进。对于那些

---

① 1984年10月，党的十二届三中全会通过《关于经济体制改革的决定》，10月17日，陈云在中央纪委常务会议提出的《加强纪律检查工作，保证经济体制改革顺利进行》的报告上做出上述批示。（《陈云文选》第3卷，人民出版社1995年版，第275页、364页。）

为了一己私利,给改革设置障碍,处心积虑刁难改革,或抓住改革的同志的缺点无限上纲上线,甚至捏造事实、挟嫌报复、大肆诬陷搞改革的同志的人,只要发现就彻查严办。二是总结推荐典型经验。中央纪委先后召开全国党风工作经验交流会、沿海开放地区纪检工作座谈会等,交流和推广抓党风、促改革,两个文明一起抓的经验。三是划清界限,保护党员干部进行改革的积极性。1985年3月,时任中央纪律检查委员会第二书记王鹤寿在全国纪检工作会议上的报告中,提出了辨别是非、辨别什么是"不正之风"的三条界限:(1)这件事、这个行为有益还是有害于四化建设,符合还是不符合国家整体利益;(2)这件事、这个行为是否属于以权谋私的性质和严重的官僚主义的行为;(3)这件事、这个行为是否符合一个党员的党性原则。中央纪委还转发了河北省委和安徽省委关于在纠正新的不正之风工作中若干政策界限的相关规定,并发出通知,提出划清政策界限,首先要分清问题的性质,根据国家的现行政策法令,区别合法与非法的界限,其中最重要的是要把因为改革缺乏经验而出现的问题与借改革之名钻改革空子搞不正之风区别开来。

党的十三大以后,中央纪委为了适应改革开放形势下从严治党、严肃执纪的需要,使纪检工作逐步走上制度化、规范化、科学化的轨道,把建立和完善党内法规作为党的纪律建设的基础性工作来抓。先后制定了党员严重官僚主义、经济方面违纪违法、违反外事纪律、违反社会主义道德等8个方面的党纪处分条例、规定和案件检查、案件审理、控告申诉等3个方面的程序性条例。同时,还制定了12个有关纪检工作的制度和规定,进一步提高了纪检工作规范化程度。

第一节　纠正经济领域的不正之风

改革开放初期,广东省沿海一些地方和单位的少数领导干部从局部利益出发,急功近利,不是把主要精力放在办实业、发展生产力上,而是搞党政机关经商、企图靠转手倒卖洋货等不正当手段来积累建设资金。

有的领导干部头脑中滋生了"一切向钱看"的错误思想。在此影响下,一些地方和单位偏离了改革开放的正确方向,有的片面理解"贸易致富",说什么"腾飞靠浮财",挂着"贸易致富"的牌子走私贩私;有的只顾局部利益和部门利益,搞"以口袋为界",提出"只要不装进个人口袋,怎么干都行","来路不当用途正当就没有多大错误","为群众谋利益犯错误也值得","会捞钱的干部就是好干部、开拓型干部"等错误论调。一些党政机关一度经商、转手倒卖洋货、非法炒卖外汇成风,严重干扰了国民经济秩序,引发了一系列不正之风。

针对经济领域的各种不正之风,广东省委按照中央要求,结合广东的实际,在全面进行经济体制改革的同时,进行了端正经济工作指导思想的教育,特别是加强对全省各级领导干部的教育,重点解决好经济建设的根本指导思想,正确处理好局部与整体利益的关系、加强纪律性和坚决纠正以权谋私的不正之风等重大关系。

一、清理外汇市场的违规问题

广东试办经济特区,实行特殊政策、灵活措施,包括外汇收入和财政实行定额包干、五年不变的办法,除外贸出口增长部分的外汇由中央和省三七分成以外,其他各项外汇收入的增长部分,全部留给广东,由省综合平衡,包干安排。省政府也按照这一办法,与地、市实行包干。实行大包干政策之后,各地积极性得到激励,加速发展经济,不断扩大对外贸易。但是,由于地方掌握一定的外汇分成,而管理尚未跟上,各种违反外汇管理制度的情况,以及党员、干部逃汇套汇、炒卖外汇等违纪违法问题也开始出现了。

从1979年开始,结合纠正经济领域不正之风工作,省委纪委会同有关部门对一些党员、干部违反国家外汇管理制度问题进行检查处理。协助省委对佛山市赴香港经济贸易洽谈代表团违反外汇管理制度,入境时携带大量港币而不向海关登记的问题进行检查处理。1981年8月,省委纪委发出通知,要求严肃制止"违反外汇管理规定,谋取个人和小团体利益"的经济领域不正之风。

1985年2月,国务院发出《关于清理检查外汇使用和管理情况的紧急通知》,广东迅速贯彻,把清理外汇作为"纠正新的不正之风"的一项重要任务来抓。省纪委会同省计委、省外汇管理局、中国银行广州分行等单位成立省清理外汇办公室,对一些部门和单位集中进口、提前付汇,突击从中国银行卖出外汇和分散国家外汇资金,坐支出口外汇存留海外,以"内联""协作"等名义高价买卖外汇以及套汇、逃汇等问题进行全面清理。

1985年"海南倒卖进口汽车事件"发生后,[①] 省政府、省纪委于当年8月发出《关于查处海南进口汽车事件中炒卖外汇倒卖汽车等物资违法问题的通知》,要求各级纪委会同有关部门对各地各单位在事件中向海南调出外汇问题进行清查。经清查,全省共查出调往海南的外汇1136笔,共5.06亿美元,退回外汇1754.3万美元。结合清理工作,各级纪委对有关单位调入海南外汇违反专款专用原则、私自买卖或以"联营"为名变相买卖的问题进行了查处。

二、严禁党政机关和党政干部经商办企业

1984年10月,十二届三中全会审议通过了《关于经济体制改革的决定》,[②] 开创了我国以城市改革为重点的经济体制改革时期,国企改革、计划体制改革、多种经济形式共同发展、政府职能转变、对外开放等都大大加快了步伐。为了调动广大劳动者的积极性,文件提出允许一部分人依靠诚实劳动和合法经营先富起来。到1985年,全国各类公司大约有

---

① 本章第四节对该事件有详细介绍。

② 该《决定》在很多方面实现了历史性突破:在社会主义经济的本质属性上,突破了把计划经济同商品经济对立起来的老框框,明确肯定社会主义经济是"在公有制基础上的有计划的商品经济"。在所有制结构上,突破了过去"一大二公"的传统观念,肯定集体经济是"社会主义经济的重要组成部分",个体经济是"社会主义经济必要的有益的补充"。在经济调节机制上,突破了"计划经济为主,市场调节为辅"的提法和以指令性计划为主、以行政手段为主的做法,明确指出:要有步骤地适当缩小指令性计划的范围,适当扩大指导性计划的范围。在国家和企业的关系上,突破了把全民所有同国家机构直接经营企业混为一谈的传统观念,明确指出,政府部门原则上不再直接经营管理企业。在企业领导体制上,明确规定企业要实行厂长(经理)负责制。在经济利益分配上,突破了平均主义的传统观念和忽视企业、劳动者个人利益的做法,鼓励一部分人先富起来,等等。

32万户。在经济繁荣发展的同时,也出现了党政机关和党政干部经商办企业等不正之风,主要表现在,有些党政干部钻改革的空子,利用改革措施出台的时间差,抢先获利,使自己先富起来;有些党政机关和在职干部自办或与群众合伙办企业,形成官商结合的企业,利用权力获取高额暴利;还有的利用高级干部的社会关系,走私贩私,买空卖空,搞皮包公司,大发横财。这些不正之风和党政干部的腐败问题交织,引起群众极大不满。

为刹住这股新的不正之风,从1984年到1988年底,党中央和国务院先后发了近十个文件,表明中央对干部经商办企业的态度,明确有关政策界限,要求坚持政企分开,杜绝一些干部利用职务或"余威""余热"以权谋私,并力图划清公务活动与企业经营的界限。其中,1984年12月3日,党中央、国务院下发《关于严禁党政机关和党政干部经商办企业的决定》,1985年1月5日,中央纪委以一号文件形式发出《关于贯彻中共中央、国务院〈关于严禁党政机关和党政干部经商办企业的决定〉的通知》,要求各级党的纪委协助党委、配合有关部门认真清理检查党政机关和党政干部经商、办企业的歪风。1984年12月,党中央、国务院发布《关于严禁党政机关和党政干部经商办企业的决定》(《决定》),各地贯彻执行该《决定》,党政机关办的企业大部分陆续停办或者同党政机关脱钩;参与经商、办企业的党政干部,大多数回到机关工作或辞去党政职务。

广东遇到这个问题比其他地区早,开展治理也比较早。早在1982年4月27日,省政府就发出《关于取缔非法经商和加强市场管理若干问题的规定》,严禁国家机关、团体、部队、学校和事业单位从事商业活动或经营进出口业务,并严禁上述单位的工作人员个人经商。当年5月1日,省委、省政府联合发出《关于整顿社队企业的指示》,要求各级党委和政府及有关部门要认识社队企业在国民经济中的重要地位和作用,对社队企业进行一次以调整企业布局和产品结构等为主要内容的整顿,关心和帮助社队企业更健康地向前发展。中央和中央纪委关于党政机关和党政干部经商办企业的相关文件下发后,广东坚决贯彻中央和中央纪委部署要求,严肃纠正党政机关和党政干部经商办企业问题。1985年3月中旬至4月中旬,省纪委和广州市纪委牵头组成省市联合检查组,对省委办公厅、省政府办公厅、省商业厅和广州市一些机关所办的6个企业进行检查,督促其进行清理和整改。1985年,全省县以上党政机关和党政干部经商办企业总共3339户,经过一年的清理整顿,共撤销1382户,脱钩和转办1957户。1986年6月7日,省委、省政府发出《贯彻执行〈中共中央、国务院关于进一步制止党政机关和党政干部经商、办企业的规定〉的意见》,要求对广东省各级党政机关经商办企业的问题重新清理一次。

1988年,党中央、国务院下发《关于清理整顿公司的决定》后,广东围绕清理整顿公司做了大量工作,集中力量对国营和集体所有制企业违法经营问题进行了查处。至1989年6月底,全省共立案调查公司违法违章经营案件141件,错误性质属投机倒把的35件,"官倒"的35件,其他性质的71件,案件涉及违法违纪金额1.22亿元,已查结83件,罚没入库金额1371.18万元。

1989年6月15日至16日,省政府召开全省清理整顿公司工作会议,决定下一步重点查处政企不分的公司和党政机关办公司中的经济违法行为。全国范围内,由于对清理整顿公司的艰巨性和复杂性认识不足,措施不够明确有力,一些地方和部门犹豫观望,行动迟缓,清理整顿工作没有取得预期的效果。8月17日,党中央、国务院发布《关于进一步清理整顿公司的决定》(《决定》),提出进一步清理整顿的基本要求:一是通过清理整顿,坚决撤并一批不符合社会需要、重复设置、不具备开办条件、严重违法乱纪的公司,以及长期经营不善、严重亏损、已经资不抵债的公司,重点是砍掉各级党政机关开办的公司,流通领域中过多、过滥的从事商业批发、对外贸易、物资供应的公司和金融性公司。二是通过清理整顿,认真查处违法违纪案件,特别是查处社会影响大的有县级以上领导干部参与的大案要案。三是通过清理整顿,逐步建立健全公司的各项管理法规和制度,特别是财会、税收和审计制度,以保证公司的健康发展。《决定》强调,要集中力量,抓紧时间,在1990年3月底以前完成上述主要工作,在1989年底以前首先基本完成公司的撤并任务。未竟事项要继续抓紧进行,并逐步把对公司的管理和监督纳入法制轨道。9月4日,为贯彻执行党中央、国务院的《决定》,省政府决定调整省清理整顿公司工作领导小组,加强对清理整顿工作的组织领导。调整后的领导小组组长由省委副书记、省长叶选平担任。[①] 9月19日,省委、省政府发出《关于坚决贯彻执行中共中央、国务院〈关于进一步清理整顿公司的决定〉的通知》,对全省清理整顿工作作出具体部署,集中力量查处了一批"官倒"案件。1988年至1989年,省监察厅直接调查了兴宁县人民政府办公室销售香港同胞捐赠的免税进口化肥2.3万吨、省粮油进出口公司"毛豆油事件"、东莞拼装倒卖进口汽车、海康县农资公司倒卖化肥等"官倒"案件。从1988年11月中旬至1989年6月底,全省监察机关共受理"官倒"案件51件,立案调查35件,没收金额841.34万元,罚款金额152.25万元。

三、清理和防治"官倒"

改革开放初期,商品价格实行"双轨制",[②] 也就是同一种物资实行市场和计划两种不同的定价机制,市场价格与计划价格之间的差价十分大。由于紧俏物资大部分都掌握在单位及主管的干部、党员手中,某些政府部门、掌权的官员及其亲属,利用手中可以调拨物资的行政权力和职务之便,钻价格"双轨制"等的空子,将有计划的紧俏物资转到市场高价出售,倒买倒卖,从中获利,称为"官倒"。"官倒"作为社会主义商品经济的大敌,它的产生既是我国长期的封建残余影响在改革中的回潮,也是在社会主义初级阶段旧体制抵抗新体制的一种应激反应,群众对那些"官倒"快速暴富一族深恶痛绝。由于"官倒"与权力有着千丝万缕的联系,不少是领导点头、集体决定的,所以在查处过程中打招呼、说情的比较多,干预比较多,查处的阻力也比较大。

为了清理和防治"官倒",省委、省政府采取了一系列措施:一是大力破除权力资本意识,消除权力可以转化为商品、金钱的机会和条件,端正政府的经济行为,实行政企分开、官商分离,取消行政性公司,包括某些

---

① 叶选平,1924年出生,广东梅县人,1945年加入中国共产党。1980年至1985年任广东省副省长兼省科委主任,广州市委副书记、市长;1985年至1991年任广东省委副书记、省长;1991年4月在七届全国政协四次会议上被增选为全国政协副主席。

② 双轨制是中国经济从计划经济向市场经济转型过程中所采取的一种特殊制度安排,是1979年至1993年间中国所实施的渐进式增量改革(体制外优先改革)战略的一个重要特征。

权力庇荫下的特殊公司,杜绝直接或间接的经商行为,还利于国,让利于民。为了改变深圳"万商云集"的局面,推动经济特区健康发展,省、市经过多次研究,确定深圳实行"三个为主"(即产业结构以工业为主,资金来源以外资为主,产品市场以出口为主)的方针。二是大力发展社会生产力,提高工农业生产总量,不断增加社会总供给以满足广大人民群众日益增长的物质文化生活需要,尤其是努力增加有效供给,缓解供不应求的社会矛盾。三是建立和健全经济管理制度。规定掌握计划下达权和物资调拨权的部门和单位不能直接插手计划调拨、垄断专营物资的买卖。实行计划指标公开,物资分配流向公开,以便于社会各界监督,压缩一些掌握实权的领导干部以权谋私的空间。四是加强党员干部的政治思想工作,使广大党员干部在新的历史条件下过好权力关、金钱关,从思想上加固预防社会不良风气袭击的防线。五是狠抓"官倒"案件的查处工作,真正做到违法必究,执法必严。

四、严肃查处干部投机倒把、企业违法经营等问题

从1982年开始,围绕打击经济领域犯罪活动和纠正不正之风,广东严肃查处党员、干部投机倒把和骗买骗卖的违法经营行为。1982年,省委纪委会同海南区党委纪委,协助中央纪委查处了海南区对外经济贸易委员会"非法经营钨砂出口案"。

1985年3月28日,省委召开常委扩大会议,传达中央纪委"令必行,禁必止"的指示,要求各级党委、纪委认真查处一批借改革之机违法经商、非法谋财的"新的不正之风"案件。根据省委的部署要求,省纪委确定把党政机关、党政干部经商办企业和国营、集体所有制企业违法经营问题列为查处案件的重点。这一年,省纪委联合省委政法委、省检察院、省法院、省公安厅和省农垦总局等单位查处了电白县博贺镇开发总公司总经理黄贵潮、副总经理韩正清等人编造"联合国要在中国购买粮食运往非洲救济灾民,国务院批准中国人民解放军86180部队综合服务公司组织出口"等谎言,大肆诈骗公款3830万元的"黄贵潮特大诈骗案";省纪委、佛山市纪委会同有关部门查处了吉林省怀德县人刘浩然,冒称空军师级干部和中华国际技术开发公司顾问,伙同广东高要县人傅艺,在佛山、广

州、肇庆等地大肆进行投机倒把、诈骗活动,先后骗取了7个单位1391万元的"刘浩然投机倒把诈骗案";汕头地区纪委会同有关部门查处了潮州市庵埠镇产销掺杂掺假奶粉、行销全国28个省、市、自治区的恶性案件。1985年2月至1987年底,省纪委配合中央纪委调查了震动全国的"海南倒卖进口汽车事件",共立案881件,涉及违纪人员1071人,收缴赃款(含赃物折合价)3024万元。1990年,省监察厅查处了省商业厅擅自在香港设立公司、违法经营造成亏损2115万元案。1979年至1993年,全省各级纪委共查处投机倒把、经济诈骗案件2464件。这一时期的一些不正之风和违纪违法大案具有金额高、涉及人员多、违纪和违法犯罪交织的特点,涉案人员利用国家改革开放过程中制度不完善、监管不到位的特点,里应外合钻改革的空子,谋取巨额不义之财。省监察厅重建以后,全省行政监察机关配合"治理经济环境、整顿经济秩序"工作,查处一批国家工作人员和国营、集体所有制企业投机倒把、违法经营案件。

五、治理"三乱"

1990年9月16日,党中央、国务院印发《关于坚决制止乱收费、乱罚款和各种摊派的决定》(《决定》),广东迅速贯彻布署,在全省开展了深入持久的治理乱收费、乱罚款和乱摊派工作,切实纠正群众反映强烈的"三乱"歪风。

1991年11月22日,省七届人大常务委员会第二十三次会议通过了《广东省行政事业性收费管理条例》(《收费管理条例》)。省政府当年12月26日以粤府发〔1991〕158号文印发了该《收费管理条例》,要求各级人民政府"要发挥物价、财政、审计、监察部门的检查监督作用,加强对行政事业性收费的管理监督",物价部门"要按照《收费管理条例》的要求,认真履行主管部门的职责"。根据国务院的《决定》要求和省政府的部署,各级监察机关、纠风机构会同物价管理等部门,对中小学乱收费,向企业、农民和机动车驾驶员乱收费等环节进行了专门的治理。1990年9月至1991年底,全省共清理收费项目76484项,涉及金额37.78亿元,其中属乱收费10375项3.05亿元。

为加强对各种赞助筹资(包括资助、支援、捐献、无偿集资等)活动的规范和管理,省政府印发《广东省赞助筹资管理暂行办法》,就禁止向企业乱摊派乱要赞助问题作出了规定。1991年,全省共清理各种摊派2148项,金额1.3亿元,经过治理整顿,一年可减轻企业和群众负担9.8亿元。

1992年,全省监察机关和纠风机构对困扰企业发展的突出问题进行了治理,着重纠正一些党政机关、事业单位和社会团体向企业乱收费、乱摊派、乱卡压和侵占企业资财等不正之风,为企业发展创造良好条件。为纠正社团组织向企业乱摊派和乱要赞助的不正之风,全省共清理社团组织7522个,已办合格登记手续6475个,合并、注销、撤销、取缔和自行解散1047个。通过治理,全省一年减轻企业负担9亿多元。

1992年6月15日,省政府发布《关于清理道路检查站的命令》(粤府〔1992〕72号)后,各级监察机关、纠风机构会同公安、交通等部门开展了治理公路乱设站卡、乱收费、乱罚款歪风的工作。6月底,省监察厅、省纠风办会同省政府法制局牵头组织了6个工作组,分赴全省各地检查,检查和推动粤府〔1992〕72号文的贯彻落实。到年底,全省主要公路干线上的500多个各类检查站中,除省政府重新审批保留的79个外,其余的已全部撤销。

第二节 打击走私贩私等严重经济犯罪活动

走私是一种国际性社会现象,它的产生与关税制度、国家间商品差价和贸易限制的存在有关。只要国家实施对外贸易管理,存在国内外市场差价,就会有走私现象的发生。改革开放初期,广东等东南沿海省份的一些地方走私贩私问题非常严重,1980年至1981年上半年,沿海一些地方甚至出现了渔民不打鱼、农民不种田、工人不做工、学生不上学而纷纷参与走私贩私的情况。不少人通过走私贩私暴富,穷奢极侈、大兴土木,占用大量的耕地,根据当时汕头地区一个县的粗略统计,全县几年内被占用的耕地达7万多亩,而该县农村平均每人仅合0.3亩。更为严重的是,很多走私行为是由国家机关和企业事业单位内的少数人员同社会上的不法分子相互勾结进行的，有些地方的企事业单位和机关部队，为了赚钱而贩私货者比比皆是。有的还打着国家或集体的幌子，以合法或半合法的形式，公开或半公开地进行；有的地方和单位的干部与不法外商或社会上的不法分子沆瀣一气，诈骗国家和集体钱物，以及利用职权和工作之便贪污受贿等严重违法犯罪的情况亦相继出现。1980年，广东、福建、浙江、上海4省市14个海关的统计，查获的走私案件就有2.5万多起，私货总值达4145万多元，其中沿海查获的案件3662起，占总案件的14%，私货价值2819万多元，占总值的比例高达68%。当时走私规模之大，数量之多，价值之高，都是新中国成立以来所罕见的。

走私活动的泛滥和经济领域犯罪活动的猖獗，不仅严重扰乱社会秩序和经济秩序，使国家蒙受巨大的经济损失，而且造成恶劣的政治影响，严重地阻碍改革开放和现代化建设的健康发展。严厉打击走私贩私等严重经济犯罪活动，整顿经济发展秩序，确保改革开放的正确方向，成为中央和地方的当务之急。

一、严厉打击走私贩私等违法犯罪活动

改革开放之初，省委、省政府对走私贩私问题是有所警惕的。1980年7月13日，省委、省政府就发出指示，提出坚决打击走私和投机倒把活动，强调要切实加强口岸和市场管理，把打击走私和炒卖进口物品活动作为一项经常性的重要工作抓紧抓好。1980年8月26日，省委批转省人民检察院党组《关于加强经济检察，严厉惩治贪污犯罪活动问题的报告》，指出当时广东一些地方贪污、受贿和犯罪分子活动猖獗，严重危害"四化"建设大业，败坏党风。《报告》要求把解决贪污、受贿问题作为加强和改善党的领导，整顿党风的重要内容，切实整顿财经制度，严肃财经纪律，大力加强经济检查工作。

重建后的省委纪委在省委的领导下，结合纠正经济领域不正之风工作，在1979至1981年3年间，联合公安、海关等部门，在沿海地区开展反走私贩私斗争，严肃查处一批走私、套汇的案件。据统计，1979年广东全省查获的走私、投机倒把案件达9000多宗，比1978年增加了4倍。1980年，

省委纪委联合省经济委员会、广州海关查处广州海难救助打捞局"救捞8号"轮走私和违反外汇管理制度案;联合省委宣传部和广州海关等单位,查处广东潮剧团部分团员从香港演出归来时在道具服装箱中混藏大量私人物品的走私漏税案等。1980年第一季度,全省查获走私案件达4000多宗。

1981年2月,国务院、中央军委在福州召开东南沿海三省第一次打击走私工作会议。^① 会议讨论了事先草拟的《国务院、中央军委关于坚决打击走私活动的指示》和《广东、福建、浙江三省第一次联合打击走私行动方案》。国务院和中央军委领导同志审阅同意后,以1981年6号文件形式印发《国务院、中央军委关于坚决打击走私活动的指示》。当年3月、8月,广东省委分别召开两次打击走私工作会议,传达贯彻东南沿海三省打击走私工作会议精神,组织了两次全省性的打击走私贩私行动。在海上,组织边防部队,采取严密措施控制边防;在陆地,动员群众检举走私分子;在潮阳、惠阳、海丰等地加强民兵建设;和香港方面沟通,取得香港的支持和配合,拆除边界上走私者的仓库。这些打击走私贩私的斗争,使走私浪潮得到了一定遏制。8月20日,省委纪委下发《关于今后一段时间纪律检查工作的意见》,要求把"党员、干部支持、包庇甚至参与走私"问题作为经济领域不正之风之首来抓,严肃制止"违反外汇管理规定,谋取个人和小团体利益"的行为。当年,省委纪委向全省通报惠阳县柏岗大队武装走私案件和海丰县驻汕尾缉私指挥部〇七号艇人员私分走私物资案,要求各级纪委严肃查处企业、事业单位和机关、团体参与走私、贩私,或者以各种方式从资金、物资、交通工具等方面支持走私分子进行犯罪活动的行为。1980年至1981年,全省查获走私贩私、投机倒把等案件高达17.2万件,抓获走私船只860多艘,缴获走私物资总值1.1亿美元,罚没总额人民币2.48亿元。

经过大力纠正和治理,海上大规模走私活动初步被制止,陆上公开贩卖走私物品的市场被取缔,沿海地区一度刮起的走私、贩私泛滥之风

---

① 1981年,国务院和三省相继成立了打击走私领导小组和办公室,1981年、1982年、1984年、1986年先后召开了五次打击走私工作会议。

被刹住,广大干部群众在斗争中得到了锻炼和提高。但是,由于对打击走私贩私缺乏经验,对这股风气的势头估计不足,防范措施跟不上,缉私队伍、缉私装备和管理措施都不适应,加上沿海部分地区一些干部对走私贩私的严重性和危害性认识不足,疏于监管,给海内外的走私贩私不法分子以可乘之机。并且,大陆与港澳台和资本主义国家是两种制度、两种市场、两种价格体系,许多商品内外差价较大,不法分子利用这种因素进行走私活动,打击走私的任务依然艰巨。

二、严厉打击经济领域严重犯罪活动

1981年底,中央纪委在一份简报中,反映了广东省的一些干部甚至担任一定领导职务的领导干部极端严重的走私贩私的犯罪问题,引起中央的高度重视。邓小平、胡耀邦和陈云等中央领导都作了批示,指出要严厉打击走私贩私、贪污犯罪等违法犯罪活动。1982年1月11日,中央发出《关于开展打击经济领域严重犯罪活动的紧急通知》(《紧急通知》),要求对经济领域中严重犯罪这个严重毁坏党的威信,关系到党的生死存亡的重大问题,"全党一定要抓住不放,雷厉风行地加以解决。对那些情节严重的犯罪干部,首先是占据重要职位的犯罪干部,必须依法逮捕,加以最严厉的法律制裁,有的特大案件的处理结果要登报"。2月11日至13日,中央书记处在北京召开广东、福建两省座谈会,就如何坚决、有效地贯彻中央《紧急通知》,进一步开展打击经济领域中违法犯罪活动的斗争问题进行讨论。中央批转《广东、福建两省座谈会纪要》的通知指出,这场斗争不是一场孤立的斗争,也不是一场短时间的斗争,而是关系到我们党和社会主义事业盛衰成败的全局性、长时期的斗争。只有下定决心,加强领导,夺取这一斗争的胜利,才能促进党风、民风和社会治安的根本好转,保证社会主义现代化建设的顺利进行。

中央纪委和各级纪委受命作为中央和各级党委领导这场斗争的办事机构,集中力量同有关部门密切配合,严惩了走私贩私、行贿受贿、投机诈骗、贪污盗窃等严重犯罪分子。在党中央和各级党委的领导下,一场严厉打击经济领域的严重犯罪活动的斗争在全国范围内逐步开展起来。1979年至1981年底,各级纪委处理群众来信654万多件,接待来访230多万人次。经过一段时间的努力,打击经济领域违法犯罪活动取得了初步成效,整顿了经济秩序,保证了对外开放、对内搞活经济政策的正确贯彻落实,推动了改革开放的深入发展。

广东省在这场斗争中的责任重大、任务艰巨。1982年1月14日,省委常委召开会议,任仲夷宣读了中央的《紧急通知》,中央书记处派来广东的中央纪委副书记王鹤寿传达中央领导的有关指示精神。省委成立了由时任省人大常委员会主任李坚真,省检察院检察长寇庆延,省公安厅厅长、党组书记兼省特区管委会副主任王宁,副省长范希贤,常务副省长兼秘书长、省府党组副书记杨德元组成的五人领导小组(后来增加省委常委兼秘书长杨应彬,组成六人领导小组),专门负责这项工作。1月28日,在省委召开的地、市委书记和省直局以上领导干部会议上,任仲夷作了关于贯彻执行中央《紧急通知》,坚决打击经济犯罪活动的讲话。他提出:对广东省党风方面的严重问题要有一个清醒的认识,各级党委在贯彻落实中央《紧急通知》这个大的原则问题上,要同中央保持一致,要态度鲜明,立场坚定,不能稍有含糊和手软。要把重点放在打击走私贩私、贪污受贿等经济犯罪上。2月22日,省委召开常委会议,研究进一步贯彻落实中央的指示和部署,并决定加强反腐蚀斗争的领导,任仲夷亲自抓,刘田夫以更大精力抓这项工作,其他省委常委、副省长抓好各自分管战线的这方面的工作。从2月24日开始,连续4天半时间,省委召开省委常委、党员副省长民主生活会。与会者检查了个人的思想认识和经济上应当说清楚的问题,并一致表示坚决拥护和贯彻执行中央的指示。

根据中央的精神,省委提出两个"坚定不移"的方针:打击经济领域的违法犯罪活动,坚定不移;对外开放和对内搞活经济,坚定不移。1982年3月底,省委从省直机关抽调干部组成12个工作组,分赴汕头、惠阳、深圳、珠海、湛江、肇庆、海南等地检查和督察大案要案的查处工作。后来,又先后两批抽调350名干部赴各地指导并充实办案力量。5月初,任仲夷到走私贩私一度最为猖獗的海丰县视察检查工作。这一年,"打击经济犯罪活动办公室"在全省共抽调了2万多名干部组成各级办案组。到1982年底,全省立案查处经济犯罪案件7211宗。其中,走私贩私540宗,投机倒把1796宗,贪污受贿3731宗,其他案件1144宗。缴获走私船只及其他赃款、赃物一大批。并依法严惩了原海丰县委书记王仲、副书记叶妈坎等人。1983年5月,省委、省政府向党中央、国务院上报关于打击走私贩私等经济犯罪活动的情况,截至当年3月底,全省立案查处的经济犯罪案件,共涉及1.2万多人,其中党员5300人,国家干部4800多人。同年8月下旬,省委召开全省地、市打击严重经济犯罪活动负责人、纪委书记会议,总结打击经济领域犯罪活动斗争的经验和教训。会议指出,到目前为止,全省查处经济犯罪案件8000多宗,沉重打击了严重经济犯罪分子,挽救了一批失足者,公开的大规模的走私贩私活动已基本刹住。

三、巩固治理成果,完善法规制度

为从法律上保障这场重大斗争的顺利进行,全国人大常委会在1979年通过《刑法》《刑事诉讼法》的基础上,1982年以来,陆续通过了《关于严惩严重破坏经济的罪犯的决定》《关于惩治走私罪的补充规定》等法律法规,对刑法有关条款作了相应的补充和修改。在这个过程中,广东结合本省实际,先后制定《关于处理经济领域中违法犯罪活动的若干政策规定》等10个文件,明确划清政策界限,给一些因经验不足而造成工作中有失误的干部以改正错误的机会,从而使广大干部放下包袱,轻装上阵,在"先走一步"中继续敢闯敢干,大胆探索,保证广东改革开放沿着正确的轨道稳步向前。

从1982年初到1986年底,省(委)纪委作为全省打击经济领域严重犯罪活动斗争的主管部门,协助省委重点进行党员干部在经济领域犯罪大案要案的查处,全省纪检监察机关共立案查处经济违法犯罪活动案件14047人,涉案人数23767人,严厉惩治了一批严重经济犯罪分子。到1987年底,考虑到当时的斗争形势已经发生了很大变化,我国社会主义法制逐步健全,全党和全国人民的法制观念不断增强,经济领域和其他领域里属于法纪范围的问题,可通过正常的法律程序予以解决。经中央纪委请示中央同意,各级纪委不再作为党委领导打击严重经济犯罪斗争的办事机构,将这项工作连同纪委代管的打击严重经济犯罪活动办公室,交同级司法部门负责协调和管理。

第三节　王仲、叶妈坎、高森祥等典型案件的查处

对外开放，打开国门，一时间鱼龙混杂、泥沙俱下。一些地方为了尽快产生所谓的经济效益，经济发展指导思想出现偏差，听任甚至纵容走私贩私活动。一些领导干部利用职权，大肆贪污受贿。王仲、叶妈坎走私贩私案和张英、郝敏贪污受贿案等，就是当时的典型案件，有些在全国都有较大影响。

一、王仲贪污受贿案

王仲，1947年参加中国人民解放军，同年加入中国共产党，1976年2月起任海丰县委副书记、县委书记、县革委会主任，1981年8月调任汕头地委政法委员会副主任。王仲在海丰任职期间，利用职权执法犯法。1979年下半年，王仲利用职务之便开始受贿，当地红草公社一位广播员送给王仲1台17英寸黑白电视机，因此他赴港探亲报告提早获批。不久，海丰县一名教师送给王仲一台彩色电视机和收录机，该教师一家5口去港的要求亦顺利获批。尝到甜头后，王仲的胆子越来越大，索取港商的电视机、收录机、电冰箱，然后转手卖出。1980年7、8月间，海丰县打击走私贩私斗争正处于高峰期，被查获的走私货物在汕尾镇堆积如山，王仲便将黑手伸向缉私物资，跑到汕尾镇"视察"。从1980年7月至1981年8月，他先后在汕尾镇、汕尾公安分局、汕尾边防检查站、油尾港务局等缉私物资仓库（码头），任意侵吞大量缉私所获物资。计有：各种手表263只，收录机17部，电视机1部，电风扇2台，各种尼龙布料442米，各式衣服182件，还有洋参、羚羊角等高级药品及农具等物资一批，贪污总值人民币58141元。另外，他还收受、索取申请去港人员贿赂，计有：电视机6部（其中彩色电视机4部），收录机2部，电冰箱1台，受贿总值达人民币11608元。合计贪污受贿总值人民币69749元，这在改革开放初期，是一个触目惊心的数字。①

---

① 这个数字当时相当于当时一个普通干部100年的工资收入。

　　王仲贪污受贿在当时不仅数额巨大，而且情节特别恶劣。他利用手中掌握的权力，巧取豪夺，在众目睽睽之下把刚缉获到的走私物品，往自己乘坐的小车上装。他随意进入缉私物资仓库，不留任何凭据，就把东西取走，或者派人把已经留下的收条又索回撕毁。王仲的行为造成极其严重的后果，猖獗的走私活动得不到有效制止，一批干部受腐蚀，一些党的基层组织瘫痪或烂掉，一些缉私人员执法犯法、监守自盗。在王仲的带动和唆使下，海丰县公安系统和缉私人员中有不少人走上了犯罪道路。如县缉私指挥部属下4艘缉私艇的59名缉私人员（其中党员34人，公安干警13人），竟集体贪污私分缉私物资。海丰县一时成为远近闻名的走私货市场，甚至有人讥讽地将海丰喻为"远东的国际市场"。

　　对此，群众纷纷写信检举揭发，上级机关也派人调查。1980年3月中旬，王仲的罪行终于败露。时任中央纪委第一书记陈云同志高度关注，多次听取案情汇报，先后派出100多人次的工作组调查此案。有人曾经为王仲说情，说他是个老同志，为党作了一些贡献，是不是应该从轻处理。但是，陈云同志认为，"在我们改革开放的关键时刻，在一个地区出现如此

王仲在法庭上受审。

1983年1月18日《南方日报》登载王仲被处决的消息。

严重的情况，王仲起了一个非常坏的作用，如果不依照党纪国法进行惩处，对我们打击经济领域严重犯罪活动的斗争，对我们的改革开放都是不利的"。

根据调查结果，汕头地委开除王仲党籍，撤销其党内外一切职务，汕头地区中级人民法院依照《中华人民共和国刑法》第155条、第185条和第53条第1款的规定，判处王仲死刑，剥夺政治权利终身，王仲不服，提出上诉。经省高级人民法院终审判决，并报最高人民法院核准，1983年1月17日，在汕头市人民广场举行的公判大会上，王仲被依法判处死刑，立即执行。王仲是改革开放后第一个因经济犯罪被处以极刑的县委书记，其腐败行为带有明显的时代特征，王仲案亦被称为"改革开放第一案"。18日，《南方日报》《羊城晚报》《汕头日报》都在头版头条报道王仲伏法的消息并配发社论，《人民日报》也发布了王仲被查处的消息，同日配发社论《严正的判决》。

二、叶妈坎贪污受贿案

叶妈坎，曾任乡党支部书记、海丰县陶河公社供销站站长、海丰县土产公司副经理、县委组织部组织员等职。"文化大革命"期间，他带头造反，积极参与迫害彭湃烈士亲属，组织策划海丰"一月夺权"，先后窃取县革委会生产组副组长、县革委会委员、常委、副主任以及县委常委、副书记等职务。1978年6月至1979年1月，叶妈坎在清查"反彭湃事件"中被隔离审查。1979年4月被免去党内外一切职务。

1981年8月，叶妈坎被安排担任惠来县农办副主任，但他拒不到职，而是继续留在海丰当地组织走私团伙，进行大规模的走私贩私活动。1980年9月，他通过"走后门"将大儿子叶伟平送到香港，接着又通过关系将次子叶伟真和侄儿叶烈安排到两条引进船上，从而打通了走私渠道，内外勾结，猖狂走私。他煽动、组织4条机船的渔民走私，并为渔民提供证件、运输工具、燃料，还积极出谋划策，亲自安排走私时间、地点、方法、窝藏、转移和贩卖私货，亲自押运私货或利用派出所民警为其押车，使其走私贩私的犯罪活动得以通行无阻。叶妈坎在两年多的时间里，采取各种手段，共走私21次，走私进口手表5061只，收录机、电视机、电冰箱、电饭煲、电风扇、尼龙衣裤等物品一大批，走私金额共值人民币526918元。叶妈坎还严重破坏国家金融管理，套购大量黄金、白银和外币。1980年2月至1981年3月，叶妈坎先后组织30多人到汕头、紫金、惠州、广州、南京等地套购黄金59两，白银159.5两，银元1310枚，银毫42个，港币26.5万元。他通过各种渠道，走私出口黄金27.4两，银元1280枚，白银610两，港币12.3万元，总值达人民币93474元。1982年2月，叶妈坎还为香港走私分子张新带窝藏黄金29两。此外，叶妈坎还组织策划偷渡外逃，从中勒索巨额引渡费，从事投机倒把、牟取暴利等违法犯罪活动。叶妈坎案牵涉面广，直接牵连200多人。

根据叶妈坎所犯罪行，汕头市委、市政府决定，开除叶妈坎党籍，撤销党内外一切职务。汕头市中级人民法院依法判处叶妈坎死刑，剥夺政治权利终身，叶妈坎不服，提起上诉，省高级人民法院终审裁定驳回上诉。经最高人民法院核准，1983年9月18日，叶妈坎在海丰县被执行枪决。9月19日的《人民日报》报道了这一消息。

三、张英和郝敏受贿案

张英，1979年2月调任广州卷烟二厂副厂长，主管供销、财务。1981年至1982年，张英利用负责签订进口烟叶合同和批给内部单位大批高级香烟之机，收受外商和有关单位大量贿赂，总额高达港币17.91万元、人民币1.92万元，另有电视机、电冰箱、照相机、摩托车、洗衣机、收录机、皮衣、金链、高级家具等一大批物品，折合人民币21424元。1984年1月7日，广州市中级人民法院在广州市召开宣判大会，以受贿罪判处张英死刑，剥夺政治权利终身。

郝敏，原名迟樟，曾任广州部队某师副参谋长，1978年4月转业后，先后任宝安县委副书记，深圳市委常委、市政法委员会主任，广东省劳改局副局长。郝敏在任深圳市委常委、市政法委员会主任期间，利用职务之便，贪污4250元，受贿小汽车1辆及电视机等物资一批，价值9961.8元。贪污、受贿钱物共计人民币14211.8元。1987年7月5日，深圳市中级人民法院审判委员会讨论决定并报广东省高级人民法院审批，判处郝敏犯贪污罪处有期徒刑4年，受贿罪处有期徒刑7年，决定执行有期徒刑10年，没收赃物赃款并追缴违法所得2865.28元上缴国库。

四、广州市电信局原党委书记王维经夫妇走私套汇、投机倒把案

1978年以来,王维经通过各种手段,向港商、港澳同胞在广东省的亲友套汇港币8000多元;利用职权,用人民币偷换外汇券4000元;通过各种渠道,在香港、澳门、广州、潮阳县等地,购买彩色电视机、黑白电视机、收录机、电子计算器、手表等商品,两次运到山东烟台和文登县高价倒卖,从中牟取暴利。

王维经虽然很早就参加革命,并加入党组织,还担负一定领导职务,但在资产阶级腐朽思想侵袭下,严重丧失共产党员的品德,极端个人主义膨胀,利用党、政府赋予的职权和各种社会关系,进行犯罪活动,情节和手法极其恶劣。他亲自出面,从汕头地区一些走私贩手中非法购进一批进口电视机,和妻子、儿子、儿媳,到妻子家乡山东某公社高价出售电视机、收录机以及录音带、手表等商品,从中牟取暴利。1980年,其妻子以局长夫人身份指使涉外人员偷换外汇券,上门找外商收取电路租费,一次套换外汇券4000元。王维经利用到香港访问的机会,事先授意与电信局有业务联系的港商为其在香港购买彩色电视机,违法逃税,带回来倒卖。还接受港商赠送的收录机。其妻子拿着王亲自开的放行证明信件,携带电视机、收录机、电子计算器、手表以及录音带、稳压器、电视机天线等物品,以探亲名义到山东倒卖。被烟台海关查获后,王给烟台地区邮电局领导打电话,请帮忙向海关讲情。

1982年2月5日的《人民日报》报道了该案件,并发表评论员文章《发人深思的教训》,指出,要争取党风有决定性的好转,就一定要坚决打击走私贩私、贪污受贿等严重违法犯罪行为,抓住这个严重毁坏党的威信、关系我们党的生死存亡的重大问题不放,雷厉风行地加以解决。越是涉及大人物、大机关的大案件,越要抓住不放,从严处理。对少数情节严重的犯罪干部、特别是占据重要职务的犯罪干部,必须依法逮捕,依法予以严厉制裁。文章强调,我们实行对外开放政策,加强国际经济技术交流,是坚定不移的。走私套汇、投机倒把,同正常的对外经济贸易往来,

是根本不同的两码事。文章还引用任仲夷同志在广东省委最近召开的地市委书记会议上说过的一段话："对外开放，对内放宽，主要是指经济政策，党风决不能开放，党纪决不能开放，而只能更严。"

五、中国电子技术进出口公司深圳分公司走私逃税案

该公司1980年成立，主要任务是在国家统一的外交、外贸方针政策指导下，经营电子工业进出口业务，为发展我国的电子工业服务。但是，该公司违反既定的经营方针，利用外汇做投机生意，弄虚作假，欺骗海关，偷税漏税，大搞走私，牟取暴利。

对其走私行为，该公司内部有的干部早已有所察觉，并向上级有关部门写信举报。中央纪委有关负责同志对其走私问题作了批示。由第四机械工业部党组、国家机械委员会、海关总署和中央纪委派人参加，组成联合调查组对有关问题进行调查。中央领导同志在相关材料上批示建议，由中央纪委派一专门小组进行彻底追究，强调"越是大人物、大机关，处理越要严，要重"。调查组初步查明，1981年1月至9月，在公司主要负责人、临时党委书记周志荣和公司储运部主任徐志良等人的策划下，分部内外勾结，9次走私电视机、手表和收录机等，仅收录机就有26842台（套）。最后一次走私被查获，其余8次逃税124万元。在中央纪委督促下，第四机械工业部党组决定，周志荣和徐志良停职检查。《人民日报》发布查处该案的消息，指出，相关人员从个人利益、小集团利益出发，为牟取暴利，弄虚作假，走私逃税，大量进口电视机、收录机等电子产品，严重损害了我国的经济利益，影响了我国电子工业的发展，冲击了国内同类产品的销售市场。

1981年2月，深圳市委宣布处理了5起走私贩私、贪污受贿案。包括深圳市边防分局政治处副主任彭国贤包庇窝藏诈骗犯盗窃犯李阳福案，龙岗公社管委会副主任廖日初利用职权为走私贩私分子提供介绍信和运货车辆案，沙河华侨企业公司副总经理彭煌、党委副书记朱克华与港商勾结，动用公司船只走私运私和套汇案，深圳市供电局党委副书记、副局长张基柱占用集体土地建楼房并出租获利案，原潮阳县委常委、卢岗公社党委书记周勤增（后任县农林水办公室副主任）走私和贪污案。《人民

日报》也发布该消息。《南方日报》登载这一消息，发表题为《对带头贩私、贪赃枉法者必须严惩》的评论员文章，指出：他们大量贩私，一个显著特点就是，内外勾结。要刹住经济领域的歪风邪气，争取党风有个决定性好转，对那些执掌权力而带头犯法者就非严惩不可。这些典型案件的重判严惩和大力宣传，起到了敲山震虎的作用，走私贩私、贪污受贿的歪风被压了下去。此后，广东各地特别是珠三角地区一带，结合本地实际"摸着石头过河"，探索正确的发展路子，办实业，搞"三来一补"，使经济发展逐渐走上了快车道。也可以说，杀了王仲、叶妈坎、张英等人，教育了一大批干部，摆正了发展经济的方向盘，严肃了党风政风，为广东推进改革开放营造了良好的环境。

六、中信实业银行深圳分行原行长高森祥腐败案

高森祥原系中信实业银行深圳分行行长，1990年8月10日被逮捕。经司法查明，1988年6月至1990年7月，高森祥在担任中信实业银行深圳分行（简称中信分行）行长期间，利用职务之便，在批准为企业贷款或为企业担保贷款过程中，收受他人贿赂现金及实物折款共计港币172.3万元，人民币63.03万元，美金5000元。短短两年时间里，高先后收受10多人的巨额贿赂，而经高批准，深圳分行这期间的贷出人民币8580万元，港币700万元，美元1750万元，担保贷款944万美金，其中到期未还的，初步估计折合人民币高达1亿元之多。

高森祥在收受上述人的"馈赠"或"红包"的时候，正是全省在开展以廉洁为主要内容的纪律教育。高森祥对中央和省委的要求和相关文件根本就不看，极少参加党组织生活，不得已参加也是以领导身份发完指示就借故走开，甚至连市里召开的本应由他参加的领导干部会、党的工作会议，也指定别人代替参加，普法考试试卷也是手下人替他做的。高森祥不仅在政治上腐败，而且在经济上极端贪婪、生活极其腐化，贪婪所得之财物大部分用于吃、喝、嫖、赌，经常出入香港夜总会和澳门赌场，由请托老板买单。高森祥先后保养三名情妇，为了补偿和一名情妇分手后对方的"青春损失费"，高森祥让请托老板出钱为其情妇办理出国读书。高森祥封建光宗耀祖思想和特权意识浓重，清明回家扫墓，就组织了由5

部轿车组成的车队，前面是银行的押钞警车开道，后面是专门的行李车，极尽奢华排场。在组织人事上，高森祥任人唯亲，分行和各支行干部职工中，他的老乡占了三分之一。由于高森祥的恶劣示范效应，整个分行风气很差，许多中层干部和职工经常接受贷款户邀请吃喝、按摩。在25名中层干部中，有12人有贪污受贿违法乱纪行为，其中3人被检察机关逮捕，2人取保候审。因为担心丑行暴露，高森祥还让香港一名老板为其办理了多米尼加护照。

深圳市中级人民法院1991年8月30日以受贿罪判处高森祥死刑，剥夺政治权利终身，违法所得财物追缴。高森祥不服判决上诉，广东省高级人民法院1991年9月18日裁定驳回上诉，维持原判。最高人民法院1991年10月16日核准死刑立即执行。高森祥是改革开放后第一个被执行枪决的厅级干部，1991年9月5日的《人民日报》报道了高森祥被查处的消息。

第四节　严肃查处海南倒卖进口汽车事件

1980年和1983年，中央两次讨论加快海南岛开发建设，确定对海南岛实行一系列"不是特区的特区"的优惠政策。1983年2月10日，时任中共中央总书记胡耀邦同志在海南岛视察时表示：中央和广东省对海南岛要无为而治，最起码三年内一不要打"棍子"，二不要给"绳子"。不打"棍子"，不给"绳子"就是不要随便束缚他的手脚，让他放开手脚去干。1983年4月，党中央、国务院批转《加快海南岛开发建设问题讨论纪要》（中发〔1983〕11号），确定海南的开发建设必须立足于岛内资源优势，实行以对外开放促进岛内开发的方针，并授予海南行政区在对外经济活动等方面较多的自主权。

一、海南地区的发展一度偏离了中央的大政方针

中央的政策，给了海南巨大的发展和探索空间，但是，由于改革开放之初的经验不足和急功近利等错误心态，海南地区的发展一度偏离了中

央的政策方向,不仅和中央的大政方针背道而驰,而且违反了党的纪律,最终诱发了比较严重的走私贩私和其他经济犯罪问题。

从1984年开始,海南行政区党委、政府的主要领导违背了中央11号文件精神,偏离了开发建设海南的正确方针,大量批准进口汽车等国家控制进口的物资,并擅自批准倒卖出岛牟取暴利。

中央和省委高度关注海南出现的倒卖进口汽车和其他物资问题的发展态势,并通过各种渠道多次对行政区党委、区政府的负责同志提出严肃批评,指出他们的错误,要求他们坚决制止和纠正。但是,海南行政区主要领导并未在意中央和省里的批评和提醒,他们仍然在各种场合提倡机关办公司,做生意,违规筹集资金,公开支持倒卖进口汽车等物资。行政区党委、政府号召党政军机关一同经商,区政府先后下发了3个文件:1984年8月20日发出的海行办〔1984〕80号文件,规定将区直机关成立公司的审批权,由区政府下放给区工商局;10月9日发出的琼府办〔1984〕4号文件,提出全区行政、事业单位每人每月发建岛岗位补贴20元,由各单位从自办企业收入的留成部分中解决,收入多的全发,收入少的少发;琼府〔1984〕2号文件,规定行政、事业单位新办企业两年免征所得税,年利润30万元以内的全部留给单位,30万元以上的,分级按比例上交财政和留给单位。

在错误的发展导向和指引下,海南全岛机关公司林立,大小公司达872家,大部分公司以经营倒卖汽车和高档消费品为主要业务。区直属部、局94个单位,除纪委、公安局、档案局、研究室、建委、司法局等6个单位外,88个部门先后做起了汽车生意。在区直属机关的带动下,各县、市,各部门,甚至学校、幼儿园亦竞相效尤。1984年下半年,全区不少单位领导放下工作,四处奔波,争搞进口汽车批件,寻找贷款,炒买外汇。

从1984年初到1985年3月,海南行政区共批准进口89000多辆汽车。这个数字超过全国每年进口小轿车和面包车的总和。这宗巨大的、突击性的贸易,一时间买光了日本某些汽车厂家的现货库存,忙坏了香港的中间代理商人,波及国内二十几个省、市、自治区。中外舆论一片哗然,海外有的报刊率先披露其中的弊端,讥为"海南汽车狂潮"。

在海南行政区大量非法倒卖进口汽车和其他物资出岛过程中,不少政府部门利用手中的权力，为个人和小团体牟取私利，严重败坏了党风和社会风气，造成了恶劣影响，银行系统以贷谋私，强索酬金；工商部门罚款放行，从中渔利；一些有权或有关系的单位通过倒卖批件牟取暴利。许多单位用倒卖进口汽车和物资所赚的钱，滥发奖金实物，挥霍浪费。在倒卖汽车、炒卖外汇活动中，行贿、受贿、贪污、诈骗等经济犯罪活动极为严重。全省引发了一次"全民经商"的浪潮，出现了3000多个机关主办的经商公司，诱发了不少违纪违法案件。

海南行政区倒卖进口汽车等物资的消极影响辐射到广东全省和省外。后来查实，1984年至1985年间，全省有44个县、市以及省直单位的不少部门卷入了这一事件，先后汇入海南的外汇达4亿多美元，大部分用于购买和倒卖进口汽车或其他物资。

二、中央严肃查处海南进口和倒卖汽车案

海南进口和倒卖汽车等物资问题愈演愈烈，引起了中央、国务院和省委、省政府的关注。1984年10月至11月，省纪委派出调查组到海南，会同行政区纪委调查有关情况，写出调查报告分别呈送省委和中央纪委。根据中央领导批示要求，1985年2月28日，以时任中央纪委常委蔡顺礼为组长，国家审计署党组成员、纪检组长任景德，广东省纪委副书记罗晋琛，中央纪委五室副主任张全忠为副组长的海南问题调查组组成并抵达广州。调查组有中央纪委、国家审计署、国家经委、国务院特区办、商业部、经贸部、财政部、工商总局、海关总署、物价总局、物资总局、人民银行、军委纪委、海军纪委抽调的干部61人，广东省纪委、省直有关部门抽调干部36人，共97人。3月1日，中央纪委调查组与省委、省政府领导座谈，传达了党中央、国务院领导和中央纪委常委对处理海南进口汽车倒卖问题的指示，并就如何贯彻执行中央领导的指示进行了研究。3月5日至6日，省委常委召开扩大会议，帮助海南行政区党委、政府的主要领导认识错误。在省委领导帮助教育下，时任海南行政区党委书记姚文绪，党委副书记、行政区人民政府主要负责人雷宇作了初步检查。3月5日，中央纪委调查组到达海南展开调查。3月10日至12日，海南行政区党委召开区直属局、公司、驻军团以上单位及县委书记、县长等领导干部会议。会议传达

了党中央、国务院领导和中央纪委领导的有关指示以及处理海南问题的主要原则，指出他们所犯错误的严重性和危害性，并提出了要求和希望。雷宇代表区党委和区政府作了检查。

1985年4月29日，省委作出《关于雷宇、姚文绪、陈玉益同志在进口倒卖汽车等问题上所犯错误的处分决定》，给予雷宇撤销中共广东省委委员、海南区党委副书记、海南行政区人民政府党组书记职务的处分，并建议撤销其海南行政区人民政府主要负责人的职务；给予姚文绪、陈玉益党内严重警告处分，同时建议免去陈玉益担任的海南行政区人民政府负责人和行政区外经委主任的职务，另行分配工作。

5月底，海南行政区大量进口和倒卖汽车等物资的情况和问题基本查清。经查明，1984年1月至1985年3月5日期间，海南行政区批准进口汽车90691辆，到货78582辆；批准进口电视机286万台，到货34.7万台；批准进口录像机25.2万台，到货13.4万台；批准进口摩托车12.2万辆，到货4.5万辆；批准进口涤纶丝13.6万吨，到货1.1万吨；批准进口尼龙布12760万码，到货3787万码。进口汽车实际运达海南的有65144辆，有10497辆经同客商商定转港卸货未直接运抵海南。在运达海南的汽车中，查明经工商部门罚款放行运往全国各地的共5659辆，部队代运出岛1136辆，经国家物资局批准凭《准运证》出岛250辆，有7000多辆去向不明，另封存岛内有4万多辆。同时，国家物资局根据国务院领导指示，接收海南进口汽车5.8万辆，其中抢运出岛4万多辆，转港1.2万多辆。国家物资局接收的汽车价值30多亿元，超过海南一年的工农业总产值。

海南倒卖汽车事件是我国实行对外开放以来的一个重大事件。这一严重违法乱纪行为，冲击了国家计划，干扰了市场秩序，破坏了外汇管理条例和信贷政策，败坏了党风和社会风气，不仅给国家造成很大的损害，也给海南的开发建设造成了困扰增加了困难，延缓了海南岛开发建设的进程。省委、省政府、省纪委结合查处海南倒卖进口汽车事件，一方面协助海南行政区认真总结教训，另一方面以此为镜，对全省党员干部开展严肃的党性党风党纪教育。

三、严肃查处各类经济犯罪活动

在查处海南倒卖进口汽车事件的同时,中央纪委调查组、广东省纪委、海南行政区纪委会同公安司法部门,严肃查处了一批违法违纪案件。1985年3月至4月间,行政区纪委、政法部门为配合中央纪委调查组的调查,加大了打击经济犯罪活动的力度,先后突破了琼海县南俸农场工人梁炳宗诈骗1266多万元的经济犯罪案、儋县对外信托投资公司倒卖汽车和私分赃款案、临高县临城镇镇长谢卓新倒卖汽车案、琼山县三江区委副书记吴清河倒卖汽车案等一批重大经济犯罪案件。至5月底,全区共揭发各种经济犯罪案件166件,其中,属于倒卖汽车111件,炒买炒卖外汇14件,走私漏税8件,诈骗4件,其他29件。全区派出了115个调查工作组协助开展查处工作,立案查处大案要案64件,并冻结收缴了一批赃款赃物,合计人民币1100多万元。

海南以打击倒卖进口汽车等严重经济犯罪为重点的斗争一直延续到1987年,至年底,在"海南汽车事件"中立案查处的经济案件共881件1071人,其中大案要案353件438人,10万至100万元金额的案件48件,100万元以上金额的案件6件。已结案767件,占87.1%。受法律处理80人,受党纪处理202人,受政纪处理102人。共收缴赃款(含赃物折款)3024万元。

第五节　总结教训,端正经济工作指导思想

把工作重心转移到经济建设上,实行改革开放政策,是国家发展战略的一次重大调整,也是对党和政府的重大执政考验,对党员干部的一次时代洗礼,过程中出现失误和偏差在所难免。中央贯彻党的"惩前毖后,治病救人"的一贯方针,及时纠正改革开放中的偏差,严肃查处严重违反中央政令的违纪案件,同时及时总结教训,教育广大党员干部端正思想认识,不断深化改革开放。

一、改革开放初期经济工作中的认识偏差

经济工作指导思想正确与否，直接关系着改革的成败和经济建设的根本方向。然而，改革开放初期，因为条件复杂，经验不足，广东省沿海一些地方和单位在这个问题上曾走过一些弯路，出现了一些偏差。一是部分领导干部从局部利益出发，急功近利，不是把精力放在办实业、发展生产力上，而是搞所谓的"贸易致富"，说什么"要发财，靠乱来""要腾飞，靠浮财"，企图靠转手倒卖洋货、走私贩私等投机取巧的手段来积累建设资金。问题严重的个别县，甚至出现基层单位不办公、学校不上课、工厂不开工、农民不种地、渔民不下海，少数党员、干部和群众一起贩卖走私货的严重情况。二是部分领导干部滋生小团体主义思想，只顾局部利益和部门利益，搞"以口袋为界"，存在"只要不装个人口袋，怎么干都行"，"来路不当，用途正当就行"，"为群众谋利益犯错误也值得"，"会捞钱的干部就是好干部、开拓型干部"等严重错误观念，甚至出现评比先进、提拔干部都以是否会赚钱为标准的错误行为。三是发展经济和党风廉政建设一手硬、一手软，把改革开放、发展经济和严肃党的纪律、纯洁党的作风对立起来，不少地方甚至对纪委提出了"纪律松绑"的要求，认为纪检监察机关抓的工作往往会成为经济发展的阻力，有的人在一些会议上对纪委工作提出批评和指责，有的竟然专门要纪委书记表态"纪律松绑"。

在各种错误认识的影响下，一些地方和单位偏离了改革开放的正确方向，打着"改革"的旗号，大办"公司"，大搞经商，转手倒卖洋货，非法炒卖外汇，这股歪风不仅直接冲击国内市场，严重干扰了国民经济秩序，还诱发了滥发奖金实物，利用公款请客送礼，拉关系走后门，送"红包"，讲排场、比奢华等不正之风，在经济上和政治上都造成了严重的损失。据统计，从1984年至1985年，全省县以上党政机关经商办的企业达3339家。全省进口冷暖风机、录像机、电视机、计算器等洋货，价值人民币高达70亿元，至1986年全省积压这类进口商品价值折合约30亿元，其中最突出的是海南岛发生进口倒卖汽车违法乱纪事件。

二、坚决纠正各种错误认识

为了端正经济工作指导思想，使改革开放在正确的轨道上前进，省委紧紧抓住"海南汽车事件"这一典型，深刻总结教训，全面加强教育。省纪委积极协助省委在全省进行端正经济工作指导思想的教育。1985年3月至5月，省纪委参与查处了"海南汽车事件"，并向省委提交了《关于进一步解决海南汽车事件的几点意见》的报告，建议以"海南汽车事件"为镜鉴，在全省开展党性党风党纪教育，特别是要加强对全省各级领导干部的教育，重点解决好经济建设的根本指导思想、正确处理好局部与整体利益的关系、加强纪律性和坚决纠正以权谋私等问题。

6月和8月，省委先后举办了为期20天的全省各县委书记、纪委书记参加的整党学习班，召开了历时14天的省直厅局及各市（地）主要领导干部参加的省委常委扩大会议，突出以"海南汽车事件"为镜子，联系实际摆事实、讲道理、查危害、挖根源，认真总结改革开放以来的经验教训，系统地澄清错误观点，划清是非界限，端正经济工作指导思想。时任省委书记林若联系"海南汽车事件"和当时正在进行的整党，在整党学习班上作了题为《分清是非界限，增强党性锻炼》的讲话，联系实际，批评了各种"一切向钱看"的错误思想。会后，又组织大家进行学习，开展批评和自我批评，使大家认识到，改革开放必须坚持正确的方向，必须严格执行党和国家的方针政策，从本地实际出发，扬长避短，扎扎实实地办实业，发展生产，积累资金，绝不能急功近利，以非法手段牟取暴利。省委常委扩大会议也从党性原则的高度分析和批判了各种所谓靠"贸易致富"等急功近利、见利忘义，"一切向钱看"，企图靠倒卖洋货等歪门邪道来积聚资金，以及各种不顾全局的小团体主义等错误思想和错误行为，进一步明确了发展经济的正确方向，加强了政策、纪律和法律观念。当时省委总结了6条经验教训：一是在任何情况下都必须严肃地执行党的指导思想；二是必须特别加强组织纪律；三是必须树立全局观念；四是搞经济建设必须端正业务工作指导思想；五是必须始终坚持社会主义原则；六是对资本主义腐朽意识形态的侵蚀，必须保持高度的警惕。

在省委的带动下，各市（地）、县层层召开扩大会议，认真开展党性党风党纪教育,联系实际,揭露问题,提高认识,辨清是非,并抓住一批正反面典型,对党员进行生动具体的党性教育。省纪委总结剖析了一批经济案件,并专门就海南倒卖汽车等物资问题的处理发出通报,分析查找原因,为省委召开的各种会议提供典型案例材料,以帮助广大党员、干部总结经验教训,端正经济工作的指导思想。

三、逐步明确经济工作指导思想

1986年,省委、省政府先后召开了全省纪检工作会议、省直机关端正党风工作会议、县委书记会议、经济体制改革务虚会、全省山区工作会议、沿海地区水产工作会议和农业开发会议等重要会议,进一步教育引导各级领导班子端正经济工作指导思想,正确认识和珍惜中央给广东的特殊政策和灵活措施,坚持经济发展的社会主义方向,从实际出发,充分发挥广东资源丰富、毗邻港澳、华侨众多等优势,积极引进外资、先进技术以及先进管理方法,放手而又扎扎实实地发展生产力,发展工业、农业等经济实业。

通过自上而下的教育,各级领导班子认识到,经济工作的指导思想不端正,经济建设就会偏离社会主义方向,最终影响经济发展,一定要吸取教训,克服盲目性,带领广大干部把精力集中到办实业、改善投资环境、吸引外商投资办企业、发展社会主义生产力方面来,从而保证了改革开放和经济建设朝着正确的方向前进。在经济工作指导思想上一度有偏差的一些地区和单位出现了三个明显转变:从钻政策空子,搞急功近利,转变到按政策规定办事,正确处理局部利益与全局利益的关系上来;从热衷于倒卖洋货、"发横财",转变到发挥本地优势,利用本地资源,外引内联,因地制宜兴办工业、开发农业生产上来;从倒卖外汇进口高档消费品牟取暴利,转变到把有限的外汇用于引进先进技术设备,提高管理水平和经济效益方面来。由于端正了经济工作的指导思想,坚定了经济发展的社会主义方向,全省各行各业都实现了重大转变,广东经济建设走上了健康快速的发展轨道。

第四章

加强党的建设和端正党的作风

从十一届三中全会召开到1987年的九年间，中国的国民生产总值、国家财政收入和城乡居民平均收入都大体上翻了一番，这九年是新中国成立以来国家经济实力增长最快，人民得到实惠最多的时期。改革开放迎来的商品经济大潮，给中国社会带来强大的冲击，党的建设也受到了比较大的冲击。各级党委把主要精力用在对外开放和发展经济上，党的自身建设有所放松，面临严峻的市场经济考验和长期执政考验。尤其是1989年春夏之交的政治风波，①一定程度上反映了在改革开放条件下党的自身建设存在的一些问题。加强党的自身建设，端正党的作风，密切党和人民群众血肉联系提上了议事日程。

十一届三中全会以后，党中央深刻总结历史经验，对执政党建设问题的认识产生了飞跃，提出了"不搞政治运动"的思想。1980年，邓小平同志就指出，"克服特权现象，要解决思想问题，也要解决制度问题"。

---

① 20世纪80年代末，社会上掀起一股资产阶级自由化思潮。受此影响，1989年4月初，北京一些高校的学生针对一些社会问题开展各种形式的活动，形成学潮。极少数自由化分子利用群众悼念原中共中央总书记胡耀邦同志逝世的时机，进行反党反社会主义的活动，煽动高校学生上街游行，西安、长沙等地一些不法分子趁机打、砸、抢、烧。5月19日，中央决定在首都部分地区实行戒严，少数暴乱分子煽动一些人与戒严部队对抗。上海、广州等地也发生暴徒冲击党政机关、破坏交通设施等事件。党中央、国务院、中央军委采取果断措施平息了这场暴乱。这场政治风波破坏了我国正常的社会秩序，扰乱了正常的经济建设进程，给党、国家和人民造成了重大损失。平息动乱和反革命暴乱的胜利，巩固了我国社会主义阵地和改革开放成果，也给党和人民提供了有益的经验教训。

"我们过去发生的各种错误,固然与某些领导人的思想、作风有关,但是组织制度、工作制度方面的问题更重要。这些方面的制度好可以使坏人无法任意横行,制度不好可以使好人无法充分做好事,甚至会走向反面"。① 党的十三大提出,党的建设是长期的、复杂的,任务是繁重的,并且要贯穿于整个社会主义现代化建设过程之中。所以,只凭一段时间的整顿来解决所有的问题是不可能的,必须进行一系列经常性的工作。"这些经常性的工作做好了,我们就有可能在新的历史条件下,在党的建设上走出一条不搞政治运动,而靠改革和制度建设的新路子"。

1989年8月28日,中央政治局讨论并通过了《中共中央关于加强党的建设的通知》,要求要认真做好清查和清理工作,纯洁党的组织;认真考察领导干部,加强领导班子建设;切实搞好思想整顿,加强党的思想教育;坚持党的优良作风,克服消极、腐败现象;切实加强党的基层组织建设;继续做好民主评议党员工作;严格党员标准,确保发展党员的质量;加强党建理论的学习、宣传和研究。

1990年3月9日至12日,十三届六中全会召开,审议并通过了《中共中央关于加强党同人民群众联系的决定》,提出,要继续认真落实1989年党中央、国务院《关于近期做几件群众关心的事的决定》和各地区、各部门作出的有关规定;各级党委要支持纪检机关、监察部门经常监察党员干部遵纪守法的情况,严肃处理利用职权敲诈勒索、索贿受贿、贪污盗窃、私分公款公物,以及党政机关党员干部违法违纪建私房等问题;各级经济管理部门、监督部门、公用事业部门和政法部门的党组织,要同行政领导一起,大力加强行业廉政建设和职业道德教育。同年11月,中央批转了中央纪委《关于加强党风和廉政建设的意见》,强调要进一步加强党风和廉政建设,当前必须明确和切实抓好以下几个问题:一是必须坚持两个文明一起抓的指导思想;二是从办实事入手,扎扎实实地解决群众反映强烈的问题;三是严肃党的纪律,认真查处违纪案件;四是着重抓好领导机关、领导干部的党风和廉政建设。

此后,中央出台一系列文件规定,在恢复和发展党的优良传统,加强

---

① 《邓小平文选》第2卷,第332、333页。

党的自身建设和党对反腐败斗争的领导方面做了大量工作。

广东处在改革开放前沿，充分利用了改革和开放先行一步的政策优势，实现了迅猛发展。改革开放伊始，广东经济总量仅居全国第5位，排在江苏、山东、上海和辽宁之后。经过10年的快速发展，从1989年起，广东GDP以1381.39亿元超过江苏的1321.85亿元，跃居全国第一，此后长期领跑中国经济。改革开放造就了广东的繁荣，也使得广东比较早面对随之而来的各种挑战和风险，包括各种资产阶级自由化思潮的冲击，为应对这些挑战和风险，广东做出了很多探索创新，较好地实现了物质文明和精神文明建设两手抓、两手都要硬的效果。

第一节　加强党的作风建设，密切党和人民群众的血肉联系

党的十一届三中全会后，随着党和国家工作重心转移到经济建设上来，以邓小平同志为核心的第二代中央领导集体提出执政党的党风问题是有关党的生死存亡的问题，坚持一手抓改革开放，一手抓惩治腐败，探索在不搞政治运动的条件下端正党风、反对腐蚀的新途径。

1982年党的十二大报告指出，一定要从思想上到行动上坚持两手：一手是坚持对外开放、对内搞活经济的政策，另一手是坚决打击经济领域和政治文化领域中危害社会主义的严重犯罪活动。只注意后一手而怀疑前一手是错误的，只强调前一手而忽视后一手是危险的。十二大还根据党的现状，提出了有计划、有步骤地进行整党，使党风根本好转的要求。1982年10月，党的十二届二中全会通过了《中共中央关于整党的决定》，决定从1983年下半年开始，用3年时间分期分批对党的作风和党的组织进行一次全面整顿。整党的步骤是：从中央到基层组织，自上而下、分期分批整顿，每个单位党组织的整顿，也要自上而下，先领导班子、领导干部，后党员群众。这次整党的基本方法是：在认真学习文件、提高认识的基础上，开展批评和自我批评，分清是非，纠正错误，纯洁组织，严

格按照党章规定,把坚持反对党、危害党的分子清理出去,重新进行党员登记。

一、在发展经济的同时高度重视加强党的自身建设

省委坚决贯彻中央部署,在大力发展经济、不断深化对外开放的同时,注重加强党的自身建设,密切党和人民群众的血肉联系。1979年9月12日,省委批转佛山地委《关于进一步搞好党风的报告》,指出:佛山地委的报告,揭露了当前党风方面存在以权谋私等一些突出问题,各级党委要按照十一届三中全会精神和党内政治生活准则的要求,加强党的思想、组织和作风建设。9月24日,省委纪律检查委员会在广州召开全省纪律检查工作会议。会议明确提出,纪律检查工作必须坚决维护和执行十一届三中全会所制定的路线、方针、政策,强调要坚决刹住当时广东省内存在的几种严重脱离群众的歪风。

1980年12月10日,任仲夷在省政协常委第十一次会议上强调,搞好特区建设,必须把党风搞好。广东经济建设在实行特殊政策、灵活措施的同时,一定要反对三个"特"字:(1)共产党员不能搞特权;(2)不能搞生活特殊化;(3)共产党员内,特别是领导干部中,不允许有特殊共产党员,都要严格按照《关于党内政治生活的若干准则》的十二条要求办事,模范执行党纪国法。12月13日至19日,省委召开思想政治工作座谈会,研究如何加强思想政治工作。

1981年1月12日,省委批转《思想工作座谈会纪要》,强调思想政治工作要进一步加强十一届三中全会以来党的路线、方针、政策的宣传教育,加强民主与法制,密切党和群众的联系。7月17日至26日,省委举行四届四次全体(扩大)会议,通过《中国共产党广东省第四届委员会第四次全体(扩大)会议关于贯彻党的十一届六中全会精神的决议》。会议要求进一步贯彻特殊政策、灵活措施,实行对外开放,对内放宽,对下放权,力争在较短时间内为人民多办几件好事。会议强调,要进一步加强党的建设:(1)要加强党员教育,认真做好思想政治工作;(2)要加强党的纪律检查工作,贯彻《若干准则》,搞好党风;(3)要严格执行党的民主集中制,坚持党的组织生活制度;(4)要切实做好培养、选拔中青年干部的工作,把

更多德才兼备、年富力强的干部选拔到各级领导岗位上来。任仲夷代表
省委常委作了总结讲话。在各条战线的会议上，省领导也反复强调加强
党自身建设的重要性。比如，1981年8月21日至25日，省委召开全省思想战
线问题座谈会，传达学习邓小平、胡耀邦以及中央其他领导同志关于思想
战线问题的谈话和讲话。任仲夷在会上讲话指出，领导上的涣散和软弱
状态是一个带普遍性的问题，一定要改变这种状态，使党的领导统一和
坚强起来。

　　1982年1月10日至19日，省委召开地、市委书记会议，省委第一书记任
仲夷传达了中央的省、市、区党委第一书记座谈会精神。会议确定，当年
全省工作的目标是，在经济建设上力争实现较高的经济效益，较高的发
展速度；在政治上实现党风、社会风气、社会治安三个决定性的好转，使
各方面的工作达到一个新的水平。会议强调指出，广东在经济上实行特
殊政策，在党风党纪上绝对不能有任何特殊。对于那些敢于以身试法的
违法乱纪行为，要雷厉风行地坚决反对和打击。

　　1989年政治风波后，广东坚决贯彻中央指示，加强党的作风建设，
密切党群、干群关系，重视为群众多办实事。1989年6月29日至7月1日，省
委常委扩大会议在广州举行，传达学习十三届四中全会精神，部署四中全
会提出的抓好四件大事，即：（1）彻底制止动乱、平息反革命暴乱，严格区
分两类不同性质的矛盾，进一步稳定全国局势；（2）继续搞好治理整顿，
更好地坚持改革开放，促进经济持续稳定、协调发展；（3）认真加强思想
政治工作，努力开展爱国主义、社会主义、独立自主、艰苦奋斗的教育，切
实反对资产阶级自由化；（4）大力加强党的建设，大力加强民主和法制
建设，坚决惩治腐败，切实做好几件人民普遍关心的事情，决不辜负人民
对党的期望。7月17日至20日，省纪委召开市纪委书记会议，研究深入贯彻
十三届四中全会精神，抓好惩治腐败、加强廉政建设等问题。会议对党
政领导干部建私房和住房装修情况实行公开监督的问题作了专题分析，
明确了省委查处党政干部以权谋私建私房的方针、政策、原则和方法。
7月21日，《南方日报》就此发表了题为《惩治腐败，取信于民》的评论员
文章。

二、整顿党的作风和组织

中央纪委和地方各级纪委在历时三年的整党中，主要做了三个方面工作：一是抽调力量，分别参加同级党组织整党工作领导小组及其办事机构的工作。二是参加指导整党工作，主要负责对党员干部以权谋私、无视国家法律袒护包庇犯罪分子、严重官僚主义造成国家重大损失、顽固坚持派性危害党和人民事业等问题的调查处理，以及督促检查和纠正不正之风的情况。从1982年底到1985年，中央纪委先后发出11份内容涉及克服官僚主义作风、配合整党排查大案要案等方面的通报、通知和规定。三是把整顿党风与整顿党的纪律和组织结合起来。党的十三届四中全会以后，在建立社会主义市场经济体制过程中，以江泽民同志为核心的第三代领导集体提出"治国必先治党，治党务必从严"，强调越是改革开放，越是发展社会主义市场经济，越要大力加强和改进党的作风建设。

广东坚决贯彻中央整党的决策部署，结合本省经济社会发展和党的自身建设实际，狠抓各项措施的落实。1983年5月16日至23日，全省纪检工作会议在广州召开，学习贯彻中央纪委第二次全会、中央4号文件和省第五次党代会关于加强党的建设的精神，交流和总结整顿党风、严肃党纪、开创纪检工作新局面的经验；研究和落实加强纪律检查工作。会议强调，要以纠正建房分房中的不正之风为端正党风的突破口，尽快实现广东党风根本好转。

10月28日，省委发出《关于组织全省党员认真学习〈中共中央关于整党的决定〉的通知》，要求全省各级党组织立即组织党员认真学习中央的《决定》，深刻领会精神实质，为即将开展的全面整党打下思想基础。10月30日，省委转发《关于从王仲、叶妈坎案件联系海丰的问题总结经验教训的情况报告》，指出打击严重经济犯罪和对资产阶级思想腐蚀斗争的开展，暴露了我们党内思想上、作风上、组织上的许多问题。各地区各部门都应当同汕头市委一样，注意总结经验教训，认真整改。11月1日至7日，省委召开市、地委书记会议，传达中央十二届二中全会的精神，并对搞好整党、防止和清除精神污染，提高经济效益等工作作出部署。内容有3个方面：（1）坚决贯彻中央《决定》，搞好整党；（2）加强思想战线工作，防止和清除精神污染；（3）抓好经济工作，提高经济效益。会议决定从当年冬季起，全省在3年内分两期完成整党工作。11月3日至8日，省委邀请部分党外人士举行座谈，就如何搞好广东整党和清除精神污染两件大事听取他们的意见，会议传达了中央坚决清除精神污染的方针、政策，强调继续坚决执行对外开放、对内搞活的政策，希望民主党派本着"肝胆相照，荣辱与共"的精神，帮助整党。

1985年1月8日，省委批转省纪委《关于加强党风党纪建设，保证改革和开放的胜利进行》的报告。报告指出，搞好党风是搞好改革、开放和经济建设的重要保证，报告要求各级党委要着重抓好如下几项工作：（1）保证经济体制改革和对外开放的顺利进行；（2）坚持全党动手，在整党中实现党风明显好转；（3）坚持不懈地开展打击严重经济犯罪活动的斗争；（4）进一步加强纪检机构和纪检队伍建设。3月8日至15日，省委召开常委扩大会议，传达贯彻全国省长会议精神，提出广东省的贯彻意见。会议针对经济体制改革中出现的一些新的不正之风，要求各级党委、政府警惕少数人钻经济体制改革的空子，干扰经济体制改革，败坏经济体制改革的声誉，迅速纠正党政机关以权经商、乱涨价、滥发奖金实物等歪风。3月24日，省委发出批转省纪委《关于当前党风党纪问题的几个具体政策界限》的通知。其具体政策界限涉及的内容包括：（1）关于党员干部利用职权压价购买高档商品问题；（2）关于收受外商、港商送"红包"问题；（3）关于违反党的政策和国家的有关规定，倒卖汽车等17种进口物资问题；（4）关于用公款请客送礼问题；（5）关于临时出国和赴港工作人员带进高档物品等问题；（6）关于收取"介绍费""手续费"问题；（7）关于受聘领取报酬问题。4月19日，省委召开市、地委书记电话会议，部署第二期整党工作。会上对下一阶段如何增强党性，纠正新的不正之风，进一步提高党员的政治思想素质，推动改革和开放等问题进行了部署。7月28日，省委向中央和中央整党工作指导委员会报送《关于广东省第一期整党工作主要情况的报告》。报告认为，这次整党进一步清除了"左"的影响，端正了业务工作的指导思想，整顿了作风，提高了广大党员的思想政治素质，纯洁组织工作取得了进展，加速了改革、开放，促进了经济和各项工作的开展。

三、开展农村基层整党工作

1986年1月20日至23日,省委五届四次全体(扩大)会议在广州召开,会议强调,要走以内涵发展为主的路子,保持广东省国民经济持续稳定增长,并把精神文明建设放在突出位置,同时认真抓好农村整党。1月22日,省委印发《关于贯彻中央农村整党工作部署的意见》,《意见》要求注意严格掌握政策界限,做到三个方面的区分:一是要把工作中的错误和个人以权谋私、违法乱纪区别开来;二是要把应由上级领导负责或应由组织负责的问题,与基层党员本身的问题区别开来;三是要把坚持共产主义教育和执行现行经济政策区别开来。《意见》要求,全省农村整党工作要在1987年春完成。1986年7月7日至13日,省委召开农村整党工作会议,进一步部署搞好全省农村(乡级)整党工作。会议要求,乡级整党要解决四个问题:(1)要解决如何适应农村改革形势,正确理解和贯彻党在农村的各项方针、政策的问题;(2)要解决增强党性、党纪观念,全心全意为人民服务的问题;(3)要解决党不管党的问题;(4)要解决党员中受小农经济思想束缚的问题,要把大力发展商品生产作为统一思想的一个重要内容。

1986年6月4日,省委印发《关于县以上各级党委成员增强党性端正党风的规定》。《规定》强调指出:(1)在思想上政治上同党中央保持高度一致;(2)做维护团结的模范;(3)深入基层调查研究;(4)过好组织生活;(5)带头执行有关领导干部住房、用车等规定;(6)严格遵守派遣出国、赴港澳人员的审批制度;(7)廉洁奉公,不以权谋私,不用公款请客送礼;(8)教育子女、配偶继承和发扬党的优良传统,做遵纪守法的模范。6月5日,省委召开省直机关进一步端正党风大会,就省直机关端正党风工作作出了部署。

1989年1月23日,省委发出《关于建立民主评议党员制度的通知》。《通知》指出,建立民主评议党员的制度,是从严治党的一项重要措施,是通过制度建设加强对党员进行经常性教育、管理和监督的有效方法。《通知》要求,全省城乡基层党组织要在整顿农村后进基层党支部和其他行业继续试点的基础上,普遍进行一次民主评议党员的活动。以后每年进行一次，形成制度。2月21日至26日，全省党建工作会议在广州召开，会议审议了省纪委、省委组织部、省委党校有关加强廉政建设、党建责任制和党员教育的征求意见稿。会议强调：各级党委要充分认识加强党建工作的重要性和迫切性，把它摆上重要议程，抓紧抓好；抓党建工作当前最重要是抓好廉政建设；要抓好对党员的教育、培训，建立民主评议党员制度；要加强和改善党的领导，充分发挥各级党组织的战斗堡垒作用和党员的先锋模范作用，夺取全省全面深化改革和两个文明建设的更大胜利。

1989年11月26日至30日，省委六届三次全会在广州举行。会议审议并通过《贯彻〈中共中央关于进一步治理整顿和深化改革的决定〉的意见》和《中共广东省委关于加强党的建设的决定》。省委在《决定》中提出6项工作要求：（1）坚持"两手抓"的方针，把党的建设摆到各级党委的重要议事日程上来；（2）搞好党的思想理论建设，提高党员队伍的政治素质；（3）全面贯彻干部"四化"方针，加强领导班子建设；（4）切实加强党风建设和廉政建设，坚决克服腐败现象；（5）加强基层组织建设，提高党的凝聚力和战斗力；（6）加强党的纪律，严格执行党的民主集中制。

1992年3月14日，省委、省政府作出了关于改进领导作风的规定。《规定》对改进领导作风提出了八个方面的要求：一是领导干部要深入实际，多作调查研究；二是领导机关要强化服务意识，改进工作作风；三是坚决精简会议；四是大力精简文件；五是发扬勤俭办一切事业的精神，坚决压缩各种应酬性活动；六是坚持省委、省政府负责人一般不作题词的原则；七是改进领导人参加会议和其他活动的新闻报道；八是加强对执行本规定情况的检查督促。

经过整顿，各级党委对加强和改进党的作风建设高度重视，采取了一系列有力措施，也取得了一定成效，但是和这一阶段不正之风和腐败迅速蔓延的形势相比，整党工作所取得的成效还是不尽如人意。党的十二大提出要在今后五年内"实现党风的根本好转"。1986年，时任中央纪委第二书记王鹤寿同志在中央纪委第八次全会上的讲话中指出，尽管党的十二大以来的五年各级纪检监察机关在端正党风方面做了大量工作，但是"党内和社会上的不正之风还是一浪接一浪，甚至有的同志说，一浪高过一浪"。"抗'歪风邪气'这八年来还不能说是根本好转。"1987
年，时任中央纪委常务书记韩光同志在全国纪检工作会议结束时的讲话
中提出，不再提党风"根本好转"问题，这标志着中央和中央纪委对新
形势下端正党风工作的复杂性、艰巨性和长期性在认识上的深化。造成
不正之风愈演愈烈的原因是多方面的，但最根本的原因，是由于改革开
放以后经济基础发生的巨大变化造成的。在这个过程中，政治、法律制
度和哲学等意识形态领域也发生了巨大而深刻的变化，一些社会问题应
运而生。在这种背景下，改进党的作风需要付出很多艰辛，进行不断的
探索。

第二节　加强党的纪律教育

在改革开放的过程中，有些地方和部门错误理解相关规章制度中关
于推进改革、权力下放的精神，出现了党的纪律要"松绑"等错误思想，
有的人说"防火防盗防纪委"，有的甚至认为纪检机关是改革的绊脚石。
中央纪委及时察觉了这个问题，于1984年8、9月召开省市区纪检工作座
谈会，纠正了把端正党风与改革、开放、搞活对立起来的错误认识，明确
指出，纪检机关支持改革，就要对违反党的政策、破坏改革措施、违法
乱纪的党员严格执行纪律，对党员进行党性教育。因此，不仅不能放松
党的纪律，而且要坚决查处党员干部中打着改革的旗号，钻改革的空子，
谋取私利等违法乱纪活动。同年10月，陈云同志进一步指出："纪检工作
应该研究新情况，适应新情况。党性原则和党的纪律不存在'松绑'的
问题。没有好的党风，改革是搞不好的。共产党不论在地下工作时期或
执政时期，任何时候都必须坚持党的纪律。"1986年，党内和社会上又
出现了把纪检工作同改革对立起来的错误观点。对此，中央纪委及时进
行了批评和纠正，指出对勇于改革、勇于探索的同志和单位，既要坚决
支持帮助，又要对改革探索过程中发生的失误、偏差进行纠正，才能使
改革健康发展。

一、中央对加强纪律教育作出系列部署

党的十二大以后,党性党风党纪教育工作全面恢复。1983年2月14日,中央发出《关于加强党员教育工作的通知》,强调必须在党内形成强大的舆论力量和监督力量,批评和纠正各种政治上的自由主义、思想上的极端个人主义、组织上的宗派主义、作风上的官僚主义等错误倾向和不正之风,使其市场日趋缩小,直至没有容身之地。当年召开的十二届中央纪委第二次全会把"按照新党章对党员进行党性党风党纪教育"作为要着重抓好的几项工作之一。1983年,中央纪委成立教育室,绝大多数省、市级纪委和部分县纪委也先后成立了抓党纪教育的专门机构。1984年,中央纪委工作会议把"在全党普遍进行纪律教育"作为实现党风明显好转的有效措施之一提了出来。1985年,全国纪检工作会议强调指出,消除党内不正之风的根本措施是对党员进行党性教育,提高政治素质。会议还提出,各级纪委不仅是执行纪律的机构,更重要的是在党内进行党性教育的机构。1986年,中央纪委《关于整顿纪律的通知》强调,整顿纪律要着眼于增强党员的党性觉悟,加强纪律教育;10月,陈云同志针对改革开放客观环境发生的重大变化,提出"必须重视执政党条件下党员的政治思想教育和党性教育"。1987年3月,中央纪委下发《贯彻〈中共中央关于社会主义精神文明建设指导方针的决议〉的规划》,提出加强党性党风党纪教育是提高广大党员思想政治素质的根本途径,是全党的重要任务,纪检系统负有特殊重要的责任。

党的十二大至十三大的5年中,党性党风党纪宣传教育逐步形成了一些有效做法。一是有针对性地开展党性党风党纪教育。针对经济建设中出现的指导思想不端正,特别是"一切向钱看",企图靠不正当手段发财致富的倾向,进行坚持社会主义方向的教育;针对个人主义思想膨胀,贪图个人享受的问题,进行全心全意为人民服务的宗旨教育;针对资本主义腐朽思想的影响,进行反腐蚀教育;针对严重官僚主义,工作不负责任以及失职渎职的种种表现,进行党的优良传统和作风等教育。二是充分利用正反面典型开展党性党风党纪宣传教育。三是配合组织、宣传部门抓好党性党风党纪基本知识教育。四是组织和动员社会力量,开展生动活

泼的党性党风党纪宣传教育活动。

1987年,恢复重建的各级行政监察机关专门设立宣教机构,负责党风和廉政建设的宣传工作。1990年7月3日至7日,全国党风党纪教育工作座谈会在北戴河召开,会议指出,加强党风党纪教育,是党章赋予各级纪委的一项重要职责,只有把这项工作制度化、规范化,党风党纪教育工作才能常抓不懈,才能持续不断地、有系统地、有计划地开展下去。会议指出,坚决查处违纪案件是维护党纪的必要手段,也是搞好党风党纪教育的重要条件,只有从根本上提高党员素质和遵守纪律的自觉性,铲除造成违纪案件发生的思想温床,才能减少党内违纪现象的发生,这是加强党纪建设的一条治本措施。所以,办案和教育二者相辅相成,必须密切结合起来。1990年8月,中央纪委下发《党的纪律检查机关党风党纪教育工作纲要(试行)》,明确了党风党纪教育工作的指导思想、方针、内容、形式和方法以及纪检机关的任务。

二、结合广东实际开展纪律教育

1979年4月19日,省委批转省委组织部《关于加强党员教育问题的意见》,要求各级党委要认真加强对党员的教育工作,把它摆到重要议事日程上来,组织、宣传和纪检部门,要协助党委做好对党员教育的具体指导工作。1980年12月26日,省委、省政府作出《关于在对外开放中加强反腐蚀斗争的决定》。《决定》指出,随着特殊政策和灵活措施的实行,经济上的开放,在可以学到一些资本主义经营管理、加快"四化"建设的同时,也势必会有一些腐朽的生活方式和意识形态渗透进来。我们既不要害怕,也不要麻痹,要针对这种现象主动地采取预防措施。《决定》要求各级党委、政府机关和工厂、企业、学校、街道、人民公社都要克服忽视思想政治工作、对歪风邪气不愿意管的倾向,认真抓好反腐蚀的思想教育,健全规章制度,堵塞各种漏洞,对违法乱纪和犯罪案件要抓紧调查处理;同时要加强反腐蚀斗争的领导,防止自由主义和惩办主义两种倾向。1981年1月16日,《人民日报》报道了广东的这一决定。

1983年1月17日,省委、省政府发出《关于加强省、地(市)直属机关干部教育工作的通知》。要求各地(市)和省直各单位党委(党组)按照党中

1986年8月8日至10月31日，省纪委在广州市文化公园举办《广东省党性党风党纪教育展览》。广东省直机关和广州地区的党员干部共292800余人参观了展览。

央、国务院〔1982〕41号文件精神，立即着手把干部教育工作规划好、组织好，把它作为开创"四化"建设新局面的一项重大措施来抓，努力造就一支符合"四化"要求的干部队伍。1983年1月17日，原汕头地委政法委员会副主任，前海丰县委书记、县革委会主任王仲被执行死刑。18日，省委发出通报，要求全省各级党组织从王仲案件中接受深刻教训，在党内普遍进行一次以共产主义世界观为核心的思想教育。3月1日，省委发出《关于加强党员教育工作的通知》，要求从现在开始到下半年整党以前，在全省范围内，采取分期分批集中轮训和经常性教育相结合的方法，对全体党员进行以新党章为主要内容的教育，为全面整党做好思想准备。在利用反面典型开展警示教育的同时，省委还注意挖掘正面典型，开展示范教育。3月26日，省委发出《关于开展学习模范共产党员安珂同志的决定》。安珂是广东人民广播电台记者，于3月8日在广州与持刀行窃的歹徒搏斗中英勇牺牲。《决定》授予安珂"模范共产党员"称号，号召全省党团员干部、群众认真开展学习其模范事迹的活动。1985年以后，先后在全省开展以端正经济工作指导思想为主要目的的党性、党风、党纪教育，以廉洁为主要内容的"纪律教育"，结合查房工作开展的"反腐倡廉教育"、反腐败斗争和党风廉政建设形势教育等一系列廉政教育活动。

1988年,省纪委创办《党风》期刊,对外公开发行。《党风》杂志作为省纪委对外宣传、面向全体党员的一个重要平台,在宣传党的路线方针政策、配合全省纪检监察工作宣传教育方面,发挥了重要作用,深受广大党员干部的喜爱。

三、开展以反腐蚀、保持廉洁为重点的教育

1987年8月16日至21日,省委在广州召开全省厅局以上党政领导干部会议。会议主要内容是:解决党政机关保持廉洁和增强纪律性的问题;研究和部署如何在全省党政机关普遍开展以廉洁为主要内容的纪律教育。会后,各市和省直机关都制定了贯彻措施。截至当年10月底,全省有11个市和60多个省直单位的领导班子,围绕廉洁问题召开了民主生活会。

1988年6月,中央发出了《关于党和国家机关必须保持廉洁的通知》(中发〔1988〕5号),明确指出:"党和国家机关能否保持廉洁,关系到人心的向背和改革的成败","必须把保持廉洁的问题尖锐地提到党和国家机关的全体共产党员和工作人员面前","在整个改革开放的过程中,我们必须做到:改革开放,繁荣经济,要坚定不移;保持廉洁,防治腐败,也要坚定不移"。

为深入贯彻落实中央5号文件,消除广东改革开放以来党员干部队伍中存在的一些严重违法违纪现象,保证改革开放的顺利进行,省委决定把保持党政机关廉洁、进行纪律教育作为一件大事来抓。省委常委会先后两次召开会议,讨论省纪委《关于贯彻中央5号文件,在全省党政机关开展以廉洁为主要内容的纪律教育的意见》,对这一教育作出部署。1988年8月16日至21日,省委召开全省厅局以上党政领导干部会议,学习中央有关保持党政机关廉洁的指示,并对以廉洁为主要内容的纪律教育进行了具体部署。这次廉洁教育的范围是乡(镇)以上各级党政机关,包括基层执法部门、行政管理部门和公用事业单位。步骤是首先从省直机关抓起,从领导机关、领导干部抓起,自上而下地开展,一级抓一级,一级带一级。方法是以正面教育为主,不搞人人过关,但对违法违纪问题严肃查

处。省委要求,这次教育活动由各级党委、政府直接抓,党政主要领导同志要亲自抓,有关监督部门按照各自的职能积极发挥作用,密切配合,做到既有一定的声势,又要扎扎实实抓出成效来。以这次会议为标志,全省各地纪律教育活动逐渐展开。

根据省委的部署要求,各地以揭露和解决突出的不廉洁问题为重点,采取了一系列强有力的措施。(1)加强组织领导,党政一把手亲自抓。这次教育,从省委、省政府领导到省直单位和市、县、乡镇的大多数党政主要负责同志都做到亲自抓,不仅亲自做动员报告,而且亲自抓组织领导和督促检查,并对纪律教育工作进行具体细致的指导。(2)高度重视教育和宣传。通过办学习班、上党课、作专题报告,加强对党员干部全心全意为人民服务的宗旨教育和勤政廉洁的纪律教育;通过有计划、有步骤地运用报刊、电视、电台等宣传工具,充分发挥舆论监督的作用。(3)抓好各级领导班子以廉洁和纪律为主题的民主生活会。1988年8月23日至25日,省委常委、副省长一起召开党内民主生活会,带头检查自身在廉洁方面存在的问题。此后,大部分单位的领导班子都围绕廉洁主题过一次民主生活会。(4)推行两公开制度(即办事制度、办事程序公开和领导干部部分生活、工作情况公开),增加工作透明度,方便和鼓励干部群众对党政机关的广泛监督。例如,省广播电视厅针对当前干部队伍中存在的假公济私、以权谋私等现象,向全厅工作人员公布了领导干部出国、住房装修、电话费用三项个人生活情况的统计,引起很大震动。(5)注意整改,为政清廉见诸行动。各单位围绕群众反映强烈的重点问题,边学习边整改,纠正不良作风,抓紧查处违纪案件,效果明显。

为协助省委抓好以廉洁为主要内容的纪律教育,省纪委还采取了一系列措施:一是成立纪律教育情况综合组,由纪委常委直接领导,从省纪委机关各处室抽调人员组成,主要任务是掌握情况,综合分析,编辑专刊,及时、准确地了解情况、反映情况。二是加强对纪律教育工作的检查、督促。省纪委成立东片、西片和省直三个检查组,到各地和单位巡回了解开展纪律教育的情况,及时召开汇报会或经验交流会。三是抓好正反典型教育。运用正反两个方面的典型,总结、宣传、表彰一批模范遵纪守法,保持和发扬党的优良传统和作风的先进单位和先进个人,使广大党员、干部学有榜样。同时，剖析一些反面典型，总结教训，使大家引以为戒，协助有关部门召开了宣判大会，对9名违法犯罪的公职人员公开作出判决。

至1989年2月，以廉洁为主要内容的纪律教育基本结束，这一轮教育取得的成效主要有四个方面。一是提高了党员、干部对保持党政机关廉洁重要性的认识，澄清了一些错误思想和糊涂观念，增强了纪律观念和遵纪守法、为政清廉的自觉性，增强了民主监督意识。据统计，1989年8月至12月，省纪委收到检举揭发不廉洁问题的信件，比开展纪律教育前5个月增加了39.4%。开展纪律教育前后对比，党政机关接待费用开支普遍减少三分之一以上，拒贿拒礼的好人好事增多。据统计，在教育期间，有23833人（次）拒礼拒贿，金额达人民币524万多元，港币112万多元。二是揭露和查处了一批不廉洁的突出问题和违纪案件。开展纪律教育以来，全省立案审查的案件有2026宗，结案处理1581宗。党纪处分1315人，政纪处分814人，判刑122人。三是把开展纪律教育同治理经济环境、整顿经济秩序结合起来，达到相互促进的目的。通过财务、税收、物价大检查，发现党政机关和党员、干部在廉洁、纪律方面存在的问题，对那些"令不行、禁不止"，搞"上有政策，下有对策"，顶风违纪的党员、干部，及时进行查处，为治理整顿排除障碍。四是促进了廉政制度建设。各市、县和省直单位都把加强制度建设作为搞好党政机关廉洁的重要措施来抓，不少单位订立了相应的制度和规定。全省有62%的党政机关单位制定了保持党政机关廉洁的规定；有38%的党政机关单位建立了公开化制度；不少市、县和单位把抓廉洁责任制同抓党风责任制结合起来，逐步建立健全领导干部抓廉洁责任制。

通过这次廉洁教育，全省在依靠制度建设来保证党政机关廉洁方面，进行了有益的探索，迈出了可喜的一步，初步建立了公开化办事制度和领导干部抓廉洁责任制等保持党政机关廉洁的规章制度。

四、开展以端正经济工作指导思想为主要目的的党性党风党纪教育

1985年3月8日，省委批转省检察院党组《关于普宁县发生挖一农民眼睛的重大伤害案的处理情况报告》。《报告》指出,普宁县平室山乡发生的由乡干部集体策划、治保人员共同动手,挖农民张声昌眼睛的案件,是一宗重大伤害案件。省委要求各地都要从这一事件中吸取教训,加强对广大党员、干部的法制教育,杜绝类似事件的再次发生。8月3日至16日,省委召开省委常委扩大会议,以"海南汽车事件"为镜子,着重揭露广东在党风党纪、经济工作指导思想等方面存在的问题,总结吸取经验教训。林若代表省委常委在会上作了总结讲话。他强调:(1)在任何情况下,都必须严肃地执行党和国家的政策;(2)在改革、放权的情况下,必须加强纪律性;(3)必须树立全局观念,自觉地以局部利益服从全局利益;(4)搞经济建设,必须端正业务工作的指导思想;(5)在对外开放过程中,必须始终坚持社会主义原则;(6)对资本主义腐朽意识形态的侵蚀,一定要保持高度警惕。会议通过总结吸取经验教训,进一步划清了政策界限,坚定了对外开放和改革信心。8月28日,省委向中央书记处并中央纪委、中央整党委员会报告了这次常委扩大会议的情况。

1991年4月6日,省委发出《批转省纪委〈关于在全省党员中开展党内法规教育〉的通知》。《通知》指出:各级党委要高度重视这项教育活动,将其纳入党建计划,统筹安排。组织、宣传、党校等有关部门要密切配合。党内法规教育要注意同社会主义理论教育和农村社会主义思想教育活动结合起来,同纪念建党70周年活动结合起来,同学习党史、党建理论结合起来。各级领导机关和领导干部要带头学习,带头整改,坚持一级抓一级,一级带一级,使教育活动扎扎实实,取得实效。12月19日,省委发出《关于批准省委党风和廉政建设领导小组运用典型案例开展反腐蚀教育的意见的通知》。省委决定以高森祥等几个典型案例作为反面教材,在全省共产党员、干部和职工中开展反腐蚀教育,进行法纪教育,以加强党风和廉政建设。《通知》指出:搞好这项教育,对于增强广大党员干部和职工抵御资产阶级腐朽思想侵蚀的能力,经受住执政、改革开放和反对"和平演变"的考验,具有重要的意义。

五、探索建立党性党风党纪教育实验区

1983年10月至1986年1月,中央纪委和广东省委将海丰县作为党性党

风党纪教育实验区,以取得在一个问题十分严重的县加强党性党风党纪教育的经验。在中央纪委和广东省委的直接领导下,中央纪委教育室和广东省纪委具体指导了海丰教育实验区的工作。在两年零四个月时间里,中央纪委和广东省委先后派出4期工作组到海丰,协助海丰县委开展相关工作。

海丰县地处粤东沿海,人口81万,党员24030人。改革开放之初,受偷渡和走私贩私狂潮冲击,海丰县生产停滞、良田荒芜;一些党员干部腐化变质,仅1980年至1981年,就有400余名党员偷渡外逃,200余名党员进行经济犯罪活动;党的领导遭到严重削弱,党的组织遭到严重破坏,党风和社会风气受到严重污染。针对海丰县存在的问题,工作组以抓好各级领导班子建设为重点,按照《中国共产党章程》的要求,先后提拔中青年干部537人,其中147人任副局级以上领导职务,免去属于"三种人"(即造反起家的人,帮派思想严重的人,打、砸、抢分子)或有严重违法乱纪行为的领导干部56人;同时,加强对县委及各级领导班子的思想建设和作风建设,为争取海丰县党风的根本好转打下基础。

为从根本上端正海丰县的党风和社会风气,工作组联系海丰实际,从五个方面坚持不懈地进行党性党风党纪教育。一是开展党的路线方针政策和政治纪律的教育,在思想上拨乱反正,清除极"左"思想的影响,把党员、干部的思想统一到党的十一届三中全会的路线方针政策上来,增强纪律观念,做到令行禁止。二是结合整党,进行党员标准教育,充分发挥共产党员的先锋模范作用。三是进行以共产主义世界观、人生观为核心的党性教育,树立全心全意为人民服务的思想,自觉抵制资本主义腐朽思想的侵蚀。四是开展彻底否定"文化大革命"的教育,消除派性,增强团结。五是开展反对官僚主义和封建残余思想的教育。教育主要通过严格党的组织生活、举办培训班和学习班、作专题报告和经常性的辅导报告等方式进行。通过全面、深入的教育,海丰县的广大党员和干部提高了思想认识,增强了团结,党风和社会风气有所好转。

在抓教育的同时,工作组依靠各级党委采取了一系列综合治理措施,包括打击严重经济犯罪、核查"三种人"、纠正党内各种不正之风、平反冤假错案,解决历史遗留问题、落实华侨和知识分子政策等。

第三节 严肃党的政治纪律，确保党的 路线方针政策贯彻落实

十年内乱造成的党内"左"倾思想以及极端个人主义思想、无政府主义思想在党内一些组织和少数领导干部身上还严重存在。同时，在实行对外开放、对内搞活政策的新形势下，对外交往增多，思想政治工作还没有跟上，尤其是打开国门以后，整个国家在引进外资和技术、发展经济、打破旧的思想束缚、引入新的管理理念等方面取得了明显成效；另一方面，当时国内经济发展水平和发达资本主义国家的巨大差距，使得党内和社会上否定四项基本原则的资产阶级自由化倾向有所滋长，意识形态领域的安全问题凸显。

广东作为对外开放的前沿，面临着"左"和右的双重干扰，渗透与反渗透，"和平演变"与反"和平演变"斗争更是首当其冲。一方面，有些党员、干部错误地认为对外开放、创办经济特区，是搞新的"租界"，兴办外资企业是"把资本家请回来剥削"，有的甚至说"辛辛苦苦几十年，一下回到解放前"，只要党内和社会上出现一些不正之风，他们就统统归咎于改革开放，个别干部甚至公开质疑、反对改革开放。另一方面，有些党员、干部面对国家和一些发达资本主义国家巨大的发展落差，对社会主义制度一度失去信心，滋长了崇洋媚外的思想，认为"内地不如香港，社会主义不如资本主义"。资产阶级自由化思潮一度泛滥，有的党员、干部利用大学讲坛和一些学术研讨会，散布美化资本主义、否定社会主义的言论；有的报纸连篇累牍地发表或转载否定社会主义、否定党的领导的文章，为资产阶级自由化思潮推波助澜；有的记者、作家违反政治纪律，擅自发表内容失实、泄露办案机密的报道或报告文学，为一些受到党纪处分的干部诡辩，甚至为犯罪分子开脱罪责。

在资产阶级自由化思想冲击党的基本路线，党内和社会上否定四项基本原则的倾向有所增长的严峻形势下，加强党的政治纪律教育，坚决

维护党的四项基本原则，促进全党在政治上保持一致的任务落在了各级党委和纪委肩上。

一、坚决维护四项基本原则，抵制各种精神污染

1979年，各级纪委贯彻中央统一部署，着重对抵制落实干部政策，反对经济调整，反对十一届三中全会路线、方针、政策的案件，进行了检查和处理。1981年后，各级纪委主要是协助党委，保证中央关于经济上进一步调整，政治上进一步安定的方针的贯彻。

1980年底，邓小平同志在中央工作会议上明确指出，"各级组织、每个党员都要按照党章的规定，一切行动服从上级组织的决定，尤其是必须同党中央保持政治上的一致。这一点在现在特别重要。谁要违反这一点，谁就要受到党的纪律处分。党的纪律检查工作要把这一点作为当前的重点"。1983年10月，邓小平同志在党的十二届二中全会上做了"思想战线不能搞精神污染"的重要讲话后，中央纪委和各级纪检机关坚决贯彻执行，及时向中央和各级党委反映这方面的情况。随后举行的十二届中央纪委第三次全会，认真讨论了抵制和清除精神污染的问题。会议指出，"严肃党的纪律，必须把维护党的组织纪律放在首位"，会议要求各级纪委要十分重视这方面工作，保证党的四项基本原则贯彻执行。

1987年，针对资产阶级自由化思潮泛滥的问题，中央纪委发出《关于共产党员必须严格遵守党章的通知》，强调资产阶级自由化思想和行为是违背党章总纲、违反政治纪律的，要求所有党员和党员干部必须遵守党的政治纪律。同年3月，中央纪委发出《关于旗帜鲜明地同资产阶级自由化思潮作斗争的通报》，要求各级党组织和纪检机关要充分利用反面典型，对党员进行政治方向、政治原则和政治纪律的教育。

1988年，在十三届中央纪委第二次全会上，乔石同志指出，① 在我们

---

① 乔石同志1987年11月在十三届一中全会上当选为中央政治局委员、常委，中央书记处书记，在中央纪律检查委员会第一次全体会议上当选为中央纪律检查委员会书记，1989年3月兼任中央党校校长，1993年3月在八届全国人大一次会议上当选为全国人民代表大会常务委员会委员长。

党的中心任务、活动方式和所处的社会环境发生重大变化的时候,加强党的纪律尤为重要。增强纪律观念,当前说来就是要求党的各级组织和全体党员在政治上同党的十一届三中全会以来的路线保持高度的一致,坚决贯彻党的十三大精神,坚决执行党的社会主义初级阶段的基本路线,坚持"一个中心、两个基本点"。这是党的政治纪律对各级党组织和全体党员的根本要求。

广东作为改革开放的试验田和先行区,如何严肃党的政治纪律,排除不良杂音的干扰,保证党的基本路线的贯彻执行,是摆在省委省政府面前的一个首要问题。针对来自"左"和右两方面的各种干扰,省委始终高举社会主义旗帜,坚持从严治党,态度鲜明地坚持党的基本路线,同否定改革开放或否定四项基本原则的错误思想进行了一系列坚决的斗争。1981年3月31日至4月7日,省委纪委在广州召开全省纪律检查工作会议,总结全省1980年的纪检工作,讨论确定了1981年纪检工作任务:坚定不移地搞好党风,坚持四项基本原则,确保中央工作会议提出的经济上进一步调整、政治上实现进一步安定方针在广东顺利执行。在整个过程中,省委立场坚定、态度坚决,旗帜鲜明地提出:"广东三个经济特区,不是政治特区,经济上要特别灵活,政治上要特别严格。"在对待对外开放、发展经济和坚持党的领导、加强党的建设关系问题上,先后提出广东要"排污不排外","对外更加开放,对内更加搞活,对下更加放权",要坚持两手抓,两手都要硬,一手抓改革开放坚定不移,一手抓打击经济犯罪坚定不移,"纪律要更严,执法要更严,党的生活要更严","不允许搞特权,不允许搞特殊化,不允许有不受党纪国法约束的特殊党员"。

二、坚决反对资产阶级自由化

1981年3月27日,省委转发南方日报社党委《关于学习贯彻中央关于当前报刊、新闻、广播宣传方针的决定的报告》。《报告》提出了必须无条件地、积极地宣传十一届三中全会的路线、方针和政策,在政治上与中央保持一致;理直气壮地宣传四项基本原则;大力加强精神文明的宣传;积极地在报纸上开展批评和自我批评,进一步密切党和群众的关系。同日,省委转发省委宣传部《关于贯彻中组部、中宣部电话会议精神，加强广东干部政治理论学习的意见》。《意见》指出，加强干部理论学习，是党的建设中的根本建设，领导干部要打下牢固的理论基础，不管情况千变万化，都要用马列主义的基本原则作准绳。4月21日，省政府颁发《关于取缔非法刊物和非法组织的决定》，取缔了《自由谈》《浪花》《庶声》等7种非法刊物和"中华全国民刊协会""中南地区民刊协会"等非法组织。

1982年3月20日至4月3日，省委在广州召开了省、地（市）、县三级党政主要领导干部会议，进一步研究和部署开展打击经济领域中违法犯罪活动的斗争；并对加强经济管理，克服自由化倾向，进行了具体讨论，制定了若干政策和管理办法。主要有：加强计划管理和综合平衡；正确使用外汇和加强外汇管理；加强农副产品收购工作；纠正"全民经商"的混乱现象；制止滥发奖金；控制基建规模与加强基建管理；整顿社队企业等。任仲夷在会上提出"两个坚定不移"的方针，即：对外开放和对内搞活经济坚定不移，打击经济领域的违法犯罪活动坚定不移。4月15日，省政府批转《广东省中小学思想政治工作会议纪要》，对加强和改善中小学思想政治工作作了布置：一是正确认识和处理德、智、体三者的关系，加强思想政治教育工作；二是坚持不懈地开展反对资产阶级思想腐蚀的教育；三是整顿校风，建设校风；四是充实和提高思想政治教育工作队伍。

省纪委配合省委，从两方面开展工作。一方面，根据中央纪委和省委统一部署，积极协助省委对党员干部进行实事求是的思想路线教育和以反对资产阶级自由化为主要内容的政治纪律教育。全省各级纪委根据中央纪委的指示，把坚持四项基本原则、维护党的政治纪律作为一项重要任务来抓。各级纪委认真抓好纪检干部的自身教育，并在党委的领导下，同宣传、组织部门密切配合，举办不同层次的学习班、轮训班、研讨班，组织广大党员干部特别是领导干部反复认真学习贯彻中央《关于向全党传达邓小平在十二届六中全会上讲话的通知》《关于当前反对资产阶级自由化若干问题的通知》等文件精神，学习邓小平同志关于坚持四项基本原则、反对资产阶级自由化的重要讲话和论述，系统地对党员进行党的十一届三中全会以来的路线、方针、政策的再教育，使党员干部深刻认识到，坚持四项基本原则、坚持改革开放，是在政治上同党中央保持一致，是党的政治纪律。同时，用改革开放以来取得的重要成就，教育党员干部解放思想，清除"左"的思想禁锢，正确看待改革开放中出现的挫折，树立只有改革开放才能发展中国的信念，更好地坚持社会主义，坚持改革开放。

在1989年春夏之交的政治风波中，广东省19个地市有17个地市发生了不同程度的游行请愿活动，极少数非法组织头目策划"学运南移"，企图把广东作为动乱的基地，他们还企图通过封桥、堵路、卧轨、中断交通、"从经济上搞垮政府"，不少外商一度疑虑重重，担心改革开放的政策要变，有的"三资"企业撤走了，一些已经同外商签约的在建项目也停下来了。省委坚决贯彻中央部署，严格遵守党的组织纪律，加强对党员干部的政治纪律教育，认真学习、坚决贯彻执行党中央、国务院《告全体共产党员和全国人民书》和中央纪委《关于严明党的纪律、维护党的团结统一的通知》，并提出了"和衷共济、稳定广东"的口号，要求党员严格遵守不参与、不支持、不围观、不声援的"四不"纪律，带头坚守工作岗位，维护正常的生产、工作、生活秩序，做到立场坚定、旗帜鲜明地反对动乱，在思想上、政治上和行动上同党中央保持一致。各级纪委积极协助党委，加强对党员、干部的政治纪律教育。

三、严肃查处和纠正违反政治纪律的问题

各级纪委注重调查研究，注意分析意识形态领域的各种动向和问题，实事求是地向党委反映情况，纠正问题。1986年，有几家报刊一度出现了违反宣传纪律的错误做法，发表了一些有错误倾向的报告文学和新闻报道：有的对在改革开放中曾犯了严重错误的干部倍加颂扬；有的为有经济犯罪行为而正在受到审查的人"打抱不平"；有的对个别经济案件的改判大肆渲染；有的擅自把正在查办的重大案件的案情捅出去，泄露秘密；等等。这些，都造成了严重的不良影响。省纪委经过调查核实，向中央纪委和省委做了报告。省委和有关地方党委及时采取措施予以纠正，中央纪委向全国转发了广东省纪委的报告。1987年，《深圳青年报》多次刊登方励之、王若望和刘雁宾等人鼓吹资产阶级自由化的文章和发表违反政治纪律的言论，造成恶劣政治影响，省纪委领导多次到深圳进

行调查，督促有关党组织进行严肃处理。后来，深圳市委相继作出停办整顿和解散报社的决定。党内极少数党员受资产阶级自由化思潮的影响，在大是大非问题上站不稳立场，迷失了方向，忘记了党的政治纪律，出现了违反党纪国法的行为。省直单位也有一些党员在政治上动摇，有的对社会主义丧失信心，有的公开提出退党，有的公开反对党中央的决策。省纪委针对省直单位个别党员干部发表错误言论的问题，督促有关单位对其进行严肃批评教育，对1989年政治风波中个别严重违犯党的政治纪律的党员和组织进行了严肃查处。9月，省纪委通报了三名共产党员在政治风波中公开反对党中央的正确决策、严重违反政治纪律被开除党籍的典型案件，要求各级党组织和党员吸取教训，严格遵守党的政治纪律，同党中央保持一致。

从1989年春夏之交至1990年底，全省各级纪委协助党委根据党的十三届四中、五中、六中全会精神，以及中央一系列文件和指示，在党内开展了系统的坚持四项基本原则、反对资产阶级自由化的教育；经受住改革开放、执政和"和平演变"考验的教育；维护安定团结大局、维护党的集中统一的教育等系列教育。在教育期间，处理违反政治纪律的党员共82人，增强了党员干部的政治纪律观念，提高了坚持四项基本原则的自觉性。

第四节　加强党内监督，规范权力运行

1987年10月25日至11月1日，党的十三大在北京召开。十三大报告和中央纪委的工作报告，确定了纪检工作的指导思想，可以概括为三个方面：第一，党的建设问题是同党的政治路线紧密联系在一起的。新时期党的纪检工作，必须保证党的基本路线的贯彻执行。第二，要从严治党、严肃执纪，使党经受住执政和改革开放的考验。既要重视加强对党员的党性教育，提高党员的政治思想素质，又要严肃执行党的纪律，认真查处党内违纪案件。报告分析了当时的反腐败形势，认为，对不少环节上不同程度

存在着的官僚主义和腐败现象，全党同志和广大群众是很不满意的。第三，党的纪检工作也必须进行改革，以适应改革开放的新形势。

党的十三大对纪律检查体制改革的部署主要包括：各级党委不再设立不在政府任职但又分管政府工作的专职书记、常委；党委办事机构要少而精，与政府机构重叠对口的部门应当撤销，它们现在管理的行政事务应转由政府有关部门管理；政府各部门现有的党组各自向批准它成立的党委负责，不利于政府工作的统一和效能，要逐步撤销；党的纪律检查委员会不处理法纪和政纪案件，应当集中力量管好党纪，协助党委管好党风。1988年初，党中央提出了"经济要繁荣，党政机关要廉洁"的要求。此后，以保持党政机关廉洁为重要内容，带动纠正其他不正之风，成为新形势下纪检工作的重要特色。1988年6月1日，中央发出《关于党和国家机关必须保持廉洁的通知》。《通知》下发后，各级纪检机关协助党委着力解决以权谋私、贪赃枉法、奢侈浪费以及某些基层政府职能部门和执法机关弄权渎职、敲诈勒索等问题。各级纪委在廉政建设实践中，对廉政制度的建设进行了认真总结和有益探索。

一、探索建立党风和廉政建设责任制

为了从组织和制度上保证抓党风工作的落实，从1984年底开始，省直一些单位率先探索建立抓党风责任制。1985年1月12日，省纪委发出《关于转发两个单位制订实现党风根本好转规划和建立抓党风责任制的通知》，转发了珠江水利委员会党组《关于争取三年内实现党风根本好转的规划》和中国南海东部石油公司临时党委建立抓党风责任制的经验材料，要求全省各级党委（党组）都要"制订实现党风根本好转的规划和建立抓党风的责任制，并加强检查督促，务求落实兑现。凡是尚未制订出规划和建立责任制的，要通过调查研究，上下结合，抓紧制订和建立"。随后，全省各地普遍推行了领导干部特别是一把手亲自抓的党风责任制。在此基础上，一些单位把党风责任制修订为"党建责任制"或"党风和廉政建设责任制"，或把本单位的党风和廉政工作纳入领导班子任期目标责任制。1987年9月省监察厅重建以后，各级监察机关协助政府在一些行政部门建立了行政领导班子抓廉政责任制，把抓廉政责任制同抓党风责任制结合起来。

1990年11月，中央批转中央纪委《关于加强党风和廉政建设的意见》，提出要建立健全党风和廉政建设责任制，一级抓一级，层层落实。中央在批转《意见》的通知中要求，各级党委和政府，一定要从党和国家的生死存亡、改革开放的兴衰成败的高度，充分认识党风和廉政建设的重要性和紧迫性，切实加强领导，采取有力措施，把这项工作持之以恒地抓下去。十三届四中全会以后，党中央坚定不移地贯彻执行党的"一个中心、两个基本点"的基本路线，深刻吸取前几年物质文明和精神文明建设一手硬、一手软的教训，在努力发展物质文明的同时，切实抓好精神文明建设。在惩治腐败、加强党风和廉政建设方面，党中央、国务院相继制定和下发了十几个有关的规定、决定和通知。像这样党中央直接领导、组织和部署惩治腐败的斗争，在党的历史上是少有的。在党中央的直接带动下，全国范围内迅速形成了全党抓党风和廉政建设的局面。同一时期，省、地一级党委的常委会议，政府的党组会议和常务会议，专门研究或涉及党风和廉政建设工作的，差不多占会议总数的一半左右。大多数省、区、市党委成立了党风和廉政建设领导小组，统一领导和协调党风和廉政建设工作。许多党委建立健全党风和廉政建设责任制，一级抓一级，层层抓落实。一度被削弱的党风和廉政建设得到了加强，初步形成了全党抓党风、各级政府抓廉政、全民关注党风和廉政建设的大气候。

广东省委积极探索健全反腐倡廉工作机制，加强党内监督，全省从省直机关到基层单位陆续建立了领导班子抓党风廉政建设责任制，党政机关和党政干部保持廉洁制度以及"办事公开、群众监督"等制度。1991年8月16日，省委发出《关于成立省委党风和廉政建设领导小组的通知》，领导小组由时任广东省委副书记、全国妇联副主席张帼英任组长，省纪委书记王宗春，省委常委、秘书长、政法委书记方苞和副省长卢钟鹤任副组长。领导小组的任务是：负责统筹安排和指导全省性的党风和廉政建设工作；负责处理党风和廉政建设工作中遇到的具体政策和其他重大问题，并向省委提出有关对策和建议；负责有关部门交流情况，协调工作。1992年6月22日，省委、省政府印发《关于各级党政领导班子加强反腐保廉工作若干问题的规定》，要求"各级党委要把落实抓反腐保廉工作责任制的情况列为考察领导班子和领导干部的重要内容",并明确规定各级领导干部在反腐保廉工作中必须起表率作用。到1992年底,全省县以上党政机关普遍建立了机关保持廉洁的制度、领导班子抓党风和廉政的责任制。

二、健全党内民主,加强党内监督

党的十一届五中全会通过的《关于党内政治生活的若干准则》提出,"各级党委或常委都应定期召开民主生活会,交流思想,开展批评和自我批评"。为此,各级纪委协助党委逐步健全各级领导班子的党内组织生活制度,重点是协助县以上党委每年定期召开民主生活会,把民主生活会制度作为党内监督的主要形式。

1986年9月28日召开的党的十二届六中全会通过的《中共中央关于社会主义精神文明建设指导方针的决议》提出,要"建立和健全党内监督制度和人民监督制度,使各级领导干部得到有效的监督"。各级纪委围绕端正党风和打击经济领域犯罪活动等中心任务,进一步强化党内监督,主要是针对查处违纪违法案件中暴露出来的制度不完善问题,建立预防和约束机制,纠正党内不正之风。配合端正党风工作,各级纪委协助党委进一步健全民主生活会等党内民主制度,积极、正确地开展批评和自我批评,以防止和纠正党员领导干部身上的各种不正之风和腐败行为。

1987年7月29日,中央纪委下发《关于对党员干部加强党内纪律监督的若干规定(试行)》,明确党内纪律监督要着重五个方面:(1)监督、检查贯彻执行党的十一届三中全会以来的路线、方针、政策和决议的情况。监督、检查三中全会提出的建设具有中国特色的社会主义的路线,这条路线的两个基本点——坚持四项基本原则和坚持改革、开放、搞活的方针,是否得到了贯彻执行。党员、党组织,在政治上必须和中央保持一致。(2)监督、检查各级领导班子贯彻党的民主集中制原则,实行集体领导的情况,严肃党的组织纪律。(3)思想作风方面,主要是克服、纠正"以权谋私"和严重的官僚主义,努力克服自由主义。必须树立全心全意为人民服务的思想和理论联系实际,密切联系群众和批评、自我批评的作风。(4)监督各级党委、党组织重视党的建设工作,重视党的思想政治工作。(5)监督、检查是否全面贯彻按"四化"标准和德才兼备原则任用干部。①这份文件是"文革"后中央最早的关于党内监督的专门文件。

根据中央纪委关于强化民主生活会监督制度的指示,省纪委1987年5月9日发出通知,提出要加强对各市、地党委,省直各局以上单位党组(党委)民主生活会的监督措施。这一年,省纪委派员参加了广州、深圳、肇庆、梅县等市地和省计委等12个省直单位领导班子的民主生活会,履行监督职能。1988年,省委采纳省纪委的建议,作出决定:在领导班子民主生活会前委托纪委和有关部门广泛征集党内外意见,并在民主生活会上如实反映,发挥纪委对同级党委监督的作用。此后,这一制度在全省县以上党政机关普遍推行。

各级纪检监察机关把建立健全党内监督作为反腐败斗争的一项治本之策,加强预防、约束机制建设。各级领导干部对照党中央和中央纪委提出的廉洁自律有关规定,通过廉洁自律专题民主生活会进行自查自纠,并形成制度。领导干部廉洁自律工作的开展和领导干部"三项报告制度"的执行,标志着全省党内监督机制建设进一步健全和完善。

三、推行"办事公开、群众监督"制度

1988年3月,党的十三届二中全会要求,各级党政机关在廉政建设中尽可能地公开办事制度,以便得到群众的监督。此后,一些地方探索实行公开办事制度、公开办事结果、接受群众监督的"两公开一监督"制度。

广东在探索政务信息公开方面走在全国前列。1987年11月4日,省委发出《关于在县以上机关推广省广播电视厅向群众公开领导干部出国等3项情况经验的通知》。省委认为,省广播电视厅率先在本单位范围内公布了领导干部出国、住房装修、电话费用等情况,让群众监督,这个做法

① 即革命化、年轻化、知识化和专业化。邓小平同志1980年8月在中央政治局全议上首次提出干部队伍要年轻化、知识化、专业化。12月,邓小平同志在中央工作会议上又提出"革命化",在当月召开的党的十二大上,干部"四化"标准写入了大会通过的新党章。"四化"标准为改革开放的政治路线提供了组织保障。

很好。为了加强政务工作的公开性,利于人民、社会和党组织对领导机关的监督,有效遏制贪赃枉法、以权谋私以及奢侈浪费等不良现象的产生,省委要求,全省县以上各级党政机关,均应将领导干部有关生活待遇的情况向本单位群众公开,公开的具体项目和具体办法由各单位党组织决定,可以从群众最关心的问题入手,逐步做到经常化、规范化,形成制度。

1987年11月6日,省委、省政府发出《关于加强政务工作公开性的通知》,要求各级党政机关必须建立政务工作公开制度,提高政务工作的透明度,把党政机关的工作置于人民、社会和党组织的监督之下,以保证党政机关廉洁,保证改革开放的顺利进行。《通知》指出,建立政务工作公开制度的原则是"公正、公开和监督",公开的内容,应当是与基层工作和群众生活关系密切、人民群众普遍关注的事项。

1988年,根据党的十三大提出的增强政务"公开性""透明度"的要求和中央《关于党和国家机关必须保持廉洁的通知》(中发〔1988〕5号)精神,广东全省各级纪检监察机关积极协助党委和政府逐步建立"办事公开、群众监督"的制度。1988年11月6日,省委、省政府发出《关于加强政务工作公开性的通知》,提出建立政务工作公开制度的原则是"公正、公开和监督";公开的内容包括"与基层工作和群众生活关系密切,为人民群众普遍关注的事项";公开的形式包括"列表、书面或会议通报、报告、公告、新闻发布、对话等形式"。同时还明确,"要按照'先易后难,分步实施'的要求,根据不同部门和不同条件,从解决群众意见最集中的事项入手,分别逐步实施";"使新建立的政务工作公开制度在实施中不断完善,逐步向规范化、法律化过渡"。当年,根据省委、省政府的部署,全省党政机关普遍推行"公开化"。主要抓了两种"公开",一是办事制度、办事程序公开;二是领导干部一些生活、工作情况的公开。南雄县委较早认识到抓这项工作的重要性,1988年5月就制定了领导决策、干部考核、招工招干、户口"农转非"、中学招生、信贷投放、重要物资分配、财政收支、土地使用审批和基建项目招标等"十公开"制度。到1988年底,全省已有15667个单位建立了办事公开制度。

1989年2月,省委召开全省党建工作会议,提出要开展省、市、县

（区）三级"两公开、两监督"制度试点工作，即公开办事制度，公开办事结果，加强群众监督和内部监督。3月，省政府确定省公安厅、省卫生厅、省交通厅、省工商局、省税务局、省物价局、省粮食局、省电力局、省邮电局、省人民银行、省农业银行、省建设银行、省工商银行等13个单位为"两公开、两监督"制度建设的重点单位（后增加了省经贸委、省物资总公司）。从当年3月中旬开始，各重点单位在基层也办起了试点，把试行"两公开、两监督"制度同整顿纪律、改善管理紧密结合起来。3月24日，省委批转省纪委《关于对党政领导干部建私房和住房装修情况实行公开监督的意见》，并为此向全省各级党组织发出了通知。通知指出，要把对全省党政领导干部建私房和住房装修情况实行公开监督，严肃处理党政干部在建房、住房中严重以权谋私的问题，作为治理整顿、从严治党、保持党政机关廉洁的一项重要内容，首先在现职县以上领导干部中进行。到1990年初，全省"两公开、两监督"工作在基层单位全面铺开。

1990年4月，根据省监察厅、省政府经济体制改革办公室的提议，省委六届四次全体扩大会议作出《关于进一步推行办事公开群众监督制度的决定》，明确提出"一年内要在全省应当实行办事公开、群众监督的部门和单位，全面推行这种制度"。按照省委的决定，全省各级党政领导机关和经济管理、公用事业、政法、监督部门以及基层站所普遍建立了办事制度、办事结果公开和群众监督的"两公开一监督"制度。

四、开展制度执行情况大检查

党的十三大提出要"切实加强党的制度建设"，"在党的建设上走出一条不搞政治运动，而靠改革和制度建设的新路子"。1987年，中央书记处召开党风建设座谈会，提出通过改革和制度建设解决党风问题的具体意见。会议还对加快改革与从严治党的关系进行了分析，认为加强党风建设，一要加快和深化改革，减少产生不正之风的土壤；二要从严治党。1988年3月召开的十三届二中全会，就如何从改革和制度建设入手解决党风问题做了比较具体的安排和部署。例如，抓紧建立国家公务员制度，制定和实施《企业法》，推行住房制度改革等。这些措施有助于从制度上防止和克服不正之风。

　　1988年的中央《关于党和国家机关必须保持廉洁的通知》指出,廉政工作是经常性的工作,应充分发挥监察机关、审计机关、司法机关和党的纪检机关的作用;要同建立和健全各项制度结合起来,通过法律和制度来保证党和国家机关的廉洁。要逐步健全人民检举制度,在各级监察机关和检察机关设立举报中心,便于群众举报监督。1989年6月彻底平息北京发生的政治风波后,中央及时提出了必须对两个问题进行深入思考:一是这场风波发生、蔓延的主要教训在哪里;二是怎样彻底消除政治风波产生的思想、政治、经济、社会因素,保证党和国家的长治久安。在这种背景下,党中央、国务院做出了一系列关于加强党风和廉政建设的重大部署,并相应加强了制度的顶层设计。1987年到1990年,中央纪委先后制定了党员领导干部犯严重官僚主义失职错误、党员违反外事纪律、违反社会主义道德、经济方面违纪违法、党组织和党员妨碍违纪案件查处等方面的党纪处分条规,在党的历史上第一次出现了专门针对某一方面违纪行为而适用的具体而又比较系统的党的纪律规范。这是我们党的纪律由长期以来的"原则调整"向"规范调整"的一个重要转变,表明党的纪检工作已经开始走上制度化、规范化的轨道。[①]

　　同其他地方一样,广东也结合自身实际,制定了一批贯彻落实中央党内法规的实施细则。为了提高党员干部对党风和廉政制度重要性的认识,强化制度执行,进一步推动制度建设,根据省委《关于进一步推行办事公开,群众监督制度的决定》的要求,1992年6月,省委以粤发〔1992〕7号文批转了省纪委《关于开展党风和廉政制度执行情况大检查的意见》,决定下半年组织开展一次党风和廉政制度执行情况大检查,并对这次大检查进行了详细全面的部署,明确指出了这次检查的目的要求、主要内容、方法步骤、时间安排和组织领导等五个方面的内容。检查的内容是"全面检查1988年以来各地区、各部门、各单位制定的有关党风和廉政建设(包括纠正行业不正之风)的各项制度的执行情况,重点检查办事公开、群众监督制度,党政机关和党政干部保持廉洁的制度,领导班子抓党风和廉政建设的责任制的执行情况"。全省大体分为各单位自查和

[①]　李雪勤主编:《中国共产党纪律检查工作60年》,方正出版社,2009,第180页。

组织检查两个阶段,7月份开始,10月底基本结束。

　　1993年1月6日,省委党风和廉政建设领导小组召开了全省党风和廉政制度执行情况大检查工作总结表彰会议,授予26个单位"党风和廉政制度建设先进单位"称号,同时通报表扬了其他32个执行制度情况好的单位。

第 二 编

社会主义市场经济体制条件下
反腐倡廉建设的探索
(1993—2002)

1992年1月18日至2月21日，已经离开中央领导岗位的邓小平同志先后到武昌、深圳、珠海、上海等地视察，并发表了一系列重要讲话，通称南方谈话。讲话针对当时人们思想中普遍存在的疑虑，重申了深化改革、加速发展的必要性和重要性，并从中国实际出发，站在时代的高度，深刻地总结了十多年改革开放的经验教训，在一系列重大的理论和实践问题上，提出了一系列新观点、新思路。讲话不仅标志着继毛泽东思想之后，马克思主义与中国实际相结合的第二次伟大历史性飞跃的思想结晶——邓小平理论的最终成熟和形成，而且也标志着中国改革开放第二次浪潮的掀起。

　　以邓小平同志南方谈话和党的十四大召开为标志，我国改革开放和社会主义现代化建设事业进入了新阶段。党的十四大是我党历史上一次承前启后、继往开来的重要会议。这次会议提出了我国经济体制改革的目标是建立社会主义市场经济体制，并围绕构建社会主义市场经济体制，对反腐败斗争提出了新要求，作出了新部署。以江泽民同志为核心的党的第三代中央领导集体，坚持以经济建设为中心，始终把党风廉政建设和反腐败斗争放在重要位置，作出了一系列重大决策部署，初步探索出一条适合我国现阶段基本国情的有效反腐倡廉路子。主要思想包括：治国必先治党、治党务必从严，坚决反对和防止腐败，是全党一项重大的政治任务；要围绕发展这个党执政兴国的第一要务，开展党风廉政建设和反腐败斗争；进一步抓好领导干部廉洁自律、查处大案要案、纠正部门和行业不正之风的工作；坚持标本兼治、综合治理的方针，逐步加大治本力度；加强教育，发展民主，健全法制，强化监督，创新体制，把反腐败寓于各项重要政策措施之中，从源头上预防和解决腐败问题；高度重视党的思想政治建设，教育党员干部特别是高级干部，牢固树立正确的世界观、人生观、价值观；加强对领导干部特别是主要领导干部的监督，保证把人民赋予的权力真正用来为人民谋利益；坚持和完善反腐败领导体制和工作机制，认真落实党风廉政建设责任制，形成防止和惩治腐败的合力；纪检监察工作要适应形势和任务发展的要求，坚持与时俱进、开拓创新；等等。这些重要思想，丰富和发展了党的反腐倡廉理论，是"三个代表"重要思想的有机组成部分，为深入开展党风廉政建设和反腐败斗争提供了强大理论武器。

1990年以来，江泽民总书记9次亲临南粤考察，并5次参加全国人大广东代表团全体会议，对广东的改革开放和现代化建设作出一系列重要指示。1994年6月，江泽民同志到广东考察，就经济特区的发展问题发表了重要意见，要求经济特区"增创新优势，更上一层楼"，令特区人民备受鼓舞。1998年是广东受亚洲金融危机严重冲击的时候，国投破产、粤海重组，① 多年来积累的资产风险转化为支付风险，广东到了改革开放以来最为艰难的阶段。3月，江泽民同志在九届全国人大一次会议广东代表团参加讨论时"旧话重提"，鼓励广东省调动一切积极因素，增创新优势，更上一层楼，要求广东在全国率先基本实现现代化，为全国创造新鲜经验。1999年8月，省委、省政府在深圳召开全省经济特区和珠江三角洲改革开放工作座谈会，启动"率先基本实现现代化工程"，明确提出经济特区和珠江三角洲地区要率先基本实现现代化。1999年3月，江泽民同志专程来到九届全国人大二次会议广东代表团发表重要讲话，强调当前广东要抓紧加快社会主义市场经济体制的建立，整顿好市场秩序特别是金融市场的秩序，保证经济安全运行。同时，要坚持扩大内需同扩大开放相结合，确保经济持续发展。2000年2月，江泽民同志到高州市，亲自为该市县级领导班子作"三讲"教育动员讲话。在广东考察期间，江泽民同志第一次完整地提出"三个代表"重要思想，他在讲话中指出，"总结我们党七十多年的历史，可以得出一个重要结论，这就是：我们党所以赢得人民的拥护，是因为我们党在革命、建设、改革的各个时期，总是代表着中国先进生产力的发展要求，代表着中国先进文化的前进方向，代表着中国最广大人民的根本利益，并通过制定正确的路线方针政策，为实现

---

① 即广东国际信托投资公司破产案。受1997年亚洲金融危机影响，中央银行1998年决定关闭该公司，初步查明该公司资不抵债146.9亿元。广东国际信托投资公司在当时是仅次于中信的中国第二大国际投资公司，该公司破产案是新中国成立以来中国金融史上第一宗非银行金融机构破产案例。本书第八章第二节对此案有介绍。

国家和人民的根本利益而不懈奋斗。"2000年7月7日，广东省委八届五次全会通过《中共广东省委关于深入学习贯彻江泽民同志"三个代表"重要思想的决议》，研究部署了新形势下按照"三个代表"的要求，抓好全省党的建设和现代化建设的各项举措。

在党中央的坚强领导下，广东在这个阶段经济飞速发展，反腐倡廉建设也取得了明显成效。1992年7月1日，省委、省政府贯彻小平同志年初南方谈话精神，向党中央、国务院报送《关于加快广东发展步伐，力争二十年赶上亚洲四小龙的请示》。该《请示》主要内容有：20年赶上亚洲"四小龙"的目标和步骤是，在经济的总体水平上赶上"四小龙"，在精神文明方面要比他们强。20年分为两个阶段：2000年前的10年为第一阶段，争取在总体上达到"四小龙"1990年的经济水平，其中一部分地区达到或接近"四小龙"2000年的平均水平；2000年后的10年为第二阶段，全省从总体上达到"四小龙"2010年的经济水平。在集中精力抓发展的同时，广东认真贯彻中央关于反腐败斗争的新部署，确立反腐败三项任务的工作格局，围绕建立社会主义市场经济体制的目标，积极探索加强反腐倡廉建设的新路子。

第五章
完善反腐败领导体制和工作机制

在这个阶段，中央顺应改革开放事业发展和党的自身建设需要，针对改革开放过程中腐败迅速蔓延的实际情况，在反腐败领导体制和工作机制的创新方面，迈出了较大步伐，取得了明显成效。党的十四大通过的党章对纪律检查工作的规定，基本上沿用了十二大和十三大党章"三项任务"的提法。1997年党的十五大通过的党章规定，"党的各级纪律检查委员会的主要任务是：维护党的章程和其他党内法规，协助党的委员会加强党风建设，检查党的路线、方针、政策和决议的执行情况。"各级纪委围绕经济建设这个中心，正确处理反腐败斗争与改革发展稳定的关系，将防治腐败寓于改革开放和经济建设重要政策和措施之中；深入市场经济新的领域，及时发现和解决党风政风方面存在的妨碍经济发展的突出问题，促进了经济持续快速健康发展。

第一节　反腐败斗争面临的新课题
和三项任务格局的确立

改革开放步伐的加快，推动广东工业化、城镇化迅速发展，市场经济空前活跃，这个时期的经济增速明显加快，[①] 人民生活水平明显改善，但

---

① 这一阶段，广东经济实力稳居全国前列，1998年经济总量超过新加坡，2003年超过香港。

154

与此同时，党内各种不正之风和腐败问题也迅速蔓延，呈爆发之势。1993年，中央纪委第二次全会后，检控类信访占信访总量的比例明显增加。当年，全省纪检机关共受理属于纪检业务范围的信访举报4.8万多件次，其中，检控类4.3万件次，占89.47%。反映领导干部贪污受贿、以权谋私问题突出，分别达到9220件次和7329件次，共占检控类问题的38.48%。反映农村基层干部利用职权贪污、挪用公款，索贿受贿，欺压群众，财务收支不公开等方面的问题达10563件次，占检控类问题的24.56%，个别市、县甚至高达60%，且多为联名信或集体访。

一、中央和省委对反腐败形势和任务的新判断

党的十四大报告指出："坚持反腐败斗争，是密切党同人民群众联系的重大问题。要充分认识这个斗争的紧迫性、长期性和艰巨性。在改革开放的整个过程中都要反腐败，把端正党风和加强廉政建设作为一件大事，下决心抓出成效，取信于民。"1997年9月12日—18日，党的十五大召开。江泽民同志在报告中指出，"反对腐败是关系党和国家生死存亡的严重政治斗争。我们党是任何敌人都压不倒、摧不垮的。堡垒最容易从内部攻破，决不能自己毁掉自己"。这说明，中央对反腐败的判断和定位，已经从"密切党同人民群众联系的重大问题"上升到了"关系党和国家生死存亡的严重政治斗争"的高度，也从一个侧面证明反腐败形势日趋严峻、复杂。

为了学习贯彻党的十四大精神，1992年11月6日，省纪委在广州召开第七次全体会议。全会分析了当前反腐败斗争面临的新形势：一是改革开放以来，全省各级党委、政府坚持两手抓，在党风和廉政建设方面作了大量工作，成效是比较显著的，但是对成绩不能估计过高。要看到当前有些地方和单位仍然存在不正之风和腐败现象，充分认识到反腐败斗争的紧迫性、长期性和艰巨性。二是在加快改革开放和经济发展步伐，建立社会主义市场经济体制的新形势下，更要保持清醒头脑，坚持从严治党，进一步加强党风和廉政建设。三要经常分析本地区、本部门、本单位的党风和廉政状况，及时研究解决存在问题。全会强调，在建立社会主义市场经济体制的新形势下，反腐败斗争必然会遇到许多新情况、新问题，各级党委和纪委要深入研究党风和廉政建设的特点和规律，探索新的工作

方式和方法。

1993年5月18日，省纪委召开第八次全会，审议并通过《中共广东省纪律检查委员会向省第七次党代表大会的工作报告》，对五年来省纪委的主要工作进行了总结，认为建立社会主义市场经济体制和广东二十年基本实现现代化的新形势和任务，对党风廉政建设提出了更高的要求。因此，各级党委和纪委要以邓小平同志建设有中国特色社会主义的理论和党的十四大精神为指导，全面贯彻执行党的基本路线，坚持"两手抓"，"两手都要硬"的方针，紧紧围绕经济建设这个中心，进一步加强党风廉政建设，以保证全省现代化建设宏伟目标的实现。会议对下一步加强党风廉政建设工作提出了如下建议：一是要坚持对党员特别是党员领导干部进行党风党纪和勤政廉政教育，提高党员、干部的思想政治素质。二是必须把反腐败斗争作为当前党风廉政建设的重点来抓，把查处违纪案件作为严肃党纪的中心环节来抓。重点查处违背党的基本路线，反对四项基本原则，抵制和对抗改革开放方针政策，干扰阻碍重大改革措施贯彻执行的案件，贪污盗窃、索贿受贿、严重以权谋私、严重官僚主义、失职渎职案件，道德败坏、腐化堕落案件等。三是要严禁党政机关及其工作人员在公务活动中接受和赠送礼金、有价证券。坚决反对和刹住用人问题上的不正之风，纠正行业不正之风、挥霍浪费之风及其他不正之风。四是要进一步加强制度建设，建立健全监督约束机制。党政领导班子要抓党风廉政建设责任制，党政机关和党政干部保持廉洁的制度。《报告》提出，要发挥纪委的监督作用，以加强党内同级的监督，上级对下级的监督、下级对上级的监督和职能部门的监督，重视、支持党外的民主监督以及舆论监督，各单位内部也要建立和完善有效的监督制约机制，努力探索靠改革、靠制度、靠教育、靠法制来搞好党风廉政建设的路子。

二、确立反腐败三项工作格局

1993年8月，十四届中央纪委召开第二次全会，对反腐败斗争作出了新部署。随后，党中央、国务院下发了《关于反腐败斗争近期抓好几项工作的决定》，指出近期着重抓好三项工作：一是党政机关领导干部要带头廉洁自律。要严于律己，以身作则，自觉执行中央在加强党风廉政建设方面已经作出的各项规定,带头同腐败现象作斗争。二是查办一批大案要案。重点查办党政领导机关干部和司法部门、行政执法部门、经济管理部门及其工作人员的违法违纪案件。对腐败分子,必须依照党纪、政纪、国法坚决惩处。对严重干扰、阻碍查办案件工作的,不管是谁,都必须坚决处理。三是狠刹几股群众反映强烈的不正之风。要在全国范围内集中力量基本刹住乱收费的不正之风,重点治理国家机关及其所属部门擅自把职责范围内的业务变成收费项目;擅自立项和扩大收费范围、提高收费标准;将一部分职能转移到下属经济实体,搞有偿服务;利用职权和行业垄断强行"服务",收取高额费用;只收费不服务,明目张胆地敲诈勒索等利用职权巧立名目乱收费的不正之风。

9月,省委召开常委扩大会议,贯彻中央纪委第二次全会精神,作出了《关于深入开展反腐败斗争,加强廉政机制建设的决定》。会议分析了反腐败形势,认为:一要看到党的主流是好的,大多数党员、干部是廉洁奉公的,又要看到存在腐败问题的严重性;二要看到反腐败的长期性,又要看到其迫切性;三要看到改革开放、发展经济对生产力发展的决定作用,又要看到反腐败、加强精神文明建设的巨大促进作用;四要看到反腐败斗争的复杂性、艰苦性,又要看到可以取胜的根本条件。会议提出当前反腐败斗争要实行"三个结合",即把完成反腐败的阶段性任务和建立反腐保廉机制的长远目标结合起来;把反腐败和加强精神文明建设结合起来;把反腐败斗争和深化改革、发展经济结合起来。会议对全省的反腐保廉作出了新部署,提出当前反腐败斗争重点抓好三项工作:一是建立领导干部廉洁自律制度;二是严肃查处一批大案要案;三是坚决刹住几股不正之风。在建立社会主义市场经济体制的过程中,要努力建立反腐保廉的有效机制。此后一个时期的反腐败斗争,就按照三项工作的格局开展,并取得较好成效。

1994年2月召开的十四届中央纪委三次全会,结合二次全会以来反腐败斗争的实践,明确把二次全会提出的廉洁自律、查处案件、纠正不正之风三项工作上升到了工作"格局"的高度,从而使三项工作具有了稳定性,需要在一个比较长的时期内坚持下去。党的十五大进一步概括为,"反腐败三项工作相互联系,相互促进,基本涵盖了当前反腐败的主要内容,体现了标本兼治、综合治理的要求,具有很强的现实针对性和可操作性,有利于反腐败工作整体推进、协调发展"。

三、重申和实施五项监督措施

1996年1月,十四届中央纪委第六次全会决定在坚持纪委现行领导体制的前提下,重申和建立以下五项监督措施:(1)中央纪委根据工作需要,选派部级干部到地方和部门巡视,了解省(区、市)和中央、国家机关部委领导班子及其成员贯彻执行党的路线、方针、政策以及廉政情况。(2)党的地方和部门的纪委(纪检组)发现同级党委(党组)或其成员有违反党的纪律的情况,有权进行初步核实,并直接向上级纪委报告,任何组织或个人不得干预和阻挠。需要立案的,按党章和有关规定报批。纪委(纪检组)遇有此类问题不报告就是失职,严重的要受到追究。(3)党的地方和部门的纪委(纪检组)接到对下一级党委(党组)成员的检举控告,必须报上一级纪委,任何人无权扣压。凡违反的必须追究责任,严肃处理。(4)凡属地方和部门主要领导干部的提拔任用,党的组织部门在提请党委(党组)讨论决定前,应征求同级纪委(纪检组)的意见。(5)各级纪检监察机关领导干部的提名、任免、兼职、调动,各级组织、人事部门必须事先征得上级纪检监察机关的同意。这五项监督措施,从制度上明确赋予了纪委党内监督的权力,是十四大以来党的纪律检查工作中的一件大事。此后,中央纪委和各级纪委认真开展有关工作,进一步细化各项监督制度。这些制度的实施,对于进一步加强对领导干部的监督,保证纪检机关独立、公正履行监督职能具有重要意义。

1997年1月,省纪委八次全会作出"试行向部分市派出巡视员"的决定。3月,省纪委办公厅印发《中共广东省纪委关于建立巡视制度的试行办法》,就巡视干部的选派和巡视组的任务、职权、纪律、管理等提出明确要求。省纪委一名副书记负责巡视组的工作,指定由省纪委机关干部室负责巡视组出发前的组织工作,信访室负责联络和材料的收集整理,办公厅负责后勤保障。此后,省纪委在省委组织部选派3名巡视员,并从省纪委机关抽调3名工作人员组成3个巡视组。10月下旬到1998年6月,巡视组分别对河源、汕尾、惠州、湛江、肇庆、云浮市和省国土厅、广东国际信托投资公司、广东省供销集团企业公司等进行巡视,每个地区(单位)巡视20至30天,通过个别谈话和查阅有关文件、资料等方式,了解所巡视地区(单位)党政领导班子主要成绩和突出问题,对省委和省纪委掌握下一级党委的情况起到一定的参谋作用。2001年,省纪委、省委组织部又组织了对6个地级以上市的巡视。在干部管理方面,早在1985年,省纪委就成立了干部管理处,负责市、地、自治州纪委,省直、局以上单位纪检组领导干部以及省纪委机关干部的人事管理,负责县以上纪委领导干部的培训工作。这一年,省纪委印发《关于未列入省管干部职务名称表的纪委(纪检组)领导干部任免手续的通知》,规定:市、地、自治州纪委常委(地区纪委委员)除选举时报省委审批外,平时如有个别调整和补充,在征得省纪委同意后,由同级党委任免,并送省纪委、省委组织部备案。该《通知》对省直局以上单位纪检组(纪委)副组长(副书记)以及县(市、区)纪委书记、副书记的任免手续也作出规定。1996年,省纪委、省委组织部、省监察厅下发《关于市纪委监察局和省直局以上单位纪检组(纪委)监察室领导干部任免审批程序的通知》,对市纪委、市监察局领导干部,省直、局以上单位纪检组(纪委)、监察室领导干部,省高等院校纪委书记、副书记、监察室主任任免审批程序作了详细规定。

第二节　纪检监察合署办公和反腐败合力的全面增强

为了适应社会主义市场经济体制下反腐败斗争和加强党风廉政建设的需要,增强反腐败合力,党的十四大后,以江泽民同志为核心的党中央审时度势,决定党的纪检机关和国家行政监察机关实行合署办公。中央纪委和监察部1993年1月合署办公,实行一套工作机构、两个机关名称的体制。合署后的中央纪委履行党的纪律检查和行政监察两项职能,对党中央全面负责。监察部按照宪法规定仍属国务院序列,接受国务院的领导。中央纪委常委,包括未担任监察部领导职务的常委,有权处理分管部门的行政监察工作。监察部部长、副部长一般进入中央纪委常委。重大问题由中央纪委常委集体讨论决定,监察部保留部长办公会制度。随后,各省、地(市)、县和中央国家机关纪检、监察机关自上而下实行合署。至6月底,全国除深圳特区保持纪检、监察相对独立的工作体制外,[①]其余都实行了合署。

一、纪检监察合署办公

1994年1月,经省委和省人民政府发文批准,省纪委、省监察厅机关合署办公。2月2日,省纪委、省监察厅向省委、省政府报送《关于省纪委、省监察厅机关合署办公内部机构设置的报告》。同日,省纪委、省监察厅机关各室调整办公地点。省纪委和省监察厅合署办公后,实行"一套人马、两块牌子",即履行党的纪律检查和政府行政监察两种职能,实行在中央纪委、监察部领导下和省委、省政府领导下进行工作的双重领导体制,对省委全面负责。

1994年1月28日,中共广东省纪委与省监察厅举行合署办公会议。

---

① 当时中央纪委出于两个考虑:一是深圳市处在改革开放前沿,行政监察任务较重;二是全国纪检监察合署办公之后,需要有一个试点,探索监察机关怎样发挥作用,深圳监察机关成立最早,所以留下来做"试验田"。

合署办公后,省纪委作为党委系统的机构序列、省监察厅作为政府部门机构序列分设,在人员上实行统一管理。省纪委、省监察厅合署办公后,内设机构有14个:办公室、监察综合室、政策法规研究室、宣传教育室、党风廉政建设室、执法监察室、第一纪检监察室、第二纪检监察室、第三纪检监察室、第四纪检监察室、案件审理室、信访室(举报中心)、干部管理室、机关党委,同时保留了原省纪委的干部培训中心和《党风》杂志社两个事业单位。至1994年底,全省县处以上各级纪检监察机关合署办公基本完成。除深圳市纪委、市监察局仍然分设,广州市和19个地级市的纪委和监察局都实行了合署办公。至2000年底,全省共有纪检监察机构7967个,专兼职纪检监察干部31019人,其中专职干部15828人。

二、纪检监察合力迅速形成

省纪委、省监察厅合署办公后,形成了查处违反党纪政纪案件的合力,进一步提升了查办案件的工作水平。仅1994年1月至11月,立案查处的经济违纪违法大案就有373件,涉及县处级以上干部的要案172件,处分市厅级干部9人,县处级干部97人。通过办案,为国家和集体挽回经济损失1.699亿元。针对领导干部违纪违法案件持续上升,且向高层次发展的趋势,纪检监察机关加大查处力度,1994年至1996年,全省纪检监察机关共立案查处县处级以上干部要案743件。其中1995年立案查处230件,1996年立案查处308件,分别比上年增长12.19%和33.91%。

第三节　全面建立党风廉政建设责任制

早在1984年4月,中央纪委就提出,各级党委要把端正党风列入重要议事日程,一级抓一级,层层建立责任制。根据这一要求,一些地方党委和部委先后探索建立了党风责任制。

一、中央对实行党风廉政建设责任制作出明确部署

党的十四大以来，党中央十分重视党风廉政建设和反腐败工作，江泽民同志在中央纪委召开的几次全会上一再强调，各级党委、政府要建立严格的党风廉政建设责任制，各级领导干部要对自己管辖范围内的党风廉政建设切实负起领导责任，把"一把手"负总责、分管领导各负其责的党风廉政建设责任制一级抓一级地落到实处。1995年起，中央纪委根据中央的要求，开始在黑龙江省、安徽省和武汉市进行试点，在建立和实行党风廉政建设责任制方面做了大量工作，经历了一个由浅入深的探索过程。1996年1月，十四届中央纪委第六次全会明确指出，反腐败要坚持"党委统一领导、党政齐抓共管、主要领导亲自抓、纪委组织协调、部门各负其责"，全会还提出领导干部廉洁自律要做到"三个管好"，即：领导干部不仅要自身廉洁，还要管好配偶、子女和身边工作人员；不仅要管好家庭，还要对所领导的地区和部门发生的严重问题承担责任。此后，根据中央党建领导小组的要求，中央纪委决定，在总结推广试点经验的基础上增加试点单位、扩大试点范围。到1997年，全国已经有8个省市和8个副省级城市，以及交通部、铁道部等17个部委和军委纪委发文实行党风廉政建设责任制。1997年1月，中央纪委第八次全会明确指出，各级党委对反腐败工作要负总责，党政"一把手"要亲自抓，完善党风廉政建设责任制。1998年，中央印发《中央政治局常委会1998年工作要点》，明确要求"建立健全党风廉政建设责任制，一级抓一级，层层抓落实"。1998年11月21日，党中央、国务院颁布《关于实行党风廉政建设责任制的规定》，首次用党内法规的形式对各级领导班子和领导干部在党风廉政建设和反腐败斗争中的责任予以明确规范。《规定》在系统总结近几年实行党风廉政责任制的基础上，进一步细化了党风廉政建设责任内容，规定"党委（党组）、政府以及党委和政府的职能部门领导班子的正职对职责范围内的党风廉政建设负总责；领导班子其他成员根据工作分工，对职责范围内的党风廉政建设负直接领导责任"。并把责任细化为7个具体方面。《规定》还详细规定了责任的考核方式，明确考核结果作为对领导干部的业绩评定、奖励惩处、选拔任用的重要依据；领导干部执行党风

廉政建设责任制的情况,列为民主生活会和述职报告的一项重要内容;纪检监察机关负责对党风廉政建设责任制执行情况的监督检查。《规定》对责任追究的方式和程序也做出了具体规定。

各级各部门按照中央的部署和要求,普遍成立了相应的领导小组,建立健全配套制度,深入开展这项工作。

二、在试点基础上逐步完善党风廉政建设责任制

1993年9月,根据党中央、国务院关于开展近期反腐败斗争的部署,省委下发《关于深入开展反腐败斗争 加强廉政机制建设的决定》,提出建立健全党政主要领导抓党风廉政建设工作的责任制,党政"一把手"负全面责任;党政领导班子的其他成员,也要按照"谁主管、谁负责"的原则,负责抓好分管部门的廉政工作。之后,省纪委和一些地方纪委开展反腐保廉机制建设的试点工作。省纪委确定台山、顺德两县和广州钢铁(集团)公司作为试点,探索总结经验。

1994年4月1日,省纪委第三次全会作出部署,要求省、市两级纪检监察机关把抓好反腐保廉监督制约机制建设摆上重要议事日程。会后,全省反腐保廉机制建设试点工作全面铺开。至1995年4月底,全省纪检监察机关共设立了131个试点。各试点单位(行业)结合本单位、本行业的实际,从容易产生以权谋私、权钱交易的重点部位、重点岗位入手,建立健全各项规章制度,着重建立监督制约机制,并注意总结和推广经验。

1996年,全省加快建立反腐保廉监督制约机制的步伐,重点是强化党内监督和权力制约机制。省委办公厅、省政府办公厅和有关部门先后下发领导干部收入申报、礼品登记、企业业务招待费使用情况向职代会报告等制度规定,不少地方和单位也结合实际,建立完善相应的制度。省委、省政府下发《广东省党政领导干部廉政守则(试行)》,对党政领导干部廉洁从政行为作出比较具体的规范。

1997年1月,中央纪委八次全会明确指出,各级党委对反腐败工作要负总责,党政"一把手"要亲自抓,要完善党风廉政建设责任制。根据中央纪委的部署,2月26日,省纪委召开第八次全会,贯彻中央纪委关于建立党风廉政建设责任制的部署要求,研究落实党风廉政建设责任制。10

月下旬,省纪委首次派出巡视组,开展巡视工作。

1998年12月12日,省委成立省党风廉政建设责任制领导小组,时任中央政治局委员、省委书记李长春任组长。[①] 领导小组办公室设在省纪委。按照省委的要求,各地级以上市和省直单位相继成立党风廉政建设责任制领导小组及办公室。

1999年1月8日,省委、省政府下发《贯彻执行中共中央、国务院〈关于实行党风廉政建设责任制的规定〉的意见》,强调各级党政领导班子和领导干部要充分认识实行党风廉政建设责任制的重要性和紧迫性,严格执行党风廉政建设责任制关于责任追究的规定。5月28日,省党风廉政建设责任制领导小组召开省、市、县、镇4级共1.8万多名领导干部参加的全省贯彻执行党风廉政建设责任制规定电视电话会议,对全省落实党风廉政建设责任制工作作出部署。7月,省纪委在开展"纪律教育学习月"活动中,组织全省党员干部进行党风廉政建设责任制的基本知识考试,参加考试人员达185万。8月26日,省纪委、省委组织部、省人事厅、省监察厅联合下发《关于把党风廉政建设责任制执行情况的考核与年度考核结合进行的通知》,把领导干部执行党风廉政建设责任制情况列为《广东省领导干部廉政卷宗》的主要内容。这一年,全省共有362名领导干部受到责任追究,其中,受党纪政纪处分的185人,组织处理177人。省委、省纪委针对雷州市"黑社会"性质的犯罪团伙活动猖獗,严重影响社会稳定以及省边防局下属的东莞、湛江边防分局和海警三支队发生部分官兵严重违法违纪案件等问题,严肃追究雷州市部分党政领导干部和省边防局有关领导干部的责任。8月中旬,省委、省纪委专门召开有湛江市纪委书记和潮阳等10个沿海县(区)党委书记、纪委书记和政法委书记参加的落实党风廉政建设责任制座谈会,结合学习省纪委关于雷州市部分党政领导干部受到责任追究的情况通报,深刻总结在党风廉政建设责任制方面应汲取的教训。

---

① 李长春同志1998至2002年期间任中央政治局委员、广东省委书记,2002年11月当选中央政治局常委,到中央工作。

2000年1月，中共中央政治局原常委，时任中共中央政治局委员、广东省委书记李长春在中共广东省纪委第四次全体会议上讲话。

2000年1月27日，省纪委四次全会强调要强化责任追究，全面落实党风廉政建设责任制。这一年，全省重点制定各级党政领导班子和领导干部在党风廉政建设方面的岗位职责，完善相关制度。各地、各单位先后开展党风廉政建设责任考核。到8月底，全省共有13481个单位制定落实党风廉政建设责任制的具体实施办法。这一年，全省共有231名领导干部受到责任追究，其中县处级以上干部28人；受党纪政纪处分217人，组织处理14人。重点追究了惠来县工商局违规上路查车、江门市"6·30"特大爆炸事故、电白县高考BP机舞弊、粤东"807"特大出口骗税案中潮阳、普宁市有关领导的责任。

第四节　实行领导干部"三项报告制度"

1995年1月，十四届中央纪委五次全会提出建立党政机关县处级以上领导干部收入申报制度、党和国家机关工作人员在国内公务活动中收受礼品登记制度、国有企业业务招待费使用情况向职工代表大会报告制度和领导干部报告个人重大事项制度。这四项制度都是在市场经济条件下，对如何促进领导干部廉洁自律的重要探索。第一，四项制度的发布，就是为党政领导干部和企业领导干部建立了一项全新的道德准则，其主旨在于不管领导干部接受的礼品是否正当、是否合法，都有义务申报和登记，否则就违反行政道德，要承担行政甚至刑事责任。第二，这些制度虽然不涉及申报和登记内容本身的正当性、合法性，但它却是引发相关正当性、合法性审查的先导。第三，这些制度的创立，将传统的由国家权威机关独立判断政府官员廉洁性，转向了有民众参与的共同判断政府官员是否廉洁，是现代民主政治引入廉政建设领域的表现。因此，这些制度的建立具有一定的开创性和启示意义。

根据中央纪委五次全会和省纪委五次全会精神，全省开始实行党政机关县（处）级以上领导干部收入申报制度、党和国家机关工作人员在国内公务活动中收受礼品登记制度，并作为领导干部廉洁自律工作的重要内容。1998年起，又实行领导干部报告个人重大事项制度。2000年8月，省纪委、省委组织部下发通知，统一上述三项情况综合报告的时间，规定各地级以上市纪委、组织部和省直各单位于每年8月10日前和次年2月10日前，上报半年的统计报表和三项制度的执行情况。

一、执行收入申报制度

1995年4月，中央办公厅、国务院办公厅联合印发了《关于党政机关县（处）级以上领导干部收入申报的规定》。7月，省委办公厅、省政府办公厅发出《关于贯彻执行〈关于党政机关县（处）级以上领导干部收入申报的规定〉的通知》，规定各单位的组织人事部门为收入申报工作的责任部门，要在每年7月30日前和翌年1月30日前，按照干部管理权限将申报材料和本单位执行申报规定的情况，报送上级组织人事部门备案，同时抄送同级纪检监察机关。8月，省纪委、省委组织部联合发文，就各地在执行这项制度过程中遇到的一些问题提出规范性意见，包括收入申报人员的范围，申报的程序、办法和《申报表》填写方法，以及其他注意事项等内容。1995年，全省党政机关县（处）级以上现职27385名领导干部中，在规定时间申报上半年收入的有23064名，申报率为84.22%；在规定时间申报下半年收入的有26142名，申报率为95.46%。1996年，全省5769个县（处）级以上单位中，有5628个单位建立了领导干部收入申报制度，占97.56%；28330名县（处）级以上领导干部中有27442人进行个人收入申报，占应执行人数的96.87%。1997年，全省有6054个单位、28572人执行领导干部收入申报制度，其中，市（厅）级单位457个、2265人，县（处）级单位5597个、26307人，分别占两个层次应执行单位数的99.78%和97.7%、占应执行人数的99.39%和99.06%。1998年，全省29681名县（处）级以上领导干部中，有29011人进行个人收入申报，占应执行人数的97.7%。1999年，全省34632名县（处）级以上领导干部中有34126人进行了个人收入申报，占应执行人数的98.5%。

由于当时全国范围内的财产核查条件不具备，技术支撑和工作手段不完善，相关工作更偏重覆盖面而不是制度本身的落实效果，所以，申报审核未能有效发挥作用，很难及时有效发现领导干部在收入申报方面的违纪违法问题，使得这项制度的权威性和约束力大打折扣。

二、执行礼品登记制度

1995年4月，中央办公厅、国务院办公厅印发了《关于对党和国家机关工作人员在国内交往中收受礼品实行登记制度的规定》。6月，省委办公厅、省政府办公厅印发《关于对党和国家机关工作人员在国内交往中收受礼品实行登记制度的办法》，规定党和国家机关工作人员在国内交往中不得收受可能影响公正执行公务的礼品馈赠，因各种原因未能拒收的礼品必须登记上交，并明确各级政府财政部门为当地的礼品管理部门，各单位的办公室为本机关受理礼品登记上交的部门。同时要求，各级纪检监察机关负责对礼品登记上交情况进行监督检查。10月，省委办公厅、省政府办公厅下发补充通知，就礼品登记、上交标准等问题作出进一步具体规定。至1995年底，全省现职副省级以上领导干部共登记、上交礼品114件，礼金5200元（含8张购物卡的底金3600元）。1996年，全省党和国家机关工作人员有25060人（次）对本人在国内交往中接受礼品的情况进行登记。其中，上交礼品、礼金13127人（次），折合人民币1022.78万元；拒收礼品礼金25222人（次），折合人民币1684.86万元。1997年，全省有9050个单位的17689人登记上交礼品，折合人民币2056.2万元。1998年，全省有7061名领导干部登记上交礼品，其中，人民币852.8万元，港币10万元，美金0.5万元。1999年，全省有6984名领导干部登记上交礼品，折合人民币1238.19万元。2000年下半年,全省有1784名领导干部登记上交礼品,折合人民币157.22万元。

三、执行领导干部报告个人重大事项制度

1997年10月23日,省委办公厅、省政府办公厅转发省纪委、省委组织部、省监察厅《关于执行〈领导干部报告个人重大事项的规定〉的若干意见》,规定领导干部的下列事项必须事先向所在单位党组织报告:本人、配偶建私房;本人、子女与外国人通婚;配偶、子女出国(境)定居;本人因私出国(境)等情况。《意见》还将执行重大事项报告制度的适用范围扩大至省属处级或相当于处级以上、市属科级或相当于科级以上、县属股级或相当于股级以上国有企业中的党委(党总支、党支部)正副书记、纪委正副书记、工会主席,企业的正副董事长、执行董事、正副厂长(经理)、总工程师、总经济师、总会计师,以及已办理退(离)休手续,又被返聘担任领导工作的和已到退(离)休年龄尚未办理退(离)休手续的相应级别的领导干部。1998年,全省有12304名县(处)级以上领导干部按规定报告个人重大事项,未按规定报告的有866名。1999年,全省有19560名县(处)级以上领导干部按规定报告个人重大事项,未按规定报告的有375名。2000年,全省报告有重大事项的厅级干部3人,处级干部53人,企业领导人员7人。

第六章

加强党的作风建设
和领导干部廉洁自律工作

改革开放以来，我们党始终把作风建设放在更加突出的位置来抓，使作风建设更好地顺应了党的事业发展的需要。在这一阶段，党的十四届四中全会、十五届六中全会都专门对党的作风建设作出部署。其中，党的十四届四中全会集中讨论了党的建设问题，全会通过《中共中央关于加强党的建设几个重大问题的决定》，强调要继续抓好党的作风建设，进一步发扬艰苦奋斗的优良传统，密切党同人民群众的联系；要在全党特别是领导干部中切实加强民主集中制的教育，健全贯彻民主集中制的各项具体制度，完善党内政治生活的各项准则。1998年开始的"三讲"集中教育活动，旨在推动解决党内尤其是领导干部在党性党风方面存在的突出问题。始终注重抓好党的作风建设，坚持自上而下，从领导做起，抓领导干部的廉洁自律工作，是1993年以来党风廉政建设和反腐败斗争的一个明显特点。

第一节　领导班子反腐保廉和纪律教育学习月活动

党的十四大以后，随着党风廉政建设和反腐败斗争的深入发展，宣传教育在反腐败斗争中的地位和作用日益凸显。十四届中央纪委第五次全会强调，加强思想政治建设，是推进新时期党的建设这一新的伟大工

程的基础建设，是反对腐败、加强党风廉政建设的根本措施。中央纪委
向党的十五大的工作报告指出，加强党性党风党纪教育，是搞好党风廉
政建设和反腐败斗争的基础性工作；开展反腐败斗争，既要惩处腐败分
子，又要立足教育，在全党筑起拒腐防变的思想道德防线，鲜明提出"两
道防线"的思想，即：一道是思想道德防线，一道是党纪国法防线。这一
时期，各级党委、政府和纪检监察机关抓宣传教育工作的意识逐步增
强，建立起了相对稳定的工作机构和工作制度，宣传教育的手段和内容
越来越丰富。一是紧紧围绕党委、政府工作大局，紧密结合反腐败斗争三
项任务开展宣传教育工作。二是坚持正面宣传为主，努力营造反腐败斗
争的良好舆论环境。三是坚持教育内容的丰富性和教育手段的多样性相
结合，电化教育事业发展迅速。四是加强培训工作，纪检监察干部队伍素
质逐步提高。五是加强组织建设，反腐倡廉宣传教育工作逐步走上制度
化、规范化轨道。截至1993年底，全国各省（区、市）、计划单列市、绝大
多数地市、相当多的县级纪委设立了教育机构，机关、部队、大型企事业
单位的纪检部门或设立了教育机构，或配备了专职人员负责宣传教育工
作。六是充分发挥各部门的优势，增强宣传教育的整体效能。

　　为增强教育的感染力，早在20世纪80年代，广东就在全国率先探索
和普及电化手段开展反腐倡廉正反面典型教育，先后拍摄《阿罗汉神兽》
《风正帆扬》《雷霆出击》等反腐倡廉题材影视片。从1991年开始，连续
几年拍摄《公仆情——广东共产党人风采录》和《权与钱》等系列电视
教育片，充分运用正反面典型进行党风廉政教育。还通过举办反腐倡廉
斗争成果展览，组织创作大型话剧、戏剧小品，举办党纪政纪条规知识
竞赛、演讲比赛等形式开展面向广大干部群众的反腐倡廉宣传教育。到
1996年底，全省纪检监察系统基本形成乡镇以上各级宣传报道网络，有
关制度逐步建立和完善。

一、开展领导班子反腐保廉教育

　　为增强党员干部遵纪守法、为政清廉的自觉性，保证广东改革开放
的顺利进行，1996年4月8日，省委常委会议决定，在6月底、7月初紧密结
合广东实际，以整风精神召开一次以"反腐倡廉、依法治省"为主题的省

　　1997年，省纪委、省委组织部、省委宣传部、省监察厅联合主办全省反腐保廉演讲比赛活动。从4月至9月，全省有8724个单位参与，共举行演讲比赛10393场，参赛选手66011人，听众达189万人。图为省总决赛结束后，时任省领导侣志广、康乐书与选手合影。

委常委扩大会议，运用正反面典型对领导干部集中进行一次深刻的思想教育。以此为契机，在全省党员干部中开展一次反腐保廉教育活动。省委常委扩大会议于7月8日—17日在广州召开，时任中央政治局委员、省委书记谢非作教育动员，①省委常委、副省长、省人大党组成员、省政协党组成员、省纪委常委，各地级以上市党委书记、市长、市人大常委会主任、市政协主席、市纪委书记、市委政法委书记，各县（区、市）党委书记，省直各局以上单位主要领导共400多人出席会议。会议认真学习江泽民总书记关于反腐倡廉的重要讲话，以及深圳市"活雷锋"陈观玉，时任汕尾市委常委、海丰县委书记吴华南，江门市委常委、台山市委书记方庭旺等

---

　　①　谢非（1932—1999），广东汕尾陆河县人，1947年11月参加工作，1949年7月加入中国共产党。1983年起任广东省委书记（时省委设第一书记、书记）兼省委秘书长、省委党校校长，1986年11月任省委副书记（时省委不再设第一书记，设书记、副书记）兼广州市委书记。1988年6月任广东省委副书记，1991年起任广东省委书记，1992年10月当选为第十四届中央政治局委员，1997年9月当选为第十五届中央政治局委员。1998年3月当选全国人民代表大会常务委员会副委员长，到中央工作。

9位先进典型的事迹。会议编印6个反面典型案例和广东省1990年以后查处的副厅级以上领导干部及县委书记违纪违法案件剖析材料；播放正反面典型、扫除"黄、赌、毒"及反走私斗争录像片。大会还针对广东反腐败斗争的严峻形势，就如何进一步加大反腐败斗争力度，保证改革开放、经济建设和社会各项事业的健康顺利发展，进行深入讨论。会后，省纪委根据省委《批转〈关于运用典型开展反腐保廉教育活动的意见〉的通知》，在全省党员干部中运用典型开展反腐保廉教育。教育分动员学习、对照典型开展讨论、自查自纠、落实整改四个阶段进行，全省90%以上的党员干部参加教育学习。

二、开展纪律教育学习月活动

在多年探索的基础上，省委决定自1992年起，将每年7月定为"全省纪律教育学习月"，相对集中时间，突出一个主题，对党员进行党纪、政纪、法纪教育。省纪委负责全省纪律教育学习月活动的组织实施，各级党委、纪委坚持把纪律教育学习月活动作为每年党风廉政建设的重要工作。此后，广东每年都在7、8月份开展纪律教育学习月活动，从而把这项工作制度化、常态化，成为广东反腐倡廉教育的品牌。在纪律教育学习月期间，全省各地各单位普遍采用举办学习班、专题讲座、学习报告会、组织巡回辅导、开卷考试、知识竞赛等多种方式开展教育活动。每年参加学习教育的党员干部都在95%以上。

省委每年的纪律教育学习月活动，都结合反腐败斗争实际确定学习教育的主题。1992年纪律教育学习月以学习《中国共产党纪律检查机关控告申诉条例（试行）》为主，通过学习教育，使广大党员干部的控申意识有所增强，乱告、错告、诬告的现象有所减少。1993年纪律教育学习月以党的十四大通过的《中国共产党章程》为主要学习内容，省纪委印发《纪律教育文件选编》24万册，全省组织播放《风正帆扬》5万多场，组织观看电影《新中国第一大案》人数达到146万人次。1994年纪律教育学习月以组织学习中央纪委二次全会提出的领导干部廉洁自律5条规定为重点，以反腐保廉为主题，通过学习，全省有9960人主动退缴和拒收"红包"、礼金、礼品，共计人民币474万多元，港币2万元。1995年纪律教育学习月以学习民主集中制原则为重点进行政治纪律教育,同时进行《中国共产党党章》的再学习和民主评议活动。1996年纪律教育学习月以"反腐保廉,依法治省"教育为主题,重点解决一些地方和单位"一手硬、一手软",忽视精神文明和廉政建设的问题。1997年纪律教育学习月以"艰苦奋斗、反腐保廉"为主题,6月,省委举办为期6天的县委书记学习班。1998年纪律教育学习月以"提高党员干部,特别是县处级领导干部拒腐防变能力"为主题,李长春带头观看大型话剧《浪涛碧海》,省纪委组织拍摄电视剧《百变之门》(上、下集)、电教片《公仆情》等声像教育资料,6月份组织召开行政监察法辅导报告会。1999年纪律教育学习月的主题是"学理论、学条规、进行反腐保廉教育",省纪委拍摄正反面典型教育片,对省人大常委会原副主任于飞、湛江市委原书记陈同庆等8个反面典型案例进行剖析。2000年,全省各级党组织在党员干部中深入开展以胡长清、成克杰等重大典型案件为反面教材的警示教育活动。2001年的纪律教育学习月期间,省纪委、省监察厅编印了《整顿和规范市场经济秩序学习资料汇编》《反腐倡廉教育读本》,拍摄了党风廉政教育专题片《守护生命》《黄启桓、虞德海案件警示录》,连同中央纪委拍摄的《成克杰案件警示录》,作为教育学习月教材发到全省各地各单位。2002年的纪律教育学习月活动以"三个代表"重要思想为指导,以加强党的作风建设为主题,按照中央关于加强和改进党的作风建设的决定和省委贯彻意见的要求,教育广大党员、干部认真贯彻"八个坚持、八个反对",切实解决党风廉政建设和作风建设方面存在的突出问题。

第二节　开展领导干部廉洁自律工作

　　党的十四大把领导干部廉洁自律作为反腐倡廉工作"三项格局"之一进行部署后,领导干部廉洁自律工作成为纪检监察机关一项重要的日常工作,中央纪委历次全会都进行部署并要求抓好落实。1993年10月5日,党中央、国务院联合发布《关于反腐败斗争近期抓好几项工作的决定》。《决定》第一条就是"党政机关领导干部要带头廉洁自律",对党政机关县处级以上领导干部重申和提出"五条规定":一是不准经商办企业,不准从事有偿中介活动,不准利用职权为配偶、子女和其他亲友经商办企业提供任何优惠条件;二是不准在各类经济实体中兼职(包括名誉职务),个别经批准兼职的,不得领取任何报酬,不准到下属单位和其他企业事业单位报销应由个人支付的各种费用;三是不准买卖股票;四是不准在公务活动中接受礼金和各种有价证券,不准接受下属单位和其他企业事业单位赠送的信用卡,不准把本单位用公款办理的信用卡归个人使用;五是不准用公款参与高消费的娱乐活动。10月24日,中央纪委、中央组织部和监察部经中央同意,又联合印发了《关于党政机关县(处)级以上领导干部廉洁自律"五条规定"的实施意见》,对"五条规定"适用范围、违反"五条规定"的处置,都作了详细的规定。同日,还公布了《党政机关必须与所办经济实体脱钩的规定》,12月9日又公布了国务院关于在对外公务活动中赠送和接受礼品的十五条规定。

1994年3月,中央纪委三次全会重申原先领导干部廉洁自律"五条规定",并在此基础上提出新的"五个不准",涉及用车、住房、公务出差、婚丧嫁娶和拖欠公款等方面。这五个不准是针对新出现的、群众反映比较突出的问题而提出的,使得领导干部廉洁自律在内涵上针对性更强了。这一系列的约束性规定为全国各地各级领导干部自查自纠提供了准绳,也便于人民群众实行监督。

1998年,中央纪委、监察部成立党风廉政建设室,作为专门职能机构主抓领导干部廉洁自律工作。各级纪检监察机关也相继成立专门机构,扎实开展领导干部廉洁自律工作。

一、各级党政领导班子召开以廉洁自律为主要内容的民主生活会

召开党政领导班子以廉洁自律为主要内容的专题民主生活会,是领导干部廉洁自律工作的一项重要内容。1993年下半年至1997年党的十五大前,全省各级党政领导班子每年至少召开一次以廉洁自律为主要内容的专题民主生活会,党政领导班子成员对照中央和省提出的廉洁自律有

关规定,结合对执行党的路线方针政策及执行民主集中制等方面的情况进行自我检查。各级纪委会同党委组织部门负责对领导干部廉洁自律专题民主生活会进行部署和组织实施,负责对自查自纠情况进行登记、报告和督促违反规定人员进行整改。

1993年,全省党政机关县(处)级领导干部依据《中共中央、国务院关于反腐败斗争近期抓好几项工作的决定》中的有关规定,在民主生活会上对用公款获取各种形式的俱乐部会员资格以及用公款参与高消费活动等问题进行自查自纠,自查出88人,耗费公款1.35万元,当年退出33人,退还1.2万元。1993年下半年,根据中央纪委和省委的部署,全省县(处)级以上领导干部普遍召开了一次以廉洁自律为主要内容的专题民主生活会,以中央提出的领导干部廉洁自律五条规定对照检查,参加这次民主生活会的县(处)级以上领导干部有23961人,占应自查人数的96.38%,自查有不符合规定情况的4016人,当年整改3123人,整改率为77.76%。

1994年2月,中央纪委三次全会提出了关于领导干部廉洁自律的新的五条规定后,省纪委、省委组织部于4月下发通知,部署全省党政机关县(处)级以上领导干部进行对照检查,纠正领导干部违反规定的行为。全省党政机关县(处)级以上领导干部参加民主生活会进行自查自纠的有24044人,占应查人数的98.75%,自查有不符合规定情况的1339人,当年整改1322人,整改率为98.73%。

1995年1月,中央纪委五次全会作出县(处)以上领导干部廉洁自律的"四条补充规定"后,广东省也相应地扩大了廉洁自律对象的范围,主要包括党政机关县(处)级以上领导干部,县直属机关科级干部、镇(乡)领导干部和基层站所负责人等。2月,省纪委五次全会对领导干部专题民主生活会作出总体部署,要求党政机关和事业单位领导干部对照廉洁自律规定及"补充规定"进行检查,纠正存在问题。3月,省纪委、省委组织部又下发通知,对县处级、科级及乡镇领导干部专题民主生活会工作作出具体安排。是年,全省参加专题民主生活会的领导干部共227980人,占应自查人数的97.17%,自查有不符合规定情况的5137人,当年整改率达到78.14%。

1996年4月10日,根据中央纪委六次全会和中央纪委、中央组织部有关文件精神,省纪委、省委组织部下发通知,要求县以上党政领导班子全年召开两次民主生活会,分别在5、6月份和12月底以前进行;县(市、区)直属机关的科级干部和乡镇领导干部、基层站所负责人,以及国有企业和事业单位领导干部全年召开一次。是年,全省参加专题民主生活会的领导干部共220577人,占应自查人数的97.13%,自查有不符合规定情况的1394人,当年整改率为95%。

1997年4月和5月,省纪委、省委组织部两次下发通知,部署召开领导干部廉洁自律专题民主生活会,重点检查住房,用公款吃喝玩乐,利用职权为配偶、子女和亲友经商办企业提供优惠条件或在获取贷款、承包建筑工程项目等方面提供方便,经营活动中收取回扣、中介费、礼金,违反规定购买和乘坐超标车等问题,以及执行当年5月25日党中央、国务院印发的《关于党政机关厉行节约制止奢侈浪费行为的若干规定》(以下简称中央"八条规定")的情况。当年,全省参加专题民主生活会的领导干部共216822人,占应自查人数的98.86%,自查有不符合规定情况的1107人,当年整改1080人,整改率为97.56%。

二、开展国有企业领导干部廉洁自律工作

1995年1月,中央纪委五次全会对开展国有企业领导干部廉洁自律工作作了部署,提出四条规定:(1)不准把经营、管理活动中收取的折扣、中介费、礼金据为己有;不准违反规定领取兼职职务的工资、奖金。(2)不准个人私自经商办企业;不准利用职权为家属及亲友经商办企业提供各种便利条件。(3)不准违反规定多占住房;不准用公款购买、建造超标准住宅。(4)不准在企业非政策性亏损、拖欠职工工资期间购买小汽车;不准购买进口豪华小汽车。

广东贯彻中央纪委五次全会精神,狠抓国有企业领导干部廉洁自律工作,建立健全企业民主监督制度。1995年2月下旬召开的省纪委五次全会对这项工作进行了全面部署,明确由省经委、省外经贸委牵头负责这项工作,省各个行业主管部门负责本系统、本行业国有企业和事业单位的领导干部廉洁自律工作。会后,由省经委、省外经贸委等单位牵头成立省国有企业领导干部廉洁自律工作领导小组,其办公室设在省经委。各地

级以上市和省直108个局以上单位也成立或指定相应的领导班子和工作机构。5月初，省委党廉办、省企廉办下发《关于我省国有企业领导干部廉洁自律工作安排意见》，作出分段实施的具体工作安排。6月，省纪委印发《关于贯彻执行国有企业领导干部廉洁自律"四条规定"的实施和处理细则》，对"四条规定"的适用范围、自查自纠的内容等方面作出具体的规定。至年底，全省共有27415家企业召开以领导干部廉洁自律为主题的专题民主生活会，有90146名企业领导干部对照"四条规定"进行自查自纠，占应参加自查总人数的98.5%；自查有不符合规定情况的1525人，其中有1468人已整改，整改率达到96.26%。

1996年7月，省纪委、省委组织部、省经委、省外经贸委、省监察厅联合印发《广东省国有企业领导干部收入申报的规定》《广东省国有企业领导干部在国内业务交往中收受礼品实行登记制度的规定》和《广东省国有企业实行业务招待费使用情况向职代会报告制度的实施办法》等文件规定，进一步加强和规范国有企业领导干部廉洁自律工作。1998年8月，全省开展国有企业建立健全党风廉政建设责任制工作，省确定肇庆市所属国有企业为试点单位，各地级以上市和省直单位选择98家企业开展试点工作。当年，全省自查出违反规定收取折扣、中介费、礼金以及领取兼职职务工资、奖金的10人，退缴全部金额10.51万元；违反规定多占、购买、建造住房和超标准装修住房37人，当年纠正的26人，退出住房9套，退缴金额142.46万元。

2000年2月，省机构编制委员会决定撤销省国有企业领导干部廉洁自律工作领导小组，由省纪委承担国有企业党风廉政建设的组织协调工作。2月下旬，省纪委发文，提出建立国有企业重大事项集体决策、重大决策失误追究、财务审批、物资公开竞价、工程招投标和国有企业领导人员民主评议、民主测评等制度。这一年，全省国有企业普遍制定了落实党风廉政建设的具体实施办法。

第三节　开展"三讲"教育和学习贯彻廉政准则

党的历史实践证明,在革命和建设的重大关头,以整风的精神和形式,加强理论学习,统一全党思想,以达到促进党的建设、推进党的事业的目的,是一条非常成功的经验。1995年11月,江泽民总书记在北京考察工作时提出,根据当前干部队伍的状况和存在问题,在对干部进行教育当中,要强调讲学习、讲政治、讲正气的要求。1996年党的十四届六中全会通过的《关于加强社会主义精神文明建设若干重要问题的决议》中,明确指出要在学理论、学党章活动中,对县级以上领导干部集中进行一次以讲学习、讲政治、讲正气为主要内容的党性党风教育。1998年11月21日,中央发出《关于在县级以上党政领导班子、领导干部中深入开展以"讲学习、讲政治、讲正气"为主要内容的党性党风教育的意见》,从1998年11月开始,全党在县级以上党政领导班子、领导干部中集中时间,分期分批开展以讲学习、讲政治、讲正气为主要内容的党性党风教育。

开展以"讲学习、讲政治、讲正气"为主要内容的党性党风教育,是加强对党员领导干部廉政教育的需要。在开展"三讲"教育中,学习贯彻廉政准则,有利于端正党风,规范党员领导干部的从政行为。

一、开展"三讲"教育

按照中央的要求和省委的部署,从1998年12月28日"三讲"教育试点工作开始,广东先后在省级及省纪委领导班子、省直机关、地级以上市、县级领导班子、普通高校开展了"三讲"教育,历时两年。在教育活动中,各地各单位运用形势报告会、演讲、知识竞赛等形式多样的活动开展教育,取得明显成效。4月,省纪委、省委组织部、省委宣传部、省监察厅联合发出《关于开展反腐保廉演讲比赛活动的通知》。各地、各单位参与演讲的处级以上领导干部达2470名,还出现夫妻、兄弟同台参赛的场面。从4月至9月,全省有8724个单位举行10393场演讲比赛,参赛选手66011人,直接听众达189万人。

在"三讲"教育过程中,为了贯彻落实中央纪委、监察部《关于在全国开展党纪政纪条规教育的通知》精神,省纪委还在全省组织了党纪政纪条规知识竞赛,全省分4个赛区举办竞赛活动,参加的党员干部有137万人,其中党员126万人,占全省党员总数的47.4%;县处以上领导干部54936人,参赛率95%;35名省部级领导参加竞赛。全省有2万多名领导干部参加了省纪委在全省各地举行的党风廉政建设和反腐败斗争形势报告会。

为进一步加强反腐倡廉舆论宣传力度,配合"三讲"教育活动的开展,全省各地在报刊、广播、电视上开设专栏或专题节目,有计划地宣传报道反腐保廉方面的内容,弘扬正气,鞭挞腐败。1997年7月至9月,省纪委组织《南方日报》记者到各地采访,刊发系列大篇幅报道。这一年,全省各级纪检监察机关在媒体上发表稿件9388篇,比上年增长48%。通过"三讲"教育活动,党员、干部特别是各级领导干部遵纪守法的自觉性有了提高,搞好反腐败斗争的信心和拒腐防变的能力得到增强。

2000年2月20日,江泽民总书记出席广东省高州市领导干部"三讲"教育会议并发表重要讲话进行动员,强调"三讲"教育仍是今年党建工作的重中之重,各级党委必须切实抓好,并且要把"三讲"教育同贯彻中央关于改革发展稳定的各项部署紧密结合,做到相互促进。讲话对广东省县级"三讲"教育的全面铺开产生了巨大的推动作用。讲话发表后,广东各地迅速形成了学习江总书记重要讲话的热潮。时任中央政治局委员、广东省委书记李长春对全省如何贯彻落实江泽民总书记讲话精神进行部署,提出了具体措施;省委"三讲"办迅速组织部分县(市、区)委书记、督导组长、巡视组长,深入学习江总书记重要讲话;全省各地,特别是第一批开展"三讲"教育的53个县(市)领导班子和领导干部积极行动起来,把江总书记的重要讲话精神列为"三讲"教育的必读篇目认真学习。

在县级"三讲"教育正式铺开之前,省委对第一批开展"三讲"教育的县委书记以及督导组全体成员、巡视组长进行了严格培训,明确了各自的职责和任务;各地级以上市对巡视组成员及所辖各县"三讲"办工作人员进行培训。各县(市、区)抽调精干人员组成办事机构,派出调查组深入基层听取、收集各界人士对领导班子和领导干部的意见,制定本地区"三讲"教育的具体实施方案,把县(市)级"三讲"教育的目标、原则和方法直接交到广大干部和群众手上。

为搞好县(市)级"三讲"教育,各级领导高度重视,切实履行"第一责任人"职责。广东省委常委建立了领导联系制度。省委书记李长春和时任省委副书记、省长卢瑞华等领导同志分别到联系点县(市)进行指导,并对"三讲"教育进行动员。各地级以上的市委常委也相应地联系一个单位;各县(市)主要领导也担负责任。各地领导纷纷表示,要以高度的政治责任感,认真履行"第一责任人"的职责。

2001年1月9日,省委召开全省"三讲"教育工作总结电视电话会议,回顾总结全省"三讲"教育工作的基本情况。会议认为,总的来看,全省"三讲"教育基本上达到了中央和省委的目标要求,积累了宝贵的经验,达到了预期目的。主要体现在:领导干部进一步提高了学习理论的自觉性,坚定了建设有中国特色社会主义的信念,增强了群众观念和宗旨意识,密切了党群、干群关系。在"三讲"教育中,各地各单位一方面坚持开门搞"三讲",充分发扬党内民主,广泛征求群众意见;另一方面坚持出门搞"三讲",领导干部深入基层听取群众意见,解决群众反映强烈的热点难点问题。如为切实减轻农民负担,省委、省政府把降低农电价格作为一项"民心工程"来抓,1999年底实现了农村到户电价降到每千瓦时1元以下的目标,全省农村用电增长了17%,一年减轻农民负担35亿元。存在问题较多的8个县、40个镇、229个村,认真贯彻省委"重典治乱"的精神,给人民群众创造良好工作生活环境。教育活动振奋了精神,增强了率先基本实现社会主义现代化的紧迫感和责任感,推动了各项工作。会议总结了这次"三讲"教育中创造出来的好经验,要求要持之以恒地坚持下去,并不断地发扬光大。这些经验包括:(1)要把"三讲"教育中恢复和发扬起来的理论联系实际的良好学风,运用到改进领导干部的理论学习和培训工作中去,通过自我教育,自我提高,不断提高领导班子和领导干部的思想政治素质;(2)要把"三讲"教育中恢复和发扬起来的密切联系群众的优良作风,运用到克服领导干部、领导机关中存在的官僚主义、形式主义等不良作风中去,深入基层,深入群众,进村入户,帮助群众解决实际问题,加强党同人民群众的血肉联系;(3)要把"三讲"教育中恢复和发扬起来的批评与自我批评的优良作风,运用到健全与活跃党内政治生活中去,加强民主集中制建设,提高领导班子解决自身问题的能力;(4)要把"三讲"教育中创造出来的"自己找、群众提、上级点、互相帮"的办法,运用到建立上下结合、相互配套、严格有效的党内监督机制中去,加强对领导班子和领导干部的监督管理。

二、学习贯彻《廉政准则》

为了进一步促进党员领导干部廉洁从政,中央在陆续制定实施有关领导干部廉洁自律规定的基础上,1997年3月印发《中国共产党党员领导干部廉洁从政若干准则(试行)》(简称《廉政准则》)。《廉政准则》共14条,强调,"党员领导干部必须在党员和人民群众中发挥表率作用,自重、自省、自警、自励;必须坚定共产主义信念,身体力行共产主义道德;必须清正廉洁,艰苦奋斗,全心全意为人民服务"。《廉政准则》从六个方面规范了廉洁从政行为:一是不准利用职务之便,索要或接受不正当的好处,如接受可能对公正执行公务有影响的礼品或宴请,在公务活动中接受礼金和各种有价证券,接受下属单位和其他企事业单位赠送的信用卡等。二是不准有经营谋利的行为,如违反规定经商办企业,未经批准在经济实体中兼职或违反规定兼职取酬,从事有偿中介活动,违反规定买卖股票,以个人名义在国外境外注册公司或投资入股等。三是在使用和管理公共财物中,不准有假公济私、化公为私行为,如违反规定借用公款,以各种名义占用公物,用公款公物操办婚丧喜庆事宜,用公款出国出境旅游,用公款参与高消费娱乐活动,以个人名义存储公款等。四是在干部人事工作中,不准有任人唯亲或谋取私利的行为,如利用职务上的便利为他人谋取职位,为谋取私利选拔任用不符合条件的干部等。五是在涉及与配偶、子女和其他亲属有利害关系的事项中,不准利用职务之便为他们提供便利,如不准在经商办企业方面提供优惠条件,接受国外境外个人或组织为配偶、子女和其他亲友出国出境旅游、探亲、留学等提供资助等。六是党员领导干部要带头艰苦奋斗,禁止讲排场、比阔气、挥霍公款、铺张浪费。《廉政准则》的出台,明确了社会主义市场经济条件下党政干部的基本从政道德规范。

早在1996年，广东就对领导干部应遵守的廉洁从政纪律规矩提出了明确要求。1996年11月，省委、省政府根据全省党风廉政建设和反腐败斗争的需要，制定了《广东省党政领导干部廉政守则（试行）》（《守则》）。《守则》共有39条，规定了35个方面的70个"不准"，比如，在贯彻中央政令方面，不准从地方保护主义、小团体及个人利益出发，有令不行，有禁不止；在履行职责方面，不准违反民主集中制原则，搞家长制、一言堂，不准玩忽职守，借故拖延、推诿属于职权范围内的工作事项，有意刁难、勒索所管理和服务的对象；在为民办事方面，不准越权擅定收费项目，扩大收费范围或提高收费标准；不准将职责范围内的公务活动变为有偿服务，或将国家行政机关的职能转移到下属的咨询服务机构，收取咨询费、手续费、劳务费；在公务交往方面，不准在公务活动中索取或接受礼金和各种有价证券及贵重物品，无法拒收的，应按规定上缴，不准接受可能对公正执行公务有影响的礼品和宴请，不准在公务活动中要求安排超过当地接待标准的食宿；在公务用车方面，不准违反规定购买、更换及乘坐超标准小汽车；不准用公款对工作用车及机关公务用车进行内部豪华改造；不准违反规定用贷款、集资款和专项资金购买供个人使用的小汽车；不准在机关、单位拖欠职工工资的情况下购买小汽车；不准违反规定使用军警车号牌、外籍车号牌；在出入境方面，不准通过非法手段获取、持有外国或港澳护照、身份证明及其他出国出境证件；不准利用多次往返出国出境证件私自出国出境旅游、度假、探亲及办私事；不准违反有关规定保管和使用出国出境证件；等等，内容涵盖党政干部工作生活的方方面面，既有对党政领导干部本人行为的规范，又有对领导干部亲属家人和身边工作人员的约束。

1997年中央《廉政准则》发布后，省委、省政府要求全省各级党员领导干部要认真学习贯彻《廉政准则》和省制定的《守则》，进行自查自律，省纪委还派出3个巡视组，对河源、汕尾、惠州、湛江等部分市和省直单位领导班子及其成员贯彻执行党的路线、方针、政策，遵守政治纪律及廉政等情况进行监督检查。

1998年4月，省纪委在广州、深圳、佛山、韶关、汕尾等市开展建立

《领导干部廉政卷宗》试点工作。1999年9月,省纪委、省委组织部下发通知,决定全面铺开此项工作。《领导干部廉政卷宗》的内容主要包括领导干部本人执行党风廉政建设责任制规定的情况;领导干部本人执行《中国共产党党员领导干部廉洁从政若干准则(试行)》和《广东省党政领导干部廉政守则(试行)》的情况等13个方面。省纪委建立廉政档案和管理的领导干部主要包括:地级市及县(市、区)党委书记,地级市及县(市、区)长,省直局以上单位党委(党组)书记、副书记,省国有资产经营公司以及政府授权经营的大、中型企业的董事长、党委书记。上述领导干部需每年填报一次本人廉政情况,于次年1月20日前上报。其他领导干部的廉政卷宗由各地、各单位按干部管理权限建立。至2000年底,全省基本完成《领导干部廉政卷宗》的建档工作。

第四节　执行厉行节约规定,弘扬艰苦奋斗作风

改革开放以来,党中央、国务院多次强调,党政机关要厉行节约、反对奢侈浪费,树立艰苦奋斗、勤俭节约的良好风气。在1997年初召开的十四届中央纪委第八次会议上,江泽民同志作了"大力发扬艰苦奋斗的精神"的重要讲话,严厉批评了一些地方和部门存在的奢侈浪费之风。尉健行同志在报告中对"发扬艰苦奋斗、勤俭节约的优良传统和作风,坚决反对讲排场、比阔气、挥霍公款的消极腐败现象"做出了部署。1997年5月,中央下发《中共中央、国务院关于党政机关厉行节约制止奢侈浪费行为的若干规定》(又称"八条规定"),从八个方面做出禁止性规定。一是严格控制新建和装修办公楼。二是严格控制各种会议。三是严格控制各种庆典活动。四是严禁用公款大吃大喝、挥霍浪费。五是严格控制用公款安装住宅电话或购买移动电话。六是严格控制各种检查,禁止形式主义的评比和达标活动。七是严格按规定配备和更换小汽车。八是严格管理公费出国(境)。《若干规定》对每一条禁令都做出了具体、详细的规定,比如,关于"严格控制新建和装修办公楼",要求党政机关现有办

公楼已达到规定建筑面积指标的,不准改扩建、新建或购买办公楼。现有办公楼未达到规定建筑面积指标的,从1997年起三年内原则上不准新建或购买办公楼;因危房或新增机构办公用房等确有必要新建或购买办公楼的,须按国务院发布的《楼堂馆所建设管理暂行条例》中的规定程序报批。经批准新建或购买办公楼的,要严格执行规定标准。新建或购买办公楼不准贷款或挪用其他资金。贫困地区的党政机关一律不准新建或购买办公楼。党政机关不得以建业务楼等名义新建办公楼。除正常维修外,现有办公楼从1997年起三年内不准进行装修。正常维修不得提高原装修标准。再比如,关于严禁用公款大吃大喝、挥霍浪费,要求党政机关召开会议和公务接待要严格执行食宿接待标准,不准超标准接待;各地区、各部门制定的接待标准应当公开;有关部门必须严格执行接待制度,加强管理和监督;不准到上级领导机关所在地宴请领导机关工作人员,不准利用各种学习、培训之机互相宴请,不准参加用公款支付的高消费娱乐活动;对违反规定的要严肃处理,情节严重的还要公开曝光。

1997年10月15日,中央纪委召开电视电话会议,要求以学习党的十五大精神为鼓舞,着重抓好党中央、国务院制止奢侈浪费规定的落实。中央纪委、监察部先后派出两批巡视组,对部分省(市、自治区)和中央国家机关15个部门执行制止奢侈浪费规定的情况进行检查。

2001年9月24日至26日,党的十五届六中全会召开,审议通过了《中共中央关于加强和改进党的作风建设的决定》。《决定》针对党的作风建设中存在的比较突出和严重的问题,提出了"八个坚持,八个反对",即坚持解放思想、实事求是,反对因循守旧、不思进取;坚持理论联系实际,反对照抄照搬、本本主义;坚持密切联系群众,反对形式主义、官僚主义;坚持民主集中制原则,反对独断专行、软弱涣散;坚持党的纪律,反对自由主义;坚持清正廉洁,反对以权谋私;坚持艰苦奋斗,反对享乐主义;坚持任人唯贤,反对用人上的不正之风。

党中央、国务院下发中央"八条规定"后,省委、省政府当月召开全省反腐败工作电视电话会议专门进行部署,在执行厉行节约、反对奢侈浪费方面开展了专项治理。

一、制止用公款 "吃喝玩乐" 不正之风

1994年, 全省把狠刹利用公款 "吃喝玩乐" 歪风工作列为领导干部廉洁自律的重要内容之一, 重点是制定公务接待制度和落实领导干部在婚丧嫁娶中廉洁自律的工作。6月、10月, 省委办公厅、省政府办公厅先后下发《关于党政机关县 (处) 级以上干部在婚丧嫁娶等活动中廉洁自律的几点意见》和《关于中央和兄弟省党政机关工作人员来我省公务活动的接待办法》, 要求县 (处) 级以上干部凡有违反婚丧嫁娶等活动中廉洁自律规定的必须自查自纠, 提出接待工作不搞互相攀比, 安排客人的食宿不准超过当地接待标准, 严格控制陪餐人数、减少次数等原则, 并具体规定接待的住房标准、伙食标准和用车收费标准。

1995年2月, 中央纪委五次全会作出 "不准接受可能对公正执行公务有影响的宴请" 和 "不准参加用公款支付的营业性歌厅、舞厅、夜总会等娱乐活动" 等规定。6月底, 省纪委下发贯彻执行上述规定的实施细则。11月中旬至12月初, 省委、省政府派出10个检查组, 重点检查有关地方和单位制止公款 "吃喝玩乐" 的情况, 各级也开展对此项工作的专项检查。全省公款 "吃喝玩乐" 之风得到进一步遏制, 当年共清理出1110人违反 "两个不准" 规定, 由各级纪检监察机关责成整改, 全省公务接待开支比上年平均下降30%。

1996年6月初, 省纪委、省监察厅发文, 提出要继续抓好 "两个不准" 规定的落实, 坚决刹住相互间用公款宴请 "吃喝玩乐" 的歪风。当年, 全省各级领导干部在民主生活会上自查出506人有违反规定用公款 "吃喝玩乐" 行为, 共清退金额4.8万元, 其中有3人受到党纪政纪处分。

1997年6月, 省委党廉办下发通知, 要求认真贯彻落实中央 "八条规定", 对用公款 "吃喝玩乐" 问题开展明察暗访活动, 进一步巩固工作成果。当年共检查出有88名领导干部违反规定, 相关人员被责令退还所付公款, 对其中问题比较严重的给予党纪政纪处分。全省公务接待费用比上年同期节省3.55亿元, 下降幅度35%左右, 有32294个单位制定接待内宾制度, 其中有28892个单位定期公布公务接待情况。

1998年6月中下旬, 省纪委常委带队检查贯彻落实中央 "八条规定"

情况时,对各市建立接待制度、严格财务管理、实行公务接待费用公开、加强检查督促等方面的情况进行检查。1998年,全省有1.4万多个单位实行公务接待费开支在财务上单独列项的制度,公务接待费开支比上年节省1.94亿元。

1999年,省纪委、省监察厅、省财政厅联合下发通知,就业务招待费开支范围和预算幅度、接待标准、业务招待费单独列项制度等提出具体要求。1999年,全省有18649个单位实行接待费单独列项制度,接待费开支比上年同期减少2539.48万元,查处违反规定用公款吃喝玩乐案件27件,给予党纪政纪处分10人。

二、禁止公费出国(境)旅游

1993年8月,省政府纠风办会同省政府外事办公室、省旅游局开展制止用公款出国出境旅游的专项治理工作。至年底,全省共清查出国(境)考察团(组)1995个,有338个团(组)共3117人被制止或主动取消用公款出国(境)旅游计划,节省费用1321.7万元。

1994年,根据中央纪委三次全会的部署,全省继续把制止用公款出国出境旅游作为纠风专项治理的重点。按照中央纪委、监察部、国务院外事办公室等部门联合下发的意见要求,全省对1992年7月1日以后用公费出国(境)的72728个团组、1049227人(次)进行全面审核,发现属于公费出国(境)旅游的54个团组、769人(次),全部进行处理,收缴制装费、伙食费、零用钱等165万多元。同时,全省通过审批把关,共取消目的不明确、任务不具体的公费出国(境)团组542批、3282人(次),节省资金人民币1183万元、港币93万元。省政府直属机关纪委和省建委调查处理省建委培训中心在没有报经建委党组批准的情况下,擅自组织建设系统92名干部分批赴新加坡、马来西亚、泰国旅游案件,省纪委就此发出通报,推动全省的刹风整纪工作。

1996年6月,省纪委、省监察厅发文要求,继续将狠刹用公款出国(境)旅游和用公款在国内游山玩水的歪风,列为狠刹"吃喝玩乐"歪风的四个治理重点之一。随后,省、市旅游局分别设立清理和纠正通过旅游渠道办理公费出国(境)旅游和整顿出境游市场秩序领导小组。是年,全省有3253个单位对赴港澳多次往返证件实行规范化管理,压缩和制止公费出国(境)团组298个、1231人(次),节约经费人民币914.1万元,美元43.83万元,港币114.35万元。

1997年1月13日省纪委、省监察厅发出通报,江门市4名厅、处级干部违纪携带夫人赴西欧德、荷、比、卢、法五国公费旅游,耗去公款港币31.04万元,受到党纪、政纪的严肃处理。要求各级党组织以此为反面典型材料,对党员、干部特别是领导干部进行一次纪律教育,及时制止某些领导干部的不廉洁行为。7月,省委、省政府在贯彻落实中央"八条规定"的意见中,要求严格控制公款出国(境);严禁借考察、学习、培训等名义,用公款出国(境)旅游;不准违反规定跨地区、跨部门组织出国(境)活动;加强对多次往返港澳证件使用、保管情况的监督检查。是年,全省共制止用公款出国(境)旅游3413人次、节约经费2190.96万元,查处用公款出国(境)旅游570(次),收缴违纪金额241.84万元。

1998年3月,省政府办公厅在转发《国务院办公厅关于对省部级领导干部出访进一步加强管理的通知》中,要求省部级以下人员出访也要严格按照国务院办公厅的通知精神办理,特别是对于国务院明确规定地方不得单独组团的活动,各地不得自行审批;其他出访包括招商会、展销展览会等,要注重实效并严格按审批权限和程序办理。

1999年6月,中央办公厅、国务院办公厅转发中央纪委、中央组织部、中央外事工作领导小组办公室等9部门制定的《关于加强党政机关县(处)级以上领导干部出国(境)管理工作的意见》,加大对县(处)级以上领导干部出国(境)管理的力度。当年,全省共有10013个单位执行公务出国审批制度;压缩或制止公费出国(境)团组1152个、3446人(次),节省费用折合人民币3335.51万元;查处用公款出国(境)旅游32人,退缴费用总额折合人民币61.36万元。省纪委通报了佛山市总工会组织干部用公款出国旅游等问题。

三、严格控制新建和装修办公楼

省委、省政府在贯彻落实中央"八条规定"的意见中规定,全省各级党政机关、人民团体和事业单位现有办公楼已达到国家计委关于行政办公楼建设标准规定的，一律不准改建、扩建或新建；未达到规定标准的，从1997年起三年内原则上不准新建办公楼，也不准以建业务楼、综合楼名义或以直属单位及其他名义新建办公楼；现有办公楼除正常维修外，从1997年起三年内不准进行装修，维修中不得提高原装修标准；现有办公楼经鉴定属危房以及新增机构确有必要新建、扩建办公楼的，必须严格审批。这一年，全省经过清理，共停建已立项尚未动工的办公楼工程207项，压缩尚未动工的办公楼工程项目规模109项，共减少经费开支31.36亿元；停止已立项尚未动工的办公楼装修工程129项，降低已动工尚未竣工的办公楼装修项目标准597项，节省和减少支出2.18亿元。1998年，全省通过加强审批监督，停建办公楼工程和办公楼装修项目530项，节省资金15.5亿元。1999年，继续制止新建、购买办公楼项目209项，制止改建、扩建、装修办公楼项目226项，节省资金11.63亿元。

四、严格控制各种会议和庆典活动

1993年9月，省委召开常委扩大会议，要求在全省范围内开展制止耗巨资举办各种庆典活动的工作。是年12月，省委办公厅、省政府办公厅发出《关于严格控制各种庆典活动的通知》，要求各级党委、政府和各部门要把节约支出、纠正不正之风作为重要工作来抓。随后，省纪委、省监察厅、省政府纠风办会同省财厅等部门对擅自扩大庆典活动规模、铺张浪费、借机宴请、赠送礼品等问题进行清理。1993年9月至1994年底，全省共取消各种不必要的庆典活动831个，节省费用4182.8万元。

1997年，省委、省政府在贯彻落实中央"八条规定"的意见中要求，要大力精简会议，压减会议经费支出，严格审批和控制召开全省性会议，确保当年全省性会议的次数和省本级会议经费预算比上年压减10%，各级会议次数和经费支出也相应压减。当年，全省各级党政机关普遍制定并执行会议审批制度，共取消或压缩各种会议683次，节约经费1029万元；有5900个单位压缩会议经费10%以上。

1998年11月，中央办公厅、国务院办公厅下发了《关于严禁党政机关到风景名胜区开会的通知》，省委办公厅、省政府办公厅于12月下发通知，明确省直单位一律不准到外省（区、市）和肇庆七星岩、南海西樵山、番禺莲花山等风景名胜区召开会议。当年，全省有14639个单位执行会议审批制度，减少会议和压缩会议规模14482次，其中减少联谊会、庆祝会、首发式1399次，节省资金11739.14万元。

1999年4月、9月，省委办公厅、省政府办公厅先后发文，就大力精简全省性会议，严格执行会议审批制度，严格控制会期、规模、规格，以及严格会议经费管理制度等提出具体意见。当年，全省有17053个单位制定并执行会议审批制度，共减少会议和压缩会议规模8291个，其中，减少联谊会、庆祝会、首发式1344个，节省资金8081.2万元；制止到风景名胜区开会125次。

省委、省政府在贯彻落实中央"八条规定"的意见中还进一步明确，省一级举办重大庆典活动要报省委、省政府审批，县一级举办重大庆典活动要报市委、市政府审批，并报省委办公厅、省政府办公厅备案。1997年，全省各地级以上市和省直单位取消或降低各类庆典活动规模57次，节约经费1524万元。1998年，全省经过审核，取消各种庆典活动1099个，节省资金5500万元。1999年，全省压缩或取消庆典活动724次，节省开支2808.6万元。

五、清理公款配备通信工具和评比达标表彰活动

1997年7月，省委省政府在贯彻落实中央"八条规定"的意见中，要求对现已配备和占用的移动电话以及用公款安装的住宅电话进行清理。当年下半年，省纪委组织对全省党政机关用公款配置的通信工具进行初步清理登记，共清理出公款配备的住宅电话98751部，移动电话49258部，其中，违反规定用公款安装的住宅电话3883部，移动电话4373部。折价转让住宅电话15564部、移动电话9974部，收回资金3366万元；收归公有的住宅电话491部、移动电话1793部，退还企业移动电话282部。

1998年4月始，全省各级纪检监察机关对用公款为个人安装、配备的通信工具进行全面清理登记。至8月底，全省清理工作结束，共清理出用公款为个人配备的住宅电话23.8万部，移动电话13.1万部，无线寻呼机28.9万部。各地各单位修订、完善通信工具安装配备和管理的规定，全省确定享受住宅电话费补贴人员125072人，享受话费补贴的移动电话32215

部,均全部建立档案,纳入管理。

1996年3月,中央办公厅、国务院办公厅下发《关于严格控制评比活动有关问题的通知》。5月,省委办公厅、省政府办公厅下发通知,由省监察厅牵头,组织对全省各级举办的对企业的各种评比活动进行全面清理整顿,明确各市、县、各部门组织的对企业的评比一律停止进行,新闻媒体也停止对评比活动的报道。1997年6月,根据中央"八条规定"的要求,省纪委、省监察厅组织对各市、省直各系统1996年以来进行的检查、评比、达标活动进行自查整改。当年,全省共取消和停止各种检查、评比、达标活动83项。1998年6月、10月,省纪委先后下发两个通知,对清理全省正在开展的各类达标活动和检查评比、表彰活动做出部署。是年,全省共清理出各种检查评比达标活动736项,取消227项,压缩171项,节省开支4900万元。2000年3月,省委办公厅、省政府办公厅下发《关于严格控制各种检查评比表彰活动的意见》,将正在开展的152项全省性有固定周期的检查、评比、表彰活动保留29项,撤销79项,余下的44项合并为14项,并提出严格审批制度、加强监督管理的要求,并明确此后由省委党廉办承担全省性检查、评比、表彰活动的审核备案工作。

2001年10月31日至11月2日,省委召开八届八次全会,传达学习党的十五届六中全会精神,审议通过了《中共广东省委贯彻〈中共中央关于加强和改进党的作风建设的决定〉的意见》。11日1日至2日,省纪委召开八届六次全会,全会认真学习贯彻党的十五届六中全会、中央纪委第六次全会和省委八届八次全会精神,研究贯彻落实党的十五届六中全会精神以及省委八届八次全会各项决策部署,切实加强和改进党的作风建设,深入开展党风廉政建设和反腐败斗争。会议强调,纪检监察机关要按照省委提出的"党委统一领导,党政齐抓共管,纪检机关和组织部门综合协调,其他部门各负其责,依靠群众支持和参与"的领导体制和工作机制,大力加强和推进作风建设,以实际行动切实保证六中全会精神的贯彻落实。

第七章

规范市场经济条件下的从政行为

改革开放前，国家长期实行计划经济，党政机关的权力覆盖经济活动的方方面面。实行改革开放后，国家大力发展市场经济，使得政府权力过大、管得过宽的问题凸显，一些不正之风和腐败问题也主要表现为党政机关和领导干部插手干预市场经济活动和以权谋私。如何规范党政机关和领导干部在市场经济条件下的从政行为，确保权力正确运行、市场健康发展，成为这个时期党风廉政建设和反腐败工作的重点课题。

第一节　纠正行业不正之风工作全面开展

国务院1990年成立纠正行业不正之风办公室（"纠风办"），全国各地相继成立此机构。自1993年开始，纠风工作进入集中开展专项治理阶段。1993年2月25日，国务院批转国务院纠风办《关于1993年纠正部门和行业不正之风工作要点的报告》指出，纠风工作要以集中开展专项治理为重点。当年8月召开的十四届中央纪委二次全会，把纠风工作纳入反腐败斗争总体部署，作为反腐败三项任务之一，在全国范围统一立项，集中力量对乱收费和用公款变相出国（境）旅游开展专项治理。1994年9月党的十四届四中全会通过的《中共中央关于加强党的建设几个重大问题的决定》，把纠正行业不正之风作为党的建设的重要内容提了出来。随后，全国大规模开展了十多项纠风专项治理，并取得了阶段性成效。其中，1994

年,国务院纠风办部署开展"三清一刹"(清理乱收费、用公款变相出国(境)旅游、党政机关及其工作人员利用职权无偿占用企业的钱物、狠刹部门和行业突出的不正之风),1995年狠刹公路"三乱"、中小学乱收费、向农民乱收费各种摊派三股不正之风,1996年开始清理预算外资金和"小金库"工作。

1997年以后,纠风工作逐步加大了标本兼治、纠建并举的力度,从过去侧重于"纠"发展到"纠""建"并举,从过去侧重于治标发展到在不放松治标的同时,逐步加大治本力度,从体制、机制、制度上抓源头治理。从广度上看,在继续开展减轻农民负担、减轻企业负担、治理公路"三乱"、治理中小学乱收费、清理党政机关无偿占用企业钱物、治理公费出国(境)旅游工作的同时,又开展了纠正专项治理工作。从深度上看,随着实践的发展,纠正不正之风工作更加强调坚持边清理、边规范,通过完善制度、改革创新,不断巩固和扩大治理成果。这一工作思路的转变,体现在工作措施上,就是在全国普遍开展行业树新风和民主评议行风活动,到2001年,全国31个省(区、市)广泛开展了民主评议行风活动。

1991年5月,广东省政府成立了纠正行业不正之风办公室,设在省监察厅。8月,省委成立了党风和廉政建设领导小组,负责统筹安排和指导全省的党风廉政建设工作,领导小组办公室设在省纪委办公室。

1993年,广东省被国务院纠正行业不正之风办公室列为全国职业道德建设试点单位。各级纪检监察机关、纠风机构和行业主管部门在进行专项治理的同时,按照"标本兼治、纠建并举"方针,通过抓好"七站八所"和重点部门刹风正纪,开展职业道德教育和民主评议行风活动,促进行业作风建设,逐步建立和完善职业行为规范和保证规范得以实施的监督机制、激励机制,使部门和行业不正之风得到有效遏制,培育了省中医院等一批行业作风建设先进典型。8月,中央纪委二次全会后,全省把纠正行业不正之风列入了反腐败斗争的三项任务之一,加大了纠风的治本力度。

1994年1月,省纪委、省监察厅合署办公后成立了党风廉政建设办公室,具体承担全省纠正行业不正之风和领导干部廉洁自律任务的组织、协调和检查等工作。

一、纠正向企业乱收费、乱摊派、乱要赞助的歪风

1990年至2000年11年间，广东系统治理企业乱收费、乱摊派、乱要赞助和党政机关无偿占用企业钱物等突出问题，为企业减轻负担30多亿元。仅1998年至1999年取消向企业的行政收费及基金收费就有4161项，每年减轻企业负担近200亿元。

1992年，全省各级监察机关和纠风机构对困扰企业发展的问题进行治理，着重纠正一些党政机关、事业单位和社会团体向企业乱收费、乱摊派、乱卡压和侵占企业资财等不正之风，为企业发展创造良好条件。从1993年9月开始，全省重点开展纠正一些单位以各种名义向企业和基层单位索要赞助的问题。1994年9月23日，省纪委、省监察厅、省政府纠风办发出了《关于坚决禁止乱要赞助的通知》，要求"各级纪检、监察机关要加强对乱要赞助情况的检查监督，发现问题及时纠正，对严重违反规定的典型，要严肃处理"。当年，全省各级纪检监察机关、纠风机构接到举报要赞助单位267个，其中有52个单位未经批准，擅自要赞助款205.8万元，被全部清退处理。

1995年11月15日，省政府发布《关于深入治理乱收费的通知》（《通知》），指出，自1990年对乱收费、乱罚款、乱摊派进行清理以后，广东省制定了条例及一系列规章，使收费管理逐步走上了法制轨道，乱收费现象得到了遏制。但近年来乱收费的现象又呈增加趋势，直接影响全省经济环境，成为人民群众关心的一个大问题。《通知》提出，这次治理乱收费总的目标是，通过治理，坚决刹住乱收费不正之风，切实减轻企业和人民群众的负担，严格依法管理收费行为。《通知》强调要清理整顿收费项目，取消各种不合法的收费，对现行规定的行政事业性收费进行清理，重新核定，凡未经国家和省政府批准的行政事业性收费，包括各市、县政府自定的收费项目，擅自扩大收费范围或提高标准的，一律取消或纠正。各种收费均由省物价局根据国家有关规定，制定统一政策，按分工管理权限，实行分级管理。《通知》提出按照三个步骤开展治理，1996年上半年，各级政府要组织物价、财政、审计、监察等部门，组织若干工作组，重点检查下级政府和各有关部门的乱收费是否在限期内改正，对查出的乱收

费行为,除由物价检查机构给予经济制裁以外,对政府和部门负有行政责任的行政首长按规定进行行政处分。

在清理向企业乱要赞助的同时,还开展清理党政机关无偿占用企业钱物的工作。根据1994年7月6日中央办公厅、国务院办公厅《关于转发〈国务院纠正行业不正之风办公室关于清理党政机关及其工作人员利用职权无偿占用企业钱物的实施意见〉的通知》,全省从省到乡(镇)一级层层成立专门工作班子,实行责任制,对1992年7月23日《全民所有制工业企业转换经营机制条例》发布实施后,党政机关无偿占用企业钱物退还企业的情况进行督促检查。1994年,全省清理出党政机关及其工作人员利用职权无偿占用企业的物品1006件,其中,交通工具311辆(艘),通信设备535部,现代化办公设备56台,声像器材73件,5000元以上贵重物品31件,房地产8515平方米;清理出占用企业资金339.6万元。对上述所清理出的占用钱物、房产进行退还处理。

二、治理公路"三乱"

1992年6月15日,省政府发布《关于清理道路检查站的命令》。各级监察机关、纠风机构会同公安、交通等部门开始对公路"三乱"(乱设站卡、乱收费、乱罚款)歪风进行治理。

1994年7月21日,国务院下发《关于禁止在公路上乱设站卡乱罚款乱收费的通知》后,全省据此对公安、交通、林业3个有权上路设卡检查车辆的部门上路执法行为进行规范,并禁止上述3个部门以外的任何单位、组织和个人上路设卡,查罚车辆。9月22日,省政府决定授权省法制局、省监察厅及各市法制局、监察局,成立广东省人民政府查禁公路"三乱"督察队。该队隶属省政府办公厅领导,具体工作由省法制局负责,主要职责有三项:一是受理群众投诉;二是监督全省各地各部门治理公路"三乱"情况;三是上路查处公路"三乱"行为。

1995年1月24日,省政府发出《关于查禁公路上"三乱"行为的命令》,要求省直有关部门应由主管领导负责,对照国家、省的有关法规,坚决制止本系统内在公路上乱设站卡、乱罚款、乱收费的行为,对违规在公路上搞三乱活动的单位,主管机关应予及时纠正。明确省人民政府授

　　1994年9月,省政府成立了广东省人民政府查禁公路"三乱"督察队,专门负责纠察公路"三乱"行为。图为汽车司机向督察队员投诉公路"三乱"问题。

权"广东省人民政府查禁公路三乱督察队"对各地区、各部门治理公路三乱情况进行不定期的监督检查,对经省人民政府批准设立的检查站、征费稽查站和收费站进行监督,发现三乱案件要及时查处。各地公安、交通、监察、工商部门要积极配合。当年,全省对原有公路602个收费站、检查站进行清理,撤销237个不符合规定的站卡,整顿规范站卡293个。全省共出动8800多人(次)对公路"三乱"进行明察暗访,受理该方面举报投诉2300件(次),查处此类案件290件(次)。

　　1997年经省编办批准,确定该队人员编制6人,主要职责调整为组织协调、监督指导全省治理公路"三乱"工作。

　　2012年,广东把治理公路"三乱"作为企业治乱减负的工作重点,对于"三乱"及背后的腐败问题全面给予整治,坚决措施撤销一批不合理的收费站点,重点清理各种向车辆收取行政事业性收费、罚款、集资、政府性基金和各种摊派,并将涉及车辆和道路的收费项目实行公示制度。5月14日,广东省纪委、省监察厅印发《关于公路"三乱"行为党纪政纪处分的暂行规定》,以列举的方式,详细规定了对各种公路"三乱"行为的纪律处分,以及从重或者加重处分的具体情形,同时规定,各级政府治理公路"三乱"工作机构对公路"三乱"行为进行检查时,凡涉及应给予有关责任人党纪政纪处分的案件,必须移送纪检监察机关,并提出对有关责任人的党纪政纪处分建议。

三、治理中小学乱收费

1993年8月全省开展反腐败斗争后,治理中小学乱收费成为纠风工作的一项重要内容。省政府纠风办会同省教育厅、省物价局部署开展全省治理中小学乱收费的工作。是年,全省重点对收费项目进行清理,共清理取消中小学乱收费项目18个,退还学生金额783.8万元。

1994年6月,省政府颁布《广东省教育收费管理规定》,规定教育收费要实行许可证管理制度,基础教育(包括九年制义务教育、普通高中、职业中学和中等师范教育)收费包括"应收费"4项和"代收代管费"9项。为落实这一规定,各级纪检监察机关和教育、物价、纠风等部门于9月开展全省性的中小学收费大检查。这一年,全省对1726所中小学校注册收费进行了检查和清理,共取消中小学乱收费项目621个,降低收费标准159个。1995年,全省共有27535所中小学对1994年7月1日以后的收费情况进行清理,取消自立收费项目549项,纠正擅自提高收费标准的项目164项,清理出乱收费金额5600多万元。

1995年国家教委和国务院纠风办把治理中小学乱收费作为纠正行业不正之风的一项重要工作来抓,并且以义务教育阶段作为重点,下大力气依法进行专项治理。国家教委明确提出了中小学收费工作"五不准"规定和治理工作的"八条措施",各省、自治区、直辖市人民政府及教育行政部门和纠风办的领导对此项工作高度重视,建立了办事机构,逐级签订了"责任书",实行"收费监督卡"制度,坚持标本兼治原则,收到了实效。多数地区中小学乱收费的势头得到了初步遏制。

1996年5月17日,国务院办公厅转发国家教委等部门《关于1996年在全国开展治理中小学乱收费工作实施意见的通知》(《通知》),指出,中小学乱收费的问题仍然比较突出,必须从造就全社会稳定的教育环境和维护广大人民群众利益出发,正确认识并认真解决好这一问题。《通知》要求,1996年仍要把治理义务教育阶段乱收费作为一项十分紧迫的重要任务来抓,特别是要把进一步解决好京津沪三个直辖市和各省会城市义务教育阶段公办学校"择校生"问题作为突出重点,加大治理力度,务求取得阶段性明显成效。

四、治理向农民乱收费乱摊派,切实减轻农民负担

1993年至1994年,全省贯彻落实中央办公厅、国务院办公厅《关于切实减轻农民负担的紧急通知》和《关于涉及农民负担项目审核处理意见的通知》精神,把农民负担问题作为当前社会的"热点"问题来抓,清理涉及农民负担的项目70项,取消集资、收费项目38项、达标升级活动43项。同时,各级纪检、监察机关和纠风机构还严肃查处因农民负担过重而引起的恶性案件。

1995年,全省把治理向农民乱收费乱摊派作为纠风专项治理的重点,对1993年以后涉及农民负担的文件和项目进行全面清理,对不符合国务院、省政府有关政策、法规规定的,予以纠正。1996年全省落实国务院、省政府公布取消的涉农收费项目2378项,清理、取消擅自设立的收费项目610项。1997年全省共取消、纠正收费和摊派项目197项,减轻农民负担4000多万元。1998年全省共取消涉农不合理负担项目232项,减轻农民负担1.2亿元。1999年,全省各地着重抓好治理农村电价、审核1997年后的提留统筹费等农民负担项目、查处加重农民负担案件和精简乡镇机构及人员等工作,全省共分流乡镇机构编内人员300人,编外人员1200人,精减村组干部5900人。

2000年,全省各地按照《关于印发广东省2000年减轻农民负担专项治理工作实施意见的通知》精神,严格监测农民负担一定三年不变政策的执行情况,防止提高标准增加农民负担;禁止一切乱收费、乱集资、乱罚款和各种摊派,防止农村电价、生猪购销环节收费和其他涉农乱收费反弹;坚决纠正派工作队强行上门收粮收钱搬物的错误做法,防止涉及农民负担的严重事件和恶性案件发生。年底,全省各级纪检监察机关共查处加重农民负担违纪违法案件40件,给予党纪政纪处分25人。这一年,广东开始在部分市、县开始农村税费制度改革试点。改革的主要内容包括:取消乡镇统筹费、村提留、农村教育集资等专门面向农民征收的行

政事业性收费和政府性基金、集资；取消屠宰税；取消劳动积累工和义务工。禁止强行以资代劳，取消上级基本建设投资要求农民出资出劳的做法，切实减轻农民的劳务负担；合并农业税与农业特产税，实行单一税种；取消村提留，不再随农业税征收附加；明确界定政府事权，规范涉农收费行为，确定各级政府支出范围。在积极试点、积累经验、充分准备的基础上，广东省制定了具有广东特色的农村税费改革方案，比中央规定的减负力度进一步加大，比如，中央规定"三取消、两调整、一改革"，广东省改"三取消"为"五取消"，即在取消乡镇统筹费含教育费附加、村提留、农村教育集资等专门面向农民征收的行政事业性收费、政府性基金和各类集资，取消屠宰税，取消劳动积累工和义务工的基础上，广东又取消了农业特产税和农业税收附加。广东把调整农业税和农业特产税政策这"两调整"也改为"一税种"，即合并农业税与农业特产税，实行单一税种，而且税率从低确定为6%，低于中央规定的一个百分点。广东还一步到位，坚决取消劳动积累工和义务工。据测算，广东实行农村税费改革后，一年直接减轻全省农民负担30多亿元，人均得到实惠69元，人均年负担税费由93.27元降为24.27元，减负率高达74%，为全国最大。在不断总结经验的基础上，省委、省政府决定2003年在全省启动农村税费制度改革试点。

五、纠正面向社会乱收费歪风

1993年10月4日，省政府制定《关于依法管理收费制止乱收费的若干规定》，重申关于制止乱收费行为有关规定。之后，省监察厅、省财政厅根据中央办公厅、国务院办公厅《关于转发财政部〈关于对行政性收费、罚没收入实行预算管理的规定〉的通知》精神，对行政机关和司法机关将收费和罚没收入与部门的经费划拨、职工奖金、福利挂钩，或坐支、留成甚至挥霍滥用收费和罚没收入的不正之风进行纠正，并实行"收支两条线"管理，即行政性收费、罚没收入的预算管理。

1998年9月14日，省纪委、省监察厅下发《关于公安、检察院、法院、工商行政管理部门及其中的共产党员和国家公职人员违反行政事业性收费和罚没收费"收支两条线"管理规定纪律处分的暂行规定》。1999年2

月,省委办公厅、省政府办公厅下发《关于对行政事业性收费和罚没收入实行"收支两条线"管理工作的通知》,明确规定要严格执行中央和省关于行政事业性收费、罚款项目和标准;严格执行收费、罚款决定与收费、罚款收缴部门相分离的规定;加强票据管理,各项行政事业性收费、罚没收入一律使用中央或省级财政部门统一印制或监制的票据;行政事业性收费和罚没收费全部上缴国库或财政专户,财政部门要认真核定各单位的经费支出,保证执收执罚单位正常工作顺利进行等。

2001年5月11日,省财政厅、省人民政府纠正行业不正之风办公室、省物价局、省审计厅、中国人民银行广州分行联合印发《广东省2001年落实"收支两条线"管理规定工作意见的通知》(《通知》),《通知》指出,根据中央纪委第五次会议和省纪委第五次会议、省政府第八次廉政工作会议的部署要求,2001年全省落实"收支两条线"管理规定工作要进一步加大从源头上预防和治理腐败力度,通过"收支两条线"管理工作的贯彻落实,遏制各项涉农和交通、车辆乱收费,减轻群众负担,理顺税费关系,规范市场经济秩序,为改革扫清障碍,为巩固改革成果提供保障条件。

2002年4月4日,省政府办公厅转发国务院办公厅转发财政部《关于深化收支两条线改革进一步加强财政管理意见的通知》(《通知》),明确从2002年起,在省司法厅、建设厅、劳动保障厅、残联、林业局、文化厅等6个省级原已确定实行部门综合预算试点单位基础上,增加省法院、省公安厅、省工商局、省环保局、省计划生育委员会5个执收执罚部门,一并实行部门综合预算试点,其预算外收入实行收支脱钩管理,按规定收取的预算外收入,全额上缴省财政,支出由省财政部门根据履行职能的需要进行核定,确保经费供给。《通知》要求,各级政府要继续加大"收支两条线"管理改革力度,地级以上市和顺德市要对法院、公安、工商、环保、计划生育5个部门实行部门综合预算,并视情况适当增加试点部门;各县(市、区)都要选择少数具备条件的单位实行部门综合预算试点,积累经验。从2003年起,省直部门、地级以上市和顺德市要全面实行部门综合预算改革,各县(市、区)也要积极实行部门综合预算改革。

六、纠正医药购销中的不正之风

1997年5月15日，省工商局、省卫生厅、省医药管理局、省政府纠风办联合召开全省整治药品回扣违法行为工作电视电话会议，部署对药品回扣违法行为的整治工作。是年，全省查出回扣金额1.75亿元，上缴1.39亿元；受理有关药品投诉162宗，立案查处36宗，涉及违纪金额208.91万元，罚没156.9万元。

1999年，全省各地按照省政府纠风办等六部门《广东省1999年狠刹医药购销中不正之风工作的实施意见》的要求，继续重点取缔非法药品集贸市场，严厉打击非法药品生产行为。当年，全省关闭湛江海田等7个非法或变相的药品、药材集贸市场，取缔无证照或证照不全的药品生产企业47家，药品批发企业459家，查处各类经营违法违纪案件280宗。

2000年，全省各地认真贯彻省政府纠风办、省卫生厅等部门《关于印发〈广东省2000年纠正医药购销中不正之风工作的实施意见〉的通知》，重点开展清理整顿医药市场、降低虚高的药品价格、查处违规典型案件和加强医德医风建设等工作。这一年，全省清理取缔无证照、证照不全的药品生产、批发企业191家，捣毁制假窝点5个，清理取缔非法私人诊所4815个。

第二节　开展专项清理，解决领导干部
廉洁从政方面的突出问题

自1993年8月全省部署开展领导干部廉洁自律工作后，全省各级纪检监察机关会同有关责任部门，根据中央纪委部署要求，结合广东实际，一方面加强作风建设和纪律教育，强化领导干部的自律意识；另一方面，针对党员领导干部在廉洁自律方面存在的突出问题，重点围绕领导干部的职务消费行为进行集中清理纠正。同时，不断巩固、扩大工作成果，通过

完善制度机制,防止利益冲突,全面规范领导干部廉洁从政行为。主要进行的专项清理工作有:

一、清理"车子"

1994年4月,按照中央纪委三次全会提出的党政机关县(处)级以上领导廉洁自律"新五条"规定,全省对党政机关县(处)级以上领导干部违反规定购买和更换进口豪华小汽车,利用职权向企业、下属单位换车、借车和摊派款项买车,用贷款、集资款和专项资金购买供领导干部使用的小汽车,以及拖欠职工工资的县(市)党政领导机关和单位购买小汽车等问题进行了清理。这项工作由省政府办公厅负责,从省监察厅、省公安厅抽调干部组成专门工作班子进行具体工作,各市、县(市、区)及省直各单位均成立了清车工作机构。至11月,全省工作用车不符合规定的29名现职副省级以上干部,239名市、县(市、区)党政"一把手",14名省直局以上单位"一把手"均换乘了符合规定的工作用车。换下来的超标车,转为公务用车104辆,转为接待用车94辆,退还企业或下属单位10辆,调换15辆,拍卖8辆,封存待处理22辆。

1995年2月至9月,全省各地对领导干部使用的超标准小汽车进行全面登记、处理,并开展了清理违反规定使用特种车号牌的工作。省成立了清理领导干部用车使用特种车牌临时办公室,设在省公安厅纪委。至9月中旬,全省清理出违反规定使用的特种车牌3329副,交回原发牌单位3218副,其中公安牌2934副、武警牌195副、军牌84副、外籍牌5副。至年底,全省县(市、区)直属机关,镇(乡)党委、政府和基层站所共清理出不符合规定的工作用车1078辆,作出处理1038辆,并作拍卖、退还、转为公务或服务用车、封存等处理。全省国有企业共清理出超标车1949辆,也相应作拍卖、转为企业业务用车等处理。

1996年,根据中央纪委关于要在年底前把封存的超标准小汽车处理完毕的要求,省委党风和廉政建设领导小组于7月下发紧急通知,对完成小汽车定编,执行市、县(市、区)党委、政府和省直各局以上单位"一把手"公务用车实行申报、备案制度,建立健全领导干部工作用车统一管理、统一调度的规定或制度,以及对处理超标车等作出具体部署。至年底，各级党政机关清理出的3034辆超标车按规定处理完毕；进一步清理出违反规定使用的"粤O"车牌218副，全部予以没收。全省党政机关和企事业单位小汽车的定编工作基本完成；县以上党政"一把手"公务用车申报备案制度得到落实；有16870个单位建立健全了公务用车的管理和调派制度，占全省应建立制度单位数的86%。

1997年7月7日，省委、省政府下发关于贯彻落实党中央、国务院印发的《关于党政机关厉行节约制止奢侈浪费行为的若干规定》的意见，明确要求，从当年起，两年内党政机关和事业单位不准新购小汽车；领导干部变动工作岗位，不准车随人走，不准增加编制配备新车，其工作用车在新任职单位现有车辆中解决；党政机关不得借用或占用下级机关或企事业单位的车辆。至年底，全省共清理出转办私人牌照的公有小汽车2162辆，其中，党政机关、事业单位815辆，国有企业1347辆。当年，省纪委还查处了省教育厅挪用教育事业费购买豪华小汽车等3起领导干部违反规定购买和乘坐小汽车的问题。

1998年至1999年，省委办公厅、省政府办公厅和省委党廉办先后下发通知，要求各级党政机关、国有企业、事业单位以及其他纳入小汽车定编管理的单位，对公车转挂私人牌照、落私人户和转挂外省牌照的问题再进行一次彻底清查，并提出了具体的处理原则。至1999年底，全省共清理出公有小汽车转挂私人牌照的3419辆，转挂外省牌照的202辆；对112名领导干部违反规定占用的113辆公车全部进行清退；政法机关及其所属企业违反规定使用"粤O"牌和警牌车辆642辆，车辆"名片"2847张，警灯47个，警报器91个，全部予以收缴，并审核换发了部分地方车号牌。

2001年5月31日，省委办公厅、省政府办公厅下发《关于机构改革中小汽车定编和使用管理有关问题的通知》。省纪委、省监察厅于4月、8月、10月先后下发3个通知，部署对党政机关干部违反规定借用小汽车问题进行清理，同时要求严格执行新购车辆定编管理规定和领导干部用车申报、备案制度，积极开展明察暗访活动，严肃处理领导干部违反规定使用特种车号牌和公车私用问题，并将公务用车申报备案的范围扩大到省国有资产经营公司以及政府授权经营的大、中型企业党政"一把手"。5月至8月，省委党廉办在广州市区范围对用公车接送小孩上学的问题进行多次明察暗访, 责成对查出的40辆公车和借用的388辆小汽车全部予以清退; 政法机关及其所属企业违反规定使用 "粤O" 牌和警牌的642辆车换发了地方牌照。省纪委查处了河源市有关部门和单位违反规定购买小汽车、市公安局车管所违反规定给未经定编审批擅自购买的小汽车办理入户上牌手续、市小汽车定编办弄虚作假签发定编小汽车使用许可证的问题, 以及深圳市商业银行罗湖支行公车上私牌的问题等。

二、清理 "房子"

1994年4月, 中央纪委三次全会部署在 "房子" 方面开展廉洁自律工作以后, 全省各级纪检监察机关对领导干部在购房、建房和装修住房方面违反廉洁自律规定的问题进行了专项清理。

1994年5月, 省委党廉办、省住房改革领导小组办公室 (以下简称省房改办) 下发通知, 要求党政机关县 (处) 级以上领导干部对住房方面的问题进行自查自纠, 并在省房改办设立省清理住房办公室负责日常工作。随后, 省委办公厅、省政府办公厅发文, 就贯彻中央纪委 "新五条" 中有关 "房子" 方面廉洁自律的规定提出了八点意见: 一是在住房改革中, 凡利用职权以低于规定标准和违反省批准的各地公有住房出售方案的价格购买住房的, 必须如数补交少付的房价款。二是凡已进行房改, 购买了在房改方案实施前建成交付使用的公有住房, 其建筑面积超过省政府规定的住房分配标准面积的, 应按规定补交一定比例的购房款。三是凡已有住房又在1988年9月5日以后分配或调整多一套住房的, 必须将原住房退回产权单位; 已按优惠价购买公有住房, 在原地工作以及在同一市、县范围内调动工作的, 不得按优惠价再换购住房。四是按房改优惠价购买住房后用于出租或经营的, 必须退出其收入。五是利用职权动用公款超标准为个人装修住房, 必须将动用的公款如数退出, 并视情节给予党纪或政纪处分。六是凡违反规定购买了单家独院住宅的, 必须按原价退回给产权单位, 并视情节给予党纪或政纪处分。七是住自己私房的, 且私房面积已超过省政府规定的住房分配标准, 仍按优惠价购买公房的, 必须将公房退回产权单位, 并视情节给予党纪或政纪处分; 已购买住房又参加集资建房的, 必须退出集资建房的优惠补贴; 利用职权为子女、亲友提供购房资格、房源、价格等方面优惠条件的，必须将非法获得的利益退出。八是利用职权借用公款为本人及其子女、亲友买房、建私房的，必须在1994年9月底前将所借公款全额归还，并按同期银行贷款利率付息。该文下发后，全省范围的清房工作全面展开。至年底，共清理出党政机关县（处）级以上领导干部在"房子"方面违反规定的407人，当年整改404人。

1995年，全省清房工作重点是领导干部违反规定参加集资建房、建私房、多占住房和用公款购买、建造超标准住宅的问题。至年底，全省共清理出在"房子"方面违反规定的473人。各级纪检监察机关结合清理工作，查处了一批在"房子"方面的违纪典型案件。

1996年6月，省委办公厅、省政府办公厅下发文件，要求重点查处领导干部违反住房廉洁自律规定拒不自查整改和边纠边犯、边整边犯的行为，建立领导干部住房档案和建立健全干部分房、购房方面的审批制度。当年，通过自查和核查，全省党政机关廉洁自律对象范围内的领导干部查出违反住房方面规定的有704人，当年整改364人。

1997年2月，省房改领导小组发文规定，今后任何地方和单位不得擅自给房改购房后的职工换购或重新调整住房，否则按违反房改政策规定严肃处理。5月中旬至6月中旬，根据省委指示，省委党廉办、省查房办和省直机关工委派出3个调查组，对11个地级以上市和180个厅局级单位领导干部换购住房问题进行了专题调查，对调查发现购买公有住房后又换购住房的21名市厅级干部、289名县处级干部和415名国有企业领导干部，区别不同情况提出了处理意见。8月，省委党廉办又下发通知，组织对镇（乡）领导干部在所在县城拥有住宅的情况进行调查摸底，查出现职镇（乡）领导干部在县城镇以上城市购买、集资或个人建造以及租用住房的有5122人，占总人数的33.4%。当年，全省自查在"房子"方面有不符合规定情况的1826人，其中1018人进行了整改，退出、退赔、上交有关款项1576.51万元。

1998年12月，省政府下发《关于加快住房制度改革实行住房货币化分配的通知》，决定在全省各级党政机关、事业单位逐步实行住房货币分配，自2000年1月1日起，一律停止按当时房改政策出售和出租公有住房，企业参照执行。

1999年1月,省委办公厅、省政府办公厅下发通知,针对乡镇干部在县城镇以上城市建房、购买商品房问题作出四条纪律规定:一是乡镇干部不得以配偶在县城镇工作或本人今后可能调回县城镇工作为由,违反政策规定在县城镇用公款为自己建房、购买商品房;二是各市、县、乡镇不准用公款在县城镇为乡镇干部建房、购买商品房,或以集体名义购买土地分给乡镇干部建私房;三是乡镇干部(或配偶)原在县城镇工作并在县城镇参加房改购房,或已参加集资建房、购地建私房的,不准在乡镇再参加房改购房、集资建房、购地建私房,乡镇分配的住房应按规定标准缴纳租金;四是乡镇干部不准以个人或配偶、经济未独立子女名义在县城镇购地建私房。当年,全省对清理出违反规定在县城镇以上城市建房、购买商品住房的5名乡镇干部落实了整改,56名领导干部因以权谋房被查处。

到2002年,广东全省房改工作取得明显成效,住房货币分配制度基本建立。全省从2000年起全面停止住房实物分配,至2002年,21个地级以上市和顺德市颁布实施了住房货币分配方案,累计发放人数14.5万人,发放金额21亿多元。住房公积金归集总额达到235亿元,归集率达62%。全省贯彻落实国务院修改后重新颁布的《住房公积金管理条例》和《关于进一步加强住房公积金管理的通知》,抓紧进行机构的撤并、调整、资产清理和移交工作。到2002年为止,已上报住房公积金管理机构调整方案的有13个市,其中10个市方案已经省政府批准实施。

在纠正领导干部在房子方面的不正之风和不廉洁行为的同时,全省加大力度解决特困群众住房难问题。2000年底,省委、省政府印发《关于解决特困群众"四难"问题的意见》,2002年5月,省政府办公厅《转发省建设厅关于解决城镇住房特困户问题的实施意见》,要求各市力争用3年时间,基本解决全省城镇住房特困户问题。据不完全统计,"九五"以来全省城镇约解决了20多万户,有效缓解了特困群众住房难问题,一些原来居住条件比较困难的教育、卫生、大型国营企业的职工的居住条件有了较大改善。

三、禁止收送"红包"礼金

1993年4月，根据中央办公厅、国务院办公厅《关于严禁党政机关及其工作人员在公务活动中接受和赠送礼金、有价证券的通知》要求，全省重点对党政机关工作人员在公务活动中接受和赠送礼金、有价证券问题进行清理。这一年，全省县（处）级以上领导干部自查在公务活动中接受"红包"礼金和各种有价证券的1956人，涉及金额233.7万元；当年1434人退还金额208.97万元；自查接受本单位和其他企业事业单位赠送（或发给）信用卡并用于个人使用的389人，当年退还322人。

1994年6月，经请示财政部同意，省财政厅下发通知，明确党政机关及其工作人员在公务活动中接受的礼金和有价证券，要按有关规定上缴国库。7月，按照省纪委的部署，全省各级纪检监察机关对1993年开展近期反腐败斗争以来党政机关及其工作人员在自查自纠中退出的礼金、有价证券和贵重物品（折价）缴库情况进行全面检查。

1996年2月、12月，省纪委先后下发两个通知，重申严禁党和国家机关及其工作人员收受和赠送"红包"，要求领导干部违反规定收受的"红包"礼金和有价证券一律上缴，并进一步加大执纪的力度。11月，省委、省政府印发《广东省党政领导干部廉政守则（试行）》，明确规定，"不准用公款向上级和下属派送'红包'，不准收受此类'红包'；不准在公务活动中索取或者接受礼金和各种有价证券及贵重物品，确实无法拒收的，应按规定上缴"。

1998年12月，省纪委、省监察厅下发通知，重申各级党政机关及其工作人员，不准利用元旦、春节等节日之机收、送"红包"，不准印制、发售、购买、使用代币购物券。随后，各地组织全面检查和明察暗访，并发挥舆论监督的作用，基本刹住发售使用各种代币购物券之风。至1999年4月，全省共收回各种购物券（卡）共3.86亿元。

2000年，省纪委、省监察厅下发通知，要求各级党委、政府在春节期间进一步加强廉洁自律工作，突出解决以各种形式赠送和收受"红包"等问题。根据省纪委、省委组织部8月联合下发的文件要求，各级领导干部对照中央纪委四次全会提出的"不准领导干部的配偶、子女利用领导干部的职权和职务上的影响收受礼金、有价证券和贵重物品"等规定进行自查自纠。9月，省委办公厅、省政府办公厅印发《关于严禁党和国家机关及其工作人员收受和赠送"红包"的暂行规定》，明确收受和赠送"红包"行为的党纪政纪处分规定。随后，各地各单位迅速组织学习规定并抓好整改，各级纪检监察机关加强监督检查。当年，全省共有2750人（次）拒礼、拒贿，有1467人（次）登记上缴"红包"及礼金总价值330多万元，一批违反规定的人员被查处。省纪委牵头查处了肇庆鼎湖区国税局在中秋节期间向区政府有关领导赠送"红包"的问题。

四、禁止党政领导干部违规兼职取酬

1993年10月，《中共中央、国务院关于反腐败斗争近期抓好几项工作的决定》提出，县（处）级以上领导干部"不准在各类经济实体兼职（包括名誉职务）；个别经批准兼职的，不得领取任何报酬；不准到下属单位和其他企业事业单位报销应由个人支付的各种费用"。全省县（处）级以上领导干部在廉洁自律专题民主生活会对照上述规定进行自查。检查出在各类经济实体中兼职的有1659人，其中68人领取兼职报酬，共计13.11万元。当年整改794人，其中辞去党政机关领导职务的3人，辞去经济实体兼任职务的791人，退还兼职报酬9.79万元。检查出到下属单位和其他企业事业单位报销应由个人支付费用的共23人，2.41万元。有16人进行整改，退还1.37万元。2000年9月，省纪委下发通知，要求对党政领导干部兼任企业包括驻外企业领导职务的情况进行清查登记、整改，并收回违反规定兼任企业领导职务的党政领导干部的出国（境）证件。这一年，全省共清查出233名党政领导干部违反规定在企业兼任领导职务，其中，厅级干部12人，处级干部221人。

根据中央纪委四次全会提出的国有企业领导干部廉洁自律"四条规定"，省纪委制定《关于贯彻执行国有企业领导干部廉洁自律"四条规定"的实施和处理细则》，广东除了整顿党政机关干部违规兼职取酬问题，还认真清理国有企业领导人员兼职取酬问题，2002年12月27日，省纪委印发《关于广东省国有企业领导人员兼职、取酬问题的暂行规定》，提出了四个方面的限制性规定：（1）规定国有企业领导人员，原则上不得在下属子公司、参股公司、控股公司或其他独立法人企业(单位)兼任领导职务(包括名誉职务);确因生产经营活动需要在下属子公司、参股公司、控股公司或其他独立法人企业(单位)兼任领导职务的,必须经企业党委会、董事会和经理班子讨论同意后,按干部管理权限报组织部门备案,经同意后方可兼职,且不得兼任两个以上(含两个)下属企业的法定代表人。(2)企业领导人员经批准在本公司属下的子公司兼职的,一律不准领取兼职报酬;经批准在参股公司、控股公司兼职的,兼职单位给予的兼职报酬全额上交任职企业财务部门,不得据为己有。(3)对于未经批准擅自在下属独立法人企业(单位)、参股公司、控股公司兼任领导职务的,以及将兼职单位给予的报酬据为己有的,视情节给予党内警告至撤销党内职务、行政记过至行政撤职处分。已领取的报酬必须如数上交任职企业财务部门。(4)企业领导人员不准在经批准兼职的企业(单位)报销与兼职企业无关的任何费用。违反规定,情节较轻的,给予党内警告或者党内严重警告、行政警告至行政记大过处分;情节较重的,给予撤销党内职务或者留党察看、行政撤职处分;情节严重的,给予开除党籍、行政撤职处分。

五、禁止领导干部买卖股票和用公款公车学习驾驶技术

1993年8月,中央纪委二次全会作出党政机关县(处)级以上领导干部"不准买卖股票"的规定后,广东迅速贯彻落实,全省各级纪检监察机关对领导干部利用职权,在证券交易中索要和接受"权力股""干股"(未出资而获得的股份)等问题进行全面纠正。按照当年9月省委常委扩大会议的部署,全省于10月中旬对领导干部自1992年1月1日至1993年8月底期间买卖股票的情况进行申报登记,摸清底数。至年底,登记工作基本完成,共清理出在党中央、国务院《关于反腐败斗争近期抓好几项工作的决定》下发前,合法持有股票的共4844人,2472.4万股,此后买入股票的11人,2.1775万股。

1994年6月,省纪委、省证监会、省监察厅印发《关于我省党政机关县(处)级以上干部买卖股票处理办法的意见》,规定党政机关县(处)级以上干部于1994年6月底前,按照省政府的有关规定将所认购的上市流

通的股票卖出,所购买的属非上市流通的内部职工股票由原企业收购以后转让给内部职工或法人单位。同时规定,对于以单位法人名义购买的法人股,可以由工会法人持有并可依法对外转让,禁止干部本人进行非法转让,党政干部利用职权索取或者接受企业分给的"干股"并享有分红的,必须立即全部退回"干股"和非法收入;以低于发行价购买的内部职工股,必须退回企业。

1995年2月,中央纪委五次全会明确要求,"未经批准不得用公款和单位的车辆学习驾驶技术"。6月,省纪委在广泛深入调研的基础上发文提出广东贯彻执行该规定的实施细则,规定镇(乡)以上党政机关领导干部未经批准,不准擅自动用公款和公家的车辆学习驾驶技术;在1995年2月1日后,未经批准用公款和公车学习驾驶技术的,必须按机动车辆驾驶技术培训中心的收费标准,向所在单位交纳费用,并给予批评教育,情节较重的,给予党内警告或严重警告,行政记过或记大过的处分。至当年9月,全省共清理出违反规定用公款或公车学习驾驶技术的党政机关领导干部90人,其中县(处)级以上领导干部39人,全部由纪检监察机关责成整改或作出相应的党纪政纪处分。

六、禁止领导干部用公款打高尔夫和用公款为领导干部住宅配备电脑

1999年9月至11月,根据中央纪委和省委、省纪委领导的指示,省纪委对领导干部打高尔夫球问题进行明察暗访和调查研究,在此基础上提出清理和规范领导干部打高尔夫球问题的意见。2000年1月,省纪委四次全会明确提出,"禁止领导干部打高尔夫球或利用职权等高消费娱乐活动"。6月21日,根据中央纪委的要求,省纪委、省监察厅下发了《关于领导干部不准用公款打高尔夫球的暂行规定》,规定"在职领导干部不准兼任高尔夫球场任何形式的顾问、理事等各种名誉职务或享受正式会员的同等资格,不得领取兼职报酬;在职领导干部一律不准以任何理由接受单位或个人赠送的高尔夫球会员证、贵宾卡、优惠卡等;党政机关一律不准购买或接受赠送高尔夫球场会员证、贵宾卡、优惠卡"。随后,省纪委对违反上述规定的问题进行了清理,全省上缴高尔夫球会员证59个、

贵宾卡30个、优惠卡46个，2名领导干部辞去在高尔夫球会兼任的名誉职务。

2000年1月，省纪委四次全会作出"不准用公款为领导干部住宅配备电脑，已经配备的要坚决纠正；不准用公款为领导干部住宅电脑支付上网费用"的规定，4月，省委办公厅、省政府下发通知，明确对已用公款为领导干部住宅配备的电脑的处理办法。省纪委随后开展清理工作，共清理出用公款安装住宅电脑的领导干部33人（省级干部7人，厅级干部26人），用公款为住宅电脑支付上网费用的领导干部9人，全部落实整改。其中，3名省级干部、21名厅级干部按原价购买已配备的电脑，4名省级干部、5名厅级干部将所配备的电脑退还原配备单位；9名领导干部补交上网费用1055.87元。

第三节　机关与经济实体脱钩和军队武警不再经商办企业

改革开放之初，军队、武警部队、政法机关和所属单位开办各种经营性公司，从事各种经商活动，当时条件下对缓解经费不足起到了一定的作用。但从后来的实际情况看，明显弊大于利，不仅助长了消极腐败现象，而且在经济活动中引起了大量矛盾和问题：有的利用部门权力，违反公平交易、正当竞争原则，搞垄断性经营，与民争利；有的违反国家经济管理法规，走私贩私，谋取非法利益；有的甚至以工作需要为借口，大搞各种非法经营活动；等等，军队、武警部队、政法机关中一再发生走私和其他经济犯罪案件，搞经商活动是一个重要根源。更为严重的是，军队、武警部队、政法机关经商办企业，甚至出现违法犯罪问题，严重破坏了军队、武警部队的形象，也影响了军队的战斗力。中央根据机关和军队廉政建设的需要，果断作出关于机关与所办经济实体脱钩和军队、武警不再经商办企业的决定，并先后发布一系列关于脱钩工作的通知，明确提出脱钩要求、推进步骤和相关纪律要求。

1993年,中央办公厅、国务院办公厅印发《关于转发国家经贸委〈关于党政机关与所办经济实体脱钩的规定〉的通知》,在全国范围内开展了党政机关与所办经济实体脱钩的工作。由于在当时条件下有些领导干部认识不足、体制不顺、法规不健全等种种原因,许多部门与所办经济实体迟迟未能完全脱钩。1998年11月8日,中央办公厅、国务院办公厅印发《关于中央党政机关与所办经济实体和管理的直属企业脱钩有关问题的通知》,要求中央党政机关与所办经济实体和管理的直属企业脱钩,要在按照文件规定实现"四脱钩"(即在职能、财务、人员、名称四个方面与党政机关实现脱钩)的基础上,进一步做到各部门直属的各类企业,一律与主管部门解除行政隶属关系,各部门不再作为主管部门直接管理这些企业。到1998年底,军队、武警部队和各级政法机关与所办经营性企业彻底脱钩。

一、实行党政机关与所办经济实体脱钩

广东省自1985年起,对县以上党政机关和党政干部经商办企业进行全面清理整顿,对清理出的企业全部做出撤销、脱钩和转办的处理。

1993年,根据中央办公厅、国务院办公厅《关于转发国家经贸委〈关于党政机关与所办经济实体脱钩的规定〉的通知》,全省对党政机关组建的政企不分的"翻牌公司"或组建公司以权经商、强买强卖、垄断经营的问题进行清理。12月8日,省委办公厅、省政府办公厅转发省政府财贸办公室《关于全省党政机关与所办经济实体脱钩的若干规定》,要求各市、县(区),各部门要指定专门机构,制定贯彻落实的具体措施,对党政机关所办的经济实体抓紧进行一次认真的检查、清理。

1994年,全省把党政机关与所办经济实体脱钩工作作为纠风专项治理的重点之一。到当年6月30日,基本完成三项工作:一是县及县以上党政机关贯彻执行中央办公厅、国务院办公厅《关于党政机关兴办经济实体和党政机关干部从事经营活动问题的通知》《关于机构改革人员分流中几个问题的通知》等有关规定,一律不经商、不办企业。二是县及县级以上党的机关、人大机关、审判机关、检察机关和政府机关中的公安、国家安全、监察、司法、审计、税务、工商行政管理、土地管理、海关、技术

监督、商检等部门及办事机构,均落实"三不准",即:不准组建任何类型的经济实体,不准以部门名义向经济实体投资、入股,不准接受各类经济实体的挂靠。三是除上述部门外的国家机关,为适应机构改革、转变职能和分流人员等需要,并经批准组建的经济实体做到"四脱钩"。至1994年6月底,全省县级以上党政机关所办经济实体6188家,总资产人民币51亿元,按"四脱钩"要求脱钩的有5868家,占应脱钩的94.9%;兼职干部4356人,辞去党政机关或企业一头职务的3993人,占91.7%。

1999年4月26日,省委办公厅、省政府办公厅《关于党政机关与所办经济实体和管理的直属企业脱钩的通知》(《通知》),要求要按照"全面清理、统筹规划、区别对待、分步实施"的要求,实现党政机关与所办经济实体和管理的直属企业全面实现在职能、财务、人员、名称四个方面脱钩。《通知》具体规定了脱钩的方法步骤,要求按照调查摸底、制定方案、分类脱钩和检查验收,分四步完成,脱钩必须在10月20日前完成,检查验收必须在10月20日至11月20日完成。《通知》还明确了脱钩工作的10项纪律:(1)不准隐匿、转移、转让、出卖企业资产或变更企业登记;不准逃废、悬空银行债务,不准逃废欠税。(2)不准以任何名义私分企业钱物和侵吞国家资产。(3)不准弄虚作假,涂改、转移或者销毁账目。(4)不准抽逃企业资金。(5)不准突击花钱、分钱、分物。(6)不准从企业调拨资金和向企业摊派各种费用。(7)不准突击进人、突击提高工资和离退休待遇;从现在起暂停所办经济实体和直管企业办理提干和离退休手续。(8)有违法违纪嫌疑人员,一律不准出国(境)。(9)在脱钩工作中不准搞明脱暗不脱、脱瘦不脱肥;不准为脱钩设置障碍。(10)由于领导不到位,措施不得力,没有认真执行中央和省的政策规定,不按时按要求完成脱钩任务的,以违反党风廉政建设责任制追究责任。

2000年10月14日,省委召开会议重申:党政机关及工作人员一律不准经商办企业,要用纪律来巩固"脱钩"工作所取得的成果,严防回潮反弹。会议强调,今后,党政机关一律不准再经商办企业;一律不准接受任何企业的挂靠;一律不准为企业贷款担保;党政机关工作人员一律不准在企业兼职;一律不准向企业搞摊派、报销经费;一律不准无偿占用企业钱物。据统计,广东省经分类处理审批的经济实体和直管企业共35899

户，资产总额6870亿元，负债总额5770多亿元。其中，作移交处理的2510户，作撤销处理的4356户，作暂不脱钩处理的2482户，解除行政隶属关系的17723户，解除挂靠关系的8828户。将脱钩作移交处理和解除行政隶属关系处理的20293家企业，分别重组为200家资产经营公司和授权经营集团。

二、军队和政法机关不再从事经商办企业

1997年，为贯彻落实党中央、国务院关于政法机关不再从事经商活动及党政机关与所办经济实体脱钩的重大决策，省成立领导小组，并从省直有关部门抽调人员成立专门的办公室具体负责。按照摸清底数、清产核资、分类鉴别、妥善处理等要求，认真细致地抓落实工作。至1998年底，广东在全国率先完成脱钩工作任务。据统计，全省各级政法机关所办企业2006家，全部作出分类处理，其中，撤销894家，向当地政府移交389家，解除挂靠关系366家；政法机关正常办公经费得到落实。各级党政机关所办经济实体及管理的直属企业42264家，需作分类处理的35899家已全部脱钩。省委、省政府组建3家国有资产经营公司和17个资产授权经营的企业集团，分别负责省直政法、党政机关移交的企业以及军队、武警部队移交的390家企业的经营管理。

1998年，省委、省政府印发《关于军队、武警部队和政法机关不再从事经商活动的实施意见》，对全省脱钩工作作出部署，军队、武警390家驻粤企业从1998年12月1日起与军队武警彻底脱钩，全部移交给广东省；全省各级政法机关所办的2006家企业，也全部作撤销、移交当地政府、解除挂靠关系的分类处理。

1999年12月1日，省政府办公厅印发《关于扶持帮助我省移交企业平稳过渡的若干意见》，为确保军队、武警部队和政法机关不再从事经商活动决策的落实，保证移交企业平衡过渡，提出了10个方面的政策性意见，涵盖移交企业享受政策问题，企业工商税务登记问题，军队、武警部队移交企业的土地和房地产变更登记问题，房改问题，下岗职工基本生活保障问题，职员干部的认定和享受退休政策问题，企业欠缴的社会保险费处理等。

第四节　清理机关培训中心和经营性资产

清理机关培训中心和经营性资产是党政机关廉政建设的重要举措。根据中央厉行节约制止奢侈浪费行为的指示精神，广东全面清理机关培训中心和经营性资产，相关工作得到中央有关部委的肯定。

一、严格贯彻中央"八条规定"

1997年4月和5月，省纪委、省委组织部先后两次下发通知，部署召开领导干部廉洁自律专题民主生活会等事项，严格贯彻当年中央、国务院印发的《关于党政机关厉行节约制止奢侈浪费行为的若干规定》（"八条规定"）。

省委、省政府在贯彻落实中央"八条规定"的意见中，规定不准用财政性资金兴建培训中心、度假村、疗养院和各种接待基地，已经兴建的要与部门脱钩，逐步推向市场，实行企业化管理。1999年6月，省委常委会议决定清理整顿党政机关兴建超标准办公楼和省直机关办的各类培训中心。2000年2月，省委党廉办下发通知，组织对省直部门和各地兴办的各类干部职工培训中心进行登记。4月，省纪委下发通知，部署对全省新建和装修办公楼情况进行全面清理检查，明确规定各地各单位已立项尚未动工兴建的各类培训中心一律停建。8月，省委办公厅、省政府办公厅转发省发展计划委员会、省委党廉办《关于清理省直党政机关培训中心工作的实施意见》，决定组建省党委系统、省政府行政综合系统、省财税工商系统3个干部培训中心，保留省纪检监察干部、省法官、省公安干警、省检察官4个培训中心，省直机关其他培训中心机构一律撤销。今后省直机关未经审批同意，不准设立培训中心机构和兴建培训中心基地，以培训中心基地名义申报的工程项目一律停止审批。经过清理，截至2002年，全省共停止已立项但尚未动工的办公楼建设和装修项目756项，压缩已动工但未竣工的建设和装修项目1522项，合计共节约资金65.85亿元。全省核减办公楼建设和扩建面积3.1万平方米，核减投资0.67亿元。撤销省直党政机关培训中心33个，对企事业单位办的9个培训中心给予撤销牌子、机构和编制，只保留物业的处理。撤销后的培训中心除少部分调剂给办公用房紧缺的单位使用外，其余的全部公开拍卖。当年9月，全省各地级以上市开始对市直党政机关的培训中心进行清理。

二、对党政机关经营性资产实行统一管理

长期以来，党政机关事业单位资产管理，由于缺乏有效的管理主体、制度建设滞后和认识上的偏差等原因，普遍存在资产家底不清、账实不符；资产配置不合理、苦乐不均；资产使用不规范、相互挤占；资源短缺与闲置并存、调剂困难；资产处置随意性大、约束不力；经营性资产收益管理不规范、流失严重等问题。这些问题不仅导致政府行政成本居高不下，铺张浪费现象严重，还为一些单位私设"小金库"提供了条件，成了不正之风和腐败的温床。为切实解决上述问题，省委、省政府先后部署了对党政机关经营性资产的清理及统一管理工作。

广东省委、省政府对党政机关经营性资产的清理及统一管理工作十分重视。时任中央政治局委员、广东省委书记张德江多次作出重要指示。[①] 2003年，省政府成立了"清理省直党政机关事业单位经营性资产工作领导小组"，时任省委常委、常务副省长钟阳胜任组长，省纪委、省监察厅、省发改委、省财政厅、省审计厅等八个部门负责同志为领导小组成员。领导小组办公室设在省财政厅，工作人员从领导小组各成员单位抽调。10月，省委办公厅、省政府办公厅转发《省纪委、省监察厅关于清理省直党政机关事业单位经营性资产的意见》，开始对省直党政机关事业单位经营性资产进行全面清理。清理工作分两个阶段，第一阶段，清理核实，提出处置预案；第二阶段，落实处置方案。清理对象是省级党政机关，包括党委各工作部门、人大机关、政府各部门、政协机关、纪委、法院、检察院，以及依照或参照公务员管理的人民团体和事业单位的经营

---

① 张德江同志2002年至2007年任中央政治局委员、广东省委书记，2007年以后到中央工作。

性资产。对富余办公用房、干部富余住房、招待所和培训中心物业、闲置土地的清理和处置，明确了四条原则：一是各单位闲置的办公用房，以及已兴建新办公楼房的，原办公楼房由省政府统一收回处置；各单位用于经营（包括自营、出租、参股、合作等）的办公用房，所获得经营收入一律上缴省财政专户。二是取消福利分房实行货币分房后，仍有富余住房的单位，可保留部分住房作为干部职工工作调动的周转房，所收取的租金可留本单位用于房屋维修；用于出租经营的富余住房，所获得的收入一律上缴省财政专户。三是具有旅业性质的经营性（对内对外）招待所及相关设施，其所获得的经营性收入上缴省财政专户。四是对闲置土地由省有关部门和有关市进行核实后，提出处置方案报省政府审批，其所得收益全部上缴省财政专户；用于出租经营的闲置土地，所得收入实行收支两条线管理。

经过清理，摸清了党政机关事业单位的家底。截至2003年底，广东省87家省直党政机关占有房地产总面积386万平方米，其中，办公用房面积126万平方米，富余住房面积30万平方米（职工宿舍4404套），招待所（培训中心、山庄、疗养院）面积23万平方米（47个），闲置土地面积26万平方米（17块），其他资产面积181万平方米。经营性房地产面积68万平方米，2002年经营性收入2.04亿元，2003年1月—6月经营性收入9605万元。省财政厅成立了行政事业资产管理处，22个设区市明确了管理机构和管理职责，除深圳市外，全部由财政部门负责管理。

三、妥善处置清理出的党政机关事业单位经营性资产

清理工作基本结束后，广东省委、省政府办公厅立即下发了《关于做好省直党政机关事业单位经营性资产处置工作的通知》，明确资产分类处置原则：（1）以2003年11月30日的使用情况为准，各单位闲置的办公用房，统一由省政府收回；已兴建或购买新办公楼房的，原办公楼一律由省政府整体收回处置；各单位经营（包括自营、出租、参股、合作等）的办公用房，一律由省政府收回；各单位在用的超标办公用房（人均超过30平方米部分），省政府保留收回调配的权利。（2）各单位产权清晰的富余职工住房。在三年内处理完毕，出售收入扣除经省财政厅审核认可的必需

的费用后全额上缴省财政；产权不清晰的富余住房，继续由各单位管理。(3)各单位对外承包的招待所（培训中心、山庄、疗养院）实行财政"收支两条线管理"；自主经营的省直单位的招待所实行财政"财务收支监督管理"；闲置的招待所一律由省政府收回。(4)各单位闲置的土地一律收回拍卖，拍卖收入上缴省财政。(5)各单位经营（包括自营、出租、参股、合作等）的其他资产，一律由省政府收回。(6)各单位经营性资产收益由省财政负责收缴和监督管理。

在清理省直党政机关事业单位经营性资产过程中，成立了省直行政事业单位物业管理中心，负责接收、管理从各党政机关剥离出来的经营性资产。2004年6月20日，省直党政机关事业单位经营性资产移交仪式在广州举行。省政府集中收回了41家省直党政机关事业单位经营（闲置）办公用房、闲置土地、招待所（培训中心）以及其他资产，面积达32.58万平方米。标志着广东省省直党政机关事业单位经营性资产清理工作取得了实质性成果。省委办公厅等41家单位负责人与省直行政事业单位物业管理中心法人代表签订了《广东省省直党政机关经营性资产移交书》，省政府办公厅、省监察厅、省发改委、省经贸委、省财政厅、省国土资源厅、省建设厅、省审计厅等8个领导小组成员单位负责人现场签字见证。

广东开展党政机关事业单位经营性资产清理和统一管理工作，得到党和国家领导及财政部的高度关注。2005年广东省委将情况专题上报了党中央。当年6、7月份财政部预算司、教科文司分别到广东省作了调研，并形成了专题报告，对广东省的清理工作给予了充分肯定。

第八章

保持查办腐败案件强劲势头

　　纪检监察合署办公后,中央纪委、监察部和各级纪检监察机关把查处党员干部违纪违法案件特别是大案要案,作为从严治党、惩治腐败的重要环节来抓。这一阶段的查办案件重点是"三机关一部门"案件(即:党政领导机关、司法机关、行政执法机关、经济管理部门及其工作人员中的违纪违法案件),特别是县处级以上领导干部贪污受贿、以权谋私案件,执法执纪人员徇私舞弊、贪赃枉法、执法犯法、执纪违纪案件,以及建筑工程、金融、房地产、土地征用出租等领域的违纪违法案件,各级纪检监察机关集中力量突破了一批有影响的大案要案。

　　1993年中央纪委二次全会后,查处大案要案的力度明显加大,大案要案"曝光"的频率也大为增加,短期内惩治腐败就形成了比较大的声势,人民群众举报贪腐的热情高涨。1993年9月1日,中央纪委公布《控告申诉工作条例》,再次公布中央纪委、监察部的举报电话号码,鼓励群众举报。中央纪委在十四大期间查处了原中央政治局委员、北京市委书记陈希同和原北京市委常委、常务副市长王宝森严重违纪违法案等一批涉及级别高、金额大、影响范围广的严重违纪违法案件,其中包括广东省人大常委会原副主任欧阳德腐败案。党的十五大期间,中央纪委查处了全国人大常委会原副委员长成克杰、江西省原副省长胡长清、公安部原副部长李纪周、沈阳市原市长慕绥新等一批腐败分子,查办了湛江和厦门特大走私案,形成强大的震慑作用。

　　从1993年6月至1998年3月,全省纪检监察机关共受理群众来信来访和举报电话336905件(次);立案查处党员、监察对象违纪违法案件

19133件，其中大案3159件、涉及县（处）级以上领导干部的要案1210件；给予党纪政纪处分20017人，其中开除党籍6190人，开除公职2437人、受到刑事处理2164人。在受处分的党员、干部中，有县（处）级干部993人，地（厅）级干部67人。为国家和集体挽回经济损失折合人民币25.74亿元。通过查处这些案件，惩处了违纪者，清除了腐败分子，维护了党的纪律的严肃性，也教育了广大党员干部，振奋了党心民心。

第一节　查处特大走私贩私和骗取出口退税案件

进入20世纪90年代，特别是1992年以后，中国开放和发展进入一个全新阶段，经济发展的速度明显加快。这一阶段，走私问题也比较严重。80年代初期，走私的主体主要是个人和家庭，走私物品主要是电子手表、布料、香烟和家用电器等生活用品，走私的手法主要是用渔船在海上偷运和进境旅客随身携带，所以，走私的规模和影响都不大。80年代中期开始，走私主体由个人、家庭逐步向集体、三资企业甚至全民所有企事业单位等法人走私发展。走私物品除了大量的香烟、家用电器、汽车、摩托车等生活消费品外，逐渐向化工原料、纺织原料、钢材、塑料粒等涉及国计民生的生产性原材料发展。走私的手法除了海上偷运和旅客随身携带之外，逐渐发展到利用商业瞒骗手段通过货运渠道进行走私。进入90年代，以企事业单位为走私主体的法人走私案件增长迅猛，其案值已占查获走私案值的80%以上。一些地方党政机关、军队、武警以及其他一些执法单位的下属公司、挂靠公司也从事走私活动。

据全国打私办的统计，1996年1月至1997年6月，全国共查获走私贩私案件20908件，走私物品价值人民币155.2亿元。其中，企事业单位走私尤为突出，占查获总值的84.4%。更为严重的是，一些地方的党政机关也参与走私，部分行政执法部门执法犯法，与犯罪分子内外勾结。为此，中央要求进一步加强反走私工作，尽快扭转这一严重局面。

1998年7月13日至15日，党中央召开了全国打击走私工作会议，在全国部署坚决打击走私的工作。这是自1993年以来,规模最大、规格最高的一次反走私工作会议,江泽民主席、朱镕基总理亲临会议作重要指示。为适应反走私斗争新形势的需要,党中央、国务院决定对现行缉私体制进行重大改革。一是组建国家缉私警察队伍,专司打击走私犯罪活动的职能。二是以海关为主,公安、工商等执法部门联合缉私,对查获的走私案件由海关统一处理。三是改革现行缉私罚没收支管理办法,坚持收支两条线制度。在党中央的坚决领导下,全国各级纪检监察机关积极履行职能,严肃查处了一批涉及走私的腐败犯罪案件,先后查处了湛江、厦门特大走私案等严重经济犯罪案件。

一、始终保持对走私贩私等违法犯罪活动的打击力度

广东地处开放前沿,这一阶段的走私、贩私和骗取出口退税问题都比较严重。中央纪委接连牵头查处了一批发生在广东、在全国都比较有影响的走私、贩私和骗取出口退税大要案。1999年,中央纪委牵头查处了湛江特大走私、受贿案。6月7日,中央纪委、监察部召开新闻发布会,中央纪委常委、秘书长、中央纪委新闻发言人袁纯清指出,各级党员领导干部一定要从湛江特大走私、受贿案中吸取深刻教训,要充分认识到,越是改革开放,越要加强学习,自觉加强党性锻炼,不断提高思想境界;越是改革开放,越要严格遵守国家法律法规和党纪政纪,坚决维护国家利益。要以正在开展的"三讲"教育为动力,推动廉洁自律工作的深入开展,弘扬优良党风,做廉政勤政的模范,自觉抵制金钱、美色等各种诱惑。要按照中央的决策和要求,继续加大反走私斗争的力度,坚决与走私等违纪违法活动作斗争,保证改革开放和现代化建设的顺利进行。纪检监察机关要充分发挥职能作用,把打击走私犯罪活动作为反腐败的一项重要工作继续抓紧抓好,采取有力措施,排除干扰,坚决惩治参与走私等违纪违法活动的腐败分子,为改革开放和经济建设创造良好环境。当年6月8日、10月20日,《人民日报》报道了该案查处和审理情况,新华社等中央媒体也报道了该案查处和审理的相关情况。

2000年8月,国务院牵头组成工作组,严肃查处了广东潮阳、普宁骗取出口退税大案("807案件")。工作组前后检查的1142户企业中,827户

是虚假企业,有虚开和偷骗税问题的占98.33%。工作组向全国发出1万多份发票协查函,9000多份证实是虚开。"807"工作组共检查认定虚开增值税专用发票17.2万份,其中伪造的有8.8万份,涉嫌偷骗税42亿元。

2002年6月12日,国务院打击骗取出口退税领导小组办公室和广东省委、省政府在汕头市迎宾馆召开国务院打击骗取出口退税工作协调会议。会议通报了国务院"807"工作组的工作情况和下一步的工作安排及建议。会议回顾了国务院"807"工作组近一年来的工作,指出在国务院的正确领导下,在广东省委、省政府和汕头、揭阳市委、市政府的大力支持和社会各界的配合下,工作组全体同志共同努力,坚持打击违法、保护合法的原则,把国务院工作组的查处工作与广东省有关部门的职能有机地结合起来,取得了打击骗取出口退税工作的阶段性的胜利,特别是打击潮阳、普宁市出口骗税的工作取得了决定性的胜利。

8月8日,广东省政府召开全省打击走私工作会议,回顾总结2000年下半年以来全省打私工作,分析加入世贸组织后广东省反走私工作形势,① 研究部署下一阶段工作任务。会议指出,随着我国加入世贸组织,打击走私工作出现了新情况,面临更加严峻的形势,绝不能幻想我国加入WTO后,反走私可以"一劳永逸"。要坚决克服各种形式的麻痹松劲厌战情绪,牢固树立"长期斗争,严厉打击"的思想,始终把打击走私作为一项重要的政治任务来抓紧、抓好。

二、严肃查处特大走私、贩私案件

自2000年7月全省打击走私工作会议召开至2002年6月,全省共查获走私案件21152宗,案值58.8亿元,查获走私案件数和案值数在与2000年同比分别减少3.4%和2.3%的基础上,2001年同比又分别减少0.3%和31.1%,总体呈下降趋势。反走私斗争有效地防止了走私活动的反弹和回潮,进一步巩固和发展了1998年以来所取得的反走私斗争成果。全省纪

---

① 2001年11月10日 世界贸易组织(WTO))第四届部长级会议审议通过了中国加入世界贸易组织的申请,中国随即签署了加入世界贸易组织议定书,12月11日,按照世界贸易组织(WTO)规则,成员被批准加入世贸组织一个月后即可生效,中国正式成为世贸组织的成员。

检监察机关坚决贯彻中央和中央纪委部署,严肃查处了湛江特大走私、受贿案,梁耀华集团走私案等一大批大案要案。

一是"9898"湛江特大走私、受贿案。

湛江特大走私受贿案,是新中国成立以来走私数额最大,涉及党政机关、执法部门人员最多的严重经济犯罪案件,也是改革开放以来第一个涉案人100人以上、案值100亿元以上的团伙大案。

20世纪90年代中后期,湛江地区走私活动猖獗,走私的物品多种多样,如汽车、钢材、电器、成品油、原糖等。当地一些党政领导干部和执法监管部门的工作人员被走私分子拉拢腐蚀,为走私活动大开绿灯,湛江口岸一度成为"黑色通道"。走私犯罪活动和公职人员护私、放私受贿行为,偷逃国家关税,影响经济发展,危害当地社会稳定,群众强烈不满,不断向有关部门举报。江泽民、朱镕基和胡锦涛、尉健行、罗干等时任党和国家领导人先后作出批示,要求严肃查处湛江严重走私和受贿问题。1998年9月8日,由中央纪委常委祁培文牵头,公安部、最高人民检察院和广东省公安厅、广东省纪委有关领导组成的查处湛江特大走私受贿案五人现场指挥领导小组成立,负责指挥查处湛江特大走私受贿案(简称"9898"案)。并从中央纪委、最高人民检察院、公安部、海关总署、国家审计署和广东省纪委、省公安厅、省检察院等单位抽调精干人员组成联合工作组。前后有800余人参与"9898"案查办工作。

到1999年2月底,经过缜密的侦查、核查,查清了走私分子走私的主要犯罪事实:以李深,林春华(又名林桂枝),陈励生,陈传飞,马伟鹏、马伟强兄弟,黄智忠为首的湛江六大走私团伙,从1996年初到1998年9月,通过金钱、女色等手段拉拢腐蚀行政执法部门领导和业务人员以及地方党政领导,共走私汽车15670多辆(45艘船、2562个集装箱、8410个木箱),钢材110多万吨、成品油126万多吨,还有大量通信器材、电器、小麦、大豆、原糖、化肥、葡萄酒等,案值110亿元,偷逃国家税收62亿元。查清了时任湛江市委书记陈同庆、副市长杨衢青、湛江海关原关长曹秀康等党政领导干部和海关、公安边防、海警、港务、商检、打私办等执法监管部门主要负责人收受贿赂,充当走私分子"保护伞",甚至直接参与走私活动的案情,发现一些金融、财政、税务等部门为不法分子提供走私资金等严重腐败问题。此案是新中国成立后走私数额最大，涉及党政机关、执法部门人员最多的特大走私受贿案。涉案人员331人，其中公职人员259人，收缴、扣押赃款赃物及不动产达4.7亿元。

　　1999年3月到9月，在查清事实的基础上，检察院、法院依法对80名犯罪嫌疑人进行起诉审判。走私分子李深、张猗、林春华、邓崇安以及湛江海关原关长曹秀康、湛江海关调查处原处长朱向成等6人被依法判处死刑。时任湛江市委书记陈同庆、湛江市副市长杨衢青、茂名海关原关长杨洪中、湛江市公安局边防分局原局长邓野、湛江市公安局边防分局原政委陈恩，以及走私分子陈励生、姜连生、李勇、林柏青等9人被依法判处死刑，缓期二年执行。走私分子张瑞泉和湛江海关港口办事处原主任方鹏、茂名海关原副关长王思源、湛江海关保税处原副处长林光、湛江海警三支队原支队长汤镜新、湛江海关港口办原副主任庞土兴、茂名海关水东办原副主任吴乃周等11名公职人员被依法判处无期徒刑。

1999年6月，广东省高级人民法院对"湛江特大走私受贿"案主要案犯宣布终审判决。

湛江"9898"特大走私受贿案，湛江市委原书记陈同庆被押上法庭受审。

广东省和湛江市纪检、监察部门，积极参与有关的案件查办工作。1999年6月上旬以后，各级纪检监察机关按干部管理权限，对涉案的200多名违纪公职人员分别作出党政纪处分和组织处理。公布了湛江特大走私、受贿案涉案领导干部的党纪政纪处理情况。

二是"11·20"梁耀华集团走私案。

该案是中央纪委、监察部直接组织查处的一宗影响大、牵涉面广、涉案领导干部多的重大违纪违法案件。在省委领导下，省纪委组织协调有关部门，对涉案的广东省公职人员的严重违纪违法问题进行了历时三年多的调查处理。

梁耀华原是一名只有小学文化程度的出租车司机，他从小规模走私起家，发展到拥有公司、分公司十几家，专用码头3个，走私货船1艘，保税仓1个，汽车装配厂3个及大型货柜拖车队等。他通过高价收买、感情投资等手法，承包广州市公安局属下的富广有限公司进出口二部，专门从事机动车走私，还将黄埔海关、广州海关、广州市公安局等执法部门中一批负责打私工作的处长、科长、刑侦队队长聘任到自己公司中担任要职，打通珠江口水域一些重要口岸和执法部门，走私货物在广东境内基本畅通无阻。从1993年至1998年初，该集团疯狂走私贩私，仅据香港几个大车行的统计，该集团每年购车的数量都在2000辆以上。所购车辆全部走私入内地，大量偷逃关税，给国家造成巨大经济损失。

1998年3月，在中央纪委、监察部的直接指挥下，广东省有关部门依法抓捕梁耀华，并展开对梁耀华集团走私案的全面调查。同年8月，中央纪委、监察部将案件涉及的广东省公职人员严重违纪违法的问题线索交广东省组织查处。接受任务后，省委迅速成立"11·20"案领导小组，迅速开展调查工作。经过三年多的艰苦工作，"11·20"案领导小组及办案组全面查清了东莞市公安局边防分局部分干部和战士护私放私案、大铲海关部分干部护私放私案、清远市公安局部分领导干部受贿放私案和广州市公安局交警支队部分干警收受贿赂护私放私、私分公款案共四个重大团伙性违法犯罪案件，以及省公安厅原副厅长刘广润受贿案。据统计，"11·20"梁耀华集团走私案共涉及广东省违纪违法人员近200人，其中，移送司法机关处理50人，给予党纪处分82人、政纪处分62人、军纪处分12人；涉及厅级干部4人、处级干部37人、科级及以下干部60人。

三、严肃查处骗取出口退税案件

20世纪90年代后期，为化解亚洲金融危机对国内经济的负面影响和促进出口稳定增长，国家连续三次提高出口退税率。汕头潮阳市、揭阳普宁市等地一些不法分子受利益驱动，疯狂进行骗取出口退税犯罪活动，形成虚开增值税专用发票骗取出口退税的违法犯罪团伙。工商、税务、外汇管理、海关等执法监管部门一些工作人员与骗税分子内外勾结，为出口供货企业提供虚假"两单两票"（即出口货物报关单、出口收汇核销单、增值税专用发票、征税专用税票），加上当地一些党政领导失职渎职，对骗取出口退税严重犯罪行为不闻不问，任其泛滥；少数乡镇政府为增加地方财政收入，充实"小金库"，操纵财政、税务等部门充当骗税分子的"保护伞"，有的乡镇政府甚至公然开办虚假企业，直接从事骗税活动，致使这些地方的骗取出口退税犯罪活动泛滥成灾。

2000年11月24日，广东省政府召开全省打击骗取出口退税工作会议，传达全国打击骗取出口退税工作会议精神，部署全省打击骗取出口退税工作。会议指出，近年来，随着出口退税率的提高，广东省前几年已经得到了遏制的骗取出口退税犯罪活动又重新抬头，个别地区比较严重，严重扰乱了正常的社会经济秩序，破坏了广东改革开放的良好形象，直接影响国家鼓励外贸出口政策的正确贯彻，造成国家财政资金大量流失，并滋生腐败，毒化社会风气，腐蚀了一批干部和公务员，已成为广东经济领域中一种极其严重的违法犯罪活动。会议要求，要像打击走私、骗汇一样，严厉打击骗取出口退税的犯罪活动，有效解决前一阶段打击出口骗税暴露出来的个别地区犯罪猖獗、涉及面广、部门查处困难等问题。要加大检查和打击力度，通过依法从重从快查处要案大案，严惩骗税犯罪分子，有效遏制骗取出口退税等涉税违法犯罪活动。2000年下半年全省部署开展打击骗取出口退税专项斗争以来，在不到一年的时间里，查处涉嫌偷骗税额19.65亿元，涉嫌虚开增值税专用发票价税合计45.53亿元，27名基层税务分局局长受到纪律处分。

　　在这一阶段,广东坚决贯彻党中央、国务院决策部署,严肃查处骗取出口退税案件,积极配合国务院工作组查处发生在广东省的骗取出口退税案件。其中,国务院牵头查处的潮阳、普宁骗取出口退税案是新中国成立以来涉及金额最高、涉案人员最多、国家税收损失额最大的一起严重经济犯罪案件。犯罪分子虚开增值税金额是号称"共和国第一税案"——金华税案的6倍,[①] 涉税犯罪团伙约150个。

　　2000年8月7日,国务院领导指示,要像打击走私和骗汇一样,打击骗取出口退税的违法犯罪活动。国务院组成"807"工作组,抽调了国家税务总局、公安部、监察部、财政部等13个部门的力量,奔赴粤东地区,掀起打骗风暴。经查,1998年至2000年8月,潮阳、普宁两市从事虚开增值税专用发票骗取出口退税活动的企业共1123户,占被检查企业总数1142户的98.3%。其中,虚假企业827户,有虚开增值税专用发票行为的非虚假企业87户,接受他人虚开增值税发票的企业154户,纯骗税企业55户。共虚开增值税专用发票17.2万份,其中,属伪造的发票8.8万份,属虚开的发票8.4万份,虚开增值税专用发票总金额人民币323.4亿元。涉税金额41.99亿元,其中偷税21.66亿元,骗取出口退税20.33亿元。该案共涉及全国14个省市。查处涉案人员605人,其中党政机关、执法部门公职人员323人;追回被骗税款约9亿元。

　　省委、省纪委严肃查处骗税犯罪涉及党政干部、执法部门人员的违纪违法案件,共立案查处涉案地方党政干部、执法部门工作人员323人,其中厅级干部1人、处级干部14人、科级干部66人。给予党纪政纪处分278人,其中给予开除党籍或开除公职处分的95人。移送司法机关处理64人,被判刑的28人。收缴、清退违纪违法金额人民币7232万多元、港币767万多元、美金1.29万元及贵重物品一批。揭阳市委常委兼秘书长、普宁市

---

　　① 该案中,从1995年3月至1997年3月,浙江金华县共有218户企业参与虚开专用发票,开出专用发票65536份,价税合计63.1亿元,直接涉及虚开专用发票的犯罪分子154人,党政干部、税务干部24人。案件涉及全国36个省、直辖市、自治区和计划单列市的3030个县、市的28511户企业。该案是1994年以来全国发生的1000多起虚开增值税专用发票案件中涉及企业最多、范围最广、历时最久、数额最大、涉案犯罪分子被判重刑人数最多的。

委原书记丁伟斌，揭阳市财办主任、普宁市原市长赖振才，原普宁市委常委、政法委书记、流沙镇委书记黄植辉，普宁市流沙镇原镇长黄少壮等涉案公职人员分别受到党纪政纪国法的严惩。

2001年10月30日，汕头市中级人民法院、揭阳市中级人民法院分别对16起虚开增值税专用发票案件的20名被告人和7个单位被告作出判决。到现在为止，潮阳、普宁两地骗取出口退税案中，已有30人被判处无期徒刑以上刑罚，19人被处极刑。

在潮阳、普宁两市骗税案重点突破后，国务院又向广东、广西、山东、福建、北京、江苏、浙江、上海、湖北、陕西、河北、贵州等12个省、自治区、直辖市派出工作组，打击骗取出口退税专项斗争在全国范围内轰轰烈烈开展起来。到2001年4月，全国各地工作组共检查企业2.5万多家，查出涉嫌偷骗税83.86亿元，为国家挽回经济损失14亿多元。全国打击骗取出口退税专项斗争共立案查处涉税案件533起，抓捕涉案人员411人。

第二节　查处金融领域腐败案件，推动化解金融风险

改革伊始，广东金融依靠"特殊政策，灵活措施"率先开展市场化改革，进行了第一张信用卡、第一家证券公司等历史性创新，金融总量规模迅速跃居全国首位，奠定了金融大省的重要地位，1997年仅广州市金融业利润就达65亿元。在经济迅速发展的同时，广东金融业潜在的风险也最高。20世纪90年代末的亚洲金融危机，对广东金融业冲击很大，很多企业破产，中央主要领导担心广东金融风险向内地扩散，先后多次作出重要批示。接着是全国金融机构整顿，其中有170多家是广东的，占了整个被整顿金融机构的近三分之一，包括一些城信社、农金会、信托公司等。到2002年底，一些问题还没有解决。[①] 在整顿的过程中，也发现并查

---

①　直到2007年，广东才将历史上所有的金融风险全部化解完，化解了将近1000亿元的不良资产。

处了金融领域一些严重腐败问题。

一、全面清查农业银行贷款造成的资金沉淀和金融风险问题

早在1988年初夏，根据时任省长叶选平、副省长匡吉的指示，省监察厅对几年来全省农业银行贷款造成资金沉淀问题开展比较全面的检查。该项工作从5月份开始，到6月份结束，历时两个月。检查发现，在农业贷款和商业贷款方面的呆账和资金沉淀所占比例较大，到当年6月止，全省农业贷款11214万元，呆账贷款共有837万元，呆账产生的原因有客观的，如自然灾害多，农业歉收，造成贷款农民无力偿还；还有的是农村实行联产承包责任制后，原生产队的贷款虽然名义上分摊到承包户，但是仍有一部分无法落实，或承包户分摊到贷款数目后因为家贫无力偿还。也有主观的，如决策失误，一些小水电站盲目上马，投资大、效益小。商业贷款46334万元，也有相当多的贷款出现沉淀。究其原因：一是供销系统连年亏损，资不抵债。据统计，全省供销社贷款中，有风险的贷款30151万元，占商业风险贷款的65.8%。二是有些企业经营不善，严重亏损，向银行的贷款也就成呆账。据查，1984年和1985年，全省一些企业因这种原因而产生的呆账有3080.6万元。造成呆账贷款和风险贷款的主要原因，一方面是贷款者违规违法经营和经营不善，如有些个体户贷款到手后，进行违法活动，或者不善于经营亏了本，无力还贷。另一方面是农业银行没有认真执行信贷管理上的规章制度，盲目发放贷款；特别是农业银行工作人员本身的经济违法，更是严重损害银行自身利益，并造成呆账。调查统计，从1985年到1987年，全省查处农业银行系统贪污、受贿、挪用2万元以上的案件达467宗。一些党政部门领导干部滥权干预、迫使农业银行发放不该发放的贷款，结果所贷的款项全部成呆账。该次检查结束后，省监察厅向省政府写出检查报告，并提出相应的改进工作的建议。

二、全力化解金融风险，严肃查处违纪违法问题

1997年7月，亚洲金融风暴首先席卷泰国，泰铢大幅贬值。不久，这场风暴横扫马来西亚、新加坡、日本、韩国和中国等地，打破了亚洲经济快速发展的进程。亚洲一些经济大国的经济开始转向萧条，进而导致一些

国家的政局开始混乱。受金融风暴的警示，我国积极开展了金融领域的反腐败斗争及化解金融风险工作。

1998年，按照监察部的部署，全省各级监察机关会同有关部门开展整顿金融秩序，以化解金融风险工作。首先开展金融工作情况的调查，通过深入细致的调查研究，省纪委、监察厅向省政府作了《关于我省金融风险状况及防范措施的调查报告》，为整顿金融秩序，化解金融风险做了基础工作。接着，认真纠正和查处了非法设立金融机构、非法从事金融业务、违规账外经营、公款私存、非法集资、违法行政干预金融工作等金融领域的违法违纪问题。茂名、湛江、潮州、阳江、东莞等市监察局会同有关部门解决了社团基金会、城市信用社和农村合作基金会方面存在的问题，化解了当地的金融风险。茂名市和化州市纪检监察机关协助有关部门采取措施，及时平息3000多人到274个金融网点挤兑7亿多元的风波。

三、几宗典型的金融风险事件

至1999年，根据广东各地出现金融风波的情况，全省纪检监察机关认真开展查处金融机构工作人员违纪违法的案件，及时化解了一些地方出现的金融风险，共查办案件445件500人，其中，金融机构工作人员违纪违法案件296件336人，金融风险方面的案件149件164人。涉及地厅级干部5人、县处级干部47人；涉案总金额达人民币62.15亿元。

恩平金融风险事件。该事件是广东省较早出现的金融风险事件之一，发生于1995年6月和1996年8月，由于恩平市政府主要领导的错误决策和干预金融活动以及金融部门违规经营、企业盲目贷款，恩平市连续出现两次比较严重的金融风险。具体情况是，金融机构对企业高息贴水贷款，同时大笔款项被当地政府违规挤占挪用，企业因高息负债经营而无力还债，导致严重的金融风险的发生。至1996年8月，恩平市金融部门高息贴水逾期贷款46.93亿元，呆滞贷款8.06亿元。中央和省紧急调剂资金50亿元才平息这一事件。在处置这两次金融风险事件中，各级纪检监察和政法机关共立案查处违法违纪案件72件75人，移送司法机关19人。

广东国际信托投资公司破产案。该公司原是全国最大的非银行性地方金融企业和对外融资窗口公司之一。公司破产是因为公司高管腐败、经营管理不善直接造成的。在管理方面,该公司盲目投资和举债,导致资产质量低下,资金周转困难,但是该公司依然采取借新债还旧债的办法,继续靠增加外债来扩大投资和贷款规模,形成恶性循环,最终导致严重的支付危机,到期巨额债务无法支付。后经审计,公司资产总额214.71亿元,负债361.65亿元,资产负债率为168.23%,资不抵债146.9亿元。1998年10月,中国人民银行对该公司实施行政关闭,进行破产清算和有关债务清偿。省纪委会同省检察院、省公安厅等有关部门对广东国际信托投资公司原总经理黄炎田,原副总经理谢礼生、陈步忠等人严重违纪违法问题立案查处,依法追缴违纪违法财物折合人民币2.5亿元,诉前保全财产13亿元,为国家挽回经济损失1500多万元。

广东省农村合作基金会、城市信用社等金融机构支付风险事件。该事件涉及面比较广。1998年后,湛江、茂名、阳江、汕头等地相继发生农村合作基金会高风险和支付困难的问题。其中,以湛江农村合作基金会的支付危机最为严重,至1998年6月,该市除经人民银行批准、民政部门核准注册登记的8家合法社团基金会外,农委或民政部门及县(市、区)、街、镇非法审批和设立各类基金会达320个,共吸收各种捐款资金及高息存款41.8亿元,违规批贷和不良投资达24.2亿元。由于管理层严重腐败,内部管理混乱,非法经营金融业务,高息揽存、违规批贷,部分基金会无法兑付到期存款,导致许多股民上街游行,集体到市政府请愿,并引发大规模的挤提事件,严重影响到当地社会经济稳定。据统计,至1998年10月,全省高风险农村合作基金会达448个,约占全省农村合作基金会总数的53%,不能正常支付股金的400个,约占47%,涉及金额40多亿元,形势非常严峻。一些城市信用社也由于腐败问题,经营管理混乱,违规批贷,巨额贷款无法收回,导致金融支付风险。至1999年底,全省共有150家城市信用社严重亏损,不能支付到期债务,涉及金额近70亿元。特别是汕头市,因个别城市信用社的问题影响城市商业银行,城市商业银行又波及其他地方金融机构,包括证券公司、上市公司,以致金融和资本市场都受到连锁性影响,产生区域性的金融风险。面对上述问题,省纪委及时督促各地政府和有关部门认真落实省委、省政府制定的"一揽子"解决广东省地方中小金融机构和农村合作基金会支付风险问题方案,认真开展清理资产、核对债务、资产保全、整顿接收、资金兑付等工作。同时严肃查处了一批农村合作基金会及城市信用社直接责任人的违纪违法问题，有效地避免了正在产生和可能产生的金融风险。

广州市商业银行金融案。2000年，根据温家宝总理的批示，省纪委、省监察厅督促、协调省和广州市的纪检监察、检察、法院、公安等部门，联合对广州市商业银行金融案件进行调查处理。经查实，广州市商业银行下属穗丰、汇商两支行，从1994年4月成立时起，就分别在其控股单位省国威公司和市国商集团的操纵下从事非法高息揽存、账外经营活动。至1998年12月底，两支行被非法占用未收回资金余额人民币93.59亿元，省国威公司、广州市国商集团和广州市拓业集团从两支行套取资金余额人民币76.77亿元。在查处过程中，逮捕涉案的犯罪嫌疑人9人，追捕4人；采取保全资产折合人民币约20亿元。避免了更严重的损失。

第三节　查处领导干部滥用职权、以权谋私案件

这一阶段的腐败案件呈易发、多发态势，涉案金额趋高。20世纪90年代前半段，查处的案件还具有改革开放之初腐败案件的特点，贪污、受贿所占比例比较高。1993年，最高人民法院公布三宗重大受贿案，包括河南省汝城市原市长徐中和受贿、贪污案，徐中和利用职务之便收受、索取他人财物共计47.5万元，贪污公款1万元；广东省惠州市公安局原局长洪永林受贿、巨额财产来源不明案，洪永林1983年5月至1991年1月期间，收受贿赂共计港币91.4万元，人民币34.89万元，144万多元港币和69万多元人民币不能说明来源；深圳市房产管理局原局长陈炳根受贿、贪污案，陈炳根从1989年6月至1991年3月共受贿人民币12万元，贪污人民币11万元。三人分别在河南平顶山和广东惠州、深圳被执行死刑。

随着经济越来越活跃，市场经济活动空前繁荣，广东省查处的一些领导干部腐败案件涉案金额也明显趋高。这个阶段的腐败分子不再局限于改革开放之初的追逐特权、物质享乐的"初级阶段"，而是表现为更大

的贪婪性、更强的预谋性,一些领导干部利用职务和职权影响力,大肆插手工程建设,谋取巨额不义之财;还有一些领导干部把权力作为个人谋财致富的资本,一人当官、全家发财,家族腐败的特征开始显现。一些腐败分子利用广东毗邻香港的便利,开始把家人子女送到香港,使其摇身一变成为"港商",再回到广东利用领导干部的权力和影响力,里应外合攫取巨额利益。这个阶段,纪检监察机关所查处的领导干部腐败案件涉案金额比较高,涉及范围也比较广。

一、省人大常委会原副主任、东莞市委原书记欧阳德腐败案

欧阳德1949年8月参加工作,1981年后历任惠阳地区行署副专员、地委副书记、行署专员。1988年,东莞升级为地级市,欧阳德担任东莞市委书记。1994年3月当选省人大常委会副主任。欧阳德的违纪违法行为集中发生在他从市委书记岗位上退下来的前后3年期间。

欧阳德在担任广东省人大常委会副主任兼东莞市委书记期间,收受在东莞从事诈骗活动的陈晓敏(女)贿送的价值10万多元的钱物,为陈晓敏批办所谓的工业用地、办理赴港澳通行证等提供方便。此外欧阳德在老家花41万余元建造的一栋楼房,是由他人出工、出料、装修的,欧阳德利用职权为建筑商和装修公司提供了方便。两项合计收受贿赂53万元。

欧阳德还帮助、纵容子女利用其权力和影响定居香港及在东莞拿地、搞工程和经商谋利。欧阳德有三女两男共五个孩子,其中两男两女和大儿媳、孙子、外孙子等8人定居香港。其中,其大儿子在去香港前担任东莞市某区区长,1992年他拉来一个港商开发住宅小区,港商出资,区政府出地,双方各占50%股份,协议签订后,由区政府担保贷款5000万元,用于住宅小区建设。其大儿子在欧阳德安排下通过非正常渠道去香港定居,以"港商"身份回莞经商。区政府竟然将住宅小区的股份转让给他个人,其仅从这个项目就赚了数千万元。其大儿子还与区政府合资开办夜总会和异性色情按摩场所,一人占70%股份,投入的资金全部从开发住宅小区时由政府担保的贷款中支付。市委书记的儿子带头开办色情场所,导致东莞市的色情服务一夜之间遍地开花。其二儿子也是先去香港定居,又以港商的身份回东莞经商。凭借欧阳德的影响力,他在根本无人员、无

技术、无设备的情况下，轻而易举就把本已确定由其他公司承包的凤岗海关的2000万元推土工程强夺到手，仅此一项就获利约700万元。欧阳德的二女婿陈某某原是市政府车队司机，仗着欧阳德的权势和影响，先调到市公安局当民警，又被提升为车管科副科长，独揽汽车牌照发放大权。几年时间收受贿赂28.5万元港币；通过炒卖地皮非法获利150多万元。陈某某成为"港商"后，竟然继续担任车管科的副科长，上演了一幕"港商任政府科长"的丑剧。

欧阳德个人生活极度奢靡，不仅大肆收受钱物，在老家建别墅，使用的公车也一换再换，成为全省领导干部中坐奔驰600高级轿车的第一人。他还多次做桑拿按摩，接受色情服务。

1996年4月，欧阳德以受贿罪被判处有期徒刑15年。

二、广东省食品企业集团原总经理谢鹤亭腐败案

谢鹤亭1989年任广东省食品企业集团公司总经理兼党委书记，上任不久就把公司名称改为天龙公司。为逃避监督，谢鹤亭撤销了公司的审计部门，将审计职能合并到财务部，实施财务部组织资金提成的承包责任制，致使审计职能形同虚设。集团公司在境外预售房地产所得款项1500万元，都被谢鹤亭截留在境外，他的境外开支从来没有报账。

经查实，谢鹤亭从1993年11月至1995年10月间，利用其担任广东省天龙集团公司总经理（副厅级）及集团公司驻港企业香港日明实业有限公司董事长期间的职务之便，采取各种手段，贪污公款人民币419万多元、港币584万多元，合计人民币1000多万元。谢鹤亭案件是新中国成立以来广东省查处的个人贪污公款犯罪数额最大的案犯。以广东地区20世纪90年代中期工薪阶层平均收入计算，谢鹤亭鲸吞的公款，是一个普通工薪阶层500年的收入。谢鹤亭的腐败给公司造成巨大损失。清产核资的结果表明，至1995年10月底，该企业实际资产总额为22.2844亿元，负债总额为22.7159亿元，资不抵债4315万元；向银行和非银行金融机构贷款总额为13.3亿元（每年应付利息约2.39亿元）；历年待处理损失和亏损3亿多元；资产流失4亿元，其中由于谢鹤亭的重大经济犯罪而直接造成损失的有2亿多元；资金沉淀5.45亿元。

谢鹤亭不仅唯我独尊、任人唯亲,而且个人生活极端奢靡腐化,动用公款购买了"奔驰""凌志"两部高级轿车供自己享用,还违反规定领取集团公司及其联营公司、境外企业共3份工资。生活腐化,给情妇开价月薪12000元港币的工资,经常出入色情场所醉生梦死,嗜赌成性,在澳门赌博一次性下注80万元港币的筹码,曾经三天两夜豪赌输掉800多万元,最后连身上的"劳力士"手表也当掉输光。"上梁不正下梁歪",谢鹤亭案发生后,司法机关又在该公司查出了十余起严重经济犯罪案件。

1995年6月,广东省审计厅工作组进驻天龙公司,谢鹤亭畏罪潜逃到香港,将集团公司下属的恒昌公司交给路透社的租金港币14.18万元提走,并用此款购买假护照准备逃往加拿大。10月28日,谢被抓获归案,审讯期间,他两度畏罪自杀未果。1999年3月24日,广州市中级人民法院一审以贪污罪判处谢鹤亭死刑,剥夺政治权利终身。2000年10月13日,广州市中级人民法院受最高人民法院委托,对谢鹤亭案宣布了死刑复核判决。随后,谢鹤亭被执行死刑。

三、省交通厅原厅长牛和恩腐败案

牛和恩1983年6月起任广东省交通厅副厅长,1996年2月任厅长。牛和恩在担任省交通厅副厅长、厅长期间,通过关照他人承揽省交通系统的工程,收受他人贿赂人民币257.3万元、港币26.2万元、美金1.9万元;滥用职权,为女儿的男朋友谢某揽工程谋利,给国家造成1亿多元的巨大经济损失,主要有四个方面:一是严重违反规定,擅自决定将深汕高速公路东段护栏工程给不具备施工资质的护神公司承包;二是违反合同和有关规定,多次批示或指示预借工程款给谢某,造成工程结算前已拨款1.175亿元,超出工程预算总造价3700多万元;三是超越权限,未经有关部门定价,擅自确定护栏迫紧器及其基座的价格每套为606元(省交通工程造价管理站的核定价每套191.85元),仅此一项,谢某从中谋利3875.33万元;四是滥用职权,指示下属按护神公司擅自变更设计后实际发生的工程量及其提出的无理要求进行结算,给国家造成巨大损失。据广东省交通工程造价管理站对同期施工的东、西两段护栏工程进行比较,深汕高速公路西段146公里的护栏工程总造价为8282万元,平均每公里造价

省交通厅原厅长牛和恩在被告席上。

56.72万元；而谢某承接的东段140公里护栏工程总造价则高达1.802亿元，平均每公里造价高达128.7万元。并确认东段护栏工程造价畸高、工程质量差。经造价管理站重新核定，东段护栏工程的合理造价仅应为7988.35万元。牛和恩滥用职权为亲属谋利，给国家造成1.0031亿元的巨大经济损失。牛和恩还多次参与境内外赌博活动。

牛和恩以受贿250万余元并玩忽职守造成国家损失1.1亿元，被广州市中级人民法院一审判处有期徒刑13年。

第四节　逐步完善查办腐败案件工作机制

随着纪检监察机关查办腐败案件数量不断增加，加强案件管理、确保办案安全工作提上了议事日程。时任中央纪委书记乔石在1988年十三届中央纪委第二次、第三次全会上要求，要严格按照必须履行的程序来处理党员，使案件的处理扎实可靠，经得起历史的检验；同时强调，要制定纪检工作条例和量纪标准，切实做到立案有程序、量纪有标准，逐步实现纪检工作的规范化。1988年起，中央纪委逐步建立完善案件定期报告制度、统计分析制度、处分决定和事实材料和犯错误党员见面制度、办案取证制度等,要求各地设置案件管理机构、选配工作人员、建立案件管理工作制度,并加强了相关业务培训力度。在组织协调方面,中央纪委还逐步建立完善纪检机关和检察机关等联席会议制度等,印发《中共中央纪委关于对妨碍违纪案件查处的党组织和党员党纪处分的规定》,推动各级纪委查办违纪违法大要案的能力明显增强。

广东省纪检监察机关较早探索并逐步形成"教育失误者、惩处违纪者、保护改革者"的执纪理念,建立起协调有力的查办腐败案件工作机制,充分发挥查办案件的治本作用。在严肃查办违纪违法案件的同时,注重研究新形势下领导干部违纪违法案件的特点,不断改进方式方法,加强对查办大案要案的组织协调,提高了依纪依法查办重大案件和复杂案件的能力。在查办案件过程中,各级纪检监察机关逐步完善工作机制,确保了查办案件工作的顺利有序进行。

一、建立健全案件管理工作网络

1994年3月,合署办公后的省纪委、省监察厅,根据中央纪委办公厅

1999年10月,全省纪检监察机关办案工作经验交流会在珠海市召开。

《关于进一步加强案件管理工作的意见》，在办公室设立案件管理组（1999年改称案件管理处），配备工作人员3人，各纪检监察室和信访室指定一名干部兼管案件统计工作。在开展工作的过程中，逐步建立了案件月报制度、查处大要案重要情况专报制度、案件综合分析制度、案件统计工作评比制度等四项案件管理工作制度。4月21日，省纪委办公室印发《关于加强案件管理工作的意见（试行）》，要求各市纪委和省直各纪工委安排一名领导分管案件管理工作，各市纪委要有一名专职干部负责案件管理工作；各县（区、市）纪委以及省直各纪工委、各局以上单位纪检组（纪委），要指定一名干部兼管案件管理工作。至1995年12月底，全省各地级以上市纪委、监察局，省直纪工委、省高校纪工委及广宁县纪委，都成立案件管理机构，配备专兼职案件管理人员，广州、深圳市纪委还建立各自的案件管理工作联系点，形成省、市、县三级案件管理工作网络。

在各级案件监督管理工作机构成立的基础上，省纪委加大了对全省各级纪检监察办案工作的指导力度，不定期召开全省或分片区召开查办案件和案件监督管理工作经验，推动全省反腐败查办案件工作更加规范，监督管理更加到位。

二、建立健全办案责任制和工作协调机制

早在1989年，广东省委为适应深入推进党风廉政建设和反腐败斗争的需要，就建立了由省纪委、省检察院、省监察厅、省审计局、省工商局、省税务局、海关总署广东分署等监督检查部门主要负责人参加的查处案件联席会议制度。进入九十年代，反腐败查办案件协调机制进一步发展完善。

1994年1月省纪委、省监察厅合署办公后，省纪委、省监察厅在建立健全办案责任制的基础上，建立领导挂案制度。1995年9月18日召开的全省纪检监察机关案件检查工作汇报会，明确要求实行领导挂案制和办案责任制，纪委、监察局的主要领导要用大部分精力查处大案要案，领导班子中要有40%左右的成员直接分管查案工作。对重大案件的查处，领导干部要亲自抓、亲自过问、亲自参与。1996年5月23日召开的全省市纪委书记会议强调，要一级抓一级，逐级建立起办案工作责任制，形成党委

统一领导、党政齐抓共管、主要领导亲自抓、纪委组织协调、部门各负其责、依靠群众支持和参与的办案工作领导机制。

1995年，省委成立由省纪委、省委政法委、省检察院和省法院主要领导组成的省办案工作协调小组，统一协调和组织全省重大案件的查处，解决办案中各种困难和矛盾。协调小组办公室设在省纪委办公厅。此后，全省各地参照省的做法，先后成立类似的办案协调指挥机构，加大案件查处组织协调力度，加强对查办大案要案工作的领导。

三、建立健全案件统计分析制度

1978年省委纪委重建后，高度重视案件统计工作，实行年度统计制度。1988年至1990年，根据中央纪委的要求，案件统计工作开始实行月报和年中、年终统计制度。1994年3月，省纪委、省监察厅合署办公后建立了案件统计月报制度，至1995年12月，广州、深圳等19个市和省直纪工委、省高校纪工委的案件统计，和省纪委、省监察厅大要案登记和案件统计台账，都实现了计算机自动化处理。同时，从1987年开始，省纪委办公室有针对性地开展案件分析工作。1992年以后，坚持每季度对查处的党员干部违纪问题的层次、行业、地域分布情况，案件的数量、特点和发展趋势，违纪的动机、手段等进行分析。1994年6月，省纪委办公室开始实行案件查处工作情况的月、季、半年、年度分析，各市纪委每半年开展一次案件综合分析，对查处案件的类别、特点、动态和发展趋势、作案手段和原因以及查案工作中的新问题进行分析综合，提出建议。1995年，省纪委办公厅、省监察厅办公室案件管理组综合整理《1993年8月以来广东省副厅级以上干部违纪案件情况》《我省党员、行政监察对象腐化堕落道德败坏案件情况》《广东省金融系统发生的大要案及其特点》等案件分析材料，对推动案件查处工作，防范违纪违法案件的发生起到了积极的作用。1996年，省纪委办公厅案件管理组进一步加大案件综合分析力度，加强案件的专题分析和案例剖析工作，形成了一批质量较高的综合分析材料。仅1998年、1999年两年就起草、编写专题、综合分析材料85份，其中被中央办公厅、中央纪委办公厅和省委办公厅采用近20份，有些材料还得到中央、省委领导批示。

第九章

探索从源头上预防和治理腐败

党的十四大报告指出，开展反腐败斗争必须"坚持标本兼治，教育是基础，法制是保证，监督是关键。通过深化改革，不断铲除腐败现象滋生蔓延的土壤"。这就要求反腐败斗争必须在狠刹不正之风、严惩腐败分子的同时，深入研究党风廉政建设和反腐败斗争中的深层次矛盾和问题，把握反腐败斗争的规律和特点，从体制、机制、政策、法规和管理等方面推进改革，积极探索从源头上预防和治理腐败。党的十五大以后，党中央决心从执法、司法和军队等要害部门着手，抓住导致腐败滋生的源头问题进一步治理腐败。广东省在改革开放探索中，遇到的问题比较早、比较多，相关探索创新也比较积极主动，在严肃查办违纪违法案件的基础上，积极探索制度创新，从源头上预防和治理腐败问题，有些做法取得了较好成效，被中央或中央纪委在全国推广。

2002年3月21日至27日，时任中央政治局常委、中央纪委书记尉健行同志考察广东，对广东省结合实际实践"三个代表"重要思想，在推进改革开放、经济建设和社会发展，开展党风廉政建设和反腐败斗争等方面取得的成绩给予了充分肯定。尉健行指出，近几年来，广东省委、省政府按照党中央、国务院的决策和部署，不断深化行政审批制度改革，对可以用市场机制替代行政审批的项目，用市场的办法来处理，大幅度减少了审批事项。尉健行同志肯定了广东一些地方在巩固四项改革成果的同时，主动拓宽源头治理的范围，逐步把一些社会公共服务项目，如城市道路养护、污水处理、园林绿化等向社会公开招标，交由社会机构经营管理的做法，认为广东省在改革行政审批制度方面的这些做法扩大了从源头上预防和治理腐败的效果，体现了标本兼治，综合治理，加大治本力度，从源头上预防和解决腐败问题的方针，体现了江泽民同志提出的党的各项工作都要与时俱进，开拓创新的要求。

第一节　创建三大要素市场和规范管理政府采购

改革开放以来，全国各级纪检监察机关按照中央的统一部署，积极推进政府投资工程建设项目招投标、国有土地使用权出让、产权交易、政府采购四项制度改革，加快建立统一的公共资源交易市场。2002年1月，十五届中央纪委第七次全会明确要求，"2002年，各地区、各部门都要实行经营性土地使用权出让招标拍卖、建设工程项目公开招标投标、政府采购、产权交易进入市场等四项制度"。广东比较早探索要素市场建设，创建了政府投资工程建设项目公开招标投标、经营性土地使用权出让和产权交易等方面的要素市场，并在预防和惩治腐败方面取得较好的成效。

一、政府投资建设工程项目公开招标投标

1980年10月、1984年9月、1988年7月，国务院先后发布《关于开展和保护社会主义竞争的暂行规定》《关于改革建筑业和基本建设管理体制改革若干问题的暂行规定》和《投资管理体制改革近期改革方案》等文件，对逐步实施工程建设项目招投标制度提出了具体要求。国家计委、城乡建设环境保护部、交通部、铁道部、水利部等部门发布了有关招投标办法，并根据实践需要不断修订完善。1999年，《中华人民共和国招标投标法》颁布实施，有力推动了工程建设招投标的发展。

1998年7月，尉健行同志在江苏考察时提出四个方面的具体要求，第一，要坚持一定范围的工程发包承包必须实行招标投标，特别是实行公开招标投标的制度。第二，要积极推行建立有形建筑市场的经验和做法。第三，所有工程都必须按照法定程序进行建设，一律不得转包和违

法分包。第四,任何单位和个人包括各级领导干部都不准利用职权或影响,以任何方式干预和插手工程发包承包活动的正常进行,确保招标投标活动按照公开、公正、平等竞争的原则进行。各地贯彻尉健行同志的重要讲话,加大了各类有形要素市场的建立和推广。

广东在全国率先实行建设工程发包方面的招标投标制度,改变了建筑市场由各级政府计划部门立项,建设部门负责分配施工任务,国有建筑企业承包的做法,实行由建设单位选择设计、施工单位。

1993年7月,广东省人大第八届常委会第三次会议通过《广东省建设工程招标投标管理条例》,是全国第一个有关建设工程招标投标的地方法规。《条例》规定了建设工程招投标的范围、招标方式、招标单位条件、招投标工作程序等。1994年,省政府颁发《广东省建设工程招标投标管理条例实施细则》,对建设工程项目的招标、投标、管理的具体流程和主要内容,以及违反规定的法律责任等作出详细的规定。当年,按照省纪委六次全会精神,各级纪检监察机关与有关部门紧密合作,深入开展建设工程执法监察工作。1995年,省委、省政府批准下发《关于加强建设工程招标投标监督管理的若干规定》,在建设工程招投标领域全面推行"办事公开,群众监督"制度。1997年11月,《中华人民共和国建筑法》颁布实施,根据建设部和监察部的部署,广东省在广州、深圳两市进行有形建筑市场的试点。至1998年底,全省各地级以上市都建立有形建筑市场,提前一年实现中央提出的在地级以上市建立有形建筑市场的目标。1999年9月,省人大常委会修订《广东省建设工程招标投标管理条例》,年底,广东省建设工程交易中心在广州挂牌成立,21个地级以上市均建立了建设工程交易中心,县(市、区)一级建立83个建设工程交易中心。到2000年底,全省建立有形建筑市场的县(市、区)达到83个。

据统计,1999年,全省7个产权交易市场全年共完成交易项目362项,金额111.7432亿元;2000年底,全省共完成工程招投标4165项,工程造价426.2974亿元,综合招标率和应公开招标率均达100%。

在建立完善建设工程项目公开招标投标过程中,纪检监察部门加强了执法监督。1996年3月,省纪委、省监察厅与省建委联合印发《关于认真贯彻执行〈广东省加强建设工程招标投标监督管理的若干规定〉的通知》，要求做好宣传和执行工作，严肃查处相关案件。同年，省、市、县均成立了建设工程项目执法监察工作领导小组及其办公室。1996年至1997年，全省共立案查处284件，共处理违纪违法人员269人，移交司法机关处理142人。处理人员中，涉及厅级干部5人，县处级干部29人。

1999年1月，省纪委二次全会明确要求健全省和地级以上市的有形建筑市场，真正形成公开、公正、平等竞争的建筑市场秩序，强调按规定应进入有形建筑市场进行招标投标的工程，必须进入有形建筑市场公开招投标。4月，省纪委、省监察厅会同省计委、省建委制定《关于进一步加强有形建筑市场管理若干问题的规定》等制度规定。1999年，全省各级纪检监察机关共立案查处建筑领域违纪案件161件，其中涉及县处级以上干部18件，比1998年下降30.77%。

2000年7月，省纪委、省监察厅印发《关于工程建设项目招标投标活动中违纪违法行为纪律处分暂行规定》，对建设单位、投标单位、中标单位、建设工程交易中心和招标投标代理机构，以及建设行政主管部门和其他有关部门，规定了31种违纪违法行为以及相应的纪律处分。各级纪检监察机关和其他部门对违纪违法行为进行了查处。2001年，省纪委、省监察厅同省建设厅组成联合调查组，对省建设工程交易中心个别工作人员在中山医科大学附属第三医院医技大楼工程招投标中的违纪违法问题展开调查。据查实，该工程项目在招投标中存在包工头串标、建筑施工单位出让资质证照、评标委员会不依法评标、省交易中心个别工作人员收受包工头钱物等违法违纪问题。经省建设厅、省监察厅研究决定，取消该项目招投标结果，依法重新组织招投标。涉嫌违纪违法的交易中心工作人员张文忠、陈遑河被停职、立案审查，其非法收受的钱物被依法收缴。这是广东省建立有形建筑市场以来查处的首宗建设工程交易中心工作人员违纪违法案件。6月14日，省纪委、省监察厅举行新闻发布会，通报了该案查处情况。

二、经营性土地使用权出让

改革开放以来，国有土地使用权出让制度逐步确立，市场机制逐步在土地配置中发挥基础性作用。十一届三中全会以后，土地的资产和价值属性逐渐为人们所认识，土地制度改革开始从农村向城镇延伸，国土土地有偿使用制度改革应运而生。

广东在全国最早尝试土地使用制度改革。早在1980年，广州和深圳就开始尝试对外商用地的有偿使用，或者以土地作为条件与外商合作，或者将土地作价出让给外商独资经营，对内仍然实行行政划拨的办法。从1982年开始，广州、抚顺等城市对工业、商业等用地收取土地使用费，开展了对土地商品属性的探索。1987年，深圳作为全国土地使用制度改革的试点之一，进行城镇国有土地使用权有偿出让的大胆尝试。这年9月—12月，深圳市分别以协议、招标、拍卖三种方式出让三宗国有土地使用权，其中，12月1日深圳市举办的国有土地使用权拍卖活动，敲响国内拍卖出让国有土地使用权的第一槌，被视为中国土地使用制度改革的里程碑。同年，国务院批准在深圳、上海、天津、广州、厦门、福州等地进行土地使用制度改革，开始了土地有偿使用制度改革的历程。12月29日，省人大常委会审议通过《深圳经济特区土地管理条例》，这是国内第一部明确规定实行土地有偿使用，允许土地使用权出让和转让的地方法规。其后，经过深圳、珠海、汕头经济特区和广州经济技术开发区的进一步探索实践，逐步向全省推进。珠海自1988年起实行土地"统一规划、统一征地、统一开发、统一出让、统一经营"的"五个统一"管理制度，得到中央领导的肯定，并在全国推广。

至2000年底，全省21个地级以上市和121个县（市、区）都建立了土地交易中心。

全省纪检监察机关在规范国有土地使用权出让方面发挥了积极作用，通过查办案件、调查研究，为省委省政府提供决策参考，推动国有土地使用权转让市场健康发展。1996年6月21日，省委办公厅、省政府办公厅转发省纪委、省监察厅《关于落实全省今年反腐保廉制度建设工作的意见》，要求把公开招投标制度作为制度建设之一抓落实。1999年1月，省纪委第二次全会要求各地级以上市在年底前建立起土地批租等要素市场。8月27日，省政府办公厅正式发出《关于建立和完善有形建筑市场的通知》，要求加快有形市场建设，建立健全土地公开交易制度，强化土地交易机构的服务功能，规范有形土地市场运作，加强有形土地市场的领导和监督。到2000年底，全省各市、县都建立了土地交易机构，当年全省有50多个市县举行招标、拍卖会，共招标、拍卖土地使用权235宗，成交金额49.6亿元。

三、产权交易市场建设

产权交易，是指资产所有者将其资产所有权和经营权全部或者部分有偿转让的一种经济活动。产权交易市场是指社会主义市场经济条件下，各类企业作为独立的产权主体，进行产权有偿转让的交易场所。自20世纪80年代产权交易市场出现以来，经历了探索发展、清理整顿、规范和再发展等阶段。1988年5月，武汉市成立全国第一家企业产权转让市场。1992年党的十四大确立了建立社会主义市场经济体制的重大决策。1993年11月，党的十四届三中全会作出的《关于建立社会主义市场经济体制若干问题的决定》明确指出，要"明晰产权关系"、实行"产权流动和重组"。随后，围绕产权交易的探讨和实际运作迅速升温。

2001年12月，我国正式加入世贸组织，对外开放进一步扩大，特别是向外资开放新的投资领域和新的投资方式，再次为产权交易的发展提供了宝贵机遇，各地产权交易快速扩张。

广东省一些地方较早探索建立产权交易机构。广州市1988年就建立了产权交易服务机构——广州企业产权交易人才服务公司。深圳、珠海等地紧随其后。1994年，广州市又组建股份制的广州联合交易股份有限公司及所属的广州产权交易服务中心。但受当时条件的制约，这些机构开展产权交易业务步履维艰，最终都关闭。

1998年，时任中央政治局委员、省委书记李长春就有关产权交易等工作作了3次批示，提出要加快建设，切实把产权交易市场办好。其后，省纪委全会对建立健全和规范国有资产评估、产权交易市场提出具体要求。1998年7月，省委常委会议决定加强对建立、规范产权交易市场工作的监督。在省委、省政府的推动下，在纪检监察机关的监督下，各地产权交易逐步规范。如深圳市推行公开挂牌交易制度，设立由监察、国资、工商、银行和劳动等部门组成的产权交易监督委员会，对国有、集体企业的重大产（股）权转让行为实施监督，确保产权交易中的资产评估、土地租赁、员工安置、社会保险、债权债务等一系列相关问题处理依法公开、公平和公正进行。

1999年初，根据李长春同志和时任省委副书记、广州市委书记黄华华等领导关于建设土地、工程、产权三大要素市场的指示精神，广州再次对产权交易机构的管理体制、职能和业务范围重新进行调整，当年6月，由市财政、国资局组建的广州产权交易所挂牌运作，属于事业单位、实行企业化管理。在成立后的半年时间内，广州产权交易所按"企业脱钩—所有权托管—企业整治—公开市场转制出售"模式托管企业22户，涉及企业资产总额3.2亿元，完成企业产权转让项目6宗，涉及企业标的价值1.89亿元；还接受企业产权重组方案设计项目102宗，涉及企业标的价值1.89亿元。经过实践，初步探索出省会中心城市传统国有企业较多、转型困难的情况下，建设产权交易市场的路子。2000年4月，中央纪委书记尉健行听取广州产权交易市场建设与发展情况的汇报，对广州市通过建立有形市场加强防腐倡廉工作的做法，给予充分肯定。同年该交易所完成企业产权交易96宗，交易金额达21.75亿元，资产增值1亿元。

深圳市政府于1989年制定《深圳市国营企业产权转让的暂行规定》，成立产权转让领导小组，指导和协调企业产权转让工作。1993年2月，深圳市成立产权交易所。2000年8月，深圳市将原产权交易所改制为"深圳市产权交易中心"，由企业法人改变为事业法人，直属市国有资产管理办公室领导。该中心成立后，为企业并购、租赁、改制、资产重组、招商募股提供服务。1993年至2000年，深圳市产权交易中心共完成企业产权交易2105宗，交易金额达125.85亿元，有力地促进了该市国有企业的改革和经济结构的调整。

珠海市于1997年建立产权交易中心，是一个由市国有资产管理部门主管，专责珠海市区域性企业产权交易及社会公共资源市场化配置的事业法人机构。当年12月，珠海市政府颁布《珠海市企业产权交易管理暂行办法》。其后，市国资局、市监察局、市工商局制定《关于规范企业产权转让行为与完善产权交易公开市场的报告的通知》，由市政府公布实施。1999年11月实施《珠海市产权交易规则》，建立和扩充了产权交易市场平台功能。1999年4月，该市逐步将烟花爆竹经营权、节日鲜花市场经营权、出租车牌照经营权、大型公共场所的物业管理权、道路灯箱广告经营权和行政事业机关后勤社会化服务等方面纳入产权交易市场，被行内誉为"产权交易的珠海模式"。2000年初，开始实行"公开竞价"的交易方式，进一步实现"公开、公平、公正"的交易。该市利用产权交易中心平台，吸引外资和民营资本参与国企改革，成为招商引资的窗口和民营资本的入口。该中心率先通过ISO 9001：2000国际质量管理体系认证，成为全国第一家通过此认证的产权交易机构。1997年至2000年，珠海市产权交易中心共完成企业产权交易308宗，交易金额达4.7亿多元。

截至2000年，全省共有7个地级以上市建立产权交易中心，分别是广州、深圳、珠海、汕头、东莞、江门和肇庆。

四、政府采购工作的开展

政府采购在世界上也称为公共采购，至今已经有200多年历史。现代市场经济国家的政府采购规模一般占年度国民生产总值的10%以上，或者占财政支出的30%~40%。1995年，亚太经济合作组织（APEC）在日本大阪召开领导人会议，通过对《大阪行动议程》把政府采购列入APEC贸易和投资自由领域。在当时的18个成员中，除了我国外，都建立了政府采购制度。为尽快缩小这一差距，不断完善我国社会主义市场经济体制，发挥市场在资源配置中的基础性作用，从制度源头减少腐败滋生蔓延的土壤，国务院决定要尽快建立政府采购制度。

1997年，深圳市试点推行政府采购制度。深圳市财政局印发《关于我市行政机关事业单位公务车实行统一投保的通知》和《关于我市行政事业单位公务车及专项设备实行公开采购的通知》。1998年10月27日，深圳市人大常委会审议通过并颁布《深圳经济特区采购条例》。次年3月，深圳市财政局组建深圳市政府物料供应中心。1998年8月，省政府颁布《广东省省直行政事业单位大宗物品招标采购暂行规定》。1999年，省纪委协助省审计厅起草《关于加强企业物资采购管理规定的实施意见》，由省经委、省监察厅、省审计厅联合发文实施。

2000年1月，省纪委四次全会部署的从源头上预防和治理腐败几项工作中，强调要积极推行政府采购制度，明确要求2000年底前，各地级以上市都要建立统一的政府采购中心；省和地级以上市党政机关、事业单位都要实行政府采购制度；明确这项工作由省财政厅牵头负责。同年5月，省监察厅、财政厅、审计厅三部门转发监察部、财政部、审计署三部门4月联合印发的《关于2000年推行政府采购制度工作的意见》，提出广东省的贯彻意见，要求省直机关和事业单位、各地级以上市和有条件的县（市、区）在2000年都要实行政府采购制度，2001年所有县以上党政机关和事业单位一律实行政府采购制度。6月，省财政厅组建广东省政府采购中心，正式启动省级政府采购工作。

当年底，除深圳市外，全省20个地级以上市和顺德市的财政管理部门组建"政府采购中心"，推行和实施政府采购制度。该年度，全省政府采购规模24.28亿元，节约资金2.21亿元，资金节约率9.1%。其中，省级采购规模0.67亿元，节约资金589万元，资金节约率8.8%。

第二节　推进财政体制改革，实行"收支两条线"

财政管理体制是指国家规定各级政府管理财政收支的权限和各企事业单位管理财务的权限，据以处理国家各级政府之间、国家与企事业之间的财政分配关系的管理制度。所谓"收支两条线"，指政府对行政事业性收费、罚没收入等财政非税收入的一种管理方式，即有关部门取得的非税收入与发生的支出脱钩，收入上缴国库或财政专户，支出由财政根据各单位履行职能的需要按标准核定的资金管理模式。

一、探索实行"收支两条线"改革

20世纪80年代，在省委省政府的领导下，广东开始探索财政管理体制改革，在全国率先实行"收支两条线"改革。在部门预算、农村税费、对国有企业委派财务总监等方面也先后进行了探索。

在1983年总结广州市对预算外资金进行清理整顿、纳入计划管理的经验的基础上，1984年初，省财政厅颁发《广东省预算外资金管理实施办法》。规定：凡是地方自行设立的预算外资金收入项目，都要进行清理整顿；明确预算外资金所有权不变，但使用要符合规定；款项全面纳入计划，重点项目由财政专户储存，按隶属关系分级管理。确定重点项目为养路费、育林基金、房产管理收入、市场管理收入等。两年后，省财政厅重新修订《广东省预算外资金管理实施办法》，对该制度进行了完善。全省预算外资金专户储存项目和专户储存金额逐年增加，1990年专户储存额达到84亿元。

1992年，省政府颁布《广东省罚没财物管理条例》，规定：罚没收入，除国务院、财政部有专门规定外，一律全额上缴财政，任何部门、单位和个人不得隐瞒、截留、坐支、转移、私分、挪用和拖延上缴罚没收入。

二、中央纪委在全国推行广东的经验

1993年，十四届中央纪委第二次全会提出落实"收支两条线"的规定。1994年1月，七届省纪委四次全会要求各地和有关部门制定中央关于行政事业性收费、罚没收入实行"收支两条线"管理的具体办法，决定此项工作由省财政厅牵头抓落实。1995年5月，省政府批准下发《广东省行政事业性收费财务管理办法》，规定：收费单位必须自领取收费许可证之日起15日内，向同级财政部门办理财务注册登记，经财政部门审核符合规定的，给予办理财务注册登记并发给票据领购手册；收费一律使用财政部门统一印制的收费票据；收入和支出应根据分级管理原则分别纳入预算管理或财政专户管理。翌年，国务院颁发《关于加强预算外资金管理的决定》，明确预算外资金属于财政性资金，不是部门和单位自有资金，必须纳入财政管理，上缴财政专户，实行"收支两条线"管理。省财政和纪检部门积极贯彻落实该规定精神，是年底，全省共清查出违规收取的款项1.4亿多元，应纳入而未纳入财政预算金额3.3亿多元，私设"小金库"金额802.3万元，将预算内资金转为预算外资金金额1030.3万元；检查后在当年纳入财政预算金额1.1亿元。

1998年2月，省纪委第十次全会明确要求：规范预算编制和决算审批制度，严格预算外资金财政专户管理，逐步实行预算外资金统一征管。3

月，省财政厅颁发《广东省行政事业性收费、政府性基金委托银行代收款的暂行办法》，规定行政事业性收费和政府性基金（资金、附加）实行委托银行代收款。此后，逐步实现了具有行政处罚权的地方行政机关所执行的罚款，统一委托商业银行代收的制度。

1998年5月，中央纪委、监察部召开了公安部等六部门落实"收支两条线"规定全国电话会议。会议要求：公检法和工商部门要坚决执行中央关于"收支两条线"的规定，所有的行政事业性收费、罚没收入都必须按规定及时足额缴入国库或财政预算外资金专户，任何单位或个人都不得截留或挪用；严格执行行政事业性收费的立项审批，收费项目要向社会公布；加强对行政事业性收费、罚没收入的支出管理，制止各种奢侈浪费行为；把落实"收支两条线"规定列为司法队伍教育整顿的重要内容等。会议还要求要建立健全公检法和工商部门的经费保障机制，注意解决落实规定过程中遇到的问题和困难。

三、不断深化和完善"收支两条线"改革

为推动全省行政事业性收费和罚没收入全面落实"收支两条线"管理，1998年9月，省委办公厅、省政府办公厅印发《广东省关于加强公、检、法、工商行政管理部门行政事业性收费和罚没收入收支两条线管理工作的实施办法》。1999年2月，省委办公厅、省政府办公厅印发《关于对行政事业性收费和罚没收入实行收支两条线管理工作的通知》。根据建立公共财政框架的要求，财政部门积极推行财政综合预算改革，逐步建立预算内外资金统筹安排使用的财政管理机制。当年，实行"收支两条线"管理的单位9147个，占应实行单位的92.9%，其中深圳、珠海、佛山、东莞、中山、江门等市达100%；行政事业性收费、政府基金纳入预算管理89.12亿元，纳入财政专户管理223.26亿元；罚没收入纳入预算管理24.88亿元；21个地级以上市及113个县（市、区）的行政事业性收费、政府基金和罚没收入全部委托银行代收。

2000年1月，八届省纪委第四次全会再次明确要求全省所有执收执罚部门都要落实"收支两条线"管理规定，对继续坐收坐支、截留、挪用、私分收费收入和罚没款，以及公款私存、私设"小金库"等顶风违纪

违法行为，发现一起查处一起。纪检监察部门组织对公、检、法及工商四部门落实"收支两条线"管理规定情况进行专项审计，查出违规金额4.6亿多元，并予以纠正。至年底，全省21个市和各县（市）、区绝大部分执收执罚单位都实行"收支两条线"管理；全省纳入财政管理的行政性收费、政府性基金及其预算外资金310多亿元，比上年增长13.8%。省直属95所大中专院校收取的择校费、捐助资金等也全部纳入"收支两条线"管理。至此，财政综合预算改革取得了很好的成效，基本解决预算外资金与部门经济利益的直接联系，增强各地政府财政资金的调剂能力，推进了依法治省进程。

第三节　改革干部人事制度，规范公务员津贴补贴

党的十一届三中全会重新确立了马克思主义的思想路线、政治路线和组织路线，强调要"加强管理机构和管理人员的权限和责任"，"认真实行考核、奖惩、升降等制度"，开创了干部人事制度改革的先河。1978年到1986年期间，主要是改革过分集中的干部人事管理体制，下放干部管理权限，建立推进四个现代化建设急需的一些具体干部人事管理制度。1982年的国务院机构改革核心内容有三个方面。一是改革领导体制，减少副总理人数，设置国务委员，形成了由总理、国务委员和秘书长组织的常务委员会决策机制。二是废除干部终身制，建立退休制度，规定部委正职65岁、副职和司局级60岁退休，促进了新老干部交替和干部队伍"四化"的实现。三是精简机构人员，国务院机构由100个裁并为60个，部委领导班子正副职为3至5人，部委内设司局正副职为2至3人。国务院编制由51000多人减少为38300人，精简25%。这个阶段改革的另一个重点，是解决干部管理体制过分集中的问题。中央组织部先后出台《关于干部制度改革的意见》等文件进行试点。在此基础上，党中央1983年决定改革干部管理体制，改变权力过于集中的现象。一是下放干部管理权限，实行下管一级、分层管理，层层负责的管理体制。二是调整和改进干部

管理办法,改变条块分工不合理、层次头绪过多、任免手续繁琐、职责不清、互相扯皮现象,提高干部管理效率。三是探索实行干部分类管理,探索与厂长、所长负责制相配套的企事业单位人事管理体制,放活对专业技术人员的管理,促进科技人员在一定范围内合理流动。四是建立后备干部制度。五是加强和改善对干部工作的宏观管理,确保改革的顺利进行。

1987年到1999年期间,中央对干部人事制度进行全面改革。党的十三大进一步确立了全面改革干部人事制度的指导思想、具体内容和当前重点,即"三个改变""三个建立"。具体说就是"改变集中统一管理的现状,建立科学分类管理体制;改变用党政干部的单一模式管理所有人员的现状,形成各具特点的人事管理制度;改变缺乏民主法制的现状,实现干部人事的依法管理和公开监督"。强调"当前干部人事制度改革的重点,是建立国家公务员制度"。1993年,《国家公务员暂行条例》颁布实行,公务员制度全面推行。党群系统以及人大、政协机关等分别实行或参照实行《党的机关工作人员条例》或《国家公务员暂行条例》。企事业单位人事制度改革也全面展开。各类事业单位普遍开始推行聘用制度,建立岗位管理制度,完善人员退出机制,各方面的改革全面推进,取得了显著成效。

广东改革开放早,对更加灵活务实的干部人事政策需求更加迫切。1979—1986年期间,主要是改革过于集中的干部人事管理体制,下放干部管理权限,建立工作急需的具体办法和制度。1980年,广东省委组织部与省人事局制定了《干部调配工作暂行规定》,强调了任人唯贤和德才兼备的干部路线。要求调配干部要专业对口,发挥所长,知人善任,调配得当;提出要保证重点、充实基层,加强科研、生产第一线;提出要改变干部队伍的结构,减少行政干部,增加专业干部。1984年,广州和深圳公开选拔领导干部,探索创新干部选拔制度。1987年—1999年期间,改革以建立国家公务员制度为标志,干部人事管理转入法制化、科学化轨道。2000年以后,主要是贯彻落实党中央颁发的《深化干部人事制度改革纲要》,干部人事制度改革进入全面规划、整体推进阶段。

一、改革和规范干部管理体制

1984年始,省委先后两次下放干部管理权限,实行原则上下管一级,县处级干部分别下放给市、厅级党委(党组)管理,但县级党政正职须在征求省委组织部意见后才能办理任免职手续。市、县党委也相应下放了部分干部管理权限。同时,把国有企业内部的干部任免权和机构编制设置权下放给企业,在事业单位推行校(所)长负责制。1994年取消省政府各系统协管干部的职能,厅局级干部直接由省委组织部考察和管理。

1993年,为贯彻落实《国家公务员暂行条例》,省委、省政府批准成立广东省推行国家公务员制度领导小组,1994年11月,省政府印发《广东省建立和推行国家公务员制度实施方案》。年底,省级党、政、群众团体机构实行国家公务员制度的"三定"(定职能、定内设机构、定编制)方案基本审核完毕,并在全省各市、县党政群机关逐步推开。

1997年2月,省纪委八次全会明确要求进一步加强各级党委的民主集中制建设,加强对领导班子成员的考察工作;继续落实干部交流、重要岗位轮换等制度。当年全省公开选拔5名副厅级干部。次年,省委先后下发《关于进一步做好干部交流轮岗工作的若干规定》《关于进一步做好干部交流轮岗工作的意见》。结合市、县领导班子换届,对全省36%的市党政班子成员进行交流,75%的县委书记、65%的县长实行异地任职,随后,对市级"四长"即组织部部长、法院院长、检察院检察长、公安局局长和县级"五长"("四长"加纪委书记)进行异地交流和轮岗,交流轮岗面分别达到73.8%和79%,省直单位主要领导干部任期满五年的也进行交流。

1999年,省委下发《关于进一步深化干部人事制度改革的若干意见》,决定实施15项干部人事改革措施,并在深圳召开全省干部人事制度改革座谈会,推动全省干部人事制度改革深入开展。8月,省委批准下发《广东省党政领导干部考察工作实施细则(试行)》。2000年上半年,省委组织部制定《县(市、区)党政领导班子及党政一把手实绩考核试点方案》,选择在韶关、湛江、阳江市和深圳龙岗区、珠海香洲区、信宜市、揭西县进行综合改革试点。

二、扩大干部工作中的民主

1986年9月，省委批转省委组织部《关于对县以上党政领导班子开展民主评议、民意测验和民主推荐干部工作的意见》（《意见》），在全国率先开展民主评议、民意测验和民主推荐干部工作。同年11月，中组部转发该《意见》，在全国推广。

1988年6月，省委组织部制定《关于省以下党的代表大会（党员大会）实行差额选举的暂行办法》，规定党的市、县（区）委员会委员、候补委员，纪律检查委员会委员候选人的差额应不少于应选名额的10%，党的常务委员会与纪律检查委员会常务委员会委员候选人的名额要比应选名额多1~2人。这一年，深圳市龙岗区在全国率先推行干部任前公示制，后逐步在全省推广。

2001年，省委印发《干部任前公示试行办法》，在全省范围内推行任前公示制。2002年，广东制定《公开推荐党政领导干部实施办法》，选省经贸委副主任兼安全生产监督管理局长职位作为公开推荐的试点。①

2001年广东省公开选拔副厅级领导干部动员大会现场。

---

① 1997年广东省公开选拔5名副厅级领导干部。至2008年上半年，省委先后4次共对61个副厅长职位进行公开选拔，全省共有2300多名厅级以下干部通过公开选拔走上领导岗位。

省委出台规定,市县党政正职由上一级党委全委会票决决定,全委会闭会期间,先征求全体委员的意见后提交常委会讨论通过。2003年,省委印发《省管干部任前公示办法》。2005年8月,实施省委常委会票决干部制度。至2008年6月,全省21个地级以上市和121个县(市、区)均实行常委会票决制,对重要干部的任免实行全委会票决制。

三、实行竞争上岗选拔人才

1984年11月,省政府制定《关于录用新干部试行选聘合同制的规定》,要求各级企业事业单位、县以下(含县)人民政府机关和驻广东的中央直属企业事业单位吸收干部,要依照公开招聘、竞争择优原则,一律试行选聘合同制。

1992年始,广东省部分地区和单位结合机构改革和推行公务员制度,在党政部门中层干部的选拔任用上实行竞争上岗。

1988年9月,省委组织部印发《关于提高干部工作透明度的意见》,要求党政机关、事业单位和企业主管部门,今后从社会上录用(聘用)干部,一律实行公开考试、平等竞争、择优录用办法。在国有企业经营者的选

2000年4月,省政府机关中层领导职位全面竞争上岗,1030名符合正、副处长竞争资格的机关干部角逐471个正、副处长职位。图为考试现场。

拔上,也突破委任制的单一模式,采用多种方式相结合。同时,在事业单位全面建立和推行用人聘用制度,根据不同类型事业单位和不同岗位的特点,实行相应的聘用办法。

在2000年机构改革配备中层领导干部工作中,省委工作部门实行全员竞争上岗,省政府工作部门94.3%实行竞争上岗。随后,全省市、县党政群机关中层领导职务也全面实行竞争上岗。至2000年底,全省初步实施并完善了民主推荐、考察预告、差额考察、任前公示、全委会投票表决、党政领导干部任期制、任职试用期制、干部交流、公开选拔、竞争上岗等一系列制度,在推动干部工作朝科学化、民主化、制度化的方向发展方面取得比较好的成效。2001年4月,省委印发《广东省深化党政干部制度改革实施方案》,要求今后党政机关内部中层领导职位出现空缺,原则上均采用竞争上岗的方式确定任职人选。

四、统一和规范公务员岗位津贴补贴

改革开放以来,广东经济获得突飞猛进的发展,至2002年底,全省国内生产总值11674.4亿元,人均14908元。但公务员收入水平总体偏低。按当时国家工资标准,公务员收入在各行业中倒数第二。为解决这个矛盾,各单位千方百计搞创收,以各种名目为干部职工发放福利补贴,从而这种做法带来许多弊端:一是补贴标准不统一,差距过大。在同一地区、同一级别的公务员,由于工作部门和单位不同,收入差距很大。行政权力大的部门收入明显高于行政权力小的部门,经济管理部门收入明显高于其他行政管理部门。二是发放补贴不透明。有的单位除单位统一发放补贴外,其内设部门和下属单位还有各种不同名目的"补贴",既有公开收入,也有隐性收入;既有货币收入,也有实物收入。三是违规问题禁不住。为给干部职工解决福利补贴问题,一些单位私设"小金库",甚至伸手向企事业单位"要钱",挪用挤占行政资金等。这些问题的存在,严重影响了党风廉政建设和干部队伍建设,影响了依法行政和党政机关形象。在改革干部人事制度、建立完善公务员制度过程中,规范公务员津贴补贴的问题提上了议事日程。

广东省从2000年开始探索实行统一公务员岗位津贴制度。2002年,在清理核查的基础上，结合广州市的物价指数、生活指数和个人所得税对实际工资收入的影响等因素，广东省财政厅会同省人事厅研究制定了统一省直机关公务员岗位津贴的方案。其要旨是简化工资结构，将现行国家和省统一发放的各项津、补贴及各单位自行发放的各种补贴统一归并为"岗位津贴"。统一岗位津贴后，为堵住漏洞，省政府作出部署，对省直机关的银行账户及其资金余额进行了全面清理、收缴。

为确保实行统一公务员岗位津贴制度的落实，省纪委、省财政厅、省监察厅、省人事厅报经省委省政府同意后，下发了《关于严格执行省直机关统一公务员岗位津贴制度的通知》，强调统发后仍自行发放奖金、补贴、过节费或变相发钱、发物，以及在下属企事业单位领取补贴的，不论金额多少，均按违纪和私设"小金库"论处，除全部没收违规发放的钱物外，对该单位主要领导、分管领导和财务负责人一律先作免职处理，再依照党纪政纪和有关法规追究责任。广州、深圳、佛山等市也都制定了有关纪律规定，有效地保证了统一公务员岗位津贴制度的落实。

从2003年1月开始，广东省直党政机关在严格实行"收支两条线"管理的基础上，按照同职同级同标准的原则，实行由财政统一发放干部职工福利补贴改革。广州、珠海、佛山、中山、东莞、惠州、江门和汕头等19个地级以上市也先后实行了这一制度。2003年上半年，由省财政厅、监察厅、审计厅、人民银行四个部门组成的16个清查小组，核实省直各部门银行账户1690个，资金余额110亿元。

第四节　行政审批制度改革的开端

行政审批制度是现代国家行政管理的重要制度之一。在传统的计划经济体制下，行政审批作为我国政府对社会经济活动管理的基本手段，曾经发挥重要的作用，但是，随着改革开放的不断深化，计划经济时期的行政审批制度的弊端也逐步显现：审批事项过多、过滥；审批程序繁琐，效率低下；审批行为不规范，自由裁量权大；特别是，行政审批工作缺乏有效的监督制约,导致大量腐败问题。为此,20世纪90年代末,党中央和国务院就酝酿进行行政审批制度改革,一些地方相继开展了行政审批制度改革,取得初步成效。2001年9月,国务院决定成立国务院行政审批制度改革工作领导小组,时任中央政治局常委、国务院副总理李岚清任组长,国务委员兼国务院秘书长王忠禹,中央纪委副书记、监察部部长何勇任副组长。领导小组办公室设在监察部。10月,国务院行政审批制度改革工作电视电话会议在北京召开,全面部署推进行政审批制度改革工作。2002年9月,国务院办公厅印发《国务院办公厅转发国务院行政审批制度改革工作领导小组办公室关于进一步推进省级政府行政审批制度改革意见的通知》。

一、广东的行政审批制度改革走在全国前列

从1997年开始,深圳市在全国率先进行行政审批制度改革,将政府审批事项大幅削减了42.4%。1998年1月,深圳市政府发布实施《深圳市政府审批制度改革方案》,1999年2月,以政府令的形式发布施行了《深圳市审批制度改革若干规定》。根据社会主义市场经济发展的要求和"三个有利于"的原则,深圳市对缺乏法律、法规、规章依据或依据不充分的事项,超越规定的审批权限或与规定的审批内容不符的事项,市政府各部门自行确定的审批事项,不属于政府职能或不应当由政府直接管理的事项等,予以取消。至2003年,深圳连续进行了3轮行政审批制度的改革。第一轮改革,由原来的1091项减少到628项,减幅达42%。第二轮改革在市、区、镇(街道)三级同时进行,在第一轮改革的基础上(加上国家和省下放的44项),再减少277项,减幅达41.2%。两次改革共减少审批(核准)事项740项。2003年,深圳市出台了《关于深化我市行政审批制度改革的实施方案》,启动了第三轮改革。这次改革,行政审批和核准事项在前两轮改革减到395项的基础上,再减30%,审批时限缩短30%。深圳的行政审批制度改革,大大减少政府日常审批事务,简化审批手续,提高办事效率,增加政府工作的规范性、民主性和公开性。改革还扩大企业自主权,理顺一些部门间重复审批、交叉审批的关系,明确市区在部分行业的事权划分。深圳市的行政审批制度改革得到中央、广东省领导的充

分肯定,国内外新闻媒体给予广泛关注,2000年《人民日报》曾经载文报道。行政审批制度改革在优化深圳市投资环境、促进招商引资方面发挥了显著作用。2000年以来,深圳市批准立项的外资企业、个体私营企业大幅度增长。

二、不断深化行政审批制度改革,转变政府职能

省政府从1999年至2000年进行全省第一轮行政审批制度改革,共削减审批事项878项,占清理总数的63%。1999年6月,省委、省政府决定,大力开展行政审批制度改革,推进政府职能转变。省政府成立了审批制度改革工作组,负责行政审批制度改革工作。8月,对省政府审批制度改革进行第一阶段的部署。省政府办公厅向有关直属单位发出《关于清理整顿和规范政府审批事项有关工作的通知》,明确开展该项工作的原则是:结合政府机构改革,转变政府职能,全面清理、整顿和规范政府审批制度工作。清理范围是:省政府各单位及其下属单位(含代管、挂靠、归口管理单位)负责的审批、核准和备案事项。清理的具体内容是:审批、核准事项的内容、对象、理由、依据、条件、程序、时限和监管办法,以及备案事项的内容、理由和依据。次年1月9日,卢瑞华省长主持召开省政府常务会议,讨论和原则通过省政府直属各部门审批、核准事项清理审核的结果,要求按有关文件予以落实,并在1月中旬向社会公布第一批清理结果。当月20日,省政府向社会公布省政府审批制度改革的第一批清理结果,决定取消审批、核准事项298项。到年底,省政府工作部门共削减审批事项878项,占清理总数的63%。

2001年10月开始,广东省政府在第一轮行政审批制度改革的基础上,进一步深化行政审批制度改革。这一轮改革的总体要求是:凡是不符合政企分开和政事分开原则、妨碍市场开放和公平竞争以及实际上难以发挥有效作用的行政审批,坚决予以取消;可以用市场机制代替的行政审批,通过市场机制运作;对于确需保留的行政审批,要建立健全监督制约机制。改革的目的是,使政府能够更好地代表公共利益,行使公共权力,加强公共管理,提供公共服务,承担公共责任。据统计,经过清理审查,省政府决定保留省直部门现

有行政审批事项的1102项，占64.6%；取消和调整603项，占35.4%。

这次行政审批制度改革以推动政府职能转变为核心，着力在以下方面最大限度地精简审批事项：取消了318项不合时宜的审批事项；将"自由裁量权"较大的108项审批事项的管理方式改为核准管理方式；将54项涉及个人技术资格和企业技术资格、资质的考核和认定事项，转交给社会中介组织和行业协会；向地市、县下放了132项行政审批事项，实行属地管理；合理划分和调整部门之间的审批职能，理顺了10项省直审批事项；对有额度和指标限制或属于资源性、垄断性的开发和经营权的审批事项改为采用招标、投标的方式管理。改革取得较为明显的成效，不仅精简了省级部门的行政审批事项，理顺了省市政府间和省级部门间的关系，规范了审批行为，而且促进了党政机关作风的转变，加大了从源头治理腐败的力度。

与此同时，佛山、珠海、顺德、广州、肇庆等地也开展了行政审批制度的改革。分别对审批事项进行清理和削减，其中广州市共削减审批事项202项、占清理总数的24%；肇庆市共削减审批事项424项、占清理总数的62.3%；珠海市于1999年和2001年进行了两轮行政审批制度改革，至2001年，共削减审批事项541项、占清理总数的66%。

行政审批制度的改革，是建设法治行政环境、政治体制改革的一部分，有利于完善社会主义市场经济体制，打造国际化营商环境，全面提升体制竞争力。

第五节　推行"三公开"，强化民主监督

20个世纪90年代以来，各级纪检监察机关结合这一时期反腐败斗争的实际需要，进一步落实"办事公开，群众监督"制度，同时，针对群众反映强烈的"热点"问题，探索建立有利于公开办事制度和结果、便于群众监督的规章制度。

1996年1月，十四届中央纪委第六次全会提出，"县（市）、乡镇及行政

村、基层站所,要实行政务公开制度。凡是可以公开的办事内容、办事程序和结果,特别是与群众利益直接相关的财务等事项都应该公开,以便群众监督"。1997年,党的十五大报告要求:"城乡基层政权机关和群众性自治组织,都要健全民主选举制度,实行政务和财务公开,让群众参与讨论和决定基层公共事务和公益事业,对干部实行民主监督。"2000年3月,国务院印发《全面推进依法行政实施纲要》,把行政决策、行政管理和政府信息公开作为推进依法行政的重要内容。

一、全面推行乡镇政务公开

乡镇政务公开是政务公开的基础性工作。全省于1998年7月推行乡镇政务公开工作,首先在深圳市龙岗区坑梓镇开展试点工作。1999年8月,在试点的基础上,全省农村基层组织建设工作会议在深圳市龙岗区召开,会议总结了龙岗区坑梓镇实行政务公开试点的经验,部署在全省推行乡镇政务公开工作。11月,省委办公厅、省政府办公厅下发《关于在全省乡镇推行政务公开的意见》,对乡镇政务公开的指导思想、政务公开的内容和形式、监督措施、组织领导等提出要求。翌年1月召开的八届省纪委第四次全会对贯彻落实省委、省政府的决定作了部署,并明确这项工作由省委组织部、省农村基层办负责,省农业厅、省民政厅协助。全省乡镇机关推行政务公开的工作全面展开。至年底,全省1587个乡镇都推行了政务公开制度;县级人民政府派驻乡镇的17877个站、所,343个街道办事处纳入乡镇政务公开的范围,也达到100%。通过乡镇政务公开,比较好地刹住少数农村基层干部挥霍公款的歪风,遏制了腐败,促进了党风廉政建设。一定程度上化解了党群、干群矛盾,密切党同人民群众的血肉联系,促进农村社会的稳定。实行政务公开后农民上访比以前大为减少,人民群众知情权、参与权和监督权得到保护。

到2000年底,全省1587个乡镇政权机关和县级人民政府派驻乡镇的17877个站(所),343个街道办事处都实行了政务公开。

二、加大村务公开工作力度

在推行乡镇政务公开工作时,村务公开工作也紧锣密鼓地进行。

1998年2月，根据中央办公厅、国务院办公厅《关于在农村普遍实行村务公开和民主管理的通知》和《中华人民共和国村民委员会组织法》的精神，省纪委十次全会决定在全省范围对农村基层财务进行清理整顿，集中力量解决农村财务管理中存在的突出问题，并大力推行财务公开、村务公开制度，接受群众监督。重点对财务收支管理、宅基地审批发放、乡村统筹提留、集体经济项目承包经营等直接涉及村民切身利益的事项实行公开，扩大基层民主。

1999年初，省委、省政府在肇庆市召开村民自治工作会议，部署村务公开、民主管理工作。要求在年底组织对全省理顺农村基层管理体制工作的检查验收中，把村务公开、民主管理作为检查验收的一项重要内容。为贯彻省委、省政府的指示，省纪委、省政府农业办公室联合印发《关于进一步完善村务公开民主管理工作的通知》，要求做到思想认识到位、工作责任到位、措施到位、整改到位，强调村务公开的重点是财务公开，要加强对农村集体财务的管理和审计监督。接着，省民政厅发出《关于在全省农村进一步做好村务公开和民主管理工作的通知》。对村务公开、民主管理的基本内容、程序、形式、惩罚措施、检查监督等作出具体规定。

2000年初，八届省纪委四次全会强调要以财务公开为重点，进一步推进村务公开制度的落实，要把村务公开与乡镇政务公开结合起来，切实解决全省部分基层组织涣散，少数乡（镇）村干部思想作风不正、群众观念淡薄和不廉洁的问题。3月，省人大常委会审议通过《广东省人民代表大会常务委员会关于进一步推进村民自治工作的决议》，要求省政府要继续重视和加强对村民自治工作的领导；教育广大干部尤其是镇（乡）、村干部认识实行村民自治的重大意义，在观念上、工作作风与工作方法上有一个根本的转变，以适应新管理体制的要求；督促各级民政部门履行基层自治组织建设日常工作的职责，帮助和指导农村基层实行民主选举、民主决策、民主管理、民主监督，实施村民委员会组织法。省委、省政府先后在东莞市和清远市，分片召开全省乡镇政务公开和村务公开工作经验现场会和座谈会，推进了村务公开、民主管理工作。很快全省普遍建立了以村民自治章程和村规民约、村民会议、村民代表会议制度及村民委员会工作制度为主要内容的各项村民自治制度，促进村务公开水平的提高。到年底，在全省24839个村中，有24810个村实行村务公开，占99.9%。其中，规范公开的村19862个，占80.0%；建立民主理财的村23472个，占94.5%；部分地区还进行农村财会人员专业化和财务电算化的实践和探索。

2001年5月31日，广东省第九届人民代表大会常务委员会第二十六次会议通过《广东省村务公开条例》，自2001年7月1日起施行。《条例》详细规定了村务公开的责任主体、公开的具体内容、公开的方式和频率等，对推动全省村务公开工作常态化、规范化、法制化发挥了重要作用。

三、开展厂务公开工作

厂务公开是基层民主政治建设的重要方面，1999年4月，省纪委、省总工会、省经委下发《关于成立"全省厂务公开协调小组"的通知》，全省厂务公开工作正式部署展开。省厂务公开协调小组是全省厂务公开工作领导机构，办公室设在省总工会。不久，广东省厂务公开协调小组在省总工会召开第一次全体成员会议。会议传达了全国厂务公开经验交流会精神，讨论修改《关于推行厂务公开民主监督的实施意见》，研究开展厂务公开工作的具体方案。随后召开了全省推行厂务公开制度电视电话会议，紧接着，省厂务公开协调小组分成4个组，到全省各地级以上市、省直单位、高校系统，就推行厂务公开制度情况进行检查考核。同时，在东深供水工程管理局（位于东莞市）召开了全省厂务公开工作经验交流会。当年全省实行厂务公开的国有以及国有控股企业7477户，占企业总数的94.5%。省委、省政府提出的近两年厂务公开工作目标基本实现。

到2002年，经过三年的努力工作，广东国有、集体及其控股企业基本上实行了厂务公开，其中：国有和国有控股企业7510家，占总数的99%，集体企业398家，事业单位11323家，分别占总数的86%以上。同时，厂务公开不断向非公有制企业拓展、延伸。

2002年7月25日，省第九届人民代表大会常务委员会第三十五次会议审议通过《广东省厂务公开条例》（《条例》），《条例》8月20日公布，自10月1日起施行。《条例》不仅规定了条例的适用范围，还规定了公开的内容、形式和程序，并对违反本条例规定的企业作了法律责任的规定："由当地人民政府或者有关行政部门对企业主要责任人通报批评,责令改正;逾期不改正造成严重后果的,依照有关规定给予企业主要责任人和直接责任人行政处分或者行政处罚;构成犯罪的,依法追究刑事责任。"

第六节　公务用车制度改革的早期探索

长期计划经济时代形成的公务用车制度的弊端主要表现在五个方面。一是许多单位超编超标配备使用小汽车,公务交通费用不断上升,财政不堪重负。全国党政机关超编配车率达50%以上。"官本位"思想使公务用车成为领导之间进行盲目攀比、贪图享乐的工具,成为特权、地位的象征,在人民群众中造成了恶劣的影响。据统计,20世纪90年代后期,全国约有350万辆公车,包括司勤人员在内每年耗用约3000亿元人民币。大约占全国财政收入的13%,远远高于国防、教育和医疗卫生等公共事业的财政投入比例。二是公车使用效率低下,隐性浪费严重。据计算,社会轿车每万公里运输成本为8215.4元,而党政机关等单位则高达数万元;每辆出租车的工作效率为公车的5倍,可运输成本仅为公车的13.5%。三是公车私用、变相专车的现象比较普遍,助长了特殊化等不正之风。据调查,在许多地方,公务车存在新"三三制",即公用仅占三分之一,公车不"公"日益严重。四是在公车购买、维修等环节上,容易诱发违纪违法问题。这样的问题屡见不鲜。五是产生"公车依赖症",有的人无车不出门,从而影响了工作正常开展。

公车改革,势在必行,已经成了广大干部群众的共识。正是在这样的背景下,公务用车制度改革开始缓缓推进。从1994年中央办公厅、国务院办公厅联合发布《关于中央党政机关汽车配备和使用管理的规定》以来,全国各地不少地方也开始探索公车改革。1998年,国家启动部分中央机关的公车改革试点,并在浙江、江苏、北京、湖南、重庆等地试点,各地结合本地区实际,坚持不懈探索公务用车制度改革。广东在公务用车制度改革方面走在全国前列。

一、广东早期对公务用车改革的探索实践

广东作为我国改革开放的试验田，在全国率先开展了公务用车制度改革试点。1993年，广东省东莞市沙田镇成为全国最早进行公务用车制度货币化改革的地方之一。1994年，中央办公厅、国务院办公厅联合颁发《关于党政机关汽车配备和使用管理的规定》，明确要求："部长级和省长级干部按一人一辆配备专车；现职副部长级和副省长级干部，保证工作用车和相对固定用车。"1998年以来，中央纪委、监察部、国家发改委、国务院体改办、财政部等部门对公务用车制度改革进行了较大规模的专题调研。1998年9月，国家体改委制定了《中央党政机关公务用车制度改革方案》，部分中央机关进行车改试点。国家启动部分中央机关的车改试点，并同时在浙江、江苏、北京、湖南、重庆等地试点。在此前后，广东和其他一些省区开启了公务用车制度的改革探索。

从1998年开始，广东省纪委、省监察厅加强了对全省公务用车制度改革工作的调查研究和指导，积极稳妥地推行车改工作。一方面鼓励和支持条件成熟的地区和单位克服观望、等待的思想，积极启动和推进车改；另一方面加强研究和指导，引导有关地区从实际出发，正确处理好改革、工作和稳定的关系，确保车改工作稳步推进。同时加强监督，防止借公务用车制度改革之机侵吞国家财产和各种营私舞弊行为的发生，以防止和降低车改的政治风险和经济风险，保证公务用车制度改革工作健康、顺利地开展。

二、开展公务用车制度改革基本情况

广东公务用车制度改革的历程，大致可以分为两个阶段。第一阶段是1993年至2002年，属于各地自发进行"车改"试点阶段。东莞市沙田镇最早探索，该镇原有公务车14辆，公务用车费用占了财政的相当比例，为了减轻财政负担，从1993年起，该镇取消党政领导干部的公务用车，改为每年发给大家一定的交通补贴。这一改革取得了明显的经济效益，"车改"前该镇机关每年交通费用为84万元，"车改"后减为38万元，节约率达54%。其后，深圳特区报社也开始探索这项改革，为了解决业务发展与

公车不足的矛盾，该报社从1996年起给业务骨干发放一次性购车补贴，鼓励私人买车用于公务。这一改革既节约了单位购车、养车的费用，又有力地促进了业务发展。改革的先行者中还有珠海格力集团公司，该公司从1997年起，在集团总部和下属大、中型企业领导干部中，实行"自备工作用车，发给交通津贴"的改革。"车改"后，仅集团总部每年可节约的交通费用就达35万元。

此后，在省委、省政府的倡导下，在纪委和监察部门的指导下，深圳、珠海、东莞、中山、佛山、广州等地的一些基层单位也先后探索了公车改革。深圳市从1996年开始"车改"试点，至2003年，有50多家企事业单位进行了改革。2001年，珠海市对全市196家市属国有企业进行公车改革，接着，着手进行区、镇一级的"车改"试点工作。到2003年之前，中山市部分镇已经进行了"车改"。从2001年开始，广州市天河区开始试点和推广，经过3年时间，所辖22个街道办事处全部进行了车改。

这一阶段是"车改"的探索时期，缺乏刚性的要求，改革主要取决于各地党政主要领导的认识和决心。同时，由于改革涉及面广，缺乏现成的模式可供借鉴，各地只能"摸着石头过河"。因此，有的地方"车改"的做法还不规范，效果也不太理想。譬如，有的车改方案在制订和实施过程中没有充分走群众路线，透明度不高；有的在处置公车时，领导定价，内部转让，违背了公开、公平、公正的原则；有的交通费补贴标准定得过高或过低，不够合理；等等。各地和各单位公务用车货币化改革的做法呈现多样化，在车改的范围和对象的确定、原有公车的作价处理、交通费补贴的发放、原有司机的安置、车改后的监督管理等方面的做法上既有一致性，又有差异性。

这一阶段的公务用车改革的成效主要体现在三个方面：一是降低了公务交通成本，减少了财政开支；二是有利于工作的开展；三是促进了党风廉政建设，公车私用不正之风和涉及公务用车的腐败问题明显减少。

第 三 编

新世纪新阶段的反腐倡廉建设
（2003—2012）

进入新世纪新阶段，随着工业化、信息化、城镇化、市场化、国际化的步伐加快，我国经济总量一跃由改革开放之初的2700多亿美元增长到近1.2万亿美元，增长3倍多，居世界第六位，自2009年起，又超越日本跃居世界第二位至今。我国进入改革发展的关键时期，经济体制、社会结构、利益格局、思想观念都在发生着深刻的变化。在国际形势深刻变化和国内改革发展任务艰巨繁重的情况下，以胡锦涛同志为总书记的党中央，针对党的建设和反腐倡廉工作所面临的新形势，提出党要管党、从严治党，确立了"标本兼治、综合治理、惩防并举、注重预防"的反腐倡廉战略方针，在坚决惩治腐败的同时，进一步加大预防腐败工作力度，推动党风廉政建设和反腐败斗争在继承中发展，在改革中创新。坚持方针、构建体系、拓展领域，进一步探索走出一条从源头上预防和解决腐败问题的中国特色反腐倡廉道路，构成了新时期党中央关于反腐倡廉工作的总体思路。

2007年6月25日，胡锦涛同志在中央党校省部级干部进修班上发表重要讲话，鲜明地提出了一个重要概念——"反腐倡廉建设"。胡锦涛同志在党的十七大报告中，对反腐倡廉建设作了高度的概括和阐述，第一次把反腐倡廉建设同党的思想建设、组织建设、作风建设、制度建设一起确定为党的建设的基本任务，提出以完善惩治和预防腐败体系为重点加强反腐倡廉建设。这样，党的建设从原来的"三大建设"，到十六大提出的"四大建设"，再到十七大提出的"五大建设"，既表明我们党将反腐倡廉建设放在了更加突出的位置；也表明反腐倡廉必须走注重"建设"的路子，以更加积极的态度和勇于创新的精神推进反腐倡廉工作。

党的十六大通过的党章，在重申纪委三项主要任务和三项经常性工作的基础上，增加了协助党委"组织协调反腐败工作"的重要职责，补充了"对党员领导干部行使权力进行监督""保障党员的权利"两项工作。2007年，党的十七大通过的新党章，沿用了十六大党章"三项主要任务"和"五项经常性工作"的提法。各级纪检监察机关围绕贯彻落实科学发展观、完善社会主义市场经济体制、加强党的执政能力建设、构建社会主义和谐社会等重大决策，会同有关部门对加强宏观调控、调整经济结构、转变经济发展方式、节约资源、保护环境以及地方各级党委集中换届等工作开展监督检查，保证中央的决策部署落实到位。

这一阶段，党风廉政建设党内立法和国家法律法规制度建设工作取得新的进展。党的十五大期间，制定了一批加强党风廉政建设的法规和制度，初步建立起与社会主义市场经济相适应的领导干部廉洁从政规范框架。中央制定了一批与《中国共产党纪律处分条例(试行)》《中华人民共和国行政监察法》等基础性法律和党内法规相配套的规定或实施细则。党的十六大期间，中央颁布实施《中国共产党党内监督条例(试行)》，修订发布《中国共产党纪律处分条例》和《中国共产党党员权利保障条例》等重要党内法规。2005年，中央颁布《建立健全教育、制度、监督并重的惩治和预防腐败体系实施纲要》，2008年5月，中央下发《建立健全惩治和预防腐败体系2008–2012年工作规划》。这些法律法规和规范性文件严格遵循党章，顺应经济社会发展的大势和规律，比较全面地规范了社会主义市场经济条件下党政领导干部的从政行为，使纪检监察工作逐步走上法制化、制度化的轨道。2009年，中央办公厅、国务院办公厅印发《关于实行党政领导干部问责的暂行规定》和《中国共产党巡视工作条例(试行)》，十七届四中全会通过《中共中央关于加强和改进新形势下党的建设若干重大问题的决定》。2010年，中央印发《中国共产党党员领导干部廉洁从政若干准则》，修订《关于实行党风廉政建设责任制的规定》。

这一阶段，广东改革发展继续保持了在全国领先的地位，改革开放不断深化，中央对广东的工作寄予厚望。胡锦涛同志自2002年担任中共中央总书记以来，先后五次到广东考察。从最初寄望广东在"三个文明"方面交优异答卷[1]，到2004年鼓励广东在"科学发展观统领发展全局"上做排头兵；从

---

[1] "三个文明"，即物质文明、政治文明和精神文明。党的十六大报告指出："全面建设小康社会，开创中国特色社会主义新局面，就是要在中国共产党的领导下，发展社会主义市场经济、社会主义民主政治和社会主义先进文化，不断促进社会主义物质文明、政治文明和精神文明的协调发展，推进中华民族的伟大复兴。"

2009年勉励广东要"真正打好转变经济发展方式这场硬仗",到2011年希望广东在"进一步推进以改善民生为重点的社会建设"上再当排头兵,五次考察都给广东提出从经济建设到社会建设领域"排头兵"的新命题。2003年4月10日至15日,胡锦涛同志考察广东,充分肯定了广东改革开放和"三个文明"建设取得的巨大成就,对广东今后发展作了四点重要指示,一是认清形势,进一步增强加快发展、率先发展、协调发展的历史责任感和使命感;二是努力增创新优势,开拓新局面,实现新发展;三是坚持执政为民,切实做好关心群众生产生活的工作;四是加强和改进党的建设,为推进改革开放和社会主义现代化提供坚强保证。胡锦涛强调,"广东是我国改革开放先行的地区,发展得如何事关全局,中央对广东的工作一直十分重视,当前广东在发展中虽然面临着一些需要研究和认真解决的问题,当然包括近期发生的非典型肺炎问题都需要认真对待。但总的讲,广东完全有条件在全面建设小康社会基础上,率先基本实现现代化。也应该为全国改革开放和现代化建设作出新的更大贡献"。对于广东党的建设和党员干部队伍建设,胡锦涛同志强调,要坚持解放思想、实事求是、与时俱进,切实加强干部队伍的作风和学风建设。要广泛开展坚持"两个务必"的教育,使各级干部永葆人民公仆的政治本色。要加强和改进基层党建工作,把基层党组织建设成为贯彻"三个代表"重要思想的组织者、推动者和实践者。希望广东在全面建设小康社会、率先基本实现社会主义现代化的进程中,努力在社会主义物质文明、政治文明、精神文明建设方面都交出优异的答卷。

2005年5月20日至24日,时任中央政治局常委、中央纪委书记吴官正考察广东,对广东的工作给予了充分肯定,他在讲话中指出,深入开展反腐倡廉工作,必须坚持以邓小平理论和"三个代表"重要思想为指导,适应完善社会主义市场经济体制的要求,以改革统揽预防腐败工作,努力提高有效防治腐败的能力。他强调,发展社会主义市场经济要解决的体制机制问题,有些方面也是预防腐败要解决的深层次问题。要认真贯彻惩治和预防腐败体系实施纲要,把反腐倡廉寓于改革和体制创新之中,形成有效防范腐败的机制。继续深化行政审批制度等改革,更大程度地发挥市场配置资源的基础性作用,逐步减少滋生腐败的土壤。健全与社会主义市场经济发展相适应的从政准则,规范领导干部的行为。对滥用权力、谋取非法利益的严重违纪违法案件，务必严肃查处。抓好保证食品药品安全等专项治理，规范城镇房屋拆迁行为，切实维护人民群众的利益。加强反腐败国际合作，借鉴国外廉政建设的有益做法。

广东省认真贯彻中央的新部署新要求和中央领导同志对广东的殷切期望和重要嘱托，坚持以邓小平理论和"三个代表"重要思想为指导，认真贯彻胡锦涛总书记关于党风廉政建设和反腐败斗争的重要指示，按照中央、中央纪委的战略部署，在坚决惩治腐败的同时，不断拓展从源头上防治腐败的工作领域，加强对权力运行的监督制约，积极探索从严管党治党的有效途径。在构建与社会主义市场经济体制相适应的教育、制度、监督并重的惩治和预防腐败体系，推动党风廉政建设和反腐败斗争方面进行了一系列探索，逐步形成按制度办事、靠制度管人的机制。

第十章
改进党的作风和完善党内监督

　　党的十六大闭幕后不久，胡锦涛同志就带领中央书记处的同志到西柏坡学习考察，重温毛泽东同志"两个务必"的重要论述，① 号召全党同志特别是领导干部大力发扬艰苦奋斗的优良作风。中央领导集体身体力行、率先垂范，经常深入基层看望群众，检查指导工作，严格要求家属和身边工作人员，严格执行改进会议和领导同志活动新闻报道等规定，出国访问简化迎送仪式，外出考察轻车简从，带动各级领导干部进一步改进作风。

　　根据党的十六大和十六届四中全会精神，为进一步加强党的执政能力建设，全面推进党的建设新的伟大工程，确保党始终走在时代前列，更好地肩负起历史使命，2004年11月7日，中央发布《关于在全党开展以实践"三个代表"重要思想为主要内容的保持共产党员先进性教育活动的意见》，决定从2005年1月开始，用一年半左右的时间，在全党开展以实践"三个代表"重要思想为主要内容的保持共产党员先进性教育活动，到2006年6月基本结束。

　　2006年3月4日，胡锦涛同志在参加第十届中国人民政治协商会议第四次会议的民盟、民进联组讨论时发表"关于树立社会主义荣辱观"的

---

　　①　"两个务必"是毛泽东同志在党的七届二中全会上提出的，他要求全党在胜利面前要保持清醒头脑，在夺取全国政权后要经受住执政的考验，务必使同志们继续地保持谦虚、谨慎、不骄、不躁的作风，务必使同志们继续地保持艰苦奋斗的作风。2013年7月11日，习近平总书记也在西柏坡发表讲话，再次强调"两个务必"。

重要讲话,提出,要引导广大干部群众特别是青少年树立社会主义荣辱观,坚持以热爱祖国为荣、以危害祖国为耻,以服务人民为荣、以背离人民为耻,以崇尚科学为荣、以愚昧无知为耻,以辛勤劳动为荣、以好逸恶劳为耻,以团结互助为荣、以损人利己为耻,以诚实守信为荣、以见利忘义为耻,以遵纪守法为荣、以违法乱纪为耻,以艰苦奋斗为荣、以骄奢淫逸为耻。(简称"八荣八耻")全党上下在作风建设工作部署中,把弘扬"八荣八耻"作为重要组成部分,提出更进一步的要求。

2007年,在十六届中央纪委第七次全会上,胡锦涛同志讲话强调要切实抓好领导干部作风问题,大力倡导八个方面的良好风气:一是要勤奋好学、学以致用;二是要心系群众、服务人民;三是要真抓实干、务求实效;四是要艰苦奋斗、勤俭节约;五是要顾全大局、令行禁止;六是要发扬民主、团结共事;七是要秉公用权、廉洁从政;八是要生活正派、情趣健康。广东省经济在全国居于领先地位,经济比较开放繁荣,财富的快速增长也使得一些党政领导干部滋生奢侈浪费、攀比浮华的扭曲心理,进而诱发各类不正之风和腐败问题,作风建设的任务艰巨。

在这一阶段,中央部署开展了系列党性教育活动,同时,在完善党内监督、规范权力运行等方面出台了一批制度,做出了一系列重大部署,党内监督的制度框架逐步建立起来。

广东贯彻中央部署,结合自身实际开展了系列党性教育活动,加强和改进党的作风。在加强党内监督的具体制度设计方面,也进行了探索创新,出台了与广东改革发展阶段相适应的一批制度规定。

第一节　开展系列党性教育活动

这一阶段,广东的经济发展又上了一个新台阶,经济总量由2003年的15844.64亿元,增长到2012年的57147.75亿元,继续领跑全国。经济总量多年保持全国领先,一方面振奋了广大党员干部的信心,坚定了改革开放的决心;另一方面,党员干部中精神懈怠的问题显现,小富即安的思想有所抬头，艰苦奋斗、开拓创新的劲头有所减弱。这一阶段的党的作风建设，始终围绕进一步解放思想、深入贯彻落实科学发展观等主题开展。

一、开展省直机关作风建设年活动

2002年12月，省委作出2003年在省直机关开展以"三创新、一优化"（创新观念、创新体制、创新服务，优化发展环境）为主题的机关作风建设年活动。参加省直机关作风建设年活动的有204个省直单位，活动分为学习动员、统一思想，敞开大门、查找问题，认真整改、完善制度，评议总结、巩固提高四个阶段进行。这次作风建设年活动的成效主要表现在六个方面。一是推动了新一轮思想解放，树立了"追兵就是标兵，对手就是老师"的竞争观和"增创新优势，当好排头兵"的意识。4月中旬，胡锦涛总书记视察广东，要求广东加快发展、率先发展、协调发展，广东省直机关贯彻总书记重要指示精神，通过作风建设推动新一轮思想解放。二是行政管理体制改革取得积极进展。在前两年大力改革行政审批制度并取得积极进展的基础上，有行政审批权的职能部门主动减少行政审批项目，省直18个单位经过充分调查研究，广泛征求意见，对36项审批事项进行了清理，经报省政府常务会议研究决定，取消了20项审批事项，暂时保留2项，将14项审批事项移交行业组织或社会中介机构管理。三是机关服务质量和效率进一步提高。省直单位和基层群众反映强烈的"门难进、脸难看、话难听、事难办"问题有很大改观，一些省直单位加大了电子政务建设步伐，不但方便群众办事，节约了办事费用，也大大减轻了办事部门的工作量。四是建立和完善了改进作风的制度。很多单位推行了首问责任制、服务承诺制、限时办结制、责任追究制，并细化到具体岗位和服务流程中，有的单位还建立了机关作风建设工作考核制度，把作风建设列入年度对领导班子和领导干部的政绩考核范围，作为公务员年度考核、评先评优和奖惩的重要依据。五是为基层办好事做实事形成风气。一些单位按照民主化、科学化的要求，完善和优化了决策程序，对涉及指标下达、资金拨付、政策制定等重大决策，征求基层群众意见，提高了决策质量和水平。为落实省委、省政府实施"十大民心工程"的决定，许多部门提出了具体实施方案，以实际行动取信于民。六是人民群众对省直机关的满意度进一步提升。2004年1月，省委、省政府在广州召开省直机关作风建设年活动总结表彰大会，同时部署全省各级机关作风建设工作，把省直机关作风建设年的做法和经验推广到全省各级党政机关。

二、省委带头召开保持共产党员先进性专题民主生活会

2005年，中央部署在全党开展保持共产党员先进性教育活动，活动对于进一步统一思想认识，切实解决在长期执政、改革开放和发展社会主义市场经济条件下党员干部队伍中存在的与先进性要求不适应、不符合的问题，促进广大党员干部继承和发扬党的优良作风，起到了一定作用。根据中央的部署，2005年1月至2006年6月，广东开展了以"三个代表"重要思想为主要内容的保持共产党员先进性教育活动，时任中央政治局委员、广东省委书记张德江亲自担任领导小组组长。

2005年4月11日，时任中央政治局委员、省委书记张德江主持召开省委领导班子专题民主生活会。会议的主题是：围绕新时期保持共产党员先进性，对照学习实践"三个代表"重要思想、树立和落实科学发展观的要求，剖析世界观、人生观、价值观和权力观、地位观、利益观的情况；对照《党章》对党员的要求，剖析履行责任义务的情况；对照"两个务必""八个坚持、八个反对""五个力戒"的要求，剖析思想和工作作风的情况；对照"三有一好"的要求，剖析新时期保持共产党员先进性的情况。时任中央督导组组长周敬东、中央巡视组副组长戴俭明和中央组织部等有关方面负责同志及省人大常委会、省政协党组主要负责同志、省政府有关党员负责同志列席了会议。

为做好省委常委参加先进性教育活动分析评议阶段的工作，省委采取召开座谈会、发放征求意见表、公开向社会征集和当面听取意见四种方式，广泛征求各方面对省委领导班子及其成员的意见和建议。2月6日至3月15日，省委常委分别主持召开19个座谈会，共有331人参加了座谈会。共发放征求意见表1635份，收回1523份。通过在媒体发布通告，向社会各界公开征求意见。共接听群众来电356个，收到群众来信283封、电子邮件88件，接待来访群众102人次。除此之外，省委领导还结合下基层调研、指导工作，送温暖慰问，到老同志家看望、走访等，当面听取干部

群众的意见。经统计，共收集原始意见和建议2549条，其中，肯定方面1726条，意见和建议823条。有关征求意见的情况，省委先进办已印发给各常委并作了通报。按照要求，民主生活会之前，省委常委互相之间进行了谈心活动，参加了所在党支部的专题组织生活会，并根据征求意见的情况，深入进行"四对照、四剖析"，认真撰写了个人的党性分析材料。各地各单位党组织也参照省委的做法召开了专题民主生活会。

在省委的带动下，全省各级党组织也认真开展了专题民主生活会，扎实开展党性教育活动，纠正人民群众反映强烈的作风方面的突出问题。

三、开展保持共产党员先进性教育活动

活动共分三批开展。第一批教育活动在领导干部和领导机关开展。2005年1月17日，省委召开先进性教育活动工作会议，张德江为全省3万多名干部作动员讲话。1月31日，省委举办党员干部保持先进性专题学习培训班，张德江围绕保持共产党员先进性，就"理想、责任、能力、形象"为1700多名副厅级以上党员领导干部作报告。

省委还成立省委常委参加的先进性教育活动工作小组，省委常委带头参加教育活动，集体学习党章，深入基层调研，到农村基层教育活动联系点，联合举行以"保持共产党员先进性"为主题的党日活动，重温入党誓词，慰问老党员和困难群众。各地各单位坚持边学边改，以改促学，注重解决实际问题。为确保第一批先进性教育活动工作取得扎实成效，使先进性教育活动成为群众满意工程，省委先进性教育活动领导小组还组织对第一批先进性教育活动单位的整改情况进行督促检查。

第二批先进性教育活动从2005年7月开始，到2005年12月基本结束，参加单位包括街道社区，社会团体，社会中介组织，非公有制经济组织，乡镇机关及其直属单位，县（市、区）派驻乡镇的基层单位，党的组织关系在广东的金融机构，高等院校，中等专业学校，城市中小学校，各类民办学校，尚未参加第一批集中教育活动的中央、外省驻粤和本省的企事业单位。广东在总结第一批教育活动经验的基础上，根据中发〔2004〕20号、先组发〔2005〕14号和粤发〔2005〕2号文的要求，结合广东实际制定了实施意见，明确了时间、步骤。活动坚持正面教育为主，通过开展批评

与自我批评，组织学习培训、专题讨论和主题实践活动等多种形式，使广大党员进一步增强党的观念和党员意识，明确新时期保持先进性的重要性和具体要求，增强自我提高、自我完善和解决自身问题的内在动力，永葆先进性，做合格共产党员。

根据中央的统一安排，第三批教育活动在2005年11月底启动。12月，省委印发第三批先进性教育活动实施意见，明确全省第三批先进性教育活动从2005年12月上旬开始，到2006年6月前基本结束。每个单位的集中学习教育时间一般为3个月左右。参加单位主要是村、党的组织关系在村的基层组织。根据建设社会主义新农村的要求和"三农"工作实际，农村先进性教育活动总的要求是：认真贯彻落实中发〔2004〕20号、先组发〔2005〕20号和粤发〔2005〕2号文件精神，抓住学习实践"三个代表"重要思想这条主线，突出贯彻落实科学发展观这个要求，围绕建设社会主义新农村这个主题，有针对性地开展正面教育，努力实现"提高党员素质，加强基层组织，服务人民群众，促进各项工作"的目标要求。与前两批活动一样，第三批先进性教育活动也分学习动员、分析评议、整改提高三个阶段。时间从2005年12月上旬至2006年6月前，其中集中学习教育时间为3个月左右。

四、巩固教育活动成果，完善作风建设制度

2006年12月31日，省委办公厅印发《关于加强党员经常性教育的实施意见》《关于做好党员联系和服务群众工作的实施意见》《关于加强和改进流动党员管理工作的实施意见》和《关于建立健全地方党委、部门党组（党委）抓基层党建工作责任制的实施意见》等4份文件。印发这4份文件，是为了贯彻落实《中共中央办公厅印发〈关于加强党员经常性教育的意见〉等四个保持共产党员先进性长效机制文件的通知》精神，进一步巩固和扩大全省先进性教育活动成果，深入推进固本强基工程，加强党的执政能力建设和先进性建设。

《关于加强党员经常性教育的实施意见》强调把马克思主义基本理论、中国特色社会主义理论，爱国主义、集体主义和社会主义思想教育；党章党风党纪教育，主要包括党章和党的基本知识教育，党的优良传统

和作风、党风廉政建设和反腐倡廉教育；形势政策法规教育，主要包括党的路线方针政策教育和形势任务、国情省情教育；宪法和社会主义民主法制教育；科技文化知识教育，主要包括市场经济知识、现代管理知识和业务技能教育作为对党员开展经常性教育的基本内容。要把抓好学习培训和实践锻炼、严格组织生活、加强思想引导等作为开展培训的主要方式。

《关于做好党员联系和服务群众工作的实施意见》明确了结对帮扶困难群众、推行党员服务承诺、坚持记"民情日记"、参加社会公益活动、做好接待群众工作、深入基层开展调研等六种党员联系和服务群众的具体方式，提出省、市、县（市、区）党员领导干部每年下基层的时间分别不少于1个月、2个月和3个月，其中下农村（社区）时间分别不少于15天、1个月和2个月。县级党员领导干部每年应有10天以上的时间住村（社区）进户。乡镇（街道）党员领导干部要实行包村（社区）、联户，每年下村（社区）的时间不少于4个月，其中乡镇党员领导干部每年要有20天以上时间住在村里或农户家中。

《关于加强和改进流动党员管理工作的实施意见》提出，要通过建立外出流动党员党支部，加强"两新"组织和城市社区等新领域党的基层组织建设，不断扩大党组织的覆盖面，通过完善《流动党员活动证》制度、建立健全流动党员登记联系制度、建立流动党员信息管理网络、加强对流动党员的教育等措施，完善对流动党员的管理。《意见》对流动党员本身也提出了明确的要求，强调流动党员外出前，应向所在党支部报告外出事由、时间、地点及联系方式，领取《流动党员活动证》并及时到流入地党组织报到，积极参加党的组织生活，按规定交纳党费，完成党组织交给的任务。主动与流出地党组织保持联系，每年至少向流出地党组织汇报一次外出期间思想、工作和参加党的组织生活情况。外出地点、就业单位、居住地和联系方式等发生变化时，应及时向流出地党组织和有关党组织报告。

《关于建立健全地方党委、部门党组（党委）抓基层党建工作责任制的实施意见》明确了党委（党组）抓基层党建工作的4条基本原则。（1）坚持党要管党、从严治党，始终把基层党建工作摆在突出位置，逐级明确责任,强化工作措施,整合各方面力量,在推进固本强基工程中不断提高执政能力和水平,永葆党的先进性。(2)坚持围绕中心、服务大局,把基层党建工作放到全面落实科学发展观及构建社会主义和谐社会的大局中去谋划,紧紧围绕党执政兴国的第一要务来开展,实现抓党建与促发展的良性互动。(3)坚持分类指导、整体推进,从不同领域、不同行业的实际出发,找准基层党建工作着力点,突出工作重点,抓薄弱环节,有针对性地采取措施,全面推进党的思想、组织、作风和制度建设。(4)坚持与时俱进、开拓创新,以改革的精神研究新情况、解决新问题、总结新经验,创新工作机制,拓展工作领域,改进工作方法,使党的基层组织和党员队伍建设始终充满生机和活力。提出按照党组织隶属关系,地方党委领导本地区的基层党建工作;部门党组指导本部门机关及直属单位党建工作;部门党委根据批准其成立的党组织授权,领导或指导本部门机关和直属单位党建工作。党的组织关系实行属地管理、业务工作实行垂直管理的基层单位,其党建工作由地方党委领导,业务主管部门党组(党委)指导。党的组织关系和业务工作都实行垂直管理的基层单位,其党建工作由业务主管部门党组(党委)领导,地方党委指导。《意见》还分别明确了各级党组织、主要领导、分管领导及其他领导的责任。

五、发布"六条禁令",反对大吃大喝

2012年初,根据时任中央政治局委员、广东省委书记汪洋同志在《人民日报》上作出批示,[①]要求省纪委商两办"围绕解决公款'大吃大喝'的问题能够拿出一些有实际约束力的办法来,逐步收紧公款吃喝的约束力",省委办公厅、省政府办公厅联合印发《关于重申严禁公款"大吃大喝"的若干规定》,对省内公务接待活动作出了六条禁止性规定("六条禁令")。一是省、市、县(区)、乡镇(街道)及所属部门举办的本地区、本部门工作会议、庆典等活动,不得安排宴请。二是省、市、县(区)、乡镇(街道)所属部门之间,不得用公款相互宴请。三是省内上下级单位之

---

① 汪洋同志2007至2012年期间任中央政治局委员、广东省委书记,2012年12月到中央工作。

间公务接待，不得在定点接待场所或机关食堂以外安排用餐。四是到农村、社区和企事业单位从事公务活动，不得接受宴请。五是个人在学习培训期间，不得用公款相互宴请。六是省内接待应严格执行用餐标准，一律使用当地食材和省内酒水，不得安排名贵菜肴和高档酒。"六条禁令"落实了接待清单和相关费用公开制度，坚决纠正本地本部门会议、庆典等活动宴请，学习培训间相互宴请、工作日接待中午饮酒以及超出用餐标准、安排名贵菜肴和高档酒等问题，防止"舌尖上的腐败"。党的十八大以后，中央颁布八项规定，省委、省政府加大了对禁止公款"大吃大喝""六条禁令"的执行力度，进一步纠正公务接待标准过高、范围过宽等问题。对顶风违纪的大吃大喝案件从重、加重处分，典型案件点名道姓公开曝光。

六、纪检监察机关作风建设情况

在认真履行职责，严肃查办违纪违法案件的同时，全省纪检监察系统也开展了相应的教育活动，提升执纪能力，维护纪检监察干部良好形象。2005年12月7日，省纪委、省监察厅召开保持共产党员先进性教育活动动员大会。2006年1月4日，省纪委、省监察厅转发中央纪委《关于开展"做党的忠诚卫士、当群众的贴心人"主题实践活动的通知》，在全省纪检监察机关部署开展"做党的忠诚卫士、当群众的贴心人"主题实践活动。2006年3月4日，胡锦涛同志发表了关于树立社会主义荣辱观的重要讲话。此后，全省各级纪检监察机关迅速组织广大党员干部认真学习"八荣八耻"的主要内容和精神实质，要求广大纪检监察干部率先垂范、身体力行，牢固树立社会主义荣辱观。2008年4月，经中央同意，中央纪委、监察部决定在全国纪检监察系统深入开展"做党的忠诚卫士、当群众的贴心人"主题实践活动。全省纪检监察机关认真贯彻落实中央纪委、监察部的要求，部署开展了相关活动。在深入学习实践科学发展观的同时，坚持以科学发展观统领"做党的忠诚卫士，当群众的贴心人"主题实践活动，把开展主题实践活动作为学习实践科学发展观活动的重要实践载体，以解放思想、加强和改进工作作风为切入点，创新活动形式，丰富活动内容，为科学发展观的贯彻落实提供有力保障。2009年6月，省纪委、省委组织部联合下发《关于进一步加强纪检监察领导班子和队伍建设的意见》。《意见》明确了加强纪检监察领导班子和队伍建设的指导思想、基本要求和总体目标。2010年9月，省纪委机关制定解决党性党风党纪方面突出问题的重要措施8项、修订政策制度28项，新建工作制度32项，出台保增长、保民生、保稳定方面的重要措施17项；全省纪检监察系统共制定整改措施6264项。2012年3月22日，省纪委、省监察厅印发《关于树立和践行社会主义核心价值体系，深入推进纪检监察干部队伍建设的意见》。通过深入开展树立和践行社会主义核心价值观活动，进一步促进了纪检监察干部队伍建设，为深入推进广东省反腐倡廉建设提供有力保证。

第二节 开展党风廉政建设责任制落实情况检查考核

1998年党中央、国务院制定《关于实行党风廉政建设责任制的规定》，以党内法规的形式为贯彻落实党风廉政建设责任制提供了比较明确、具体的依据。2008年，《关于实行党风廉政建设责任制的规定》实施10周年。10月，中央纪委和中央有关部门召开全国落实党风廉政建设责任制电视电话会议，传达学习贯彻胡锦涛总书记关于落实党风廉政建设责任制的重要指示，总结交流10年来落实党风廉政建设责任制的经验，对下一步工作进行研究部署。胡锦涛总书记强调指出，各级党委、政府要认真贯彻党的十七大精神，毫不松懈地抓好党风廉政建设和反腐败斗争，严格执行党风廉政建设责任制，扎实推进惩治和预防腐败体系建设，进一步加大解决党风廉政建设方面突出问题力度，为推动科学发展、促进社会和谐提供有力的政治保障。

2010年11月10日，党中央、国务院修订颁布《关于实行党风廉政建设责任制的规定》（《规定》）。这次修订保持了与《中国共产党党内监督条例（试行）》《中国共产党纪律处分条例》《行政机关公务员处分条例》《中国共产党巡视工作条例（试行）》《关于实行党政领导干部问责的暂行规定》《党政领导干部选拔任用责任追究办法（试行）》等其他党内法规的衔接，充实完善了责任内容和检查考核与监督的措施，要求各级党委（党组）要建立党风廉政建设责任制的检查考核制度，建立健全检查考核机制，制定检查考核的评价标准、指标体系，明确检查考核的内容、方法、程序。配合《规定》的修订颁布，中央媒体做了强有力的宣传，中央纪委还召开新闻发布会通报《规定》修订的有关背景、思路和中央对贯彻落实《规定》的要求。这一阶段的党风廉政责任制检查考核工作得到了加强，推动了党风廉政建设责任的落实。

一、开展党风廉政建设责任制检查考核工作

广东在全国较早开展党风廉政建设责任制检查考核工作。2001年11月，广东对部分市、县的党政领导班子成员落实党风廉政建设责任制情况进行了专项考核检查。在被考核的173名领导干部中，能认真履行职责的129人，基本能履行职责的23人，职责落实不够的21人。各地在考核工作中突出抓好自评、民主测评、组织考评和领导审核4个环节，强化对各级领导班子和领导干部落实责任制的监督检查。与此同时，严格执行责任追究，查处了一批违反责任制的领导干部，2001年1月至7月，全省共追究212名领导干部的责任。省纪委牵头查处了2000年发生在东莞市厚街镇赤岭村房屋倒塌造成10多人死亡的"12·1"事故，给予东莞市建委主任简某某行政警告处分，给予厚街镇长陈某某行政记大过处分，其他7名领导干部也受到了严肃的责任追究。茂名市对考核中存在问题或不合格的153名领导干部，发出整改通知书64份，诫勉谈话89人次。云浮市对在民主评议中不称职票数达到三分之一以上的领导干部，由市党风廉政建设责任制领导小组办公室建议市委免去其领导职务。

2005年，广东省按照全国落实党风廉政建设责任制电视电话会议精神的要求，抓好党风廉政建设责任制工作的落实。当年上半年，由5名省委领导和省纪委领导带队，对10个地方和单位落实党风廉政建设责任制的情况进行检查考核。11月中下旬，由10名省领导带队，共组成11个检查组，分别对34个地区和单位，包括21个地级以上市、7个省直单位、3所高校、3家省属企业落实党风廉政建设责任制情况进行检查考核。同时，省

党风廉政建设责任制领导小组办公室加强对责任制重点难点工作的调查研究,下发了《关于进一步加大党风廉政建设责任追究力度的通知》,要求各级加大责任追究的力度,并加强对农村基层落实党风廉政建设责任制延伸工作的指导。

二、领导干部带头履行第一责任

省委、省政府主要领导带头严格执行党风廉政建设责任制,带头检查责任制落实情况,带头为党员领导干部作廉政报告。各级党委把反腐倡廉建设与经济社会发展同部署、同落实、同检查、同考核,反腐败领导体制和工作机制进一步健全完善。

2009年9月18日,党的十七届四中全会通过了《中共中央关于加强和改进新形势下党的建设若干重大问题的决定》),指出了加强和改进新形势下党的建设的重要性和紧迫性,强调落实党要管党、从严治党的任务比过去任何时候都更为繁重和紧迫,研究和部署了以改革创新精神推进党的建设新的伟大工程的任务。为贯彻落实《中共中央关于加强和改进新形势下党的建设若干重大问题的决定》精神,促进各级领导干部认真履行抓反腐倡廉工作的政治责任,保障广东省科学发展和"三促进一保持"各项工作的顺利开展①,省委决定,从当年10月下旬至11月上旬,组成23个考核组,由省级党员领导干部带队,对21个地级以上市和省检察院、省法院党政领导班子及成员落实党风廉政建设责任制情况进行检查考核。这次考核规模之大、规格之高、参与度之广,在广东省反腐倡廉建设史上是第一次。

10月12日,省委办公厅下发《关于开展党风廉政建设责任制考核的通知》,明确了责任制考核的对象、内容、方法和步骤等。考核对象是21个地级以上市和省法院、省检察院党政领导班子及成员。考核的主要内容包括四个方面:一是贯彻落实党风廉政建设责任制情况。全面考核中

---

① "三促进一保持",即:促进提高自主创新能力、促进传统产业转型升级、促进建设现代产业体系、保持经济平稳较快增长,是2008年广东省委省府为应对国际金融风险而提出的经济工作方针。

发〔1998〕16号文规定的七项责任内容,重点考核建立党委统一领导,党政齐抓共管的党风廉政建设领导体制和工作机制,落实责任分工、任务分解、责任考核、责任追究等方面的情况。二是建立健全惩治和预防腐败体系情况。按照《中共中央纪委关于推进惩治和预防腐败体系建设的检查办法(试行)》的要求,重点考核落实《工作规划》和省《实施办法》,结合实际推进惩治和预防腐败工作情况。三是领导干部作风建设情况。四是贯彻执行党和国家党风廉政法规制度情况。重点考核贯彻落实《党内监督条例(试行)》《关于实行党政领导干部问责的暂行规定》《国有企业领导人员廉洁从业若干规定》,以及领导干部廉洁从政规定,创建反腐倡廉基础性制度,开展工程建设领域突出问题专项治理等方面的情况。

从10月下旬开始至11月上旬,23个考核组根据任务分工,扎实开展检查考核工作。其中,时任中央政治局委员、省委书记汪洋带队检查考核广州市,省委副书记、省长黄华华带队检查考核深圳市。考核采取单位自查、考核组考核、党员干部民主评议、社会问卷调查"四位一体"的方式进行。21个地级以上市市委、市政府和省法院、省检察院把这次检查考核作为一项重大的政治任务,党政一把手亲自抓,按照省委的部署要求全面回顾总结、认真开展自查。考核期间,各考核组共发放和收回民主评议表4393份;召开了72次各界干部群众参加的座谈会;与346名被考核班子成员个别谈话;实地抽查了21个县(市、区)和部分市直单位;委托国家统计局广东调查总队进行了社会问卷调查,共抽样调查干部群众4200名,这是将社会评价机制引进检查考核的有益尝试,增强了检查考核的公信度和客观性。

2010年,省委出台党风廉政建设第一责任人述责制度和党政干部问责实施办法,对1762名领导干部实行了责任追究,推动建立全省"以目标倒逼进度、时间倒逼程序、社会倒逼部门、下级倒逼上级、督查倒逼落实"的"倒逼抓落实"机制。年底,省纪委、省监察厅领导带队组成12个检查组,对深圳市和19个地级市以及省教育厅等6个省直惩防体系建设牵头单位进行检查,促进了责任到位和各项任务落实。

三、针对检查发现的问题强化整改落实

通过检查考核,全面掌握了2007年以来全省反腐倡廉建设的总体情况,总结了工作经验,发现了存在问题,找准了努力方向。省领导亲自带队检查考核,促进了全省各地各单位反腐倡廉建设各项工作的落实;被检查考核单位和领导通过自查总结,提高了认识,强化了进一步抓好反腐倡廉建设的责任感和紧迫感;通过引导广大党员干部和社会各界群众积极广泛参与,增强了党风廉政建设和反腐败斗争的群众基础。2009年以来,在应对国际金融危机和扩需促增的艰巨任务面前,全省党员干部坚决拥护党中央和省委的决定,坚决与中央和省委保持高度一致,坚决维护改革发展稳定大局,保增长、保民生、保稳定,深入推进党风廉政建设和反腐败斗争,取得了经济回暖、政治稳定、社会和谐的明显成效,取得了党风廉政建设的新成果,反腐倡廉建设为广东省经济社会的发展进步提供了重要保障。

2009年的大规模检查考核之后,广东逐步建立起常态化的落实党风廉政建设责任制检查考核工作机制。每年第四季度在全省范围内组织开展一次专项检查,推动党风廉政建设责任制的落实。2010年11月下旬至12月中旬,省纪委省监察厅领导带队组成12个检查组,对20个地级以上市(广州因承办亚运会没有考核)以及省教育厅、省卫生厅、省国资委、省地税局、省工商局、省质监局等6个省直单位落实党风廉政建设责任制情况进行检查。2011年12月下旬至2012年1月上旬,省党风廉政建设领导小组采取全面自查和重点抽查相结合的方式,由省纪委领导带队,在全省21个地级以上市、省直各局以上单位自查的基础上,对惠州、江门、湛江、揭阳4市和省经信委、省司法厅、省环保厅3个省直单位进行了重点抽查。落实党风廉政建设责任制检查考核工作机制的不断完善,有力促进了广东省反腐倡廉建设各项工作的落实。

各级纪检机关积极协助党委抓好反腐倡廉任务分工和检查考核,2007年至2012年,全省对1549名违反责任制规定的领导干部给予责任追究。从实际效果看,由于当时对党风廉政建设责任制这项工作的规律把握还不够,检查考核还存在走形式的问题,鼓励表扬多,有针对性地指出存在问题少,更未能有效切中要害,所以,取得的成效是初步的。

四、探索开展"三述"活动

所谓"三述",是指下级党委主要负责人和同级党政部门主要负责人向纪委全会述责述廉述德,这是广东加强对领导干部特别是"一把手"党内监督的制度探索和方式创新。

广东在全国率先开展党风廉政建设责任制第一责任人述责活动,对"三述"的探索起始于湛江市。2006年,湛江市出台《关于县(市、区)委书记向市委全委会述职的实施办法(试行)》,明确县(市、区)委书记要向市委全委会公开进行述职述廉,并开展了首次述职述廉活动。2008年4月,湛江市创造性地采用网络电视直播的方式,对县(市、区)委书记述职述廉进行现场直播,由于事前宣传到位,群众积极参与,并与现场形成互动,气氛热烈,取得了很好的效果。

2010年,省委在总结湛江市做法的基础上,提出要在全省范围内探索开展党风廉政建设第一责任人述责工作。9月,省党风廉政建设领导小组制定下发了《广东省党风廉政建设第一责任人述责暂行办法》,要求各级党委(党组)、政府以及党委和政府的职能部门领导班子正职,每年

部分地市和省直单位党委(党组)书记在省纪委二次全会上做述责述德述廉报告。

以一定形式（口头或书面）向上级党风廉政建设领导小组报告领导班子落实党风廉政建设责任制，以及个人履行党风廉政建设第一责任人职责的情况。2011年初，省委确定珠海、云浮两个地级市，江门新会区、湛江吴川市两个县级市（区）作为第一责任人述责先行点。6月至8月，上述4个地方先后组织开展了述责活动。述责活动分为自述、询问和答辩、讲评三个程序，主要围绕四个方面的工作展开，包括落实党风廉政建设责任制情况、推进惩治和预防腐败体系建设情况、加强作风建设情况和个人廉洁从政情况。从试点情况看，述责活动的开展增强了"一把手"的责任意识和民主决策意识，构建了互动平台，完善了监督措施。2012年初，全省各地级以上市和省直各部门均按照述责办法要求，完成向省党风廉政建设领导小组述责工作。第一责任人述责的实行，为"三述"活动开展积累了比较丰富的经验，奠定了很好的基础。

2012年10月，省委印发《广东省从严治党五年行动计划》，要求在全省各地全面推行下一级党委和同级党政部门主要负责人向纪委全会述责述廉述德制度，即"三述"制度，切实加强对领导干部特别是"一把手"的监督。省纪委专门制定了《关于充分发挥我省党的各级纪委全体会议及委员作用的意见》，明确各级纪委全委会和纪委委员在"三述"活动的工作责任。12月，省委召开常委会专题研究部署，中央政治局委员、省委书记胡春华亲自审定省纪委十一届二次全会"三述"活动方案和"三述"对象人选，[①] 省委常委、省纪委书记黄先耀担任"三述"工作领导小组组长，组织研究制订工作方案，主持召开工作协调会，加强对"三述"活动的组织领导和工作指导。

根据省纪委的部署要求，各地级以上市迅速成立以纪委书记或市委书记为组长的"三述"工作领导小组，研究制定"三述"工作方案和实施细则，推进"三述"工作规范化、程序化，全省基本形成了"党委统一领导、纪委组织实施、广泛依靠社会参与支持"的"三述"工作领导体制和工作机制。

---

① 胡春华同志2012年11月在党的十八大上当选中央政治局委员，12月起任广东省委书记。

各地经过不断探索、实践，"三述"工作逐步完善，成效也逐步显现。在"三述"内容上，明确把上级关注的"责、德"和群众关注的"廉"有机统一起来，重点是履行"一岗双责"职责、锻造人品官德、执行《廉政准则》等方面情况。在程序规范上，逐步形成确定对象、征求意见、撰写"三述"报告、会议陈述、询问和质询、组织评议、情况反馈、督促整改等步骤的基本程序，并对每个环节、每项内容作出具体规定和要求。在对象选择上，注重挑选资金密集、权力集中、与民生事业密切相关等部门和地区党委主要负责人，突出对重点领域和重点部位领导干部的监督。汕头、惠州等市将"三述"人员的报告稿提前送给纪委委员审阅，报告结束后当场进行综合评议。湛江、河源等市还设置了现场质询、问答环节，突出对领导干部的全面监督、准确评价。各地积极探索"三述"工作的有效方式，不断拓展干部群众、新闻媒体参与监督的渠道，将党内监督和群众监督、媒体监督有效对接，实现对领导干部多角度、全方位的监督。汕头、河源、湛江等市通过网络电视等媒体，对"三述"活动进行全程直播，对领导干部的评议结果当场公布。有些地方组织纪委委员在"三述"活动开展前到"三述"对象所在单位走访座谈，开展问卷调查，做到心中有数，增强评议、质询的针对性。在成果运用上，对评议结果及时分析，对存在问题督促整改，对整改落实情况适时回访。汕头、湛江还组织开展"回头看"活动，对"三述"对象整改情况进行专项检查。一些地市还把对"三述"对象的民主评议意见、测评结果及有关问题调查处理的结论性材料，记入领导干部个人廉政档案，与党风廉政建设责任制考核挂钩，作为领导干部选拔使用的重要依据。

第三节　开展领导干部报告个人有关事项工作

党员领导干部向党组织报告个人有关事项，是党的组织原则、组织纪律的要求，也是落实党要管党、从严治党方针，加强对领导干部的监督、促进廉洁从政的重要措施。广东在这方面的探索比较早。

一、开展领导干部报告个人有关事项工作

1995年，按照中央纪委第五次全会的要求，全省领导干部在廉洁自律工作中执行了党政机关县（处）级以上领导干部收入申报制度，党和国家机关工作人员在国内公务活动中收受礼品登记制度和国有企业业务招待费使用情况向职代会报告制度等"三项报告制度"。

2010年5月，中央颁布《关于领导干部报告个人有关事项的规定》（《规定》），整合了原有领导干部收入申报、报告个人有关事项制度的内容，进一步完善了领导干部报告个人有关事项的制度。《关于党政机关县（处）级以上领导干部收入申报的规定》（1995）和《关于党员领导干部报告个人有关事项的规定》（2006）同时废止。《规定》拓展了报告事项的内容，将领导干部本人婚姻变化情况和配偶、子女移居国（境）外、从业等事项，本人有关收入事项，本人及配偶、共同生活的子女房产、投资等事项，全部纳入报告的范围；将非党员领导干部也纳入报告主体范围。《规定》还明确了对报告事项进行汇总查阅和调查核实的审批程序。

为确保《规定》的实施，中央纪委、中央组织部确定将广东等地方和单位作为联系点，为在全国范围正式实施积累经验。经省委同意，省纪委、省委组织部于2010年7月至9月，选择广州市的天河区、从化市和阳江市、省发展改革委、省卫生厅、省广晟公司等地方和单位先行先试。为打消一些领导干部执行报告制度的疑虑，省纪委组织开展了多次学习培训和动员会，在充分把握中央政策的基础上，明确指出：执行《规定》要严格把握政策，坚持以自律为主、以党内监督为主、以有关事项为主的"三个为主"政策界限，从而打消了部分领导干部的顾虑，提高了报告个人有关事项的主动性。通过先行先试，广东在组织填报、汇总分析、材料保管等方面积累了一定经验，在此基础上形成了领导干部报告个人有关事项的受理、请示答复、汇总综合、材料查阅、调查核实、材料管理等6项配套制度，在制度设计上妥善处理了对领导干部的关心爱护和加强监督之间的关系，为报告制度在广东乃至全国的全面执行提供了经验。

2011年1月，广东在全省范围内实行领导干部报告个人有关事项制度。当月，全省60941名符合报告条件的县（处）级以上领导干部中，有

60773名干部完成报告工作,首次完成率达到99.72%;有168名领导干部由于疾病、涉嫌违纪被调查或在国外培训等特殊原因未按期完成报告。

从2012年起,广东探索对报告事项进行汇总分析,发挥好报告制度的廉政监督、促进自律作用。2012年7月,省纪委、省委组织部对2800名省管干部报告材料进行了汇总分析,形成《广东省省管干部个人有关事项报告材料汇总综合报告》报告省委。时任中央政治局委员、省委书记的汪洋同志在报告上批示:填报中存在问题要考虑改进措施;对违反规定持有护照的,要按要求收回;对拥有多处房产且与本人及家庭收入明显不符的,请纪委留意。根据汪洋同志批示,省委常委、省纪委书记黄先耀主持召开了专题会议,对综合报告中反映的省管干部"全裸"(配偶、子女均移居国境外)、持有房产较多、家庭投资较多等三种特殊情况逐一分析研判。结合信访情况,省纪委对其中的17名领导干部进行了函询,督促41名持有因私出国(境)证照的领导干部将证照上交组织统一管理,建议省委对4名领导干部的岗位作出调整。

二、探索开展领导干部家庭财产申报试点

在认真执行领导干部报告个人有关事项的基础上,2012年5月,省第十一次党代会提出要"开展领导干部家庭财产申报试点工作"。10月,省委印发的《广东省从严治党五年行动计划》进一步提出,要"探索实行党员领导干部家庭财产申报并在一定范围公示制度"。根据省党代会决定和省委文件要求,省纪委确定在珠海市横琴新区、韶关市始兴县开展领导干部家庭财产申报公示试点。2012年7月底,两个试点工作正式启动。申报对象为两个试点单位党的机关、人大机关、行政机关、政协机关、审判机关、检察机关、人民团体副科级以上领导干部(不含非领导职务)。申报公示内容对比中央《规定》,增加了申报人家庭拥有汽车情况等。申报情况在党政内网上公示,接受党员干部的监督。

第四节 巡视和派驻机构的设立及工作发展

党内巡视工作历史悠久。1928年,中央就制定了巡视条例,以中央通告形式下发。在革命战争年代,巡视制度为保证党的集中统一,领导人民夺取革命胜利提供了重要保障。进入改革开放新时期,我们党把历史上的巡视制度再次提出来。1990年3月,党的十三届六中全会提出,中央和省区市党委可以根据需要派出巡视工作小组,授以必要的权力,对有关问题进行督促检查,直接向中央和省(区、市)党委报告情况。

1996年,经党中央批准,十四届中央纪委第六次全会通过关于重申和建立巡视制度的决定。3月,中央纪委制定了《中共中央纪委关于建立巡视制度的试行办法》,并于当年派出两批巡视组,赴广西、四川、辽宁、煤炭部开展巡视。1997年2月,经中央同意,中央办公厅转发《中共中央纪律检查委员会关于重申和建立党内监督五项制度的实施办法》,进一步推动了巡视工作的开展。1996年4月至1998年8月,中央纪委先后派出7批巡视组,分赴18个省(区、市)和中央国家机关开展巡视工作。

1999年至2000年,中央组织"三讲"教育专项工作巡视组,对各地区、各部门开展巡视。2001年5月至2002年10月,巡视工作处于试点阶段。此期间,中央纪委、中央组织部联合派出2批巡视组,对辽宁、云南、河北、安徽、河南、广西等省(区、市)进行巡视试点。巡视的主要任务是对省级班子及其成员特别是党政主要负责人,在贯彻执行党的路线方针政策、民主集中制、廉政勤政和选拔任用干部等方面的情况进行监督检查。

2002年11月,党的十六大提出要"改革和完善党的纪律检查体制,建立和完善巡视制度"。2003年8月,党中央、国务院正式批准中央纪委、中央组织部关于设立专门巡视机构的请示。随即,组建了中央纪委、中央组织部巡视工作办公室和五个巡视组。2003年,中央颁布《中国共产党党内监督条例(试行)》,把巡视作为党内监督的一项重要制度写入条例,巡视工作进入制度化、规范化、经常化的新时期。2004年9月1日,中央纪委、中央组织部联合印发《关于中共中央纪委、中共中央组织部巡视工作的暂行规定》,各省陆续设立巡视机构。2007年,党的十七大把巡视制度写入党章。2009年,中央颁布《中国共产党巡视工作条例(试行)》,成立中央巡视工作领导小组,巡视组更名为中央巡视组。

一、探索实行"一年一巡视、一年一评议、一年一谈话"制度

在前几年探索的基础上,2003年,广东省纪委分两个批次对部分地级以上市和省政府工作部门进行巡视。2004年1月,根据中央纪委十六届三次全会精神和中央纪委、中央组织部、中央机构编制委员会办公室联合下发的《关于省、自治区、直辖市单位设立巡视机构有关问题的通知》要求,省委决定建立巡视机构并将巡视工作作为一项政治任务来抓。2月27日,省编委批准同意设立省委巡视组和省委巡视工作办公室,核定行政编制35名和事业编制8名。同年4月,省委巡视工作领导小组成立,时任省委常委、省纪委书记王华元任组长。4月28日,巡视机构正式挂牌成立,办公地点设在广州市东风中路335号环保大厦。巡视机构设5个正厅级巡视组,同时成立副厅级巡视工作办公室,名称为"中共广东省委巡视工作办公室"。

2004年5月,省委5个巡视组分赴惠州、茂名、清远、江门、梅州5个地级以上市,开展了巡视机构成立以来的首批巡视。2005年7月底,省委巡视组分赴省建筑工程集团有限公司、省广新外贸集团有限公司以及四会市、电白县、徐闻县等2个省管国有企业和3个县(市),进行为期1个半月的巡视,这是巡视机构成立以来首次对国有企业和县(市、区)进行的巡视。2006年,省委巡视组圆满完成了对阳江、阳春、省广业资产经营有限公司等15个市、县(市、区)和国有企业的巡视任务。

2007年5月,广东省第十次党代会作出决定,对省管党政领导干部探索实行"一年一巡视、一年一评议、一年一谈话"制度。8月,省委出台《对省管党政领导班子和领导干部实行"一年一巡视、一年一评议、一年一谈话"制度试行办法》。实行"一年一巡视、一年一评议、一年一谈话"制度的基本内容是:对全省各地级以上市和省直重点部门的巡视由原来的每届一至二次改为每年一次;在巡视动员大会或被巡视单位召开的党委全委会上,每年对地厅级干部进行一次民主评议;以巡视和评议

为依据,每年由省领导或巡视组长对地厅级干部进行一次谈话,肯定成绩,指出问题,提出要求。"一年一巡视、一年一评议、一年一谈话"工作在省委统一领导下,由省纪委、省委组织部负责组织实施。巡视、评议情况和谈话结果,送省纪委、省委组织部备案,作为领导班子调整和领导干部选拔任用、培养教育、奖励惩戒的重要参考依据。为适应实行"一年一巡视、一年一评议、一年一谈话"制度的要求,省委决定将原来的5个巡视组增加到13个巡视组。11月,省委13个巡视组分赴广州、深圳、珠海、佛山等13个地级以上市开展为期1个半月的巡视工作,对13个地级以上市党政领导班子和199名领导干部进行了民主评议。

2009年4月21日,省委印发《中共广东省委关于进一步加强和改进巡视工作的意见》,决定在已核定的机构编制总数不变、经费不减的情况下,将巡视组整合为10个,行政编制从35名增加到63名,在全国居于前列。2010年8月,经省编办批准,省委巡视办更名为"省委巡视工作领导小组办公室"。为贯彻中央关于把巡视延伸到县(市、区)的有关精神,省委巡视办与各巡视组共同研究有关措施,率先探索"以市带县"的巡视方法,抓好对县一级的集中巡视。12月,省委各巡视组分赴惠东县、罗定市等10个县(市)开展为期一个半月的巡视工作,至2010年12月共对全省50个县(市、区)进行了巡视。广东省集中巡视县(市、区)的实践探索得到中央的肯定,在2010年7月中央巡视办召开的巡视制度建设征求意见座谈会上作了经验介绍。

2011年3月,根据省委巡视工作部署,结合地市换届工作,省委巡视组对各地级市开展巡视工作,至当年8月底,共完成了对全省20个地级以上市的巡视。

2012年2月,围绕"加快转型升级,建设幸福广东"中心工作,省委启动以"打击欺行霸市、打击制假售假、打击商业贿赂,建设社会信用体系、建设市场监管体系"为主要内容的"三打两建"工作。省委将原省"三打"行动综合督导组的30名同志并入巡视组,联合开展巡视督导工作。同年6月,巡视组进驻21个地级以上市,围绕"三打两建"工作开展专项巡视督导,有力保证了省委、省政府决策部署的贯彻落实。

二、不断完善巡视工作领导体制和工作机制

早在2002年,省委就制定了《巡视工作暂行办法》。巡视机构正式成立后,更加注重推进巡视工作制度化建设。2005年7月,省委颁行《巡视工作暂行规定》,对巡视的指导思想、职责任务、工作程序、工作方式、成果运用及人员条件等作出系统、明确的规定。同时,制订了《巡视工作成果运用督查工作暂行办法》《巡视工作人员守则》《巡视机构学习培训制度》等一系列配套制度及内部管理规章。2009年4月,省委出台《关于进一步加强和改进我省巡视工作的意见》,对全省巡视工作组织领导、巡视机构建设、巡视监督重点、巡视成果运用等作出了具体的规定。同年7月,《中国共产党巡视工作条例(试行)》颁布实施,广东省以此为契机,从巡视工作急需而又具备解决条件的问题入手,积极构建内容完备、结构合理、功能健全、科学管用的巡视工作制度体系。2010年上半年,省委巡视办出台《省委巡视工作领导小组工作规则》等15项配套制度。

2012年3月,省委办公厅印发《广东省2012—2016年巡视工作规划》,提出了今后5年巡视工作的基本目标和基本要求,"把地级以上市和县(市、区)领导班子作为巡视监督重点,对地级以上市五年内开展一至两次巡视,对县(市、区)五年内确保巡视一次"。"对省直单位、省属高等学校和省属国有企业开展巡视,力争五年内全面巡视一次"。

广东巡视机构成立以来,在省委的坚强领导下,巡视工作体制机制逐步完善、日趋成熟,逐步建立起由省委巡视工作领导小组、巡视办和巡视组构成的组织架构,形成了"省委统一领导,巡视工作领导小组具体负责,巡视办组织实施,纪委和组织部门大力支持,有关部门共同参与"的领导体制和工作机制,巡视队伍不断发展壮大,巡视工作合力不断增强。从2004年巡视机构成立至2012年党的十八大召开,全省累计开展巡视25批,共巡视单位246个次,其中,21个地级以上市均已巡视两至三次;完成了对84个县(市、区)、46个省直单位、28所省属高等院校、20个省属国有企业的巡视。通过巡视,共发现被巡视单位存在问题1155项,向省委省政府提出意见建议162项,向省委提出调整班子建议32项,向被巡

视单位提出整改意见建议1041项,向纪检监察机关移交领导干部违法违纪线索57条,其中涉及地厅级干部18人,处级干部22人。

三、纪检监察派驻机构的设立及工作开展

根据党的十二大通过的党章的有关规定,20世纪80年代中期,省纪委开始向省直机关派驻纪检组。80年代末,省监察厅开始向省直各厅、局派出监察处(室)。从1995年开始,省纪委、省监察厅原派驻(出)省直单位的纪检、监察机构实行合署办公。

进入新世纪后,中央明显加快了派驻机构统一管理的步伐。按照中央的部署,中央纪委、监察部2002年开始对派驻机构实行统一管理试点,在总结试点经验的基础上,2004年对36个双派驻机构实行统一管理,2005年又对20个单派驻机构实行了统一管理。至2005年底,中央纪委、监察部对派驻国家机关56个部门的纪检组和监察局全面实行了统一管理。

广东省坚决贯彻中央和中央纪委的部署和要求,推进派驻机构统一管理工作。2001年3月16日,省纪委、省委组织部、省编办、省监察厅联合下发《关于印发〈关于加强省纪委、省监察厅派驻(出)纪检监察机构管理的意见〉的通知》,调整了派驻机构的设置,共设立11个派驻机构,并明确了这些派驻机构各自的授权管理单位。2003年7月11日,省纪委、省监察厅印发《关于印发〈中共广东省纪委、省监察厅派驻(出)机构有关工作制度〉的通知》,建立派驻机构述职评议和考核、请示汇报和请假报告、检查督促和责任追究、学习培训、协调联系等六项工作制度,进一步规范了派驻机构的运作。

党的十五届六中全会作出了"纪律检查机关对派出机构实行统一管理"的决定。党的十六大提出,加强对权力的制约和监督,改革和完善党的纪律检查体制。2004年4月5日,中央办公厅、国务院办公厅转发《中央纪委、中央组织部、中央编办、监察部关于对中央纪委监察部派驻机构实行统一管理的实施意见》的通知,决定中央纪委监察部全面实行对派驻机构的统一管理。

按照中央纪委的部署,广东从2005年开始对派驻机构实行统一管

理。2005年12月15日，省委办公厅印发《中共广东省委办公厅、广东省人民政府办公厅转发〈省纪委、省委组织部、省编办、省监察厅关于对省纪委省监察厅派驻（出）机构实行统一管理的实施意见〉的通知》，要求充分认识纪检监察机关对派驻机构实行统一管理的重大意义，加强领导，精心组织实施，确保这项改革的顺利完成。实施统一管理后，派驻机构从原来的由省纪委、省监察厅和驻在部门双重领导改为由省纪委、省监察厅直接领导。经省委省政府批准，省纪委、省监察厅将省国土厅、省地税局、省质监局、省食品药品监管局等4个单位的纪检组、监察室改为派驻机构，并对全部15个派驻机构实行统一管理，编制增加到131人。派驻形式为重点派驻，即在人财物管理权、司法权和行政执法权较集中的重要部门和系统，单独设立派驻机构，派驻机构业务和干部人事工作由省纪委、省监察厅统一管理，行政后勤保障由驻在部门负责。实施统一管理以来，各派驻机构树立"加强监督是本职，疏于监督是失职，不善于监督是不称职"的观念，认真履行职责，推动了驻在部门的党风廉政建设和反腐败工作。省直15个派驻机构实行统一管理以来，3年共查办案件136起，处理党员干部168人（次），挽回经济损失1.39亿元，为606名干部澄清了问题。

2009年，省委决定结合省政府机构改革工作，撤销派驻省食品药品监督管理局纪检组监察室，保留原有其他派驻机构，并对省发改委等20个省政府工作部门的纪检监察机构实行派驻统一管理。至此，派驻（出）机构总数达到34个、编制261人。2012年，随着新一轮机构改革的推进，省委又将派驻省人口计生委纪检组监察室、派驻省卫生厅纪检组监察室整合为派驻省卫计委纪检组监察室，同时增加对省广电局、省食品药品监管局的派驻，派驻机构总数达到35个。

为适应派驻机构统一管理的需要，省纪委先后出台《派驻机构业务管理工作暂行办法》《派驻机构干部管理工作暂行办法》《关于加强省直派驻机构管理和服务工作的意见》《关于进一步明确省直派驻机构领导干部兼职和分工问题的通知》《派驻机构干部职务任免规程》《派驻机构干部调进（出）工作管理试行办法》等规定，对派驻机构履行职责做出了比较全面的制度规定。

四、探索县级纪检监察派驻机构管理改革

县级纪检监察机关承担着农村基层反腐倡廉建设的任务,在反腐倡廉建设中发挥着重要的基础性作用。随着农村经济发展和基层民主政治建设进程的加快,农村基层因各种纠纷和矛盾引起的不稳定因素逐渐增多,损害群众利益的问题时有发生,党员干部违纪违法问题也明显增多,加强基层干部作风和反腐倡廉建设任务艰巨。按照中央和省委的要求,省纪委经过反复调研论证,2008年在深圳宝安区、江门鹤山市进行了县级纪检监察派驻机构统一管理改革试点。主要做法是:在总体不增加机构和编制的前提下,将现有市(区)直部门和镇(街)专职纪检监察人员编制集中起来,设置若干派驻纪检监察组,对市(区)直单位实施分行业派驻,对镇(街)实施分片区派驻。派驻组受市(区)纪委领导,重点履行对领导干部监督、违纪案件查处、农村热点难点问题处理等职能。同时,市(区)直和镇(街)纪委(纪检组)仍然保留,由一名党委委员(党组成员)兼任纪委书记(纪检组长),协助党委(党组)开展党纪教育、检查党的重大决策布署执行情况、加强基层党风建设等工作。试点一年多来,取得了初步成效,派驻组监督检查和查办案件的力度增强。

在总结深圳宝安区、江门鹤山市试点经验的基础上,2009年6月,省纪委、省委组织部、省编办、省监察厅、省财政厅联合印发《关于推进县级纪检监察派驻机构统一管理试点工作的实施意见》,决定全省每个地级以上市至少选择1到2个县(市、区),进行县级纪检监察派驻机构统一管理改革试点。截至2010年8月,全省共有85个县(市、区)实行了派驻改革,共成立派驻机构533个。其中,江门、惠州等9个地级市全面完成派驻改革。同时,各地加紧制定派驻改革配套措施,落实人员、办公场所和办公经费等,完善工作机制。各县(市、区)在人员编制比较紧张的情况下,统筹兼顾,从县直党政机关和镇街调剂安排部分编制,充实到派驻组;部分派驻组长还配备了正科长级干部。

截至2012年底,广东省市、县两级派驻机构统一管理改革基本完成。这项改革的全面推进,有效整合了全省基层纪检监察力量,增强了基层纪检监察工作力度。

第五节　贯彻党内监督条例，健全党内监督制度

　　党的十六大以来，党内监督更加强化机制制度建设，更加注重对权力运行的制约和监督，进入全新的发展阶段。2003年12月31日，中央颁布《中国共产党党内监督条例（试行）》，这是中国共产党第一部系统规范党内监督工作的重要法规。条例规定了集体领导和分工负责、重要情况通报和报告、述职述廉、民主生活会、信访处理、巡视、谈话和诫勉、舆论监督、询问和质询、罢免或撤换要求及处理等10项监督制度。此后，与《条例》相关的政策规定相继出台：2005年4月5日，中央办公厅印发《关于进一步加强和改进舆论监督工作的意见》；2006年2月26日，中央纪委、中央组织部印发《关于对党员领导干部进行诫勉谈话和函询的暂行办法》和《关于党员领导干部述职述廉的暂行规定》；2006年9月24日，中央办公厅印发《关于党员领导干部报告个人有关事项的规定》；2007年4月22日，中央办公厅印发《地方党委委员、纪委委员开展党内询问和质询的办法（试行）》，党内监督制度体系初步形成。

　　广东省在贯彻中央统一部署，加强和改进党的作风的同时，坚持用制度规范和约束权力运行，重点围绕党内监督10项重大制度建立了一批配套制度和实施办法，反腐倡廉制度框架进一步完善。加强对领导干部特别是"一把手"监督，规定党政正职不直接分管人财物，推行重大决策票决制。在全国率先出台对配偶子女移居国（境）外领导干部的监管规定，要求各级领导干部按规定报告个人有关事项。深化经济责任审计，对118名县（市、区）党政正职实施了同步审计，大力推进"村官"审计。推进党内询问和质询工作，党内罢免和撤换、县委权力公开透明运行等试点工作稳步推进。实行各级纪委负责人对下级党政主要负责人进行谈话提醒，开展任前廉政谈话、诫勉谈话等教育提醒工作。加大巡视工作力度，重视巡视成果在查办案件、干部考核选拔、领导班子建设等方面的运用。深入推进党务、政务、厂务、村务公开和公共事业单位办事公开，促进权力运行公开透明。

一、认真学习宣传《中国共产党纪律处分条例》和《中国共产党党内监督条例（试行）》

中央继2003年12月颁布《中国共产党党内监督条例（试行）》，又于2004年2月颁布《中国共产党纪律处分条例》，① 广东迅速布署学习贯彻两个《条例》。2004年初，时任中央政治局委员、省委书记张德江同志批示要求全省各级党组织、各部门要认真组织学习贯彻。1月30日，省委召开常委会进行专题研究，向全省发出学习贯彻条例的通知。省纪委印发了《关于加强对〈中国共产党党内监督条例（试行）〉贯彻执行情况监督检查的通知》，对《条例》的贯彻执行提出具体意见和要求。2月5日，广东举行《条例》专题辅导电视电话会，张德江主持，会议邀请时任监察部副部长屈万祥作辅导报告。各地各部门根据中央和省委的要求，迅速组织广大党员干部特别是党员领导干部学习两个《条例》和张德江同志在广东省学习两个《条例》报告会上的讲话精神。

7月8日，省委、省人大、省政府、省政协领导班子成员集中观看由省纪委组织拍摄的党风廉政教育专题片《纵权之祸》《执着的追求》。张德江观看后作了重要讲话，代表省委常委会向社会公开承诺：第一，决不滥用权力。第二，坚决抵制跑官要官之风。第三，坚决拒收钱物。第四，严格要求亲属和身边工作人员。张德江强调，全省党员干部特别是各级领导干部要做到为公为民、务实干事、干净从政，自觉接受廉政监督，认真贯彻落实《中国共产党党内监督条例（试行）》和《中国共产党纪律处分条例》，充分发扬党内民主，自觉引入制约机制，模范遵守民主集中制原则。在当年的全省"三纪班"上，黄华华省长又代表省政府领导班子向社会公开作出四项廉政承诺：第一，坚持依法行政，决不滥用权力。第二，严格遵守财经纪律，决不违反规定使用财政资金。第三，坚决贯彻行政许可法，决不以审批权谋取私利。第四，严格执行廉洁从政各项规定，决

---

① 1997年，中央出台《中国共产党纪律处分条例（试行）》，2003年经过大幅修订后颁布实施，党的十八大以后，中央再一次修订，并于2015年10月颁布实施。2016年中央又着手修订《中国共产党党内监督条例（试行）》，并经2016年10月党的十八届六中全会审议通过后颁布实施。

不插手工程建设招标投标、土地使用权出让、政府物资采购、企业产权交易。

省纪委提出学习贯彻两个《条例》要从领导干部、领导班子抓起,向普通党员、普通干部延伸,做到不漏掉一个党组织、一个党员和干部;采取墙报、演讲、知识竞赛等形式,把学习贯彻两个《条例》融入到群众喜闻乐见的活动之中,使两个《条例》家喻户晓、深入人心。各地各部门把学习贯彻两个《条例》与学习贯彻党的十六大、十六届三中全会和中央纪委三次会会精神结合起来,纳入全省纪检监察干部的培训计划,纳入各级党校(行政学院)的教学课程;组织理论中心组学习会、民主生活会、党课、辅导讲座、座谈会、知识测验等活动,把学习引向深入。各地各部门加大宣传力度,通过报纸、电台、电视台、互联网等媒体,全面解读、广泛宣传报道学习贯彻两个《条例》的情况,扩大《条例》的宣传效果和教育作用。

省纪委提出把贯彻执行两个《条例》情况作为当年巡视工作的重点内容,作为各级领导干部民主生活会的重要内容进行对照检查,年底对全省各级领导班子、领导干部贯彻落实两个《条例》情况进行检查。各地各部门加快制定配套制度,修订完善相关制度。比如,广州市完善纪委向同级党委和上级纪委请示报告、立案审批制度,要求纪检监察机关建立健全内部监督制约机制,慎用、用好"两规""两指"措施。①深圳、东莞、云浮等市探索加强对各级党政领导机关、领导班子特别是主要领导干部的监督。深圳市积极探索建立重大决策评价体系,最大限度减少决策失误,降低行政成本。湛江市落实《中国共产党内监督条例(试行)》各项制度,研究制定各级党委、纪委委员行使询问和质询权、罢免或撤换要求权的程序和办法。

---

① 两规,是指各级纪委对违反党内法规的党员所采取的调查措施。《中国共产党纪律检查机关案件检查工作条例》第四章第二十八条中规定:调查组有权按照规定程序,采取以下措施调查取证,有关组织和个人必须如实提供证据,不得拒绝和阻挠⋯⋯(三)要求有关人员在规定时间、地点就案件所涉及的问题作出说明。对于非中共党员的行政工作人员,行政监察机关可按照《中华人民共和国行政监察法》的有关规定,对被调查的人员采取"指定时间""指定地点"的特别调查措施,就是通常所说的"两指"。

二、落实党内监督各项制度

在贯彻两个《条例》精神、落实党内监督各项制度方面，广东除了实行"一年一巡视、一年一评议、一年一谈话"制度，还从以下两个方面采取了有效措施，并取得了积极成效：

一是推行纪委负责人同下级党政主要负责人"三项谈话"制度。2003年4月，结合贯彻落实十六届中央纪委二次全会关于加强党内监督的精神，广东省纪委率先制定了《关于实行纪委负责人同下级党政主要负责人谈话制度的暂行办法》，在全省推行"三项谈话"制度，作为加强对党政领导干部特别是"一把手"进行监督的重要举措。暂行办法规定谈话分三种类型：定期谈话、任前廉政谈话和诫勉谈话。针对不同的谈话类型和谈话对象，确定不同的主题，提出不同的要求。定期谈话主要结合领导干部队伍中存在的普遍性问题，从加强党风廉政建设、保证廉洁从政的角度出发，帮助谈话对象进行回顾总结，肯定成绩，指出存在问题和不足，提出今后的努力方向和要求；任前廉政谈话则区分厅级领导干部和处级领导干部、地方党政主要领导和部门负责人、行政领导干部和经济管理领导干部、发达地区负责人和欠发达地区负责人等不同情况，提出相应的要求；诫勉谈话主要根据存在的问题进行针对性较强的提醒教育，按照领导干部廉洁自律的有关规定，明确今后的努力方向。2006年5月，根据中央的统一部署要求，省纪委、省委组织部联合印发了《关于对党员领导干部进行诫勉谈话和函询的实施细则》，对诫勉谈话的适用情况、形式和方法等作出明确规定，诫勉谈话逐步走向规范化。据统计，2003年至2007年，各级纪委负责人同下级党政主要负责人谈话48600人次，任前廉政谈话63293人次，诫勉谈话19177人次。"三项谈话"制度的实行，对于有效警戒和勉励领导干部廉洁从政发挥了一定作用。

二是稳步推进党务公开工作。广东从2005年开始逐步把推行党务公开工作，作为促进党内民主、加强党内监督的重要举措。5月，省委选择肇庆市、饶平县、佛山市三水区、电白县旦场镇、省财政厅、省工商局、华南师范大学、广东粤港供水有限公司、沙角A电厂、梅州市金雁实业集团公司等10个地方和单位开展党务公开试点，为在全省全面实行党务公开积累经验。2006年，省委印发《关于推行党务公开工作的意见》，对推进党务公开工作提出明确要求。2010年起，广东按照中央统一部署，在全省全面推行基层党组织党务公开工作。省委先后出台党的基层组织实行党务公开的实施办法、指导性目录和检查考核办法等文件，指导和规范基层组织党务公开工作。同时，积极探索党的地方组织党务公开和县委权力公开透明运行工作，为党务公开向更深、更广的层次和领域延伸打基础。截至2011年底，全省所有基层党组织全部实行了党务公开，覆盖面达到100%。党务公开作为一项阳光工程，对落实党员民主权利、加强党内监督发挥了一定作用。

三、深化党内监督，推动党内监督向农村基层延伸

2010年12月，广东省委、省政府在广州市召开了全省监督工作现场经验交流会，系统总结《中国共产党党内监督条例（试行）》颁布实施后广东开展党内监督工作情况，交流经验做法，研究部署新形势下的党内监督工作。根据会议精神，省委、省政府印发《关于进一步加强和改进领导干部监督工作的意见》和《关于进一步完善农村民主监督的意见》，对新形势下加强党内监督工作提出了明确要求，作出了更加具体的部署。在这个阶段，广东省的党内监督工作更加注重制度建设、突出工作重点、抓住关键环节，呈现出新的特点：

一是突出监督重点。广东省各级纪检监察机关在长期查办腐败案件过程中逐步发现，各级党政"一把手"位高权重，责任重大，日益成为腐败的高危人群。2007年至2010年，全省共有65名地厅级、388名县处级"一把手"违纪违法被查处，分别占这一期间被查处地厅级、县（处）级干部人数的59.1%和44.1%。针对这一情况，省委把对"一把手"的监督列为党内监督的重中之重。《关于进一步加强和改进领导干部监督工作的意见》明确规定，各级党政"一把手"不具体直管人事、财务审批、物资采购和工程建设；领导班子讨论重大议题时，要事先征求班子成员意见，讨论时"一把手"要"末位表态"并由领导班子进行集体票决。对违反程序决策的，必须追究"一把手"的责任。省纪委制定《广东省纪检监察机关实名举报奖励办法》，将各级"一把手"列为信访监督的重点，明

2011年12月22日,省纪委、省监察厅举行奖励有功人员情况及查处诬告陷害、诽谤、打击典型案件新闻发布会。

确提出,凡涉及党政"一把手"的信访举报,要在3个月内组织核查并做出结论。

二是增强监督的科学性。针对权力比较集中、廉政风险比较高的选人用人权力和重大事项决策权力,通过科学合理的制度设计和创新,科学配置权力、有效制约权力、前移监督关口。深化干部人事制度改革,推进干部选拔任用提名推荐环节改革,规范干部选拔任用初始提名,特别是"一把手"的提名权,凡下级党委、政府和本级机关部门"一把手",一般由全委会或党员领导干部大会差额推荐提名。在政府行政权力运行和监督方面,省直各单位和各地级以上市政府分年度编制重大行政决策事项目录并向社会公开,清晰界定政府常务会决定事项和政府组成部门职责事项,逐步健全决策权、执行权、监督权相互制约又相互协调的权力结构和运行机制。针对农村干部权力不受制约、违纪行为多发的问题,《关于进一步完善农村民主监督的意见》进一步健全农村基层监督制约体系,部署以直接推选的形式在全省农村建立村务监督委员会,一定程度上解决了过去一些地方农村监督主体依附于监督客体的问题。至2012年底，全省有21597个村（居）建立了村务监督委员会。

三是创新监督方式方法。在强化党内监督的同时，充分发挥舆论监督作用。省委于2010年建立党委新闻发言人制度和网络发言人制度，及时发布重大决策、重大事件、重点工作和重要事项。省纪委与省委宣传部建立了涉腐舆情密切对接和快速反应机制。2007年至2012年，省纪委利用网络媒体提供的线索，查处了广州海事法院、肇庆市端州区部分干部公款出国旅游等97宗案件。发挥科技的支撑作用，建立全省综合型电子监察系统，对行政审批、政府采购、公共资源交易、"三公"消费等行为进行实时在线监控。

第十一章
探索建立符合广东实际的惩治和预防腐败体系

党的十六届三中全会通过的《中共中央关于完善社会主义市场经济体制若干问题的决定》提出，"要坚持标本兼治、综合治理，注重思想道德教育，加强廉政法制建设，完善监督制约机制，建立健全与社会主义市场经济体制相适应的教育、制度、监督并重的惩治和预防腐败体系。"党的十七大将反腐倡廉建设列为党的建设的重要内容之一，并将建立健全惩治和预防腐败体系写入党章。建立健全惩治和预防腐败体系，是党中央在新的历史时期根据新形势新任务的要求做出的一项重大决策，惩治和预防腐败体系建设这一重大命题，是我们党对执政规律和反腐倡廉工作规律认识的进一步深化。

惩治和预防腐败体系建设大体经过了四个阶段：

一是体系提出阶段（1993年—2003年）。20世纪90年代，针对体制转换过程中消极腐败现象滋生蔓延的态势，党中央做出了加大反腐败斗争力度的重大决策。1993年8月，十四届中央纪委第二次全会提出反腐败斗争要遵循的总要求，即坚持标本兼治、综合治理；落实领导干部廉洁自律、查办大案要案、纠正损害群众利益的不正之风的三项工作格局；把握反腐败斗争的六项原则：必须坚持党的基本路线，紧紧围绕经济建设这个中心；突出重点；从领导干部做起；严格依法办案；不搞群众运动，不搞人人过关；惩治腐败和匡扶正气相结合。党的十五大提出，要坚持标本兼治，教育是基础、法制是保证、监督是关键，通过深化改革，不断铲除腐败现象滋生蔓延的土壤。党的十六大强调，要坚持标本兼治、综合治理的方针,逐步加大治本力度,从源头上预防和解决腐败问题。党的十六届三中全会在总结以往经验的基础上,提出了建立健全与社会主义市场经济相适应的惩治和预防腐败体系的目标。十六届四中、五中、六中和七中全会都对建立健全惩治和预防腐败体系提出了明确要求。2003年以来,胡锦涛同志先后二十多次在不同的会议上强调要建立健全惩治和预防腐败体系,并深刻阐述了构建惩防体系的重大意义和基本任务。

二是体系谋划阶段(2004年—2005年)。2004年,十六届中央纪委三次全会对建立惩治和预防腐败体系作了部署。2005年1月中央印发《建立健全教育、制度、监督并重的惩治和预防腐败体系实施纲要》,提出了建立健全惩防体系的指导思想、总体要求和主要任务。

三是体系实施阶段(2005年—2007年10月)。几年来,各级党委、政府和纪检监察机关按照中央的部署和《实施纲要》的要求,结合实际,加强惩治和预防腐败体系建设,普遍制定了贯彻落实《实施纲要》的具体意见,对相关任务进行了细化、分解,落实体系各项任务,通过做好阶段性重点工作,推动惩防体系整体发展完善。

四是体系深化阶段(2007年—2012年)。2008年5月13日,中央颁布《建立健全惩治和预防腐败体系建设2008—2012年工作规划》,各地各部门认真学习贯彻,推动惩治和预防腐败体系各项工作不断深化,反腐败斗争的制度化、规范化程度不断提高。

在每个阶段,广东都结合本地区实际贯彻落实中央和中央纪委部署要求,积极探索社会主义市场经济比较发达条件下惩治和预防腐败的有效途径,为服务广东改革发展稳定大局,保障广东经济社会健康发展发挥了作用。

第一节　建设符合广东实际的惩防体系基本框架

党的十六届三中、四中全会提出要建立健全惩治和预防腐败体系。

2004年5月,中央纪委组织开展《关于建立健全教育、制度、监督并重的惩治和预防腐败体系的实施意见》的研讨起草工作。2005年1月3日,中央印发《建立健全教育、制度、监督并重的惩治和预防腐败体系实施纲要》。《实施纲要》总结了党执政55年来特别是十三届四中全会以来反腐倡廉的基本经验,确定了建立健全惩治和预防腐败体系的指导思想、主要目标和工作原则,明确了加强反腐倡廉教育、制度建设和对权力运行监督制约的措施及办法,强调要充分发挥惩治的重要作用,加强领导、健全机制,保证建立健全惩治和预防腐败体系各项任务的落实。

一、深入学习宣传《实施纲要》

2005年1月20日,省纪委召开九届五次全会,重点研究部署贯彻落实中央提出的标本兼治、综合治理、惩防并举、注重预防"十六字"战略方针和《实施纲要》。时任中央政治局委员、省委书记张德江出席全会,并围绕贯彻落实中央《实施纲要》发表讲话,强调要把构建惩防体系作为推进反腐倡廉、加强党的执政能力建设的重要内容,抓紧抓好。全会要求,各级纪委要积极协助党委加强调查研究,制定贯彻落实《实施纲要》的具体实施办法,建立健全本地区本部门的惩治和预防腐败体系。全会过后,全省迅速展开学习贯彻《实施纲要》工作。2月18日,省纪委召开有关部门参加的协调会,对广东省学习宣传贯彻《实施纲要》进行具体研究,并以省纪委、省委组织部、省委宣传部名义制定关于学习宣传贯彻《实施纲要》的意见,由省委办公厅转发。3月,省委决定成立贯彻落实《实施纲要》领导小组,领导小组办公室设在省纪委(政策法规研究室)。省纪委组织专门力量,开展《广东省建立健全惩治和预防腐败体系的实施意见》的起草工作。各地级以上市、省直各单位也普遍成立了贯彻落实《实施纲要》工作领导小组及其办公室,形成了党委负总责、纪委组织协调、职能部门共同参与,既有分工、又有协作的工作机制。4月6日至8日,省纪委举办建立健全惩治和预防腐败体系研修班,各地级以上市纪委书记、省纪委各派驻(出)纪检组长(纪委书记)和省纪委理论学习中心组成员等参加研修班。

二、全面贯彻落实《实施纲要》

2005年5月16日,省委印发《广东省建立健全教育、制度、监督并重的惩治和预防腐败体系实施意见》(粤发〔2005〕7号)。同月,经省委批准,广东省贯彻落实惩治和预防腐败体系实施意见领导小组和办公机构成立,时任省委常委、省纪委书记王华元任组长。

7月11日至15日,省委举办第四期领导干部党纪政纪法纪教育培训班,重点学习中央《实施纲要》和省委《实施意见》。市、县(市、区)党政主要领导,省直有关单位"一把手"和省属企业、高校党委书记247人参加学习。培训班的举办,进一步扩大了对《实施纲要》和《实施意见》的宣传,提高了各级领导干部的认识。

2006年1月19日,省纪委召开九届六次全会,对过去一年贯彻落实中央《实施纲要》和省委《实施意见》情况进行总结,提出2006年要坚持中央反腐倡廉"十六字"战略方针,以改革和制度建设为重点,抓紧落实中央《实施纲要》和省委《实施意见》,进一步加大防治腐败力度。4月13日,省纪委召开全省构建惩防体系工作座谈会,总结全省贯彻落实中央《实施纲要》和省委《实施意见》的工作,交流经验,分析形势,研究部署下阶段工作任务。2007年1月20日,省纪委召开九届七次全会,深入部署贯彻落实中央《实施纲要》和省委《实施意见》的工作。按照全会精神,省纪委于4月24日印发广东省2007年建立健全惩治和预防腐败体系工作要点,明确年度工作重点。经过全省上下三年的共同努力,省、市、县三级惩防体系基本框架初步形成,较好完成贯彻落实中央《实施纲要》和省委《实施意见》提出的阶段性目标任务。

三、探索建立符合广东实际的惩防体系基本框架

九届省纪委七次全会提出认真谋划今后五年构建惩防体系工作的要求。2007年5月召开的省第十次党代会提出今后五年的反腐倡廉建设目标,"具有广东特色的惩治和预防腐败体系进一步完善"是其中的重要内容。7月,省纪委常委会提出,省纪委、省监察厅机关各室要紧紧围绕构建具有广东特色的惩防腐败体系,以落实五年内达到"一室一品牌、一室

一标兵、一室一会议",每年达到"一年一主题、一年一典型、一年一文章"的"六个一"目标,谋划工作思路,提出具体措施。12月25日,省纪委印发《关于创建优秀品牌争当排头兵实施方案》,把"学习贯彻十七大精神,以科学发展观为统领,围绕中心,服务大局,构建和完善具有广东特色的开放、动态、创新的惩治和预防腐败体系,努力争当全国纪检监察系统实践科学发展观的排头兵"作为省纪委、省监察厅未来五年工作的总品牌。

2008年1月26日,省纪委召开十届二次全会,提出各级纪委要把完善惩防体系作为反腐倡廉建设的重中之重。全会第一次对"具有广东特色的开放、动态、创新的惩治和预防腐败体系建设"作了阐述:开放,就是既立足广东实际,又充分借鉴吸收国内外反腐倡廉的有益经验和文明成果;动态,就是根据实践发展的需要与时俱进,不断拓展工作领域,完善工作思路;创新,就是坚持用发展的思路和改革的办法解决腐败问题,不断通过体制机制制度创新解决反腐倡廉建设的深层次问题,更加科学有效地防治腐败。5月19日,省"贯彻落实惩防体系实施意见领导小组"更名为"广东省惩治和预防腐败体系建设工作领导小组"。10月4日,省委印发《中共广东省委贯彻落实〈建立健全惩治和预防腐败体系2008—2010年工作规划〉实施办法》,提出到2012年,建成与科学发展观要求和社会主义市场经济体制基本相适应的,具有广东特色的开放、动态、创新的惩治和预防腐败体系基本框架。12月12日,省委办公厅印发《实施办法分工方案》,将《实施办法》规定的69项任务细化分解为155项具体任务,分别由省直37家牵头单位、81家协办单位负责完成。

2009年1月19日,省纪委召开十届三次全会,对"以落实《工作规划》和《实施办法》为契机、以'六个一'目标为抓手,推进具有广东特色的开放动态创新的惩治和预防腐败体系建设"作出部署,提出逐步建立督查、协调、评估、考核、奖惩工作机制。

2009年8月4日,省委召开"全省落实党风廉政建设责任制推进惩防体系建设汇报会暨反腐败协调小组工作会议"。会议分析了广东反腐败形势,指出,从1992年党中央加大反腐败斗争力度以来,广东省平均每年查处各类腐败案件4600多件,反腐倡廉教育、查办大案要案、解决群众反映强烈的突出问题、推进改革和制度建设、强化对权力运行的监督制约等许多工作走在全国前面,全省党风廉政建设和反腐败工作成效显著,为全省改革发展稳定提供了坚实的保障,2008年全省GDP比1992年增长了约16倍。2009年上半年,面对国际金融危机的冲击,全省各级纪检监察机关认真履行职责,抓紧抓实反腐倡廉各项工作,为我省实现保增长、保民生、保稳定,努力争当实践科学发展观排头兵作出了积极贡献。全省反腐败斗争形势仍然严峻,反腐败斗争正处于有利条件与不利因素并存、成效明显与问题突出并存、防治力度不断加大与腐败案件易发多发并存、人民群众满意度逐步提高与腐败现象在短期内难以根治并存的局面,腐败案件持续易发多发,在有的地区和领域呈蔓延态势。会议强调,要以构建惩防腐败体系为重点,全面深入推进广东反腐倡廉建设。一是紧紧围绕中心,确保服务大局。建设具有广东特色的开放、动态、创新的惩防腐败体系,必须与广东全面转入科学发展轨道的要求相适应,必须与全省经济社会发展的总体布局相适应,必须与完善社会主义市场经济体制相适应,必须与全面推进党的建设新的伟大工程相适应,必须与广东争当实践科学发展观排头兵的目标任务相适应,积极推动珠三角《规划纲要》和省委"三促进一保持"各项措施的落实。二是注重统筹兼顾,做到整体推进。在坚决惩治腐败的同时,更加注重治本、更加注重预防、更加注重制度建设,不断拓展从源头上防治腐败工作领域。三是坚持改革创新,实行重点突破。要突出解决"批出来"的腐败问题,大刀阔斧推进并认真兑现第四轮行政审批制度改革,大力推动要素市场制度机制的"二次创新",充分发挥市场配置资源的基础性作用;要突出解决"用出来"的腐败问题,加快干部人事制度改革,探索建立科学管用的干部选拔任用和管理监督机制;要突出解决"花出来"的腐败问题,健全覆盖各级财政的动态监控机制。四是加强组织领导,狠抓工作落实。各级党委(党组)书记要切实肩负起第一责任人的政治责任,认真组织实施反腐倡廉建设,抓好惩防体系构建工作责任的落实。纪检监察机关要发挥组织协调作用,积极协助党委、政府解决工作中的矛盾和问题,加强分类指导和监督检查。

省直19个单位在会上汇报了2009年上半年落实党风廉政建设推进

惩防腐败体系建设工作情况。会议对进一步抓好反腐倡廉各项工作提出六点要求:一是要全面落实对扩大内需促进经济增长和转变作风情况的监督检查两项重点任务;二是要认真贯彻落实中央颁布的《关于实行党政领导干部问责的暂行规定》《中国共产党巡视工作条例(试行)》《国有企业领导人员廉洁从业若干规定》三项法规和《关于开展工程建设领域突出问题专项治理工作的意见》;三是要扎实推进惩防腐败体系建设;四是要加强协调联动,抓好查办案件工作;五是要以党风廉政建设责任制为抓手,全面落实反腐倡廉各项工作;六是要以改革创新的精神深入推进反腐倡廉建设。

四、提前一年建成惩治和预防腐败体系基本框架

从2010年开始,省纪委通过召开教育、监督、纠风、惩治、改革与制度五个现场会,出台《关于进一步加强和改进纠风工作的意见》《关于进一步加强和规范办案工作的意见》《关于进一步加强和改进领导干部监督工作的意见》《关于进一步完善农村民主监督的意见》《关于加强和改进反腐倡廉宣传教育工作的意见》《关于进一步推进反腐倡廉改革创新和制度建设的意见》等文件,整体推进教育、制度、监督、改革、纠风、惩治制度机制建设,基本实现了"召开一次现场会议,总结一批经验,破解一批难题,制定一批规范性文件,深入推进惩防体系建设"的目标,惩治和预防腐败体系建设工作全面推进。

2011年3月22日至29日,中央纪委惩治和预防腐败体系建设第六检查组对广东省2010年度惩防体系建设情况进行了重点抽查。4月14日,中央纪委监察部召开2010年度惩治和预防腐败体系建设重点抽查工作汇报会,中央书记处书记、中央纪委副书记、中央纪委惩防体系建设工作领导小组组长何勇亲自听取检查组对广东省重点抽查情况的汇报。随后,检查组向广东书面反馈意见,认为广东省委、省政府认真贯彻落实党中央、国务院和中央纪委关于反腐倡廉建设的重大决策部署,在坚持科学发展,加快转变经济发展方式,提高自主创新能力的同时,重视以完善惩治和预防腐败体系为重点的反腐倡廉建设,全面贯彻落实中央《工作规划》,思路清晰,方向明确,措施有力,工作有改革有创新,为全省经济社

会发展发挥了重要保障作用。同时,也指出了广东省惩防体系建设中存在四个方面的不足和问题:收送红包现象仍然是广东省广大党员干部和群众反映比较强烈的一个问题;对党政"一把手"的监督和管理仍需进一步加强;惩防体系建设工作机制还需进一步完善;惩防体系建设进展还不平衡。反馈意见对下一步工作提出三点建议:进一步增强反腐倡廉教育的针对性和有效性;进一步加强对党政"一把手"的监督;进一步加大改革创新力度。

4月25日,省纪委下发《2011年广东省推进惩治和预防腐败体系建设工作要点》,进一步明确任务、目标和措施,全面落实中央《工作规划》和省委《实施办法》。4月28日,省纪委召开全省惩防体系建设工作会议,落实中央纪委惩防体系建设检查组反馈的指示要求,总结全省惩防体系建设工作情况,进一步明确目标,即到2011年底全面完成省委《实施办法》部署的各项任务。

9月27日至28日,全国惩治和预防腐败体系建设工作会议在北京召开。广东作了《完善党委反腐败协调小组工作机制增强惩治腐败整体合力》的交流发言。会后,省纪委向省委提交了《关于全国惩防体系建设工作会议精神和我省贯彻意见的报告》,正式提出要加快进度,确保提前一年完成惩防体系建设2008年—2012年工作规划部署的各项任务。至此,全省惩治和预防腐败体系转入攻坚期,确保年底前完成全部阶段性工作任务。

2012年6月5日,省纪委向中央纪委提交了《关于十七大以来广东省惩防体系建设工作成果的情况报告》。报告指出,党的十七大以来,广东坚持以科学发展观为统领,坚决贯彻落实中央《建立健全惩治和预防腐败体系2008年—2012年工作规划》,深入推进具有广东特色开放、动态、创新的惩防体系建设,至2011年底基本完成省委《实施办法》部署的各项工作任务,提前一年建成惩治和预防腐败体系基本框架。

第二节　不断完善廉政宣传教育工作机制

广东地处改革开放前沿，毗邻港澳，在经济社会快速发展的过程中，腐败与反腐败、渗透与反渗透的较量激烈。经过改革开放以来近30年的探索，广东省反腐倡廉宣传教育工作机制日臻成熟，一大批有效做法通过制度固化下来。

一、紧紧围绕党委政府中心工作开展宣传教育

坚持用马克思主义中国化的最新成果武装党员干部，广泛开展科学发展观、加强党的执政能力建设和先进性建设、构建社会主义和谐社会、"八荣八耻"等马克思主义中国化最新成果的主题宣传教育。省委每年下发纪律教育活动实施意见，先后提出"用科学发展观统领反腐倡廉教育""反腐倡廉教育要服务构建和谐广东与社会主义新农村建设"等要求，不断增强宣传教育的时代性和实效性。坚持紧贴改革开放大局开展专题教育，针对广东毗邻港澳，改革开放先行一步，市场经济比较活跃，对党员干部思想影响较大的特点，从2005年开始，分别开展为期三年的党员干部"理想、责任、能力、形象"教育，公民"爱国、守法、诚信、知礼"教育，大学生"立志、修身、博学、报国"教育。省委常委、党员副省长每年都进大学校园为师生上辅导课，各级"一把手"每年都为党员干部作反腐倡廉形势报告。

省纪委强化反腐倡廉宣传教育活动策划，注重宣传教育的传播效果，每逢重大节假日、党内政治生活重大时间节点、重要会议活动前后或者重大活动期间，积极推动反腐倡廉主题宣传，强化宣传教育的时效性、针对性，及时回应社会各界的关切。胡锦涛总书记提出倡导八个方面良好风气要求后，省纪委立即组织力量撰写《八论作风建设》系列网评，其中两篇被中央纪委内刊采用。省第十次党代会前夕，联合广东电视台拍摄反腐倡廉成果系列专题片《清风南粤》。针对重点时期和重大事件，及时组织网上评论。2010年，认真组织学习中央《廉政准则》，省委制定《关

于贯彻落实〈廉政准则〉的意见》,举办专题辅导报告533场次,编发学习读本12万多册;用手机短信将52个"不准"发送给40多万党员干部,制成公益广告滚动播放。在第16届广州亚运会筹备、举办的同时,"廉洁亚运"宣传也同步推进。以"廉洁亚运进行时"为主题,通过报刊、电视、广播、网络、手机等多种媒介推出系列报道。人民日报等中央新闻媒体刊登以"廉洁亚运"为主题的多篇宣传报道文章。全国纪检监察信息网"中南视窗"开办了"廉洁办亚运"专栏,动态报道有关情况。编印《廉洁办亚运工作手册》以及99期《廉洁办亚运》专刊,发放到工作人员手中,宣传有关精神和法规制度,提高了大家的廉洁自律意识。

二、突出对党员领导干部的教育

从1992年开始,广东根据形势任务发展的要求和党员干部思想实际,坚持每年突出一个主题,在全省开展纪律教育学习月活动,这项活动逐步发展成为党员干部乐于参与的常抓常新的教育品牌。在对党员干部普遍教育中,将重点放在领导干部身上。对领导干部进行有别于一般党员干部的地位观、权力观、政绩观和政治使命感、社会责任感,以及反腐倡廉理论教育,使之从更深层面自觉遵纪守法、廉洁从政。

针对不同时期党的自身建设和反腐倡廉工作重点任务,对党员领导干部进行宣传教育。2004年,省委先后举办了《中国共产党党内监督条例(试行)》《中国共产党纪律处分条例》和《中国共产党党员权利保障条例》两个专题学习辅导报告会。组织开展以《中国共产党党内监督条例(试行)》和《中国共产党纪律处分条例》为主要内容的党内法规知识竞赛和测试活动,全体现职省、厅级干部和97%的处级干部参加了测试。省委和省纪委领导先后对24名地厅级领导干部进行廉政或诫勉谈话,并分别参加省直单位和地级市党政班子民主生活会;各地党委、纪委负责人同下级党政主要负责人谈话11056人次、任前廉政谈话14275人次、诫勉谈话4810人次。2010年举办地级以上市纪委书记、组织部长、公安局长、法院院长、检察长"五长"廉政教育培训班,2011年举办全省"权力集中部门、资金密集领域领导干部廉政教育班"。

2002年7月下旬,省委首次举办全省领导干部党纪政纪法纪教育培训班，简称"三纪班"。160多名各级党政"一把手"参加了培训。时任中央政治局委员、省委书记李长春为首期培训班学员作了"中国加入WTO后，反腐形势变化对党员干部提出的考验"的专题辅导报告，要求各级党政"一把手"要做执行党纪政纪法纪的表率，保证改革开放和现代化建设事业沿着正确方向前进。"三纪班"是广东在反腐倡廉宣传教育方面开创的具有鲜明特色的新举措，被誉为省委对党员领导干部的"关爱工程"。"三纪班"聚焦党性党风党纪教育，由省委主办，省委书记、省长、省纪委书记亲自授课，同时邀请国内知名专家、学者作专题辅导报告，全省各地级以上市市委书记、市长，省委各部委、省直各单位、省各人民团体主要负责人，省属各高校、省属各企业党委书记，各县（市、区）委"一把手"参加集中教育培训。

　　"三纪班"紧紧围绕广东党风廉政建设和反腐败斗争的重点，瞄准新时期、新形势下反腐倡廉建设的普遍性问题，每年突出一个主题对领导干部进行教育。每期"三纪班"授课内容都包括党纪国法的宣讲、政策规定的解读、典型案例的剖析等教育内容，并且不断根据形势发展完

2002年，广东省举办第一期全省领导干部党纪政纪法纪培训班。

善教学方式, 丰富教育内容, 力求突出教育的针对性和震撼性。2003年, "三纪班"教育对象先后扩展到公检法及高校、企业的"一把手"。2005年初, 省委将"三纪班"正式纳入全省干部培训计划, 此后坚持每年举办一期"三纪班"。2009年, 第八期领导干部"三纪班"组织304名学员集中前往广州番禺监狱接受警示教育, 听取正在服刑的原厅级领导干部的现身说法, 这是"三纪班"举办8年来的第一次, 此后的每期"三纪班"都把警示教育作为"必修课", 不断完善教育的形式, 强化震慑和警示效果。全省市、县两级党委也结合当地实际, 每年举办"三纪班"。"三纪班"已经成为广东省党员领导干部纪律教育的知名品牌, 受到各方关注和好评, 得到中央领导的肯定和表扬。

在坚持每年举办"三纪班"的基础上, 广东进一步拓展对权力集中的重点领域和关键岗位领导干部的廉政教育。2010年, 举办了"五长班", 对全省地级以上市纪委书记、组织部长、法院院长、检察院检察长、公安局局长进行廉政教育。2011年, 又举办了权力集中部门、资金密集领域领导干部廉政教育培训班, 对财政、国土、交通、工商、地税等部门主要领导进行廉政教育。

三、发挥宣传教育预防腐败的治本功能

根据中央和省的决策部署, 加强对建立健全惩防体系《实施纲要》和《实施意见》等反腐倡廉方针政策以及党纪政纪条规的宣传, 加强对反腐倡廉形势的宣传, 提高广大干部群众参与反腐倡廉工作的积极性和责任感。如在查办"开平涤纶""南海华光"等在东南亚颇有影响、涉案数十亿元的大案中, 省、市党委统一领导, 纪委积极组织协调, 宣传、组织、公安、检察、法院、文化等部门, 利用报刊、互联网、广播、电台等媒体平台, 对反腐败案件及时进行跟踪报道, 牢牢把握正确的舆论导向。

利用典型案例开展警示教育, 制作教育片免费发给县(处)级以上领导干部, 将警示教育与健全制度、加强监督、堵塞管理漏洞结合起来, 前移监督关口。在剖析反面典型、强化警示教育的基础上, 全省各级纪检监察机关还注意挖掘和树立正面先进典型, 及时总结"东深供水改造工程""开阳高速公路建设工程"等廉洁工程的经验做法。

2006年6月起，省纪委与《南方日报》联合开办《反腐前沿》
专栏，每半月一期。

四、打造廉政文化品牌

大力推进廉政文化"六进"活动（即：进机关、进社区、进学校、进
农村、进企业、进家庭），组织创作《村官》《青青草》等一批体现新农村
特点、贴近群众生活、富有地方特色的廉政文艺作品，在全省城乡巡回演
出；拍摄展现10名党员干部勤廉兼优风貌的系列电视片《超越平凡》，在
广东电视台热播；编写宣传广东历代清廉官员的故事《政声人去后》等教
育丛书，在主流媒体上连载；借助互联网、报刊等媒体平台，在全国征集
反腐倡廉格言警句4万多条，并从中评选出一、二、三等奖54个，在省内主
流媒体传播；在全国率先编印410多万册中小学廉政教育教材，并正式纳
入全省中小学课堂教学内容。各市也充分挖掘利用地方廉政文化资源，
建立中小学教育基地，编演专题文艺晚会，摄制电视专题片，编辑出版专
著和宣传手册，开展反腐倡廉教育"网上行"，形成和巩固反腐倡廉"大
宣教"工作格局。

2010年召开的十届省纪委第四次全会，提出要"打造有影响力的廉
政教育示范基地"。随后，省纪委常委会研究决定建立省反腐倡廉教育基
地，同时，省纪委加大了对各地反腐倡廉教育基地建设的指导和规范。省

纪委下发《关于加强廉政文化建设的实施意见》,全省积极开展"南粤清风"廉政文化系列创建活动。当年12月,省监察厅借鉴香港经验,举办以"促廉保廉·你我同行"为主题的"行政监察开放日"活动,邀请50名社会各界代表以及省、市、县、乡四级部分人大代表和政协委员首次走进广东省监察厅。

《党风》杂志作为省纪委唯一公开发行的宣传党风廉政建设的期刊,2003年底应全国期刊整顿的要求,率先停刊。2005年1月,为顺应反腐倡廉形势发展的需要,《党风》以内刊(双月刊)的形式复出,以赠阅为主。因为只是靠省纪委拨款维持运营,《党风》复刊以后虽然保持了自己的原有特色,但是由于受众面较窄,无法形成足够的影响力和传播力。2010年10月,为展示广东作为改革开放前沿阵地在反腐倡廉理论探讨、政策研究、制度创新、查办案件等方面的好经验,应广大读者的强烈要求,省纪委经报国家新闻出版总署批准,决定于2010年10月恢复公开出版《党风》,并更名为《广东党风》。公开复刊后的《广东党风》坚持"姓党、姓纪、姓粤"的办刊宗旨和"反腐倡廉的阵地、党风政风的窗口、业

2011年12月,非洲国家媒体采访团到广东省考察采访反腐败工作情况。

务交流的平台、党政干部的诤友"的办刊理念,紧贴中央纪委、省纪委的中心工作,注重前沿性、深刻性、创新性、可读性,不断进行思想深度和视野广度的探索,力求文风清正、版式创新,打造了一批如"党风聚焦""警钟长鸣""民生热线""清风雅趣""保健茶座"等深受读者喜爱与关注的品牌栏目,在宣传解读中央和省的反腐倡廉大政方针方面,发挥了重要作用。

这一阶段,广东省除了积极开展面向全党和全社会的反腐倡廉宣传教育,不断完善教育方式,扩大教育覆盖面,还积极配合中央纪委、监察部做好对外宣传交流工作,与其他国家反腐败机构进行交流,或者接受境外相关媒体采访,积极宣传广东经济社会发展和反腐倡廉建设工作成效。

第三节　加大惩治腐败力度,严肃查处 严重违纪违法案件

2003年12月31日,试行六年之久的《中国共产党纪律处分条例》正式颁布实施,为纪检监察机关履行监督职能提供了更加完善的纪律依据。2005年6月9日,中央纪委、监察部下发《关于纪检监察机关严格依纪依法办案的意见》,对新形势下办案工作的指导思想、基本原则,严格履行办案程序,按照党内法规和国家法律法规的规定使用办案措施,保障被调查处理人的合法权利,加强对办案工作的管理和监督等都提出了明确要求。2005年7月15日,中央纪委开通举报网站,并指导各地开通网上举报。2008年6月26日,各级纪检监察机关开通了全国统一举报电话"12388"。到2006年,全国纪检监察机关查处的案件中,有46.2%来源于群众信访举报。这一阶段,各级纪检监察机关制定和完善了相关制度,查办了一大批有影响的大案要案。中央纪委严肃查处了陈良宇、田凤山、韩桂芝、郑筱萸、杜世成等严重违纪违法案件,表明了我们党反对腐败的坚定决心和鲜明态度,捍卫了党的纪律的严肃性。

在中央纪委和省委、省政府的坚强领导下，广东各级纪检监察机关始终把查办案件作为反腐败工作的重要任务来抓，坚决查处严重违纪违法案件，严厉惩处腐败分子，为维护广东改革发展稳定大局发挥了重要作用。2002年—2004年，全省各级纪检监察机关共立案查处违纪违法案件14113件，给予党纪政纪处分14992人，通过办案为国家挽回经济损失22.38亿元。重点查处了"10.12"开平中行特大挪用公款案、"806"南海华光集团贷款诈骗案、省交通厅原厅长牛和恩受贿渎职案、广州市委原常委、宣传部长黎元江严重经济违纪违法案、惠州市委原常委、公安局长吴华立境外赌博案等一批大案要案。从党的十七大到2012年12月底，广东省纪检监察机关共接受信访举报365334件次，立案27236件，给予党纪政纪处分27072人，其中厅级干部158人，处级干部1206人，百万元以上大案1236件。

一、围绕中心、服务大局查处违纪违法案件

2009年初，省委办公厅转发了《省纪委关于进一步加强和改进办案工作的意见》，明确要求各级党委、政府重视和支持办案，为办案工作创造良好政治氛围。各级纪检监察机关自觉接受党委政府的领导，及时请示报告办案工作中的重大事项，使查办案件融入党委政府的中心工作，贴近和服务经济社会发展。当年，为贯彻中央和省应对金融危机决策部署，反腐败协调小组印发关于查办涉企案件的指导意见，强调把办案与维护稳定有机统一，尽量减少对企业正常生产经营和市场的震动，社会反响良好。

这一阶段，广东的查办腐败案件工作更加注重融入党委政府的中心工作，更加注重维护企业的生产经营秩序，始终保持了正确的政治方向，惩治腐败取得较好的政治、经济和社会综合效果。主要呈现出四个方面的特点：一是在全局把握上，紧紧围绕省委省政府推进改革发展稳定的各项重大举措加强监督检查，紧紧围绕各级党委、政府的工作重点来谋划和部署办案工作，为促进科学发展和建设和谐广东、幸福广东提供有力保障；二是在策略方法上，坚持"四个结合"，即，查清问题与挽回经济损失相结合、查处案件和教育挽救干部相结合、执行纪律与维护和谐稳

定相结合、惩治腐败与优化经济环境相结合,努力做到查案发展两不误;三是在办案政绩观上,坚持"查清问题教育干部是成绩,查否问题保护干部也是成绩"的原则,克服"惩处至上"主义,充分履行纪检监察机关的教育保护职能;四是在政策的把握上,把明显违纪违法问题与改革发展中的探索、缺乏工作经验造成的失误区分开来,在弄清事实的基础上区别对待、慎重处理,注意保护和调动广大党员干部搞改革、谋发展的积极性和创造性。

据统计,2002年至2012年,全省纪检监察机关共受理信访举报648807件(次),立案查处违纪违法案件42413件,其中厅级干部268人,县(处)级干部2419人。通过办案为国家和集体挽回经济损失81.85亿元。同时为45259名受到错告诬告的党员干部澄清了问题。严肃查处了新广国际集团重大资金损失案,省法院"11.13"系列腐败案,原茂名市委书记罗荫国,原汕头市委书记、深圳市政协副主席黄志光,原韶关市委常委、公安局长叶树养等严重违纪违法案,配合中央纪委查处了原广东省政协主席陈绍基,原浙江省委常委、纪委书记王华元,[①] 原广东省委常委、统战部长周镇宏,原深圳市委副书记、市长许宗衡等腐败案。

二、科学分析研判反腐败斗争形势

2012年以来,省纪委定期研判反腐败形势,把科学分析反腐败形势的阶段性特征作为研究部署工作的重要依据,切实提高反腐倡廉决策部署的针对性、有效性。2012年1月12日,省纪委省监察厅机关2011年度工作总结大会召开,会议分析了广东反腐倡廉面临的一些新情况新问题,强调要在清醒认识问题的基础上,深入研究转型时期、市场经济发育比较充分条件下、进一步深化改革过程中经济社会建设和反腐倡廉工作的规律性、特殊性,牢牢把握主动权,不断探索用发展的思路和改革的办法解决腐败问题的有效途径。努力做到改革推进到哪里,惩防体系就延伸

① 王华元1998年5月起任广东省委常委、纪委书记,2002年3月起任广东省委副书记、纪委书记,2006年11月起任浙江省委常委、纪委书记。2009年8月,中共中央纪委对浙江省委原常委、省纪委原书记王华元严重违纪违法问题进行了立案检查。

到哪里;利益调整到哪里,风险防范的网就织到哪里;权钱交易渗透到哪里,惩治腐败的重拳就落到哪里,实现反腐倡廉建设和改革发展步伐同频、力度统一,切实维护党的肌体健康,保障党的事业蓬勃发展。

2012年8月,省纪委向省第十一次党代会的工作报告,全面分析了广东反腐倡廉建设面临的形势,认为,当前反腐倡廉建设总体呈现全面发展、深入推进的良好态势,具备许多有利条件。省委的高度重视和坚强领导,为深入推进反腐倡廉建设提供了政治保证;社会主义制度的逐步完善,从根本上为消除腐败奠定了制度基础;改革开放30多年来的发展成果,为深入推进反腐倡廉建设提供了物质基础;人民群众的大力支持和广泛参与,为深入推进反腐倡廉建设提供了强大动力。同时,也要清醒地看到,当前我国正处于发展关键期、改革攻坚期、矛盾凸显期,经济体制深刻变革、社会结构深刻变动、利益格局深刻调整、思想观念深刻变化,相关体制机制还不够完善,滋生腐败的土壤和条件仍然存在,反腐倡廉成效明显和问题突出并存、防治力度加大和腐败现象易发多发并存、群众对反腐败的期望值不断上升和腐败现象短期内难以根治并存的总体态势没有改变,反腐败斗争形势依然严峻、任务依然艰巨。

报告认为,广东正处在经济社会全面转型和改革开放全面深化的节点上,呈现一系列新的阶段性特征,反腐倡廉建设面临许多新情况新问题,纪检机关推进反腐倡廉建设、维护党的纯洁性、保障促进科学发展的任务更加艰巨繁重。一是广东市场经济体制改革起步早,社会开放程度高,党员干部面临市场经济和外部环境的考验更加严峻,对强化监督管理、提高拒腐防变能力提出了更高要求;二是广东工业化和城镇化进程较快,社会矛盾和利益纠纷易发多发早发,对广大干部的作风建设以及社会管理能力、群众工作能力等提出了更高要求;三是广东改革进入"深水区",改革的难度加大、风险增多,一些关键领域体制机制制度改革还不到位,对加强"制度防腐"工作,确保权力行使、项目建设、资金运用和干部成长安全提出了更高要求;四是广东民主法治进程加快,人民群众的诉求从维护经济利益为主向更多地要求知情权、参与权转变,对保障人民群众的物质利益和民主权利、维护社会公平正义提出了更高要求;五广东经济社会发展不平衡,不同地区腐败问题发生的领域、特点及其表现形式有所不同,对区别对待、分类指导,进一步增强党风廉政建设和反腐败工作的针对性、有效性提出了更高要求。

自此,省纪委每次全会都在广泛深入调研的基础上,认真总结年度反腐倡廉工作,从理论和实践层面对当年反腐败形势进行分析研判,积极探索从严治党和反腐败工作规律,并作为贯彻中央决策部署、结合广东实际做好工作的重要依据。

三、旗帜鲜明地提出对腐败行为"零容忍"

2012年,省委部署开展以"打击欺行霸市、打击制假售假、打击商业贿赂,建设社会信用体系、建设市场监管体系"为内涵的"三打两建"、建设幸福广东的活动。全省各级纪检监察机关以参与配合省委部署开展的"三打"行动为契机,查办案件工作力度明显加大。省纪委省监察厅机关除了四个办案室外,信访室、党廉室、执法室、纠风室、效能室都参与了办案工作。还组建了两个办案组,由副厅级干部负责,在主管副书记直接领导下,独立开展办案工作。省委巡视机构成立了10个巡视督导组,对"三打"工作开展专项巡视,取得明显成效。

2012年6月10日至11日,省纪委省监察厅机关理论务虚会召开,会议提出,要加大办案力度,进一步增强惩治腐败的震慑力。7月26日,全省纪检监察工作暨廉洁城市建设推进会召开,会议提出,要力争通过三到五年的努力,使具有广东特色的开放、动态、创新的惩治和预防腐败体系进一步完善,与社会主义市场经济体制相适应的反腐倡廉制度体系进一步健全,对权力运行的监督制约进一步强化,腐败现象易发多发的势头得到进一步遏制,努力构建不想腐、不能腐、不敢腐的强大立体防线。会议对"加大办案力度,进一步增强惩治腐败的威慑力"做了进一步部署,提出了四点要求。一要坚持严查快办、精准打击,对腐败行为实行"零容忍",有案必查、有贪必惩,坚决把腐败分子清除出党、清除出公务员队伍,彻底打消腐败分子的侥幸心理。要统筹考虑人力成本和时间成本,不恋战、不拖延,努力扩大查办案件的覆盖面,切实提高办案效率。二要认真落实保护举报人和证人的办法,严肃查处打击报复举报人的行为,兑现对实名举报的奖励政策。三要坚持规范程序、安全办案。规范和安全是办案工作避免被动、强力推进的前提条件。要认真学习相关党纪条规和国家法律法规，牢固树立证据意识，严格履行办案程序，力争办案安全"零事故"、案件审理"零申诉"。四要深入推进"三打两建"工作，思想不松、力度不减，打建结合、统筹推进。会议还提出，要尽快提高初核率和结案率，争取通过几年努力，全省信访初核率提高到20%以上、实名举报初核率达到100%，每年的结案率从70%多提高到90%左右。在当年的全省教育系统纪检监察工作会议上，黄先耀强调，惩治腐败是惩防体系建设的基础性工作，查办案件是纪检监察工作的基本职能，也是反腐倡廉其他工作有效推进、打开局面的前提和基础，当前形势下，惩治这一手只能加强，不能放松，做到有群众举报的要及时处理，有具体线索的要认真核实，违反党纪国法的要严肃查处。

2011年，全省各级纪检监察机关受理信访举报72038件次，查处厅级干部35件，位列全国第一，但立案总数4596件，仅排第13位，不到河北15270件、河南14358件的三分之一，不到山东10164件、江苏9433件的二分之一。初核率只有10%左右，当年全国纪检监察机关平均线索初核率为16.1%。2012年上半年，全省各级纪检监察机关在信访举报数量同比下降12.3%的前提下，初核违纪违法线索2925件，同比上升13.3%；立案3328件3480人，同比上升7.8%，查办大要案工作走在全国前列。2012年下半年，信访举报量明显增多，全省各级纪检监察机关全年受理的信访举报量达到了近10年的峰值，为76856件次，初核8458件，立案6908件，结案6645件，查处厅级干部38人，大多数指标都实现了大幅增长。此后，广东省查办腐败案件工作一直保持了强劲势头，走在全国前列。

四、查处的典型案件介绍

"806"南海华光集团贷款诈骗案。2003年8月，在中央纪委的指导下，广东省纪委组织协调佛山市纪委及省市两级公安、检察、审计、财政、国土、银监等多个部门组成联合调查组，对南海华光集团董事长冯明昌诈骗银行巨额贷款案（简称"806"案）进行查处。查清了冯明昌诈骗国家银行6.23亿元贷款的犯罪事实；挖出了以佛山市委原常委、南海区委书记陈仲元，工商银行广东省分行副行长叶家声为代表的一批腐败分子。

查处涉案人员334人，其中公职人员272人（厅级7人、处级11人），给予党纪政纪处分81人。为国家挽回经济损失10.22亿元。

　　韶关市原市委常委、政法委书记、公安局长叶树养腐败案。2008年8月，省纪委决定对叶树养严重违纪违法问题立案检查。经查，叶树养在任职期间，利用职务便利，收受贿赂人民币964万元、港币880万元，有人民币1614.06万元来源不明。1987年至2008年，叶树养在韶关市工作尤其是担任新丰县县委书记、韶关市公安局局长期间，通过利用中秋、春节等节日以及为他人办事，收受机关单位、个人以及相关企业老板的红包礼金，数额巨大。叶树养案牵出了韶关市公安系统多名领导干部腐败案和十一届全国人大代表、韶关宜达燃料公司总经理朱思宜特大行贿案。全案涉及43个单位139人（含厅级干部31人，立案查处16人，其中6人被移送依法追究），收缴违纪违法金额1.3亿元，是广东省自党的十七大以来较有影响的特大案件。2010年9月，叶树养被河源市中级人民法院判处死刑，缓期两年执行，剥夺政治权利终身，并处没收个人全部财产。

　　省政府发展研究中心原主任谢鹏飞严重违纪案。2009年6月，经省委批准，省纪委对省政府原副秘书长、省政府发展研究中心原主任谢鹏飞涉嫌严重违纪问题立案检查，将其涉嫌违法犯罪问题移交司法机关依法查处。经查，谢鹏飞涉嫌受贿和违规收受他人财物，总计折合人民币3000多万元；道德沦丧，与多名女性长期保持不正当性关系。谢鹏飞违纪违法行为主要发生在其任职省政府发展研究中心主任期间，其违纪违法行为有三个特点：一是利用"软权力"寻租，通过影响决策实现更加隐蔽的利益输送。以"广东的首席智囊"自居的谢鹏飞，利用手中所掌握的"软权力"为某些有所求的企业谋取利益，从中收受获益企业的不正当利益输送。二是充当"权力中介"，依靠职务影响和人脉关系实现权力与利益的对接。谢鹏飞凭借自身在省委、省政府工作20余年所积淀的丰富人脉资源，为权力寻租牵线搭桥，为老板、企业等特殊利益者谋取利益，并从中获得丰厚回报。三是规避制度约束，利用公共业务资源为小团体谋福利。谢鹏飞任职省政府发展研究中心"一把手"期间，规避针对参公管理人员的薪酬规定，将数十个省政府发展外接研究课题转到有关高校和社科研究机构或者一些咨询公司进行，研究中心的研究人员参与其中

谢鹏飞一审受审。

并领取不菲的劳务费，仅谢鹏飞一人从中收取的劳务费就超过人民币100万元。2013年，潮州市中院一审以受贿罪判处谢鹏飞有期徒刑14年，谢鹏飞以量刑过重为由上诉至广东高院，检察机关则认为量刑偏轻提起抗诉。2015年3月，广东省高院二审改判为无期徒刑。

茂名系列腐败案。2009年10月以来，在中央纪委和广东省委的高度重视和领导下，省纪委成功查处了茂名重大系列腐败案，全案涉及省管干部24人，县处级干部218人。立案51人，其中省管干部19人、处以下干部42人，移送司法机关处理20人，为国家挽回经济损失3.2亿元。茂名市原市委书记罗荫国，原常务副市长杨光亮，原副市长陈亚春，原政法委书记兼市公安局局长倪俊雄，原市人大副主任朱育英，电白县原县委书记李日添等一批腐败分子受到党纪国法严惩。其中，罗荫国夫妇涉嫌利用职权和影响收受贿赂人民币3311万元、港币867万元、美金67.9万元、澳币1.3万元，涉嫌收受红包礼金人民币451.3万元、港币296万元、美金1.2万元、澳币1万元，名表15只，拥有境内外多处房产。系该列腐败案件集买官卖官、官商勾结、期权交易、权钱交易、权色交易等各种腐败形态于一体，是典型的复合型腐败。从范围看，茂名105个党政部门，市辖6个县（区）的主要领导全部涉案。从领域看，涉及组织人事、司法、行政审批、工程建设、土地出让、资源开发等领域。从人员看，既有市四套班子的主要领导，也有部门主要负责人，既有省管、市管干部，也有一般干部；既有党政机关干部也有基层干部，还有社会人员。从类型看，绝大多数存在行贿与受贿相互交织，集权、钱、色腐败于一身，同时各案件之间互有牵连交叉，查处一个带出一串。2013年7月23日，罗荫国一审被依法判处死刑，缓期两年执行，剥夺政治权利终身，并处没收个人财产。2016年7月22日，罗荫国在服刑期间因病去世。

第四节　完善惩治工作机制，推动惩防体系建设

省纪委在贯彻中央和省委部署，保持惩治腐败高压态势的同时，制定实施处理实名举报、保护举报人和证人、错案及执纪过错责任追究等办案制度，规范办案工作点建设，保证了依纪依法、安全文明办案。针对各地经济发展不平衡、纪检监察机关办案办公条件差异比较大的现实，加强基层纪检机关装备建设，加大对欠发达地区和派驻机构办案经费的支持力度，形成了运转有效的办案保障机制，确保查办案件工作强力推进。面对腐败问题易发多发的严峻形势，广东较早探索充分运用查办案件成果，以严肃查办严重违纪违法案件打开反腐倡廉其他各方面工作局面，推动惩治成果向预防成果转化，从制度层面预防和治理腐败问题。

一、完善协调机制制度，形成惩治腐败强大合力

十届省委反腐败协调小组2007年成立以来，迅速理顺工作架构，完善制度体系和工作机制，制定和完善《中共广东省委反腐败协调小组工作规则》等一批规章制度，为形成惩治腐败合力提供了坚强的组织保障和完善的机制保障。

一是完善反腐败组织协调机制。完善案件协调、大要案奖励、案件移送处理和协作配合等4项基础性制度，建立反腐败工作协调联席会议制度，形成横向到边、纵向到底、部门配合、系统联动的办案协作格局。

省、市、县三级全部成立反腐败协调小组，纪委书记任组长。加强与反洗钱、打击经济犯罪等全省性议事协调机构合作，在更宽的视野中、更高的格局上整合资源、形成合力。加强反腐败国际和地区合作，涉港澳案件协查运作良好。

二是加强与各执纪执法机关的协调配合。省纪委与人民银行广州分行、审计署驻广州特派办分别建立双边线索移送和工作协调配合制度，与省法院、省检察院、省公安厅、省审计厅联合印发《关于违纪违法案件移送处理和工作协调配合的暂行规定》，进一步规范了相关线索移送和工作协调配合。各市也加大了相关工作协调力度。佛山市纪委协调市信息产业局建立信息共享平台，设立专门通道可在市纪委机关直接查询工商、户籍资料。深圳市纪委在机关建立移动通信、银行存款、企业登记、党员信息等4个信息平台。省纪委畅通与武警部队合作渠道，确保相关工作安全顺利。各地加强与公安、消防、卫生医疗等单位和部门的沟通联系，协作配合，分工负责，保证了办案工作顺利运转。

三是夯实物质保障机制。省纪委协调财政部门联合发文，对政法机关队伍建设、经费保障和装备标准做出统一规定，打造高素质、专业化执法队伍。出台纪检监察机关办案装备标准，办案经费参照政法机关标准；省财政每年拨付3160万元支持纪委办案。省纪委制定《珠江三角洲地区和欠发达地区纪检监察机关开展对口帮扶工作的意见》，部署珠三角与欠发达地区纪检监察机关开展对口帮扶，通过支援办案经费和设备设施、双向挂职锻炼、交流办案经验、培训办案人员等方式开展帮扶和合作，落实帮扶资金2410万元。设立4000万元大要案奖励基金，每两年表彰一次。

二、改善办案条件，提升办案水平

查办案件数量的增加，倒逼各级纪检监察机关办案基础设施的升级改造。省纪委充分发挥组织协调职能，加大对办案保障的人力物力财力投入，对欠发达地区实行倾斜政策，全省各级纪检监察机关办案条件实现了较明显改善。

一是加强办案经费保障和办案装备配备。为办案部门增配了大量便携电脑和打印设备、录音录像设备、同步录音录像设备等科技产品,运用现代科技手段调查取证、固定证据的能力不断提高。以欠发达地区纪检监察机关建设为重点,切实帮助解决实际困难,有计划、有步骤地推动全省办案平衡发展。协调省财政从2008年起,每年拨付500万元作为委厅机关日常办案经费,500万元作为省纪委派驻机构办案经费,960万元作为办案工作点日常运作经费,1200万元作为欠发达地区办案专项经费。省纪委与省财政厅联合下发《关于我省市县(区)纪检监察机关办案装备配置标准和实施办法的通知》,对各市县办案经费、办案装备配备提出规范化、标准化要求,并由省财政安排专项经费为欠发达地区14个地市、89个县(区)补助购买办案用车和笔记本电脑。

二是升级改造办案工作点。2008年,省纪委对东莞办案工作点进行智能化升级改造,并完善管理工作体制机制,形成由省纪委常委会领导、案管室主管、东莞市纪委具体负责、管理处负责日常管理的架构,建立了进点办案管理、智能化系统安全使用管理、对象就餐管理、对象医疗保障、重大突发事件应急处置等12项工作制度,涵盖工作点运行管理工作各个方面。2012年省纪委启动东莞工作点二期工程建设。2009年4月,省纪委制定《广东纪检监察机关办案工作点建设指引》,对各市办案点的建设和管理提出具体指导,并要求各县(区、市)纪委集中到市纪委办案点实施"两规"调查措施,由市纪委在全市范围内统筹力量安排陪护和保卫工作,确保办案安全。各级派驻机构和县(区、市)纪委普遍建立了专用谈话室。为做好办案点的管理维护,省纪委东莞办案工作点及广州、佛山市纪委成立管理中心,配备专职人员。其他市也成立由分管副书记任组长、分管常委任副组长,案管室、办公室、案件室有关人员为成员的办案点管理小组,保障了办案点顺利安全运转。省纪委领导加强对各地办案工作点的安全检查,2012年组织开展三次全省性办案安全专项检查,累计前往有办案对象的地市27次,前往31个办案点检查,查看监控录像600多分钟,召开汇报座谈会25次。实施驻点值班和每周例会制度,严格落实工作责任,严防办案安全事故发生。

三是强化监督检查,完善管理制度。2010年,省编办将省纪委案件监督管理室的编制从原来的5人增加到7人,批复同意省纪委增设办案技术与安全保障室, 核定编制5名。全省21个地级以上市纪委全部成立案件监督管理室 (处), 配备专职人员。组建办案陪护队伍。研发案件检查信息系统, 实现办案管理网络化。省市两级办案点完成技术升级, 办案信息化水平明显提升。省纪委先后制定《关于进一步严格依纪依法办案, 切实防止办案安全事故发生的通知》《关于进一步加强和规范办案工作的意见》《办案安全事故责任追究暂行规定》等规范性文件, 明确执纪办案工作职责, 强化安全办案责任。2012年, 省纪委制定实施《关于进一步加强和规范办案工作点管理使用规定》, 协同办案工作点管理处制定《粤桥山庄12项管理制度 (试行)》汇编成册印发驻点人员严格执行。各办案工作点都制定了严格的管理制度, 对视频监控、值班看护、对象进出、医疗卫生、食品安全、外围安保以及应急处置等进行规范, 使办案点的管理有章可循。

三、探索并提出 "三个区分" "四个转变"

2012年1月18日, 广东省第十届纪律检查委员会第六次全体会议在广州召开, 省委常委、省纪委书记黄先耀代表省纪委常委会作工作报告, 全面总结了2011年的工作, 分析了面临的形势, 部署了全省2012年党风廉政建设和反腐败工作任务。报告首次提出了 "三个区分" 的原则和逐步实现 "四个转变" 的要求, 即 "在坚决查处腐败的同时, 要更加注重依纪依法、安全文明办案, 更加注重办案的政治效果、社会效果和法纪效果统一。更注重做到三个区分, 即要把因缺乏经验、先行先试出现的失误与明知故犯而违纪违法的行为区分开来, 把国家尚无明确规定时的探索性试验与国家明令禁止后有法不依的行为区分开来, 把为加快发展的无意过失与为谋取私利故意违纪违法的行为区分开来"。"逐步实现由侧重遏制向惩防并举、重在建设转变, 由侧重事后查处向事前预警防控转变, 由侧重监督约束干部向监督约束干部与保护激励干部相结合转变, 由侧重设置 '高压线' 向注重营造干事创业 '安全区' 转变"。

在2012年3月的全省国有企业反腐倡廉建设工作会议上, 黄先耀又提出, 查办企业案件要做到 "四个不准", 即不准随意冻结企业账号, 不准随意查封企业账册, 不准随意堵塞企业资金物资流通渠道, 不准随意发表影响企业声誉的报道。

2012年8月,省纪委在向省第十一次的党代会的工作报告中,重申了"三个区分"原则和"四个转变"的要求。这些重要执纪理念和原则得到了全省广大党员干部的积极响应,成为此后一个时期全省纪检监察工作的重要遵循。

第五节　推进反腐倡廉制度"二次创新"

随着反腐败斗争的深入开展,广东遇到的新情况、新问题、新矛盾不断增多,反腐败斗争形势更加严峻复杂,迫切需要在惩治腐败的同时,通过改革和制度的"二次创新",逐步解决在体制、机制、制度和管理方面存在的问题和弊端,从源头上遏制腐败滋生蔓延的势头。全省各级纪检监察机关积极推动有关部门不断深化行政审批、干部人事、财政管理和要素市场等领域的改革,省本级行政审批事项精简占比达53.8%。督促建立省及地级以上市财务核算信息集中监管系统和实时在线财政预算监督系统,推动工程建设招投标和土地、矿产使用权招标拍卖挂牌出让等制度改革二次创新。注重运用现代科学技术推进反腐倡廉建设,建成综合型电子纪检监察平台并入选建国60周年成就展,其中行政审批电子监察系统实现省市县三级联网。

一、继续深化行政审批制度改革

2003年8月27日,十届全国人大常委会第四次会议通过了《中华人民共和国行政许可法》。这是我国第一部行政许可法,也是世界上第一部专门规定行政许可的法律。2004年8月28日,十届全国人大常委会第十一次会议通过了9部法律的修正案,对涉及9部法律的11项审批项目进行了取消和调整。国务院68个具有行政审批职能的部门和单位原有的3605项审批项目,分三批共取消和调整了1806项,占总数的50.1%。2007年9月26日,国务院常务会议决定再取消和调整186项行政审批项目,截至2007年底，国务院各部门共取消和调整审批事项1999项，占总数的55.45%。2008年，新一届国务院第一次全体会议明确，取消国务院行政审批制度改革领导小组，行政审批制度改革工作由监察部等部门负责，并建立行政审批制度改革工作部际联席会议制度。

和全国行政审批制度改革同步或者更早，广东省为积极应对国家加入世贸组织的新形势，进一步改善投资环境，从2001年10月开始，省政府在第一轮行政审批制度改革的基础上，开展了第二轮省本级行政审批制度改革。2004年6月，广东省根据即将实施的《中华人民共和国行政许可法》和国务院的相关要求，在前两轮行政审批制度改革的基础上，再次对省本级政府行政审批事项进行清理和审核，其中省本级取消和调整行政审批事项达390项。

2007年4月，广东在全国率先建成省级行政审批电子监察系统，各地级以上市也相继建成行政审批电子监察系统并接入了省级系统。11月，省政府颁布实施《广东省行政审批管理监督办法》，各级政府部门也相继出台了行政审批管理办法，普遍建立起审批信息公开等制度。经过前三轮的清理，省本级剩下的行政审批事项大都有设定依据，有83%属于法律、行政法规、国务院决定、国务院部委规章、规范性文件设定的审批事项，地方性法规、省政府规章和省委、省政府及其部门规范性文件设定的审批事项仅占17%，改革难度明显增大。2008年，省政府调整规范省本级行政审批事项157项，委托或下放市、县管理81项，启动实施第四轮行政审批制度改革。2009年1月12日，省政府办公厅转发省发展改革委等部门的《关于进一步深化行政审批制度改革的意见》，提出继续清理和减少行政审批、进一步扩大地方政府管理权限、规范和发展行业协会等社会组织、进一步规范行政审批行为、切实加强对行政审批的监督制约、创新行政审批方式等六项任务。6月，省政府发布《广东省人民政府第四轮行政审批事项调整目录》，宣告完成省本级第四轮行政审批制度改革。经过前四轮改革，审批事项大幅精简，省本级政府共取消和调整行政审批2700多项，其中累计委托和下放市、县政府管理的审批项目共424项，审批事项过多过滥的状况得到明显改善，减少了政府对微观经济运行的干预，有效推动了政府职能的转变，较好地适应了社会主义市场经济发展的要求。2010年2月,省政府印发《广东省行政审批制度改革重点工作实施方案(2010—2012年)》,继续深化经济社会管理事权改革。2012年初,全省启动第五轮行政审批制度改革。7月,省出台《关于加快转变政府职能深化行政审批制度改革的意见》,对新一轮行政审批制度改革工作做出全面部署。8月,国务院批准广东省"十二五"时期在行政审批制度改革方面先行先试,对行政法规、国务院及部门文件设定的部分行政审批项目在本行政区域内停止实施或进行调整。

2012年12月,广东省根据国务院批复,出台了《广东省"十二五"时期深化行政审批制度改革先行先试方案》,进一步明确了行政审批制度改革任务,分四个阶段推进。2012年为谋划启动阶段,出台行政审批事项目录管理办法、行政审批标准化管理办法、向社会转移职能工作方案等政策文件,修订《广东省行政审批管理监督办法》,全面启动省市县三级改革。2013年为全面推进阶段,推进企业投资管理体制改革、商事登记制度或企业登记审批制度改革等专项改革;全面清理行政执法、评比表彰达标、年检(年审)事项及行政审批收费项目;推进省直及珠三角地区行政审批标准化建设,结合网上办事大厅建设,完善综合政务服务体系、行政审批和电子监察系统。2014年为规范建设阶段,推进全省行政审批标准化建设,完善综合政务服务平台功能,健全行政审批运行机制。2015年为总结巩固阶段,从工作机制、改革内容、实施进度和效果等方面,对行政审批制度改革进行全面评估,系统总结经验,建立长效机制,巩固提升改革成果。通过改革,力争到2015年,广东成为全国行政审批项目最少、行政效率最高、行政成本最低、行政过程最透明的先行区。

二、不断创新财政管理体制

从权力配置、权力监督和信息公开的角度看,财政管理体制的制度创新主要体现在五个方面,也是纪检监察机关参与程度和推动力度比较大的五个层面:

一是改革公务员收入分配制度,深化"收支两条线"管理。从2003年起,省本级对驻穗省直党政机关和民主党派团体以及依(参)照国家公务员管理、由财政核拨经费的事业单位实行统一岗位津贴制度,规范个人收入分配, 有效地杜绝单位将预算外收入与补贴津贴挂钩, 有利于从源头上预防和治理腐败。在全省地级以上市机关均已实行统一岗位津贴制度后, 在县级机关全面推进。

二是清理党政机关事业单位经营性资产。2004年3月至5月, 对省直党政机关事业单位经营性资产全面开展清理工作, 建立了数据库。成立省直行政事业单位物业管理中心, 统一接收并管理省直党政机关、事业单位经营性资产。2006年6月, 省直党政机关事业单位经营性资产清理工作顺利完成, 该项清理工作进一步巩固了公务员收入分配制度改革成果, 铲除了滋生"小金库"的土壤和条件。

三是开展财政支出绩效评价工作。2003年, 省成立绩效评价机构, 开展财政支出绩效评价试点, 探索建立财政支出绩效评价工作制度。此后, 省出台了《财政支出绩效评价试行方案》, 从大额的项目支出入手, 重点评价教育、水利、社会保障、基础设施等财政支出项目。

四是实行省级财务核算集中监管。2004年底, 成立省级财政会计服务中心, 推行省级财务核算集中监管工作, 在保持预算单位的资金使用权不变、财务管理权不变、会计核算权不变的情况下, 通过统一预算单位会计核算规程, 统一预算单位会计核算软件, 建立一个"大集中"模式的财务核算集中监管系统。该项工作通过财政管理信息和预算单位会计信息的匹配实现两者的自动比对和纠错, 从而实现财政部门对财政资金使用全程进行实时、直接、无"盲点"监管, 规范和约束各单位会计工作, 保证会计不能做假账。

五是建立"实时在线财政预算监督系统"。2004年9月, 省级国库集中支付系统实现了与省人大财经委联网, 实现人大对省财政每一笔资金开支的实时监督, 增强了人大对各部门预算执行情况的监督力度。随后, 各地级以上市相继建成监督系统。2008年开展省级财政专项资金竞争性分配改革试点, 实现省级和部分市"实时在线财政预算监督系统"与同级审计部门联网。

三、大力推进要素市场建设制度创新

为防止土地审批中的"寻租"行为, 1998年广东省率先对经营性房地产项目的用地制度进行改革,规定凡城市规划区范围内新增的经营性房地产项目用地,一律通过公开招标拍卖方式出让。2002年,广东省进一步扩大土地使用权公开交易的范围和交易方式,规定商业、旅游、娱乐、写字楼、宾馆和商品住宅等各类经营性用地土地使用权出让,都必须进入有形土地市场以招标拍卖挂牌方式公开交易。

2002年7月下旬,时任中央政治局常委李长春考察广东省、广州市的有形要素市场建设情况,提出不断规范和完善有形要素市场,逐步建立起符合社会主义市场经济发展要求的市场运作机制的要求。省纪委、省监察厅会同主管部门组织对全省国有企业产权交易和产权市场建设情况开展调研,提出了加强全省产权交易市场监管、规范产权交易行为的意见,并研究提出了全省产权交易市场建设的总体方案。报经省政府同意,明确重点建立和完善广州、深圳、珠海三个区域中心市场,通过三个中心的交易平台辐射覆盖全省,组建全省统一的产权交易信息网。落实建筑工程招投标管理机构与工程交易服务中心脱钩工作。全省21个地级以上市的建设工程交易中心,均按照国办发〔2002〕21号文的要求,完成了与

广东省在全国率先成立建设工程交易中心,图为2003年5月广州建设工程交易中心新场址启用仪式。

建设行政主管部门脱钩的工作，基本实现了职能分离、机构分设、人员分家、财务分账，成为专门为建设工程招投标提供信息、业务咨询、交易场所的独立服务机构，确保招投标体现"三公"和择优原则。

为进一步加强关于有形要素市场的制度化建设，省政府2002年10月31日出台《广东省土地使用权交易市场管理规定》，明确规定，各类经营性土地使用权转让，国有、集体企业和公有经济成分占主导地位的公司、企业土地使用权，以划拨方式取得的土地使用权转让，为实现抵押权而进行的土地使用权转让以及判决、裁定需要拍卖的土地使用权转让，都必须在土地交易机构进行，使有形土地交易市场纳入依法管理轨道。大力推进有形要素市场的电子信息化建设，在全省全面推行工程招投标信息化网络化管理。截至2005年5月，全省共建立建设工程交易中心95个、土地交易中心115个、产权交易中心28个。

2006年，广东再次扩大土地使用权公开交易的范围，将工业用地使用权出让纳入招标拍卖挂牌出让范围，所有经营性用地和工业用地土地使用权出让，都必须实行招标拍卖挂牌出让。土地使用权招拍挂公开交易制度的建立，使土地资源的配置方式由行政审批变为由市场决定，土地出让价格由领导决定变为由市场决定，抑制了"人情地""关系地""黑箱操作""台下交易"现象的发生，一定程度上防范了土地批租领域中的腐败，防止了国有土地资产的流失。同时，全面建立有形土地市场，构建土地使用权集中公开交易阳光工程。在各市、县（市、区）设立土地交易机构，作为土地使用权集中公开交易的固定场所和服务机构，规定所有须以公开交易方式出让和转让的土地使用权，一律进入土地交易机构公开进行。派驻市、县（市、区）国土资源管理部门的纪检监察机构向重点土地交易机构派出监察员，对土地交易机构的运作、土地使用权招拍挂活动过程进行全程监督。

接下来的几年里，广东有形要素市场交易金额始终位居全国第一，2008年，全省工程招投标9025项、工程造价1959亿元；全省招拍挂出让国有土地6988.5公顷，成交728.89亿元；政府采购金额612亿元，节约资金59亿元；企业产权交易450宗，成交金额89.18亿元，增值16.86亿元。

2011年7月18、19日，全省反腐倡廉制度建设和改革创新现场经验交流会在深圳召开,总结十七大以来广东省在反腐倡廉制度建设和改革创新上取得的成效和经验,并部署下一步任务。当年,全省建立统一规范的土地交易监管平台,按照"运动员与裁判员分开"原则,逐步将县级土地使用权公开交易集中到地市级进行,推广土地使用权网上交易制度。

各级纪检监察机关在推动有形要素市场建立完善的同时,加大对相关腐败问题的查处力度,2007年1月到2010年7月,全省查处了28个国土局长,这也从一个侧面证明,要素市场还需要进一步完善,在工程建设、土地使用权转让和政府采购领域,权力插手干预、量身定做工程、架空交易规则的违纪违规问题还没有从根本上遏制住,市场在资源配置中发挥的作用还很容易受权力的干预。

四、全面深化"三公开"工作

2003年6月,全国村务公开协调小组成立,7月,全国政务公开领导小组成立。这两个机构与1999年1月成立的全国厂务公开协调小组一起,有力地推动了全国政务、厂务、村务公开工作的深入发展。2004年6月22日,中央办公厅、国务院办公厅联合印发《关于健全和完善村务公开和民主管理制度的意见》,进一步明确和完善了村务公开和民主管理工作的一系列方针政策。2005年3月24日,中央办公厅、国务院办公厅印发《关于进一步推行政务公开的意见》,明确了政务公开的原则、工作目标和主要任务。2007年1月17日,国务院第165次常务会议通过《中华人民共和国政府信息公开条例》,这是中国出台的首部有关保护公众知情权的法规。党的十六大以后,政务公开工作逐步形成政府信息公开、行政权力公开透明运行、政府和公共企事业单位办事公开三个重要方面,日渐成为政府施政的基本制度。厂务公开民主管理工作也呈现持续深化、健康有序的发展态势。

广东坚决贯彻中央的部署,加大工作力度,在推进村务、政务、厂务公开方面走在前列。

一是进一步落实好村务公开。2002年6月,出台《广东省农村集体财务公开制度》,明确规定了村、组社区性组织财务公开的程序、主要内容、时间及要求等,加强农村集体财务活动的管理与监督。2003年年底,在高要市召开了全省乡镇政务公开、村务公开工作现场会,部署进一步建立健全县、镇两级政务、村务公开领导机构,成立村务公开监督小组、民主理财小组,着重抓好规范化建设。2005年7月,制定下发《广东省村务公开栏统一模板样式》,进一步规范村务公开的内容、时效和监督手段,确保公开的内容全面、具体、真实,公开时间及时、规范,监督有效、到位,提高村务公开的水平和质量。2006年初,省纪委出台《广东省违反政务公开厂务公开村务公开条例责任追究的暂行办法》,分层分对象落实责任追究制度。2009年4月,出台《关于加快建设农村党风廉政信息公开平台的意见》,明确由党委政府统一领导,纪检监察机关牵头,民政和信息化主管部门具体负责,科技、财政、农业、审计、广播电视等部门积极配合、共同推进,两年内全省建成农村党风廉政信息公开平台。2012年2月,省纪委召开全省纠风暗访情况通报暨深化农村"三资"清理监管工作电视电话会议,全面部署了"三资"清理监管工作。2012年6月26日,省纪委、省监察厅在江门市召开全省农村"三资"清理监管暨廉政风险防控工作会议,提出保质保量抓好清产核资工作,全面健全"三资"管理制度,规范"三资"运营处置,强化"三资"民主监督。

二是全面推进政务公开。2002年4月,广东成立以时任省委副书记、省长卢瑞华为组长的省政务公开工作领导小组,加强对此项工作的领导。同月,省政务公开领导小组召开会议,决定在全省县级以上政权机关全面推行政务公开。随后,各地、各部门参照省的做法,均成立以行政一把手为组长的政务公开工作领导小组和纪委书记(纪检组长)为组长的监督小组,一级抓一级,层层抓落实。2005年7月29日,广东颁布《广东省政务公开条例》,着力规范政务公开行为,加强对行政权力的监督。《条例》共列举了23项政务公开义务人应当公开的项目,规定不予公开的只有4项。2006年8月,广东出台《政务公开考核办法(试行)》,进一步推进全省政务公开工作。考核每两年一次,考核内容包括政务公开机构建设、制度建设,以及公开内容、形式、时限,对违反承诺或违纪行为投诉的处理办法和行政救济途径,对重大决策或重大管理事项失误的责任追究情况等。考核结果向社会公开,对评定为优秀等次的单位、政务公开工作中贡献突出的个人,给予通报表彰;对考核不合格的给予通报批评,限期整改，并由监察部门对单位主要负责人进行诫勉谈话，取消其当年评先资格。

三是推进实行厂务公开。2002年10月，《广东省厂务公开条例》正式实施，对企业应当予以公开的12项事项作出明确规定。该《条例》适用于广东省行政区域内的国有、集体企业及其控股企业，标志着全省厂务公开已变为依法推动，落实厂务公开民主管理制度已上升到执法高度，有力地推动厂务公开民主管理制度的建立。2004年，省委办公厅、省政府办公厅先后下发《关于在全省非公有制企业实行厂务公开民主管理的指导意见》《广东省厂务公开民主管理工作责任制度》等文件，大力推进信息公开，积极倡导各类社会组织、非公企业做好公开公示工作，接受群众、职工监督。2006年3月，《广东省企事业单位厂务公开民主管理标准体系文件（指导文本）》出台，对全省厂务公开民主管理工作的方针和目标，管理职责，公开的内容、形式和程序以及制度等方面作了具体规定。经过各方共同努力，全省基本建立健全省、市、县（区）、镇、企事业单位五级"党委领导、行政负责、纪委协调、工会运作，有关部门齐抓共管、职工群众广泛参与"的厂务公开领导体制和工作运行机制。截至2010年底，全省非公企业厂务公开民主管理建制率达50%～60%，已建工会的非公企业80%以上实行了厂务公开，处于全国前列。

全省纪检监察机关在推动相关单位落实"三公开"的同时，积极履行监督职能，严肃查处和问责违反"三公开"的问题。省纪委省监察厅制定的《广东省违反政务公开厂务公开村务公开条例责任追究的暂行办法》，对违反"三公开"条例的相关责任主体应当予以追究责任的情形和各种具体违规情节分别作出了详细规定。其中，政务公开义务人具有违反规定的情形的，应当追究主要领导、分管领导和直接责任人的责任，由上一级政务公开领导（协调）小组会同组织、人事和纪检监察部门核实后视情节作出处理。

五、深化干部人事制度改革

广东省认真贯彻党的十六大精神和《党政领导干部选拔任用工作条例》，不断深化干部人事制度改革。2003年初，省委九届三次全体会议召开, 在这次会议上省委委员对58名省政府组成人员和直属机构正职及部分地级市党政正职人选在充分酝酿的基础上, 进行了无记名投票表决, 这标志着广东省干部任用改革所采取的票决制已从"试行"走上相对规范的轨道。在总结前几年试行干部任前公示制的基础上, 省委于2003年初颁布了《省管干部任前公示办法》, 进一步落实党员和群众在干部选拔任用工作中的知情权、参与权、选择权、监督权。该《办法》规定, 属提拔、平调、改(转)任、新提名及通过公选竞岗选拔的五类省管干部, 任前一律公示。同时, 广东省陆续出台了《民主推荐党政领导干部实施细则》《干部考察工作责任制》《破格提拔和越级提拔党政领导干部暂行规定》《从党政机关外选拔任用党政领导干部试行办法》《进一步做好党政领导干部免职、降职工作的意见》《干部选拔任用工作责任追究制》《关于严格干部职位职数配备管理的若干规定》等制度, 分别从民主推荐、干部考察、选拔任用、能上能下、管理监督等方面, 进一步规范干部选拔任用工作。

2010年6月, 广东省出台《关于贯彻〈2010—2020年深化干部人事制度改革规划纲要〉的实施意见》, 对今后10年全省干部人事制度改革提出了18项改革措施和一系列刚性规定和指标, 要求在扩大干部工作民主、健全竞争择优机制、完善干部管理制度、加强干部选拔任用监督、深化分级分类管理等五大方面实现新突破。

六、继续探索公务用车制度改革

2003年前, 中央纪委先后两次在广东佛山市召开全国部分省市公车改革座谈会, 对各地"车改"经验做法进行交流研讨。2003年5月, 时任中央政治局委员、省委书记张德江在一名政协委员要求实行公务用车改革的来信上作出重要批示, 指出"公车改革是早晚的事", 肯定了公车改革的大方向。

6月, 省纪委、监察厅发出《关于积极稳妥推进公务用车制度改革的意见》, 提出了公车改革的4项原则和应着重抓好的6个环节, 要求全省各地积极启动和推动公车改革。这标志着, 从2003年开始, 广东的公车改革进入了第二个阶段。这一阶段的特点是: 从自发的改革到有组织有计划地

2003年6月，省纪委、省监察厅下发《关于积极稳妥推进公务用车制度改革的意见》，对公务用车改革予以规范。图为佛山市公车拍卖现场。

推进改革；从个别、分散的试点到一个县、一个市区域内全面进行；从做法上"八仙过海，各显神通"到各地级以上市制订统一的"车改"方案。这一阶段各地"车改"的主要做法，大致有三种模式：一是"货币化"改革模式，即取消公车（执法执勤车除外），向全体或部分工作人员发放公务交通补贴；二是"半货币化"改革模式，即保留公车，由政府行政后勤部门统一管理，向各级工作人员发给数额不等的乘车卡，实行公车有偿使用，以年度进行结算，超支自负，节余结转下年使用，也有的地方按节余额的50%以现金形式奖励本人；三是"加强管理型"改革模式，即各单位继续保留公车，取消事实上的"领导专车"，通过健全并严格执行各种使用、管理公车的规章制度，达到克服公车私用、浪费及舞弊行为的目的。

　　到2004年，珠江三角洲地区公车改革进展顺利，效果显著。佛山市南海、顺德、三水、高明、禅城5个区全面启动，并进行了市直党政机关的"车改"试点工作。惠州市在全省率先进行市直机关"车改"试点工作；中山市也进行了市直党政机关和尚未进行"车改"的镇同步进行"车改"。深圳市成立了市公车改革办公室，按市领导的要求，积极调研、论证市直机关的"车改"方案。东莞市、江门市也开展调研、设计"车改"方案。在开展"车改"的各市、县，均成立了以市、县长或纪委书记为组长的"车改"领导小组，并从有关部门抽调干部组建"车改办"，加强对"车改"工作的领导。惠州早在2004年6月2日就率先启动了公车改革，分三批进行改革。2004年11月，省纪委在总结全省车改试点工作的基础上，向省委报送了《关于积极稳妥推进我省公车改革的报告》，提出下一步在"珠三角地区进一步总结和推广公车货币化改革模式；省直机关和省属企业着手进行公车改革试点工作；粤东、粤西、粤北地区根据自身条件，可试行半货币化改革模式；政法机关公车改革（警车除外）方案，由政法部门先行调研、讨论，待时机成熟后逐步推行"等建议。

此后，各地结合本地区实际，积极探索公务用车制度改革。佛山在南海区进行车改试点后，于2004年7月1日在全市顺德、高明等五个区进行了货币化模式的改革，据车改后第一年的统计，各区的财政节约率在16%～32%之间。中山于2004年8月启动了主要针对市直机关的公车改革，当年包括市直行政机关和参照依照公务员管理的市直事业单位等139个单位参加了车改，但不包括市公检法机关和一般事业单位。车改后该市每年可节约财政资金2200万元。东莞2004年11月份开始进行市直单位车改，2005年完成。珠海于2005年4月实施公务用车改革试行方案，分期分批在市、区党政机关及事业单位开展公车改革，暂不包括公检法机关、城市管理执法局等。车改后取消财政供养车辆1117辆，车改后财政支付费用与车改前持平，遏制了交通经费的逐年增长趋势。

2008年以后，广东公车改革进入了新的阶段，除了原已改革的地市沿袭着既定路线拓展货币化补贴的单位范围外（惠州2011年初启动第五批次公车改革，对象是全市公安政法单位3000余人700多辆车），其他地市几乎没有再进行统一的货币化改革，而是探索了其他类型的车改模式。比如2010年，广州市黄埔区、市财政局、市城管执法局三单位试点GPS+RFID车载电子监控系统，通过GPS全球定位系统和射频识别等技术监控措施控制公车使用。2011年8月至9月，广州全市各级党政机关、参公事业单位公务车辆全部安装北斗车载终端设备，应用公务用车使用管理信息系统,对公务用车使用情况实行信息化管理。

2011年3月,省公车改革领导小组成立,时任省委副书记、省长黄华华任组长。经过反复调查研究,起草《关于全面推进我省公务用车制度改革的意见》和《广东省公务用车改革实施方案》。2012年,省纪委把推进公车改革列为重点任务之一,继续推动这项改革。①

第六节　推进廉政风险防控全覆盖

廉政风险防控是将风险管理理论和现代质量管理方法引入反腐倡廉建设,以积极防范为目标,以强化管理为手段,在公共权力运行的重点领域、重要岗位和关键环节,排查廉政风险,健全内控机制,加强风险预警的重要管理手段。

一、探索开展廉政风险防控工作

广东从2009年开始探索开展廉政风险防控工作。时任中央政治局委员、省委书记汪洋提出,要建立健全防止利益冲突、廉政风险排查和权力运行制约的"三大机制",加强对重点岗位、重点人员廉政风险的预警分析,全面排查权力运行风险点,有针对性地建立健全防范腐败机制,形成全面规范的"制度链",从源头上铲除不廉洁现象滋生蔓延的土壤。2009年9月至2010年8月,根据省委部署要求,省纪委、省监察厅、省社科院组成联合课题组,对全省廉政风险预警防控进行了专题研究,形成《广东省廉政风险预警防控研究报告》,为开展廉政风险防控工作打下良好的理论基础。2010年底,省纪委选择广州、惠州、揭阳市和深圳南山区、韶关南雄市、江门鹤山市,以及省地税局、省国土资源厅等单位作为试点单位,先行先试,为在全省推进廉政风险防控工作示范引路。

---

① 党的十八大以后,公务用车改革力度明显加大。2015年5月,《广东省全面推进公务用车制度改革总体方案》终获国家发改委批准,省直机关公车改革在当年6月底前全面完成。

二、努力实现"纵向到底、横向到边"的整体防控

2011年8月,中央纪委召开全国加强廉政风险防控规范权力运行现场会,年底,下发了《关于加强廉政风险防控的指导意见》,对廉政风险防控工作进行了全面部署。

广东认真贯彻落实中央要求,扎实推进廉政风险防控工作。省委常委、省纪委书记黄先耀高度重视廉政风险防控工作。11月,黄先耀一到广东工作,便提出廉政风险防控的"五分模式",即"分岗查险、分险设防、分权制衡、分级预警、分层追责"。五个环节既相互独立,又互相贯通、逐层推进。其中,分岗查险是"五分模式"运行机制的初始环节;分险设防和分权制衡则分别从制度预防和组织预防两个方面,双重管制廉政风险的行为发生;分级预警是对潜在性风险产生的临界点的制度性警示;分层追责则是对风险发生之后的制度化救济。2012年8月,省委、省政府印发了《关于加强我省廉政风险防控工作的意见》,正式确定"五分模式"作为广东开展廉政风险防控工作的基本运行机制。省纪委先后组织召开省直部门、地市、省属高校和国有企业廉政风险防控工作现场会,推进廉政风险防控工作。至当年年底,广东廉政风险防控基本框架实现在各地级以上市、省直单位、高校、国有企业单位的全覆盖,逐步形成了各层次、各系统共同实施、上下联动的工作格局,基本实现了"纵向到底、横向到边"的整体防控。全省21个地级以上市、152个省直单位共排查廉政风险点8万多个,出台防控措施1万多项。

三、逐步形成比较成熟的防控途径和范式

广东在探索运用"五分模式"这一基本运行机制,推进廉政风险防控具体实践过程中,逐步探索出一些比较有效的廉政风险防控措施,其中,"以案治本"和"同步廉政监督"的成效比较明显。

关于"以案治本"。主要是通过对典型腐败案件的剖析和梳理,有针对性地加强反腐倡廉制度建设,防范类似问题的再次发生,从源头上逐步铲除腐败现象滋生蔓延的土壤,真正达到"查处一案、治理一线、教育一片、完善一面"的廉政风险防控模式。简而言之,即是推动反腐败"惩

治成果"向"预防成果"转化的风险防控模式。2012年,省水利厅原副厅长吕英明等人因违纪违法受到查处。省预防腐败局、省纪委第三纪检监察室和省水利厅联合组织开展了"以案治本,加强廉政风险防控"试点工作。通过对案件进行深入细致的剖析,梳理出水利系统在河道采砂管理和水利工程建设方面存在的16个廉政风险点,省水利厅等部门提出了17项防范措施,堵塞制度漏洞,以防范腐败问题的再次发生。随后,广州市、河源市、惠州市、中山市、湛江市和省科技厅、司法厅、财政厅等地方和单位相继开展了"以案治本、加强廉政风险防控"工作,并初步确定了"查办案件→找出症结→完善制度"的工作思路和"剖析案件、梳理制度、实地调研、健全制度、检查落实"的工作步骤,"以案治本"防控模式基本形成。

关于"同步廉政监督"。主要是针对近些年重大工程建设领域腐败案件易发多发这一社会现象,由纪检监察机构与国有企业联合建立,以监督和制约权力运行为核心,以规范管理为基础,以制度建设为抓手,共同预防和控制重大工程项目建设中廉政风险发生的一种风险防控模式。其主要目标就在于,确保重大工程建设过程中项目建设、资金运行、权力行使、干部成长"四个安全"。2012年7月,省纪委决定与广州白云机场共同开展白云机场扩建工程廉洁风险防控"政企共建"工作,成立了"同步廉政监督"工作领导小组和办公室,确定防控工作的主要环节和内容,提出具体的保障措施,正式启动了"同步廉政监督"防控。党的十八大以后,这项工作继续开展并不断完善,至2014年4月,"同步廉政监督"共介入37个重大招投标项目,涉及资金近10亿元,仅收到有关3个项目的5次信访投诉,未发现一起内部工作人员违纪违法问题。

第十二章
围绕中心任务开展监督检查和专项治理

    2008年11月14日至18日，时任中央政治局常委、中央纪委书记贺国强视察广东。他在视察期间强调，要深入贯彻落实党的十七大和十七届三中全会精神，以认真的态度、扎实的作风和有力的措施，切实加强对中央关于做好当前经济工作重大决策部署贯彻落实情况的监督检查，为促进经济平稳较快增长提供有力保证。他强调，各级纪检监察机关要以纪念改革开放30周年和党的纪律检查机关恢复重建30周年为契机，进一步推进党风廉政建设和反腐败工作。当前特别要紧紧围绕扩大内需、改善民生、保持经济平稳较快发展，充分发挥职能作用，会同有关部门切实搞好五个方面的监督检查：一是加强对中央政策措施在各地各部门落实情况的监督检查，确保政令畅通；二是加强对工程项目规划、立项的监督检查，确保项目建设符合科学发展观的要求和中央的有关规定；三是加强对工程项目审批和建设程序的监督检查，确保工程项目建设依法合规进行；四是加强对各项资金管理使用情况的监督检查，确保向党和人民交一份明白账、放心账；五是加强对扩大内需工程建设质量的监督检查，坚决杜绝"豆腐渣"工程。

    这一阶段，全省各级纪检监察机关贯彻中央纪委部署，服从和服务于党委政府中心工作和改革发展稳定大局，加强对落实科学发展观情况的监督检查，会同有关部门重点开展对市场价格调控、节能减排、节约集约用地、环境保护、安全生产等一系列政策措施执行情况的监督检查，保证了政令畅通。围绕促进加快转变经济发展方式和落实《珠江三角洲地区改革发展规划纲要》，重点督促抓好"三促进一保持""双转移""腾笼换鸟"等重大政策措施的贯彻落实。认真开展对换届工作的监督检查,严肃换届纪律,维护了风清气正的换届环境。加强对支援地震灾区恢复重建、援藏援疆、"扶贫双到"和"廉洁办亚运""廉洁办大运"以及港珠澳大桥等重大建设项目廉洁情况的监督检查,探索建立了重大活动、重要项目保廉机制。会同有关部门开展对节能减排、环境保护等政策措施的监督检查,严肃查处了"9·21"信宜紫金矿业有限公司溃坝等重大安全责任事件。深入开展工程建设领域突出问题专项治理,排查项目27393个,发现和整改纠正问题15269个。以提高执行力为重点加强作风建设,开展会风监督,建立机关作风和效能明察暗访长效机制,发现和纠正了一批问题,查处了一批违纪违法案件,有力促进了科学发展观的贯彻落实,维护了改革发展稳定大局。

第一节　开展对扩需促增和转变 经济发展方式的监督检查

2007年以来,由美国次贷危机引发的国际金融危机愈演愈烈,严重冲击世界经济的发展,对我国经济的影响也越发明显。中央果断对我国宏观经济政策进行重大调整,决定实施积极的财政政策和适度宽松的货币政策,出台一系列更加有力的扩大内需、促进经济增长政策措施。为加强对中央决策部署贯彻落实情况的监督检查,保证新增1000亿元中央投资项目尽快启动、落实和顺利实施,经中央同意,决定成立由中央纪委、监察部牵头,发展改革委、财政部、审计署为成员单位的中央扩大内需、促进经济增长政策落实检查工作领导小组,领导小组办公室设在监察部。同时,组建24个检查组,分赴31个省(区、市)和新疆生产建设兵团开展监督检查工作。广东省贯彻中央决策部署,也成立了领导机构和检查组,开展相关监督检查工作。

一、完善监督检查领导体制和工作机制

2010年中央经济工作会议决定把经济工作重点转到促进发展方式转变上来，强调要把保持经济平稳较快发展和加快经济发展方式转变有机统一起来，在发展中促进转变，在转变中谋发展。中央成立加快转变经济发展方式监督检查工作领导小组，中央书记处书记、中央纪委副书记何勇担任领导小组组长，各省、自治区、直辖市也参照中央纪委的做法，纷纷成立由纪委主要领导担任组长的领导小组。

2011年1月9日，十七届中央纪委第六次全会明确提出，要紧紧围绕加快转变经济发展方式这条主线开展监督检查。经中央批准，中央纪委牵头成立了中央加快转变经济发展方式监督检查领导小组，负责监督检查工作的组织协调和督促指导。4月，中央加快转变经济发展方式监督检查工作领导小组召开会议，印发《关于开展加快转变经济发展方式监督检查的意见》，对监督检查工作作出安排。5月20日，召开加快转变经济发展方式监督检查工作电视电话会议，对监督检查工作作出全面部署。各地区和有关部门及时传达贯彻中央决策部署，制订工作方案，广泛动员部署，使工作有步骤、有秩序地开展起来。

随后，广东省贯彻中央纪委部署，结合本省改革发展实际，成立"加快转型升级、建设幸福广东"工作监督检查领导小组办公室，负责组织实施中央加快转变经济发展方式和省重大决策部署落实情况的监督检查工作，由时任省委常委、省纪委书记朱明国任组长，领导小组办公室设在省监察厅。省直有关牵头部门和地级以上市均成立了以部门"一把手"、市委副书记或市纪委书记任组长的监督检查领导小组，形成上下联动、步调一致的监督检查领导体制。

二、结合广东改革发展实际开展监督检查工作

2010年6月，省纪委召开加快转变经济发展方式监督检查工作电视电话会议，学习贯彻中央电视电话会议精神，部署本省贯彻落实措施。5月下旬至6月下旬，省纪委监察厅组织3个检查组对全省21个地级以上市扩大内需以及省现代产业500强项目进行了检查和整改核查。本次检查项

目共计68个（其中：扩内需项目38个，省现代产业500强项目22个，核查中央扩内需检查组检查发现问题整改项目8个），发现49个项目存在131个问题。在监督检查中，大力推动问题整改，实行问题整改销号制，对整改不落实情节严重的，启动约谈问责机制。首轮综合性检查及各地各部门自查发现的394个问题，已整改销号336个，整改销号率达85%。党纪政纪处分127人。8月26日，省纪委印发了《关于开展"加快转型升级建设幸福广东"工作监督检查的意见》，提出6大方面13项监督检查任务，将加强社会建设、建设现代产业体系、实施扩大内需战略等工作纳入监督检查范围，既符合中央部署，又突出了广东特色。

2011年，广东省纪检监察机关成立专项工作领导小组，对中央和省委重大决策部署贯彻落实情况进行监督检查，检查组对全省21个地级以上市60个重大项目进行了抽查和核查。围绕全省280项重点建设项目，会同有关部门开展违法违规强征强拆案件检查，督促各地各单位落实好全省31万套保障性住房的开工建设。此外，还对"扶贫双到"工作、茂名"9.21"灾后重建工作、支援四川、甘肃等地震灾区资金物资使用情况和援疆援藏工作等开展监督检查。

三、认真总结交流，推动中央重大决策部署落实

2012年2月20日，广东省纪委、省"加快转型升级建设幸福广东"工作监督检查领导小组办公室印发了《广东省"加快转型升级建设幸福广东"监督检查暂行办法》，明确职责分工、检查内容、检查程序等，进一步规范和加强各地各部门监督检查工作。2月22日，省"加快转型升级建设幸福广东"工作监督检查领导小组扩大会议在广州召开，总结交流了2011年全省监督检查工作，研究解决监督检查工作存在的主要问题，部署2012年工作任务。省发展改革委、省经济和信息化委、省国土资源厅、省住房城乡建设厅和广州、肇庆市等6个单位和地区介绍了开展监督检查工作的经验做法。会议印发了《2012年省"加快转型升级建设幸福广东"监督检查工作要点》及《广东省"加快转型升级建设幸福广东"监督检查暂行办法》，对25个未开工的2010年中央预算内投资第五批扩大内需项目进行了通报。6月13日，广东"加快转型升级建设幸福广东"工作监督

检查领导小组召开会议,就有关惠民工程监督检查工作进行总结部署。8月,广东"加快转型升级建设幸福广东"工作监督检查领导小组分7路赴全省21个地级以上市开展为期半个月的集中检查,重点对各地为民办实事情况、保障性安居工程建设、节能减排和环境保护、耕地保护和节约用地等政策落实情况的监督检查。通过切实有效的监督检查,有力保证了中央和省各项重大决策部署落实到位,为加快转型升级,建设幸福广东作出了新的贡献。

第二节 严肃纪律,确保抗击各类自然灾害和重大体育赛事顺利开展

2003年到2012年期间,从国家到广东省,遇到了一系列难事,也办成了一系列大事,尤其是2008年,整个南方地区遭遇新中国成立以来罕见的低温、雨雪冰冻极端天气,北京成功举办了第29届夏季奥运会,而在国际方面,席卷全球的金融危机也给中国的经济发展带来了巨大的困难,解决这些困难和问题,需要党中央、国务院果断作出重大决策,需要各级党委、政府坚决贯彻中央政令,纪检监察机关围绕中央关于改革发展重大决策部署开展监督,确保了中央重大决策部署贯彻落实。

一、严肃抗灾救灾纪律,确保援建项目、资金和干部安全

2008年初的南方低温、雨雪冰冻极端天气,持续时间长、影响范围大,给当地群众生产生活秩序带来严重影响。党和国家领导人高度关注,多次作出重要指示和批示,并亲赴灾区视察慰问、指导救灾。为促进抗击雨雪冰冻灾害工作顺利进行,中央纪委、监察部发出通知,要求各级纪检监察机关和广大纪检监察干部切实增强政治意识、大局意识、责任意识,认真贯彻中央的要求和部署,把抗击雨雪冰冻灾害作为当前最紧迫的任务,充分发挥表率作用,积极投身抗灾救灾工作;认真开展监督检查,确保抗灾救灾工作顺利进行。广东和贵州、广西、四川、江西、湖南、

湖北等地纪检监察机关也下发紧急通知,进一步严肃纪律,加强对中央关于抗灾救灾的决策部署贯彻落实情况的监督检查。

2008年5月12日,四川省汶川等地发生里氏8.0级的特大地震,灾区最大烈度达11度。这次地震破坏之严重,人员伤亡之多,救灾难度之大,都是历史上罕见的。中央成立了以中央书记处书记、中央纪委副书记何勇为组长、相关部门主要负责同志为副组长的抗震救灾资金物资监督检查领导小组,具体负责对抗震救灾资金物资监管工作的领导,建立加强对抗震救灾资金物资监督检查的体系,制定公布一批重要的规章制度。各地也相继成立了相应的领导小组,开展相关监督检查工作。9月17日,中央纪委监察部在四川成都召开对口支援资金物资监督检查工作座谈会,会议要求,承担对口支援任务的19个省市与受援地要建立相关制度,保证监督检查协调机制高效运转、有序运行。包括建立联席会议制度、有关案件协调处理制度、联合检查制度等。在全部援建工作中,广东承担的任务最重、资金量最大。

在对汶川地震灾区对口援建工作中,广东省成立由省政府一名副秘书长为组长的援建工作组,省纪委省监察厅在前方工作组成立检查审计部,定期组织开展全县援建项目审计监督交叉检查活动。通过各种有效方式加强廉洁援建宣传工作,召开了汶川县灾后重建(对口援建)资金物资监督检查工作会议,对加强对口援建资金物资监督检查工作进行再宣传、再动员、再部署。坚持用制度管事管人,根据对口援建工作的实际,先后制定了对口支援汶川县灾后恢复重建项目资金管理办法、项目资金拨付办法、广东省抗震救灾资金物资监督检查工作制度等一系列规章制度。严格执行资金物资管理办法,严格实行招投标制度、信息公开制度,确保资金物资规范管理,项目建设阳光操作。并开发了"对口援建资金物资管理使用情况电子监察系统",每笔资金物资全部上网公开,确保向灾区群众交一本明白账、放心账。2010年5月,广东召开对口援建新闻发布会,介绍全省开展对口援建,包括相关监督检查工作情况。2011年5月4日,中央纪委、监察部会同中央抗震救灾资金物资监督检查领导小组在四川成都召开抗灾救灾和灾后重建监督检查工作总结会,广东省作为对口援建省(市)唯一代表,介绍了抗震救灾和灾后恢复重建监督检查工作的做法和经验。

二、开展廉洁办亚运监督检查工作

2008年以来,中国承办了一批国际性盛会,包括2008年北京奥运会、2010年上海世博会和广州承办的第十六届亚运会。党中央、国务院高度重视这些重大活动的监督工作,明确提出"廉洁办奥运""廉洁办世博""廉洁办亚运"的要求。中央政治局常委、中央纪委书记贺国强,中央书记处书记、中央纪委副书记何勇等领导同志也分别对廉洁办奥运、廉洁办世博、廉洁办亚运工作作出重要指示。中央纪委和活动举办地纪委成立相应的领导小组,并组成检查组开展监督检查工作,探索并形成了关于重大赛事、重要活动监督检查的领导体制和工作机制。广东省贯彻中央精神,按照中央纪委部署和要求,全省各级纪检监察机关积极参与廉洁办亚运各项工作。

省委高度重视廉洁办亚运工作,时任中央政治局委员、广东省委书记汪洋多次对亚运会筹备工作做出指示,亲临一线调研指导。省委、省政府多次召开专题会议,认真学习借鉴廉洁办奥运、廉洁办世博的成功经验,研究部署亚运会筹办工作,推动各项工作顺利进展。省纪委省监察厅认真履行职责,扎实做好各项工作,为筹办工作高效、有序推进提供纪律保障。

一是完善工作机制,健全监督网络。参照北京奥运会做法,在成立第16届亚组委的同时,成立了亚运会监督委员会。监督委员会委员由省市人大代表、政协委员,各民主党派代表,省市有关监督部门负责人以及体育界知名人士担任。监委会坚持"依法监督、重在预防、公开透明"的工作方针,与亚组委监察审计部共同开展工作。担负场馆建设任务的省直单位、广州市政府和驻穗高校也成立了专门的场馆建设监督机构。在监督委员会指导协调下,各监督机构紧密配合,全程介入、及时跟进,形成层级管理、各负其责的全方位监督网络。省纪委十届四次全会将"廉洁办亚运"工作纳入年度工作计划,作为省纪委省监察厅当年党风廉政建设的一项重要工作任务,成立亚运会专项资金使用和项目建设情况监督检查领导小组,会同省审计厅等职能部门,对筹办亚运会专项资金使用和项目建设情况开展监督检查。

二是完善制度体系，确保监督工作无缝对接。省纪委下发《关于加强监督检查，进一步做好"廉洁办亚运"监督工作的意见》，对"廉洁办亚运"制度建设工作提出了明确、具体要求。各赛事承办城市以人、财、物等重大事项的权力运行为重点，完善规章制度，使监督制度覆盖筹办工作的每个环节。各地还建立了廉洁办亚运责任制，通过分解目标责任，落实考核问责，加强对担任领导职务人员的监督和约束，建立起覆盖工作标准、办事程序和权限使用等方面，责任明晰的制度保障机制。亚运会工程项目遵循市场经济规律和国际惯例，严格执行政府采购制度，开展合作伙伴遴选工作。制定组委会合同管理、物资采购、大额专项支出项目监督检查以及工作人员廉洁自律守则等50多项规章制度，涉及人、财、物、市场开发等各个方面。结合体育赛事场馆建设的特点，完善重点部位和关键环节监管制度，防范廉政风险。广州在全国率先推行建筑企业诚信综合评价体系建设。亚运城和40个广州市属亚运场馆工程共完成招标项目150个，累计招标金额105.07亿元，较概算金额少4亿多元。按照国际通行的市场化操作方式，公开征集合作伙伴、赞助商、供应商，分散筹资和运营风险，限制自由裁量权。

三是实行多管齐下，抓好场馆建设的监督检查工作。坚持全面检查和重点抽查相结合、分阶段检查和同步跟进相结合，认真排查和防范工程建设中可能存在的质量安全缺陷、投资控制风险和资金监控隐患。积极配合中央开展重点督查。中央纪委八室"廉洁办亚运"督查组共五次到广东省督查"廉洁办亚运"工作情况，推动"廉洁办亚运"各项工作落实。省纪委省监察厅指定专人配合，督促整改。省监察厅指定一名副厅长参加亚运会总指挥部和亚组委监督委员会的日常工作，参与对亚运场馆建设、门票销售、财务收支和开闭幕式方案等重点筹备工作经常性检查，及时发现和纠正工作中的漏洞和问题，督促有关部门和团队制定预防和控制措施，切实把住廉洁和节俭这个关口。省纪委会同省发改委、住建厅、审计厅、体育局等部门，组成2个督查组，对广州主赛区以及佛山、东莞、汕尾3个分赛区"廉洁办亚运"工作情况进行督查，共发现和纠正了9个工程款决算滞后、审批程序违规等问题。在审计方面，实行专项审计与面上检查相结合, 全方位监督。聘请第三方机构, 进行年度财务收支审计、专项资金审计和合同专项检查。派出7个审计组82名审计人员, 专项审计亚组委2006年至2009年度财务收支情况, 跟踪审计亚运开闭幕式工程、有关亚运场馆周边环境整治工程和治水工程。对重点项目全程跟踪、同步预防。把市场开发、赛事转播、大宗物资采购等大额资金项目的监督列为重点, 从赞助和特许经营企业的征集方案审核, 到评审标准与程序的确定, 全程跟进。

四是扩大宣传教育, 做好廉政风险排查和防范工作。开展面向社会的宣传发动, 营造和谐氛围。把"廉洁办亚运"宣传教育作为亚运会整体宣传工作的重要内容, 充分利用丰富多彩的迎亚运宣传活动, 通过各种媒体、采取多种形式开展教育, 积极促进"廉洁办亚运"各项工作的开展。广州等地区有针对性地开展了各类专题教育。加强针对公职人员的宣传教育。把"廉洁办亚运"工作融入当年的纪律教育学习月活动, 组织各级领导干部认真学习《廉政准则》, 强化"廉洁办亚运"的意识。以党支部为基本单位, 深入开展以"服务亚运, 保障亚运"为主题的专题组织生活会活动。坚持不懈抓好组委会成员的廉洁教育和廉洁风险防范。积极探索国际性综合体育赛事筹办工作中权力运行风险防范, 在筹办工作重点领域和关键岗位, 开展权力运行风险排查防范工作。落实廉洁办会责任制, 组织层层签订《廉洁办亚运责任书》。制定《组委会工作人员失职责任追究办法》, 强化重点领域、重要岗位和关键环节的监控。扎实推进作风教育。教育、引导亚运筹备工作人员发扬勤俭节约、艰苦奋斗的优良传统, 坚决执行财政投资项目集中支付制度, 防范超概算、不规范支付、超计划投资等问题。

第三节　治理商业贿赂和工程建设领域突出问题

进入新世纪新阶段, 随着市场化进程的加快, 经济成分多样化、利益主体多元化日趋明显, 市场竞争日益激烈, 商业贿赂在一些领域和行业滋生蔓延，群众反映强烈。2005年7月27日，胡锦涛同志作出重要批示："坚决治理商业贿赂是维护市场经济秩序的必然要求，是反对腐败的重要内容。要借鉴国外的有益做法，完善有关法规，加大监管力度，惩治腐败行为。"并要求中央纪委牵头研究和部署治理商业贿赂工作。一场坚决治理商业贿赂、维护市场经济秩序的专项斗争揭开序幕。

一、治理商业贿赂

2006年2月8日，中央办公厅、国务院办公厅印发《关于开展治理商业贿赂专项工作的意见》，对治理商业贿赂作出全面部署，治理商业贿赂专项工作在全国迅速展开。时任中央政治局委员、广东省委书记张德江对广东贯彻落实中央精神、抓好治理商业贿赂专项工作及时作出指示、提出要求。为贯彻落实中央决策部署，2006年3月，省委成立治理商业贿赂专项工作领导小组，由省委常委、常务副省长钟阳胜同志任组长，省法院、省检察院、省公安厅、省监察厅、省工商局等22个部门的行政分管领导为成员，同时成立领导小组办公室。全省21个地级以上市，15个负有重点治理任务的行业主管（监管）部门和公安、检察、法院、审计等部门也相继成立工作机构，制订工作方案，积极推进专项治理工作。

4月10日召开的全省治理商业贿赂专项工作会议对全省治理商业贿赂专项工作进行动员部署，制订了《关于我省开展治理商业贿赂专项工作的实施方案》，统筹指导开展全省治理商业贿赂专项工作。各地各部门按照中央和省委部署，从2006年第二季度开始，围绕重点领域、重要岗位、重点人员和关键环节，开展不正当交易行为自查自纠工作，为下一步治理工作奠定良好基础。8月17日，省治理商业贿赂领导小组成员召开会议，总结汇报专项工作进展情况，研究部署下一阶段工作任务，要求突出重点，着力查处工程建设、土地出让、产权交易、医药购销、政府采购和金融投资等领域的商业贿赂案件。省治理商业贿赂领导小组联合其他有关部门先后出台了《关于进一步推进全省非公有制企业治理商业贿赂专项工作的意见》和广东省社团组织行业协会深入开展行业自律和治理商业贿赂工作的实施意见》等制度，有序推进非公有制企业和行业协会专项治理工作。

2007年7月，省人大常委会审议通过《广东省企业信用信息公开条例》，这是全国首部关于企业信用信息公开的地方性法规。2008年7月，省治理商业贿赂领导小组办公室制定《2008年治理商业贿赂工作要点》，要求进一步巩固和深化自查自纠工作成果，保持依法查办商业贿赂案件的强劲势头，更加注重防治商业贿赂长效机制，积极拓展治理领域。2009年10月，省高级人民法院制定了《审理商业贿赂犯罪案件适用法律指导意见（试行）》，促进依法治理商业贿赂，惩处商业贿赂犯罪。2010年7月，中央治理商业贿赂领导小组办公室在深圳召开研究成果交流会，时任中央纪委副书记、中央治理商业贿赂领导小组副组长兼办公室主任李玉赋对广东治理商业贿赂工作给予了肯定。

2011年10月，省政府办公厅下发《关于在治理商业贿赂专项工作中推进市场诚信体系建设的意见》，把包括商业贿赂在内的不正当竞争行为，纳入企业信用记录，对存在严重商业贿赂行为的违法违规企业进行重点监管，切实加大惩戒力度。全省各地各部门按照要求，围绕惩治和预防腐败体系建设，积极推进市场诚信体系建设，加快构建全省统一的信用信息公开共享平台。

二、开展"三打两建"

2012年2月，广东集中开展"三打两建"工作，即打击欺行霸市、打击制假售假、打击商业贿赂，建设社会信用体系、建设市场监管体系。作为"三打"的重要组成部分，打击商业贿赂成为2012年各级纪检监察机关工作的重中之重。省纪委成立打击商业贿赂专项行动小组，组织领导全省打击商业贿赂工作。各级纪检监察机关积极行动，突出办案重点，严肃查处欺行霸市、制假售假问题相对集中的领域和行业中党员领导干部充当黑恶势力"保护伞"的案件，着力查处与民生密切相关的生产、销售领域政府监管部门公职人员与不法分子搞权钱交易、失职渎职的案件。为确保"三打两建"各项任务落实，省委将原省"三打"行动综合督导组的30名同志并入巡视组，委派巡视组分别进驻广州、深圳等21个地级以上市，对各地党政领导班子落实"三打两建"工作开展专项巡视督导。截至2012年6月中旬，全省立案查处商业贿赂案件2723件，涉案金额8.05亿元,涉及党员领导干部和国家公职人员1072人,其中厅级干部48人,县处级干部123人。

三、治理工程建设领域突出问题

2009年7月,中央办公厅、国务院办公厅联合颁布《关于开展工程建设领域突出问题专项治理工作的意见》,决定用两年左右时间分4个阶段在全国开展工程建设领域突出问题专项治理工作。全国专项治理工作电视电话会议后,广东省立即成立以时任省委常委、省纪委书记朱明国为组长的省工程治理工作领导小组。各地各部门也都相继成立领导小组,建立起全省专项治理工作"横向到边,纵向到底"的组织和领导工作架构。9月3日,省委省政府在广州召开全省工程建设领域突出问题专项治理工作电视电话会议,对广东省开展工程建设领域突出问题专项治理工作作出部署。9月17日,省工程建设领域突出问题专项治理工作领导小组出台《广东省工程建设领域突出问题专项治理工作实施方案》,明确提出了具体目标要求、主要措施、工作步骤等,将专项治理工作任务分为8大类36项。11月,专项治理工作领导小组印发《广东省工程建设领域突出问题排查工作实施意见》,实行项目排查"七查七看"的方法,全省纳入工程治理排查的项目共32427个,其中政府投资和使用国有资金500万元以上建设项目21891个,其他社会投资3000万元以上项目10536个,排查中共发现问题16121个,已整改纠正15660个,整改率为97.14%。罚没、补交款项共计62283.13万元,问题整改规范到位,整改率居全国前列,受到中央肯定,"重点领域集中检查工作指南"在全国推广。

2010年3月4日,全省治理工程建设领域突出问题工作领导小组第三次会议在广州召开,听取排查工作进展情况,研究部署下一步工作。会议指出,2010年的专项治理工作要认真抓好突出问题排查工作,全面排查,不留死角;要巩固专项治理成果,严肃查处项目建设中行政决策"变通"、执行政策"变样"、土地随意"变性"、规划违规"变更"、工程量随意"变多"、土地容积率违规"变高"、工程代理机构"变向"、监管"变调"等"八变"行为。会议要求,公安机关要根据自身职责和《刑法》的规定,牵头查处一批围标串标典型案件,适时集中公布典型案件,震慑腐败，弘扬正气。

2010年8月12日，全省工程建设领域突出问题专项治理工作领导小组办公室主任座谈会在肇庆市召开。会议通报了专项治理工作进展情况，强调要继续加大办案力度，深挖细查线索，突出查办领导干部利用职权插手、干预工程建设项目谋取私利的案件，尽快在全省范围内全面开展工程建设领域项目信息公开和诚信体系建设工作。

为促进各地区、各领域专项治理整改工作的标准统一、尺度一致，防止出现整改工作畸轻畸重的情况，2010年9月1日，省治理工程建设领域突出问题工作领导小组办公室印发《广东省工程建设领域突出问题专项治理整改工作指导意见》，对工程建设项目决策行为、招投标活动、土地使用权审批和出让行为、城乡规划管理、工程建设实施和工程质量管理、环保管理、物资采购和资金安排使用、工程建设领域信息公开和诚信体系建设等8个方面突出问题的整改工作提出了指导意见，对每个方面的突出问题，都列出了具体的问题，并按照情节轻重，提出了具体的整改措施。比如，规范工程建设项目决策行为方面，主要是6类问题，包括未经审批、核准或备案进行建设；审批核准项目时未办理土地预审、环境影响评价审批、节能评估审查或交通影响评价审查，擅自调整投资计划，总投资超概算，分拆核准项目，未办理林地占用、树木伐移、交通影响评价手续。《指导意见》要求，各地各部门要在当年9月底前完成所有问题的整改工作，10月下旬将进行全省问题整改工作情况检查，并做好迎接中央秋季检查的准备。这个月，省纪委公开通报了工程建设领域突出问题整治10大案例。通报还介绍了全省工程建设领域突出问题专项治理工作进展情况，专项治理工作开展以来至2010年7月，全省已查出问题总数10344个，已纠正6465个；全省立案查处472件，给予党纪政纪处分238人，移送司法机关处理142人，组织处理56人；专项治理工作开展以来，全省已出台工程建设领域各类规章制度118项。

9月8日，全省治理工程建设领域突出问题工作领导小组第六次会议在省纪委召开。会议通报了各地各单位在工程建设领域建章立制情况，专项治理开展以来，全省共出台工程建设领域规章制度631个，正在起草拟定的规章制度269个；信息公开和诚信体系建设取得重大成效，发布各类信息195万多条,位居全国前列。2010年上半年,各地集中力量开展了国土、住建、交通运输和水利等重点领域专项治理工作,中央和省共重点检查了45个项目,发现问题46个,提出整改意见29条。会议要求,要重点做到统筹四个结合,加快推进工程建设领域长效机制建设,即:排查整改与完善法规制度有机结合,加强行政监管与完善工程建设交易市场体系有机结合,源头治理与项目信息公开和诚信体系建设有机结合,案件查处与规范权力运行有机结合,合理设置工程建设审批监管权力,严格落实行政执法责任制,研究解决水利、交通等行业招投标活动存在的同体监督问题,着力规范工程建设领域的行政行为,做到依法行政。

在全面排查整改,严肃查处工程建设领域突出问题的基础上,广东坚持标本兼治,针对专项治理过程中发现的工程建设领域监督管理存在的问题,从制度源头上治理工程建设领域的突出问题。2010年6月24日,省政府印发《广东省人民政府办公厅印发关于进一步加强和完善我省工程建设招标投标管理工作若干意见的通知》(粤府办〔2010〕37号),从八个方面做出了规定。(1)严格执行工程建设项目招标核准制度。建设单位在提交项目可行性研究报告和项目申请报告时应同时提交招标核准申请,实行备案制项目应在项目备案之后及时向备案部门提交招标核准申请。(2)规范招标公告发布行为。未按规定在国家和省指定媒体上发布招标公告(资格预审公告)的,任何单位不得组织开展招标活动;已经开展的,行政监督部门应当依法认定无效。(3)改进资格预审制度。一般性工程建设项目不进行资格预审;特殊性工程建设项目确需进行资格预审的,招标人应按相关规定组成资格预审委员会,根据资格预审文件公布的标准和要求进行审查。一般性和特殊性工程建设项目的划分标准由省发展改革委牵头会同省相关行业主管部门制定并报省政府同意后公布执行,招标人不得参加或派代表参加资格预审委员会。(4)完善招标人参与评标管理机制。建立招标人参与评标的资格管理和名额限制制度。(5)加强评标专家管理。建立健全评标专家考核、评价制度,建立评标专家信用档案,严格执行评标专家准入和清退制度。(6)推进信息公开。招标项目的招标核准、招标公告、中标候选人、中标结果等信息,应当向社会公开。(7)促进工程建设招标投标市场统一。推动建立统一规范的工程建设招标投标市场。按规定必须招标的工程建设项目要实行统一进场、集中交易、行业监管、行政监察。(8)加强行政监督执法。进一步完善招标投标监督工作协调机制和监控体系,行政监督与监察机关要建立招标投标违法违规举报制度,向社会公布举报电话和网站。在专项治理过程中,全省共清理工程建设领域法规制度853项,出台法规制度1814项,已立项并拟出台法规制度226项。先后出台《省级政府重大投资项目公示试点办法》《广东省招标投标信息发布暂行办法》《广东省征收农村集体土地留用地管理办法》《广东省探矿权采矿权招标拍卖挂牌出让管理办法》《关于房屋建筑和市政基础设施工程施工评标的管理办法》等法规制度,为规范市场交易和权力运行提供了支撑。扎实推进工程建设领域项目信息公开和诚信体系建设,探索建立预防工程腐败长效机制。全省建立40万家从业单位和26万从业人员信用档案,有效解决了信用信息来源难题,推动21个地市和省级45个政府部门实现信息联动。在2011年第十届中国政府网站绩效评估结果发布会暨经验交流会上,广东省项目信息和信用信息公开共享专栏以81.62分高居榜首,继2010年后再次蝉联全国第一。

治理期间,全省各级纪检监察机关共受理工程建设领域违纪违法问题线索3278件,立案863件,查实773件,给予党纪政纪处分547人,移送司法机关252人,组织处理95人。主要有:查处中央纪委交办的"10·17"案(西气东输二线工程惠州段1486万元征地拆迁资金流向国家工作人员案件),移送司法机关6人,追缴违法所得2300多万元;查处江门市新会区政府违规低价出让土地使用权问题,追回土地出让款9404万元;查处清新县云龙、云来产业基地违规用地17095亩的问题,追究包括2名原县委书记在内的多名公职人员纪律责任。通过严肃查处一批有影响的案件,工程建设领域违法违纪问题蔓延势头得到一定程度的遏制。

2013年底,按照中央要求,治理工作由集中治理转入常态化,由各行政机关根据各自职责开展工作。

第四节　坚决纠正损害群众利益的不正之风

党的十六大以后,纠风工作把解决群众反映的突出问题作为重点。2004年1月召开的十届中央纪委第三次全会对纠风工作提出了新的更高要求,将纠风工作摆在了党风廉政建设和反腐败工作更加突出的位置,一是将过去长期沿用的"纠正部门和行业不正之风"的提法改为"切实纠正损害群众利益的不正之风",充分体现了"三个代表"重要思想和"为民、务实、清廉"的要求;二是将过去对部门和行业提出任务改为对各级党委和政府提要求,使纠风工作的个人主体更加明确,更有利于纠风工作责任制的落实;三是在工作任务的部署上,把解决群众反映的突出问题作为反腐倡廉工作的重点,增加了坚决纠正征用土地中侵害农民利益、城镇房屋拆迁中损害居民利益、企业重组改制和破产中损害职工利益,以及拖欠、克扣农民工工资的问题,使纠风工作更加关注民生、体察民情、反映民意。

2004年9月召开的十六届四中全会通过的《中共中央关于加强党的执政能力建设的决定》指出,"以解决群众反映突出的问题为重点,坚决纠正损害群众利益的不正之风;以查处发生在领导机关和领导干部中滥用权力、谋取私利的违法违纪案件为重点,严厉惩处腐败分子"。2005年1月召开的十六届中央纪委第五次全会,第一次把纠正损害群众利益的不正之风摆在工作任务的首位。这些提法和摆位上的变化,是中央党风廉政建设和反腐败工作思路的重大调整,纠风工作的力度明显加大。

一、深化纠正不正之风工作

广东省在全面贯彻中央纪委和国务院纠风办的部署的基础上,结合本省改革发展和群众生活中损害群众利益突出问题的特点,突出重点纠正各类不正之风。

一是治理公路"三乱"工作取得明显成效。经过几年的持续治理,广东省治理公路"三乱"工作,取得了显著成效,多头上路问题得到制止,恶性"三乱"事件已基本杜绝,一批群众关心的热点问题得到处理,治理机制进一步健全,上路执法人员依法行政意识得到加强,行风明显改善,违纪违规上路案件逐年减少。由于广东省公路里程长,执法队伍大,面临的治理任务仍然十分艰巨。为巩固成果,防止反弹,2004年12月9日,省政府印发《广东省人民政府办公厅转发省政府督察队纠风办〈关于进一步加强我省治理公路三乱工作的意见〉的通知》(粤府办〔2004〕112号),要求各地、各有关部门要把治理公路"三乱"纳入整顿和规范市场经济秩序的整体工作,纳入党风廉政建设和反腐败工作的整体部署,进一步健全治理公路"三乱"的领导体制和工作机制,全力推进所有公路基本无"三乱"工作。当年,全省撤并路桥收费站106个,查处公路三乱问题178宗,处理56人,撤销非法检查站5个。全省推行高速公路联网收费,进一步解决路桥收费站过密问题。

2006年10月22日,全省治理公路"三乱"工作会议召开,省政府治理公路"三乱"督察队、省政府纠风办、省交通厅、省公安厅、省林业厅联合公布,珠海、中山为全省首批所有公路基本无"三乱"城市。会议提出,根据国务院要求全国力争用3年时间实现所有公路无"三乱"的部署,省委、省政府决定从2006年起,用两年时间实现全省所有公路基本无"三乱"目标;在此基础上,建立起有效、完善的监督机制,以巩固成果,防止反弹。省政府要求各级政府及有关部门要高度重视,把治理公路"三乱"工作纳入党风廉政建设责任制,对本地区本部门的治理工作负总责,对顶风违纪行为要发现一起、查处一起,不仅要处理当事人,还要追究地方、部门和单位有关领导责任,典型案例公开曝光。省政府将分期分批对申请达标城市进行考核、公布。到2009年,撤销省内政府还贷二级公路收费站32个,全年查处公路"三乱"问题43起,处理违纪责任人48名。

2012年12月21日,全省治理公路"三乱"工作会议在广州召开。根据会议通报的情况,自2011年以来,全省共查处各类公路"三乱"案件52件,给予党纪政纪处分61人。其中,2012年1月至11月查处29件,给予党纪政纪处分36人,已移送司法机关19人、判刑7人。

二是开展社团组织行业协会行业自律和治理商业贿赂工作。随着广东省社团组织行业协会的不断发展壮大,其在全省经济与社会发展中的作用日益凸显，但由于社团组织行业协会发展仍处于初级阶段，一些行业内部治理机制不够完善，行业自律职能不到位，对会员从业行为和经营行为缺乏规范和约束，不正当交易和商业贿赂行为在一些行业较为严重，已成为影响行业发展、助长各类不正之风和腐败问题的温床。2007年4月4日，省监察厅、省民政厅、省人民政府纠风办、省治理商业贿赂领导小组办公室联合印发《2007年广东省社团组织行业协会深入开展行业自律和治理商业贿赂工作的实施意见》。《意见》提出要进一步理顺社团组织行业协会管理体制，规范生产经营和执业行为，坚决纠正和查处经营活动中违反商业道德和市场规则、影响公平竞争的不正当交易行为，着力推动自我管理、自我查纠、自我约束、自我监督，提高社团组织行业协会及其会员对商业贿赂的免疫力，努力使各行各业的诚信建设水平明显提高，公平有序的市场竞争环境明显改善，纠正人民群众反映强烈的行业不正之风工作取得明显成效。《意见》针对不同市场主体提出分类推进自查和整改工作，社团组织行业协会要在查找自身管理和监管工作存在问题的同时，组织会员单位认真查找本单位近年来有无不正当交易行为发生，分析并掌握容易产生不正当交易行为所涉及的部门、岗位、环节、人员、资金等情况。对自查以及各类检查中发现的违反法律法规、给予和收受财物或其他利益的商业贿赂案件线索，要依法依纪及时移送和处理。会员单位要重点查找经营决策、市场营销、诚信经营、费用收支、物资采购中以及重点岗位人员的问题。行业协会要重点查找履行职能中的问题。业务主管（指导）单位要重点查找在理顺管理体制方面的问题。同时，在全省范围内确定了35家协会作为重点，按照谁主管（指导）、谁负责和管行业必须管行风的原则，依托有关部门和社会各界的力量，在全面推进的基础上，重点抓好35家省级社团组织行业协会开展行业自律和治理商业贿赂工作，基本建立起六项自律工作机制，为全省其他社团组织行业协会开展行业自律和治理商业贿赂工作发挥示范和带动作用。

三是加强医德医风建设，认真纠正医药购销和医疗服务中的不正之风。2004年，进一步规范了医药购销秩序和医疗服务行为，积极治理收受"红包""回扣"和"乱收费"行为。共拒收和上缴"红包"31455起，金额累计528.6万元；拒收和上缴药品"回扣"1458起，金额共计107.8万元。全省2410家医院推行医德考评归档制度,参加考评的医务人员228865人。同时还有1490家医疗机构实行了向社会公开服务承诺制度。全省县以上和珠江三角洲镇级非营利性医疗机构全部实行药品集中招标采购,总金额达94.26亿元,占医院临床用药采购总金额的85.18%,药品平均降价12%,共减轻患者药品费用支出10.65亿元。2011年,深入开展收受药品回扣专项整治和医疗机构行风评议,推广"阳光用药"电子监察系统,全省2122家医疗机构实行药品阳光采购,排查医疗系统作风问题850个并督促进行整改。

二、严肃查处不正之风典型案件

2004年加强对中小学收费"一费制"的监督检查,查处中小学乱收费行为412件,清退违规金额3499万元。同时加强对免收农村困难家庭子女义务教育阶段书杂费工作的监督检查,保证了全省103万名贫困生免交书杂费(共3.85亿元)工作顺利进行。2008年,全省查处了一批物价、教育、卫生、涉农等民生问题的违纪违法案件以及社保资金、住房公积金和扶贫、救灾专项资金"四类资金"的违规问题。查处各级各类学校乱收费237.7万元,处理责任人29名;查处医药购销领域不正之风案件,处理责任人91名;查处各类损害农民利益案件310件,处理责任人162名。对全省356项面向乡镇(街道)的检查考核项目进行全面清理,撤销327项,保留29项。清理粤O号牌(公安特种车牌)车辆2057辆。减少节庆活动31项。

2009年10月14日,全国纠风工作电视电话会议召开,广东省套开全省纠风工作电视电话会议,部署2010年纠风工作任务。会议强调,要围绕服务"三促进一保持"和贯彻《珠江三角洲地区改革发展规划纲要》,全面推进纠正损害群众利益不正之风各项工作。一要围绕保发展,切实加强中央和省重大决策部署执行情况的监督检查。二要围绕保民生,认真解决涉农、卫生、教育等方面的突出问题。认真清理整顿涉农价格和收费,坚决纠正和查处农村土地承包、流转、征用中的违法违纪行为,严肃查处乱收费、乱罚款、乱摊派等违规违纪行为。重点查处医药购销和医疗服务中的不正之风和商业贿赂,严厉打击制售假劣药品和违法行医行为。加强教育收费管理,保证城乡义务教育阶段学生享受免费教育。三要围绕保稳定,继续抓好专项治理工作。开展食品药品安全整治工作和安全生产法律法规及责任制落实情况的监督检查,集中整治饮用水源地环境违规违法行为,治理征地拆迁中损害群众利益的问题,加强对社保基金、住房公积金及筹办亚运会、大运会等专项资金的监管,特别加强对口支援资金物资管理使用情况的监督检查。治理公路"三乱"和整顿公路"电子眼",逐步取消二级公路收费项目。四要围绕树新风,切实加强机关作风建设。开展创建文明行业和人民满意的政府部门、民主评议政风行风、社团组织行业自律、"窗口之星"评选等活动。全面推行政务公开制度和公开办事制度。

2009年12月,省纪委公开通报了10起损害群众利益的典型案例。通报指出,要以查办案件推动纠风专项治理,注重发挥查办案件的治本功能,运用办案成果指导政风行风建设。2010年12月,省纪委又通报2009年下半年以来全省查办各类不正之风8起典型案件。

2007年到2012年,全省清理"小金库"1006个,涉及金额5.38亿元;纠正社会保障基金、住房公积金、扶贫和救灾资金违纪违规金额6839万元。会同有关部门,对征地拆迁、住房保障、土地管理、食品药品安全等方面存在的突出问题,开展专项治理,维护了人民群众的合法权益。在全国率先推行药品"阳光采购""阳光用药""阳光物流"工作,纠正医药购销和医疗服务中的不正之风取得新进展。在全国率先开展清理评比达标表彰和乡镇检查考核活动,清理整顿各类评比达标表彰活动项目,撤销率达87.4%。加强对强农惠农富农政策落实情况监督检查,检查清理资金项目156个,涉及金额284亿元。治理教育乱收费、公路"三乱"等工作继续深入推进。通过各级纠风信访、政风行风热线、民主评议等平台,每年为群众处理咨询投诉2万宗左右。政府部门和公共服务行业的风气有了明显改善,上学贵、看病贵和面向企业、群众的乱收费、乱罚款、乱摊派等群众反映强烈的突出问题得到一定程度的缓解。

2011年,全省深入开展教育乱收费专项治理,查处教育乱收费问题89起,涉及金额814.2万元,给予党纪政纪处分67人。7月,省纪委、省监察厅公开通报了10起教育乱收费典型案例。《通报》指出对教育乱收费多发的态势,广东从当年6月底开始,对执行教育收费政策、违规收费补课、服务性收费和代收费政策执行情况、违规择校收费情况、规范学校收费行为情况进行一次全面的专项检查,并将一直持续到12月中旬。要求对查实违规收费的学校,校长一律先免职再处理;如果县(市、区)教育局长任期内有超过1/3的管辖学校乱收费,对教育局长一律先免职再处理。通报中的10起案例,就是在省政府纠风办组织的专题暗访中被查出的,其中8名校长被免职。《通报》要求,进一步推进校务公开,加大政策规定宣传力度,主动接受公众及新闻媒体的监督;决不允许擅立项目,提高标准,扩大范围乱收费,决不允许搞各种形式的变相收费、搭车收费;对教育乱收费问题,发现一起,查处一起,决不姑息。这一年,广东在全国率先建立了中小学教育收费动态监测制度,检查了11725所中小学,清退违规收费377万元,查处了41名教育乱收费责任人。

2011年,全省还深入开展整治违法排污企业保障群众健康环保专项行动,公开省挂牌督办12个重点区域和21个群众反映强烈的环境问题。深入开展食品药品安全专项整治,查处食品药品安全事件223件。

三、不断提高纠风工作科学化水平

2010年10月13日至14日,全省纠风工作现场经验交流会在惠州市召开,总结2007年以来广东省纠风工作,表彰2009年度全省系统和行业"窗口之星"先进集体和先进个人,部署下一个阶段的工作。会议强调,要深刻认识和正确把握纠风工作面临的新形势新任务,坚持改革创新,不断提高纠风工作科学化水平。要切实构建完善的体制机制。把纠风工作放在党委、政府工作的重要位置,主要领导要树立第一责任人的意识,行业主管部门要回归"主角"位置;通过扩大政风行风热线、民主评议、纠风网络、明察暗访等渠道,引导和依靠人民群众检举不正之风,支持新闻媒体对不正之风进行曝光,形成纠风的高压态势。要努力建立完备的制度体系,建立健全教育乱收费主管部门责任追究制度、医疗卫生机构医德医风管理办法、不正之风行政问责制度以及行业协会和市场中介组织诚信与自律管理制度等。要认真探索有效的方式方法,紧紧抓住人民群众最关心的、损害群众利益的突出问题,以点带面,各个突破;完善纠风网络等现代监管平台,加强政风行风风险防控机制建设,不断提高纠风工作的科技含量。

各地各单位探索坚持群众路线，扩大群众在纠风工作中的参与，取得了较好成效。比如，佛山市组织志愿者组成纠风"特工"队，志愿者持证上岗，除了可以举报身边的不正之风享有"必答权"外，还可以通过明查暗访参与纠风案件的查办。佛山市纠风办制定了《佛山市纠风志愿服务工作实施意见》（下简称《意见》），明确了案件查办机制、问责追究机制和新闻通报机制。纠风志愿者发现民生问题线索后，直接报送到全市统一的纠风信息平台，再由纠风信息管理平台汇总报纠风工作志愿服务总队各区工作部，各区筛选后，向佛山市政府纠风办汇报。如遇到特殊情况或重大民生问题，纠风志愿者还可以直接向佛山市政府纠风办报告情况。具体实施过程中，市纠风办核实线索并决定实施调查后，将由志愿者服务总队指令所属区域的纠风工作志愿者，配合市、区政府纠风办，对违法现象明查暗访；对初查属实的问题，由市纠风办直接查处或转交各区政府纠风办、市相关职能部门查处。这一做法得到省纪委肯定并在全省推广。

四、推动纠风工作向农村基层延伸

2012年3月，省纪委、省监察厅、省政府纠风办召开全省纠风暗访情况通报暨深化农村"三资"清理监管工作电视电话会议。其间，省纪委组织有关部门观看了关于"三农"问题调查的《广东省第四期纠风工作专题暗访片》，暗访片反映出一些基层单位和基层干部严重损害群众利益，最直接、最突出体现在"三农"问题和征地问题上，暴露了一些地方少数基层干部作风粗暴、态度恶劣、严重脱离群众的问题，也暴露了一些地方基层党风廉政建设和政权建设存在许多薄弱环节，暴露了基层组织政权建设的问题。省纪委、省监察厅针对暗访片中所反映的9个问题，部署由所在市纪委负责组织对具体个案进行查处，省纪委、省监察厅相关部门和省直有关单位进行协调督办。同时，由省国土资源厅、省农业厅、省林业厅、省水利厅、省工商局等5个省直部门负责牵头组织开展5项专项清理工作。

省纪委决定，从当年3月开始到年底，分五个步骤集中深化农村"三资"清理监管工作,推动健全制度机制,建立从源头上防止腐败的有效机制。一是清查账目。对账、物、款逐笔核实。上半年以镇为单位对所有行政村再进行一次"三资"集中清理。在清查的基础上,以账实、账款、账账相符为目标,对账、物、款进行逐笔核实。在清理规范的基础上,各镇(乡)要逐步实现对农村"三资"的动态监管,每年对"三资"情况进行一次清查核实,每两年开展一次集体资产审计。全面推广农村"三资"信息化监管系统,构建分级管理的监督网络,实现对"三资"管理情况的实时监控。二是完善农村财务管理。要在不改变所有权、使用权、收益权的前提下,全面推行"村账镇代管",实现统一银行账户,统一支出审核把关,统一代理记账。积极推广村账的委托代理制度。三是建立农村产权交易平台。加强和规范农村经济合同管理,在各乡镇积极推进建立农村集体资产资源招投标和农村产权交易平台,推动村使用国家、集体资金的工程建设和物资采购,村产权交易和一定规模的物业出租等,实行挂牌招标交易和市场化运作。四是加强民主监督。各行政村建立村务监委会,把农村"三资"清理监管情况作为村务公开的重点内容,年内将"三资"台账在农村基层党风廉政建设信息公开平台和村务公开栏公开。村民委员会成员及其近亲属不得担任村务监督机构成员。五是严查违反"三资"管理规定案件。重点查处村干部在集体资金使用、集体经济项目和建设项目立项、集体资源承包和租赁等经营活动中暗箱操作谋取私利的案件,以及违反财务管理规定隐瞒、截留、坐支集体收入的案件等。发挥好查办案件的治本作用,加强警示教育,堵塞漏洞,完善制度。

2012年4月27日,省纪委召开全省纠风工作会议。会议总结了近几年全省纠风工作,近年来,全省整治收缴药品回扣3100万元,查处教育乱收费问题2366个,纠正强农惠农资金、社保基金、住房公积金和扶贫、救灾救济资金管理使用中的违纪违规问题468个,9万多个咨询投诉通过政风行风热线及网络问政平台得到解决,全省查办不正之风案件2147起,给予党纪政纪处分1913人;拍摄暗访片138期,曝光不正之风问题1268个。会议要求,要紧紧围绕"加快转型升级、建设幸福广东"这一核心任务,切实抓好2012年纠风重点工作,切实抓好治理商业银行、大型零售企业、物流领域、电信行业、教育、涉农乱收费等六项重点专项治理工作;紧紧围绕"三打两建"行动,坚决纠正扰乱社会主义市场经济秩序的不正之风;紧紧围绕保障和改善民生,坚决纠正损害群众切身利益的不正之风;要紧紧围绕转变政府职能,坚决纠正行政审批中的不正之风;充分发挥纪检监察机关和纠风部门的职能作用,突出抓好基层站所、营业网点等基层单位和重点领域的专项治理工作,集中力量对群众投诉比较集中的地区、领域,以及带有倾向性、普遍性的问题进行重点纠治;不断创新纠风工作方式方法,建立完善省、市、县、乡(镇)、村五级纠风工作网络,倒逼政府部门和行业主管部门履行好监管职责。

第五节　深入治理"红包"问题

20世纪90年代以来,中央和中央纪委先后颁布《中国共产党党员领导干部廉洁从政若干准则(试行)》《关于各级领导干部接受和赠送现金、有价证券和支付凭证的处分规定》等一系列党内法规制度。同时,对严禁党员领导干部借婚丧嫁娶等事宜和以赌博名义收钱敛财、收受干股等问题也作出了规定。2001年以后,中央纪委连续7年把治理领导干部收送现金、有价证券和支付凭证问题作为领导干部廉洁自律工作的重点。

"红包"又称"利是",在广东民间具有深厚的民风民俗基础。广东毗邻港澳,面向海外,侨亲侨商众多,社会开放程度高,商业氛围比较浓,为经济社会发展创造了有利条件,做出了积极贡献;另一方面,传统文化中的一些消极因素对党员干部的思想和行为也带来不良影响,"红包"问题就比较有典型意义。个别领导干部和国家工作人员打着这种民风民俗的幌子,违反廉洁从政规定接受或赠送现金、有价证券和支付凭证等,使"红包"民俗异化为利益输送的遮羞布。

一、20世纪90年代对"红包"问题的治理

20世纪90年代中期以来,广东省委、省政府、省纪委先后多次作出部署,组织全省各地各部门认真开展收送"红包"问题的专项治理,力度不

断加大。2000年9月7日，省委办公厅、省政府办公厅联合印发《关于严禁党和国家机关及其工作人员接受和赠送"红包"的暂行规定》的通知，正式以文件的形式禁止领导干部和国家工作人员收送"红包"。该《暂行规定》的内容主要有6个方面。(1)明确规定，党和国家机关及其工作人员在国内交往和对外交往中，不准接受任何可能影响公正执行公务的"红包"，对于不能判断是否会影响公正执行公务的"红包"，包括亲友赠送的与公正执行公务有利害关系的"红包"，应一律予以拒绝，对不能拒收的"红包"要按有关规定及时登记上交。(2)党和国家机关工作人员违反规定接受"红包"，超过一个月不登记上交的，由其所在的党组织、行政部门或纪检监察机关责令上交，并视情节给予党纪政纪处分。(3)明确规定了党纪政纪处分档次。接受"红包"不满1000元的，给予党内警告或严重警告，行政警告或记过处分，其中情节轻微的，可免予处分，由纪检监察机关进行谈话，给予批评教育；接受"红包"1000元以上不满5000元的，给予党内严重警告或撤销党内职务，行政记大过、降级或撤职处分；接受"红包"5000元以上不满10000元的，给予撤销党内职务或留党察看，行政降级或撤职处分；接受"红包"10000元以上的，给予留党察看或开除党籍，行政撤职或开除处分。(4)对于单位收受"红包"的，还规定了对领导的问责。党和国家机关及其部门违反规定接受有关单位和个人"红包"的，追究负直接责任的主管人员和其他直接责任人员的责任，数额不满10000元的，给予党内警告或严重警告，行政警告或记过处分，其中情节轻微的，可免予处分；数额在10000元以上的，给予撤销党内职务，行政降级或撤职处分。(5)将赠送给单位或部门的"红包"隐瞒私分的，以贪污论处。(6)党和国家机关工作人员违反规定送"红包"的，按接受"红包"论处；介绍或代为赠送"红包"的，按送"红包"行为处理。在该《规定》制定的同时，中央纪委也在起草相关文件。

2001年6月，省纪委根据中央纪委、监察部有关规定对该《暂行规定》进行了修订，正式印发《关于严禁党和国家机关及其工作人员接受和赠送"红包"的规定》，同时废止2000年印发的《暂行规定》。正式印发的《规定》主要进行了两个方面的修订：(1)进一步扩大、细化了不准收受"红包"的范围，包括对于外商、私营企业主赠送的"红包"也不准收，对于不能判断是否与行使职权有关的"红包",包括亲友赠送与行使职权有关的"红包",一律不准收。(2)对收受"红包"行为纪律处分的规定更加严格,对于收受"红包"不满1000元的,不再规定"情节轻微的,可免予处分,由纪检监察机关进行谈话,给予批评教育"。

据统计,2007年到2011年,广东全省纪检监察机关查处涉及收送红包的案件共485件497人,涉及处以上干部142人。从实际执行的效果看,这些文件虽然规定了严厉的惩治措施,但是,由于各地对"红包"问题严重性的认识不一致,相关纪律处分的量纪标准不统一,严格按规定查处收送"红包"行为并予以量纪处分的并不多,严重影响了纪律的权威性和严肃性。而且,由于"红包"案件牵涉面广,处理起来也往往按照"惩处极少数、教育大多数"的原则,对大部分干部给予从宽处理,使一些人滋长了"法不责众"的侥幸心理,"红包"问题并没有得到根本的遏制。

二、不断加大对"红包"的治理力度

2008年至2011年,广东省纪委在查处韶关市原公安局长叶树养和茂名市原市委书记罗荫国、原常务副市长杨光亮等腐败案件过程中发现,一些地方和单位领导干部收送"红包"问题非常突出,有的案件中,涉案人员收受"红包"礼金数额达到上千万元。2011年上半年,中央纪委惩治和预防腐败体系建设检查组在对广东省惩防体系建设检查反馈中也指出了广东省存在"红包"问题,建议继续加大对"红包"问题的治理力度。省委对此高度重视,省委、省纪委主要领导多次作出批示,提出要"下狠心、出重拳、用猛药"进行治理,坚决防止"红包"现象由民俗民风演变成为腐败问题,特别强调要在2012年元旦、春节的"敏感期"打一场硬仗,集中治理收送"红包"问题,努力取得干部群众看得见、摸得着的明显成效。

省纪委按照省委领导同志的批示要求,对"红包"问题进行了广泛深入的调研,在此基础上,2011年12月,经省委、省政府同意,省纪委印发《关于贯彻落实〈廉政准则〉深入开展治理收送"红包"问题工作的意见》。《意见》从领导干部廉政承诺、加强重点时段监管、设立廉政账户、实行举报奖励、严肃查处和建立健全长效机制等6个方面,对领导干部和国家工作人员收送"红包"问题提出具体治理措施。《意见》规定，各级纪检监察机关要建立重大节日和重点时段廉政提醒制度，领导干部因乔迁新居、子女升学、婚丧喜庆等需要举办宴请活动的，事前必须按规定向纪检监察机关报告，并严格遵守不得邀请下属单位干部职工和管理服务对象参加、不得借机敛财的规定。《意见》特别突出了对"红包"问题的查处追责，提出"四个一律"的要求，即领导干部收送"红包"，凡具有下列情形之一的，一律先予免职，再根据有关规定从严处理：一是用公款赠送"红包"；二是收受管理或服务对象的"红包"；三是授意或委托特定关系人收送"红包"；四是多次收送"红包"。对用公款送"红包"的，规定除给予单位主要领导和直接责任人纪律处分和组织处理外，还要责令其退赔无法追回的"红包"款项。以《意见》的正式印发为标志，一场声势浩大的治理"红包"问题专项行动在广东拉开序幕。

省纪委将治理收送"红包"问题列为2012年反腐倡廉工作的十大重点任务之一，作为加强廉洁从政的一项重大而紧迫的工作，全力推进。2011年底至2012年初，省纪委组织开展了广泛的宣传动员。2011年12月30日，省纪委专门召开了治理"红包"问题新闻发布会，向社会发布了新近出台的《关于贯彻落实〈廉政准则〉深入开展治理收送"红包"问题工作的意见》，公布"红包"问题举报电话"12388"。2012年元旦，向各地级以上市和县（市、区）委书记发出落实党风廉政建设第一责任人责任的提醒函，要求市、县委书记"管班子、带队伍，勤督促、抓落实，重廉洁、做表率"，叫响"拒收、拒送红包，从我做起，向我看齐"的口号；元旦、春节期间又向全省37万多名领导干部发送手机提示信息，提醒领导干部不要收"红包"。

三、完善对无法拒收"红包"的治理机制

完善对无法拒收"红包"的处理机制，是此次"红包"专项治理工作的一个突出特点。《意见》明确规定：省和各地级以上市纪检监察机关统一设立廉政账户。领导干部和国家工作人员对因各种原因无法当场退回的"红包"，应在1个月内全额上交同级纪检监察机关（部门），或存入廉政账户，并领取相关凭证。2012年1月，省纪委设立了"广东省廉政

账户"，账号取"送我我不要"的谐音"35581"，并通过省纪委省监察厅网站和南方日报等媒体对社会公布。各地级以上市也相继设立了廉政账户。至2015年底，省及各地市廉政账户中的"红包"上交款共1.1亿多元（含外币折算人民币）。这一数据从侧面表明了这次专项治理工作的成效。

各级纪检监察机关还建立了针对"红包"问题的直查快办机制，鼓励干部群众实名举报"红包"问题，认真排查"红包"问题线索，严肃查处"红包"问题。2012年至2013年，全省共查处"红包"问题案件660件707人，涉案金额近5亿元。

第十三章

不断拓展防治腐败工作领域

　　胡锦涛同志指出，坚持用改革的办法解决导致腐败现象发生的深层次问题，是有效预防腐败的根本途径。胡锦涛同志在党的十七大上提出，要坚持用制度管权、管事、管人，建立健全决策权、执行权、监督权既相互制约又相互协调的权力结构和运行机制；在十七届中央纪委五次全会上指出，要以提高制度执行力为抓手，加强整体规划，抓紧重点突破，逐步建成内容科学、程序严密、配套完备、有效管用的反腐倡廉制度体系。党的十六大以来，各级纪检监察机关按照党中央、国务院的部署，配合有关部门推进行政审批制度、财政管理体制、干部人事制度、司法体制和工作机制、投资体制、金融体制改革，深入推进从源头上预防和治理腐败的各项改革和制度创新，不断铲除腐败现象滋生蔓延的土壤，取得明显成效。

　　广东省贯彻中央和中央纪委决策部署，积极学习借鉴国（境）外廉政建设有益经验，不断拓展延伸防治腐败领域，推动重点领域和关键环节改革不断取得突破。

第一节　深入推进农村基层党风廉政建设

　　党的十六大以来，广东省委、省政府高度重视"三农"工作，特别是党中央提出建设社会主义新农村的重大历史任务之后，省委、省政府坚决贯彻党中央、国务院决策部署，先后作出了加快发展民营经济的决定和加快发展县域经济的决定，实施了十项民心工程和固本强基工程，[①]作出了统筹城乡发展、加快农村"三化"（农业产业化、农村城镇化、农村工业化）建设的决定，出台加大调整国民收入分配结构以及工业反哺农业、城市支持农村等一系列加快农村发展的政策措施，推动全省农业农村发展呈现良好局面。

一、不断深化农村基层党风廉政建设工作

在加快推进社会主义新农村建设的同时，广东省委、省政府高度重视加强农村基层党风廉政建设，通过改进农村基层干部作风、深化农村集体资金资产资源管理改革、加强农村基层民主建设等有效措施，保证党的农村政策落实、维护农民群众切身利益，为加快推进新农村建设提供有力保障。

从2002年开始，省纪委每次全会都把抓好农村基层党风廉政建设作为反腐倡廉年度重要工作内容进行部署。组织开展治理乡镇领导干部"走读"问题，共对1799名乡镇领导干部按规定进行了纠正。规范基层干部职务消费问题，要求镇一级一律在机关食堂接待，村一级实行"零接待"，防止公务接待中的铺张浪费现象。开展对基层站所工作人员执法不公、乱收费乱罚款、吃拿卡要和刁难群众等问题的专项整治，纠正征用土地中侵害农民利益、拖欠和克扣农民工工资等问题。将党风廉政建设责任制逐步延伸到村委会、乡镇基层站所、企业、学校、医院及城市社区

---

① 十项民心工程。2003年8月30日，广东省委、省政府印发关于实施《十项民心工程》的通知，要求深入贯彻"三个代表"重要思想，落实胡锦涛总书记视察广东时的指示精神，在全省实施十项民心工程。包括：全民安居工程、扩大与促进就业工程、农民减负增收工程、教育扶贫工程、济困助残工程、外来员工合法权益保护工程、全民安康工程、治污保洁工程、农村饮水工程、城乡防灾减灾工程。

固本强基工程。2005年3月，广东省委九届三次全会作出了《关于实施固本强基工程全面推进党的基层组织建设的决定》，提出了集中三年时间，在全省实施以加强农村和企业党组织建设为重点的固本强基工程，全面加强党的建设。这既是省委高度重视党的建设、全面推进党的建设新的伟大工程的重大举措，也是我省基层党建工作进行观念创新、机制创新和方法创新的具体体现。

等。2005年10月,省纪委在江门召开全省农村基层党风廉政建设工作会议,回顾总结前几年全省农村基层党风廉政建设工作情况,研究制定深入推进农村基层党风廉政建设工作的指导性意见。同年底,省纪委印发了《关于进一步加强农村基层党风廉政建设的意见》,建立了省直垂直管理部门与地方纪委共同抓基层站所党风廉政建设的工作制度。

二、加强对中央和省关于农村改革发展决策部署落实情况的监督检查

2006年7月,经省委同意,省纪委协调建立了农村基层党风廉政建设工作联席会议制度,成员由省纪委、省委组织部、省委宣传部、省委政法委、省委农办、省教育纪工委、省民政厅、省财政厅、省国土资源厅、省农业厅等10个单位的领导组成。各地级以上市、县(市、区)也全面建立了农村基层党风廉政建设工作联席会议制度。

2006年10月2日,中央办公厅、国务院办公厅印发《关于加强农村基层党风廉政建设的意见》,这是中央对农村基层党风廉政建设工作第一次作出全面系统的部署。《意见》下发后,广东召开全省工作会议进行传达学习。2007年1月,省委办公厅、省政府办公厅印发了《关于加强农村基层党风廉政建设的实施意见》,提出贯彻落实《意见》的具体措施和要求。为推动中央《意见》和省《实施意见》的贯彻落实,省纪委把《实施意见》涉及的工作任务分解落实到省直有关职能部门,明确牵头和配合部门,由此开始了广东省农村基层党风廉政建设工作的新阶段。在这个阶段,农村基层党风廉政建设更加注重紧密结合农村经济建设、政治建设、文化建设、社会建设和党的建设实际,以保证党的农村政策落实、维护农民群众利益、改进基层干部作风、推进农村基层民主建设为重点,改革创新、惩防并举、统筹推进、重在建设。

省纪委、省监察厅会同有关部门组织开展全省农村党风廉政建设工作专项检查,各地区各部门围绕中央和省关于"三农"工作决策部署的贯彻落实,组织开展了土地管理制度改革、集体林权制度改革和农村综合改革等政策措施执行情况的检查,开展农业补贴、扶贫救灾、基础设施建设,以及农村义务教育、新型农村合作医疗、农村最低生活保障、新型

农村社会养老保险等政策措施落实情况的检查。2007年至2012年,通过开展监督检查,全省各地共纠正非法占用农村集体土地问题3028起、侵害农民土地承包权问题1826起、农业补贴发放中的违纪违规问题635起、纠正涉农乱收费、乱罚款、乱摊派问题513起,查处贪污、挪用、截留、骗取农村教育经费和农村合作医疗基金案件726件。

三、深化农村集体资金资产资源的清理监管

广东农村集体"三资"规模庞大,一直以来,各级党委、政府、纪检监察机关和有关职能部门高度重视农村"三资"的监管工作,取得了一定成效。与此同时,随着中央惠农补贴的数量和规模增多、农村城市化进程的加快,大量财政资金、政策性资源涌入农村基层,而农村许多地方存在"三资"底数不清、账目混乱、监管乏力、处置不规范等问题,成为农村各种矛盾的焦点。据统计,党的十七大期间,全省农村信访举报83%涉及"三资"问题,纪检监察机关查办的农村案件78%涉及"三资"问题,因农村"三资"问题引发的群体性事件呈上升趋势。针对这一问题,广东省坚持抓基层、强基础、聚民心,以农村"三资"清理监管为抓手,深入推进农村基层党风廉政建设。

2012年2月,省纪委召开"三资"清理监管动员会,部署在全省开展农村"三资"清理监管工作,并确定了"一清二建三查"的总体思路。"清"就是清产核资,以明确权属、建立台账。"建"就是建立健全农村集体"三资"管理的机制制度,在机制建设方面,要求全省各行政村建立村务监督委员会,强化"三资"监管机制;在资产资源管理制度建设方面,要求各县(市、区)、镇(街)建立农村集体资产资源招投标和农村产权交易平台。"查"就是加强对"三资"管理和使用情况的监督检查。各地按照"一清二建三查"的总要求,全面开展清查建档、完善管理制度、规范运营处置和强化民主监督等各项工作。至2012年底,专项清理工作基本完成,全省各地共清理登记农村集体资金2280亿元,山地6391万亩,林地8562万亩,池塘506万亩,其他物业资产755亿元,建立台账31116个,21597个村(居)建立了村务监督委员会。

通过这次集中清理,基本实现了农村"三资"底数全面清晰、管理科

学规范、处置依法得当、监督常态有力的总体目标,在规范"三资"管理、化解基层矛盾、促进农村社会和谐等方面发挥了重要作用。截至2012年底,全省各地建立农村集体资产资源交易平台553个,其中县级平台52个,镇级平台501个,实现交易32952宗,对规范农村集体资产资源的处置发挥了重要作用。然而,由于缺乏统一的标准和指导意见,各地建立的农村集体资产资源交易平台在数量、规模、标准和进场交易量等方面存在较大的差距,发展很不平衡。为规范农村集体资产资源交易平台建设,2013年11月,省纪委、省监察厅联合省农业厅、省财政厅、省国土资源厅、省林业厅等六部门联合印发《关于全面推进农村集体资产资源交易平台建设的意见》(粤纪发〔2013〕27号),进一步明确了交易平台建设的总体要求、基本标准、交易程序和监督保障措施,农村集体资产资源交易平台步入规范化建设的阶段。

四、促进农村基层干部廉洁履职

2005年开始,省委结合保持共产党员先进性和深入贯彻落实科学发展观学习教育活动,在全省农村干部中开展了"有理想、有责任、有能力、有形象"的"四有"主题教育,力戒"小富则安、小进则满"的保守无为思想,倡导"富而思源、富而思进"的积极向上风气。2009年5月,按照省委的要求,省纪委、省监察厅制定了《广东省城乡基层干部廉洁自律若干规定(试行)》,规定了城乡基层干部要做到8个方面、45个"不准",比如,在"践行社会主义道德,反对弄虚作假、腐化堕落"方面,不准在重要决策和重大事故、事件中隐瞒真实情况,捏造事实,欺上瞒下,误导群众;不准虚报浮夸骗取各种荣誉、奖励;不准拒不承担赡养、抚养、扶养义务;不准有其他违反社会主义道德的行为。2011年7月,中央印发《农村基层干部廉洁履行职责若干规定(试行)》,对农村基层干部提出"8个禁止、41个不准"的要求。《规定》印发后,广东组织在全省开展了《规定》的宣传学习和对照检查,认真抓好贯彻落实。2011年至2012年间,全省县以上单位共组织贯彻落实《规定》专题培训328场次,培训基层党员干部35000多人次;组织乡镇、基层站所领导班子成员和村"两委"班子成员,在专题民主生活会或组织生活会上,围绕廉洁履职"41个不准"进行对照检查,自查整改问题26000多个。在抓好农村基层干部廉洁履职的同时,广东还注重加强农村廉政文化建设,开通廉政文化进乡村"直通车",举办以"热土清风"为主题的农村党风廉政建设文艺巡回演出,创作了《村官》等一大批农村党员干部喜闻乐见的反腐倡廉文艺作品,组织农村基层干部观看。

广东在推进农村基层党风廉政建设的过程中,高度重视农村基层民主建设,认真贯彻落实中央关于推进村民自治的部署要求,在农村基层民主建设和监督方面探索出一些好的做法。坚持党的领导和村民自治相统一。2011年9月以来,广东汕尾陆丰市东海镇乌坎村多次发生村民聚集上访事件,事件由小变大、几经反复、不断升级,在境内外造成了恶劣影响。事发后,省委按照中央领导同志的指示要求,成立省工作组专门负责事件处置工作,及时认真处理了事件,平息了事态,恢复了当地社会秩序。在处置"乌坎事件"过程中,省委深刻剖析事件暴露出来的农村基层民主治理中存在的问题,认真总结经验教训,提出了"三不目标",即党的领导不动摇、群众自治不作假、依法办事不含糊。2012年3月,省委、省政府印发《关于进一步推进农村民主监督的意见》,要求全面建立村务监督委员会,健全干部联系农户制度,推行村"两委"报告工作和接受评议等制度。

截至2012年底,全省共21597个村(居)建立了村务监督委员会。普遍推行"四议两公开"工作法,[①]以共谋共建共管共享理念推动镇、村、组三级理事会建设,深化村务、乡镇政务、基层党务公开,构建农村信息化公开平台。

五、严守征地"三条红线",维护群众切身利益

广东人多地少,人均占有耕地仅0.4亩,不到全国平均水平的一半。改革开放以来,特别是随着广东工业化、城镇化速度加快,全省征地遗留

---

① "四议两公开",是指农村所有村级重大事项都必须在村党组织领导下,按照"四议""两公开"的程序决策实施。"四议":党支部会提议、"两委"会商议、党员大会审议、村民代表会议或村民会议决议。"两公开":决议公开、实施结果公开。

的许多问题逐渐显现,成为引发集体上访、群体性事件的主要原因之一。2003年至2005年,全省因征地问题到省集体上访的批次,约占当年集体上访总量的1/4。因此,必须认真解决好在土地征用工作中损害群众利益的问题,维护社会稳定。

全省各级纪检监察机关加强监督检查,严肃查处土地征收征用中的各种违纪违法问题。2003年以来,广东由纪检监察机关牵头,国土资源、检察、农业、建设、审计等部门参加,在全国率先开展征用农民集体土地和土地征用款专项执法监察工作,得到中央和省委、省政府领导的充分肯定,受到了广大人民群众的普遍支持。据统计,1999年1月1日新《土地管理法》实施至2004年4月底,全省共征用农民集体土地10613宗、面积89.4万亩,通过开展专项执法监察工作,共清理出拖欠征地补偿款19.29亿元,到2004年底全部兑付完毕。全省还对82宗重点土地违纪违法案件进行立案查处,给予129名违纪违法人员党纪政纪处分;将50名涉嫌犯罪人员移交司法机关追究刑事责任;追回被贪污、挪用的征地补偿款1500多万元。

2005年底,省委召开九届八次全会,时任中央政治局委员、省委书记张德江在全会上讲话提出,征地用地上项目必须严守"三条红线",即"征地手续不齐全、不完备的项目,不能开工;没有与农民就征地补偿民主协商、达成协议的项目,不能开工;征地补偿款没有兑现到农民手里、各种补偿不到位的项目,不能开工"。对闯这"三条红线",引发群体性事件的,一律就地免职,违纪的要严肃查处。

2006年,省政府办公厅印发《广东省加强建设工程项目开工管理若干规定》,对建设工程项目用地征收和补偿的程序作了具体规定。全省各地各部门认真落实"三条红线"的要求,加大执法力度,依法查处征地中侵害农民利益的违法违纪案件,严格防止征地引发新的问题。这一年,各级纪检监察机关围绕严格执行征地用地"三条红线",督促各地兑付拖欠农村征地补偿款6.54亿元,严肃查处530宗土地违法违规案件。省国土资源厅印发《土地权属纠纷引发群体性事件应急预案》,对迟报、误报、瞒报和漏报群体性土地权属纠纷事件依法进行责任追究;进一步深化征地制度改革,制定了《广东省征地补偿保护标准》。各级执法机关重点查处在未经依法履行用地审批手续、未与农民民主协商征地补偿达成协议、未落实支付征地补偿安置款等情形下，占用土地的违法行为。全省建立动态巡查责任制度，利用卫星遥感监测成果开展土地执法检查，及时把土地违法行为制止在萌芽状态。

10月，经省政府同意，省建设厅会同省发改委、省监察厅等部门组成检查组分别对广州、深圳、汕头、佛山、惠州、东莞、江门、潮州等8个建设工程项目较多的市进行了检查，公开通报了有关检查情况。通报肯定了各地的工作成绩，针对检查中发现的问题，《通报》要求，各地、各有关部门要通过开展经常性的检查，做到"四个严格"：一是严格规范征地拆迁工作程序，做到征地补偿标准和工作程序公开透明，确保被征地拆迁人的合法利益得到保障；二是严格执行基本建设程序；三是严格把好建设工程项目开工管理关；四是严肃查处不执行文件规定的行为，各地政府要建立健全联合执法工作机制，由建设部门牵头，会同发展改革、监察、建设、规划、国土资源、房地产、交通、水利、农业等主管部门，每年至少对本行政区域的建设工程项目组织一次联合检查，并通过建立有效的工作联动机制，严肃查处违纪违规行为。

征地建设项目"三条红线"政策实施以来，受到广大农民、基层群众的衷心拥护，得到社会各界的广泛好评，新发生的征地纠纷明显减少，2006年上半年，因征地问题到省集体上访的批次和人次分别下降31%和59%。

第二节　加强国有企业党风建设，强化对境外国有资产监管

党的十六大以来，广东省认真贯彻党中央、国务院和中央纪委的部署要求，紧紧围绕深入推进国有企业改革和发展这个中心，积极推进国有企业惩治和预防腐败体系建设，加强企业领导人员廉洁从业工作，坚决查办违纪违法案件，加大从源头上防治腐败的工作力度，国有企业党

风廉政建设和反腐倡廉工作取得新的发展,为国有企业改革顺利进行提供保证。

2012年9月,省委常委、省纪委书记黄先耀到部分省属国有企业调研企业党风廉政建设情况,黄先耀强调,省属国有企业在抓好生产经营的同时,要着力加强反腐倡廉建设,针对工程建设、设备采购、资金拨付使用、废旧物资处理等重点领域、关键环节和重要岗位,从四个方面深入推进廉洁风险防控工作,建立起四道防线。一是加强宣传教育,建立"不想腐败"的思想防线;二是加强规章制度建设,建立"不能腐败"的制度防线;三是加强案件查办工作,建立"不敢腐败"的惩治防线;四是加强对苗头性问题的分析研究,建立及早发现和解决腐败问题的机制防线,保障和推动企业健康发展。广东各级纪检监察机关针对本省企业数量多、资产规模大、涉外因素多等特点,积极履行监督职能,推动国有企业党风廉政建设不断深入发展。

一、加强对国有企业领导干部的监督

2002年底,省纪委、省委组织部、省经贸委、省监察厅、省财政厅、省审计厅等六部门联合下发《关于广东省国有企业领导人员兼职、取酬问题的暂行规定》,对规范国有企业领导人员兼职取酬问题提出要求。2003年初,省、市、县(区、市)管理的国有资产经营公司、政府授权经营企业(集团)、国有独资企业对照《规定》开展了清理,纠正处理不符合规定的兼任职务120个,清退违反规定领取的兼职报酬1378万元。

2004年,中央纪委等四部门联合发布《国有企业领导人员廉洁从业若干规定(试行)》,这是我国第一部全面系统规范国有企业领导人员廉洁自律工作的专门性法规制度。2009年,中央在对《规定(试行)》进行修订的基础上,颁布了《国有企业领导人员廉洁从业若干规定》(《规定》),明确了国有企业领导人员的廉洁从业行为规范,在滥用职权、以权谋私、侵害公共利益、职务消费和作风建设等五大方面,向国有企业领导人员明确提出了"禁令"。2010年8月,广东省纪委制定了落实中央《规定》的实施细则,并组织召开全省工作会议,就贯彻落实中央《规定》和省的《实施细则》进行部署。2010年底,各地各单位组织对国有企业领导人员在廉洁从业方面存在的突出问题进行集中排查和纠正,共有13284名企业领导人员对照廉洁从业规定进行了自查自纠,对存在问题的984人提出整改措施。

为推动廉洁从业规定在广东"落地生根",省纪委、省国资委等部门运用廉洁文化的熏陶、渗透、影响、引导等功能,开展廉洁文化进企业系列活动,力促企业领导人员克服"羡腐心理",形成"廉荣腐耻"的思想防线。举办"国企清风""清风颂廉"等大型廉洁文化活动,创办反腐倡廉内刊《国企清风》,出版《廉洁风险防控:广东国有企业的探索与思考》《警醒与沉思:广东国有企业典型腐败案例盘点》等廉洁文化读物,摄制《"蛀虫"透视》《国企之殇》等警示教育片,大力营造风清气正廉洁文化氛围,不断强化企业人员廉洁从业的意识。

二、加强对境外国有资产监管

广东国有企业承改革开放之先,充分利用毗邻港澳的地缘优势,积极稳妥地实施"走出去"和国际化发展战略,尤其是从2008年开始,广东一些具备实力的国有企业,抓住国际金融危机带来的机遇,充分利用毗邻港澳的地缘优势,境外投资规模增长迅速,投资国别逐步拓展。截至2011年底,广东省国有企业境外资产总额达2776.26亿元,分布在亚洲、欧洲、澳大利亚及港澳等23个国家和地区,省国资委监管的24家省属企业中,15家企业有境外资产,业务遍布亚洲、欧洲、澳大利亚以及港澳等23个国家和地区,境外国有资产总额达2776.26亿元。如何加强对省属企业境外国有资产监管,进一步保障境外国有资产安全,成为省委、省政府非常重视和关注的一项重要工作。

2011年12月31日,省国资委印发《广东省省属企业境外国有资产监督管理暂行办法》,明确规定了省国资委和省属企业对企业的境外国有资产监管的职责范围。省国资委的监督职责包括6个方面:制定省属企业境外国有资产监督管理制度,对省属企业境外国有资产的保值增值情况进行监督检查;督促、指导省属企业建立健全境外国有资产经营责任体系;组织省属企业开展境外国有资产产权登记、资产统计、清产核资、资产评估和绩效评价等基础管理工作;依法监督管理省属企业境外出资、境外国有资产经营管理重大事项，指导或者协助省属企业处理境外企业重大突发事件；指导或者组织省属企业开展境外企业重大资产损失案件责任追究工作；国家法律法规及国有资产监督管理有关规定赋予的其他职责。省属企业的监管职责包括9个方面：建立健全相关规章制度及内部控制和风险防范机制；建立健全相关产权管理制度，规范境外国有产权管理行为，优化境外国有资产配置；建立健全境外企业监察机构，形成监察、审计、监事会"三位一体"的监督机制；建立健全境外国有资产经营责任体系，对境外企业经营行为进行评价和监督，落实国有资产保值增值责任；组织开展境外企业国有资产基础管理工作；依法审核境外企业重大事项；负责或者配合省国资委开展境外企业重大资产损失案件责任追究工作；协调或者协助处理境外企业突发事件；国家法律法规及国有资产监督管理有关规定赋予的其他职责。

2012年9月，省纪委和省国资委联合召开了全省国有企业境外投资监管会议，对加强省属国有企业境外投资监管工作进行研究部署。会议要求，国有企业境外投资监督管理要定位准、要求严、管得住。要着力抓好"三重一大"集体决策制度的落实，提高境外投资决策科学化、民主化水平；要将廉政风险防控与企业内控机制建设有机结合，从源头上强化境外企业的监管；要充分借鉴境外成熟的监管经验，提高全省国有企业境外投资监管水平；要采取多种形式，有针对性地加强对企业外派人员的教育、管理和监督，促使外派人员切实筑牢拒腐防变的思想道德防线。10月，省委常委、省纪委书记黄先耀带队考察了广东省在港澳投资的部分国有企业，与境外投资企业进行深入交流和探讨，对境外投资企业领导干部廉洁从业提出要求，对如何加强境外国有企业投资监管工作进一步增进了共识。

2013年5月，广东省纪委、省监察厅、省国资委联合印发《广东省加强国有企业境外投资监督管理工作的指导意见》（《意见》），这是广东省指导和加强广东国有企业境外投资监督管理的第一个规范性文件，也是全国地方对国有企业境外投资监管的第一个规范性文件。《意见》对广东省国有企业及其各级独资、控股企业在境外以及香港、澳门两个特别行政区和台湾地区的固定资产投资、股权投资等投资行为如何进行有效监管，提出了明确意见和具体要求，突出完善了境外投资企业内控和全面风险管理制度体系，如建立外派经营人员的个人涉外情况申报和定期述职制度、境外投资企业纪检监察联系人制度、外派人员资格审查和廉洁自律、审计监督制度等，以规避决策不科学、运作不规范、制度不完善等带来的各种风险。

三、严肃查处国有企业违纪违法案件

党的十六大以后，广东各级纪检监察机关和国有企业纪检监察机构针对国有企业违纪违法案件出现的新情况、新问题，进一步突出办案工作重点，注重依纪依法办案，充分发挥查办案件的治本功能。这一时期，省纪委直接查处了省盐业公司系列腐败案、韶钢集团系列腐败案、新广国际集团重大资金损失案等重大系列违纪违法案件，涉及人员405人，移送司法机关处理83人，其中厅级干部9人，处级干部24人，为企业挽回损失和保全国有资产11亿多元。省国资委纪委针对国有企业纪检监察部门对查办本企业案件顾虑较多，不敢查、不愿查，以及很多企业纪检监察部门人力资源有限的问题，探索开展企业之间交叉办案。省国资委纪委选定20家具备一定办案能力的企业，按照新老搭配、专业结构协调、经验互补的原则，组成了20个办案组，专门负责查办国有企业违纪违法案件，发挥了很好的作用。2008年至2012年间，共组织初核违纪线索518条，立案35件，办案数量大幅增加，为企业挽回或减少损失8亿元。

2011年5月24日，省国资委在广州召开全省国资系统党风廉政建设和反腐败工作会议。会议指出，当前，广东国有企业党风廉政建设和反腐败工作形势依然严峻。一些国有企业涉案金额巨大、牵涉面极广，一些"一把手"腐败往往导致系统性、塌方式腐败。并且，由于国有企业的党风廉政建设工作比较薄弱，对企业领导干部的监督跟不上，案件的"潜伏期"普遍比较长，有的长达二十年以上。

特别是新广国际重大经济损失案，该案造成国有资产损失达22.94亿元，引起了中央、省委的高度重视，被中央纪委通报。新广国际集团有限公司（简称"新广国际"）成立于2001年，是广东大型省属国有企业集团之一，旗下有30多家全资及参股子公司。2009年5月至2010年6月，省纪

吴日晶一审受审。

委牵头组成联合调查组,查处了新广国际重大资金损失案。该案是一起以广东新广国际集团有限公司原董事长、党委书记吴日晶为首的重大经济违纪违法案(简称"401"专案)。该案涉案人员151人,其中移送司法机关27人,责任追究71人。该案涉案案值巨大,调查证实的涉案损失高达22.94亿元,另有13.64亿元存在重大损失风险;牵涉面极广,涉及18家银行金融机构的债务,多家民营企业、市场中介机构涉案。该案涉案时间跨度长达8年,吴日晶等人设立多个秘密据点,作案前都进行精心策划、规避法律、隐匿证据,案发后订立攻守同盟,对抗组织调查。该案集中凸显了国有企业腐败窝案的特征,吴日晶掌握着企业人财物大权,多方安插亲信,到处网罗民营企业主,从集团公司主管经营、工程项目投资的副总经理(总经理一职由吴日晶长期兼任)到财务部总经理等关键岗位的高、中层干部,再到与新广国际合作的民营企业老板,大多是由吴日晶一手培养的"马仔",形成以吴日晶为首、以侵吞和掠夺国有资金为目标的犯罪团伙,通过组建关联"平台公司"等手段,以虚假贸易攫取国有资产。2011年,中山市中级人民法院一审以受贿罪、挪用公款罪、行贿罪判处吴日晶无期徒刑,并处没收个人全部财产。

第三节　推进高等院校反腐倡廉建设

改革开放以来，广东各高等院校坚持以邓小平理论、"三个代表"重要思想和科学发展观为指导，大力推进高等教育的改革和发展，高等教育的结构进一步优化，科研创新和服务能力进一步增强，高水平大学和重点学科建设成绩显著。截至2012年底，全省共有高校125所，在校教师9.5万人，高等教育毛入学率28%，接近大众化中期发展阶段目标。与此同时，各高等院校贯彻党中央、国务院和省委、省政府的部署，结合学校实际开展党风廉政建设和反腐败工作，为促进高等教育的改革和发展提供了有力保证。全省各级纪检监察机关履行监督职能，坚决纠正教育系统的不正之风，严肃查处了一批发生在教育系统的违纪违法案件。

一、深入推进校务公开

从2000年开始，按照中央关于开展校务公开的要求，广东在省属高校中积极推行校务公开工作，部署在各高校成立由党委、行政、纪委、工会负责人组成的校务公开领导小组，以及由纪委、工会、教代会代表组成的监督小组，加强对校务公开工作的组织领导。2006年4月，省教育厅出台了《广东省教育厅高等学校校务公开暂行规定》，从领导体制和工作机制、校务公开的内容和形式、程序、监督检查等方面做出具体部署和要求，推动全省高校校务公开工作逐步走向制度化。2009年，省教育厅对全省高校校务公开工作启动了量化考评，设置六个方面的量化考核指标，把教职工对本校校务公开工作的满意度作为考核评价的重要指标，对考核中发现的问题和薄弱环节展开整改，进一步提升了高校校务公开的规范化水平。此后，全省各高校逐步建立健全了多层次、全方位的信息公开网络，保证了广大教职工参与民主决策、民主管理和民主监督的权利，促进了高等学校民主政治建设。

推进"阳光招生"。2003年以来，广东每年都下发关于严格招生录取工作的意见，部署推进"阳光招生"工作。2005年，教育部印发了《关于高等学校招生工作实施"阳光工程"的通知》，提出了高校招生工作必须实行"六公开"和"六不准"。广东在认真落实"六公开"和"六不准"要求的基础上，进一步改进招生办法，加大信息公开力度，逐步实行录取动态监管和查询机制，着力完善公开透明的招生工作体系。重点加强对普通高考美术、音乐、体育术科、体育尖子考试的执法监察工作力度，在全国率先建立了音乐术科考试计算机实时在线监控系统，省教育纪工委组织考试监察组，进驻考场，全程监督，确保了高校招生的公平、公正。

二、加强对高校人、财、物的监督

2005年，省纪委制定出台广东省高校领导干部廉洁自律的"十二条不准"规定、高等院校领导干部在经营性经济实体兼职的暂行规定等一系列制度规定，组织开展了专项治理，纠正了一批高校领导干部廉洁自律方面的违规问题。2008年，制定实施《广东省高校党政领导班子和领导干部实行"一年一评议、一年一谈话"制度暂行办法》，建立监督工作联席会议制度，结合高校实际落实党内监督制度。2011年，在总结广东高校领导干部廉洁自律工作经验做法的基础上，省委、省政府印发了《广东省高等学校领导干部廉洁自律暂行办法》，从管理决策、工作纪律、财产管理、利益冲突、严格自律、厉行节约、学术道德等9个方面提出了45条规定、42个不准，对高校领导干部廉洁自律作出了系统性的规范。此后，广东各高校普遍组织开展了学习宣传和对照检查，推动高校领导干部廉洁自律的意识进一步增强。

组织开展对高等院校基建工程项目的专项审计。21世纪以来，随着国家高校扩招政策的实施，广东省属各高校纷纷掀起了大规模的基础设施建设，各方面投入的资金大幅度增加，在促进高校发展的同时，也滋生出一些腐败问题，带来资金管理方面的挑战。2010年，省经济责任审计工作联席会议办公室印发了《关于开展省属高校基本建设项目资金专项审计调查的通知》，部署对高校基本建设项目资金使用情况进行专项审计，确保高校基金使用规范、高效、安全、廉洁使用。同年，省教育纪工委组织对华南农业大学等32所省属高校2008年以来立项、在建、竣工，并且工程概算（预算）、结算金额在50万元以上的基建工程项目和修缮工程项目进行了专项经济审计, 共审计工程项目5082项, 涉及资金81亿元。通过专项审计, 推动各高校进一步建立健全基建管理制度, 有效遏制了高校工程建设腐败现象的滋生蔓延。

加强高校收费的监督管理。2000年, 广东省根据教育部、国家计委、财政部关于高等学校招生收费工作的若干意见要求, 明确规定了省属高校的收费项目、收费标准、收费范围、收费公示、收费审批等事项, 同时明确省属高校无权自行设立收费标准、不得收取与学生录取挂钩的"赞助费"或捐款。2002年开始, 广东在省属高校推行收费公示制度。按照公示要求, 各高校在学校醒目位置设立长期置放的公示栏、公示牌和公示墙, 全面公示收费的项目、标准、依据、范围, 以及计费单位和投诉电话等内容, 自觉接受各方面监督, 至同年底, 各级各类高校收费的公示覆盖面达到100%。在规范高校收费监督管理的基础上, 广东还积极部署开展教育乱收费的专项治理工作, 在春秋两季学校开学时联合组织专项检查, 重点纠正与招生录取挂钩的乱收费问题。通过开展专项治理, 社会各界对教育行风评价明显好转, 群众满意度不断提高。

三、全面实施高校廉政风险防控

随着高校招生规模和基建规模的不断扩大, 高校扩大自主决策权、参与市场经济活动愈加频繁, 腐败问题层出不穷, 高校领域逐渐成为廉政风险比较高、社会各界高度关注、群众反映比较强烈的重点领域之一。针对这一特点, 2012年2月, 省委常委、省纪委书记黄先耀在广东省教育纪检监察工作会议上讲话提出, 要在省属高校开展廉政风险防控工作。12月, 省纪委、省教育工委联合在华南农业大学召开了广东省高校廉政风险防控工作现场会, 对高校开展廉政风险防控工作进行了具体部署。这次会议明确了广东高校廉政风险防控工作的总体要求, 即以积极防范为核心, 把风险防控的要求融入重点领域和关键环节之中, 严把"招生录取、基建项目、物资采购、财务管理、科研经费、校办企业、学术诚信"等七个关口, 科学设置前期预防、中期监控、后期处置的廉政风险防控机制。

第四节　廉洁城乡创建和社会领域防治腐败的探索

这一阶段，广东省经济保持了高速增长，腐败也呈易发、多发态势，腐败向关键领域渗透、向社会领域扩散更为突出，党风廉政建设和反腐败斗争呈现出一些新的特点。为适应新形势的需要，省纪委提出大力开展廉洁城乡建设，从社会治理和廉洁文化建设的角度，积极探索社会领域防治腐败工作，不断拓宽领域，延伸触角。

一、探索开展廉洁城市建设

2010年，深圳立足经济特区建立30周年的新起点，在全国率先探索开展廉洁城市建设。2012年5月，广东省十一次党代表大会将廉洁城市建设确定为一项重大决策部署。6月30日，省委办公厅、省政府办公厅印发《关于推进廉洁城市建设的意见》，标志着广东省率先在省级行政区域层面全面推进廉洁城市建设。意见提出"建设廉洁高效政府、廉洁公正司法、廉洁党员干部队伍、廉洁城市文化、廉洁诚信社会"五大基本任务，实现"权力运行廉洁程度显著提升、消极腐败现象得到有效遏制、崇廉诚信道德观念深入人心、城市改革发展环境整体优化"的目标。7月，省纪委在佛山市召开全省廉洁城市建设工作推进会，提出把廉洁城市建设作为广东省争当全国反腐倡廉建设排头兵的鲜亮品牌，全力推进。随后，省纪委出台廉洁城市建设考核评估体系和推进五项基本任务的行动计划，形成廉洁城市建设"1+1+5"制度体系，按照珠三角地区廉洁城市群、粤东西北地级市中心城区、县级市中心城镇等三个梯次推进廉洁城市建设。

二、推进廉洁城市建设向镇村拓展延伸

为进一步丰富廉洁城市建设的内涵和领域，把廉洁城市建设向广大农村拓展延伸，2012年10月，省纪委在梅州市召开全省廉洁镇村创建工作会议，把廉洁城市建设和廉洁镇村创建工作统筹起来，推进廉洁城乡

建设。省党廉办印发《关于开展廉洁镇村创建的指导意见》，以实现"管理民主、制度完备、干部清廉、民风诚信、社会和谐"为目标，整体推进农村基层廉政建设。

各地按照省的部署要求，立足自身实际，开展形式多样、丰富多彩、各具特色的创建活动，营造风清气正的城乡和谐发展环境。广州市纪委建立定期新闻发布制度，开通纪检监察官方微博，依托《广州日报》创办《廉洁广州导报》，每期发行51万份，搭建廉洁广州建设文化传播平台。深圳将建设廉洁城市列入"十二五"规划，出台了《关于建设廉洁城市的决定》，提出要用5年时间，把深圳建设成与其经济特区地位和作用相符合的、具有品牌影响力的廉洁城市。珠海建立政府投资重大项目廉情预警电子监察系统，对项目建设中的各个环节进行实时在线监控，对重大项目展开廉情评估。佛山市探索建立政企廉洁诚信联盟，拓宽群众参与渠道，不断完善反腐败工作机制和格局。梅州市2007年在全省率先探索建立农村监督委员会制度，至2012年，全市2040个行政村、189个居委会已全部建立监督委员会。

三、开展社会领域防治腐败工作

广东主要在三个方面探索开展社会领域的防治腐败工作。

一是加强社会领域自律和诚信建设。2004年11月，广东开通企业信用信息网，该网涵盖了省、市两级系统180多万家企业的信用信息。2005年6月，省政府纠风办、省民政厅在省律师协会、省注册会计师协会等4家行业协会开展自律试点工作，进行"六大机制"（规范运作、诚信执业、信息公开、公平竞争、奖励惩戒、自律保障）建设，并逐步扩大到与群众生活密切相关的食品、住房、教育等36家行业协会。从2006年开始，广东大力推进行业协会"脱钩"工作，先后出台了《关于发挥行业协会商会作用的决定》和《广东省行业协会条例》两项政策法规，推进政社分开、管办分离，促进各类市场主体和社会组织的健康发展，从体制机制上营造健康发展的良好环境。2007年在全国率先出台《广东省企业信用信息公开条例》等一批制度法规，开展非公企业信用信息的征信、管理、发布、应用等机制建设，进一步规范巩固社会领域诚信体系建设。同年制定印发了行业协会商会"十项内部管理制度",着力推动行业协会按照科学的法人治理结构提升自我管理能力。还先后出台了《广东省社会团体组织行业协会开展自律工作的实施意见》《深入开展行业自律和治理商业贿赂工作实施意见》等规定,逐步在全省社会组织完善行业自律机制,健全内部管理制度。截至2012年底,全省社会组织已规范章程的有19782个,占80.5%;已披露信息的有18842个,占76.7%;已健全财务制度的有19887个,占81%;已承诺服务的有19696个,占80.1%。

二是加强社会领域党建工作。党建工作是防治社会领域腐败的龙头工程和基础性工作。2011年11月,省委批准成立省"两新"组织党工委,下设纪工委。广州等10个地级以上市和53个县(市、区)也成立相应机构,落实了专门工作人员和专项经费。截至2012年底,在全省有党员的36019家非公企业中,已建立党组织有34537家,党组织覆盖率达96%;18028家有3名以上党员的非公企业全部成立党组织。

三是在2012年4月广东省预防腐败局成立之后,加大对社会领域防治腐败工作的指导力度。12月,省纪委将非公企业防治腐败工作纳入全省反腐倡廉建设总体部署,出台了《关于加强非公有制经济组织防治腐败工作的若干意见(试行)》。年底,根据国家预防腐败局的要求,省预防腐败局选择了东莞唯美陶瓷集团等18家非公企业作为省联系点,推动建立纪检监察机关与非公企业联系点的政企联动服务机制,为企业提供反腐防腐政策法规咨询服务,协助解决企业在防治腐败和生产经营过程中遇到的实际困难。

第五节　探索重大工程同步预防工作

对重大工程建设进行同步预防,实现监督关口前移,是广东省反腐败尤其是查办案件发展到一定阶段的必然选择。一大批工程建设领域的腐败问题被查处,所暴露出来的在制度建设、权力制约、信息公开等方面的问题非常严重,说明项目推进、资金使用等过程中存在大量廉政风险点,相关监督管理存在薄弱环节甚至空白点。全省各级纪检监察机关在严肃查处工程建设领域严重违纪违法案件的基础上,开始探索提前介入,把预防做在前、监督做在前,对工程建设领域长期存在的一些不规范的做法早发现、早提醒、早纠正,最大限度避免和减少工程建设领域中腐败问题的发生和蔓延。

一、探索开展重大工程同步预防腐败工作

广东省对重大工程的同步预防,最早是由检察机关探索开展的。从1998年起,广东省检察机关和建设部门联手在重点工程领域开展职务犯罪同步预防工作。以广州市为例,自1998年以来,广州市检察机关在18个重点工程项目中出动400多人次开展同步预防工作,大大降低了重点工程项目建设中的职务犯罪案件发生率。广州地铁2号线2002年底首段开通,同曾发生包括原总经理在内的10件职务犯罪案件的广州地铁1号线建设相比,开展了同步预防工作的2号线建设工期比原计划提前1年多。并且,2号线土建质量优良,设备系统国产化率为70.21%,达到国家规定的要求,总体技术水平不低于1号线,但平均每公里造价估算为5.22亿元,比一号线6.62亿元下降了21.15%。广州白云国际新机场等重大工程建设都引入了同步预防,各承建商在签订《建设工程合同书》的同时必须与业主签订《工程承包廉洁协议》。一些承建商在签约后表示,他们免了请客送礼的烦恼,解除了招投标中黑箱操作的顾虑,可以放手搞好工程建设。广州本田汽车有限公司自投产之日起就与广州市检察院签订了《工程承包廉洁协议》,仅1999年,该公司改造建设项目多达380个,投资金额4亿多元人民币,未发生一宗违法违纪案件。纪检监察机关在查办工程建设领域违纪案件的过程中,也逐步开始探索从项目开工之日就引入廉政监督,最大限度避免工程上马、干部落马。

各级纪检监察机关针对重大工程项目资金投入多、施工环节多、廉政风险点多的特点,尤其是长期以来工程建设领域腐败问题易发多发的现实,探索推进港珠澳大桥建设、广州新白云机场扩建、全省高速公路建设等重大工程项目廉政风险同步预防,探索强化重大工程项目建设过程中的廉政建设。各地各单位也结合本地区实际探索开展重大工程同步

预防腐败工作。

二、开展港珠澳大桥同步预防工作

港珠澳大桥工程是"十二五"期间国家和广东省的重点工程,由粤港澳三地合作共建,全长约55公里,总投资超800亿元。该工程是在"一国两制"条件下粤港澳三地首次合作共建的超大型基础设施项目,是一项世纪性、世界性和示范性工程。2009年12月15日,港珠澳大桥开工仪式在珠海举行,时任中央政治局常委、国务院副总理李克强亲自出席仪式并宣布开工,这样高规格的开工仪式堪称世界罕见。大桥连接粤港澳三地,是我国建设史上里程最长、投资最多、施工难度最大的跨海桥梁项目,建成后将成为世界上最长的跨海大桥。大桥对促进广东和港澳地区紧密合作与融合发展、打造珠三角世界级城市群、保持港澳地区持续繁荣稳定具有重要战略意义。大桥能否建成"廉洁工程",影响巨大。

由于工期长,建设主体和参建单位多,确保将港珠澳大桥建成廉洁工程备受关注。考虑到港珠澳大桥工程的特殊性、重要性和复杂性,省纪委提出,港珠澳大桥廉政建设要积极探索重大项目的监督机制,争取在重大建设项目防控腐败领域开创出一片成功的"试验田"。

2012年2月10日,省港珠澳大桥建设联席会议召开第一次会议,会议提出,监察、审计部门要提前介入、全程监督,确保大桥的建设成为"不带任何污点、干干净净的廉政工程"。2月14日,省纪委决定成立由黄先耀任组长的省港珠澳大桥工程廉政建设工作领导小组("廉政工作领导小组"),设立省监察厅派驻港珠澳大桥工程监察专员办公室("派驻监察专员办"),与领导小组办公室合署办公。3月2日,省港珠澳大桥工程廉政建设工作会议暨派驻监察专员办揭牌仪式在珠海举行。同月,省纪委先后下发《关于〈印发港珠澳大桥工程廉政建设实施方案〉的通知》和《关于成立广东省港珠澳大桥工程廉政建设工作领导小组和省监察厅派驻港珠澳大桥工程监察专员办公室的通知》,落实监督工作机构、职责,规范同步监督各项工作。监察专员办按照"事前预防、事中监督、事后查处"的思路,对工程实施一对一同步监督,形成自上而下、条块分明的四级监督网络体系。一是成立广东省港珠澳大桥工程廉政建设工作领导小组，主要职能是研究决定廉政建设重要工作和重大事项。二是省监察厅设立派驻港珠澳大桥工程监察专员办公室（"派驻监察专员办"），专责开展大桥廉政建设的统筹协调工作。三是聘请各建设单位和特大型参建单位纪检监察或内部监督部门主要负责人以及属地纪检监察机关负责人为特聘监察专员，负责落实廉政建设的各项工作目标任务。四是聘请各参建单位纪检监察或内部监督部门负责人以及属地纪检监察机关负责人为廉政监督员，负责所在单位廉政建设的组织和协调工作。四级监督网络体系基本实现了行政主管部门、监督部门、建设单位、参建单位等大桥建设参与各方的全覆盖，形成多层级、全方位、职责明确、运转顺畅、协调有力的工作格局。

随着工程建设的高效推进，廉政工作领导小组的同步监督工作也日趋成熟完善，2012年9月，派驻监察专员办根据廉政风险排查的情况，研究编制了《港珠澳大桥工程廉政风险排查防控工作指引》，其中详列风险点6089项、防控措施7889项，为大桥工程建设领域各个环节提供风险

图为省委常委、省纪委书记黄先耀（左一）和时任省纪委副书记、省监察厅厅长、省预防腐败局局长林浩坤共同为监察专员办公室揭牌。

防控"指南"。还编制了《政府重大投资工程项目建设及廉政风险防控手册》，细化对工程项目建设权力运行各个环节的监督和管理。派驻监察专员办加强对工程关键环节和人员的监督，着重加强对建设主体领导班子成员及工程建设重点领域、重要岗位人员等"两类人员"的监督，突出抓好对工程招标投标、征地拆迁补偿、工程设计变更、工程建设实施与工程质量、资金支付等"五个环节"的监管。制定加强港珠澳大桥工程招标投标管理、征地拆迁、项目信息公开、廉政合同签订、履约检查等多项管理制度，为监督工作的顺利开展提供依据。推动大桥管理局和珠海连接线管理中心等单位制定了廉政履约检查考核制度，将廉洁从业情况纳入劳动竞赛考核中，加强对施工单位的廉政监督力度。为发挥现代科技的支撑作用、整合社会监督力量，派驻监察专员办创新监督方式，将廉情预警评估系统、廉政风险第三方抽查评估引入港珠澳大桥等重大工程同步预防工作，指导建设主体单位开展廉政风险排查防控工作，推行中标预警谈话，健全信访投诉核查机制，以零容忍态度执纪监督问责，工程同步预防工作扎实推进。

除了开展同步监督，派驻监察专员办还高度重视对参建单位和人员的廉洁教育，针对工程参建人员职业背景、文化层次、价值观念、工作周期差异性较大的特点，提出"世纪大桥，廉洁同行"廉洁核心价值理念，组织大桥工程建设单位、参建单位主要负责人以及廉洁高风险岗位人员参观省反腐倡廉教育基地、观看廉政警示教育片，向全体建设者发出《廉洁从业倡议书》，开通短信平台，不定时向监督对象发送廉洁警示短信。

港珠澳大桥的同步监督工作，为全省其他重大工程建设项目的同步预防和监督工作提供了比较成熟的经验。

第十四章
探索创新对权力运行的监督制约

实现对权力运行的有效监督，确保权力在正常的轨道上运行，是加强反腐败制度建设，从源头上预防和治理腐败的基本抓手和根本目标。2004年2月，时任中央政治局常委、中央纪委书记吴官正在安徽调研《中国共产党党内监督条例（试行）》贯彻落实情况期间的讲话指出，党要管党、从严治党，关键是管好干部。加强监督，重点是加强对党的各级领导机关、领导干部特别是主要领导干部的监督。各级党组织要认真贯彻监督条例，充分发扬民主，建立健全监督制约机制，严格执行监督制度，做到领导干部的权力行使到哪里，监督就延伸到哪里。广大党员要按照监督条例的规定，认真负起监督责任，行使好监督权利，揭露和纠正工作中的缺点和错误，检举党组织和党员违纪违法事实，坚决同消极腐败现象作斗争。要把党内监督同党外监督结合起来，依靠群众支持和参与，发挥舆论监督作用，切实提高监督的质量和水平。2011年8月30日，全国加强廉政风险防控规范权力运行现场会在北京召开，时任中央政治局常委、中央纪委书记贺国强在讲话中指出，加强廉政风险防控、规范权力运行，是完善制约和监督机制、促进社会主义民主政治建设的必然要求，是完善惩治和预防腐败体系、从源头上防治腐败的重大举措，是加强领导班子和干部队伍作风建设、推动经济社会又好又快发展的重要保证。要坚持以中国特色社会主义理论体系为指导、以规范权力运行为核心、以加强制度建设为重点、以现代信息技术为支撑，把长远目标与阶段性任务结合起来，围绕中心、系统治理、改革创新、因地制宜，着力构建前期预防、中期监控、后期处置的廉政风险防控机制，不断提高预防腐败工作科学化、制度化和规范化水平。

这一阶段的监督工作,更加注重在严肃和规范党内监督的基础上,坚持党的群众路线,引入社会力量,整合监督资源,从权力配置和运行、资金流转和使用等角度加强监督,从重大决策和执行的层面,落实对领导责任的追究,使权力监督的体系更加完善,监督的合力进一步增强。

第一节 实行党政领导问责制

问责制,是指国家公职人员不履行或者不正确履行法定职责和义务,给国家利益、人民生命财产、公共财产造成重大损失或者恶劣影响的,由有关机关按照管理权限对其进行责任追究的制度。实行党政领导干部问责制,对于加强对领导干部的管理和监督,增强领导干部的责任意识和大局意识,提高党的执政能力和水平具有重要意义。

和党内问责一样,行政问责也经过了一个逐步完善的过程。改革开放初期,问责制还没有建立起来,政府对失职官员或对重大责任事故负有主要领导责任的官员进行了责任追究或惩处。比如,1980年,国务院在处理"渤海二号"钻井翻沉事故后,解除了石油部原部长的职务,当时主管石油工业的一位副总理也受到了记过处分;在大兴安岭火灾事件、重大铁路交通事故等,也对有关官员进行了问责。这一阶段国务院陆续颁布了一些和问责相关的法规。2002年的非典危机,包括时任卫生部长张文康、北京市长孟学农在内,全国各地近百名官员相继被追究责任,官员问责制逐步进入公众视野。一些地方开始陆续出台行政问责规定,问责工作逐步规范。

一、探索开展对行政过错进行责任追究

广东省委、省政府高度重视问责制度建设。早在2008年8月和9月,省政府就先后印发了《广东省行政过错责任追究暂行办法》和《广东省各级政府部门行政首长问责暂行办法》两个行政问责规范性文件,对领导

干部和公务员在履职过程中的失职行为，规定了行政问责和责任追究的方式和程序，有效地规范了全省党政领导干部和公务员的行政行为。这两个办法出台后，广东省不断加大对行政行为监督检查的力度，严肃查处了一批行政不作为、乱作为以及效率低下、推诿扯皮和损害群众利益的行政过错案件，对有关责任人实行了行政问责和过错责任追究。2009年上半年，全省各地共受理行政效能投诉1524件，其中有8个单位182人受到行政问责和过错责任追究。

2009年6月30日，中央办公厅、国务院办公厅印发了《关于实行党政领导干部问责的暂行规定》，明确规定对党政领导干部不履行或者不正确履行职责，给党、国家和人民利益以及公共财产造成重大损失或者造成恶劣影响的，必须进行责任追究。为全面贯彻落实党中央、国务院关于建立健全问责制的要求，加强对全省党政领导干部的管理监督，弘扬勤政、廉洁、务实、高效的机关作风，促进党政领导干部依纪依法履行职责，提高执政能力和执政水平，省委办公厅、省政府办公厅于2010年4月17日印发了《广东省〈关于实行党政领导干部问责的暂行规定〉实施办法》。该办法在中央《暂行规定》的基础上，结合广东实际对问责的情形、方式与适用、程序等作了进一步细化。同年5月，省委、省政府召开全省贯彻落实《实施办法》电视电话会议，对贯彻落实《实施办法》作出具体部署。同时，利用报纸、电视等媒体加强宣传，营造良好社会氛围。

二、完善党政问责配套措施

为贯彻落实中央《暂行规定》和省《实施办法》，推进问责工作，广东省进一步完善相关配套制度或出台专项问责工作办法。针对全省扶贫开发工作实践中存在的责任不清晰、执行力不强、落实不到位甚至存在失职渎职、违规挪用扶贫资金等问题，省委办公厅、省政府办公厅于2010年9月19日印发了《广东省扶贫开发工作问责暂行办法》。这是贯彻落实省委、省政府关于扶贫开发"双到"工作的有力保障和重要举措，对于促进有帮扶和被帮扶工作任务的各级党政领导干部自觉依法依纪履行扶贫工作职责，确保按时高质量地完成对口帮扶任务和目标，具有重要意义。全省各地各部门也结合实际，进一步细化问责条款，建立健全相关配套制度,增强制度的可操作性。省财政厅结合公共财政管理实际,制定《广东省财政厅实行党政领导干部问责的实施意见》,进一步细化问责工作规程、问责情形认定、问责对象跟踪考察等。东莞市制定《2010年工作落实问责办法》,围绕加强行政执行力建设,将推进加工贸易转型升级工作、实施"三旧"改造、创建平安社区、打击涉黄涉赌行为等13项重点工作完成情况纳入问责范围。汕尾市出台《汕尾市重点工作督查问责函与责任追究暂行办法》,对贯彻落实中央和省委省政府、市委市政府的重大决策和工作部署消极应付、执行不力,推诿塞责、效率低下,重点工作任务完成情况差等责任单位和责任人进行问责。阳江市出台《阳江市〈关于实行党政领导干部问责的暂行规定〉实施办法》。深圳市建立信息抄告和线索移送、党政问责程序、案件移送处理、党政问责与党纪政纪处分衔接、党政问责信息报备分析、党政问责决定执行情况回复报告等一系列问责配套制度规范。

三、普遍开展党政问责工作

各级纪检监察机关和组织人事部门作为问责实行机关,在党委、政府领导下认真履行问责职能,推动问责工作落实。2009年8月,省纪委对2008年深圳市龙岗区舞王俱乐部9·20特别重大火灾事故问题启动问责程序,60名事故责任人受到责任追究,其中深圳市副市长李某、深圳市龙岗区区长张某、时任深圳市龙岗区副区长黄某、时任龙岗街道办事处主任黄某等25名事故责任人受到党纪、政纪处分。2009年6月,深圳市福利彩票发行中心摇奖电脑被人为放置的木马程序侵入,造成严重社会影响。该市纪委、市监察局查实后,报市委、市政府同意,对相关责任人予以问责,责令市民政局机关党委委员、市福彩中心党支部书记和法人代表向社会公开道歉;对该中心技术总监鲁某免职处理;给予该中心其他3名工作人员政纪处分;责成市民政局党组向市委作出书面检查。2010年5月,针对茂名市省道281县七那段公路建设立项13年、剪彩3次仍未建成的问题,省纪委、省监察厅对该市前后两名分管公路建设的副市长陆某、黄某作出责令书面检查的问责决定,5月19日,省纪委公开通报了茂名市政府对相关责任人的处理结果。2010年12月,韶关市外事侨务系统违规为侵吞巨额财政资金的江西省鄱阳县财政局经济建设股原股长李华波办理港澳通行证,使其得以顺利卷款出逃新加坡,社会负面影响极大。^①韶关市纪委、市监察局依据上级的问责规定并报市委、市政府批准,对市外事侨务局副局长华某、翁源县副县长包某、市外事侨务局办公室主任黄某予以问责。

2011年6月,广州增城市新塘镇大墩村发生了外来务工人员与治保队严重冲突的"6·11"群体性事件,造成不良社会影响。该镇党委、政府存在对社会管理不力、对执法部门监督不到位等问题。增城市委、市政府依照上级的问责规定,免去刘某新塘镇党委书记职务、免去麦某新塘镇党委副书记职务并按法定程序免去其新塘镇镇长职务。

据统计,2009年至2011年,全省共对1197名党政领导干部及其他工作人员实行问责,其中厅级干部5人、处级干部187人、科级干部394人、其他工作人员611人,问责后同时给予党纪政纪处分的319人。通过实行党政领导干部问责工作,有效地提高了领导干部的大局意识、群众意识和责任意识,保障了各项工作的落实。

第二节　开展领导干部任期经济责任审计工作

对领导干部的任期经济责任审计是贯彻落实从严治党方针,从源头上预防和治理腐败、促进领导干部廉洁从政的一项重要措施。20世纪80年代中期以来,部分审计机关在当地党委、政府的支持下,开始探索对国有企业厂长(经理)开展离任经济责任审计。20世纪90年代中期,部分地区开始探索对党政部门领导干部开展离任经济责任审计。1998年1月20日,时任中央政治局委员、中央纪委书记尉健行在十五届中央纪委第二次全会上讲话要求,"对国有企业、县(市)直属部门和事业单位,乡(镇)党委、政府的主要领导干部,要实行离任审计制度,未经审计不得离任。有

---

① 2015年,潜逃新加坡5年之久的李华波被遣返回国。

条件的地方可扩大实行这项制度的范围"。

党的十五大期间,全国各地普遍建立了县级以下领导干部经济责任审计。1999年1月13日,尉健行在十五届中央纪委第三次全会上,首次将"经济责任审计"写入工作报告,作为当年源头治理腐败工作的重要内容。1999年5月,中央办公厅、国务院办公厅印发《县级以下党政领导干部任期经济责任审计暂行规定》和《国有企业及国有控股企业领导干部任期经济责任审计暂行规定》,至此,经济责任审计成为审计机关的法定职责。1999年,中央纪委、中央组织部、监察部、人事部、审计署五部委组成经济责任审计联席会议,明确各成员单位职责与任务。2000年10月,第一次全国经济责任审计工作联席会议在北京召开,部署全国经济责任审计工作,总结和推广先进经验。2004年,国务院国资委成为经济责任审计联席会议成员单位。2004年11月,第二次全国经济责任审计工作会议召开,会议下发了中央五部委《关于将党政领导干部经济责任审计范围扩大到地厅级的意见》,决定从2005年1月1日起,将党政领导干部经济责任审计范围从县级以下党政领导干部扩大到地厅级。2006年全国人大常委会通过《中华人民共和国审计法》,正式写入了经济责任审计的内容,明确了经济责任审计的法律地位。

一、积极开展经济责任审计工作

广东是全国较早开展经济责任审计的省份之一。1986年开始,广东以部分地区的国有企业为试点,对国有企业厂长(经理)进行离任审计,后来又逐步延伸至乡镇以上各级党政机关。1995年,揭阳、汕尾两市在开展企业厂长(经理)离任审计的基础上,开始逐步探索党政机关领导干部经济责任审计,取得了较好效果。到2000年底,全省已普遍推行这项制度。

2000年9月,广东省委、省政府制定出台《广东省党政领导干部任期经济责任审计实施办法(试行)》《广东省国有企业及国有控股企业领导人员任期经济责任审计实施办法(试行)》,建立了联席会议制度,建立了"总揽全局、协调各方"的经济责任审计工作领导体制。两个实施办法明确各级联席会议成员由纪检、组织、监察、人事、审计、财政6个部门领导担任,召集人由纪委、组织、审计部门领导担任;党政领导干部任期经济责任审计对象范围由中央规定的县以下领导干部扩大到省、市直属部门党政领导干部。同年，省一级首先建立了由省纪委、省委组织部、省审计厅、省监察厅、省人事厅、省财政厅等6部门领导组成的经济责任审计工作联席会议（2005年增加省国资委为联席会议成员单位）。省纪委、省监察厅将经济责任审计作为从源头上预防和治理腐败工作的重要组成部分，在当时的监察综合室设立该项业务，专门与审计厅开展业务联系。至此，广东省经济责任审计工作机制基本形成。

二、不断拓展经济责任审计覆盖面

2000年11月30日，广东省经济责任审计联席会议成员单位联合召开了全省第一次经济责任审计工作会议。会议提出了四点要求：一是全面开展县以下党政领导干部经济责任审计工作；二是深入开展国有及国有控股企业领导人员的经济责任审计；三是积极探索部门管理的行政企事业单位领导人员的经济责任审计；四是建立和完善经济责任审计法规制度。这次会议还提出，从2001年开始把经济责任审计范围扩大至县以上（厅局级）党政领导干部。

2001年初，广东开展了部分厅级党政领导干部经济责任审计工作，但并未包括地级市市委书记和市长等主要领导。2002年，广东开始对地级市市长进行经济责任审计，首先对佛山、阳江两个市的市长进行了审计。随后的几年时间里，广东逐步扩大厅级干部审计范围。2005年1月召开的全省审计工作会议正式部署对地厅级干部全面开展经济责任审计。

这一阶段，广东经济责任审计全面快速发展。全省21个地级以上市、121个县（市、区）全部建立了经济责任审计工作联席会议制度或成立了领导小组，制定了许多相关的制度、规范，各市、县（市、区）开展经济责任审计工作的基础条件也基本具备。县以下党政领导干部和国有及国有控股企业领导人员经济责任审计工作全面展开，县以上党政领导干部经济责任审计试点不断扩大。2000年至2004年，全省共对10772名领导干部进行了任期经济责任审计，查出单位违法违规金额353亿元，损失浪费金额47亿元。根据审计结果，移送纪检监察、司法机关查处领导干部231人，给予党纪政纪处分105人。

2005年10月8日至9日,广东省第二次经济责任审计工作会议在广州召开。会议提出,从2006年开始,对县处级以下党政领导班子主要领导干部要做到逢离必审,对县处级党政领导班子主要领导干部在任期内多数要进行一次经济责任审计;2007年,实现各级党政领导班子主要领导干部任期内多数要进行一次经济责任审计的目标,对国有及国有控股企业领导人员基本做到逢离必审和先审后离,对地级市党政领导班子主要领导任期内的审计工作逐步规范,全面实行审计结果公开制度。这次会议标志着广东的经济责任审计从试点探索、全面推进转向深化提高的新阶段。

三、探索总结经济责任审计工作经验

广东在抓好经济责任审计常规工作的同时,注重发扬改革创新精神,探索总结出两种比较有效管用的经济责任审计方式。

一是县委书记、县长同步审计。从2001年起,广东清远、珠海、深圳、广州等地先后探索开展对县(市、区)委书记和县(市、区)长进行同步审计。同步审计既解决了以往只审计县长不审计县委书记难以最终界定县长经济责任的问题,同时,也加强了对县委书记经济决策权的监督。同步审计这一做法也得到了中央五部委联席会议的肯定和推广。2008年9月,省纪委、省委组织部和省审计厅在河源市联合召开了全省县委书记、县长同步审计研讨会,总结推广同步审计的做法和经验。全省有市辖县(市、区)的19个地级以上市普遍开展了县(市、区)委书记和县(市、区)长同步审计。汕尾、惠州、潮州、茂名、东莞等地还把同步审计的做法拓展到乡镇,改变以往单独审计镇委书记或镇长的做法,实行镇委书记、镇长同步审计,既明确了镇长、书记的经济责任,又扩大了经济责任审计的覆盖面。自县级地方党委书记划归为省管干部后,省委组织部2011年开始委托省审计厅开展县委书记经济责任审计,省审计厅一般授权当地地级以上市审计局进行审计。①

---

① 同步经济责任审计对严肃财经纪律、规范权力运行等方面起到一定作用,但是由于受体制和机制等因素制约,属地审计独立性不够充分,一定程度上影响了审计质量和效果。2014年7月,广东选择广州从化市、韶关南雄市和江门恩平市等3个县级市开展县委书记、县长经济责任异地同步审计试点。

二是"村官"任期经济责任审计。2000年，全省开展经济责任审计以来，东莞、中山、深圳宝安区等地根据农村集体经济发展和基层政权建设的客观需要，探索开展对村支部书记和村委会主任等"村官"的任期经济责任审计，明确"村官"任期届满或因其他原因离任的应接受任期经济责任审计。"村官"经济责任审计以乡镇审计办为主体，结合村级换届和村务公开工作进行，审计结果向村民公布，进一步健全了村务公开和民主管理制度。2002年7月，省人大常委会修订的《广东省实施〈中华人民共和国村民委员会组织法〉办法》规定：村民委员会任期届满进行换届选举前，应当依法对村级财务和村民委员会主要负责人任期经济责任进行审计，更进一步推进了全省各地"村官"经济责任审计的开展。2007年8月，省纪委、省委组织部、省监察厅、省审计厅、省农业厅等五部门在中山古镇联合召开"全省农村干部经济责任审计现场会"，总结交流各地的经验做法，推动"村官"经济责任审计工作深入开展。2008年，结合广东省第四届村委会换届，全省共对19826个村进行了经济责任审计，换届审计覆盖面达95%。"村官"审计在促进村务公开，保持农村社会稳定和经济发展、化解农村基层矛盾、促进农村各项改革中起到了"防火墙""灭火器"和"助推器"的作用。

第三节　加强对"裸官"监管，严肃查处"裸官"贪腐

"裸官"，一般是指配偶、子女均已移居国（境）外，或没有配偶，子女均移居国（境）外的领导干部。广东毗邻港澳，侨亲侨商众多，居民的海外亲眷多，工作和生活的海外联系多，"裸官"的存在有一定的历史和社会基础。①

---

① 据《广东年鉴》（2015）记载，广东有3000多万海外侨胞，超过全国一半以上，遍布世界160多个国家和地区。省内有10.17万归侨，3000多万侨眷，主要集中在珠江三角洲、潮汕平原和梅州地区。

一、开展对"裸官"的监督和任职限制

1997年,广东按照中央《关于领导干部报告个人重大事项的规定》,将"本人、子女与外国人通婚以及配偶、子女移居国(境)外定居的情况"列为领导干部应当向组织报告的重大事项,作为对"裸官"进行监督的措施。在2006年开始执行的《关于党员领导干部报告个人有关事项的规定》中,也明确"领导干部配偶、子女出国(境)定居及有关情况应当报告"。但从实际运作的情况来看,监督的效果并不理想,"裸官"贪腐问题仍时有发生。

2008年起,中央和省委开始关注"裸官"问题。省纪委在查办案件过程中发现,少数领导干部利用"裸官"身份,境内外勾结贪腐,向境外转移资产,甚至以探亲为名滞留境外不归,等等,危害严重、影响恶劣,社会反响强烈。针对这些情况,省纪委组织开展了"裸官"问题的专题调研,并将调研的情况报告省委和中央纪委,引起了中央和省委的高度重视。

2009年起,广东开始探索对"裸官"进行监督管理的有效措施。11月,深圳市出台《关于加强党政正职监督的暂行规定》,明确"加强对配偶和子女均已移居国(境)外的公职人员的管理,凡配偶和子女非因工作需要均在国(境)外定居或者加入外国国籍或者取得国(境)外永久居留权的公职人员不得担任党政正职和重要部门的班子成员",在全国率先提出对"裸官"任职的限制措施。12月,省纪委、省委组织部联合发文加强对"裸官"的监管,在重申执行领导干部报告个人有关事项的基础上,将履行个人事项报告的责任主体扩展到县(市、区)、乡镇(街道)副科级以上干部和基层站所负责人,并规定"对配偶子女均已出国(境)定居的领导干部,在工作岗位和职务安排上,应体现区别对待的原则,对党政主要领导岗位和重要敏感岗位要从严掌握"。

2012年,广东省委十届十一次全会通过《中共广东省委关于加强市县领导班子建设若干问题的决定》,明确提出"对配偶、子女均已移居国(境)外的,原则上不得担任党政正职和重要敏感岗位的领导职务"。10月,省委印发《广东省从严治党五年行动计划》,规定配偶、子女均已移居国(境)外的干部,不得提任市、县(市、区)、乡镇(街道),省、市、县

（市、区）党政工作部门和国有企业、事业单位正职，以及重要和敏感部门领导班子成员。至此，广东关于对"裸官"任职的限制措施逐步健全和完善。

二、严肃查处"裸官"腐败案件

在坚决惩处"裸官"贪腐问题上，广东态度鲜明，严肃查处了一批严重违纪违法的"裸官"。这一阶段查处的比较典型的"裸官"有茂名原市委书记罗荫国，东莞市人大常委会原副主任欧林高，东莞市政府原副秘书长、虎门镇原党委书记吴湛辉等。[①]

东莞市人大常委会原副主任欧林高案。欧林高在担任东莞市清溪镇党委书记、市委副秘书长、长安镇党委书记和东莞市人大常委会副主任期间，涉嫌利用职权在土地转让、工程建设、人事安排、房地产开发等领域进行权钱交易，受贿财物折合人民币2905万元、港币3722万元，以及价值人民币220万元的别墅一栋。欧林高早在20世纪90年代初就是名副其实的"裸官"。其妻子方某于1992年移居香港，长女于1994年移居香港，次女于1993年在香港出生，儿子1997年在香港出生，家人全部具有境外身份，在境外购置房产，常年在境外生活。欧林高除了在香港九龙买楼安家，其妻子名下的房产就有10套，总计共8000多平方米的房产和3个车位。另外，他还以女婿、连襟的名义，分别购买了两套别墅，其中一套别墅面积840多平方米，市值约2600万元，仅管理费每月都要交4000余元，相当于一个城市白领的月收入。家庭存款大多在妻子名下， 在境内的账户， 只有一张工资卡，常年不动。欧林高不仅聚敛了巨额财富供养其家人在香港的奢华生活，其个人生活也极尽奢华。在长安镇工作期间，在一家酒店给自己"安排"了一间套房长期使用。为了方便打高尔夫球，他又在长安高尔夫球会会所租用了一间套房，作为长期住所，每年仅会费都要缴纳数十万元。不论出省还是出国，他都要带上高尔夫用具。欧林高个人生活腐化，从2001年开始，欧林高就与有夫之妇喻某保持不正当关系，经

---

① 本书第十一章第三节"加大惩治腐败力度，严肃查处严重违纪违法案件"详细介绍了罗荫国案件情况。

常身着名牌、驾着豪车,在公开场合与喻某出双入对,不仅为喻某的公司介绍业务,还于2012年分两次送给她人民币共170万元。2014年9月,欧林高一审以受贿罪被判处有期徒刑14年。

东莞市政府原副秘书长、虎门镇原党委书记吴湛辉案。1995年以来,吴湛辉利用职权为他人谋取利益,收受贿赂人民币4970万元,收受"红包"礼金人民币约365万元、港币235万,对折合人民币1.22亿元的个人资产不能说明合法来源。2004年10月,吴湛辉花费80万元人民币,通过内地某部门为自己怀孕待产的妻子违规办理了赴港定居手续。吴湛辉对此长期隐瞒,不按规定向组织报告。"暴富"之后的吴湛辉开始转移资产和大肆挥霍,通过地下钱庄将1600万港币转移到香港,用于购买商品房供妻子女儿居住。2009年至2011年,吴湛辉先后82次赴港看望妻女,大多数情况未向组织报告。其中,有5次在港停留多达5天。在东莞期间,吴湛辉经常驾驶"路虎"牌越野车出入各种高级场所。2013年10月11日,吴湛辉涉嫌贪腐案在广州市中级人民法院开庭审理。法院一审判决认定,吴湛辉收受他人贿赂4970万元,构成受贿罪,另有9200万元港币、3000万元人民币来源不明,构成巨额财产来源不明罪,数罪并罚,决定执行无期徒刑,剥夺政治权利终身,非法所得上缴国库,并处没收财产人民币500万元。

第四节　加强信息化建设,提升科技防腐能力

广东在积极探索通过制度机制创新约束权力、预防腐败的同时,注重发挥现代信息技术在预防腐败中的支撑作用,积极推进电子政务建设,开展预防腐败信息系统、电子政务信息平台等平台建设,提升科技防腐能力。

一、开发行政审批电子监察系统

深圳市在全国率先开发并运行行政审批电子监察系统,对全市行政审批事项的实施情况进行全程监督。系统一期工程于2004年6月开始规

划，2004年11月投入试运行，2005年1月正式运行，实现了对全市31个部门的239项行政许可事项的监督。2006年1月系统二期工程试运行，同年3月正式运行，扩大了监管覆盖面，实现了对全市28个部门的197项非行政许可审批事项的监督，同时创新增加了主题监察展示和重大投资项目审批电子监管。该监察系统是监察部与联合国开发计划署国际合作项目"中国廉政建设"项目研究的成果，是深圳市电子政务建设的新成就，是深圳行政监察信息化的开端，也是行政监察工作的一次变革。

行政审批电子监察系统由内网系统、视频监控系统和行政审批网站组成。内网系统是电子监察系统的核心，构建在市政府政务内网上，与互联网物理隔离。内网系统包括监察数据采集子系统、监察子系统、效能评估子系统、综合查询子系统、统计分析子系统、投诉处理子系统、系统管理子系统等。视频监控系统主要是通过在市行政服务大厅和大厅以外的工商局、国土局、规划局、公安局、交通局等9个办事大厅设置视频监控点及相关网络，由市监察局进行远程视频图像监控，实现对公务员工作作风、服务态度和办事效率的在线监督。行政审批网站构建在互联网上，是行政审批系统对外的窗口，主要提供行政审批信息服务和接受群众投诉等。

深圳市行政审批电子监察系统的成功应用，受到了各级各地的高度关注。2005年5月，中央政治局常委、中央纪委书记吴官正同志视察了该系统，并给予了充分肯定。监察部副部长、国务院审改办主任李玉赋评价该系统是"行政监察之创新、行政监控之利器"，并表示将向全国推广。2006年4月，全国行政审批电子监察系统建设现场会在深圳市召开。会议要求，各地的电子政务工作，要认真借鉴深圳市通过建设行政审批电子监察系统，方便人民群众监督，改进服务方式和提高服务水平的做法，把深化电子政务应用和接受社会各界监督有机结合起来，不断提高电子政务公共服务水平。

2006年5月，广东正式启动行政审批电子监察系统建设，并于同年10月初步建成试运行。为加强对省电子监察系统的管理，省监察厅先后制定了《广东省行政审批电子监察管理办法（试行）》《广东省行政审批电子监察预警纠错办法（试行）》《广东省行政审批电子监察系统受理投诉

广东省行政审批电子监察系统正式运行启动仪式暨新闻发布会现场。

办法（试行）》和《广东省行政许可绩效测评电子监察办法（试行）》等四个规范性文件。2007年4月，省直系统建成并正式运行，对45个省直部门的529项行政许可事项（除秘密级行政许可事项外）行政审批行为进行实时监察。

系统将行政审批的规则、实施的步骤环节、审批时限等内置其中，具有实时监控、预警纠错、绩效测评、信息服务、投诉处理五大功能。该系统被称为"科技包公"，只要审批事项未能在法定时限内办结或违规办结，系统会自动预警、发出黄牌或红牌并留下相关记录，监察机关可据此进行责任追究。至11月，全省21个地级以上市均完成了行政审批电子监察系统建设。为进一步提高政府部门的行政审批绩效，从11月起，省监察厅开始公布电子监察系统对省直机关和21个地级以上市行政许可部门的绩效排名。2008年3月，省纪委省监察厅在行政审批电子纪检监察系统的基础上，建立了广东省电子纪检监察综合平台。至年底，广东省的行政审批电子监察系统延伸到所有县区，部分地市将电子监察系统延伸到乡、村一级，实现省、市、县、乡、村五级联网监察。

电子监察系统极大地促进了纪检监察工作方式、方法的创新，在全国也有较大影响。2009年，广东省电子监察系统入选国家举办的"辉煌

60年——中华人民共和国成立60周年成就展"。中央纪委监察部领导指出:"建设行政审批电子监察系统意义重大,它既是电子政务发展的一个趋势,又使纪检监察机关掌握了一个监控'利器'。"

2009年4月,广东省效能和电子监察工作会议召开。会议要求建设全省电子监察综合平台,并在平台上构建重点项目建设、行政综合执法、四个有形要素市场交易等电子纪检监察应用系统。2010年4月,省纪委监察厅制定了《广东省电子监察综合平台建设工作实施方案》,要求各地建设电子监察平台及包含的18个子系统,将全省21个地级以上市的相关业务全部纳入监察范围。

二、推动网上办事大厅建设

2012年7月,省政府在广州召开广东省网上办事大厅建设动员会,动员部署省、市两级统一网上办事大厅建设工作。广东省人民政府办公厅印发了《省网上办事大厅建设工作方案》,要求分四个阶段,最终达到在2014年底前,全省所有县(市、区)全部连接到所在市网上办事大厅分厅,形成"横向到各厅局、纵向到各县(市、区)"的网上办事系统的目标。2012年9月,广东省网上办事大厅初步搭建完成试运行。网上办事大厅集信息公开、便民服务、网上办理和电子监察于一体,将"8小时政府"变为24小时的"全天候"政府。网上办事大厅是省委省政府采取的便民、利民、惠民的重大举措,是从源头上有效防治腐败的重要途径。

按照省政府关于省网上办事大厅要实现"网上监察政府效能"的要求,省纪委监察厅将电子监察综合平台融入到网上办事大厅中,认真抓好办事大厅中效能监察栏目的建设,积极推进省网上办事大厅与政府业务部门的信息数据对接,实现对政府部门网上在线办理事项全程监控。同时加强网上行政效能投诉处理,在省政府门户网站、省网上办事大厅等开通受理行政效能投诉栏目,加强对办事大厅建设进度的效能监察,促进政府效能提升。

三、建设预防腐败信息系统

建设预防腐败信息系统,是科学预防腐败的一项基础性工作,是运用现代信息技术手段加强权力运行监控和廉政风险防控的有效措施。按照十七届中央纪委五次全会有关"建立健全预防腐败信息系统"工作部署，2010年6月，国家预防腐败局确定广东作为建设预防腐败信息系统试点。为贯彻落实中央部署，2010年12月，省纪委制定了《关于建设广东省预防腐败信息系统的实施方案》，着手开展预防腐败信息系统建设。2011年初，省纪委牵头成立了广东省预防腐败信息系统建设工作协调小组，成员单位包括省委办公厅、省委组织部、省发展改革委、省财政厅、省国土资源厅、省住房城乡建设厅等29个省直和中央驻粤单位。协调小组日常工作由省纪委办公厅会同负责提供技术支持的省信息中心承担。11月，省纪委向有关部门提交了《广东省预防腐败信息系统省级平台建设项目可行性研究报告》申请项目立项，同时选定广州、佛山市纪委开展省预防腐败信息系统部署试点工作。

经过近三年的努力，协调小组先后完成了项目论证、需求调研、软课题研究、软件开发、机房建设、制度编制和系统部署等工作，采集了省委组织部、省财政厅、省民政厅等14家省直单位和广州市9家、佛山市10家市直单位的数据，初步实现了系统的主要设计功能，并在广州、佛山两市纪委开展了应用试点。同时，全省各地积极探索建设各具特色的信息系统，例如，广州的党廉信息系统、重大投资项目监管系统，珠海的工程建设廉情评估和预警系统，佛山的国有企业ERP监管系统，湛江的廉政风险防控信息系统等，在预防腐败方面发挥了积极作用。

第五节　预防腐败机构的设立和对外交流合作

由于历史原因，我国反腐败斗争的国际合作起步较晚，但是发展比较快。1984年，我国成为国际刑警组织的成员国。2000年12月，我国签署《联合国打击跨国有组织犯罪公约》。参与制定《联合国反腐败公约》，并于2003年12月签署，2005年10月批准该公约。在该公约框架下，不断深化政府间双边合作，参与并推动区域性多边合作和全球性国际合作，在反腐败能力建设、经验交流、人员培训、资金技术援助等方面开展了多种形式的对外交流合作。我国先后加入4个主要的反洗钱国际公约，与俄罗斯等国创始成立了"欧亚反洗钱和反恐融资工作组"（EAG），并成为金融行动特别工作组（FATF）观察员，与世界银行、国际货币基金组织等在推动跨国公司建立健全内部监督机制、预防腐败、遏制商业贿赂等方面进行了广泛合作。综合运用引渡、红色通缉、遣返、驱逐出境等各种有效途径和措施，将一批逃往境外的腐败犯罪嫌疑人缉拿归案。

香港和澳门相继回归促进了粤港澳各个领域的交流合作，有力推动了广东省反腐败工作的跨境和国际交流。省监察厅、省反贪局与香港廉政公署和澳门廉政公署的交流合作机制逐步建立，在反腐败学术交流、技能培训和司法协助等方面取得了积极成效。

一、成立预防腐败局

国家预防腐败局于2007年9月13日正式揭牌，列入国务院直属机构序列，在监察部加挂牌子。预防腐败局主要职责有三项：一是负责全国预防腐败工作的组织协调、综合规划、政策制定、检查指导；二是协调指导企业、事业单位、社会团体、中介机构和其他社会组织的防治腐败工作；三是负责预防腐败的国际合作和国际援助。2009年2月，贺国强同志作出"推动条件成熟的省区市成立预防腐败机构"的重要指示，省级预防腐败机构建设工作正式启动。

广东省的预防腐败机构组建工作得到省委、省政府高度重视并全力支持。2012年1月，省纪委十届六次全会作出"认真贯彻落实全省深化体制改革工作会议精神，进一步健全完善惩治和预防腐败体系，整合机构和力量，完善体制机制，探索建立省市两级预防腐败机构"的工作部署，拉开了广东省预防腐败机构建设工作帷幕。省纪委省监察厅为做好成立省预防腐败局的相关工作，专门召开省纪委常委会议研究，决定成立预防腐败室，确定工作职责与筹备负责人，并从各有关室（厅）划转编制，开展省预防腐败局的筹备工作。

2012年4月19日，广东省预防腐败局正式挂牌成立，时任省纪委副书记、监察厅厅长林浩坤任首任局长。广东省预防腐败局是全国第17家成

2012年4月19日，广东省预防腐败局正式揭牌成立。国家预防腐败局副局长崔海容，广东省委常委、常务副省长肖志恒，广东省委常委、省纪委书记黄先耀等共同为省预防腐败局揭牌。

立的省级预防腐败机构，是广东反腐倡廉建设中的一件大事，对于加强全省预防腐败工作的组织协调、综合规划、政策制定和检查指导，整合资源形成工作合力，提高预防腐败工作专业化水平，发挥了重要作用。

广东省预防腐败局主要职责是：负责全省预防腐败工作的组织协调、综合规划、政策制定、检查指导；深入推进全省廉政风险防控工作，协调指导全省企业、事业单位、社会团体、中介机构和其他社会组织防治腐败工作；协调指导全省治理商业贿赂工作；组织协调全省惩治和预防腐败体系建设；负责预防腐败工作的对外交流与合作。预防腐败局设局长1名（由省纪委副书记、监察厅厅长兼任）、副局长2名（1名由省纪委常委、监察厅副厅长兼任，1名为副厅级专职副局长）；内设"预防腐败室"，作为省预防腐败局的办公室，负责承担预防腐败局的日常工作以及省纪委、省监察厅交办的有关事项。

广东省预防腐败局成立后，省纪委、省监察厅下发通知，要求各地级以上市纪委、监察局在党的十八大召开前完成市级预防腐败机构的组建工作。省纪委、省监察厅加大对各地市成立预防腐败机构的支持、指导与督促力度,协调省编办下发对各地成立预防腐败机构的批复。2012年10月25日,随着深圳市预防腐败局挂牌成立,广东省21个地级以上市全部设立预防腐败局,在全国率先实现省市两级预防腐败机构全覆盖。时任中央纪委副书记、监察部部长兼国家预防腐败局局长马馼专门批示予以肯定:"广东省实现预防腐败工作机构省市两级全覆盖,是努力争当反腐倡廉建设排头兵,创新体制机制的重要举措。望两级预防腐败机构加强综合协调,形成工作合力,扎实推进预防腐败各项基础性工作。国家预防腐败局要加强联系,认真跟踪研究广东的工作经验。"

二、探索开展预防腐败工作

省市两级预防腐败机构成立后,按照中央纪委、监察部、国家预防腐败局的决策和工作部署要求,迅速打开工作局面,扎实推进预防腐败工作。实施《关于加强我省廉政风险防控工作的意见》,在全省全面推进廉政风险防控工作,积极构建"分岗查险、分险设防、分权制衡、分级预警、分层追责"的预警防控"五分模式",分系统、分层次推进廉政风险防控工作,努力实现"纵向到底、横向到边"的整体防控。开展社会领域

2012年4月17日,省纪委在广州召开非公有制企业防治腐败工作座谈会。

防治腐败工作,协助国家预防腐败局举办了"非公有制企业防治腐败座谈会",组织召开了全省中介组织防治腐败工作领导小组第五次会议,出台了非公有制企业防治腐败工作意见,实行非公企业防治腐败工作联系点,强化非公企业的外部监管工作。

针对市场中介组织比较活跃但管理不够规范、中介组织涉腐问题时有发生的实际,对中介组织防治腐败工作进行摸底,着力探索解决中介组织的商业贿赂等腐败问题。积极推进社会诚信体系建设工作,结合"三打两建"工作,不断深挖"保护伞"、斩断利益链,着力以"打"促"建",以"建"带"打",打建结合,统筹推进,推动制定政府信用建设实施方案,扎实推进社会诚信体系建设。成立省预防腐败工作专家智库,聘请一批在国内和港澳台地区有影响力的专家学者,组建省预防腐败工作智库,成立省预防腐败工作专家委员会,为预防腐败工作提供理论支撑。

三、探索开展跨境预防腐败合作交流

香港1997年回归以后,随着香港与内地经济文化交流的增加,两地反腐败文化合作交流和司法协助也逐步开展。省监察厅陆续应邀派员参加香港廉政公署举办的一些国际或地区性反腐败论坛和交流活动。2009年,省纪委组织赴香港考察廉政建设,与香港廉政公署建立了跨境重大案件协查协办和定期合作交流机制。2010年,省纪委领导带队赴新加坡考察反腐败和廉政建设,借鉴新加坡廉政之道,探索中国特色反腐倡廉新路。率先举办"纪检开放日"和"监察开放日"活动。

预防腐败机构的成立,促进和深化了广东省与境外预防腐败交流合作。广东发挥地缘优势,加强与香港、澳门和新加坡等地预防腐败工作的交流与合作,建立预防腐败工作境内外交流合作机制。2012年10月,省委常委、省纪委书记黄先耀带队赴香港、澳门,学习考察港澳地区廉政建设工作机制及经验做法,加强地区间交流与合作。考察期间,省监察厅、省预防腐败局与香港廉政公署签订了《粤港廉政建设交流与合作意向书》,在"一国两制"及两地现有法律框架内,建立粤港两地廉政建设合作机制,重点在开展港珠澳大桥廉政建设交流项目、加强廉政教育交流

2012年10月8日,省委常委、省纪委书记黄先耀(左一)率团赴香港廉政公署考察访问。

和培训、促进廉政建设资料交流、深化交流互访考察机制等四个领域,加强共同合作与双向交流。

2013年1月10日,广东省监察厅与澳门廉政公署在珠海签订了《粤澳廉政建设交流与合作意向书》。按照《粤澳廉政建设交流与合作意向书》,双方将在"一国两制"及粤澳两地现有法律框架内,在有关重大项目廉政建设、廉政教育培训、廉政建设资料、互访考察机制等四个领域加强合作与交流。重点是配合《粤澳合作框架协议》落实,共同推进港珠澳大桥建设计划,深入开展大型基建工程防贪制度和教育的交流,探讨有效的制度预防建设策略,建立两地廉政建设合作交流的长效机制。黄先耀在意向书签字仪式上表示,双方要以合作意向书的签订为新契机,共同为粤澳经贸关系健康发展和两地经济社会繁荣稳定发挥促进作用。

广东省纪委与香港廉政公署和澳门廉政公署签署上述两个《合作意向书》后,进一步加强了与香港和澳门的反腐败工作交流。2014年9月和

2016年5月,香港廉政公署专员白韫六两次访问广东。2014年11月,香港廉政公署组织35名公职人员到广东省反腐倡廉教育基地开展交流学习活动。参观结束后,香港廉政公署一行与广东省纪委、省教育基地的相关负责人进行了座谈,双方就教育基地建设与功能发挥、反贪工作预防与治本、预防腐败与法制建设及如何提高青年一代及从业人员教育的针对性等问题进行了交流。2015年1月,香港特别行政区廉政公署组织28名公务人员到广东省廉政教育基地开展第二期交流学习活动。2016年10月,香港廉政公署专员白韫六和澳门廉政公署专员张永春访问广东省。

第 四 编

党的十八大以来的党风廉政
建设和反腐败斗争
（2013—2016）

党的十八大以来，以习近平同志为核心的党中央高度重视党要管党、从严治党。在十八届中央政治局常委与中外记者见面会上，习近平总书记提出："打铁还需自身硬，我们的责任就是同全党同志一道，坚持党要管党、从严治党，切实解决自身存在的突出问题，切实改进工作作风，密切联系群众，使我们党始终成为中国特色社会主义事业的坚强领导核心。"党中央以上率下正风肃纪、雷霆万钧反腐惩贪，无论是国内"打虎""拍蝇"，还是国际"天网"追逃，都取得显著成效，形成空前震慑，党风政风为之一新，党心民心为之一振，开创了治国理政新局面。

党的十八届三中全会对"加强反腐败体制机制创新和制度保障"作出全面部署，提出要"加强党对党风廉政建设和反腐败工作统一领导。改革党的纪律检查体制，健全反腐败领导体制和工作机制，改革和完善各级反腐败协调小组职能"。"落实党风廉政建设责任制，党委负主体责任，纪委负监督责任，制定实施切实可行的责任追究制度"。"推动党的纪律检查工作双重领导体制具体化、程序化、制度化，强化上级纪委对下级纪委的领导"。"全面落实中央纪委向中央一级党和国家机关派驻纪检机构，实行统一名称、统一管理。派驻机构对派出机关负责，履行监督职责。改进中央和省区市巡视制度，做到对地方、部门、企事业单位全覆盖"。"健全反腐倡廉法规制度体系，完善惩治和预防腐败、防控廉政风险、防止利益冲突、领导干部报告个人有关事项、任职回避等方面法律法规，推行新提任领导干部有关事项公开制度试点"。2016年2月，习近平总书记在中央纪委六次全会上的重要讲话中又对监察体制的改革提出了要求，指出，"要坚持党对党风廉政建设和反腐败工作的统一领导，扩大监察范围，整合监察力量，健全国家监察组织架构，形成全面覆盖国家机关及其公务员的国家监察体系"。各地贯彻中央决策部署和中央纪委全会要求，不断深化纪律检查体制改革，反腐新格局逐渐成型。2016年10月24日-27日召开的党的十八届六中全会高度评价了党的十八大以来中央全面从严治党取得的成就，认为党的十八大以来，以习近平同志为核心的党中央身体力行、率先垂范，坚定推进全面从严治党，坚持思想建党和制度治党紧密结合，集中整饬党风，严厉惩治腐败，净化党内政治生态，党内政治生活展现新气象，赢得了党心民心，为开创党和国家事业新局面提供了重要保证。

2012年12月7日至11日，党的十八大闭幕不久，习近平总书记就到广东考察。考察期间，习近平指出，改革开放是决定当代中国命运的关键一招，也是决定实现"两个一百年"奋斗目标、实现中华民族伟大复兴的关键一招。实践发展永无止境，解放思想永无止境，改革开放也永无止境，停顿和倒退没有出路。我们要坚持改革开放正确方向，敢于啃硬骨头，敢于涉险滩，既勇于冲破思想观念的障碍，又勇于突破利益固化的藩篱。我们要尊重人民首创精神，在深入调查研究的基础上提出全面深化改革的顶层设计和总体规划，尊重实践、尊重创造，鼓励大胆探索、勇于开拓，聚合各项相关改革协调推进的正能量。习近平总书记对广东提出"三个定位、两个率先"的殷切希望，即"努力成为发展中国特色社会主义的排头兵、深化改革开放的先行地、探索科学发展的试验区，为率先全面建成小康社会、率先基本实现社会主义现代化而奋斗"。

在中央纪委和省委的坚强领导下，广东各级党组织认真学习贯彻习近平总书记重要讲话精神，以总书记提出的"三个定位、两个率先"为统领，认真落实全面从严治党要求，把党风廉政建设和反腐败工作放到更加突出的位置来抓。各级纪检监察机关充分发挥职能作用，聚焦监督执纪问责，严肃党的政治纪律和政治规矩，持之以恒纠正"四风"①，保持惩治腐败高压态势，深化纪律检查体制改革，加强队伍自身建设，全省党风廉政建设和反腐败工作取得新进展新成效。

---

① "四风"，即形式主义、官僚主义、享乐主义和奢靡之风。由习近平总书记在2013年6月8日在北京召开的党的群众路线教育实践活动工作会议上提出。

第十五章

全面加强党的作风和纪律建设

　　党的十八大闭幕不久，中央就制定了《十八届中央政治局关于改进工作作风、密切联系群众的八项规定》，[①] 十八届中央政治局从自身做起，以"八项规定"为起点和切入口，以上率下加强作风建设，整顿形式主义、官僚主义、享乐主义和奢靡之风，加强党的纪律建设，严肃党的政治纪律、政治规矩，唤起全党的党章意识、纪律意识。各级党组织和党政机关陆续制定实施落实中央八项规定精神的具体措施，会风、文风、学风、工作作风和生活作风不断改进。2013年1月，中央纪委二次全会部署2013年的党风廉政建设和反腐败工作，强调，"2013年是全面贯彻落实党的十八大精神的开局之年，做好党风廉政建设和反腐败工作意义重大。我们要按照党的十八大部署和要求，坚持党要管党、从严治党，坚持标本兼治、综合治理、惩防并举、注重预防，着力严明党的纪律特别是政治纪律，切实转变领导机关和领导干部工作作风，认真解决反腐倡廉中的突出问题，明确重点、狠抓落实，改革创新、攻坚克难，推动党风廉政建设和反腐败斗争向纵深发展"。在中央的坚强领导和示范带动下，各地各部门迅速行动，以严实有力的措施抓好八项规定精神的落实。经过连续几年持之以恒的努力，八项规定深入人心，所规范的内容不断拓展。一些曾经被认为不可能刹住的歪风邪气刹住了，一些司空见惯的顽瘴痼疾得到

---

　　① 八项规定的内容包括：一是改进调查研究；二是精简会议活动，切实改进会风；三是精简文件简报，切实改进文风；四是规范出访活动；五是改进警卫工作，坚持有利于联系群众的原则；六是改进新闻报道；七是严格文稿发表；八是厉行勤俭节约。

攻克,党员干部的作风面貌焕然一新,得到党内外高度评价。

第一节　贯彻落实中央八项规定精神

广东牢记中央嘱托,坚决贯彻中央决策部署,坚持精神文明建设和物质文明建设两手抓、两手硬,全面加强党的作风和纪律建设。中央八项规定出台以后,广东迅速传达学习、周密部署谋划,紧密结合广东实际,创造性开展工作,无论是严肃查处违反中央八项规定精神的问题,还是专项整顿突出问题,无论是点名道姓曝光典型案件,还是落实全面从严治党主体责任、严肃问责,都采取了扎实有效的举措,取得了明显成效。

一、迅速部署,坚决贯彻

2012年12月12日,省委召开常委会议,认真学习领会中央文件精神,结合学习贯彻习近平总书记视察广东时的重要讲话精神,研究贯彻落实八项规定精神的意见。次日,省委办公厅发出通知,对各地各单位传达学习中央八项规定精神提出了要求。

2013年1月11日,省委、省政府印发《贯彻落实〈十八届中央政治局关于改进作风、密切联系群众的八项规定〉实施办法》。《实施办法》从改进调查研究、精简会议活动和文件简报、规范出访活动、改进新闻报道、加强督促检查等5个方面制定了30条措施,对改进工作作风、密切联系群众提出具体要求,并将有关工作任务分解落实到省直13个部门。1月17日-18日,省委召开十一届二次全会,对贯彻执行中央八项规定精神、加强作风建设进一步作出部署。为扎实推进中央八项规定精神的落实,省委省政府部署开展了一系列专项行动。中央八项规定出台时,中央政治局委员、广东省委书记胡春华同志刚到广东履新。他在密集开展调研中严格执行中央"八项规定",轻车简从,行程紧凑,工作高效,为全省领导干部带了好头。7月,党的群众路线教育实践活动第一批活动正式启动。

8月7日，省委常委集体向全省党员群众作出加强作风建设的"十一项承诺"：一是带头遵守政治纪律；二是带头改进学风文风会风；三是带头密切联系群众；四是带头坚持民主集中制；五是带头开拓创新；六是带头务实实干；七是带头厉行节约反对浪费；八是带头坚持正确用人导向；九是带头精兵简政；十是带头加强基层组织建设；十一是带头廉洁自律。省委"十一项承诺"通过省内各主流媒体公开后，在全省上下引起强烈反响。10月，广东省委书记胡春华在《求是》杂志发表署名文章《真正把改进作风落到实处》。文章提出，加强作风建设，关键是领导干部带头，要坚持讲政治守纪律这个根本，坚持求真务实这个导向，坚持用结果说话这个标准，坚持清正廉洁这个底线，完善制度建设，强化对权力的监督，规范权力运行程序，让权力在阳光下行使，把权力关进制度的笼子里。

2015年8月22日，中央纪委召开"深入落实中央八项规定精神、持之以恒纠正'四风'工作电视电话会议"，广东在会上作了发言。会后，广东省套开"全省深入落实中央八项规定精神、持之以恒纠正'四风'工作电视电话会议"，会议要求，各地区各部门进一步强化监督执纪问责，着力整治公款大吃大喝、党员干部出入"私人会所"、公款赠送节礼、公款旅游、借培训中心奢侈浪费、利用婚丧喜庆敛财、违规配备和使用公务用车、违规修建楼堂馆所、现职领导干部违规打高尔夫球等突出问题，坚决纠正各种"流行病""部门病""地区病"。会议要求，要落实党委的主体责任和纪委的监督责任，强化对作风建设的组织领导，做到守土有责、守土尽责。要以"两节"为重点，抓好党员干部的作风建设。各级纪检监察机关要加强明察暗访，发现一起、处理一起、曝光一起。

二、严肃查处违反中央八项规定精神问题

各级纪检监察机关按照中央纪委和省委部署，认真履行监督职能，严肃查处在贯彻落实中央八项规定精神中打折扣、搞变通，甚至弄虚作假、顶风违纪的行为，使纪律真正成为不可逾越的"高压线"，特别是对发生在春节、中秋等重要时间节点的顶风违纪行为严查快处，向全党全社会释放执纪必严的信号。2013年，省纪委印发《关于加大力度查处违反中央八项规定精神案件的通知》，要求各地各单位建立直查快办机制，

对违反中央八项规定精神的问题线索,快速反应、集中力量、严查快办。对中央纪委交办、群众反映强烈、媒体高度关注或性质比较恶劣的案件,集中力量直查快办。

2013年第一季度,全省各级纪检监察机关共查处各种违反中央八项规定精神的案件186件。其中,省纪委、省监察厅直接查处或者督办查处了珠海市金融投资控股有限公司某领导超标准用餐、广东农村信用社部分干部用公款"吃喝玩乐"、河源市政协一名副主席打麻将赌博、云浮市财政局违规派发新年"利是"、阳江市部分学校校长公款旅游、英德市英红镇江田村违规建设办公楼、佛冈县中医院和人民医院大摆春节年宴以及潮安县法院举办建院庆典宴会和发放礼品等典型案件,并在媒体上点名道姓公开曝光。加大对"三公"经费的监督力度,全省因公出国(境)、公务用车购置和运行经费同比下降18.7%和16.9%。

中央八项规定出台第一年,全省共查处违反八项规定精神问题244起,处理268人,给予党纪政纪处分102人。中央八项规定出台第二年,全省共查处问题547起,处理836人,给予党纪政纪处分341人。其中,有43名地厅级领导干部因违反中央八项规定精神受到党纪政纪处分,其中15名是"一把手"。省卫计委、汕尾市和省地税局24名党员领导干部,因违规收受红包礼金问题,分别受到党纪政纪处分,涉案金额120余万元,其中厅级干部8人;广东电视台原副台长、省属国有企业多名班子成员、江门市多名领导干部等14人,因违规打高尔夫球受到党纪政纪处分,其中厅级干部8人。全省各级纪检监察机关针对中央巡视组反馈的问题和违纪多发高发点,将违规收送红包礼金、违规打高尔夫球、违规发放津补贴或福利等3类问题作为执纪监督重点,实行精准打击。全省共查处违规收受红包礼金558人,涉案金额2258.1万元。八项规定出台第三年,全省共查处问题440起,处理683人,给予党纪政纪处分551人。

从给予党纪政纪处分人数的比例看,全省每年给予党纪政纪处分人数占总处理人数的比率逐年递增,2013年为38.1%,2014年为40.8%,2015年达到80.7%。2015年查处的问题数量虽同比减少19.6%,但给予党纪政纪处分人数却同比增长61.6%。这些都充分体现了监督执纪力度不断加大、越往后执纪越严的特点。

各级纪检监察机关根据党风廉政建设责任制和党政领导干部问责的有关规定,在坚决查处顶风违纪人员的同时,对发生重大违反中央八项规定精神问题、不正之风屡禁不止、人民群众反映强烈的地区和部门的主管领导,进行严肃问责,倒逼各级党组织落实主体责任、各级纪委落实监督责任。比如,2014年,省纪委在查处阳江市国土资源局奢侈浪费、违反财经纪律问题的同时,追究了分管副市长的纪律责任并发出通报。

第二节　开展违反中央八项规定精神问题专项治理

针对群众反映强烈的突出问题,以及巡视、暗访和纪律审查中暴露出来的一些普遍性、深层次问题,广东加大了专项治理、制度建设的力度,先后组织开展了清退会员卡、公款大吃大喝、领导干部违规打高尔夫球、"会所腐败"、考核检查和评比表彰、收受"红包"礼金、农村基层干部违纪违法、违规修建楼堂馆所等专项整治行动,督促有关部门针对收受医药回扣等8个领域侵害群众利益问题开展专项整治,取得明显成效。

一、开展清退会员卡活动

2013年上半年,省纪委按照中央纪委的部署,提前完成纪检监察系统会员卡专项清退工作。10月,省纪委贯彻省委部署要求,牵头组织在全省党员领导干部中开展这项活动。省纪委印发《关于在全省党员领导干部中开展会员卡专项清退行动的通知》(以下简称"通知"),要求全省党员领导干部在2013年11月底前完成所收受会员卡的自查、清退和报告工作。清退范围包括:全省各级党委、人大、政府、政协和审判、检察机关及人民团体县处级以上党员领导干部;国有企业、高等院校和地方党委、政府直属事业单位党员领导人员;县直单位科级党员领导干部、乡镇(街道)党员领导干部;基层站所党员负责人。此外还包括,2013年6月全国纪检监察系统会员卡专项清退活动结束后,新调入纪检监察系统的党员领导干部。清退对象包括党员领导干部收受的除直系亲属以外的单位或个人赠送的各种会员卡。《通知》要求,各地各单位要把会员卡专项清退行动作为深入开展党的群众路线教育实践活动、进一步纠正"四风"、不断维护党的纯洁性的一项重要措施来抓,扎扎实实做好专项清退工作,确保清退工作全覆盖,不留死角,不漏一个清退人员。要教育引导广大党员领导干部把思想认识统一到省委的决策部署上来,认清"会员卡虽小、却折射出作风方面的大问题"的道理,主动自觉清退收受的各种会员卡,进一步净化生活圈、社交圈,筑牢拒腐防变的思想防线。《通知》强调,各级纪检监察机关要在党委的统一领导下,切实担负起牵头责任,充分发挥职能作用,把好关、执好纪、问好责,确保专项清退工作圆满完成。对专项清退行动期间存在虚报、瞒报和拒不清退问题的,要坚决作出处理;对清退专项行动结束后继续违反规定收受会员卡的,要从严处理。这次专项清退行动,坚持领导带头,自上而下进行。截至10月31日,省委、省人大、省政府、省政协党委领导成员和省法院院长、省检察院检察长全部完成个人持有会员卡情况的自查,作出会员卡"零持有"报告,为全省党员干部作出了表率。

二、严禁党和国家工作人员违规打高尔夫球

党的十八大以前,广东已经对领导干部公款打高尔夫球等奢侈浪费问题进行过整顿,但从执行的效果来看,并不理想。党的十八大以来查处的一些顶风违反中央八项规定精神的案件中,特别是在国有企业领导人员违纪案件中,违规打高尔夫球等高消费娱乐活动问题还是比较突出。省纪委结合暗访、巡视和纪律审查发现的"四风"突出问题,开展了对包括违规打高尔夫球在内的一系列专项整治。在专项整治的基础上,省纪委2014年12月出台《关于严禁党和国家工作人员违规打高尔夫球的通知》,对严禁现职党和国家工作人员违规打高尔夫球作出了规定。其中,对党和国家工作人员打高尔夫球有"九个不准":不准获取或享受各种形式的高尔夫球会员资格,不准在高尔夫球场或者高尔夫球有关社会团体兼职(含名誉职务),不准用公款购买或接受单位和个人赠送的高尔夫球会员证、贵宾卡、优惠卡和其他各类消费卡(券)及球具,不准用公

款或在办公时间打高尔夫球,不准与管理和服务对象以及其他与行使职权有关系的人员打高尔夫球,不准由他人支付本人或亲属打高尔夫球的费用,不准接受企业馈赠、优惠和以其他方式安排的高尔夫球活动,不准擅自参加高尔夫球赛事活动,不准参与高尔夫球赌博活动。同时规定,党政机关、事业单位、人民团体和国有及国有控股企业不准用公款举办高尔夫球比赛。

《通知》下发以后,省纪委严肃查处了一些省属企业或其他单位少数领导干部违规打高尔夫球问题,给予党纪政纪处分16人,其中6人为省管干部。

三、大力整顿 "红包" 礼金问题

"红包" 本来是广东的传统习俗,但是,逐渐演变成为官场利益输送的遮羞布,一些领导干部违纪案件中,打着 "红包" 礼金的名义行贿受贿成了突出问题,有的 "红包" 礼金动辄上万、十几万,甚至几十万、上百万。广东对 "红包" 礼金问题的治理也经过了一个很长的过程。2011年底,广东省纪委宣布在全省各级成立廉政账户,官员可自愿上缴所收到的 "红包" 礼金等。2012年1月,广东省纪委、省监察厅通过媒体通报称,在中国工商银行设立了廉政账户,以便有关人员在规定的1个月限期内上交无法拒收的 "红包"。根据此前省纪委发布的相关工作规定,对于逾期缴纳的 "红包" 仍按违纪处理。廉政账户账号为35581,可通过到各商业银行柜台填写 "汇款单",或通过工行自动柜员机(ATM)两种方式,将 "红包" 款项存入广东省廉政账户。

党的十八大以来,尤其是中央八项规定出台以来,广东省进一步加大了对 "红包" 礼金的治理力度,2014年中央第八巡视组巡视广东,在反馈意见中指出,广东一些领导干部以收受 "红包" 形式受贿问题突出。8月,省委、省政府印发了《关于严格执行禁止收送 "红包" 纪律规定的通知》,在重申相关纪律规定的同时,结合全省 "红包" 问题专项治理工作情况,把治理 "红包" 问题作为一项常态化工作固定下来。《通知》提出深入治理领导干部违规收取代币券、购物卡等有价证券和润笔费、顾问费、报道费的问题,定期核查党政机关和国有企事业单位购买大型零售企业及

礼品公司发行的购物卡、积分卡、提货单、礼品册等有价证券情况，健全各级"廉政账户"，加强重大节日财务支出审计监督，构建有效发现、揭露违规收受"红包"礼金问题的工作机制，重点防范和查处党员领导干部以重大节日、红白喜事、生病住院、外出考察、子女升学等名义收送或变相收送"红包"礼金等问题，净化党员领导干部的人际交往。党的十八大以来，全省各级廉政账户收缴"红包"礼金1.37亿元。

2016年8月，省纪委贯彻中央纪委有关会议精神，发出《关于注销廉政账户有关问题的通知》，要求全省各级纪检监察机关设立的廉政账户一律注销，廉政账户余额全部上缴省财政，今后党员干部违规收受"红包"按顶风违纪处理。《通知》指出，2011年，为深入推进领导干部廉洁自律工作，省委办公厅、省政府办公厅印发《关于贯彻落实〈廉政准则〉深入开展治理收送"红包"问题工作的意见》（粤办发〔2011〕29号），部署治理收送"红包"问题，要求省及各地级以上市纪检监察机关均设立廉政账户，党员干部对拒收不了的"红包"要上交廉政账户。廉政账户的设立，消除了党员干部主动上交"红包"的思想顾虑，增加了党员干部特定条件下收受"红包"的救济渠道。几年来，广东省对党员干部收受"红包"问题一直保持高压态势，对不能全额上交或存入廉政账户，以及在送"红包"一方接受调查后才上交或存入廉政账户的，仍按违纪论处。廉政账户的设立和使用，为推进广东省反腐倡廉建设发挥了积极作用。但是，在全面从严治党的新形势下，如果继续保留廉政账户，就容易使党员干部误解收"红包"后上缴廉政账户就没事，也为有的党员干部欺骗组织、对抗审查提供理由和借口。《通知》强调，各级纪检监察机关要从落实全面从严治党要求的高度，充分认识注销廉政账户的必要性，按照中央纪委的要求和省纪委常委会的决定，立即做好廉政账户的注销及相关工作。今后，党员干部凡遇到可能影响公正执行公务的礼品、礼金、消费卡应当场拒收。确实无法拒收的，应立即按干部管理权限报告纪检监察机关处理，并书面注明送"红包"的人员、时间、地点和缘由。纪检监察机关接受报告后必须调查核实，情况属实可免予处理，所收"红包"按违纪款物收缴；对于不及时报告或者没有全额上交的，应根据《中国共产党纪律处分条例》第八十三条的规定按顶风违纪处理。广东是全国第16个撤销廉政账户的省(区、市)。

四、严格监督领导干部操办婚丧喜庆事宜

严格规范党员领导干部操办本人或其直系亲属婚丧喜庆事宜,是《廉政准则》的明确要求。自《廉政准则》颁布以来,广东省广大党员领导干部严格遵守规定,自觉廉洁自律,主动移风易俗,在人民群众中树立了良好的形象。但是,领导干部在操办婚丧喜庆事宜方面的违规违纪问题仍然时有发生,即使中央八项规定下发以后,仍有一些领导干部顶风违纪,继续违规操办婚丧喜庆事宜。

2014年3月17日,省纪委点名道姓曝光了8起近期查处的违反中央八项规定精神的典型案件,其中有3起是基层党员领导干部违规大操大办问题。包括湛江经济技术开发区国税局副局长杨某违规大操大办宴席敛财问题,杨某被免职处理;湛江徐闻县文体局文化市场综合执法队队长廖某某违规大操大办宴席敛财问题,廖某某受到党内严重警告、行政降级处分;茂名化州市长岐镇东安村党支部书记李某某违规大操大办婚宴敛财问题,李某某受到党内严重警告处分。通报指出,上述案件发生在中央和省委三令五申之后,性质严重,影响恶劣,必须坚决查处和曝光;各地各部门和广大党员干部要从中吸取教训,充分认识作风问题的顽固性、反复性、长期性,具体抓、抓具体,善做善成,坚决打好贯彻落实中央八项规定精神这场攻坚战和持久战;各级纪检监察机关要切实履行监督职责,坚持暗访、曝光、查处、追责"四管齐下",强化监督执纪问责,坚决查处"四风"和庸懒散、奢私贪、蛮横硬等不正之风,不断巩固和扩大纠正"四风"成果。

2014年4月,省纪委、省监察厅出台《加强对党员领导干部操办婚丧喜庆事宜监督的暂行规定》,防止党员领导干部在操办婚丧喜庆事宜中奢侈浪费、借机敛财等问题的发生,违者按违反党纪处理。《规定》对党员领导干部操办本人和直系亲属的婚庆、生日、乔迁、晋升、调动,直系亲属丧葬,以及子女升(留)学、就业、获奖等事宜作出了严格规定。其中重申和提出了四个"不准"规定:一是不准邀请管理服务对象及与行使职权有关的人员参加;二是不准收受管理服务对象及与行使职权有关的人

员的礼品、礼金；三是不准用公款公物操办，或者由其他任何单位、个人支付应由本人承担的操办费用；四是不准用私款私物大操大办，造成不良影响。违反上述规定，造成不良影响的，将依照《中国共产党纪律处分条例》有关规定予以严肃处理。《通知》要求，领导干部操办婚丧喜庆事宜，要按干部管理权限实行请示报告制度，并在一定范围内公开。

省的《暂行规定》出台后，尤其是《中国共产党纪律处分条例》2015年修订出台后，各地进一步加大了对违规操办婚丧喜庆事宜的查处和曝光力度。佛山市还于2014年8月研发运行了"党员领导干部操办婚丧喜庆事宜信息管理系统"，全市党员领导干部操办婚丧喜庆事宜都要在系统中统一报告并接受实时监督。该系统开发了超时报送和大操大办两项预警，当报告超时或参加人数、消费金额、酒店星级等超出预警范围时，系统将自动发出预警信息。同时，系统还具备统计分析功能，各级党员领导干部操办婚丧喜庆事宜的消费金额、举办规模、酒店星级、举办事宜等信息一目了然。市廉政网"党员领导干部操办婚丧喜庆事宜监督"专栏，市民可以通过网络、来信、来访、电话、短信等多种方式举报。

五、严格规范省级考核检查活动

2012年底，省委书记胡春华同志在省委常委民主生活会上亲自点题，由省政府办公厅、省监察厅等部门组织对省级检查考核评比表彰活动进行清理规范。省委省政府责成省政府办公厅、省监察厅、省人力资源和社会保障厅等组织对省级检查考核和评比表彰活动进行清理规范，从省级做起，层层清理减负。2013年4月，经省委、省政府同意，出台《关于对省级考核检查活动规范管理的实施意见》，明确到2013年底将市、县考核检查项目压减到原有的10%以下。坚决撤销以下五类考核检查项目：一是省委、省政府已经明令取消的；二是省委、省政府对市级开展考核检查，未明确要求市级以下开展的；三是面向村（居）自治组织且缺乏法律依据的；四是可通过调研、督办、指导、加强管理等方式推动工作的；五是对推动工作意义不大，或明显加重基层负担的。同时，省委、省政府要求全省各地各部门今后一律停办保留目录以外的考核检查活动，从严控制新增考核检查项目，积极探索新形势下做好各方面工作的有效途径和方式，防止考核检查项目数量反弹。对未经批准擅自开展和不按批准方案开展考核检查活动的，以及因考核检查活动导致加重基层负担、弄虚作假、奢侈浪费等问题，各级纪检监察机关将严肃查处，并追究主办单位负责人的责任，典型问题公开曝光。党的十八大以来，广东省通过清理规范，将原有的459项各类省级检查考核评比表彰项目撤并成82项，精简80%以上，其他改为常规工作管理和督查督办。

第三节　逐步健全作风建设常态化机制

2013年6月，中央在全党部署开展党的群众路线教育实践活动，活动以县处级以上领导机关、领导班子和领导干部为重点，要求把贯彻落实中央八项规定作为切入点，进一步突出作风建设，坚决反对形式主义、官僚主义、享乐主义和奢靡之风（简称"四风"），着力解决人民群众反映强烈的突出问题，提高做好新形势下群众工作的能力，保持党同人民群众的血肉联系，发挥党密切联系群众的优势，为推动经济持续健康发展、全面建成小康社会、实现中华民族伟大复兴的中国梦提供坚强保证。广东省各级纪检监察机关积极履行职能，针对人民群众反映强烈的"四风"突出问题开展监督检查和专项治理整顿，坚持暗访、曝光、查处、问责"四管齐下"，运用暗访利器纠"四风"，逐步建立健全作风建设常态化机制。

一、坚决纠正损害人民群众切身利益的"四风"问题

省委加强调查研究，摸查全省党员干部队伍中的"四风"突出问题，全省先后部署开展整治违规修建楼堂馆所，整治公款出国旅游，整治节庆、论坛、展会活动过多过滥，整治"小金库"和违规使用专项资金，清退会员卡等专项行动。针对村（居）"牌子"过多过滥问题，省委、省政府出台《关于治理村、社区组织牌子过多过滥问题的工作意见》，明确提出各部门不得以是否挂牌、是否设立新的临时机构作为评价基层落实上级

决策布署工作的依据；未经省委、省政府同意，任何部门不得对村（居）开展考核评比达标活动。通过摘牌减负，有力遏制了针对基层单位的形式主义、劳民伤财问题，释放了村（居）自治组织自我管理、服务群众的活力。

针对群众反映强烈的领导干部"节日病"、送礼风和庸懒散奢等问题，精准施策、"定点"清除。2013年以来，从着力清理节庆活动，禁止公款买送贺卡烟花到清退会员卡、叫停"楼堂馆所的奢华"，省委省政府发布多项禁令，向全党全社会持续释放了违纪必究、执纪必严的强烈信号。2013年全省公务用车购置和运行经费同比下降13.2%，公务接待经费同比下降14.6%，因公出国（境）经费同比下降25.4%。全省共完成对30家违规"私人会所"的清理整改工作，整改违规建设楼堂馆所12项，问责21人。2013年12月，广东省纪委、省监察厅印发《关于整治庸懒散奢等不良风气切实改进工作作风的意见》，要求全省各级各部门通过查摆问题、开展明察暗访、民主评议和定期通报等措施，深入推进党员干部队伍作风建设，努力实现"治庸提能力、治懒增效率、治散凝心力、治奢保清廉"的目标。要求各级纪检监察机关要通过信访、网上办事大厅、行风直通

2015年1月20日，胡春华出席省纪委十一届四次全会并讲话。

车、暗访、民主评议、政风行风热线等民意诉求渠道,广泛收集各级各部门各单位作风建设存在的问题和改进建议,定期进行通报,发出重点问题整改建议书。有关单位要及时将整改情况向纪检监察机关报告。对存在问题不重视、整改不到位、群众意见比较大的,纪检监察机关要对单位有关领导进行约谈或问责。全省各级各部门也普遍结合本地本部门实际,出台了贯彻落实中央八项规定和省委实施办法的配套制度,切实做到"有硬性约束、有责任制度、有监督检查、有惩戒措施"。

坚决纠正发生在群众身边的"四风"突出问题。2014年5月,省纪委在全国率先开通集举报、受理、督办、监督、通报等功能于一体的省级作风举报网,积极引导群众监督"四风"问题。针对"四风"问题"一般性检查看不到、一般性转办查不实、一般性督促治不了、一般性教育镇不住"的实际情况,更加关注涉众型民生、典型性作风和重要执纪任务。比如,暗访曝光清远市清城区电子垃圾和流溪河水污染、廉江一级水源保护盗采砂、揭阳蓝城"地下"卖电、乐昌大源公路通行难、揭阳空港防洪堤违建等人民群众长年投诉却始终没有解决的老问题,直接惠及逾百万群众。2015年,省纪委组织暗访超过280人次,深入全省21个地级以上市、80多个县(市、区),拍摄了时长600多分钟的原始暗访片,严肃查处和纠正暗访发现的问题,对相关人员进行了严肃处理。

2016年6月7日,省纪委常委会专题传达中央纪委关于个别中管干部违反中央八项规定精神的通报精神,强调要严防"四风"问题反弹回潮。会议指出,当前广东"四风"问题在面上有所收敛,但还时有发生,落实中央八项规定精神形势依然严峻复杂,各级党委要切实履行全面从严治党主体责任,结合中央布署开展的系列党性教育,引导党员干部以正反两方面典型为镜鉴,增强纪律意识,严守纪律红线。

二、围绕重要节点健全常态化监督检查机制

全省各级纪检监察机关贯彻中央纪委关于抓节点抓小事的要求,从贺卡、月饼、年货等小事抓起,多积尺寸之功。比如,2013年中秋和国庆前夕,省纪委印发《关于采取有力措施深入持久纠正"四风"的通知》,狠刹住中秋节、国庆节公款送月饼节礼、公款吃喝和奢侈浪费等不正之

风。2014年元旦、春节前夕,省纪委印发《关于严禁用公款购买印制贺年卡等物品及有关事项的通知》和《关于严禁元旦春节期间公款购买赠送烟花爆竹等年货节礼的通知》,对元旦春节期间进一步纠正"四风"问题提出了新的更具体的要求。

2014年6月,省委办公厅、省政府办公厅联合印发《关于建立健全防治"庸懒散奢"工作的指导意见》,要求全省各地区各部门突出重点、统筹推进、于法周延、于事简便,以建立健全岗位能力、政务服务、工作纪律、厉行节约和执纪监督等制度为重点,切实加强党员干部作风建设,建立完善常态化监督检查机制,强调各级纪检监察机关要坚持暗访、曝光、查处、追责"四管齐下",强化执纪监督,健全作风暗访制度、查办案件制度、通报和曝光机制,定期通报和曝光庸懒散奢典型案例。党的十八大至2016年9月,全省查处违反中央八项规定精神问题1846个,给予党纪政纪处分1959人。

2014年2月14日,中共中央政治局委员、省委书记胡春华主持召开省委常委会议,传达学习《中共中央办公厅、国务院办公厅印发〈关于贯彻执行中央八项规定情况的报告〉的通知》,研究贯彻落实意见。会议强调,要紧密结合第一批党的群众路线教育实践活动的整改和第二批党的群众路线教育实践活动的开展,认真总结广东省贯彻落实中央八项规定精神的情况和作风建设的成效,提出2014年的工作重点和要求。要更加注重问题导向,发扬钉钉子精神,一个节点一个节点地抓,一个问题一个问题地整治,从一件件具体事情抓起,从群众反映的突出问题改起,把作风建设的要求落实到具体工作中,落实到干部的行动上。要加强督促检查,进一步完善常态化监督检查机制。会议强调,全省各级纪检监察机关要加大督促检查力度,坚决查处和惩治各种违规违纪行为,形成强大的威慑力,确保中央八项规定精神不折不扣落到实处,切实维护中央八项规定的权威性和严肃性,持续不断把作风建设引向深入。

2016年9月,胡春华主持召开省委常委会议,就严肃查处中秋、国庆期间"四风"问题,确保节日风清气正,推动中央八项规定精神落地生根作了部署。根据省委常委会议要求,9月10日,省委办公厅、省人民政府办公厅发出《关于深入贯彻落实中央八项规定精神坚决防止中秋国庆期间

"四风"问题反弹的通知》(《通知》)。《通知》要求,各级党委(党组)要加强对关键部门、重点岗位的监督管理,梳理和完善本地区本单位已有制度规定,严肃问责"两节"期间落实中央八项规定精神不力、发生严重"四风"问题的地方和单位。《通知》强调,各级党员领导干部特别是党委(党组)主要负责同志要全面履行贯彻落实中央八项规定精神第一责任人职责,自觉带头移风易俗,反对陈规陋习;带头勤俭节约,反对铺张浪费;带头抓早抓小,反对抓而不紧。各级党委(党组)主要负责同志要加强对班子成员和下级党组织主要负责同志遵守廉洁纪律的提醒、监督,层层传导、压实全面从严治党的责任和压力。《通知》要求,要树立廉洁文明过节新风,中秋、国庆期间,各级党委(党组)及广大党员干部一律不准以汇报工作、过节走访为名违规公款吃喝;一律不准收送可能影响公正执行公务和明显超出正常礼尚往来的礼金礼品、有价证券、支付凭证、电子"红包"、电子礼品预付卡等;一律不准违规参加由企业出资的联欢、宴会和抽奖活动;一律不准巧立名目违规发放奖金和实物;一律不准违规用公款旅游、参与高消费娱乐健身活动和公车私用,切实做到厉行勤俭节约,带头移风易俗,推动文明过节。《通知》强调,各级纪检监察机关要切实履行监督责任,坚持暗访、曝光、查处、追责"四管齐下",把握实践监督执纪"四种形态",坚持四个"一律从严惩处",即:对不收敛不知止、明知故犯或纠而又犯的一律从严惩处;对改头换面搞奢靡享乐、规避组织监督的一律从严惩处;对动用公款搞"四风"或转嫁费用的一律从严惩处;对授意指使或默许纵容下属搞"四风"的领导干部一律从严惩处,一经查实点名道姓通报曝光,真正做到无禁区、"零容忍"。

三、建立健全"四管齐下"暗访工作机制

2013年,省纪委下发加强三级暗访工作的《通知》,提出加大暗访力度、提高暗访密度、建设专门暗访队伍、暗访与巡视相结合的要求,建立健全省、市、县三级联动和暗访—查处—治理—曝光相结合的工作机制,全省各地先后成立了以当地媒体记者为班子的暗访队伍。当年,各级纪检监察机关组织185支暗访队伍,开展暗访864次,拍摄暗访片197期。

经过不断探索完善，逐步形成以纪检监察机关为主导、新闻媒体和政风监督员力量为补充的省、市、县三级暗访机制，实现了队伍专业化、活动经常化、布局网络化，暗访行动日趋常态化，对作风建设的倒逼作用越来越有力、越来越明显。

2014年，省纪委进一步健全省、市、县三级暗访联动和分级暗访机制，推动暗访与巡视相结合，全省各级拍摄暗访片399期，曝光典型问题4317个，全省查处违反中央八项规定精神问题548个，处理837人，给予党纪政纪处分342人，其中厅级干部12件18人，省纪委重点查处了阳江市国土资源局违规公款吃喝、韶关市人力资源和社会保障局私设小金库、中国水产科学研究院珠江水产研究所公款旅游、省海防打私办违规公款出国（境）、省核工业地质局违规配备公务用车等26起有较大影响的案件，通过电视、报纸和内部通报等形式曝光违反中央八项规定精神典型问题和其他不正之风案件141起，推动20多个地区和行业落实整改，并编辑制作警示教育片在全省"三纪"班中播放。

2015年，作风暗访取得新的突破，省纪委开通广东作风暗访平台，暗访工作由面上暗访向深度暗访、个案暗访向内参暗访、省级暗访向各级暗访逐步转变，暗访频率由原来的每季度1期提高到每月1期。全省拍摄暗访片308期，反映作风问题924个，处理1255人。省纪委拍摄作风专题暗访片11期，曝光典型问题60个，追究责任134人。通报曝光的力度也进一步加大，在省纪委官方网站南粤清风网开通党风政风监督曝光专栏，以省纪委名义通报曝光183起典型案例，比2014年增加30%，其中涉及厅级干部7起24人，持续向广大党员干部和全社会发出纠正"四风"的强烈信号，形成有力震慑。

2016年，广东省纪委把不作为、慢作为、乱作为问题作为暗访重点，加大监督执纪问责力度，促进党员干部积极履职、敢于担当、依法行政。省纪委主要领导明确指出："今年的作风暗访工作要以执纪促为为总基调，盯住重要时间节点，着力暗访为官不为问题，推动党员干部持续改进工作作风，全面完成省委十一届六次全会部署的各项工作任务。"春节后一上班，省纪委暗访组就深入省直和广州、佛山、东莞、云浮、揭阳、汕头、阳江等13个地市，走访了50多个政府部门和办事窗口，对全省党员干部的精神状态特别是为官不为问题进行了专题暗访。从暗访情况看，绝大多数地区和单位都把在岗尽职、积极作为看成开春的一件大事，从上班纪律抓起，从为民服务做起，展示了良好的工作作风。在汕头、佛山、东莞、梅州、揭阳等地，暗访人员发现大部分机关和窗口单位工作人员到岗整齐，精神状态较好，行政服务中心窗口也都按时开放，有条不紊地接待办事群众，工作人员服务群众热情、规范。

全省各级纪检监察机关在加大对"四风"问题查处和问责力度的同时，加大点名道姓曝光的力度。省纪委坚持"四管齐下"，按照"月月有曝光、季季有宣传、次次有要求"的标准，在南方日报、广东电视台、南方杂志等省内主流媒体开辟专题栏目，平均每月发一期以上关于违反中央八项规定精神问题的通报，每月在电视台曝光一期典型问题暗访片，每季度从不同侧面宣传省纪委监督中央八项规定精神落实情况的成效，并重申中央和省作风建设的新精神新要求，营造越往后越严的强烈信号。

经过几年的持续努力，全党党员干部队伍作风有了实实在在的变化，八项规定精神深入人心，成为作风建设的代名词，被广东广大干部群众誉为新时期的"三大纪律八项注意"和"铁八条"。八项规定所规范的内容大大拓展，由最初的改进考察调研、精简文件简报和会议活动、规范出访活动、改进警卫工作和新闻报道、严格文稿发表等方面，不断向推进公车改革、治理超标办公用房、规范高级干部公有住房管理、清理"裸官"和"吃空饷"、清理整治高尔夫球场等诸多领域拓展延伸。

第四节　严明党的政治纪律和组织纪律

2013年1月，中央纪委二次全会强调指出，"政治纪律是我们党最重要的纪律，严明党的纪律首先要严明政治纪律。要深入开展政治纪律教育，进一步坚定中国特色社会主义道路自信、理论自信、制度自信，在思想上政治上行动上同以习近平同志为总书记的党中央保持高度一致，维护中央权威，保证党的集中统一。各级纪律检查机关要把维护政治纪律放在首位,严肃查处违反政治纪律行为,决不允许公开发表同中央决定相违背的言论,决不允许'上有政策、下有对策',决不允许有令不行、有禁不止"。

党的十八大以来,广东省委坚决贯彻中央决策部署,认真学习贯彻习近平总书记关于严明组织纪律的重要讲话精神,切实加强政治纪律和组织纪律建设。中央政治局委员、广东省委书记胡春华连续三次在省纪委全会以及各类重要会议上强调政治纪律、组织纪律的重要性。省委在部署全面深化改革工作中,强调要严肃组织纪律,按照中央全面深化改革领导小组的统一部署推进改革,严格执行请示报告制度,坚持凡属重大改革都要于法有据。认真配合中央第八巡视组完成对广东的巡视,制定了严格党内生活、治理选人用人环境、从严管理监督干部等各项巡视整改措施。连续23年开展纪律教育学习月活动,连续13年举办面向各级"一把手"的党纪政纪法纪教育培训班,持续加强对党员领导干部的组织纪律教育。

一、省委出台关于加强纪律建设推进全面从严治党的意见

2015年,根据省委书记胡春华的指示,省纪委代省委起草《中共广东省委关于加强纪律建设推进全面从严治党的意见》,4月8日,胡春华专门听取省纪委关于查办案件的工作汇报,要求进一步加大纪律审查力度,严格执纪、抓早抓小,使广大党员干部真正敬畏纪律、遵守纪律。4月24日,省委常委会召开会议,审议《中共广东省委关于加强纪律建设推进全面从严治党的意见》。胡春华强调:"切实把纪律挺在前面,动辄则咎、抓早抓小,为广东在经济新常态下实现新发展提供坚强纪律保证。"5月12日,省委正式印发《中共广东省委关于加强纪律建设推进全面从严治党的意见》,明确从四个方面加强纪律建设:一是把守纪律讲规矩摆在更加重要的位置,用纪律和规矩管住大多数,实现从严治党无禁区、全覆盖;二是从严执纪、抓早抓小,对苗头性问题早发现、早提醒、早教育、早纠正,坚决遏制腐败蔓延势头,防止"四风"反弹;三是正确把握政策,坚持依纪依法、不枉不纵,坚持"惩前毖后、治病救人",树立遏制腐败、鼓励干事的执纪导向;四是落实党委的主体责任和纪委的监督责任,强

化问责措施,以严明的纪律确保"两个责任"落地生根。《意见》提出了"三个区分"的原则,即:"要坚持实事求是,严格把握政策界限,把因缺乏经验先行先试出现的失误与明知故犯行为区分开来、把国家尚无明确规定时的探索性试验与国家明令禁止后的有规不依行为区分开来、把为推动改革的无意过失与为谋取私利的故意行为区分开来,树立正确的执纪导向,营造警示违纪者、惩治贪腐者,宽容失误者、鼓励探索者的良好社会氛围。"

二、全面清理"裸官",严格领导干部报告个人事项制度

2012年11月,省委制订从严治党五年行动计划,提出了严明组织纪律的系列措施,每年对省管干部报告个人有关事项进行汇总分析,严肃纠正和处理迟报、漏报和瞒报问题;对不按规定上交出国(境)证照的问题进行清理纠正。

2013年,中央第八巡视组在巡视广东后的反馈意见中专门指出了广东的"裸官"问题。2014年2月至5月,按照中央巡视组的意见,广东组织开展了为期3个月的"裸官"问题专项治理工作。省委对此高度重视,胡春华书记先后两次主持召开省委常委会,对专项治理工作提出要求。专项治理工作分为调查摸底和岗位调整两个阶段。经过全面摸查,清理出"裸官"2190名,其中地厅级干部22名,处级干部301名,科级及以下干部1867名。由于历史、地缘和人文等原因,这些"裸官"主要集中在广州、深圳、珠海、佛山、江门、东莞、中山等地区。在全面摸查的基础上,省委出台《关于对"裸官"任职岗位调整的有关规定》,明确要求对配偶已移居国(境)外,或没有配偶,子女均移居国(境)外的干部,要限时从重要岗位调整下来。作为岗位调整的一个必要程序,广东各级组织部门与"裸官"进行了一对一的谈话。谈话分为"三谈",一是谈认识,二是谈政策,三是谈选择。经过深入细致的思想工作,这些"裸官"在组织谈话后都能坦然面对,放下思想包袱,很快做出选择。至5月底,基本完成了"裸官"任职岗位调整工作,共对866名干部做出了岗位调整处理,其中市厅级干部9名、处级134名、科级及以下723名。

在对"裸官"进行岗位集中调整后,加强后续管理:一是对迁回来的

配偶、子女因所移居国家（地区）法律原因无法注销外国国籍或国（境）外永久居留权的，他们的出入境审批，参照领导干部本人因私出国（境）的要求和程序来办理；二是对配偶、子女已放弃国（境）外居留权、岗位不做调整的干部，今后的提拔使用要从严把关，尤其要注重历史地、辩证地了解考察干部的理想信念和政治品格；三是对为规避计划生育政策而让配偶移居、钻政策空子和占便宜的，虽然其配偶已迁回来，但将来对这些干部的使用要严格限制；四是推进领导干部报告个人事项工作常态化，做到凡提必限、凡瞒必查，认真开展领导干部个人有关事项抽查核实工作。

三、严肃查处违反政治纪律案件

省委、省纪委坚决拥护中央的决策部署，认真贯彻落实习近平总书记系列重要讲话精神，始终与中央保持高度一致，将政治纪律和政治规矩摆在首位，把纪律和规矩挺在前面，推进全面从严治党战略，严肃查处违反政治纪律和组织纪律问题。2013年1月召开的省纪委二次全会部署了全省当年反腐败工作，强调"严明党的纪律，坚决维护党的集中统一和政令畅通"，要坚决维护党章的权威和严肃性，督促广大党员尤其是领导干部按照保持党的先进性和纯洁性要求，对照党章规定的八项义务和六项基本条件，认真查找和纠正党性党风党纪方面存在的问题，加强党性修养和党性锻炼，不断增强党员意识和党纪意识，做到党章规定的必须不折不扣执行，对违背党章的言行必须坚决查处和纠正。要把维护政治纪律放在首位，加强监督检查，严肃查处违反政治纪律行为，决不允许"上有政策、下有对策"，决不允许有令不行、有禁不止，决不允许在贯彻执行中央决策部署上打折扣、做选择、搞变通，决不允许散布违背党的理论和路线方针政策的意见，决不允许公开发表违背中央决定的言论，决不允许泄露党和国家秘密，决不允许参与各种非法组织和非法活动，决不允许制造、传播政治谣言及丑化党和国家形象的言论。

2015年11月，省纪委通报8起违反政治纪律和组织纪律案件。包括广州市西汉南越王博物馆馆长吴某某违反外出请示报告制度受到行政警告处分，韶关乐昌市乐城街道党工委副书记、办事处主任朱某某违反组织纪律等问题受到留党察看两年和行政撤职处分,中山市黄圃镇综合行政执法局副局长、安监分局局长徐某某拉票受到党内严重警告处分,梅州五华县司法局潭下司法所所长薛某某纪律松弛受到行政警告处分,湛江市岭南师范学院基础教育学院英语系副主任梁某某编造政治谣言受到行政撤职处分,揭阳市揭东区锡场镇锡西村党总支书记林某某违反民主议事规则受到党内严重警告处分。《通报》要求,各级党组织和党员干部尤其是领导干部一定要从中汲取教训,举一反三,引以为戒,严守政治纪律和政治规矩、组织纪律,维护中央权威,确保政令畅通。《通报》强调,广大党员干部尤其是党员领导干部要把思想和行动统一到中央的决策和部署上来,严格遵守政治纪律和政治规矩、组织纪律,重点做到"九个不得":不得拒不执行党和国家的方针政策和重大决策部署;不得公开发表违背中央决定的言论,或者散布违背党的理论和路线方针政策的意见;不得编造、传播谣言丑化党和国家形象;不得泄露党和国家秘密;不得搞团团伙伙、结党营私、拉帮结派;不得违反重要情况报告制度,超越权限办事,搞先斩后奏、边斩边奏,甚至斩而不奏;不得违反民主集中制原则,拒不执行或者擅自改变党组织做出的重大决定,个人或少数人决定重大事项;不得在党内搞匿名诬告、打击报复等非组织活动,破坏党的团结统一;不得在选举或干部选拔任用中搞封官许愿、跑风漏气、拉票、打招呼;不得利用职权和职务上的影响为亲属及身边工作人员谋取不正当利益。全省各级纪检监察机关要正确把握运用监督执纪"四种形态",将违反政治纪律和政治规矩、组织纪律列入纪律审查重点,抓早抓小,快查严处,做到执纪必严、寸步不让。

2015年10月《中国共产党纪律处分条例》修订颁布后,全省各级纪检监察机关强化政治意识、大局意识、核心意识、看齐意识,从政治和大局的高度看待维护党的政治纪律的极端重要性,严格按照《条例》中关于"政治纪律"的规定,严肃查处妄议中央、对抗组织调查等违反政治纪律和政治规矩的行为,维护党的政治纪律上升到一个全新的高度。

第五节　开展系列党性党风党纪教育活动

党的十八大以来，中央先后部署开展了党的群众路线教育实践活动，聚焦形式主义、官僚主义、享乐主义、奢靡之风这"四风"，着力解决人民群众反映强烈的突出问题，活动从2013年6月开始，到2014年10月基本结束。各级党组织和广大党员干部积极响应党中央号召，按照"照镜子、正衣冠、洗洗澡、治治病"的总要求，以整风精神对党内思想之尘、作风之弊、行为之垢进行了一次大排查、大检修、大扫除，"四风"问题得到有力整治。2015年4月，中央又在县处级以上领导干部中开展以"严以修身、严以用权、严以律己，谋事要实、创业要实、做人要实"为主要内容的专题教育，这是党的群众路线教育实践活动的延展深化，是作风建设的再启程、再出发。各地区各部门各单位认真贯彻党中央部署，按照深入学习教育、突出问题导向、贯彻从严标准、坚持以上率下、确保取得实效的要求，聚焦"三严三实"，着力解决不严不实问题。活动对于解决县处级以上领导干部存在的突出问题、推进全面从严治党起到了重要作用。2016年，中央在全党部署开展"两学一做"学习教育，推动党内教育从"关键少数"向广大党员拓展，从集中性教育向经常性教育延伸，坚定全体党员的马克思主义立场，保证全党始终在思想上政治上行动上同党中央保持高度一致，使党始终成为有理想、有信念的马克思主义政党。

广东结合本地实际，全面贯彻中央部署要求，扎实开展了系列党性教育活动。

一、开展党的群众路线教育实践活动

按照中央的统一部署，广东省委迅速部署本省党的群众路线教育实践活动，从2013年7月至2014年12月，自上而下、上下联动，历时一年半，分两批有序开展了党的群众路线教育实践活动。第一批活动在副省级市和省直机关、省属企业、省管高校展开，共有275个省管单位和3.1万个党组织、70.1万名党员参加；第二批活动在市、县（市、区）、乡镇（街道）、村（社区）和市、县直属单位展开，共有22.1万个基层党组织、414.4万名党员参加。

在教育实践活动中，各地各单位紧紧围绕为民务实清廉这个主题和"照镜子、正衣冠、洗洗澡、治治病"的总要求，深入学习贯彻习近平总书记系列重要讲话精神，以县处级以上领导机关、领导班子和领导干部为重点，把贯彻落实中央八项规定精神作为切入点，坚决反对形式主义、官僚主义、享乐主义和奢靡之风，扎实推进学习教育、听取意见，查摆问题、开展批评，整改落实、建章立制三个环节各项工作。

中央政治局委员、省委书记胡春华以身作则、率先垂范，亲自谋划部署，主持召开省委常委会、领导小组会、动员部署会和工作推进会，对深入推进活动提出要求；亲自指导推动，对重点单位的对照检查材料和"两方案一计划"严格把关。省委副书记、省长朱小丹和其他省委常委在第一批活动中带头落实"10个指定动作"，作出11项公开承诺，在第二批活动中带头做好"7项规定动作"，参加并指导1~2个地级市和联系点的专题民主生活会，以及1个村（社区）的专题组织生活会。各级党委（党组）书记严格落实党建责任制，把教育实践活动作为一项重要政治任务，抓部署、抓检查、抓落实，参加并指导联系点的"两会一评议"工作，在活动中发挥了组织者和参与者"一岗双责"的重要作用。

在第一批活动中，省委部署了15项专项整治任务，在第二批活动中，各地各单位在严格落实中央部署的4项专项整治基础上，又把"会所中的歪风"、收受"红包"等10个问题纳入专项整治的范围，一项一项整治、一个一个突破。全省建立健全市、县、镇三级党委之间及各市与省直行业系统之间的联动整改机制。活动期间，各市上报了111项需要省直单位联动整改的问题，由省委实践办转相关省直单位办理。

省委省政府制定了广东省落实中央八项规定精神的实施办法和党政机关厉行节约反对浪费实施细则等文件。全省各级各单位结合实际，对本地本单位已有制度和做法进行全面梳理，列出清单，对实践证明行之有效、群众认可的制度，予以重申，着力抓好落实；对不适应密切联系群众、加强作风建设要求，与现行法规制度相抵触、不一致的予以废止；对与新形势新任务要求不适应的，予以修订完善；对制度缺位的，抓紧研究建立新制度，形成便于遵循、便于落实、便于检查的制度体系。

2014年10月8日，中央党的群众路线教育实践活动总结大会召开后，我省随即召开全省党的群众路线教育实践活动总结大会，学习贯彻习近平总书记在中央党的群众路线教育实践活动总结大会上的重要讲话精神，全面总结我省党的群众路线教育实践活动，对巩固拓展教育实践活动成果、进一步推进党的作风建设作出部署。会议认为，全省教育实践活动取得五个方面的成效：一是深入学习领会习近平总书记系列重要讲话精神，自觉用讲话精神统一思想、武装头脑；二是以贯彻落实中央八项规定精神为切入点，"四风"问题得到了有效整治；三是一批群众反映强烈的突出问题得到解决，广大党员干部受到一次深刻的马克思主义和党的群众路线教育；四是建章立制工作取得明显成效，推动作风建设逐步走向制度化、常态化；五是坚持把开展教育实践活动与推动全面深化改革、促进科学发展紧密结合起来，实现了活动与工作两不误、两促进。会议强调，要着眼于推动党的作风建设形成常态机制，不断巩固拓展教育实践活动成果，推进集中反"四风"改作风向经常性的作风建设转变，推动党的作风建设不断取得扎实成效。

二、开展"三严三实"专题教育

2014年3月9日，习近平总书记在中华人民共和国第十二届全国人民代表大会第二次会议安徽代表团参加审议时，在关于推进作风建设的讲话中，提到"既严以修身、严以用权、严以律己；又谋事要实、创业要实、做人要实"的重要论述。2015年4月，中央办公厅印发《关于在县处级以上领导干部中开展"三严三实"专题教育方案》，对2015年在县处级以上领导干部中开展"三严三实"专题教育作出安排。《方案》明确，"三严三实"专题教育作为党的群众路线教育实践活动的延展深化，作为加强党的思想政治建设和作风建设的重要举措，要融入领导干部经常性学习教育，不分批次、不划阶段、不设环节，不是一次活动。从当年4月底开始，在各级党政机关、人民团体及其内设机构县处级以上领导干部和事业单位、国有企业中层以上领导人员中开展，各级同步进行。

5月11日，广东省委召开"三严三实"专题教育工作会议，省委书记胡春华讲专题党课。当月，省委办公厅印发《关于在"三严三实"专题教育中延展落实党的群众路线教育实践活动整改任务的通知》，要求对教育实践活动中开展的29项专项整治行动，各地区各单位要进行一次全面的排查梳理。对已经整改的，要提出巩固成果、防止反弹措施；对正在整改的，要加大落实力度，推进整改；对尚未进行整改的，要分析原因，作出说明，进一步明确责任人和完成时限。要把"三严三实"要求贯穿整改落实的全过程，彻底解决"不严不实"的问题，不留尾巴和后患。

专题教育活动开展以来，全省各级党组织认真落实中央和省委部署，主要做了4方面的工作。一是集中学习。采取党委（党组）中心组学习、领导班子成员领学、个人自学相结合的方式，学理论文献，学党内法规，学党中央重大决策部署，学先进典型，加强思想理论武装。二是专题党课。省级领导干部分别在各自分管领域和系统内讲专题党课，各地各单位党委（党组）书记也按照中央和省委要求讲了专题党课。全省21个地

2015年11月11日，省委召开学习贯彻《中国共产党廉洁自律准则》和《中国共产党纪律处分条例》报告会，中央纪委副书记张军作专题辅导报告。

级以上市、119个县（市、区）和142个省直单位党委（党组）书记结合部署全部讲了专题党课。三是专题研讨。设了3个专题。第一专题是严以修身，加强党性修养，坚定理想信念；第二专题是严以律己，严守党的政治纪律和政治规矩；第三专题是严以用权，实实在在谋事创业做人。各地区各部门各单位按照两月一专题、一月一研讨的进度开展研讨。四是查摆整改。

活动期间，省委邀请中央纪委副书记张军同志为全省党员干部专题解读中央新颁布实施的《中国共产党廉洁自律准则》《中国共产党纪律处分条例》，强化党员干部的纪律观念和底线意识。

三、开展"两学一做"教育活动

2016年2月，中央办公厅印发《关于在全体党员中开展"学党章党规、学系列讲话，做合格党员"学习教育方案》，并发出通知，要求各地区各部门认真贯彻执行。开展"两学一做"学习教育，是面向全体党员深化党内教育的重要实践，是推动党内教育从"关键少数"向广大党员拓展、从集中性教育向经常性教育延伸的重要举措。《通知》强调，要突出正常教育，区分层次，有针对性地解决问题，依托"三会一课"等党的组织生活制度，发挥党支部自我净化、自我提高的主动性，真正把党的思想政治建设抓在日常、严在经常。

4月12日，广东省"两学一做"学习教育工作会议在广州召开，专题传达学习习近平总书记重要指示精神和中央"两学一做"学习教育工作座谈会精神，对全省开展"两学一做"学习教育进行部署。会议强调，要突出经常性教育特点，坚持以党支部为基本单位，以"三会一课"等党的组织生活为基本形式，以落实党员教育管理制度为基本依托，把学习教育融入经常、融入日常。当月，省委印发《关于在全省党员中开展"学党章党规、学系列讲话，做合格党员"学习教育实施方案》，并发出通知，要求各地各部门各单位党委（党组）结合实际认真贯彻执行。方案要求，要结合纪念建党95周年，按照国家有关规定做好优秀共产党员、优秀党务工作者和先进基层党组织的表彰和宣传，为"两学一做"学习教育营造良好社会氛围。

第六节　强化廉政宣传教育

党的十八大以来，全省各级纪检监察机关在全面加强党风廉政建设和反腐败斗争、始终保持惩治腐败高压态势的同时，强化廉政宣传教育，开展丰富多彩的廉政文化创建活动，无论是各类媒体的栏目策划、宣传教育、政策解读，还是典型案件的曝光频率，都明显加大了力度。2013年省纪委十一届二次全会提出，要以"建设一流的教育基地、构建完善的教育网络、落实严格的教育制度、创建知名的教育品牌、创造廉洁教育精品"为目标，构建"基地化、网络化、经常化"教育体系，形成反腐倡廉宣传教育工作新格局。

一、建设反腐倡廉教育基地

广东省反腐倡廉教育基地建设项目2011年8月正式启动，2013年1月竣工。总投资达1亿多元。基地从立项、建设、布展到成立专门机构进行管理，直至成功运作，创造了省纪委历史上多项第一和第一次。一是力争

2013年1月落成的广东省反腐倡廉教育基地。

工程质量一流。新建成的省反腐倡廉教育基地位于广州番禺监狱旁，总用地面积4885平方米，建筑面积11350平方米，功能齐全、环境优美，展厅面积近5000平方米，并拥有多间大、中型会议室，可同时容纳300余人参观学习，荣获建筑行业最高荣誉——鲁班奖。二是力争布展水平一流。省纪委成立专门小组，经过3个多月的工作，完成100多页的布展大纲，会同设计单位将一楼贵宾室及二、三、四楼走廊等空间充分利用起来，开展体验式、互动式、启发式教育。三是力争作用发挥一流。省纪委与省司法厅、省监狱管理局协商成立了基地管理办公室，组成专业讲解员队伍。中央政治局委员、省委书记胡春华和省委副书记、省长朱小丹亲自率领省几套领导班子成员到基地开展廉政教育活动。

　　基地的教育内容主要有三个特点。一是突出警示教育。以"反腐倡廉、警钟长鸣"为主题，通过历史和现实的角度对贪腐人物及案例进行剖析、反思，对党员干部进行警示教育。整个展览中案例警示部分约占60%。配套开展现身说法等教育活动，实现了警示教育效果最大化。二是坚持换位思考。从现实角度出发，设置了"权力的考验""金钱的陷阱""美色的诱惑""裙带的羁绊""嗜好的迷失""心理的失衡"等6个单元展厅，对党员领导干部进行提醒。三是体现广东特色。坚持以身边事教育身边人，案例的选取基本以广东查处的违纪违法案件为主；清廉人物和廉洁故事也以在广东任职或广东籍清官廉吏为主。截至2016年上半年，全省共有3000多个单位、19万多人次到基地接受教育。

　　此前，在中央纪委宣传部的大力支持和指导下，广东省先后建设两个国家级反腐倡廉教育基地：孙中山故居纪念馆和潮州韩文公祠全国廉政教育基地。孙中山故居纪念馆于1956年11月建立，坐落于中山市翠亨村。该纪念馆先后被评为全国优秀社会教育基地、全国爱国主义教育示范基地、中国侨联爱国主义教育基地、全国精神文明建设工作先进单位等。2010年5月，孙中山故居纪念馆被中央纪委、监察部评为第一批全国廉政教育基地。中山市纪委首开孙中山廉洁思想研究先河，编著成《孙中山廉政思想及实践》一书，挖掘和传播孙中山廉洁思想。孙中山故居纪念馆平均每年接待150万人前来参观，2013年还将孙中山廉政思想展览办到了上海和台湾。潮州韩文公祠是为纪念唐代杰出的文学家、思想家和政治家韩愈而建,已有一千多年的历史。韩文公祠廉政教育基地位于祠堂侧翼,占地800平方米,结合潮州丰富的非物质文化遗产,主要展现韩愈"以人为本、勤政廉政"的从政精神。韩文公祠于2006年被国务院列为国家级文物保护单位,2010年5月被中央纪委监察部列为第一批全国廉政教育基地。

为加强对全省各地教育基地建设的指导,省纪委出台《关于加强反腐倡廉教育基地建设的意见》,对肇庆包公祠、梅州丰顺县坚真纪念馆、汕头南澳总兵府等一批反腐倡廉教育基地提出具体指导意见。全省建设了17个省级反腐倡廉教育基地,包括中共三大会址纪念馆、广州市番禺宝墨园廉洁文化教育基地、广州廉政建设研究中心、深圳市坪山新区东江纵队纪念馆、珠海市金湾区廉政警示教育基地、汕头市南澳总兵府反腐倡廉教育基地、佛山市三水荷花世界廉政文化教育基地、佛山市三水孔圣园、韶关市廉政教育基地、梅州市丰顺县坚真公园、惠州市叶挺将军纪念园、江门市开平获海风采堂廉政教育基地、湛江市"清风林"廉政教育基地、茂名市化州橘州廉政文化教育基地、肇庆市德庆孔庙儒家廉政文化教育基地、清远市"尚清园"廉洁文化教育基地、清远市连州廉泉清风反腐倡廉教育基地。各地既按照省纪委的统一要求,健全教育基地的硬件和软件建设,丰富基地的时代元素,又充分挖掘本地廉洁文化资源,使教育基地充满本地特色,贴近党员干部的工作生活实际。比如,肇庆以包公祠为基础,建成国内最全面展示包公文化的廉政教育基地——包公文化园。该文化园总占地面积66000多平方米,由包公祠、清心园、文化广场、宋文化街和沿江景观平台五部分组成。通过大量的场景复原,使人亲临其景,触动人们感悟包公"孝忠、民本、刚正、清廉"的勤廉思想。园内还设有无线网络。游客用手机扫二维码就可获取介绍信息,随时参与答题、游戏等互动。展示过程中,园区将廉政廉洁的信息和警示,巧妙地渗透于场景还原、实物展示和图文展示中,在建筑中融入廉政文化,多处还设有体验式廉政教育设施。

二、开通南粤清风网站和微信公众号

省纪委省监察厅门户网站"南粤清风网"2013年10月18日正式上线,

加强正面宣传和反腐倡廉政策法规、重要部署、典型案件信息公开，积极应对和引导舆论。各级纪检监察机关普遍开通门户网站，健全网站栏目，开设举报监督专区，发挥舆论监督和宣传引导作用。在重要节点、重大决策、典型案件的新闻发布和政策法规的宣传解读方面，各级纪检监察网站上下联动，为反腐倡廉营造浓厚的舆论氛围。

2014年10月8日，南粤清风网站全新改版，按照中央纪委关于纪检机关转职能转方式转作风的部署要求，聚焦纪检监察主业主责，全力打造集纪检监察工作信息发布、党风廉政宣传教育、群众监督举报投诉、网上舆情收集反馈于一体的网络平台。改版后的网站访问量明显增加，截至2016年8月，总访问量达1897万（次），日均访问量近8万（次）。网站荣获2014年度广东省政府网站公共服务"舆论引导奖"和"最佳设计奖"。经"南粤清风网"首发的纪检监察工作及案件审查信息、自主原创策划等内容，多次被各中央级媒体和知名门户网站、移动客户端以及省内外各大媒体第一时间关注、转发和延伸解读。一些中央媒体网站比如新华网和"今日头条"等网络媒体主动联系，希望与"南粤清风网"合办栏目或以

南粤清风网暨广东纪检监察网升级开通仪式。

稿件直采形式进行合作。

2016年1月，省纪委省监察厅开通官方微信公众号"南粤清风"，每天推送消息，及时准确传达中央和省党风廉政建设和反腐败工作精神。截至2016年8月底，关注用户数近35万。

2016年6月20日，南粤清风网根据省纪委、省监察厅关于推进反腐倡廉教育"基地化、网络化、经常化"的要求，开通广东省反腐倡廉教育基地网上展厅。网上展厅以"反腐倡廉、警钟长鸣"为主题，分为"风正帆扬、从严治党、贪腐鉴录、拒腐防变、清风正气"五个部分，是对广东省反腐倡廉教育基地实体展出的内容进行全景式、立体式、延伸式的展示，通过"FLASH＋360°全景摄影"技术，结合场景热点、地图、视频、声音等丰富的交互体验效果，向网友提供身临其境的360°观看和互动体验。同步上线的还有全省各地反腐倡廉教育基地共计27个主题宣传片，初步实现全省反腐倡廉教育基地的网络化。

三、开展"廉洁广东行"主题系列宣传，扩大宣传教育覆盖面

省纪委2014年4月在全省组织开展"廉洁广东行"主题系列宣传活动，弘扬主旋律，传递廉洁广东正能量，大力弘扬勤廉典型的先进事迹，介绍党风廉政建设和反腐败工作的创新举措和新鲜经验，为党风廉政建设和反腐败斗争营造良好的社会舆论氛围。活动于4月启动至年底结束，由纪检监察机关牵头，协调宣传、文化、广电、旅游及新闻媒体等部门共同推进。宣传活动分6个系列内容：广东廉洁风尚系列是以当代廉洁人物事迹为宣传重点，挖掘古代、近代典型人物的廉洁故事，宣传发生在老百姓身边的廉洁感人事迹；反腐倡廉教育基地巡礼系列是以中央纪委、省纪委命名的教育基地为重点，展示各地教育基地的风貌，挖掘教育内涵、体现教育成效；廉洁文化采风系列是以廉洁文化"六进"活动为切入点，结合当地的廉洁文化元素，体现廉洁文化"六进"活动的先进做法和典型经验，展现当地的优秀廉洁文化；新思路、新举措、新成效系列是以党风廉政建设的亮点工作为重点，结合广东开展的党的群众路线教育实践活动和廉洁城乡建设活动，展现广东反腐倡廉建设的成效作为，宣传党风廉政建设和反腐败工作的创新举措和新鲜经验；廉政公益广告系列是

征集一批廉政公益广告和廉洁广告语录,并在媒体、窗口单位、公共场所进行展播;廉洁文艺作品系列是征集一批以廉洁为主题的微小说、微视频、动漫、格言警句等作品并展播。

通过开展系列直接面向公众的宣传教育活动,充分体现廉洁文化宣传教育面向群众、依靠群众、服务群众的宗旨,扩大了廉洁教育的覆盖面、影响面,使廉洁的理念深入人心。

四、抓住"关键少数",开展有针对性的教育

每年的"三纪班"都根据中央和省委的反腐败工作重点确定不同的主题,并且在形式和内容上有所创新。2015年的"三纪班"进一步扩大了培训对象,除各地级以上市、区(县)和省直单位"一把手"参训外,还邀请了中央驻粤单位"一把手"参加,共有393人,比往年多出57.2%,为历年之最。在培训内容上进一步增强针对性,重点突出了党规党纪学习,除了省领导授课,还结合"三严三实"专题教育,邀请"县委书记好榜样"焦裕禄同志的女儿焦守云作了题为《弘扬焦裕禄精神,践行"三严三实"》的辅导报告。在教学方式上,加强互动式教育,既安排了重温入党誓词活动,又有考评式的党规党纪集中考试。在2016年的"三纪班"上,中央政治局委员、省委书记胡春华带头履行全面从严治党主体责任,亲自做关于《中国共产党地方委员会工作条例》和《中国共产党党组工作条例》的专题解读,省长朱小丹就政府系统的纪律建设作专题辅导,省纪委书记黄先耀围绕"不忘初心、不辱使命,始终保持共产党员拒腐蚀、永不沾的政治本色"做反腐败形势分析和专题辅导报告。培训班还邀请中央纪委副书记张军就新颁布的《中国共产党问责条例》做专题辅导。

除了每年举办"三纪班",广东还针对党员领导干部这个"关键少数",量身定做廉政教育课程和项目,围绕党性党风党纪开展有针对性的教育,贯彻中央关于干部培训的新要求,在所有的党校教育培训班中都增加党性教育的内容。2013年,根据省纪委二次全会部署,首次举办新提任省管厅级领导干部集体廉政谈话。活动安排了丰富的教育内容,做到"六个一":组织一次重温入党誓词活动,参观一次省反腐倡廉教育基地,听一次服刑人员现身说法,举行一次廉政知识测试,进行一次省

2015年10月30日，全省新提任省管厅级领导干部集体廉政谈话教育活动在广州举行。

纪委主要领导对新提任厅级干部的集体廉政谈话，签一份廉洁承诺书。2015年的新提任省管厅级领导干部集体廉政谈话教育，省委常委、省纪委书记黄先耀和省委常委、省委组织部长李玉妹亲自授课。

五、加大反腐败信息公开和宣传力度

党的十八大以来的党风廉政建设和反腐败斗争得到了广大人民群众的热切关注和大力支持。省纪委完善新闻发布工作机制，在建立健全全方位、立体式宣传工作格局的基础上，进一步提高反腐倡廉新闻发布频率，动态发布中央和省反腐败新部署新要求，不定期点名道姓曝光全省查处的典型案件。与省内各大媒体开展战略合作，在广东电视台、南方日报等开设反腐败专栏，利用黄金时段播出。2015年以来，随着党风廉政建设和反腐败主体责任的逐步落实，尤其是省纪委派驻机构覆盖面的扩大，一些党委政府工作部门和人大、政协机关党组、省属高校、国有企业和驻粤央企纷纷邀请省纪委领导做反腐败斗争形势专题辅导。省委常委、省纪委书记黄先耀应邀在省政协常委会议、省政法系统反腐倡廉工作会议、省政府党组扩大会议、省宣传思想文化系统反腐倡廉工作会议等重要会议上做关于广东省反腐败形势的专题辅导报告。报告不仅传达了党的十八大以来习近平总书记关于全面从严治党系列重要讲话精神、中央关于反腐倡廉的新理念、新部署、新要求，而且结合党的十八大以来广东省党风廉政建设和反腐败斗争新实践新特点，通报了一些党政领导干部比较关心的大案的查处情况。在一系列专题报告中，黄先耀结合党的十八大以来全省查处的省管领导干部情况，科学分析广东省反腐败斗争的八个阶段性特征：一是腐败存量逐步减少，增量初步得到遏制，但腐败的历史存量大，信访举报居高不下，减存量遏增量任务紧迫而繁重；二是不敢腐的氛围初步形成，但不收手、不收敛、顶风违纪的问题时有发生，不敢腐的基础还不稳固；三是反腐倡廉的制度逐步健全，改革逐步深入，但制度的执行力、改革的成果尚未充分转化，不能腐的有效机制尚未形成；四是党员干部廉洁从政意识逐步增强，廉荣贪耻文化氛围浓厚，但理想信念宗旨尚未牢固树立，实现不想腐目标任重道远；五是全社会对党员干部监督不断加强，但监督体系还不健全，仍然存在监督盲区和薄弱环节；六是各级党委对全面从严治党的主体责任的认识明显提高，但责任落实还不到位，主体责任尚未真正地落地生根；七是腐败的手段不断翻新，违纪违法行为日趋隐蔽，发现和查处的难度越来越大，追逃任务繁重，防逃任务艰巨；八是消极腐败反弹压力巨大，时刻考验我们从严治党的政治定力。黄先耀在报告中还阐述了全省纪检监察机关党的十八大以来一贯坚持的"两个尊重、三个区分开来"的执纪理念和原则，引导全省广大党员干部清醒判断形势，鼓励大家探索创新、勇于担当，为广东省实现"三个定位、两个率先"目标而奋斗。

六、组织创作、传播系列廉政文化艺术作品

党的十八大以来的党风廉政建设和反腐败斗争的丰富实践和新鲜经验，为反腐倡廉文化艺术创作积累了丰富的素材和灵感。广东省在继续做好拍摄反腐败警示教育片、廉政读本等传统廉政文化宣传教育项目的基础上，认真总结提炼十八大以来反腐败斗争新的实践，密切结合广东的实际，加大了反腐败文化艺术创作力度，打造一系列廉政宣传教育

精品。

一是创作廉政题材舞台剧。扎实推进"五个一"廉政文化精品工程建设。2013年，省纪委支持由省直工委主办、省直纪工委筹划编排的广东首部廉政话剧《黑瞳》，该据年代跨度达40年，剧情涉及"富二代、官二代、国企高管贪腐"等现实话题，涉及塌桥、拆迁、工程腐败等热点问题，在全省组织超过8万名党员干部观看，而且作为全国戏剧文化奖的揭幕之作，获得"第九届全国戏剧文化奖"的"原创剧目大奖""编剧金奖""导演金奖""表演金奖""作曲金奖""舞台美术金奖""最佳出品人、最佳组织单位、最佳制作单位奖"等七个大奖。

2014年初，《黑瞳》上报中央纪委参加廉政文化精品评选，中央纪委将《黑瞳》放在了中国远程教育网，供全国的党员干部观看。2015年9月16日，话剧《黑瞳》在北京世纪剧场上演，观众反应热烈，好评如潮。在舞台演出成功的基础上，省直工委、省直纪工委又与省影视文化协会签订协议，将话剧《黑瞳》改编成了电影。

2014年，在中央纪委的关注支持下，省纪委组织拍摄了反映中共广东区委监察委员会诞生历程的三集历史文献片《木棉花开》并由国家广电

话剧《黑瞳》剧照。

总局重大题材办审查通过,在广东卫视播出。组织编排的话剧《沧海清风》是一部以纪检监察机关工作人员的生活、工作、情感为主线的现实主义题材作品,2015年5月13日,该剧在广东省歌舞剧院首次上演,7月1日开始在全省进行历时近三个月的巡演,覆盖全省各地级以上市,共计23场次,观看人数超过3万人次。

2016年,省纪委、省监察厅、省文化厅策划指导,省话剧院创作大型廉政题材话剧《韩文公》,以独特的视角,既客观还原韩愈被贬潮州仍勤政廉政,使得"江山易姓"的历史传奇;又紧密结合当下党中央对党员领导干部的从政要求,通过韩愈这一历史人物给党员领导干部以启示,实现了艺术作品的升华。《韩文公》2016年6月初开始在全省21个地级以上市及省直机关巡演,超过50场次,观众达6万多人次。

二是策划创作廉政主题电视剧《脊梁》。2014年底开始,围绕党的十八大以来,在党中央的坚强领导下正风反腐取得的明显成效,广东省纪委、省委宣传部、省广电总局动员各方力量,以全面从严治党为主题,组织策划拍摄40集正风反腐题材电视连续剧《脊梁》,发挥电视剧的传播力和影响力优势,使"忠诚干净担当"成为纪检干部队伍的主旋律。该剧是党的十八大以来立项拍摄的为数不多的反腐题材电视剧,由省新闻出版广电局申报了国家新闻出版广电局重点扶持"文艺精品项目"。

三是坚持以重大典型案件拍摄警示教育片,三年多来共摄制13部,如《高墙无情》《致命的决口》等,得到了中央政治局委员、省委书记胡春华的肯定,深受广大党员干部欢迎,有的警示教育片还被中央纪委宣传部评为"优秀电教片",在全国推荐播出。

四是开展廉政理论研究。党的十八大以来,省纪委立足于广东实际,加强了对社会主义市场经济发育比较充分条件下反腐倡廉规律的研究探讨,省纪委机关理论学习中心组定期针对一个时期的反腐败理论和实践热点进行研讨交流,充分发挥理论对实践的指导作用。为整合反腐倡廉理论研究的社会资源,省纪委成立预防腐败专家咨询委员会,邀请境内外著名反腐败理论专家和知名学者参加,不定期召开专家咨询会议,就一个阶段反腐败理论和实践重点难点开展研讨,征求意见建议。充分挖掘、盘活省内理论研究社会资源,支持中山大学、华南理工大学等成立

2008年12月31日，省纪委与中山大学共建的"中山大学廉政与治理研究中心"揭牌成立。

廉政理论研究中心，组织开展反腐倡廉课题研究。

省纪检监察学会在这个阶段的工作也取得了丰富的成果，每年都按照中国监察学会的部署，结合广东反腐倡廉重点工作，开展调查研究，形成一批学术研究成果，有的获得中央纪委、监察部和中国监察学会优秀理论研究、优秀学术成果奖等奖项。其中，《论非公有制经济预防腐败》《我省加强纪律建设情况调查报告》获得一等奖，省纪检监察学会被评为全省十个优秀社会团体之一。在实践探索和研讨交流的基础上，省纪委先后组织撰写、出版《廉政风险防控》《新时期广东腐败问题研究》等学术性、思想性比较强的书籍，这些书籍具有一定学术研究和史料参考价值。

《广东党风》在这一阶段也实现了跨越式发展，一些重要栏目的思想性、政治性、理论性明显增强，影响力明显提升。2014年，《广东党风》探索打造纸质宣传平台之外的信息平台，对公众号"广东纪检期刊"进行全面改版升级，对栏目进行了细分和归类，分为"党风聚焦""本期精粹"等板块。同时，新增了网上订阅功能，读者可以在公众号上订阅刊物。

2016年春节,省纪委、省监察厅领导班子成员看望《广东党风》杂志社全体人员。

"广东纪检期刊"微信公众号的原创首发、订阅用户、转载数量均居全国纪检期刊前列。

自2010年公开复刊以来,《广东党风》连续6年荣获全国纪检期刊"特等奖"或"最佳期刊奖",2012年被国家新闻出版总署纳入全国优秀廉洁文化读物展,全国仅6家党刊入围。2015年跻身全国报刊100强暨全国期刊50强。

第十六章
以"零容忍"态度惩治腐败

党的十八大报告强调，要始终保持惩治腐败高压态势，坚决查处大案要案，着力解决发生在群众身边的腐败问题。不管涉及什么人，不论权力大小、职位高低，只要触犯党纪国法，都要严惩不贷。习近平总书记多次强调要以零容忍的态度惩治腐败，在中央纪委六次全会上，总书记强调，"党中央坚定不移反对腐败的决心没有变，坚决遏制腐败现象蔓延势头的目标没有变"，并告诫全党，全面从严治党是我们立下的军令状，军令状不是随便立的，我们说到就要做到。在纪念中国共产党成立95周年大会上，习近平总书记再次强调，"我们党作为执政党，面临的最大威胁就是腐败"。"我们要以顽强的意志品质，坚持零容忍的态度不变，做到有案必查，有腐必惩，让腐败分子在党内没有任何藏身之地！"

党的十八大以来的反腐败斗争决心空前，力度空前，形成的震慑空前，获得党内外、国内外高度评价。各级纪检监察机关坚决贯彻中央决策部署，明显加大了反腐败纪律审查工作力度，坚持"老虎""苍蝇"一起打，继续保持了惩治腐败的高压态势。仅2015年，全国纪检监察机关就立案33万件，处分33.6万人，涉嫌犯罪被移送司法机关处理1.4万人。无论是给予党纪政纪处分人数还是审查中管干部人数均为改革开放以来的最高值。

第一节　突出主业和反腐败工作格局的新发展

党的十八大以后，反腐败工作格局呈现了新变化新发展。2012年，党的十八大明确提出"建设廉洁政治"的反腐败愿景目标。2013年，中央印发的建立健全惩治和预防腐败体系2013年—2017年工作规划，在坚持，"标本兼治、综合治理，惩防并举、注重预防"的十六字方针基础上，针对腐败现象仍易发多发、高位运行的现状，把坚决遏制腐败蔓延势头作为建设廉洁政治的首要目标，将党风廉政建设和反腐败六项任务整合成作风建设、惩治腐败和预防腐败三个方面的任务，提出要着力构筑党员领导干部"不想腐、不能腐、不敢腐"三道防线。中央纪委根据党风廉政建设和反腐败斗争形势发展，及时调整了工作思路和工作重点，强调在当前反腐败斗争严峻复杂的形势下，要"以治标为主，为治本赢得时间"，更加突出纪检监察机关监督执纪问责的主业，把更多的人员和力量倾斜到查办案件和正风肃纪上来，优先解决好党员干部"不敢腐"的问题。

广东省委坚决贯彻落实中央和中央纪委对党风廉政建设和反腐败工作的新部署新要求，把查办腐败案件、遏制腐败蔓延势头摆在更加突出的位置，在惩治腐败方面旗帜鲜明、态度坚决、措施有力。2014年春节刚过，中央政治局委员、省委书记胡春华主持召开会议，听取省纪委关于查办案件的工作汇报，作出三点重要指示：一是要继续加大查办案件力度，保持惩治腐败高压态势；二是在工作安排上要突出主业，加强办案力量建设；三是案件查办工作要及时向中央纪委报告。按照中央纪委和省委的部署，广东省各级纪检监察机关把查办案件作为突出主业的重中之重，强调要坚持有腐必反、有贪必肃，以"零容忍"态度惩治腐败，以查办案件抓纲带目，推动党风廉政建设和反腐败工作深入开展。

一、加大初核力度，提高线索处置率

问题线索处置率低，大量线索得不到及时处置，或因为线索本身模糊不清而"暂存"，使得一些腐败问题得不到及时纠正、查处而长期"潜伏",甚至越积越严重,是广东历年信访举报量居高不下的重要原因。2013年7月,省纪委在2012年开展信访举报核查率调研分析的基础上,印发《关于各地级以上市成立信访举报初核小组的通知》(粤纪办发〔2013〕27号),明确了信访举报初核小组的职责和任务,要求各地级以上市落实有关工作要求,成立信访举报初核小组。

各地先后探索适合本地实际的信访举报初核工作小组工作模式,有效地推动了信访举报核查工作力度,提高了工作效率。初核小组成立以后,明显加大了处置信访暂存件的力度。2013年3月—6月,省纪委信访室组织全省市、县两级纪检监察机关集中清理2008年以来暂存信访举报8797件。其中,有具体内容及可查性的有效举报876件全部进行了核查了结,转初核242件,实施信访监督191件,通过组织处理、限期整改、转办有关单位等了结443件。同时,根据中央纪委有关工作要求,部署开展省纪委机关反映领导干部问题线索清理工作,共清理领导批示暂存件114件。针对省本级核查率不高的情况,省纪委修订了《省纪委、监察厅机关处理信访举报办法》,实行省纪委机关反映领导干部问题线索办理情况季度通报制度;出台了《中共广东省纪委、广东省监察厅机关信访函询工作办法》(粤纪办字〔2014〕14号),对信访举报反映的一般性问题和较为笼统的问题采用信访函询方式进行处置。省纪委每季度就转办线索办理情况进行对账,促进各部门核查工作,确保省本级信访举报"件件有着落"。在各地集中全面清理暂存件的基础上,省纪委部署各地对"纪检监察信访信息管理系统"中的信访举报件办理情况进行数据补录,并派出检查组对全部21个地级以上市清理暂存件、信访件补录情况进行监督检查。各地级以上市纪检监察机关信访举报部门共补录2008年以来3327件直接查办件、1678件信访监督件、4253件向下交办件、1660件转办本委件的办理结果。

省纪委在突出监督执纪主业、把主要力量投入监督执纪一线的基础上,加大了对纪律审查工作的分析研判和指导力度。按照季度、半年和年度的频率,对全省查办违纪案件情况进行综合分析,及时研判案件特点、查找办案短板,通过和兄弟省市查办案件相关指标进行比对分析,提出改进本省纪律审查工作对策建议。省纪委机关每年的半年和年终工作总结都对全省纪律审查工作情况进行分析研判,每年针对纪律审查工作中存在的突出问题进行专题调研。比如,2013年针对全省"两规""两指"措施使用中存在的问题进行调研,提出进一步改进的意见。

二、持续加大查办腐败案件力度

2013年1月22日,习近平总书记在中央纪委二次全会上的讲话强调,从严治党,惩治这一手决不能放松。"要坚持'老虎''苍蝇'一起打,既坚决查处领导干部违纪违法案件,又切实解决发生在群众身边的不正之风和腐败问题"。全省各级纪检监察机关贯彻总书记重要讲话和中央纪委全会部署,坚持有案必查、有腐必惩,零容忍、全覆盖、无禁区反腐败,不断加大惩治腐败力度,纪律审查多项指标位居全国前列。

省纪委提出,反腐败不能简单看查处案件的数量,关键要看效果、看民意、看不良风气和腐败势头有没有得到遏制;但在腐败与反腐败对垒呈"胶着"状态的严峻复杂形势下,没有一定数量就难以形成有效的威慑力。基于这样的判断,省纪委强调反腐败斗争气可鼓不可泄,必须始终保持惩治腐败的强劲势头。2013年,按照中央纪委统一部署,全省纪检监察机关对党的十七大以来暂存的10920件信访件进行"大起底"和清理了结,并以此为契机构建起集来电、来信、来访、网络、手机短信、涉腐舆情搜索等"六位一体"的信访举报大平台,进一步畅通信访举报渠道,健全完善腐败揭露机制。

党的十八大以来,广东省违纪问题线索处置数、立案和结案数、查处地厅级干部数等重要指标逐年创新高,保持全国领先地位。其中,2013年全省纪检监察机关共受理信访举报62065件(次),同比下降19.2%;但是初核线索15809件,同比上升86.9%(当年全国平均增长率为15.4%);立案7291件,同比上升5.5%,查处大案要案以及省纪委自办案件继续在全国保持领先位置,查办地厅级干部、县处级干部数均在全国排第二位;给予党纪政纪处分人数同比上升10.3%,其中地厅级干部38人、县处级干部425人;移送司法机关人员中地厅级干部19人、县处级干部91人。

2014年,全省纪检监察机关以转职能、转方式、转作风为动力,继续加大查办案件力度,各项办案指标在2013年的基础上又有了新的大幅提升。这一年,全省在受理信访举报量仅增长4.6%的前提下,初核线索21900件,立案11168件,其中地厅级干部95人、县处级干部667人,分别比2013年上升了38.5%、53.8%、150%、57.7%,初核数、立案查处地厅级干部数和县处级干部数分别列全国第一、第二和第二名。

2015年,全省受理信访举报68770件次,处置线索25003件,初核21814件,立案14898件,结案13331件,给予党纪政纪处分12979人,共立案查处地厅级干部170人,同比增长78.9%,超过了十七大五年间查处地厅级干部总数,[①]创改革开放以来的历史峰值。

2016年1月—10月,全省纪检监察机关在受理信访举报数量同比下降10.3%的情况下,处置线索、初核线索、立案、结案、处分数均大幅上升;其中,处置线索28172条,初核线索25906条;立案17351件,同比上升16.5%;结案17014件,同比上升27.6%;给予党纪政纪处分16371人,同比上升26.1%。

三、严肃查处大案要案

2014年8月25日,中央纪委书记王岐山出席全国政协十二届常委会第七次会议,并作反腐败专题报告。王岐山在报告中指出,"反腐工作不能面面俱到,而是要立竿见影"。反腐败要严查"三种人",即十八大以后仍不收手、继续贪污腐败的,群众反映非常强烈的,重要岗位上将要提拔的干部。此后各地作风建设和纪律审查工作贯彻中央纪委关于严查"三种人"、作风建设盯紧"三个后"的部署要求开展,即重点查处党的十八大后不收敛、不收手,问题线索反映集中、群众反映强烈,现在重要岗位且可能还要提拔使用的领导干部,三种情况同时具备的是重中之重,必须马上严肃处理;纠正"四风"要把握三个时间节点,重点查处党的十八大以后、中央八项规定出台以后、群众路线教育实践活动和"三严三实"专题教育活动以后的顶风违纪行为,越往后执纪越严。

广东省严格贯彻中央纪委查处"三种人"、盯住"三个后"的要求,

---

① 党的十七大期间,广东全省各级纪检监察机关立案查处19961件21198人,其中地厅级干部163人。

查处大要案数量大幅增长,省纪委立案查处的省管干部覆盖了全省21个地级以上市,地市以上级纪委查处的市管干部基本覆盖了所辖县(市、区)。在纪律审查工作中,省纪委强调在查办腐败案件中要突出重点,坚持"六个优先",即对中央及中央纪委交办、省委领导批示、实名举报、侵害群众利益引发群体性事件、专项整治行动发现以及巡视发现的六类案件线索优先办理,集中精力打击重大腐败案件。通过查处一批有影响力的大案要案,充分展示了省委反对腐败的坚强决心和不因恶小而以观后效、不因初犯而下不为例、不因位高而保留情面、不因面广而法不责众的坚定立场,形成了强大震慑效应,也让每一个党员干部牢记"手莫伸,伸手必被捉"的道理。2016年1月—10月,广东省在2014年以来查办地厅级干部和县处级干部数连续位居全国前列的基础上,继续保持了高压态势,全省查处地厅级干部149人,其中正厅级54人,查处县处级干部1014人。党的十八大以来至2016年,全省纪检监察机关共立案51194件,超过前10年立案数,查处地厅级干部470人,是前10年的1.6倍。在2016年1月中央纪委第六次全会上,习近平总书记高度评价了党的十八大以来三年多的反腐败工作,认为取得了"不敢腐的震慑作用充分发挥,不能腐、不想腐的效应初步显现,反腐败斗争压倒性态势正在形成"的良好局面。

党的十八大以来,在全国纪检监察机关受理的信访举报量整体连续大幅增长的情况下,广东省各级纪检监察机关每年受理的信访举报量在2012年达到近十年的历史峰值(76856件次)以后,2013年大幅回落,降到了62065件次。此后几年一直平稳运行,没有再超过2012年的峰值。2016年,全省信访举报量同比下降10.3%,在全国排名从2011年的第一位下降到第七位,涉及省管干部的初次举报下降3.9%,巡视发现涉及领导干部严重违纪问题线索大幅下降。这个成绩是在广东省这几年不断拓宽群众信访举报渠道,加大基层线索排查的基础上取得的,说明减存量、遏增量的效果开始显现。

第二节　坚持挺纪在前、纪法分开

　　党的十八大以来,中央纪委最早提出"重点治标、为治本赢得时间",严肃查处严重违纪违法案件,坚决遏制腐败蔓延势头;后来又根据反腐败形势的发展变化,提出要正确处理"树木"和"森林"的关系,坚持纪法分开、纪严于法,挺纪在前、抓早抓小,既要严惩少数严重违纪行为,又要严肃党内政治生活,落实对党员干部的日常教育和监督管理,确保整个党员队伍的安全;再后来又提出落实各级党组织管党治党的政治责任,践行"四种形态",坚持"惩前毖后、治病救人""标本兼治"。在2014年10月25日召开的第十八届中央纪律检查委员会第四次全体会议上,王岐山指出,要持续保持高压态势,治病树、拔烂树,坚决遏制住腐败蔓延势头,不断加大治本力度,逐步形成不敢腐、不能腐、不想腐的有效机制。这一系列重要方针、政策和策略的提出,充分体现了随着反腐败斗争的不断深入,我们党对从严治党规律的深刻把握。

一、坚持纪法分开、纪在法前、纪严于法

　　2015年,王岐山就坚持全面从严治党,把纪律挺在前面发表一系列重要讲话。3月,王岐山在河南调研期间的讲话指出,"全面从严治党是具体的、不是抽象的,8700万党员的执政党,必须把纪律挺在法律前面,明确纪律的内涵,密切联系实际、求真务实,把纪律执行到位,真正使纪律成为管党治党的尺子、不可逾越的底线"。"全面从严治党,就是要把严明纪律体现在日常管理监督中,严格执纪、动辄则咎,抓早抓小,使广大党员真正敬畏纪律、遵守纪律"。这一年,中央修订出台的《中国共产党纪律处分条例》,把党章和其他党内法规中的纪律要求,整合为政治纪律、组织纪律、廉洁纪律、群众纪律、工作纪律和生活纪律等六大纪律;坚持纪严于法、纪在法前,删除原条例中与国家法律法规重复的内容,实现纪法分开。各地的纪检监察工作贯彻岐山同志讲话精神,把纪律和规矩挺在前面,强化纪律约束。

　　广东省各级纪检监察机关贯彻中央纪委纪法分开、纪在法前的要

求，注重抓早抓小，加大信访监督工作力度。2014年初，省纪委下发《关于进一步规范信访函询工作的通知》，要求信访函询的监督对象在填写函询书后，必须由本人送同级党委（党组）书记、纪委书记（纪检组长）审查签阅，再回复发文的纪检监察机关。当年省纪委共实施信访监督80人，监督对象均按规定履行审阅程序，信访函询工作的严肃性和规范性进一步增强。省纪委按照新规定实施信访函询过程中，发现和纠正了一些领导干部违反廉洁自律规定的问题，把问题解决在萌芽状态，起到了良好的监督效果。为进一步增强办信办案合力，省纪委2014年修订了《中共广东省纪委省监察厅机关信访函询工作办法》，对照纪律检查工作新形势和"四种形态"要求，对四个方面的工作进行了规范：一是修订了信访函询书的格式，将函询书装订成册，要求被反映人直接在函询书上作书面说明，便于规范格式、存档备查。二是明确实施信访函询前必须征求纪检监察室意见，避免案件线索流失和跑风漏气。三是明确信访室负责信访函询归口管理工作，对省纪委、省监察厅机关发出的信访函询书统一格式和编号，建立台账。省纪委信访室统一编定函询书文号，每月汇总省纪委省监察厅机关实施信访函询情况，对函询中违反程序、操作不规范、超时未办结等问题及时纠正。四是明确实施信访监督后必须将相关材料复印送纪检监察室备查。为确保函询的有效性和威慑力，要求函询对象所在单位党组织书记和纪委书记对函询对象的情况说明进行审查并签字背书。同时，加强对函询结果的审核，对说明情况不清楚、不全面的，要求重新作出说明；对不如实说明情况的，直接开展调查，并严肃追究函询对象和其所属党组织以及主要领导的责任。全省各地也结合实际，不断创新信访谈话和信访函询工作方式方法，取得了较好成效。如汕头市将信访监督与廉政谈话相结合，将信访举报反映的带有共性、倾向性、苗头性的问题作为重要谈话内容，强化监督的针对性。河源市针对某区领导干部信访举报反映较多但无具体线索的情况，发函要求该区召开领导班子民主生活会，就信访举报反映的问题认真进行检查对照，开展批评与自我批评。中山市采取先进行外围了解再开展信访函询的做法，将信访监督与侧面了解有机结合，增强了监督的深度和力度。云浮市对信访函询态度不端正、说明情况不清楚的领导干部进行二次监督。

2012年至2014年，全省纪检监察机关共实施信访函询3711件（次）、信访约谈3463人（次），通过信访监督责成检查或限期纠正问题928人，为25024名党员干部澄清了信访举报问题，既解决了大量的苗头性、倾向性及一般违纪问题，又保护了受到诬告错告的党员干部。2015年，全省纪检监察机关谈话函询2503人（次），其中，省纪委省监察厅谈话函询省管干部185人（次）。2016年1月—9月，省纪委函询169件（次），同比增长33.07%，全省各地级以上市实施函询1385件（次）。

纪在法前、纪严于法重要理念的提出和贯彻实施，是党的纪律检查工作向党章党规党纪的回归，使党的纪律检查工作更加有力量，使纪律审查的政治性、政策性凸显。2016年1月召开的中央纪委六次全会总结党的十八大以来的反腐败工作，提炼了六点体会，其中一点，"党纪严于国法，必须让纪律成为管党治党的尺子、不可逾越的底线"，深刻阐述了"纪在法前、纪严于法"的理论内涵，提出，在全面依法治国条件下，首先要解决管党治党靠什么的问题。法律是任何组织和个人必须遵守的底线。我们党是肩负神圣使命的政治组织，党的先锋队性质和执政地位决定了党规党纪必然严于国家法律。如果混淆了纪律和法律的界限，把违纪当成"小节"，党员不违法就没人管、不追究，就会造成"要么是好同志、要么是阶下囚"。把纪律和规矩挺在法律的前面，正是针对党内法规中纪法不分的问题提出来的。全面从严治党，要用严明的纪律管住全体党员。坚持纪严于法、纪在法前，实现纪法分开，是思想认识的一次飞跃，是管党治党的理念创新。各级党组织必须克服惯性思维，以纪律为戒尺，发现苗头就要及时提醒，触犯纪律就要立即处理。纪委决不能成为党内的"公检法"，执纪审查决不能成为"司法调查"，要依纪监督、从严执纪，真正把纪律立起来、严起来，执行到位。

二、"四种形态"重大理论的提出和实践

2015年9月，王岐山同志在福建调研期间提出了"四种形态"重要论述，即：党要管党、从严治党是党组织的日常工作，是各级党委的主体责任。要运用好监督执纪的"四种形态"，批评和自我批评要经常开展，让咬耳扯袖、红脸出汗成为常态；党纪轻处分和组织处理要成为大多数；

对严重违纪的重处分、作出重大职务调整应当是少数；而严重违纪涉嫌违法立案审查的只能是极极少数。此后，中央纪委相关媒体多次就"四种形态"进行深度解读，广泛宣传各地各部门探索实行"四种形态"的有效做法，使"四种形态"深入人心，推动各级党组织主动落实从严管党治党的主体责任，各级纪检监察机关的纪律审查工作更加聚焦主责主业，更加注重"纪言纪语"。

2016年1月召开的中央纪委六次全会阐述了"四种形态"的重要意义，指出，实践"四种形态"，纪委的责任不是轻了，而是更重了，执纪的力度不是小了，而是更大了，必须提高思想政治水准和把握政策能力，实现惩处极少数、教育大多数的政治效果和社会效果。"四种形态"的提出，是党的十八大以来中央监督执纪理念的重大调整和创新，一举扭转了自改革开放以来腐败高发态势下监督执纪"抓大放小""以办大案论英雄"的长期做法和思维定势，体现了党的纪律检查工作向党章"原教旨"的回归，体现了对党的先进性和纯洁性的维护，对党的纪律权威性的捍卫。

在纪律审查工作中，广东省纪委坚持把纪律和规矩挺在前面，既抓早抓小，又严惩腐败，特别是针对党的十八大以后不收敛、不收手，问题线索反映集中、群众反映强烈，现在重要岗位且可能还要提拔使用的领导干部的问题，运用批评教育、组织处理、纪律处分、立案审查等多种方式，科学区分不同情形和违纪程度，全面准确把握运用"四种形态"，强化监督执纪问责。2015年，全省纪检监察机关共谈话函询2503人（次），其中省管干部185人（次）；全省纪检监察机关给予党纪政纪处分12979人，其中党内严重警告以下和行政降级以下轻处分7981人，占党纪政纪处分总人数的61.5%；重处分4998人，占38.5%；移送司法机关691人，占5.3%。2016年上半年，全省纪检监察机关给予党纪政纪处分6941人，其中给予轻处分4053人，给予重处分2460人，涉嫌违法犯罪移送司法机关428人，分别占处分人数的58.4%、35.5%和6.1%。党的十八大以来，全省查处的违纪违法案件中，移送司法机关的平均只占6%，绝大多数采用的是用党纪政纪处分的方式，贯彻了党的"惩前毖后、治病救人"的一贯方针，体现了"四种形态"的要求。同时，各级纪检监察机关还为受到错告诬告的党员、干部澄清了问题，使他们卸下包袱、轻装上阵。

三、构建抓早抓小工作机制

"四种形态"是党内监督的四道屏障、四道关口,关键是落实各级党组织从严管党治党的政治责任,充分运用好第一种形态。广东省各级党组织和纪检监察机关以约谈为抓手,做到早发现问题、及时提醒和处理小问题,认真落实监督执纪第一种形态。2015年,省领导带头落实主体责任,约谈管辖范围内的党风廉政建设第一责任人。全省纪检监察机关谈话函询2503人(次),其中,省纪委省监察厅谈话函询省管干部185人(次)。

2015年12月,省党风廉政建设领导小组印发《关于开展谈话提醒构建抓早抓小工作机制的通知》,对开展谈话提醒、建立抓早抓小机制提出了具体要求。《通知》明确,谈话提醒的主体是党员干部所在地方或单位的党政主要负责同志、分管领导或上级纪检监察机关和组织人事部门负责人。要求各级党组织在干部日常监督管理和纪律审查工作中,发现党员干部执行"六大纪律"尤其是廉洁自律准则方面存在的苗头性、倾向性问题,以及其他需要引起注意的情况,应当按干部管理权限及时进行谈话提醒。对于新任职、即将退休或在同一岗位任职时间较长和人、财、物权较集中关键岗位的党员干部,群众反映比较集中或民主测评满意度较低的党员干部,重点安排谈话提醒。《通知》后附《谈话提醒表》和《谈话提醒统计表》两份表格,列明谈话人、谈话对象、谈话方式和统计要求等内容,通过严格的量化考核促进谈话提醒常抓不懈。约谈前,省党风廉政建设领导小组办公室通过搜集近两年来巡视、审计和纪律审查发现的问题线索,列出"问题清单",明确谈话指向。约谈中,谈话人直接点明约谈对象所在地区或单位反映最突出的具体人和具体事,旗帜鲜明地指出问题,从个人和班子自身查找原因。2015年上半年,全省共组织对101476人次的党员干部进行谈话提醒,其中省部级干部开展谈话提醒74人次,谈话对象499人次。2016年第一季度全省各级领导干部共谈话提醒53890人次,其中38名省部级领导干部提醒谈话236人次,抓早抓小机制初步形成,"咬耳扯袖、红脸出汗"逐步成为常态。第二季度,广东各级党组织持续发力,对党员干部谈话提醒达4.76万人次,谈话提醒成为对党员干部日常监管的重要手段。如广东清远市委主要领导针对一名班子成员经常在微信朋友圈转发一些未经证实的消息的问题，对其谈话提醒。清远英德市委主要领导针对一名市委常委经常召集其他班子成员吃饭的情况，对其进行谈话提醒。截至2016年上半年，全省已有17个地级以上市和23家省直机关结合自身实际，制定实施谈话提醒的具体方案、办法或细则。除了各级党组织按照干部管理权限进行谈话提醒，省委还组织领导干部对新任职领导干部开展集体谈话。2015年、2016年，省委组织对全省新提任的省管厅级领导干部进行集体廉政谈话教育。

《通知》要求，各级党委（党组）要负起主体责任，各级纪委要负起监督责任，各级领导干部要履行"一岗双责"，把抓早抓小工作摆上党风廉政建设突出位置，坚持把谈话提醒作为对党员干部日常监管的重要手段，把函询质询作为问题线索处置的重要措施，综合运用诫勉谈话、责任制约谈、通报批评、书面检查、监察建议书、组织处理等方式处理党员干部存在的苗头性、倾向性问题和轻微违纪问题，抓早抓小、动辄则咎，切实把全面从严治党的要求落到实处。关于谈话结果的运用，《通知》指出，组织人事部门考核、任免、奖惩干部，必须充分了解领导干部开展抓早抓小的具体情况，并作为干部评价使用的重要依据；被谈话提醒后仍然顶风违纪的，纪检监察机关应当根据违纪情节从重或加重处理。

第三节　全面加强基层办案工作

农村基层干部廉洁与否直接影响党和政府形象，直接关系农村社会的改革发展稳定。一些地方村官腐败、家族腐败、窝案串案时有发生。广东省委高度重视农村基层反腐败斗争。2014年11月，省委召开地市书记抓基层党建述职会，中央政治局委员、省委书记胡春华强调，要全面加强农村基层组织建设和党风廉政建设，坚决查处"小官大贪""小村大腐"等问题。省纪委强化组织协调和工作指导，加大人力、物力投入，全面加强农村基层反腐败工作，取得明显成效。

一、全面改善基层纪委办案条件

省纪委始终把基层纪检监察机关建设作为一项固本强基工程，不断健全县级纪检监察机关经费保障制度。从2008年开始，省纪委每年划拨1200万元专项经费支持98个欠发达县区办案工作，建立珠三角地区与欠发达地区纪检监察机关对口帮扶工作机制，落实帮扶资金3100多万元，强化基层办案装备建设，有效改善了欠发达地区纪检监察机关的办案条件。2014年以来，省纪委组织对全省3200多名镇街纪委书记和专职副书记业务大轮训，提升基层纪委履职能力和水平，补齐"不会办案"的能力短板，效果非常明显。

早在2012年初，广东省纪委就提出按照"条条派驻、块块统筹"的模式，整合基层反腐败力量。经过充分调研论证，省纪委先后于2012年12月和2013年5月，推动指导珠海横琴新区成立廉政监督办公室、深圳前海深港合作区成立廉政监督局，形成集纪检、监察、审计、经侦、反贪等职能于一体的反腐败工作合力，探索由多个部门"协作反腐"向整合力量"整体防治"转变，发挥了较好的示范作用。随后，揭阳大南海石化工业区、云浮新区等一些新设的功能区也陆续采取这种模式来推动监督力量整合。在功能区取得经验基础上，从2014年开始，省纪委针对东莞和中山两个不设区市镇街一级经济总量大、廉政监督任务繁重的特点，在两市所辖56个镇街全面推行纪检、监察、审计合署办公，整合纪检监察和审计的力量，取得了良好的监督效果。

二、完善机制，形成基层查办案件合力

针对全省城乡涉及土地、环保、农村集体"三资"、强农惠农资金等案件多年居高不下的情况，2013年7月，省纪委印发了《关于加大查处农村基层违纪违法案件力度的意见》，明确要重点查办土地、集体"三资"、农补、环保等四大领域30多个方面的违纪违法案件，认真解决损害群众利益的突出问题。省纪委落实《意见》要求，按照"树立典型、分类指导、重点帮扶、全面推进"的思路，指导各地各部门积极探索积累经验。在省纪委指导推动下，全省在查办基层党员干部违纪违法案件实践

中,普遍建立起党委统一领导、纪检监察机关与检察机关、公安、信访、维稳、审计、涉农部门共同参与的联合处置机制,基层办案实现了问题线索统一管理、人员力量统一调配、办案措施统一使用,对查处涉及面广、情形复杂和涉及非纪检监察对象等案件发挥了积极作用,也有效防止了因腐败而诱发的各种群体性事件。

随着基层查办案件力度不断加大,2014年全省21个地级以上市中有19个实现了乡镇办案率100%。2012年11月—2014年12月,全省共查处农村基层党员干部违纪违法案件10972件11256人,给予党政纪处分11254人,分别占全省立案总数和处分总数的56.3%和59.7%。

2014年以来,各级纪检监察机关在鼓励群众举报、提高违纪线索发现率工作中主要做了三个方面的工作。一是引导群众举报。省纪委组织开展以"举报贪腐·共创廉洁"为主题的"八个一"(一张宣传海报、一本举报指南、一组廉政公益广告、一张"一图读懂"、一批实名举报奖励、一次网络访谈、一场新闻发布会、一次同步宣传)信访举报系列宣传活动,向各级政府部门办事大厅、纪检监察机关接访场所和村居社区发放海报和信访举报指南,同时在主流媒体和各类自媒体平台滚动播放"信访举报一图读懂"公益广告。2015年,进一步创新方式方法,构建多媒体立体化宣传格局。印制发放信访举报宣传单页300万份、宣传海报30万份、信访举报专用信封40万个,将信访举报知识传播到最基层。在《南方日报》开办专栏,刊发系列报道,围绕"举报什么""向谁举报""怎样举报"等群众关切的问题,全方位介绍信访举报工作。开发"广东省纪检监察信访举报大宝典"微信软件,引导群众实名举报、精准举报。二是鼓励实名举报。为引导和鼓励群众对违纪违法行为依法有序举报、实名举报,2015年4月,省纪委在全省组织开展奖励实名举报有功人员活动,12月,对各地筛选出的2012年以来38件案件中63名实名举报有功人员给予奖励,省纪委、省监察厅专门下发通报,并在媒体上宣传,鼓励群众举报贪腐。2016年,省纪委按照"实名举报100%核查"的要求,修订了实名举报暂行办法,制定了《广东省纪检监察机关实名举报工作意见》,进一步明确了实名举报的定义内涵、办理范围等内容,强化跟踪督办承办部门,认真落实反馈工作要求,全省地市实名举报核查率达100%。2016年5月30

日,省纪委召开新闻发布会,公开通报了近几年全省纪检监察机关办理实名举报情况。自2010年4月广东省纪委省监察厅颁布实施《广东省纪检监察机关处理实名举报暂行办法》以来,全省各级纪检监察机关共受理办理实名举报24085件,其中查实4910件,给予党纪政纪处分3950人,移送司法机关584人。共有102名举报人因对突破案件有功获得奖励,奖金总额104.5万元,单宗案件奖金最高5万元。三是严肃查处打击报复举报人的问题。据统计,2010年至2016年5月,广东各级纪检监察机关核查涉嫌打击报复举报人问题98件,给予党纪政纪处分12人。其中,2015年,全年共受理此类举报件149件,省纪委直接承办2件,转交下级机关办理并报结果13件,交下级机关重点跟进130件。

三、持续开展农村基层违纪违法线索大排查

2015年4月,省纪委部署开展农村基层党员、干部违纪违法问题线索集中排查活动。省纪委派出4个督导组,分赴各地了解情况、指导工作。各级纪检监察机关建立基层违纪违法线索台账,经过1个多月的集中排查,全省第一轮共排查出违纪违法问题线索5602条,均按照拟立案、初步核实、谈话函询、暂存和了结等五种方式处置。在全面排查的基础上,省纪委加大直接督办基层查办违纪违法案件力度,领导包案的53条重大线索中,立案73件88人,给予党纪政纪处分23人,移送司法机关处理10人,派出2个暗访组开展暗访。各地纪委在普遍建立排查督导制度基础上,加强部门协调配合,健全上挂办案、联合办案、交叉办案、分片办案机制,大幅提高办案效率,避免办"人情案"。截至当年11月底,全省纪检监察机关在线索排查中,经初核属实转立案8347件,结案5169件,给予党纪政纪处分5115人,移送司法机关处理540人。

2016年,广东继续深化农村基层党员、干部违纪违法问题线索排查工作,完善省市县三级纪检监察机关领导包片包案督导制度。这一年,省纪委围绕监督落实中央和省关于精准扶贫的决策部署以及补齐基层纪律审查短板的任务,召开全省查办基层腐败案件暨农村基层党员干部违纪违法线索排查工作电视电话会,下发《关于2016年基层线索排查工作有关事项的通知》,制定实施《关于加强扶贫领域监督执纪问责工作的

全省查办基层腐败案件暨农村基层党员干部违纪违法线索排查工作电视电话会现场。

意见》，将扶贫领域违纪违法问题线索纳入全省农村基层党员干部违纪违法线索排查的七大领域之一，加大对扶贫领域违纪案件的查处和曝光力度。

省纪委印发《关于建立扶贫领域监督执纪问责工作协作机制的通知》，建立纪检监察机关与检察、公安、审计、信访、扶贫等部门协作机制，印发《领导包片包案工作通知》，落实"省包县、市包镇、县包村"的隔级包片包案督导模式。上半年，全省排查农村基层党员干部违纪违法线索22676条，立案7521件，结案4844件，给予党纪政纪处分4725人，移送司法机关279人，其中扶贫领域问题线索1010条，立案182件，给予党纪政纪处分182人。上半年，省纪委点名道姓曝光基层违纪违法典型案件25宗，其中扶贫领域典型案件6宗。

四、健全防治农村基层违纪违法问题长效机制

针对在集中排查和纪律审查中发现的普遍性、规律性问题，省纪委督促有关地区和部门深入剖析原因，认真查找制度建设、监督管理上的"短板"，着力探索有效防范农村基层党员、干部违纪违法问题的长效

机制。一是推动健全基层民主监督机制。督促各地深入开展廉洁镇村创建活动，积极推动省民政厅、省财政厅建立健全村务监督委员会工作规则及配套制度，保障村务监督委员会成员依法监督。清远市纪委组织群众测评团，从德、能、勤、绩、廉、责六方面对村（社区）两委干部廉洁履职情况进行"勤廉指数"测评，对测评结果较差的村干部进行约谈。二是推动建立基层监管平台。督促有关部门健全农村"三资"监管，深化农村集体资产资源交易平台建设和村级会计委托代理制度，以网上办事大厅为龙头，加快推进省市县镇村五级政务服务体系建设，提高农村基层监管的科技含量。韶关市乳源县设置了县"三资"交易总平台和9个镇级分平台，促进村、组集体资产透明管理和优化配置。三是健全基层党员干部和纪检监察干部队伍建设机制。加强镇街纪委规范化建设，对全省3200多名镇街纪委书记和专职副书记进行全员轮训，提高基层办案能力，将力量聚焦查处农村基层不正之风和腐败案件。同时，把党员干部党性党风党纪教育延伸到镇村基层。惠州市惠阳区纪委联合该区检察院建立了"惠阳村官廉洁教育基地"，分期分批组织全区2000多名党员干部到基地接受廉政教育。

第四节　强化反腐败斗争的组织协调和支持保障

随着经济社会发展，腐败日益呈现主体多元化、作案链条化、手段复杂化等特征，一些重大、复杂案件往往涉及多地区、多行业、多部门，查处难度加大。尤其是，广东地处沿海、毗邻港澳，经济外向度高，资金和物流自由度高，腐败案件中具有涉外因素的所占比例比较高，导致办案工作具有调查取证难、找人控人难、追讨追赃难的明显特点，特别需要强化党委的统一领导，加强反腐败组织协调和支持保障，确保各执纪执法机关各司其职、各负其责、协调配合、联合作战，才能形成突破大案要案的整体合力。

一、反腐败领导体制和工作机制进一步完善

省委反腐败协调小组认真贯彻十八届三中全会《决定》关于"健全反腐败领导体制和工作机制,改革和完善各级反腐败协调小组职能"的要求,认真履行职责,修订完善了协调小组工作规则、联席会议制度、案件移送处理和协作配合工作暂行规定等规章制度,进一步健全反腐败领导体制和工作机制。2014年至2015年两年时间里,省委反腐败协调小组共召开3次工作会议和20多次案件协调会,研究解决全省反腐败工作重大问题,强化对反腐败工作的指导和组织协调。省纪委作为省委反腐败协调小组牵头单位,主动会同其他有关成员单位,不断完善协同办案模式,建立健全纪检监察机关与公安、检察、审判、审计、海关、边防、金融、电信等机关和部门在信息互通、线索移送、联合办案等方面的协调机制,先后就指定居所监视居住所涉及的法律问题以及执行力量、选址建设、管理维护、经费保障等问题多次进行磋商研究,积极探索对非党员、非监察对象等"两非"人员调查取证的有效办法和途径,为有效查处重大贿赂案件、复杂涉外案件等创造更有利的办案条件和环境。在省委反腐败协调小组指导带动下,各级党委反腐败协调小组进一步健全办案组织协调机制,增强反腐败工作合力。省委反腐败协调小组同时加强了对全省各地党委反腐败协调小组机构设置的指导,比如,2013年发函纠正了江门市委反腐败协调小组组长不由市纪委书记担任的错误做法。

二、加强协调配合,推动重大案件查处工作深入开展

2014年,省纪委成立全省纪检监察机关查办案件指挥中心,办公室设在案件监督管理室,制定指挥协调中心工作规则,研究与工商、银行、税务等职能部门建立日常联系机制、快速查询机制、应急联动机制、共同研判机制。

2015年,省纪委组织召开全省电视电话会议,深入学习贯彻中央办公厅《关于在查办党员和国家工作人员涉嫌违纪违法犯罪案件中加强协作配合的意见》(中办发〔2015〕10号)。10月,省纪委内部印发《省纪委在纪律审查工作中提请省公安厅协作配合的工作规程(试行)》(粤纪办字

〔2015〕12号），进一步明确了提请协作的要求、程序以及各部门的责任，把贯彻落实中办10号文上升到制度化的层面，扭转了协作配合中工作要求不够明确、责任不够清晰、操作不够规范的情况，使省纪委与省公安厅等部门的协作配合更加顺畅、高效。

2016年，省纪委贯彻中央关于加强办案协作配合工作意见，制定在执纪审查工作中提请省检察院、省公安厅协作配合的工作规程和案件移送联系人制度。

中央纪委和各地查办违纪案件的力度加大，使得各级纪检监察机关的协查工作量大幅增加。广东坚持全国工作一盘棋，服从服务于反腐败工作大局，把协助中央机关和兄弟省市执纪执法机关来粤调查取证作为服务全国反腐败工作的一项严肃政治任务来抓。2013年至2015年，省委反腐败协调小组及办公室协助上级和省内外纪检监察机关案件查办工作1425批3175人次，得到中央纪委和有关单位充分肯定。党的十八大以后，广东省纪委先后配合中央纪委查处了四川省原省委副书记李春城，中国移动公司广东分公司原总经理徐龙，广东国税局原局长李永恒，广东省委原常委、广州市原市委书记万庆良，广东省原政协主席朱明国，广东省委原常委、珠海市原市委书记李嘉等大案要案，协调全省有关执纪执法机关全力支持配合，圆满完成中央纪委交办的任务。同时，省纪委与相关部门紧密配合，认真落实中央第八巡视组巡视广东反馈的有关意见。2014年上半年，根据中央第八巡视组反馈的意见，省纪委、省委组织部等有关部门，对茂名系列腐败案中未处理的159名买官人员进行组织处理，其中降职8人、免职63人、调整岗位71人、提前退休1人、诫勉谈话16人；对广州市原副市长曹鉴燎案中违规提拔任用的7人进行职务调整；对梅州市违规破格提拔干部问题进行核实并倒查追究责任。

三、加强对国际追逃追赃工作的组织协调

2013年中央纪委二次全会对追逃追赃工作作出部署，提出，要"完善国（境）外办案合作机制，加大追逃追赃力度，决不让腐败分子逍遥法外"，各地各部门把追逃追赃工作摆在重要位置。2014年1月14日，习近平总书记在中央纪委三次全体会议上强调，"不能让国外成为一些腐败分

增城市新塘镇大敦村原党支部书记吴权深是广东抓回的首个"红通"人员。

子的'避罪天堂',腐败分子即使逃到天涯海角,也要把他们追回来绳之以法"。党和国家领导人在一些重要场合或国际会议上不断重申中国坚决反对腐败、追逃追赃的强烈决心和合作意愿,主动设置反腐败国际交流和合作议题,中央部署了一系列追逃追赃专项行动。其中,2015年3月,中央反腐败协调小组国际追逃追赃工作办公室会议决定启动"天网"行动。"天网"行动由多个专项行动组成,分别由中央组织部、最高人民检察院、公安部、人民银行等单位牵头开展,综合运用警务、检务、外交、金融等手段,集中时间、集中力量"抓捕一批腐败分子,清理一批违规证照,打击一批地下钱庄,追缴一批涉案资产,劝返一批外逃人员"。通过追逃追赃国际行动,把一大批潜逃境外多年的腐败分子缉拿归案或劝返回国,对外逃腐败分子形成强大震慑。

　　广东省腐败案件涉外因素多,外逃贪官基数也比较大,追逃追赃任务繁重。2014年,省纪委建立追逃追赃档案库,切实加强追逃追赃工作,与省检察院联合举办了一期职务犯罪案件跨国(境)追逃追赃及防逃工作培训班,建立外逃人员档案库。"天网"行动开展以来,广东以"追人"

为核心,通过重点案件带动追逃工作整体突破。包括吴权深、常征等"百名红通"人员在内的几十名党员和国家工作人员分别被有关机关劝返或缉捕归案。

2015年4月14日,省委反腐败协调小组召开第六次工作会议,传达学习中央纪委反腐败国际追逃追赃工作培训班精神,审议通过《中共广东省委反腐败协调小组国际追逃追赃协调机制工作规则》,决定设立广东省国际追逃追赃工作办公室。会议研究部署了广东省加强国际追逃追赃工作的具体措施,强调全省纪检监察、审判、检察、公安机关和有关部门要按照中央"天网"行动的统一部署,进一步加强协作配合,建立优质、高效、协同办案模式,形成反腐败强大合力,集中时间、集中力量"抓捕一批腐败分子,清理一批违规证照,打击一批地下钱庄,追缴一批涉案资产,劝返一批外逃人员"。

6月8日和8月14日,省委书记胡春华先后两次对国际追逃工作作出批示。在省委坚强领导下,省委反腐败协调小组统筹协调,各相关单位密切配合,以中央反腐败协调小组部署的"天网"行动为依托,以追捕外逃党员和国家工作人员为主线,以"百名红通"案件为重点,迅速布署开展国际追逃追赃工作。省追逃办协调财政、外事部门,为出国(境)追逃的证照办理提供便捷程序,申请专项经费500万元,补助各地追逃费用,实行"请上来"和"沉下去"相结合,就"红通"人员追逃重点,先后两轮分别与广州、深圳、珠海、江门市追逃办和专案组进行研究,掌握进度,研究困难,制定措施。2015年全年,全省共缉捕、劝返外逃人员127人,其中,百名"红通"人员1人,党员和国家工作人员22人,顺利接收美国强制遣返人员邝婉芳。省委追逃办成立不到一年的时间内,成功从18个国家和地区劝返、缉捕外逃人员131名,平均每3天有1名外逃人员落网。广东还服务全国追逃追赃工作大局,协助兄弟省(区、市)抓获外逃人员13人、查清去向14人。

在强化追逃的同时,针对外逃案件的特点,省追逃办积极协调落实"两项"治理,从源头上防治和减少外逃发生。一是由人民银行广州分行牵头,开展打击离岸公司和地下钱庄专项行动,从加强资金管理入手,切断外逃人员经济来源。全省破获地下钱庄案件82宗,涉案金额人民币

2000多亿元，其中4宗案件涉嫌为百名"红通"人员转移赃款，抓获犯罪嫌疑人200多人，现场缴获、查扣资金人民币7.8亿元。二是由省委组织部牵头，开展违规办理、持有因私出国（境）证件专项治理，从规范证照管理入手，防止出逃。全省共纠正违规办证问题205个、违规持有证件问题447个、瞒报持有证件问题2071个。

2016年4月26日至28日，中央反腐败协调小组国际追逃追赃工作办公室在北京举办反腐败国际追逃追赃工作培训班，辽宁、山东、广东、河南四省追逃办介绍了工作经验。6月12日，在中央反腐败协调小组国际追逃追赃工作办公室统筹协调和省追逃办直接指挥下，广东省又成功将广州市花都区原政协主席、"百名红通人员"王雁威缉捕归案，王雁威是全国第39个"百名红通人员"。

第十七章
充分发挥巡视的"利剑"作用

　　党的十八大以来，党中央进一步加强和改进巡视工作，对巡视工作提出一系列新思想新部署新要求，巡视成为国之利器、党之利器。中央政治局常委会多次研究巡视工作，听取每一轮巡视情况汇报，推动巡视工作扎实有效开展。2013年6月，中央办公厅转发《中央纪委、中央组织部关于进一步加强巡视工作的意见》和《中央巡视工作规划（2013—2017年）》，对巡视工作作出新部署，提出新要求。巡视工作打破传统体制机制的弊端，实行"三个不固定"，即：巡视组组长不固定、巡视对象不固定、巡视组与巡视对象关系不固定，建立巡视组组长库，明确巡视组组长一次一授权。巡视剑指党风廉政建设方面存在的问题，突出"四个着力"，即着力发现是否存在违反党的政治纪律问题，着力发现领导干部是否存在权钱交易、以权谋私、贪污贿赂、腐化堕落等违纪问题，着力发现是否存在形式主义、官僚主义、享乐主义和奢靡之风等问题，着力发现是否存在选人用人上的不正之风和腐败问题。中央巡视办提出，有权就有责，权责要对等，巡视工作要有责任、有压力，重大问题发现不了就是失职，发现了没有如实报告就是渎职。这些体制机制的改革创新释放了巨大的力量，在工作实践中取得显著效果。

　　广东较早探索开展巡视工作，积累了一定的经验。党的十八大以后，广东贯彻中央要求，壮大巡视队伍，加快巡视频率，公开巡视信息，强化巡视成果运用，巡视工作在从严治党方面发挥了重要作用，各项工作走在全国前列。

第一节　完善巡视工作体制机制

广东省巡视机构正式成立于2004年3月,成立之初为"五组一办"架构,2007年扩展到13个巡视组,新增编制28名,总编制达到63名(省纪委39名,省委组织部24名),巡视组组长在原单位列编。2009年,在总编制不变的情况下,巡视组调整优化为10个。10个巡视组每组配备6名干部,其中1名正厅级组长、1名副厅级副组长。党的十八大以后,为适应巡视工作需要,在常规巡视基础上,新组建了3个专项巡视组开展专项巡视,由部分巡视机构干部和抽调人员组成。

党的十八大以来,广东省准确把握依然严峻复杂的党风廉政建设和反腐败斗争形势,坚定不移贯彻中央巡视工作方针,巡视的力度、深度和广度前所未有,巡视的震慑力、推动力、影响力前所未有。

一、加强对巡视工作的组织领导

党的十八大以来,中央政治局委员、省委书记胡春华定期听取巡视情况汇报并发表讲话,对抓好巡视工作提出一系列指导意见和明确要求,经常对处置巡视中发现的典型性、普遍性和倾向性问题提出具体意见。仅2014年,胡春华4次在巡视情况综合报告和专题报告上作出批示,3次听取巡视情况汇报并发表讲话,省委常委会5次听取巡视工作和巡视情况综合汇报。2016年以来,胡春华听取了对18个地方和单位的巡视情况汇报,6次主持省委常委会听取巡视工作相关情况汇报,主持研究制定省委巡视工作实施办法,坚决贯彻中央巡视工作方针和布署,有力推动了巡视工作的深化发展。省委巡视工作领导小组逐个听取巡视48个地方和单位的全面情况汇报。

省委把巡视工作摆在突出位置,形成了省委承担主体责任,省委巡视工作领导小组组织实施,纪检监察机关、组织部门及相关部门支持配合的巡视工作体制机制。坚持把加强和改进巡视工作作为全面从严治党的重要措施进行部署,建立分层级听取巡视情况汇报常态化机制。每轮巡视结束后,省委书记听取重点单位的巡视情况汇报,省委常委会听取巡视综合情况汇报,省委"五人小组"视情况听取重要巡视情况汇报。省委巡视工作领导小组逐个听取巡视组情况汇报,[①]仅2015年就开展专题研究15次,及时研究解决体制改革、专项巡视组组长配备、巡视队伍建设、后勤保障等重要问题。省纪委、省委组织部加强与巡视机构的协调配合,形成推动巡视工作的整体合力。省纪委在巡视前,安排纪检监察室、信访室等部门向巡视组介绍被巡视单位情况、提供问题线索;巡视中,安排联系被巡视单位的纪检监察室有关同志参与巡视工作,加强对问题线索的研判分析;特别是省委巡视工作领导小组每次听取巡视汇报后,省委常委、省纪委书记黄先耀都根据巡视发现问题线索清单,亲自向各纪检监察室主任交办任务,对重要问题线索亲自督办。省委组织部为配好配强巡视力量、开展领导干部报告个人有关事项抽查核实、选人用人专项检查提供支持,对巡视发现的选人用人方面的问题认真处理。

按照中央关于强化"政治巡视"的要求,广东巡视工作深刻把握政治巡视的深刻内涵和本质要求,从围绕党风廉政建设和反腐败斗争这个中心、坚持"四个着力",向突出坚持党的领导、加强党的建设、聚焦全面从严治党深化,巡视工作不断与时俱进,定位越来越清晰、方向越来越明确。省委巡视工作领导小组及办公室加强政策指导和工作指导,督促省委巡视组从厚植党执政的政治基础的高度分析、把握巡视发现的问题,提出有针对性的意见建议。为增强深化政治巡视的行动自觉,省委巡视工作领导小组完善考核评价工作,把被巡视地方和单位"是否进一步突出坚持党的领导、加强党的建设、全面从严治党",作为衡量巡视工作成效和巡视责任落实情况的重要标准。2016年,十一届省委布署开展第十二轮、十三轮巡视,省委巡视组坚持在政治高度上突出党的领导、政治要求上抓住党的建设、政治定位上聚焦全面从严治党,做深、做细、做实党内"政治体检",注重抓早、抓小、抓典型,共发现11个县(市、区)和41个省直单位党的领导弱化、党的建设缺失、全面从严治党不力等方

---

① "五人小组",是指由省委书记、省长、省委副书记、省纪委书记、省委组织部部长为成员的省委"五人小组"听取巡视情况汇报制度。

面的具体问题1000多个，原原本本反馈，严肃提出整改要求，增强了被巡视党组织特别是党委（党组）书记管党治党的思想自觉和政治担当，政治巡视的严肃性、权威性充分体现。根据巡视发现省直单位机关党建工作相对薄弱的问题，省委组织部结合贯彻《中国共产党党组工作条例（试行）》，加强督促检查，推动相关问题的解决。针对一些省直单位对下属单位监管不力问题，省委巡视办开展专题调研，提出对策建议。

二、创新巡视监督方式方法

在省委的领导和支持下，省委巡视工作领导小组及办公室紧跟中央工作步伐，利用中央第八巡视组对广东开展巡视、配合中央巡视组对南方航空、南方电网开展巡视相关工作，以及派员参与中央巡视组工作的机会，学习借鉴中央巡视组的经验做法，围绕加强和改进巡视工作、巡视全覆盖、专项巡视、问题线索管理、巡视组考评等，出台一系列规范性文件，努力使广东巡视工作适应形势和任务的需要。

以提高巡视监督科学化水平为目标，着力推动巡视工作转型升级。2013年，广东在全国率先将"四个着力"重点内容细化为37个必查项目，为巡视监督列出统一的"明细表"，提高巡视监督的针对性、可操作性。贯彻落实中央关于巡视工作的新部署新要求，针对以往任务泛化、职能发散等问题，先后出台《关于进一步加强和改进巡视工作的意见》《关于省委巡视组发现问题线索管理的若干意见》等7个文件，不断完善更加有利于实现"发现问题、形成震慑"的工作机制、协调机制、保障机制和干部管理机制。

以"常巡常新长效"为导向，不断创新巡视工作的组织形式。根据任务的不同和形势的发展，积极探索常规与专项结合巡视、关联部门捆绑巡视、地方与部门同步巡视、地级以上市与所属县（市、区）一体巡视等方式，初步实现巡视组织方式多样化。在巡视期间，省委组织部组织力量开展选人用人专项检查已成为"规定动作"，既提高了巡视发现问题的能力，又推动了选人用人问题的解决。比如，2014年巡视发现了揭阳团市委一名副书记9年10次变动岗位、连续违规破格提拔等典型问题，省委组织部在2015年全省组织部长会议上，将这些问题通报全省，推动问题整改,取得良好效果。

以"把纪律和规矩挺在前面"为遵循,充分发挥巡视在纪律建设中的推动作用。中央政治局委员、省委书记胡春华强调,要把对执行政治纪律、组织纪律情况的巡视,与发现贪污腐败等党风廉政建设方面的问题摆在同等重要的位置。紧扣党的纪律开展巡视,发现苗头就及时提醒、触犯纪律就揪住不放。重点把握"三个时间节点",即党的十八大以后、中央八项规定出台以后和党的群众路线教育实践活动以后的顶风违纪行为,认真落实越往后执纪越严的要求。如2014年巡视省质监局,发现省质检院原院长胡某某在公开场合妄议中央八项规定,省纪委结合巡视发现的其他问题对其作出予以开除党籍处分。2015年巡视粤财控股公司,发现5名班子成员顶风违纪用公款办理高尔夫球卡,省纪委对该5名班子成员分别给予相应党纪处分,对履行监督责任不力的公司纪委书记给予党内警告和免职处理。

以改进方式方法为切入点,切实增强巡视发现问题的能力。在收集情况方面,建立与纪检监察、组织、信访、审计等部门的沟通协调机制,对巡视对象有关信息实现共享。建立巡视与省纪委暗访联动机制,共享暗访成果。在个别谈话方面,由"普谈"变"选谈",增加重要岗位干部和基层群众的比例,约谈民意代表和上访群众,扩大听取意见的渠道。在走访调研方面,选择问题较多、情况复杂、工作落后的地方和单位,以问题为主线,开展解剖式调研。在巡视信访方面,统一设立并公布省委巡视机构和各巡视组举报信箱,方便群众举报,解决了有的地方和单位巡视线索不够的问题。仅2014年第四轮巡视就收到信访件21074件。在巡视报告方面,建立专报制度,对巡视中发现的重要问题线索,直报省委巡视工作领导小组。

三、开展专项巡视

广东省在全国较早探索开展专项巡视,2014年出台《关于开展专项巡视工作的实施意见》,明确提出专项巡视是落实巡视全覆盖的重要形式,并对专项巡视的对象任务、工作流程、组织方式等提出规范性要求,力求指向更明确、内容更具体、程序更简化、方法更灵活。在专项巡视对象的确定上,建立"部门共推"提名机制,由省委巡视办协调省纪委各纪检监察室、省委组织部各相关业务处会同推荐专项巡视建议对象,确保群众反映突出、问题严重的地方和单位优先得到巡视。

《意见》出台两年多来,省委巡视组重点围绕"问题已经显露且各方意见统一的地方或单位、群众反映比较突出的党员领导干部、群众意见集中的特定领域、长期缺乏监督的边角部门"开展了多批次专项巡视。如针对梅州市党政班子的问题开展专项巡视,短时间搞清楚了问题,省委随后对市委书记进行岗位调整。又如,根据群众反映和相关部门意见,对中山市火炬国家级开发区进行专项巡视,集中力量发现了国土规划方面的重要问题线索。根据巡视发现的线索,省纪委对中山市委原常委、开发区原党委书记冯梳胜立案审查,给予其开除党籍处分并移送司法机关。对广东文艺职业学院、省作家协会等社会关注度不高、长期缺乏监督单位的专项巡视,均发现了重要问题线索。如对广东文艺职业学院的专项巡视,发现该学院院长长期违反规定直接分管人、财和工程招投标,存在利用职权搞利益输送、任人唯亲等严重问题,巡视结束后省委对其免职处理,省纪委继续跟进调查其涉嫌违纪违法问题。

四、加强巡视工作队伍建设

2015年,中央《中国共产党巡视工作条例》修订颁布后,省委严格落实该条例关于巡视机构和人员的要求,进一步加强巡视机构建设,在原有十个巡视组的基础上再增设一个巡视组,增加12个行政编制,巡视组编制增幅达22.2%,每个巡视组正式人员编制达到7人。同时,为强化巡视办职能作用,更好地履行条例规定的统筹、协调、指导职责,明确省委巡视办为省委工作部门,增加巡视办人员编制5名,内部设立秘书、综合、督办三个职能处。

出台《关于抽调干部担任巡视专员办法》,在不增加省委巡视机构编制和领导职数的前提下,严格按照《中国共产党巡视工作条例》规定的条件,从全省抽调优秀处、科级干部担任省委巡视专员,每批15人,工作时间1年,并根据需要抽调相关专业人员参与巡视工作,初步形成充实和更新巡视力量的常态机制。从全省纪检监察、组织人事和相关部门挑选

120名党员领导干部纳入巡视工作人才库,根据需要从中抽调干部参与巡视工作。省委常委、组织部长李玉妹每次对抽调人员名单都亲自审核把关,保证人员素质。注重巡视干部成长,推进省纪委、省委组织部与省委巡视组人员定期轮岗交流常态化。

加大巡视机构干部交流力度,将省纪委管理的巡视干部全部编入省纪委机关各室(厅、办),省委组织部打通部、组间干部交流渠道,原则上2~3年一轮换。在巡视机构建立党总支部,在各巡视组建立党支部,加强思想政治工作,严格作风建设和日常监督管理。加强业务培训,党的十八大以来,巡视机构两次成建制开展培训,不断增强履职能力。针对有的巡视干部互相不熟悉、存在"干好干坏一个样"思想的问题,制定考核办法,2014年、2015年各评选出3个优秀巡视组,进一步强化了巡视组争先创优的意识和较真碰硬的责任担当。坚持回避原则,每轮巡视前都根据巡视干部的地域籍贯、工作或学习经历、社会关系等,对各个巡视组的人员进行调整,避免"熟人巡视熟人",确保巡视监督的客观公正。

第二节　完善巡视工作制度体系,强化巡视成果运用

省委坚持把成果运用作为体现巡视价值、确保巡视成效的关键环节来抓,在几年巡视监督实践的基础上,不断完善制度体系、强化工作措施,认真做好巡视"后半篇"文章,充分发挥巡视工作的监督"利器"作用。2016年7月—9月,省委巡视办组织对中央巡视工作新制度新规定的集中研读活动,在此基础上对广东省22项巡视工作规章制度进行了"立、改、废",构建起具有广东特色的巡视工作制度框架。

一、巡视推动纪律审查工作精准发力

2014年,巡视工作紧盯省管干部,精准发力。全年完成对4轮59个地区和单位的巡视,发现违纪违法问题线索1659条。省纪委建立"绿色通道",对巡视发现的问题线索优先办理。据统计,2014年全省各级纪检监

察机关根据巡视组移交的问题线索，对262名领导干部进行立案调查，查处了省海防与打私办主任罗欧，深圳市委常委、政法委书记蒋尊玉等19名正厅级干部。

2015年，省委巡视组完成对65个地方和单位的巡视，形成重要问题线索报告167件。根据巡视移交的线索，省纪委查处厅级干部62人，其中正厅级干部17人，省委组织部对10名厅级干部进行组织处理，数量居全国首位。针对巡视发现的体制机制方面的问题，形成专题报告25篇，向省委省政府提出建议77条，向被巡视党组织提出整改意见338条。在省委常委会的有力推动下，省委省政府有关领导多次召集协调会议，研究解决巡视发现的有关问题。如针对粤财控股、农垦集团、省二轻集团等企业经营管理存在监管漏洞问题，省政府专题研究了整改措施，进一步完善了监管制度和管理体制；针对全省地税系统超百亿元结余结转资金未纳入财政统管问题，省政府领导高度重视，指示省地税系统迅速开展清理整改，健全了存量资金规范管理机制，从制度上防范风险发生。

2016年前两轮巡视结束后，形成重要线索183件，逐一建立详细台账，向省纪委本级有关部门转办69件，向有关市纪委、省纪委派驻纪检组转办或转呈有关领导阅处114件。同时，按照"情况明、数字准"的标准，对2013年以来已巡视的160多家单位办理巡视移交线索情况进行"大起底"，确保件件有着落。2016年上半年，对巡视发现的土地出让和工程招投标管理不规范、违规发放津补贴、行政机关和所属企业"脱钩"不到位等问题开展专题督办，取得初步成效。同时，选择个别发现问题比较多、整改不到位的单位开展实地检查。省委巡视办会同省委组织部、省财政厅，对省体育局巡视整改工作进行了重点检查，并对整改成效进行民主测评，推动了整改事项的落实。

二、以问责倒逼巡视整改责任落实

巡视工作职能转变以来，广东省每轮巡视都能发现一批有价值的问题线索。省委巡视办会同省委督查室，对巡视整改事项列出清单，建立台账，逐项督办整改，防止发现问题认认真真、解决问题不了了之。

对巡视发现的问题线索实行分类处置。按照中央的要求，对反映党员领导干部的违纪违法问题线索和选人用人方面的问题线索,分别由省纪委、省委组织部处置。2015年巡视发现省社会主义学院、省盐业集团班子严重不团结问题,省委组织部对两个单位4名班子成员进行了调整。同时,对一些企事业单位生产经营和日常管理中的廉政风险问题,既责成被巡视单位党委(党组)落实整改,也要求其行政主管部门督促指导、负起责任。省政府有关领导多次召集协调会议,研究解决巡视发现的共性、突出问题,以巡视整改倒逼改革。

对线索处置情况加强督查督办。省委巡视办建立巡视收信、问题线索、重要专报件、整改报告件、督办落实情况等多个工作台账,出台《关于省委巡视组发现问题线索管理的若干意见》,确保件件有着落、事事有回音。建立回访督查机制,被巡视党组织上报整改情况报告后,巡视组适时进行回访督查。建立省委巡视办与省委办公厅联合督办机制,每轮巡视结束后,将不涉及具体违纪违法线索的重要问题汇总报省委办公厅督查室,以省委名义进行督办,并限期报送办理情况。对被巡视单位的问题,在巡视反馈时责成被巡视单位党委(党组)落实整改,两个月内向省委巡视工作领导小组报送整改情况报告,由省委巡视办跟踪落实。注重综合分析。针对被巡视单位"四个着力"方面的普遍性、典型性问题,及时归纳总结、综合分析,形成专题材料报省委巡视工作领导小组,推动问题的解决。

大力推动巡视信息公开。为提升巡视工作影响力和公信度,围绕巡视进驻、巡视反馈、巡视整改三个环节,坚持内外有别的原则,建立健全党内公开和向社会公开相结合的巡视公开工作机制。每轮巡视结束后,都通过各大媒体公开发现问题清单,均引起社会广泛关注,以公开倒逼被巡视单位的问题整改。

全面压实整改责任。重点压实被巡视党组织"一把手"巡视整改第一责任人责任,督促其带头对巡视反馈意见进行反思和剖析,认真撰写个人组织落实整改的情况报告,切实发挥示范引领作用。2016年上半年,省委巡视办对一名组织整改不力的区委书记进行约谈提醒。建立巡视整改联络员会议制度,向被巡视党组织有关负责人"面对面"讲清工作要求,明确工作责任,确保整改工作规范、有序开展。实行巡视发现重要问题向被巡视单位上一级党组织通报制度,强化整改推动力。2016年,根据省委主要领导的指示,省委巡视工作领导小组及办公室负责同志专门就巡视发现的广州市黄埔区和原萝岗区合并不彻底问题以及领导干部违纪线索,向广州市委、市纪委、市委组织部主要领导进行通报,引起广州市委高度重视。

三、制定《广东省委巡视工作实施办法》

2015年8月,中央《中国共产党巡视工作条例》修订出台,广东省组织各级领导干部和巡视工作人员认真学习,同时广泛宣传,营造全党全社会关心支持巡视、有序参与巡视工作的浓厚氛围。2016年1月30日,省委印发《广东省委巡视工作实施办法》,《实施办法》充分吸纳广东巡视工作的经验和做法,对《条例》14处规定进行了充实和细化,主要包括10个方面:一是在工作体制机制方面,实行"省委承担主体责任,省委巡视工作领导小组组织实施,纪检监察机关、组织部门及相关部门支持配合的巡视工作体制机制"。二是在巡视对象方面,突出对"一把手"这个"关键少数"的监督,规定"省委巡视组应当将被巡视党组织主要负责人作为重点巡视对象"。三是在巡视全覆盖方面,规定"省委巡视组在每届省委任期内,至少对省委所管理的地方、部门、企事业单位党组织开展一次巡视,优先安排对地级以上市、县(市、区)的巡视"。四是在巡视准备方面,规定"省委巡视工作领导小组建立省委巡视机构与省纪委机关、省委组织部、省政法机关、省审计厅、省信访局的沟通通报机制",提高巡视监督的精准度。五是在巡视报告方面,规定巡视组"对发现的党员领导干部重要问题线索,应当及时报告省委巡视工作领导小组"。六是在巡视成果运用方面,规定省委巡视办"建立巡视发现问题和线索台账,实行统一管理、跟踪督办",并建立健全相关督办机制,对巡视发现的倾向性、普遍性、政策性问题,督促有关部门研究解决。七是在巡视整改方面,除在有关条款中体现"巡视中立行立改""巡视后全面整改"的要求外,强调"巡视前即知即改",规定省委巡视组开展巡视前,"应当督促被巡视党组织针对党风廉政建设方面存在的普遍性问题主动进行整改"。八是在巡视信息公开方面,规定公开的方式为"党内通报"和"向社会公开",并将"开展巡视公开工作"作为省委巡视办的职责之一,被巡视地区(单位)及工作人员"不按要求公开巡视整改情况的",要进行责任追究。九是在队伍管理方面,规定"建立巡视人才库""建立健全党员干部到省委巡视组挂职锻炼的工作机制"。十是在巡察工作方面,将"对省委管理的地方、部门、企事业单位党组织开展的巡察工作进行指导"作为省委巡视办的职责之一,打造巡视、巡察一体化格局。

四、印发《关于规范和加强省直部门下属单位管理的意见》

2016年9月21日,省委书记胡春华在听取省委第十三轮巡视情况汇报时指出,一些省直部门对下属单位管理不严,这些下属单位在人事、财务、资产等方面的问题比较突出,要求省纪委、省委巡视办进一步摸清情况,认真研究如何加强对省直部门下属单位的管理。9月22日,省委常委、省纪委书记、省委巡视工作领导小组组长黄先耀主持召开省委巡视工作领导小组会议,就落实胡春华书记要求作出部署,决定由省委巡视办牵头,会同有关派驻纪检组对省直部门下属单位存在问题进行深入调研,在调研基础上着手起草《关于规范和加强省直部门下属单位管理的意见》(《意见》),提请省委省政府"两办"印发。从9月底开始,省委巡视办对本届省委巡视过的省直部门的情况进行全面梳理、深入调研,11月中旬形成调研报告,根据胡春华书记的批示要求,着手起草文件,2017年2月经省委常委会审议通过并公开印发。

《意见》贯彻中央全面从严治党决策部署,坚持问题导向,从严格干部人事管理、严格财务资金管理、严格国有资产使用管理对省直部门下属单位内部管理监督和权力规范运行提出明确要求,强调省直部门通过加强内部控制体系建设、加大审计监督力度、健全内部审计机制、深入开展巡视巡察、开展经常性监督检查、加大信息共享等方式方法,加强对下属单位监督管理。《意见》强调,省直部门党组织要统筹领导和推进落实下属单位管理工作,制定责任清单,层层压实责任;党组织书记要履行第一责任人责任,定期研究部署,协调解决下属单位突出问题,督促下属单位履职尽责,每年至少要对下属单位党组织履行管党治党责任开展一次检查。《意见》针对当前省直部门下属单位管理中存在的突出问题，所提出的工作要求具有很强的针对性和可操作性。比如，提出省直部门要"强化监督检查"，规定纪委派驻纪检组要"加强对所派驻部门党组（党委）落实主体责任情况的监督，定期向省纪委汇报"，"要突出关键少数和关键岗位，将监督延伸至下属单位特别是一把手，强化'一案双查'"，"省直部门设有党委的下属单位要配备专职纪检人员，其他下属单位要明确人员负责纪检工作"。

为便于各地各单位结合实际落实，《意见》还规定，各地级以上市、县（市、区）可结合实际制定具体贯彻意见。

第三节　加大巡视频率，实现巡视"全覆盖"

在一届任期内实现巡视全覆盖，是中央对省区市党委巡视工作提出的硬指标，体现的是监督无例外、反腐无禁区。党的十八以来，中央巡视工作朝着全覆盖目标稳步迈进，为省一级巡视工作作出了表率。

一、制定巡视全覆盖"时间表"和"路线图"

按照中央的要求，省委坚持把在一届省委任期内完成巡视全覆盖作为一项硬任务来落实，2014年11月，省委印发《关于落实巡视全覆盖的实施意见》，明确了广东巡视全覆盖的"时间表"和"路线图"。按照总体计划，全省纳入省委巡视对象的地方和单位共292个。根据工作进度安排，2017年省委换届前，将完成对所有巡视对象的巡视。《意见》提出七项举措以推动实现巡视全覆盖。一是实行分类巡视。将全省应纳入省委巡视的292个对象，按照实际情况分为4类。第一类为地方市、县两级，第二类为省属重点国有企业，第三类为省直机关重点部门，第四类为其他省直机关、事业单位、高校等。省委巡视办每年制订巡视计划，针对不同巡视对象确定巡视力量、时间和方式。将省属副厅级单位和各类经济技术开发区列入专项巡视。《意见》加强统筹规划，分清轻重缓急，科学设定广东推进巡视全覆盖的"时间表"和"路线图",确保"应巡尽巡"。2012年5月十一届省委选举产生以来,省委巡视组共开展13轮巡视,巡视235个地方和单位,巡视全覆盖完成率约为83%。其中,巡视地级以上市21个,县(市、区)119个,省直机关(单位)71个,覆盖率为82.6%;省属国企20个,覆盖率为83.3%;省属高校4个。2016年9月,第14轮巡视启动,对36个省属事业单位、国有企业、高等学校等党组织开展巡视。

二、加快巡视节奏

2014年,省委增设了3个专项巡视组,在开展常规巡视的同时,探索开展专项巡视,进一步提高巡视监督的频率和覆盖面。坚持一切从实际出发,综合运用常规巡视和专项巡视两种方式,做到宜常则常、宜专则专,不拘一格、机动灵活。实行"一巡一创新",打破以往按地域、行业、单位性质进行分类巡视的做法,探索常规与专项结合巡视、关联部门捆绑巡视、地方与部门同步巡视、地级以上市与所属县区一体巡视等方式,实现组织方式多样化。从2014年第四批巡视开始,根据市与县(市、区)存在问题的关联性,对地级以上市巡视的同时,"捆绑"巡视其下属1~2个县(区)。从2014年开始,将原来每年安排3批巡视增加到4批,确保3年内把各地级以上市、县(市、区)和省直部门、企事业单位及高等院校全部巡视一遍。

贯彻"时间服从质量、进度服从效果"的原则,建立巡视组考评制度,把发现问题线索的成案率作为考评的重要标准,强化巡视组争先创优意识。建立巡视人才库,每年从纪检监察、组织人事、审计财税等有关单位抽调干部参与巡视工作。采取多种方式调配人员力量,既发挥好巡视人才库、党员干部到巡视组挂职锻炼等制度、机制的作用,又实行省委巡视机构与省纪委机关、省委组织部的轮岗交流制度,优化人员结构,为实现全覆盖目标提供强有力的组织保障。

2016年1月,省委书记胡春华在省纪委五次全会上要求,2016年要进一步加大巡视工作力度,力争实现100%全覆盖。为确保巡视全覆盖任务如期完成,省委巡视办进一步加强统筹规划,对巡视全覆盖工作数据进行再统计、再分析,准确掌握底数,分清轻重缓急,研究制定完成全覆盖任务"冲刺阶段"的 "时间表""路线图"以及人员调配方案。即十一届省委第十三轮巡视采取"一托二"和"一托三"相结合的方式,对26个单位开展巡视,对2个已巡视单位进行"回头看";十一届省委第十四轮巡视采取"一托三"方式,对34个单位开展巡视。截至2016年10月,巡视覆盖率已达到96%,基本实现巡视全覆盖。2017年春节后将完成对全部剩余单位的巡视,在省委换届前圆满实现巡视全覆盖目标。

第四节　探索开展巡察工作

巡视工作的显著成效,为基层开展党内监督提供了有益借鉴。2013年以来,广东省一些市和县(市、区)探索参照巡视工作的方式方法开展巡察工作,取得了一定成效。[①]2015年以来,广东探索在教育、卫生计生、国资等9个系统和一些地级以上市、县(市、区)开展巡察工作。实践证明,巡察工作是巡视工作的有效延伸与补充,是促进基层坚持党的领导、加强党的建设、落实全面从严治党各项要求的有力举措。

一、探索开展市县巡察工作

省委落实中央巡视工作领导小组关于探索开展市县巡察工作的要求,按照"积极稳妥、鼓励探索、以点带面"的原则,指导、推动广州、深圳、珠海、佛山等13个地级以上市和36个县(市、区)借鉴巡视理念和工作方式方法,结合本地实际,形式多样地探索开展市县巡察,拓宽了基层群众直接反映问题的渠道,推动解决了一批损害群众利益的不正之风和腐败问题,促进了全面从严治党各项工作在基层的落实。

全省各地级以上市结合本地区特点,积极探索开展巡察工作。广州

---

① 各地在探索初期,有的称作"巡察",有的称作"巡查",定位不够清晰,后来在探索中逐步形成较一致的认识,在中央明确提出鼓励各地"探索开展巡察工作"后,才统一称作"巡察",并统一了职责范围和工作定位。

市在2013年开展国企巡察并取得经验的基础上,进一步健全完善巡察工作体制机制,成立市委巡察工作领导小组及"一办五组"的巡察工作机构,构建以《关于坚持全面从严治党开展巡察工作的意见》为主干的"1+4+N"制度框架,把巡察范围拓展到全市党政机关和企事业单位,打造巡察全覆盖工作格局,为全省各地级以上市高位推动、规范开展巡察工作作出示范。深圳市出台《关于全面开展巡察工作的意见》,初步建立市委"五人小组"听取巡察情况汇报、研究巡察成果运用的工作机制。首轮巡察共组建5个巡察组,由市纪委副局级干部担任组长,工作人员从有关单位临时抽调。惠州市2008年在全省率先成立了市委巡察工作领导小组及办公室(巡察办),组建了5个巡察组,市委巡察办单独设2名行政编制,巡察组长、副组长为专职。巡察工作所需经费由市财政预算安排。在对市直单位开展常规巡察的同时,深入开展"提高效率、狠抓落实"专项巡察。建立巡察回访督办制度,确保巡察发现的问题得到及时整改。肇庆市出台《中共肇庆市委关于全面开展巡察工作的实施意见》,市编委印发《关于成立市委巡察工作机构的通知》,成立市委巡察工作领导小组及其办公室,市委巡察办所需人员编制、领导职数均在市纪委机关及其派驻机构的编制和处科级领导职数总额中调剂解决。阳江市出台《阳江市委巡察工作实施意见》,成立巡察工作领导小组及其办公室,所辖部分县(市、区)也成立相应的巡察机构。佛山市在不改变市纪委派驻机构管理模式和人员编制的前提下,按照"业务相近、经验互补"的原则组建巡察组,巡察组长由派驻机构负责人担任,实行组长负责制,一巡察一授权,巡察组其他人员从市纪委派驻机构和其他相关单位抽调。东莞市委巡察工作在市委领导下,由市纪委统筹,调配市纪委派驻机构、镇街纪检干部和审计、财务等专业人员组建巡察组,实行"分片制""组长负责制""考评制"三大工作机制。

二、探索开展系统巡察工作

2014年,省委书记胡春华在听取省委巡视情况汇报时指出,省国资委、省教育厅、省卫生计生委管辖企业、院校、医院众多,要指导这三个系统建立巡察制度,实现有效监管。省委巡视工作领导小组迅速落实,

2015年出台《关于在省直有关单位开展巡察工作的意见》，推动省国资委、省教育厅、省卫生计生委、省法院、省检察院、省公安厅、省司法厅等7个部门建立巡察制度，运用巡视工作基本方法，创新组织形式、细化工作内容，深入开展对省委巡视对象之外的下属单位党组织领导班子及其成员的巡察监督，形成了一些比较有效的经验做法。此后，又指导推动省国土资源厅、省地税局开展系统巡察。2016年上半年，上述9个单位党委（党组）共巡察23个下属单位，发现并移交处置了一批问题线索，巡察工作对违纪违法行为的震慑力较上一年有了不同程度的提升。省国资委紧盯国有企业落实"两个责任"、执行中央八项规定精神以及工程建设、贸易经营、财务管理、公司治理等方面的突出问题，探索"交叉式""联动式"等工作模式，开发巡察信息管理系统，工作节奏走在省直有关单位前列。省公安厅高度重视巡察工作机构建设，把巡察办作为厅直常设机构，独立运作并配备专职人员，组建5个巡察组，由厅党委指派副厅级干部或正处级干部担任组长，巡察工作的组织保障较为有力。2016年以来，省公安厅巡察机构加强与厅法制总队的协同配合，实行系统巡察与执法巡查"两巡合一"，推动查处了一批群众反映强烈的执法违法、执法腐败问题。省地税局突出对税收执法权、行政管理权两项核心权力的巡察监督，依托大数据筛查和审计工作，有效提高了发现问题的精准度。省委教育工委2014年印发《广东省高校巡查工作暂行办法》，成立巡察工作领导小组，负责对巡察工作的组织领导，从全省公办高校选取400多名工作人员组建了广东高校巡察人才库。11月下旬开始，组织三个巡察组对岭南师范学院、广东交通职业技术学院、广东理工职业学院开展了首批巡察工作。

三、在派驻机构中开展派驻、巡察、办案"三位一体"试点

2015年9月28日，省纪律检查体制改革专项小组第八次会议召开，会议传达学习中央、中央纪委和省委近期有关改革精神，听取各专题组工作汇报，研究部署下一阶段改革工作，提出要开展派驻、巡察、办案"三位一体"改革试点。

2015年9月，省纪委在省委宣传部、省委组织部等7家省委工作部门新

设立派驻纪检组，省纪委对派驻机构工作机制进行大胆探索——创建了派驻、巡察、纪律审查"三位一体"工作机制，形成"派驻一个点、监督一条线、巡察和纪律审查辐射一个面"的工作模式。巡察参考巡视工作的方法，由派驻机构深入驻在部门及其直属单位，主动搜集问题线索，而不是被动等待线索上门。各派驻纪检组先后启动系统巡察工作。派驻省委宣传部纪检组制定《关于在归口单位开展巡察工作的实施办法》，明确巡察的组织领导方式、巡察对象、巡察主要任务和重点以及工作程序。在巡察的同时，不少纪检组开展了问题线索"大起底"，对发现的驻在部门党员干部"个人申报事项有出入"等问题果断提出处理意见。

当年，省纪委结合推进派驻监督全覆盖，在深圳、佛山、韶关、梅州等4市开展"三位一体"试点，把派驻机构长期沉淀的力量和能量调动和发挥出来。加强对驻在部门、归口监督单位及其所属系统的监督，实现派驻机构办案数量和质量的明显提升。各试点地方结合自身实际积极探索。佛山市实行驻点监督、分片巡察和联合纪律审查"三位一体"工作机制，在驻点监督的基础上，建立派驻机构分片巡察和纪律审查机制，由各纪检组组长轮流担任巡察组组长，发现问题、形成震慑，并督促被巡察单位落实好巡察组提出的整改意见和建议；一旦发现重要问题线索，经市纪委批准，巡察组可转为联合调查组展开查处工作。

在探索开展巡察工作过程中，广东认真学习借鉴其他省、市、自治区的好经验好做法，推动本省市县两级巡察工作深入开展。2016年7月，经中央巡视办推荐和省委巡视工作领导小组批准，省委巡视办会同省委组织部、省编办到河南、山西两省考察学习市县巡察工作。在考察调研的基础上，调研起草并以省委巡视工作领导小组的名义印发《关于建立市县党委巡察制度的指导意见（试行）》，要求全省市、县两级党委建立巡察工作制度，同时对巡察工作的任务、范围和对象作出了明确规定。

第十八章
深化纪律检查体制改革

　　2013年11月召开的党的十八届三中全会,通过了《中共中央关于全面深化改革若干重大问题的决定》,对党的纪律检查体制改革作出了全面部署。主要内容包括:落实"两个责任",即落实党风廉政建设责任制,党委负主体责任,纪委负监督责任;实行"两个为主",即查办腐败案件以上级纪委领导为主,各级纪委书记、副书记的提名和考察以上级纪委会同组织部门为主;推进"两个全覆盖",即推进中央和地方各级纪委向党和国家机关派驻机构的全覆盖,实行统一名称、统一管理,推进中央和省区市的巡视全覆盖,即对地方、部门和企事业单位的全覆盖。

　　省委坚决贯彻落实党中央决策部署,积极稳妥推进纪律检查体制改革。2014年2月10日,省委全面深化改革领导小组召开第一次会议,批准省纪委牵头成立省纪律检查体制改革专项小组,省委常委、省纪委书记黄先耀任组长,小组办公室设在省纪委办公厅。2月17日,省纪委办公厅印发《关于推进我省纪律检查体制改革有关工作的通知》,明确省纪律检查体制改革专项小组工作规则和办公室工作细则,专项小组下设干部制度改革、巡视体制改革、查办腐败案件体制改革、派驻体制改革、反腐败领导体制机制改革和反腐倡廉法规制度体系建设六个专题组。中央纪委的改革文件印发后,广东省迅速制定《深化纪律检查体制改革实施方案》,构建起完善的改革工作机制。《方案》把改革任务细化为40项具体改革举措,每一项举措都明确了牵头单位和工作进度要求。省纪律检查体制改革专项小组先后召开7次会议,研究制订改革方案,审核把关出台相关制度文件。会同省编制办对省直单位机构编制进行两轮拉网式核查,确保派驻覆盖方向明、底数清。截至2016年6月底,《方案》部署的40项改革任务已全部启动,其中29项提前完成,纪律检查体制改革基础框架已全部搭建。

第一节　党的纪律检查体制的历史变迁

我们党自成立起就高度重视纪律建设和党内监督,在革命和斗争过程中逐步建立完善纪律检查工作,并根据不同时期的革命任务和党的自身建设需要调整完善纪律检查体制。党的十八大以前,党的纪律检查体制的变迁大体可以分为六个阶段。

一、探索阶段(1921—1927):直接监督、统一负责的方式

自1921年建党到1927年党的五大之前,虽然党内未设专门的纪律检查机关,但依据马克思列宁主义建党原则,尤其是有关党内监督和纪律检查的思想,积极探索党内监督和纪律检查的规律。党的一大通过的党纲对党的性质、基本任务、组织体制和党员政治立场、保守党的秘密等方面的纪律要求及监督制度等作出规定。关于党内监督,党纲中的制度设计思路是由中央和各地方的执行委员会直接履行监督职能,第10条规定:"工人、农民、士兵和学生的地方组织中党员人数多时,可派他们到其他地区去工作,但一定要受到地方执行委员会的严格监督。"第12条规定:"地方委员会的财务、活动和政策,应受到中央执行委员会的监督。"1922年7月党的二大通过的《中国共产党章程》,单列"纪律"一章,明确规定了党的政治纪律、组织纪律和保密纪律等。党的三大、四大分别通过的《中国共产党第一次修正章程》《中国共产党第二次修正章程》,都单列了"纪律"一章,内容基本延续了二大党章的有关规定。这一时期,党的纪律检查工作由各级执行委员会直接行使,党的决策权、执行权及监督权在很大程度上都集中于执行委员会,这种直接监督、统一负责的纪律检查工作方式是为了适应党初创时期所面临的残酷的外部

环境。

二、初创阶段（1927）：与同级党委大致平行的体制

随着党的事业不断发展，越来越需要建立独立的纪律检查机构。1927年4月，党的五大选举产生了中央监察委员会，由王荷波任主席、许白昊等6名委员及阮啸仙等3名候补委员组成，这是党的历史上首次专门设立的纪律检查机构。中央监察委员会的成立，开启了党内监督的组织创新，也是党的纪律检查体制的重要开端。随后，6月1日中央政治局通过《中国共产党第三次修正章程决案》，在第8章专列"监察委员会"一章。该章规定，"为巩固党的一致及权威起见，在全国代表大会及省代表大会选举中央及省监察委员会"；"中央及省监察委员，不得以中央委员及省委员兼任"；在决策和监督的制衡方面，"中央及省监察委员得参加中央及省委员会议，但只有发言权无表决权"；党的全国代表大会"讨论与批准中央委员会中央监察委员会及其他中央各部工作的报告"，"改选中央委员会及监察委员会及其他"等。这一制度设计赋予了监委较高的独立地位，监委与党委都是由党的代表大会选举产生，对党的代表大会负责，监委和党委基本平行、相互制约。

三、建立与演化阶段（1928—1978）：党委单一领导体制

大革命失败后，党的组织遭到严重破坏，党的监察机关实际上也不复存在。

1928年7月，党的六大通过的《中国共产党党章》取消"监察委员会"，成立"审查委员会"，规定"为监督各级党部之财政，会计及各机关之工作起见，党的全国大会，省县市代表大会，选举中央或省县市审查委员会"。党内监督工作由党内审查委员会及各级委员会下设的特别委员会履行。1933年9月，中央在中央苏区决定成立党的监察机构，作出了《关于成立中央党务委员会及中央苏区省县监察委员会的决议》，明确"在党的中央监察委员会正式成立以前，特设立中央党务委员会，各省县于最近召集的省县级代表大会时选举省县级的监察委员会，成立省县监察委员会"。1938年9月，党的六届六中全会通过的《关于中央委员会工作规则与

纪律的决定》《关于各级党部工作规则与纪律的决定》《关于各级党委暂行组织机构的决定》等党内法规，要求各解放区党委之下设立监察委员会。1945年6月，党的七大通过的《中国共产党党章》，取消了党的六大党章关于设立"审查委员会"的规定，专列"党的监察机关"一章，关于监察委员会的设立和领导体制的规定与党的五大相比有了很大变化。"党的中央委员会认为必要时，得成立党的中央监察委员会及各地方党的监察委员会"，"中央监察委员会由中央全体会议选举之。各地方党的监察委员会，由各该地方党委全体会议选举，并由上级组织批准之"，"党的各级监察委员会，在各该级党的委员会指导下进行工作"。

新中国成立后，党中央决定成立纪律检查委员会。1949年11月，中央发布《中共中央关于成立中央及各级党的纪律检查委员会的决定》，规定"中央纪律检查委员会，在中央政治局领导之下工作"。"各中央局、分局、省委、区党委、市委、地委、县委党的纪律检查委员会，由各该级党委提出名单，经上两级党委批准后，在各该党委会指导之下进行工作。上级党的纪律检查委员会，有权改变或取消下级党的纪律检查委员会的决定"。中央决定成立由朱德任书记的中央纪律检查委员会。随后，各中央局、分局、省委、区党委、市委、地委、县委以及部队都成立了纪律检查委员会。1950年2月，中央发出《关于各级党的纪律检查委员会与党委关系的指示》，明确"各级党的纪律检查委员会是各级党委的一个工作部门，犹如各级党的宣传部和组织部一样。因此，各级党的纪律检查委员会是直接在各级党委的领导下进行工作"。"上级党的纪律检查委员会在工作上、业务上对下级党的纪律检查委员会有指导关系；但其指示或决定同下级党的委员会意见不同时，则应提请同级党委会做决定"。1955年3月，党的全国代表会议总结了新中国成立后党的纪律检查工作经验，感到党的各级纪律检查委员会的组织和职权已不能适应新时期加强党的纪律的任务，通过了《中国共产党全国代表会议关于成立党的中央和地方监察委员会的决议》，决定成立党的中央和地方各级监察委员会，代替纪律检查委员会。决议规定："本届党的中央监察委员会由本次全国党代表会议选举，并由中央委员会全体会议批准；党的地方各级（省、自治区、直辖市、市、自治州、专区、县、自治县）监察委员会由各该地方最近召集的党的代表大会或代表会议选举，并由上一级党委批准。党的各级监察委员会在各级党委指导下进行工作。""党的上级监察委员会有权检查下级监察委员会的工作，并有权审查、批准和改变下级监察委员会对案件所作的决定。党的下级监察委员会应向上级监察委员会报告工作，并忠实地报告一切党员和党的组织违反纪律的情况。"党的全国代表会议还选举产生了由董必武任书记的中央监察委员会。1956年9月，党的八大通过的《中国共产党章程》，专列"党的监察机关"一章，规定党中央和党的各级组织都设立监察委员会，"中央监察委员会由党的中央委员会全体会议选举。地方监察委员会由本级党的委员会全体会议选举，并且经过上一级党的委员会的批准"。"各级监察委员会在各级党的委员会领导下进行工作"。1962年9月，党的八届十中全会通过了《关于加强党的监察机关的决定》，决定扩大各级监察委员会委员名额，从监察委员会的领导体制和领导级别等方面作出了新的规定。规定"各级党的委员会，必须加强对同级监察委员会的领导，定期讨论党的监察工作"，"党的各级监察委员会，应当加强对同级国家机关的党员的监督工作"。"中央监察委员会可以派出监察组常驻国务院所属各部门。监察组的成员，由相当于国务院部长、司局长一级的干部担任。监察组由中央监察委员会直接领导"。

"各省、市、自治区党的监察委员会，在必要的时候，可以派监察组或监察员驻省、市、自治区人民委员会所属的各部门进行工作"。该决定还规定"地方各级监察委员会，有权不通过同级党委，向上级党委、上级监察委员会直到党的中央，直接反映情况，检举党员的违法乱纪行为"。这些重要调整为改革开放后实行的纪律检查工作双重领导体制提供了有益借鉴。

"文革"期间，党的各级监察机关被撤销。1977年8月，党的十一大通过的《中国共产党章程》，恢复了在党的中央委员会，地方县和县以上、军队团和团以上各级党的委员会设立纪律检查委员会的条款，规定"各级纪律检查委员会由同级党的委员会选举产生，并在同级党委的领导下，加强对党员的纪律教育，负责检查党员和党员干部执行纪律的情况，同各种违反党的纪律的行为作斗争"。十一大党章未涉及上下级纪委的关系问题。

四、重建阶段（1978—1982）：以同级党委领导为主的双重领导体制

1978年12月，党的十一届三中全会选举产生了由陈云任第一书记的中央纪律检查委员会，标志着纪律检查机构的正式恢复重建。之后，各级纪委相继成立。纪委恢复重建之初，实行的依然是党委单一领导体制，称为"党委纪委"。1979年1月，中央纪委召开第一次全会，通过了《中共中央纪律检查委员会关于工作任务、职权范围、机构设置的规定》，规定"中央纪律检查委员会，在党中央领导下进行工作。应经常向党中央反映情况，报告工作。遇有重大问题，随时请示报告"。1979年3月，中央纪委、中央组织部下发通知，要求各级党的委员会，都设立纪律检查委员会，规定"各级纪律检查委员会，由同级党的委员会选举产生，报上级党委批准。"1980年2月，中央批转《中共中央纪律检查委员会关于改变省、市、自治区及以下各级党委纪委领导关系的请示报告》，同意"将省、市、自治区和省、市、自治区以下各级党的纪律检查委员会的领导关系，由受同级党委领导改为受同级党委和上级纪委双重领导，而以同级党委领导为主"。"国务院各部、委、局党组纪律检查组或纪律检查委员会的领导关系亦采用上述双重领导的原则。领导关系改变后，有关纪委主要领导干部的任免，要征求上级党委纪委的意见"。这样，党的纪律检查体制就由党委单一领导体制开始向以同级党委领导为主的双重领导体制过渡。

五、发展阶段（1982—2012）：双重领导体制

这一阶段，党的纪律检查体制沿着"双重领导体制"这一总体方向推进、完善。1982年9月，党的十二大选举产生了由132人组成的中央纪律检查委员会。十二大通过的党章对党的纪律检查机关的产生方式、领导体制作出了重大调整，奠定了新时期党的纪律检查工作体制的基础。党章规定：中央纪律检查委员会由党的全国代表大会选举产生，并向其报告工作；党的地方各级纪律检查委员会由同级党的代表大会选举产生，并向其报告工作。这种产生方式，突破了党的七大、八大、十一大通过的党章规定各级纪律检查委员会"由同级党的委员会全体会议产生"的规

定,改为党的代表大会选举产生,使各级纪委的政治地位大大提高。党章还规定:"党的中央纪律检查委员会的第一书记必须从中央政治局常务委员会委员中产生。"1984年9月,中央办公厅转发《中央纪律检查委员会关于纪律检查机关组织建设几个问题的请示》的通知,规定"省、地、县一级纪委的书记,应是同级党委副书记一级的干部,纪委副书记应是同级党委部长一级的干部,纪委常委也应选配相应的干部担任,组成强有力的领导班子","中纪委派驻中央国家机关各部委的纪检组组长,一般应是副部长级干部,纪检组副组长应是司局级干部。其他机关和企事业单位的纪检组或纪委,也应参照这个原则配备相应的领导干部"。

关于纪律检查机关的领导体制,党章规定:"党的中央纪律检查委员会在党的中央委员会领导下进行工作。党的地方各级纪律检查委员会在同级党的委员会和上级纪律检查委员会双重领导下进行工作。"这是党的纪律检查工作领导体制的重大调整,这种双重领导体制以党章的形式明确下来,是我们党在总结历史经验教训的基础上提出的,使纪律检查机关在党内地位有了明显提高。党章还规定:"党的中央纪律检查委员会根据工作需要,可以向中央一级党和国家机关派驻党的纪律检查组或纪律检查员。" 这是对1962年《关于加强党的监察机关的决定》中所确立的"派驻"形式的恢复和发展,为纪检监察派驻机构工作提供了权威依据。

实践中,由于这种双重领导体制的制度设计比较原则,没有明确双重领导中以谁为主,缺乏具体、细化的配套程序和制度保障,容易造成双重领导职责不清,在实践中也出现了一些不适应、不协调问题,特别是查办腐败案件时受到的牵制比较多。

党的十四大以后,党中央决定实行纪检、监察机关合署办公。1993年2月,党中央、国务院批转中央纪委、监察部《关于中央纪委、监察部机关合署办公和机构设置有关问题的请示》的通知,明确"中央纪委、监察部合署,实行一套工作机构、两个机关名称的体制。合署后的中央纪委履行党的纪律检查和政府行政监察两项职能,对党中央全面负责;监察部按照宪法规定仍属于国务院的系列,接受国务院的领导。地方各级监察机关与党的纪委合署后,实行由同级政府和上级纪检监察机关双重领导的体制,按照《中华人民共和国行政监察条例》规定的职责、权力和工作程序开展工作"。此后,党的纪律检查体制改革的突破主要体现在巡视制度和派驻制度的建立完善上。

从1996年开始,中央对巡视制度进行探索,由此推进了党的纪律检查体制改革的进一步深入。1996年1月,经中央批准,十四届中央纪委第六次全会通过了关于重申和建立巡视制度的决定;3月,中央纪委制定了《关于建立巡视制度的试行办法》,对巡视干部的选派、任务、职权、纪律、管理等方面作出明确规定。1997年2月,中央办公厅转发《中共中央纪律检查委员会关于重申和建立党内监督五项制度的实施办法》,明确巡视组的组成、职责、任务、权限等,推动了巡视工作的开展。党的十六大后,巡视工作进入全面开展阶段。党的十六大明确提出"改革和完善党的纪律检查体制,建立和完善巡视制度"。2003年2月,十六届中央纪委第二次全会要求"改革和完善党的纪律检查体制。建立和完善巡视制度,加快实现巡视工作的制度化、规范化和经常化"。2003年5月,中央批准在中央纪委、中央组织部设立巡视工作办公室,与中央纪委党风廉政建设室一个机构、两个牌子。同年12月,中央颁布施行《中国共产党党内监督条例(试行)》,规定"中央和省、自治区、直辖市党委建立巡视制度,按照有关规定对下级党组织领导班子及其成员进行监督",以党内法规的形式将巡视制度确定为党内监督的十项制度之一。2005年8月,中央批准单独设立中央纪委、中央组织部巡视工作办公室,为中央纪委内设正局级机构。从党的十七大开始,巡视工作进入逐步深入阶段。2007年10月,党的十七大提出"完善巡视制度"的要求,新修订的《中国共产党章程》把"党的中央和省、自治区、直辖市委员会实行巡视制度"纳入了党的组织制度体系,将巡视制度以党内根本大法的形式确定下来。2009年7月,中央颁布《中国共产党巡视工作条例(试行)》,对巡视工作的指导思想、基本原则、机构设置、工作程序、人员管理、纪律与责任等作出明确规定。2009年11月,中央政治局常委会决定成立中央巡视工作领导小组,由时任中央政治局常委、中央纪委书记贺国强担任组长,并将中央纪委、中央组织部巡视组和巡视工作办公室分别更名为中央巡视组和中央巡视工作领导小组办公室。31个省(区、市)和新疆生产建设兵团党委也相继成立巡视工作领导小组及其办公室。各级巡视工作领导体制逐步建立，制度框架逐步形成，巡视领域不断拓展，监督力度不断加大，巡视工作进入了制度化、规范化、经常化发展的历史阶段。

2001年9月，党的十五届六中全会作出"纪律检查机关对派出机构实行统一管理"的决定，提出了对派出机构实行统一管理的命题。2002年11月，党的十六大提出"要加强对权力的制约和监督，改革和完善党的纪律检查体制"的任务。2002年，中央纪委监察部按照"调整职能、理顺关系、总结经验、有序推进"的要求，先在原卫生部、工商总局、国家食品药品监管局进行了派驻机构统一管理工作的试点，之后又于2003年在国家发展改革委、劳动保障部、国土资源部、商务部、新闻出版总署5个部门进行了扩大试点工作。2003年12月，中央颁布施行的《中国共产党党内监督条例（试行）》，明确规定"纪委对派驻纪检组实行统一管理"。2004年4月，中央办公厅、国务院办公厅转发《中央纪委、中央组织部、中央编办、监察部关于对中央纪委监察部派驻机构实行统一管理的实施意见》，对派驻机构实行统一管理工作提出了改革领导体制、强化监督职能、确保工作成效的总体要求，当年对36家双派驻机构实行统一管理。2005年8月，中央纪委监察部下发《关于中共中央纪委监察部单派驻纪检、监察机构实行统一管理的实施意见》，对20家单派驻纪检、监察机构实行统一管理。各省（区、市）自2005年起，开展派驻机构统一管理工作；2006年各省（区、市）完成对省级层面双派驻机构的统一管理；2007年基本完成对单派驻机构的统一管理。对派驻机构实行统一管理，适应了加强党内监督的需要，从体制机制上为加强对驻在部门领导班子及其成员的监督、深入推进党风廉政建设和反腐败工作提供了有力保障。

六、创新发展阶段（2013年至今）

党的十八大以后，党的纪律检查体制进入了改革创新的阶段。党的十八大报告提出："健全纪检监察体制，完善派驻机构统一管理，更好发挥巡视制度监督作用。"中央纪委提出，纪检监察机关要严格遵循党章，全面履行党章赋予的职责，紧紧围绕监督执纪问责，深化转职能、转方式、转作风。中央纪委监察部把牵头或参加的125个议事协调机构清理至

14个,把不该管的工作坚决交还给主责部门,改变纪检监察机关涉足一般行政部门的事务,混同一线业务部门工作,"种了别人的田,荒了自己的地"的状况。同时,在不增加编制、机构和人员的情况下,通过盘活存量、内部挖潜,进行机构改革,中央纪委机关先后两次对内设机构进行整合优化,纪检监察室由8个增加到12个,监督执纪机构达到17个。同时明确,各纪检监察室对联系地区和单位全面履行监督执纪问责3项职能。在中央纪委的示范带动下,全国省市县三级纪检监察机关扎实推进"三转"工作。清理后,省、市、县级纪委参与的机构平均数分别由144个、125个、85个压减至14个、14个、13个。省、市两级内设机构调整后,省级纪委平均设置监督执纪部门13个,占内设机构总数68.4%,编制平均114名,占编制总数59.2%;纪检监察室平均8个,占内设机构总数42.1%,编制平均64名,占编制总数33.3%。市级纪委平均设置监督执纪机构10个、编制39名,占总编制的54%;纪检监察室平均5个、编制20名,占总编制的29%。通过不断深化"三转",各级纪检监察机关实现了工作战线的大幅收缩,人员力量向纪律审查一线倾斜,聚焦主责主业,监督执纪的力度明显加大,查办案件数量连年大幅增长。

党的十八届三中全会通过的《中共中央关于全面深化改革若干重大问题的决定》,对加强反腐败体制机制创新和制度保障、改革党的纪律检查体制作出了新的部署。《决定》明确提出"改革党的纪律检查体制,健全反腐败领导体制和工作机制",提出了"推动党的纪律检查工作双重领导体制具体化、程序化、制度化,强化上级纪委对下级纪委的领导"的重大课题,规定"查办腐败案件以上级纪委领导为主,线索处置和案件查办在向同级党委报告的同时必须向上级纪委报告","各级纪委书记、副书记的提名和考察以上级纪委会同组织部门为主。"这是30多年来党的纪律检查工作双重领导体制一直未进行具体化、程序化、制度化表述的情况下,第一次明确提出了两个"为主"的具体规定。这一规定进一步丰富、完善、发展了党的纪律检查工作领导体制,既坚持了党对反腐败工作的领导,坚持了党管干部的原则,又强化了上级纪委对下级纪委的领导,提升了纪委监督的权威,保证了纪委监督权的有效行使。《决定》还明确提出了"全面落实中央纪委向中央一级党和国家机关派驻纪检机构,实行统一名称、统一管理","改进中央和省区市巡视制度,做到对地方、部门、企事业单位全覆盖"的改革举措。

第二节　落实党风廉政建设"两个责任"

2014年12月3日,省纪委印发《关于落实党风廉政建设党委主体责任和纪委监督责任的意见》,明确了落实"两个责任"的总体要求,强调以确责、履责、追责为主线,以制度建设为核心,以健全体制机制为重点,着力构建权责对等的责任分解体系、科学有效的责任落实机制和程序规范的责任追究机制,不断健全反腐败领导体制和工作机制,形成党员干部不敢腐、不能腐、不想腐的长效机制。

《意见》要求建立健全落实"两个责任"情况报告、述责述廉述德、廉政谈话和巡视等制度。每年年底,各级党委(党组)向上级党委、纪委书面报告年度落实主体责任情况,各级纪委(纪检组)向同级党委、上级纪委书面报告年度落实监督责任情况。各级党委、纪委每年组织下一级党委主要负责人和本级党委、政府所属部门、单位党组织主要负责人在纪委全会述责述廉述德并接受评议。党政主要负责同志与领导班子成员、下级党政主要负责同志之间,领导班子成员与分管联系部门主要负责同志之间,每年进行廉政谈话一次以上,提醒督促落实党风廉政建设主体责任。对在党风廉政建设检查考核中发现问题较多、群众来信来访反映较多、民主测评满意度较低的地方和单位,由上级纪委负责同志约谈其党政主要负责人,及时提醒约束和责令整改,做到抓早抓小。对党风廉政建设责任落实不力、群众反映问题比较集中、作风和腐败问题比较突出的地方和单位,由省委巡视组及时进行专项巡视。为保证落实到位,《意见》要求加强监督检查,将落实"两个责任"情况的监督检查融入述责述廉述德、巡视检查、暗访、"一案双查"、政风行风热线、行风评议、廉洁城市建设测评等工作中,增强监督实效。完善责任追究制度,实行"一案双查",在追究当事人责任的同时,依照有关规定,严肃追究有关领导人员责任,并予以通报曝光。

一、不断细化各级党组织及其成员的主体责任

《意见》把党委(党组)领导班子的党风廉政建设主体责任细化为7项:(1)贯彻落实党中央、国务院以及上级党委(党组)、政府和纪检监察机关关于党风廉政建设和反腐败工作的部署要求,研究制订工作计划和具体措施,做出工作部署和责任分解,纳入领导班子及其成员目标管理,严格监督检查和考核问责,定期向上级党委和纪委报告党风廉政建设责任制落实情况;(2)指导、监督下级领导班子及其成员落实"一岗双责",抓好职责范围内的党风廉政建设和上级领导机关交办的事项;(3)开展党性党风党纪和廉洁从政(业)教育,加强廉政文化建设;(4)严格执行《党政领导干部选拔任用工作条例》,选好用好干部,加强对干部选拔任用工作的监督,防止出现选人用人上的不正之风和腐败问题;(5)加强作风建设,深入贯彻落实中央八项规定精神,建立健全反对形式主义、官僚主义、享乐主义和奢靡之风的常态化机制,纠正损害群众利益的不正之风,健全密切联系群众和维护群众利益的长效机制;(6)建立健全权力制约和协调机制以及廉政风险防控机制,推进权力运行依法公正、公开透明,增强制度刚性和执行力,从源头上防治腐败;(7)领导、组织并支持执纪执法机关依纪依法惩治腐败,及时听取工作汇报,协调解决重大问题。

《意见》把党委(党组)"一把手"的主体责任细化为5项:(1)履行领导责任,对职责范围内的党风廉政建设和反腐败工作作出具体部署,及时解决重大问题、协调重点环节、督办重要案件;(2)及时传达上级关于党风廉政建设和反腐败工作的部署要求,结合实际进行认真研究和部署;(3)组织并参与党风廉政建设工作的检查考核,督促落实党风廉政建设工作目标任务;(4)加强对领导班子和干部队伍的管理,督促领导班子其他成员、下级领导班子廉洁从政(业)、改进作风、履行党风廉政建设责任,发现苗头性、倾向性问题及时提醒和纠正;(5)发挥示范表率作用,带头遵守党纪国法和廉洁从政(业)规定,严格执行民主集中制,坚持原则、依法办事,以身作则、从严律己,加强对亲属和身边工作人员的

教育管理，自觉接受组织和群众监督。

《意见》把（党组）领导班子其他成员的责任细化为3项：（1）定期研究、部署、检查和报告职责范围内的党风廉政建设工作，在分管业务工作领域内落实党风廉政建设各项要求，完善制度规定，加强廉政风险防控；（2）加强对分管领域内党员干部的经常性教育管理，检查督促分管部门及其负责人廉洁从政（业）、改进作风、履行党风廉政建设责任；（3）带头遵守党纪国法和廉洁从政（业）规定，以身作则，从严律己，加强对亲属和身边工作人员的教育管理，自觉接受组织和群众监督。

《意见》还明确了各级纪委（纪检组）监督执纪问责的职责，要求纪委（纪检组）聚焦党风廉政建设和反腐败斗争中心任务，转职能、转方式、转作风，不断强化责任意识和履职能力，创新工作方式方法，切实发挥好党内监督专门机关的作用。《意见》把各级纪委（纪检组）承担的党风廉政建设监督责任细化为5项：（1）协助党委（党组）加强党风建设和组织协调反腐败工作，向党委（党组）提出党风廉政建设和反腐败工作的建议，督促检查党风廉政建设工作任务落实情况，协调解决反腐败工作重大事项；（2）监督检查党组织和党员干部执行党的路线方针政策和决议、遵守党纪条规、贯彻落实中央和省委重大决策部署的情况，坚决维护党章和其他党内法规的权威性，严明政治纪律和组织纪律；（3）监督检查同级党委（党组）和下级领导班子及其成员履行职责和行使权力、加强作风建设的情况，及时查处违反规定的行为；（4）开展党风廉政法规制度教育和警示教育，对党员干部中存在的问题早发现、早提醒、早纠正、早查处；（5）严肃查处党的组织和党员干部违纪违法案件，严格落实查办案件以上级纪委领导为主，线索处置和案件查办在向同级党委报告的同时必须向上级纪委报告的规定。

2015年9月，省纪委针对各地在贯彻实施《意见》过程中发现的主体责任不具体、责任追究流程不明晰等问题，印发《关于细化党风廉政建设主体责任强化责任追究的通知》（下称《通知》），进一步细化党风廉政建设主体责任清单，明确责任追究运行规则，将纪检监察机关"一案双查"流程化，力促"两个责任"落到实处。《通知》从党委（党组）领导班子责任、党委（党组）书记责任、领导班子成员责任等3个责任类别15

个方面,细化出60项责任清单,要求各地各单位结合实际将清单细化到岗到人,形成责任清单体系。比如,在领导班子责任方面,责任清单规定必须"坚持推进制度改革和创新,特别是推进和加强国有企业、国有土地出让和管理、政府投资工程建设等领域监管制度的改革和完善,积极从源头上防治腐败";在党委(党组)书记责任方面,责任清单规定必须"坚持按时填报个人有关事项报告,及时报告个人'八小时以外'重大问题和重要事项,督促班子成员执行个人有关事项报告制度以及'八小时以外'活动重大问题和重要事项报告制度";在领导班子成员责任方面,责任清单规定必须"坚持加强对分管干部的日常监督,及时整改报告存在问题,注意解决'苗头性''倾向性'问题"。在明确责任清单后,要求各级领导班子及领导干部做到守土有责、守土尽责,自觉将主体责任清单作为落实党风廉政建设责任制的工作指引,作为履行党风廉政建设责任制的"规定动作"抓好落实。

二、领导带头落实党风廉政建设主体责任和监督责任

2013年至2014年,省委常委会先后60多次研究党风廉政建设和反腐败工作,在重要节点上加强组织部署,提出明确要求。省委主要领导带头在每年的领导干部党纪政纪法纪教育培训班上作辅导报告,2013年带领全体省级干部到省反腐倡廉教育基地参观和接受教育。2014年11月,省委召开常委会,专题听取21个地级以上市市委书记抓基层党建工作述职。12月,省委全面深化改革领导小组审议通过《关于开展地市和省直部门党政主要负责同志向省委书面述廉工作的方案》,全省普遍开展各级党政主要负责同志向上级党组织书面述廉。

在落实党风廉政建设纪委监督责任方面。省纪委2014年印发的《关于落实党风廉政建设党委主体责任和纪委监督责任的意见》明确了党委和纪委的责任边界,通过健全责任体系,强化责任追究,推动落实"两个责任"。《意见》明确,要实行"一案双查"制度,对领导不力、不抓不管导致组织涣散、纪律松弛、"四风"问题突出、损害群众利益问题长期得不到有效治理,或发生区域性、系统性严重违纪违法案件,或发现重大腐败问题不制止、不查处、不报告的,在追究当事人责任的同时,严肃追

究有关领导人员责任。认真落实省委《关于开展述责述廉述德活动的意见》,在省市县三级全面开展下级党委和同级部门党委(党组)书记向纪委全会述责述廉述德并接受纪委委员评议活动,督促和推动各级领导干部履行"一岗双责"。

三、深入开展"三述"和书面述廉工作

早在2013年1月,省委就部署开展了首次"三述"活动,中央政治局委员、省委书记胡春华和省委常委、组织部长李玉妹亲自审定工作方案和"三述"人选。安排佛山、韶关、湛江、潮州市委书记,省发改委、环保厅、交通厅、工商局党组书记,华南师范大学、省粤电集团党委书记等10名同志向省纪委十一届二次全会述责述廉述德。"三述"活动分为查、述、评三个环节。查,主要是指会前,参加"三述"的10位同志认真回顾总结履行党风廉政建设责任制、保持廉洁自律、加强从政道德建设等三方面的情况,撰写报告;述,是指在纪委全会上就"责、廉、德"三方面情况向纪委委员进行陈述;评,是指由省纪委委员对参加"三述"的同志以无记名投票方式进行评议。省纪委委员提前审阅10位同志的报告,结合平时了解掌握的情况进行酝酿。"三述"活动后,经报省委主要领导同意,省纪委将省纪委全会对参加"三述"的10位同志的评议情况和整改建议逐一反馈,并做好督促整改落实。

2014年1月,省纪委十一届三次全会继续开展"三述"活动,安排中山、肇庆、清远、揭阳市和省教育厅、民政厅、文化厅、审计厅、航运集团、华南农业大学等10个地方和单位党委(党组)主要负责人向省纪委全会述责述廉述德。此次活动还邀请部分省人大代表、省政协委员和省内媒体代表列席,增加工作透明度。

在省纪委的统一部署和示范下,汕头、惠州、东莞、湛江、茂名、清远市,以及珠海市香洲区、河源市东源县等地方陆续组织开展了"三述"活动。各地结合本地区实际,对一些具体方式方法进行了积极探索。汕头市、湛江市将领导干部的"三述"报告提前在网上公示,征求群众意见,接受群众评议。珠海市香洲区在"三述"大会前,组织由区纪委委员组成的4个调研组到"三述"对象所在单位了解相关情况,增强了"三述"询

问、点评、整改工作的准确性和针对性。2014年全省共有695名党委（党组）书记进行了"三述"。

2014年4月，省委出台《关于开展述责述廉述德活动的指导意见》，正式将"三述"的做法作为一项制度固定下来。意见明确从2014年起，省和各地级以上市、各县（市、区）每年至少要开展1次"三述"活动，每次参加"三述"活动的人员不少于6人，原则上，下级党委主要负责人在一届任期内必须参加1次。

2014年以来，坚持开展地级以上市、省直部门、省属高校和国有企业主要负责同志向省委书面述廉工作。2015年初，组织省管党政"一把手"共326人（含6名兼职的副省级干部）向省委常委会书面述廉，汇报个人廉洁自律和履行责任制情况，经审查有60人存在履行主体责任不够到位问题，通过领导约谈、书面通知、电话沟通等方式督促整改，发挥红脸、出汗作用，以倒逼主体责任落实。

四、认真整改落实中央巡视组反馈意见

根据中央统一部署，2013年10月29日至12月29日，中央第八巡视组对广东省进行了巡视。2014年2月26日，中央第八巡视组向广东省反馈巡视情况，指出存在问题，指出整改建议。省委多次召开常委会议，专题部署整改落实工作，研究制订整改落实方案，审议整改落实情况，并明确整改工作由省委书记胡春华负总责，分管纪检、组织、办公厅工作的领导同志具体负责，分别牵头组织有关部门成立3个专责小组，逐项抓好整改落实。整改落实工作主要有四个方面：

一是迅速开展对问题线索和具体问题的查处。逐件认真办理中央巡视组转交的1884件信访举报件，严肃处理茂名市领导干部系列违纪违法案件中的159名涉嫌行贿买官人员，其中，降职8人，免职63人，调整岗位71人，提前退休1人，诫勉谈话16人；进一步加大违纪违法案件查办工作力度，2014年1月—5月，全省纪检监察机关共接受信访举报25380件次；初核线索6301件，同比增长66.4%；立案4039件4046人，同比增长19.2%。全省查处农村基层违纪违法案件2355件2424人，查处厅级干部严重违纪案件38人。

　　二是加大力度整治作风方面存在的问题。开展收送"红包"礼金问题专项治理,大力整治公款吃喝、公费旅游问题,坚决整治工作不实、作风漂浮和"会所腐败"问题,认真解决好涉及群众利益的突出问题,出台一系列文件规定和制度规范,把2014年作为社会矛盾化解年,出台实施推动解决不稳定问题专项治理工作意见。

　　三是进一步规范干部选拔任用工作。开展对"裸官"任职岗位的调整工作,加大干部交流轮岗工作力度,认真整改违反干部职数和机构编制管理规定的问题,进一步规范破格提拔工作,纠正干部档案材料弄虚作假等问题,加大对"带病提拔"问题倒查和责任追究力度,进一步严格干部工作程序。

　　四是切实加强惩治和预防腐败体系建设。加强财政专项资金监管,出台实施《广东省省级财政专项资金管理办法》,加快基于网上办事大厅的政务服务体系建设,努力建成有关行政审批、公共资源交易、政务服务、效能监察"四位一体"的综合政务服务体系,并覆盖政府各部门,实现省市县镇村五级联网。

　　经过3个多月的整改,中央巡视组反馈的具体事项和问题绝大多数整改到位。6月6日,省委遵循党务公开原则和巡视工作有关要求,在省人民政府网站全文公布了《中共广东省委关于中央第八巡视组反馈意见整改情况的通报》。《通报》提出,下一步,省委将在扎实做好部分具体问题整改落实的收尾工作、加快完善全省惩治和预防腐败制度体系、深入贯彻落实《党政领导干部选拔任用工作条例》和持之以恒抓好中央八项规定精神的贯彻落实等四个方面进一步抓好整改落实,将以抓好巡视整改工作为契机,坚持举一反三、标本兼治,进一步加强领导班子和干部队伍建设,不断推动全省作风建设和反腐倡廉工作取得新成效。《通报》还公布了举报电话、邮箱和通信地址,欢迎群众举报。

五、以严肃问责倒逼主体责任落实

　　2014年1月召开的中央纪委三次全会首次提出"一案双查"的概念,强调"对发生重大腐败案件和不正之风长期滋生蔓延的地方、部门和单位,实行'一案双查',既要追究当事人责任,又要追究相关领导责任"。

2015年中央纪委五次全会进一步提出，"今年开始，尤其要突出问责，坚持'一案双查'，对违反党的政治纪律和政治规矩、组织纪律，'四风'问题突出、发生顶风违纪问题，出现区域性、系统性腐败案件的地方、部门和单位，既追究主体责任、监督责任，又严肃追究领导责任。问责一个，警醒一片。要建立完善责任追究典型问题通报制度，通过问责，把责任落实下去"。2016年召开的中央纪委六次全会进一步提出，"要把问责作为全面从严治党的重要抓手，研究制定《中国共产党党内问责条例》。对执行党的路线方针政策不力，管党治党主体责任缺失、监督责任缺位、给党的事业造成严重损害，'四风'和腐败问题多发频发，选人用人失察、任用干部连续出现问题，巡视整改不落实的，都要严肃追究责任。坚持'一案双查'，综合运用批评教育、诫勉谈话、通报批评、组织处理、纪律处分等方式，追究主体责任、监督责任，追究领导责任、党组织的责任。追责情况要定期报告，典型问题要公开曝光，使问责形成制度、成为常态"。党的十八大以来，党中央紧紧抓住落实主体责任这个"牛鼻子"，把权力与责任、责任与担当对应统一起来，对落实管党治党不力的党组织和党员领导干部严肃问责，强化问责成为管党治党、治国理政的鲜明特色。

广东省严格落实中央纪委关于问责的决策部署，在实行暗访、曝光、查处、问责"四管齐下"推进作风建设的基础上，结合广东实际，落实中央纪委全会关于"一案双查"、严肃问责的部署要求。2015年9月，省纪委印发《关于细化党风廉政建设主体责任强化责任追究的通知》，制定党风廉政建设主体责任清单，明确责任追究运行规则，将纪检监察机关"一案双查"流程化。《通知》要求，各级党委（党组）要负起责任、加强领导，明确主体责任工作部门，加强对责任追究工作的统一领导。对于事实清楚、不需要调查核实的，由党委（党组）直接追究责任；需要调查核实的，由纪检监察机关和组织部门按职责分工调查并提出责任追究意见。纪检监察机关要按照《"一案双查"工作流程图》的程序开展"一案双查"，既要查处当事人违纪问题，又要追究有关领导责任。省纪委建立责任追究月报统计制度，督促责任追究工作向基层延伸。

2014年至2016年上半年，全省追究领导班子党风廉政建设责任143

个,追究领导干部责任1601人(厅局级33人)。据统计,83%的责任追究案件来源于"一案双查"。如2015年查处了省储备粮公司、省广播电视网络公司、珠影集团违反中央八项规定精神问题,粤财公司领导干部违规打高尔夫球等问题,都对有关领导干部进行了责任追究。有的纪委书记(纪检组长)监督不力,受到党政纪处分或组织处理;有的已提拔调离的"一把手"也被追究责任。

2016年7月,中央发布《中国共产党问责条例》,广东认真组织学习宣传,邀请中央纪委副书记张军同志为全省"三纪班"作专题辅导,省纪委牵头调研,在早些时间起草问责工作办法的基础上,起草广东省实施《中国共产党问责条例》的办法并以省委名义印发。

第三节　强化组织创新,实现派驻监督"全覆盖"

党的十八大以来,省纪委积极探索深化派驻机构改革,重点在规范机构设置和职能设置、理顺派驻机构工作关系、发挥派驻机构职能作用等方面下工夫。省纪委先后印发《关于加强省直派驻机构管理和服务工作的意见》《关于进一步明确省直派驻机构领导干部兼职和分工问题的通知》《派驻机构干部工作管理办法》等制度规定,为派驻机构有效履行职责提供制度保证。指导各派驻机构结合自身业务特点,制定《工作规程》,规范派驻机构的工作程序。同时,按照"职能相关、归口管理"等原则,将232个中直驻粤单位、未实行派驻管理的省直单位纪检监察工作授权34个派驻机构管理联系,充分发挥派驻管理体制的积极作用。

一、加强对派驻机构统一管理

2014年以来,广东省贯彻党的十八届三中全会关于实现派驻监督全覆盖的要求,按照中央纪委关于纪律检查体制改革的具体部署,大力推进纪检监察派驻机构统一管理改革。省纪委在2005年以来开展派驻机构统一管理改革工作的基础上,指导全省市县两级继续探索派驻机构体制改革，实行人财物由纪委统管、综合派驻的领导体制，探索分系统、分片区派驻模式，扩大派驻监督覆盖面。梳理省直派驻机构职责清单，进一步突出监督职能。

2014年12月，中央政治局常委会审议通过《关于加强中央纪委派驻机构建设的意见》，把派驻机构名称统一为"中央纪委派驻纪检组"，对系统规模大、直属单位多、监督对象多的部门单独设置派驻机构，对业务相近、相关或者系统规模小、监督对象少的部门归口设置派驻机构，在尽量不增加编制的情况下极大地扩张了派驻机构的覆盖范围；明确了派驻机构和驻在部门是监督与被监督的关系，驻在部门党组织履行本部门党风廉政建设主体责任，派驻机构履行监督责任，使得派驻机构从驻在部门繁杂的日常工作中脱身，专注于对驻在部门党组织及中管干部和司局级干部的监督执纪问责，明确驻在部门尽管仍要承担派驻机构的行政后勤工作，但是所需经费要在驻在部门经费中单列。2015年3月，中央纪委新设7家派驻机构，分别进驻中央办公厅、中央组织部、中央宣传部、中央统战部、全国人大机关、国务院办公厅、全国政协机关，填补了此前主要向中央国家机关派驻纪检组，而没有向人大、政协机关等派驻的空白。

广东省坚决贯彻中央纪委派驻机构统一管理改革精神，省纪委印发《关于进一步明确省直派驻（出）机构领导干部兼职和分工问题的通知》，明确派驻纪检组长、副组长、监察室主任不兼任驻在部门的其他职务，纪检组长不参与驻在部门的业务分工，确保派驻机构干部将主要时间和精力用在党风廉政建设和反腐败工作上。明确和规范派驻机构职能定位、工作运行机制，制定实施《关于加强省直派驻（出）机构管理和服务工作的意见》等文件，实行省直派驻纪检组长向省纪委年度述职制度，推动省直派驻机构全面履行职责，强化对驻在部门领导班子及成员的监督。在省纪委的指导、带动下，全省各级纪检监察机关积极探索派驻机构的统一管理有效模式。比如，深圳市宝安区对区级单位采取"对事不对人"的监督思路，针对廉政风险点，以问题事项为对象设置派驻机构，更加突出派驻监督的针对性、精细化；对街道则实行"跨层级垂直派驻模式"，整合10个街道及区纪委监督资源，设立4个纪检组，由区纪委直接领导、统一管理。东莞市纪委对派驻机构实行"联组管理"，将市直22个派驻机构和委局机关9个业务室分成5个联组,每个联组内的4~5个派驻机构对应委局机关1~2个内设室,原则上每年度调整一次。内设室负责牵头组织开展相关业务,对派驻机构工作进行对口协调、指导、帮助和督促。联组实行内部人员统筹整合,相关室和派驻机构可根据业务需要统一调配使用。肇庆市纪委按照"点面结合、归口设置"原则,既按系统、行业分类设置派驻机构,又在群众关注度高、人财物权较集中的重点单位如规划、建设、水利、土地管理等部门单独设立派驻机构,增强监督的针对性和实效性。创新派驻组长岗位设置方式,派驻组长兼任驻在部门的党组成员、直属机关党委副书记和纪委书记。纪检组长提名权归纪委,派驻机构负责人定期向纪委监察局述职述廉。派驻干部的行政关系、工资福利、教育培训、招考录用等由纪委监察局统一管理。

2015年3月,省纪委举行派驻机构2014年度工作总结(述职述廉)会议,对省纪委派驻省经信委、科技厅、司法厅、财政厅、国土资源厅、农业厅等6个纪检组(监察专员办)负责人现场述职述廉,与会人员对32位派驻纪检组长(书记)进行了书面测评。会议总结了2014年派驻机构工作,要求省直各派驻机构要积极推进管理体制改革,逐步实现派驻机构全覆盖,在改革期间各派驻机构要严守工作纪律、财经纪律和组织人事纪律,落实"两个责任",全面推行职责清单制度,切实履行监督执纪问责职能,探索建立巡察制度,探索建立派驻机构划片区协作办案或交叉办案机制,驰而不息纠正"四风"问题。

二、逐步实现派驻机构全覆盖

2015年,省纪委对省直机关部门纪检机构设置情况进行全面调研、摸清家底,并于7月6日以省委办公厅名义印发《关于加强广东省纪委派驻机构建设的意见》(粤委办发〔2015〕20号)。规定派驻纪检组受上级纪委领导,对上级纪委负责。2015年8月,省纪委召开新设派驻机构成立大会,宣布派驻省委办公厅、省委组织部、省委宣传部、省委统战部、省人大机关、省政府办公厅、省政协机关等7家纪检组正式成立,并向新设的7家派驻纪检组授牌。其中,对省委办公厅、省委组织部、省委宣传部、省委统战部和省政府办公厅实行综合派驻,对省人大机关和省政协机关实行单独派驻。省纪委领导亲自带队到省编办沟通派驻改革方案,形成改革共识。在省委《意见》下发后的一个半月内,就全面完成省直单位编制划转、35名新进干部考察和新设派驻机构组建工作,制定提名考察办法相关配套制度。7家新设纪检组编制44名,主要采取从原有派驻机构中以"整体搬迁"模式组建派驻队伍,推动省直部门派驻机构全覆盖工作进入一个新阶段。经省纪委常委会审议同意,划转省直有关单位编制,随编考察调入31名干部。新设立7家纪检组后,派驻机构总数达41个、编制310名。根据方案,省纪委与派驻机构是直接的领导与被领导的关系,派驻机构必须向省纪委请示报告工作,对监督中发现的问题要及时报告,查处案件、信访线索处置情况按规定报告,对驻在部门领导班子及其成员的问责建议及时提交。11月2日,省纪委公布了新设立7家派驻机构的信访举报渠道,各派驻机构迅速进入工作状态,认真履职尽责,在短期内就打开了工作局面。

2016年5月6日,省委常委会审议通过了《关于全面落实广东省纪委向省一级党和国家机关派驻纪检机构的方案》,并以省委办公厅名义印发。根据该方案,省纪委派驻机构共36家(含省直纪工委),覆盖监督105个省一级党和国家机关,其中综合派驻26家、单独派驻9家,综合派驻率达74.3%,实现了对省一级党和国家机关的全覆盖。省纪委派驻机构的编制数从288名增加到328名。经过这次改革,基本上各个派驻机构的人数都有增加,除了驻省人大机关和省政协机关纪检组编制各6人,其他的都在8人以上。派驻纪检组内设机构进一步完善。其中,编制8名(含)以上的派驻组设置2个室(综合室和纪检室),驻省公安厅纪检组设置3个室(综合室,第一纪检室、第二纪检室);编制8名以下的派驻组设置1个综合室。室主任配备正处长级干部,室副主任配备副处长级干部。

为做好派驻全覆盖改革工作,省纪委领导约谈了省纪委各派驻机构的222名干部。针对约谈中发现的派驻机构在"深化'三转'、队伍建设、体制机制和后勤保障"等四个方面存在的问题,以及各派驻机构提出的意见建议,省纪委常委会专题研究,并通过派驻机构改革着力予以解决,实现了"三个到位":一是组织保障到位。为派驻机构补充干部18名,交流102人,交流率达到35%。经过调整交流,派驻机构女干部达到51名,每个组至少有一名女干部；平均年龄从51岁下降到49岁，每个组尽量配备一名相对熟悉法律、会计或审计的专门人才。省纪委会同省财政厅制定了《省纪委派驻机构纪检专项工作经费管理办法》，在省财政下拨相关款项之前，省纪委先给各派驻组划拨15万元办案经费。原则上每个派驻纪检组保障一辆办案用车。派驻机构的名牌、公章等由省纪委统一制作发放给各派驻机构。

2016年6月8日，省纪委召开推进派驻机构全覆盖改革大会，给36家派驻机构授牌。会议要求，派驻机构要适应好"四个转变"，即要适应从职能发散向聚焦主业的转变，适应从单一派驻向综合派驻的转变，适应从人数较少向人数较多的转变，适应从内设监督向派驻监督的转变，履行好监督、执纪、问责和自身建设等"四项职责"，努力实现"派驻一个点、监督一条线、巡察办案辐射一个面"的派驻监督效果。会议还提出要求，全省要参照省纪委派驻机构的模式，加快推进市县两级派驻机构改革，到年底前基本完成全省派驻机构改革任务。截至2016年上半年，21个地级以上市全部制订了派驻全覆盖工作方案，17个市完成了派驻全覆盖改革。

三、制定派驻机构职责清单

2015年10月21日，省纪委出台《关于加强省纪委派驻机构规范化建设的意见》，明确了派驻机构软硬件建设的"十有"目标要求，即有牌子、有必要的办公办案设备、有职责清单、有工作规程、有工作台账、有约谈监督制度、有执纪办案制度、有工作巡察制度、有风险防控制度、有工作经费保障，并以"十有"为目标推进为期一年的派驻机构规范化建设。2015年12月，省纪委出台《派驻机构职责清单》，以清单的方式把《关于加强广东省纪委派驻机构建设的意见》中规定的6项职责、8个监督权限细化为35项。《派驻机构职责清单》突出监督执纪问责主业，划清了主体责任和监督责任的界限，明确提出，驻在部门领导班子对本部门全面从严治党负主体责任，派驻机构代表省纪委履行监督职责，包括督促驻在部门（含归口监督部门）领导班子落实党风廉政建设主体责任、监督检查党风廉政建设方面存在的问题，初核、调查违纪违法问题线索，受理检举控告申诉，提出问责建议等；派驻机构应积极配合做好对驻在部门的巡视工作，积极推动本部门的巡察工作；还从思想政治建设、工作业绩考核、加强干部监督、加强制度建设等四个方面，明确提出加强对派驻机构的监督管理。《职责清单》统一制作成展板，在各派驻机构办公场所悬挂上墙。省纪委还汇编制作了《派驻工作实务100问》《关于全面从严治党主体责任领导讲话、会议文件和党内法规汇编》等资料，为派驻机构开展监督执纪问责提供工作指南。

第四节　强化上级纪委的领导，落实"两个为主"

党的十八届三中全会提出了"查办腐败案件以上级纪委领导为主，各级纪委书记、副书记的提名和考察以上级纪委会同组织部门为主"的改革措施，旨在有效排除长期以来下级纪委在履行监督职能特别是查办腐败案件工作中遇到的各种抵制和干扰，强化纪委监督的相对独立性和权威性。

一、开展"查办腐败案件以上级纪委领导为主"改革试点

2014年4月，中央纪委启动了查办腐败案件体制机制改革试点工作，确定广东为试点并且是唯一在省、市、县三级全面开展试点的省份。根据省委关于全面深化改革的统一部署，省纪委于2014年5月成立由省委常委、省纪委书记黄先耀任组长的查办腐败案件体制机制改革试点工作领导小组，印发《广东省纪检机关查办腐败案件体制机制改革试点实施方案》，围绕"线索处置在向同级党委报告的同时必须向上级纪委报告"和"案件查办在向同级党委报告的同时必须向上级纪委报告"，细化报告的范围、内容、时点、程序和监督办法，强化上级纪委对下级纪委查办腐败案件的领导。同年8月，省纪委办公厅印发《关于查办腐败案件体制改革试点工作有关事项的通知》，指导全省各级查办腐败案件体制改革试点同步跟进。各地级以上市纪委也参照省纪委的做法，先后制定实施

"查办案件以上级纪委领导为主"的具体化、制度化、程序化办法。汕头、惠州市纪委分别制定了《关于报告处置重要线索和查办案件情况的暂行规定》《关于加强对县（区）纪委线索处置和案件查办领导的暂行规定》。至当年10月，全省21个地级以上市纪委全部实行了线索处置集中报送省纪委。试点期间全省共报告和指导线索处置1335条、案件315件，并主动向中央纪委报告省管干部线索处置情况99件。

通过改革，在"双报告"程序、上级指导监督、规范线索管理、强化问责措施等四个关键环节取得了突破；建立和完善了"五个机制"（即线索排查机制、线索处置机制、线索报告机制、案件督办指导机制、保密和责任追究机制），制定了"两个流程图"（即案件查办报告流程图、线索处置报告流程图）和"一规定两办法"（即问题线索处置和案件查办"两报告"暂行规定、线索处置和案件查办"两报告"工作责任追究试行办法、案例指导工作试行办法），实现了实践成果向制度成果的转化，推动全省纪律审查工作不断向纵深发展。

2015年，广东继续在省、市、县三级纪委实施问题线索处置和案件查办"两报告"，并自5月起将"两报告"范围延伸到省级派驻机构，覆盖乡镇（街道）纪委，市、县两级纪委按干部级别上报，乡镇（街道）纪委全部上报。省纪委制定了《关于试行省纪委省监察厅派驻（出）机构报告线索处置和案件查办情况的通知》，明确了报告范围、报告程序以及监督指导责任，主动加强对派驻机构纪律审查工作的领导和监督。5月，省纪委印发《关于将"两报告"的范围扩大至派驻（出）机构并延伸到乡镇纪委的通知》，要求市县纪委参照省纪委的做法，实行市、县纪委监察局派驻（出）机构向市、县纪委监察局报告线索处置和案件查办情况制度。编写了《关于派驻（出）机构查办腐败案件体制机制改革试点工作有关问题解答》印发各级纪委派驻（出）机构参考执行。9月，在15个地市就"两报告"工作情况开展了专题调研。2015年，市县两级纪委共集中报告线索处置1902条、报告立案和处分625件，上级纪委通过审核，纠正问题162个；省纪委各派驻机构向省纪委报告线索处置4批次514条，报告立案和处分案件247件，均按规定作出指导和督促。广东省纪委乘改革试点的东风，健全完善办案工作机制，加大线索的清理、处置和办理力度，进一步强化对各级纪委查办案件工作的领导,对有效解决一些基层纪委瞒案不报、压案不查、久拖不决等问题、全面落实党委主体责任和纪委监督责任、巩固全省办案"一盘棋"的良好工作格局起到了积极的推动作用。

二、实行"各级纪委书记、副书记的提名和考察以上级纪委会同组织部门为主"

中央纪委2014年5月批准广东开展"各级纪委书记、副书记的提名和考察以上级纪委会同组织部门为主"的改革试点工作,从组织建设上和干部管理上强化上级纪委对下级纪委的领导。广东省纪委迅速行动,于2014年9月起布署在深圳、惠州市开展为期3个月的试点,制订了《关于开展"纪委书记、副书记提名和考察以上级纪委会同组织部门为主"试点工作方案》,从提名和考察两个方面,区分书记和副书记两个层次,明确了工作主体、对象范围、具体程序、方式方法和责任追究措施,建立了完善配套监督机制。试点期间,两个试点市纪委会同组织部门共提名考察了19名区以下纪委书记、副书记。

中央关于"两个为主"的文件印发后,省纪委参照中央做法,起草《地级以上市纪委书记、副书记提名和考察办法(试行)》《省纪委派驻纪检组组长、副组长提名考察办法(试行)》《省属企业纪委书记、副书记提名考察办法(试行)》。2015年6月19日,省委全面深化改革领导小组第13次会议审议通过这三个提名考察办法,并于2015年7月6日正式印发(粤办发〔2015〕19号)。为进一步推动派驻机构改革顶层设计具体化、程序化,省纪委会同省委组织部制定《关于落实省委办公厅粤办发〔2015〕19号文件的工作流程》,明确"会同"的实施细则和操作方案,使提名、考察两个环节与干部选拔任用整个工作流程有序衔接,有效解决派驻机构改革"最后一公里"问题。三个提名考察办法实施以来,省纪委顺利提名考察了9名市纪委正副书记、5名纪检组长和1名省属企业纪委书记。

全省各地级以上市纪委也结合本地区实际,制定相关提名考察办法,推动"两为主"改革不断深化。

第五节　基层反腐败体制创新和
镇街纪委规范化建设

随着经济社会发展，由于城镇化步伐加快、政府公共管理权限下沉、各类财政扶持资金增多等原因，广东省基层党员干部违纪违法案件不断增多，"小村大腐""小官大贪"问题突出。与此不相适应的是，基层特别是乡镇纪检监察力量薄弱，队伍不够稳定，整体能力素质不适应，群众身边的不正之风和腐败问题屡禁不止，群众反映强烈。为此，省纪委探索开展了基层反腐败体制机制创新，同步加大对基层纪检监察机关业务指导和人员培训力度，以切实增强基层监督执纪问责的能力和水平。

一、探索纪检监察和审计合署办公

2010年6月，省委、省政府出台《关于简政强镇事权改革的指导意见》，提出要规范机构设置、优化行政运行机制。随后，佛山市顺德区、中山市古镇镇、东莞市黄江镇等一些地方结合政府机构改革，先后探索实施纪检监察机关与审计部门合署办公，推动基层纪检监察和审计工作实现了"双促进、双提高"。在深入考察调研基层探索实践的基础上，2014年1月，省纪委召开十一届三次全会，部署推进实施大部制改革的30个试点县（区）和不设县（区）的中山、东莞两市的镇街实行纪检监察和审计机构合署办公，在省级层面推进基层纪检监察和审计工作的整合。

为切实推进这项工作，确保实现预期目标，2014年3月12日，省委常委、省纪委书记黄先耀在中山市主持召开基层监督组织建设座谈会，总结各地基层纪检监察机关体制改革工作经验，分析存在的问题，研究部署下一阶段任务。此后，在全省推行纪检监察和审计机构合署办公，至2014年12月，全省30个实行大部制改革的县（区）和中山、东莞两市56个镇街实现了纪检监察和审计机构的合署办公，做到"一套人马、三块牌子、资源整合"，取得较好的工作成效。一是增强了监督力量。通过合署办公，把分散的人员、资源整合到一起，形成了集纪检、监察和审计于一体的监督合力。二是强化了监督力度。实行合署办公后，充分发挥了纪检、监察和审计的职能优势，打通了部门壁垒，实现了资源共享，优势互补。三是拓展了监督范围。通过对镇街直属单位和农村集体经济开展审计监督，纪检监察机关实现了对非党员农村干部的有效监管，做到监督"全覆盖"。四是提升了监督效能。合署办公后，基层纪检监察机构和审计机构之间的沟通更加顺畅，程序更加简便，协调更加有力，显著提升了工作成效和监督效果。

二、开展镇街纪委规范化建设年活动

2014年1月，十一届省纪委第三次全会作出了"坚持抓基层、打基础，开展镇街纪委规范化建设年活动"的部署。4月5日，省纪委下发《关于开展镇街纪委规范化建设年活动试点的指导意见》提出，在镇街纪委硬件规范化建设上，要实现"有组织、有牌子、有专职工作人员、有专用的办公室、有必要的办案设备、有工作经费保障"的"六有"目标；在软件规范化建设上，要实现"有行为规范、有工作职责、有办案规程、有工作制度、有工作台账、有良好形象"的"六有"目标。同时，省纪委选择珠海、汕头、韶关等16个市共33个镇街作为规范化建设试点，要求各市在6月底前完成试点工作。按照省纪委的工作部署，各有关地市和试点镇街扎实开展试点工作，至6月全部完成了规范化建设任务，实现了硬件建设和软件建设双"六有"目标。

在总结试点工作经验的基础上，省纪委7月30日印发《关于全面推进镇街纪委规范化建设年活动的通知》，提出"分两步走"的目标任务，要求2014年完成50%的建设任务，2015年9月前全面完成规范化建设任务。各地级以上市在试点的基础上，以点带面，全面铺开，大力推进镇街纪委规范化建设工作。至2014年12月，各地级以上市均完成了50%以上的建设任务，其中珠海、汕头、东莞、中山、江门、阳江、揭阳等市完成100%的建设任务。截至2015年，全省1608个镇街全面完成纪委规范化建设任务，共配备专职纪检工作人员5753名。市、县、镇三级财政拨付专项经费支持镇街纪委规范化建设，共配备专用办公室2103间，电脑、打印机等办公设备近1万部，镇街纪委的办公办案条件得到进一步改善和提高。全省镇街纪委共建立健全办案规程3203个、工作制度14679项，建立工作台账8233

个,受理信访举报数、初核数、立案数、给予党纪政纪处分人数同比分别上升28%、37%、53%和57%,监督工作能力明显提升,监督力度明显加大,有效推动了基层党风廉政建设和反腐败工作。

第十九章
完善机制制度强化标本兼治

　　党的十八届三中全会强调："坚持用制度管权管事管人，让人民监督权力，让权力在阳光下运行，是把权力关进笼子里的治本之策。"党的十八大以来，党中央贯彻反腐败标本兼治的方针，在始终保持惩治腐败高压态势、以最坚决的态度减少腐败存量的同时，采取最有力的措施遏制腐败增量，落实全面深化改革、全面依法治国要求，制定实施《中央党内法规制定工作五年规划纲要（2013–2017年）》，以问题为导向、以制度建设为核心的一系列反腐倡廉重大部署、重要举措相继出台，通过推动组织、制度创新，加强法规制度建设，有力提升了反腐倡廉工作的制度化、规范化水平。广东省各级纪检监察机关坚决贯彻中央纪委全会部署，坚定不移惩治腐败，严格执行党的纪律规矩，确保中央政令畅通，同时，坚持不懈预防腐败，积极探索在市场经济发育比较成熟条件下的反腐败工作规律，传承勇立潮头、敢为人先的广东精神，结合广东实际，积极探索创新反腐败工作机制制度，取得了比较好的成效。

第一节　开展以案治本工作

　　广东省较早探索以改革的思路推进反腐倡廉制度创新。党的十八大以来，广东惩治腐败力度明显加大，查办腐败案件的数量大幅增长。全省纪检监察机关在保持惩治腐败强劲势头的同时，针对这些案件暴露的一些领域和部位权力的配置、运行和监督中存在的问题,加大了对反腐败形势分析和对典型案件剖析的力度,针对案件暴露的一些深层次问题,以"以案治本"为重要抓手,推动落实案发部门或系统党组织的主体责任,积极探索如何织密制度笼子,构建"不能腐"的有效机制。

一、试点开展以案治本

2013年以来,省纪委选择省司法厅、科技厅、财政厅和水利厅等单位和广州、河源、惠州、中山、湛江等市作为以案治本试点,深入推进廉政风险防控工作开展。

2013年,司法机关严肃查处了健力宝集团原董事长张海在狱内违法减刑的问题,司法行政、监狱、看守所、法院等部门24人涉案,产生了负面社会影响。在省纪委督促推动下,省司法厅针对存在问题,在全省司法行政系统开展了以案治本试点工作,全面掌握案件暴露出来的体制机制制度漏洞,查找出司法行政系统在队伍管理、监所执法管理、基建工程、大宗物资采购、律师公证法律服务等8个方面29种问题,深刻剖析了违纪违法的主客观原因,对监狱刑罚执行中减刑假释保外就医等领域违规行为开展了专项治理,制定《关于全面加强监所管理、增强廉政风险防控能力的意见》,健全完善了加强监所管理、办理罪犯减刑假释暂予监外执行案件审批规定等28项制度规范,严格服刑犯在狱内改造的考核、立功、减刑假释、保外就医等方面的条件和程序,进一步压缩和规范执法干警和分管领导的自由裁量权。充分利用现代科技手段,升级完善了监管改造信息系统,以"电脑"限制"人脑",实现"达到条件卡不了、达不到条件批不了、批准之后改不了"的目标,提高制度执行的刚性。省司法厅还开发了刑罚执行公开、减假保协同办理、廉政风险监督、干部人事选拔任用等信息化平台,强化对相关权力运行的程序监督和制约,,有效遏制了类似违纪违法行为的发生。

2013年7月,省科技厅原厅长李兴华严重违纪违法被查处后,科技管理工作中尤其是相关政策落实中存在的一些深层次问题暴露无遗。省纪委大力推动省科技厅深刻汲取教训,加强以案治本,实施"阳光再造"工程:一是打造阳光政务平台,实现科技业务全流程"痕迹管理",向社会公开科技业务管理信息,实时接受纪检监察、审计、财政等部门的在线监督。二是建立权力运行制衡约束机制,将科技项目管理划分为指南编制、评审组织、立项审核、经费分配等关键环节,分别由不同部门负责,实现评审权与立项权相制衡、立项权与资金分配权相制约;设立规划财务处和监督审计处,新建或修改相关制度110多项,加强内部监督。三是加强项目经费管理制度建设,健全项目立项和资金分配的议事决策机制,推行"签字背书"制度,确保重要审批环节都有操作记录和签字认可。四是严格规范科技项目专家评审,完善专家抽取和保密工作,推行匿名评审、双盲评审和视频录像评审。这些措施,推动了全省科技体制改革持续深化,科技系统源头防腐工作得到加强。省预防腐败局与省财政厅、省科技厅等有关单位共同研究制定《关于进一步加强科研项目(课题)经费监管的暂行规定》,建立既能有效防范资金风险又能充分发挥资金效益的科研项目(课题)经费管理制度,最大限度压缩自由裁量权。

通过对这些试点单位的经验总结,特别是对典型案件整改工作的推动,省纪委在"以案治本"工作方面积累了一些比较成熟的经验。

二、规范以案治本工作机制

2013年11月,在前期试点积累经验基础上,省纪委、省监察厅、省预防腐败局印发了《关于积极开展"以案治本,加强廉政风险防控"工作的意见》,要求遵循"查办案件→找出症结→完善制度"的思路,按照"案件剖析、制度梳理、实地调研、健全制度、检查落实"五个步骤,扎实开展"以案治本,加强廉政风险防控"工作。剖析案件,要求紧密结合案件调查暴露的问题情况,研究案件的特点、规律及成因,重点从体制、机制、制度和管理上分析产生腐败问题的深层次原因,查找薄弱环节;同时分析涉案人员个人剖析材料,针对其违纪违法的思想根源和心理特点,增强廉政教育的针对性和有效性。梳理制度,要求针对查找出来的廉政风险点,全面清理、审查和评估相关制度性文件,逐一排查风险漏洞,准确评估风险等级,提出健全制度、堵塞漏洞的意见。实地调研,要求深入案发地区和单位开展座谈、个别访谈、约谈当事人,进一步掌握有关规章制度的漏洞、权力运行的风险环节。健全制度,要求针对查找出来的风险点和制度漏洞,在充分汲取各方意见建议的基础上,开展制度补强工作,重点在腐败易发高发的部门、岗位、环节,形成有效的制度,建立规范的程序,进一步强化对权力运行的监督和制约。检查落实,要求及时将修改完善的制度细化成具体的工作措施,将责任分解到各个部门、岗位和环节去落实;强化落实廉政风险防控责任制,建立健全长效工作机制,开展年度检查评估工作,严格责任考核和责任追究,防止类似问题再次发生。

此后,省纪委每年都根据上年查办案件情况,选择若干领域开展"以案治本"工作,省纪委全会每年都对以案治本工作作出新的部署,提出新的要求。

三、全面推行"以案治本"工作

2014年开始,省纪委将以案治本、加强廉政风险防控工作扩展到广东移动、南方电网、海洋与渔业等系统,推动发案单位党组织落实全面从严治党主体责任。

各地市和省直部门也主动探索以案治本的有益做法。省财政厅深刻总结原副厅长危金峰腐败案的教训,按照加强思想教育和完善财政内控机制"双保险"、确保财政资金和财政干部"双安全"的思路,深化预算管理改革,建立全口径预算编报体系,把政府所有收支纳入预算管理,制定了《广东省省级财政专项资金管理办法》及专项资金目录管理等8个配套办法。省直纪工委深入分析发案原因,抓好"一案一回访"及"一案一档案"工作,2012年以来共向45个单位下发了检查(监察)建议书45份,提出应纠正事项106项,帮助建立健全各项管理制度185项。惠州市针对个别领导干部违规出境、参加赌博等频发现象,对国家工作人员出国(境)证照管理进行全面清理,对全市国家工作人员利用虚假身份办理的出国(境)证照进行梳理甄别,全面实施证照签批人像比对,发现一人多证的一律移交纪检监察机关处理,有效排查管理漏洞。中山市全面开展清权确权亮权工作,编制《职权目录》,绘制权力运行流程图,认真查找廉政风险点,把权力清单、办事流程和廉政风险目录一览表等在部门网站和办事窗口进行公开。湛江市把"身边案"作为反面教材,每年从当年度查办的案件中精选一批典型案件,采取一案一析一画的方式,编辑成册作为教育资料。这些措施进一步促进了查办案件由着力治标向标本兼治的转变。

2014年7月,省纪委半年工作总结会议强调,要以零容忍态度惩治腐败,处理好惩治腐败和以案治本的关系。一方面,要继续加大办案力度,特别要重点查处党的十八大以后还不收敛不收手,问题线索比较集中、群众反映强烈,现在重要岗位且将来还要提拔重用的党员领导干部,形成有力震慑,坚决遏制腐败蔓延势头。另一方面,要防止"光打不防、越打越忙"的现象,紧紧围绕案件暴露出来的问题,认真总结成案原因、研究案发规律,有针对性地开展警示教育、强化监督制约、健全制度规范,把查办腐败案件的"遭遇战"变成以案治本的"阵地战",不断推动办案成果向治本成果转化,做到查办一个案件、教育一批干部、完善一套制度、解决一类问题,充分发挥办案的威慑、教化、防范功能,逐步构筑党员干部不想腐、不能腐、不敢腐的制度防线。

四、认真总结"以案治本"工作经验

2014年9月,省纪委、省监察厅、省预防腐败局在广州组织召开"以案治本、加强廉政风险防控"座谈会,总结交流各地各部门开展以案治本工作情况。会议指出,以案治本、加强廉政风险防控是标本兼治的有机统一,必须始终坚持治标与治本两手抓两手硬;强调当前主要任务是以案施教、建章立制,一方面要坚持"一案一教",充分利用反面典型开展警示教育,用身边事教育身边人,增强教育的针对性和说服力,努力达到查办一案、教育一片的效果;另一方面要通过查办案件来发现、揭露、解决制度和管理上的问题,防止类似问题再次发生,有效地保护更多的干部。黄先耀在会上强调,以案治本、加强廉政风险防控是党委的主体责任,各级党委要牢牢树立"不查案是失职,查案不治本是不称职"的意识,加强统一领导和组织协调,增强工作合力,推进"以案治本"工作逐步实现常态化。党委主要领导要守土尽责、主动作为,在治本预防方面要做到工作方案的制订亲自过问、重大漏洞和问题的查找亲自带头、重要制度的修订和完善亲自把关。各级纪检监察机关要建立健全"后办案"

机制,履行好监督责任,推动工作落实,促进治标成果向治本成果转化。同年12月,省纪委在佛山召开全省预防腐败创新工作现场会,总结交流党的十八大以后全省的预防腐败工作。会议指出,"以案治本"是加强预防腐败工作的重要抓手,要注重方式方法创新,通过以案治本,进一步加强党规党纪警示教育、健全廉政法规制度体系、推动廉政法规制度执行,强化党员干部廉洁从政的制度约束和思想自觉,使管党治党有规可依、有章可循。

2015年,省纪委在省海洋与渔业局、南方电网、广东移动公司等单位开展第二批"以案治本"试点,组织召开案情剖析会,深入开展调查研究,针对突出问题排查廉政风险,健全制度规范,堵塞制度漏洞,实现以案促教、以案促改、以案促防。制定《省纪委关于建立健全以案治本工作联动机制的意见》,统筹协调预防腐败部门、纪律审查部门和案发单位等多部门的资源和力量,形成推动工作合力。各地各单位也结合本地区本部门实际,制定以案治本工作规定。新华社《内参》长篇报道了广东省以案治本的工作做法经验。

第二节　突出监督重点,拓展监督视野

在强化党内监督、规范权力运行方面,广东始终紧盯领导干部这个"关键少数",从监督的角度、空间和方式方法入手,针对一些典型案件暴露出来的在权力监督方面存在的短板和薄弱环节,进一步完善和创新制度,推动权力在正确的轨道上运行。

一、规范党政机关工作人员之间的称呼

对党内同志之间的称呼问题,中央早就有规定,1965年中央就专门就党内称呼问题发出《中央关于党内同志之间的称呼问题的通知》。改革开放以后,在1978年12月召开的十一届三中全会上,中央再次要求,"党内一律互称同志,不要叫官衔"。1980年,十一届五中全会通过的《关于党

内政治生活的若干准则》又对此做出了规定。党的十八大通过的党章中，也将党的领导人称为同志。党的十八大以后，中央对新中国成立至1977年期间制定的党内法规和规范性文件进行了一次全面清理，废止160件，宣布失效231件，20件继续有效，其中就包括1965年《中央关于党内同志之间的称呼问题的通知》。

党的十八大以来，全省纪检监察机关查处的一些领导干部严重违纪案件，尤其是一些"一把手"带头贪腐的腐败窝案中，涉案人员不同程度存在人身依附关系，一些领导干部妄自尊大，刻意在自己管辖范围内培植势力范围，以"老板""老大"自居，有的党员干部刻意逢迎，眼里只有领导干部、没有组织观念，在一定程度上放任、纵容了一些领导干部的专横、霸道的作风，反映在党内同志之间的称呼上，往往以官衔相称，或者称呼"老板""老总""老爷子"，有的甚至称兄道弟，破坏了党内民主和党内关系的严肃性。针对这些问题，省纪委专题调研如何规范党政机关工作人员之间的称呼，回归正常的党内同志关系。2014年5月，省纪委出台《关于严明党政机关工作人员之间称呼纪律的通知》。指出当前党政机关部分党员干部受官僚主义、宗派主义、"江湖习气"等不良风气的影响，把同事、同志间的称呼庸俗化，有的称领导为"老板""老大"，有的称下属为"哥们""兄弟"等，破坏党内民主，损害公仆形象，与党的宗旨和人民政府的性质极不相称。《通知》强调，称呼问题反映了党员干部的思想作风和道德修养，直接关系党员干部队伍的战斗力、凝聚力，影响党和政府的形象。根据中央《关于党内同志之间的称呼问题的通知》等有关文件精神，结合党的群众路线教育实践活动的开展，省纪委特别强调，党政机关工作人员之间一律不准使用"老板""老大"等庸俗称呼，坚决纠正"四风"在称呼上的不良表现。

二、探索开展对领导干部"八小时以外"活动的监督

从党的十八大以来查处的违纪案件看，很多领导干部的腐化堕落是因为交友不善、交往过杂，生活圈、休闲圈混乱等造成的，很多案件中的利益输送是发生在"八小时以外"。2014年，中央第八巡视组向广东省委反馈巡视情况，要求广东"严格对领导干部的日常管理和'八小时以外'

活动的监督"。2015年8月,省纪委、省委组织部、省人社厅联合印发《关于加强党员领导干部"八小时以外"监督管理的意见》,明确提出加强监督领导干部的社交圈、生活圈、休闲圈,把组织对干部的关心爱护贯穿于严格管理全过程。《意见》明确,加强领导干部"八小时以外"活动监督管理,要以县处级以上党员领导干部特别是党政主要领导干部为重点,以维护领导干部的公众形象和防止利益冲突为核心,盯住重要事项、重点场所、重点时段,着重加强对遵守党的六大纪律情况的监督检查,主要包括是否注意个人言行和身份,自觉抵制政治谣言及丑化党和国家形象的言论;是否注重自身公众形象,有无在公共场所或群众面前耍特权、逞威风;是否拉帮结派和借联谊会、老乡会、同学会、战友会等活动搞"小圈子",或搞官商勾结"傍大款";对配偶、子女及其配偶和身边工作人员是否严格要求,有无包庇、纵容等违反党性原则的行为;有无大操大办婚丧喜庆事宜、公款吃喝、公款旅游、公款娱乐、公车私用等行为;是否接受管理服务对象支付应当由个人负担的费用;有无违规打高尔夫球、出入私人会所等行为。

省纪委选择在珠海市、省工商局等9个地方和单位开展试点,实施"八小时以外"活动重大事项和重要情况报告制度,注重对党员领导干部在工作时间以外所从事的与职务影响相关或个人生活领域活动的监管,把领导干部"八小时以外"活动情况列入干部考察内容。经过半年多的努力,截至2016年第一季度,全省已建立147个试点单位,其中省级试点单位9个、市级试点单位107个、县级试点单位31个。

2016年3月16日,省纪委召开领导干部"八小时以外"活动监督试点工作座谈会,各试点单位围绕为什么要监督、有什么监督特点和怎样监督等五个问题进行探索交流。

三、规范领导干部配偶、子女及其配偶经商办企业活动

2016年4月18日,中央全面深化改革领导小组第二十三次会议召开,会议决定在上海先行开展规范领导干部配偶、子女及其配偶经商办企业行为试点的基础上,继续在北京、广东、重庆、新疆开展试点,强调要严格界定经商办企业行为,细化规范程序,明确操作依据,严格按照规范对

象范围，从严规范、率先规范、以上率下，要把集中规范和日常监管有机结合起来，规范工作基本完成后，要转入常态化管理，推动形成常态化、长效化的制度安排。

省委成立"广东省开展进一步规范领导干部配偶、子女及其配偶经商办企业行为工作领导小组"，中央政治局委员、省委书记胡春华任组长，领导小组多次专题研究贯彻落实措施，强调要不折不扣落实中央要求，把自我规范与组织规范相结合，在鼓励领导干部自我规范、及早规范的同时，认真组织审核甄别，加强督促检查；要坚持职务越高、管理越严，对职务高、权力大的领导干部，无论是甄别的把握还是落实常态化监管上都要更严；要限期完成规范工作，明晰任务，细化流程，加快推进正式申报、自我规范、审核甄别和组织规范；要不断总结完善，在规范领导干部行为、监督制约权力运行上形成更加完善的制度，创造更多可复制可推广的经验。

在前期摸查、清理的基础上，研究制定《关于进一步规范广东省领导干部配偶、子女及其配偶经商办企业行为的规定（试行）》，5月14日正式印发。《规定》体现了"四个严于"，对省部级严于厅局级、正职严于副职、公权力较集中的公检法领导班子成员严于其他单位领导干部、配偶严于子女及其配偶。并按职务级别明确政策界限：一是省级领导干部的配偶不得经商办企业，子女及其配偶不得在本省经商办企业；二是正厅职领导干部的配偶不得经商办企业，子女及其配偶不得在领导干部管辖的区域或者业务范围内经商办企业、不得在本省从事可能与公共利益发生冲突的经商办企业活动；三是其他领导干部的配偶、子女及其配偶不得在领导干部管辖的区域或者业务范围内经商办企业、不得在本省从事可能与公共利益发生冲突的经商办企业活动。不能经商办企业的情形有5种，包括3种投资行为和两种从业行为。即：领导干部配偶、子女及其配偶注册个体工商户、个人独资企业或者合伙企业，投资非上市公司、企业，在国（境）外注册公司后回国（境）内从事经营活动等情况。两种从业行为是指领导干部配偶受聘担任私营企业的高级职务，或在外商投资企业担任由外方委派、聘任的高级职务等情况。

在起草《规定》的同时，全省组织符合条件的领导干部进行初步申报。对申报的审核甄别工作精细严格，由省委组织部和省纪委、省工商局各一名厅级领导干部牵头成立审核甄别组。通过综合分析领导干部本人情况、所在单位情况、亲属所办企业情况，聚焦领导干部亲属经商办企业的利益与本人职权是否存在关联、与公共利益是否存在冲突进行甄别，最后经集体会商提出初步甄别意见。

《规定》正式印发后，全省马上组织正式申报，领导干部填写《自我规范选择表》，作出"亲属退出经商办企业活动""本人退出现任职务"或"希望组织上予以审核甄别"的选择，并由所在单位党委（党组）书记签署意见。期间，省委组织对申报有亲属经商办企业的领导干部全面谈话，一谈政策规定，做好政策解读，明确纪律要求；二谈个人选择，引导本人作出理性、负责任的选择；三谈及早规范，督促本人及早启动自我规范工作。为防止明退暗不退或退出过程中发生新的利益输送，在与领导干部谈话时，明确要求其承诺：亲属依法依规退出经商办企业活动，有条件的要委托专业机构进行评估，不得利用领导干部职权或影响力谋取私利。

截至2016年6月24日，全省审核甄别工作基本完成，甄别认定347名干部需要规范。需要规范的领导干部全部作出了选择，并启动退出经商办企业或退出现任职务程序，有的已办完退出手续，各项工作2016年年底前将全面完成。以后，领导干部需每年向组织报告配偶、子女及其配偶经商办企业情况；省里每年按20%比例对省管干部报告情况进行抽查，发现问题的严肃处理。

四、严格把好干部选拔任用党风廉政意见关

2008年7月，中央纪委、中央组织部联合印发《中管干部任职前中央组织部听取中央纪委意见和中央纪委回复中央组织部意见试行办法》，就中央组织部听取中央纪委意见的干部范围、办理程序和回复方式等予以规范。同时，为明确中央纪委、监察部机关各有关部门的职责分工，加强协调配合，2010年12月21日，中央纪委、监察部制定了详细的实施细则。

党的十八大以来，全省各级纪检监察机关配合上级纪委及组织人事等部门，集中力量做好提拔任用干部的党风廉政情况回复工作，防止干部

"带病提拔""边腐边升"。为进一步规范党员干部廉政信息回复工作，明确相关办理流程，提高工作效率，2016年4月，省纪委、省委组织部印发《省管干部任职前省委组织部听取省纪委回复意见试行办法》(《试行办法》)，明确了干部任用听取省纪委意见的对象和事项范围，规范了回复口径，统一了办理程序。根据该《试行办法》，省纪委2016年共办理全省各地市党员干部党风廉政情况回复1702人次。省纪委还结合换届工作需要，对省管正厅级实职领导干部信访举报问题线索及相关履历情况进行了梳理汇总，形成综合分析材料报省委领导审阅。同时，对最近几年省管干部的信访举报线索进行全面梳理起底，与承办部门逐一核对，确保党风廉政情况回复工作扎实到位。2013年至2016年6月，全省共办理党风廉政情况回复329786人(次)。

五、实行对重大工程项目同步预防监督

党的十八大以后，港珠澳大桥工程建设进展良好，同步预防工作也扎实开展。2013年2月6日，省港珠澳大桥工程廉政建设工作领导小组第三次会议在广州召开。会议强调，纪检监察机关要进一步发挥监督、协调和服务职能作用，将廉政建设引向深入，更好地推动大桥建设。一是廉洁教育要警钟长鸣，二是廉洁防控要常抓不懈，三是围绕权力运行加强源头防控，四是构建防腐监督网络，五是借鉴港澳经验，积极探索创新，努力走出一条具有广东特色的重大项目廉政监督之路。

2013年7月24日，省港珠澳大桥工程廉政建设工作领导小组第四次会议在广州召开，会议提出，要从"严""实""新"三方面着手，对港珠澳大桥工程实施全过程、全方位的严格监控。要强化廉洁宣教的针对性、实效性以及正面引导和反面教育的连贯性，增强教育效果；把廉政风险防控与紧盯关键环节、强化成果运用、完善制度建设相结合，推动廉政风险防控取得新成效；坚持务实管用、多元化、科学化的原则，深入开展监督检查。要努力实现廉政建设理念思路有新突破、工作方法有新抓手、改革创新有新举措，为加强重大工程项目廉政监督获取新方法、创造新经验、探索新模式。12月11日，省纪委、省监察厅在珠海召开全省重大工程项目廉政建设工作现场经验交流会，总结港珠澳大桥建设等重大工

项目廉政建设经验,部署对广东省的高速公路建设、珠三角城际轨道建设及沿线资源开发等重大工程项目建立廉洁风险同步预防机制。

2014年12月14日,省港珠澳大桥工程廉政建设工作领导小组第五次会议在珠海召开。会议听取了港珠澳大桥管理局、港珠澳大桥珠海连接线管理中心、珠海格力港珠澳大桥人工岛发展有限公司等三家建设主体单位关于工程建设和廉政建设情况的汇报。会议强调,要落实中央纪委"转职能、转方式、转作风"的工作要求,理清主体责任和监督责任,在推进大桥工程廉政建设方面多下工夫:要在"体制"建设上下工夫,进一步建立"横向到边,纵向到底"的廉政建设责任网络体系;要在"内容"创新上下工夫,以宣传教育和风险防控为突破口,加强协作沟通,切实化解工程建设中的廉政风险;要在监管"方式"上下工夫,充分依托廉情预警评估系统及专业社会力量评估工程廉政风险,开展廉政风险监测。

2015年9月18日,港珠澳大桥珠海口岸(I标段)工程总承包施工单位中建三局举办"把纪律挺在前面"暨项目管理监督论坛,旨在加强工程廉政建设教育,沟通交流工程监管经验,提升管理效能。论坛期间,与会代表参观了项目工地现场,观看港珠澳项目宣传短片,观看项目组自编自演的廉洁小品《天桥》等,并展开热烈的互动交流,分享工程廉政管理经验。其间,中建三局下属一公司、二公司、三公司以及总承包公司等17家单位围绕工程施工进程、履约过程结算、施工过程监控、岗位风险排查、绩效考核体系、作风建设、责任追究等进行交流探讨。中建三局一公司作主题发言,介绍了工程廉政管理经验。

2015年12月19日,省港珠澳大桥工程廉政建设工作领导小组第六次会议在珠海召开,总结港珠澳大桥廉政建设工作经验,为全省重大工程项目同步预防腐败提供借鉴。会议强调,要总结好、坚持好、应用好港珠澳大桥工程廉政建设工作经验,为全省重大工程项目同步预防腐败工作探索新路、提供借鉴,从而有效防治工程建设领域的腐败问题,努力为广东经济社会健康发展营造良好环境。

据统计,港珠澳大桥工程廉政建设开展四年来,共建立健全廉政工作制度20余项,指导建设单位排查廉政风险点6217个,制定防控措施8247项,对115家参建单位进行中标预警谈话,创新引入廉情预警评估系统和廉政风险第三方抽查评估,健全信访投诉核查机制,以零容忍态度执纪监督问责,工程同步预防工作取得扎实成效。

2016年9月27日,港珠澳大桥主体桥梁工程全线贯通。这条连接香港、珠海、澳门的超大型跨海通道由粤港澳三地共建,历时4年,全线通车后香港至珠海的陆路通行时间将由3小时变成半小时。

在对港珠澳大桥开展同步监督预防的同时,省纪委还推动主责单位(部门)对白云国际机场扩建工程、全省高速公路建设、珠三角城际轨道建设及沿线资源开发等政府投资重大工程项目廉洁风险同步预防工作。起草《省重大工程建设廉情预警评估实施办法》《省重大工程建设廉洁风险第三方抽查评估暂行办法》等,为各地强化工程建设领域精准预防监督提供制度指引和经验借鉴。

第三节　贯彻"三个区分开来"原则,坚持正确执纪导向

党的十八大以后,广东省纪委贯彻党的"惩前毖后、治病救人"的一贯方针,牢固树立正确的执纪观,坚持"三个区分开来"的原则,形成鼓励干事创业、宽容失败失误的宽松政治氛围,引导广大党员干部敢于担当、有所作为。在2015年的全省"三纪班"上,黄先耀同志又结合实践中的体会,在"三个区分开来"前加了"两个尊重"的表述,即"尊重广东历史、尊重广东省情",实事求是地处理广东干部在改革开放过程中出现的历史问题,保护广大干部的积极性。2016年1月18日,习近平总书记在中央党校省部级主要领导干部学习贯彻党的十八届五中全会精神专题研讨班讲话中也提出了"三个区分开来"的要求,即"要把干部在推进改革中因缺乏经验、先行先试出现的失误和错误,同明知故犯的违纪违法行为区分开来;把上级尚无明确限制的探索性试验中的失误和错误,同上级明令禁止后依然我行我素的违纪违法行为区分开来;把为推动发展的无意过失,同为谋取私利的违纪违法行为区分开来,保护那些作风正派

又敢作敢为、锐意进取的干部"。习近平总书记的讲话是对广东"两个尊重、三个区分开来"原则的肯定。广东省纪委在坚持"三个区分"原则开展监督执纪实践的基础上，在反腐倡廉制度创新工作中也充分运用这一原则，在严格划定党的纪律规矩"红线"的同时，为广大党员干部划出干事创业的"安全区"。

一、贯彻"三个区分开来"原则，营造干事创业的良好环境

全省各级纪检监察机关在纪律审查的事件中，在坚持"三个区分开来"基础上，[①]妥善处置不同性质的违纪行为，准确掌握定性量纪尺度，把握好"四条原则"，即对信访举报反映的作风、廉洁自律方面的苗头性倾向性和一般性问题，能采取信访谈话、信访函询办法解决的，一般不开展案件调查；对信访举报反映情节轻微不需追究纪律责任，能通过核查处理的，一般不立案调查；对确有违纪事实并需追究纪律责任，能通过其他方法弄清问题的，一般不采取"两规"措施；对经立案调查没有发现严重违法犯罪，能够通过党纪政纪处理达到教育挽救目的的，一般不移送司法机关。在这样一种执纪导向指引下，既使极少数腐败分子受到惩处，又使受到诬告错告的同志得到及时澄清，让广大干净干事的干部放心放手大胆工作，最大限度地保护和调动广大党员干部干事创业的积极性。

"三个区分开来"的核心是区分"为公"还是"为私"，"为公"可以理解、谅解与宽容，"为私"绝不能姑息迁就。"三个区分开来"原则的提出，符合广东的形势，契合了党的十八大以来党中央和中央纪委提出的"挺纪在前、抓早抓小"和"四种形态"监督执纪理念。"三个区分开来"原则的贯彻落实，传承了广东几十年改革开放条件下反腐倡廉的基本精神，确保了广东取得新时期反腐不手软、发展不停步的双赢局面。党的十八大以来，省委贯彻中央决策部署，把全面从严治党、坚决反对腐败

---

① 广东省纪委提出"三个区分"原则以后，得到全省党员干部的认同，也得到了中央的肯定，习近平总书记在一些重要会议上作了相关表述，并概括为"三个区分开来"，广东省委和省纪委在后来的有关文件和领导讲话中也采用"三个区分开来"的表述。

放在更加突出的位置,正风反腐力度前所未有,查处违纪违法案件力度一直位居全国前列。与此同时,广东省经济保持了良好的发展势头。全省经济总量在2013年、2014年和2015年分别增长8.5%、7.8%和8%的基础上,2016年增长7.5%,均高于全国平均水平。

二、构建健康的政商关系

2014年2月,中央巡视组在向广东反馈巡视情况时指出"一些领导干部与私营企业主勾肩搭背、搞权钱交易"等问题突出,要求广东认真研究、加以整改。省委、省政府对中央巡视组指出的问题高度重视,要求省纪委省监察厅抓紧研究解决官商勾肩搭背、搞权钱交易等问题,推动构建良好政商关系。省纪委省监察厅经过一年多调查研究,反复征求意见和数易其稿,组织起草《省纪委省监察厅关于推动构建新型政商关系的若干意见(试行)》,经省委、省政府批准同意,该《意见》于2016年4月印发。《意见》共六章三十条,重点着眼规范机关单位及工作人员尤其是领导干部与非公有制企业及其负责人的交往。第一章"总则",回答为什么制定这个意见;第二章"优化政务服务",回答领导干部在政商交往中能做什么;第三章"规范政商交往行为",回答在政商交往中不能做什么;第四章"加强廉洁文化建设",回答怎样形成有利于政商"亲""清"交往的社会环境;第五章"强化监督执行",回答怎样监督政商交往中的不"亲"、不"清"行为;第六章"附则",对效力范围及生效日期、解释机关等作出说明。《意见》坚持鲜明的问题导向,力求出台一条管用一条,着力破解"亲"而不"清"、官商勾结或"清"而不"亲"、为官不为的问题。依据党纪、法规和其他相关规定,尽可能全面地列出政商交往的"正面清单"和"负面清单",给政商交往提供一张"明白纸",力求能落地,能执行,能解决"谈商色变"和"勾肩搭背"等突出问题。

三、治理"为官不为"

2016年以来,全省各级纪检监察机关围绕省委、省政府落实"十三五"规划和改革发展各项任务的目标要求,立足纪检监察机关职责,加大对"为官不为"问题整治力度。一是出台方案。制订《关于围绕整治"为官不为"发挥职能作用的方案》,明确将履行岗位职责方面得过且过、服务基层为民办事方面态度生硬等十类问题作为整治重点内容,并纳入当年党风政风监督重点任务进行部署。2016年上半年,全省各级纪检监察机关查处"为官不为"问题529个,其中不作为问题229个,慢作为问题81个,乱作为问题219个;共问责638人,其中给予党纪政纪处分283人。在南粤清风网、南方日报、广东广播电视台开辟"为官不为"曝光台,坚持定期通报、专题通报等多种形式相结合,逐月逐市曝光省和各地整治"为官不为"典型案例共44宗。

按照省委的部署,省纪委自2015年6月起,会同省委组织部起草了《关于贯彻"三个区分开来"治理为官不为的意见》。《意见》对"贯彻'三个区分'原则,宽容失败失误,激励干事创业"的内容进行了细化,详细列出了13种免予追究责任的"正面清单";《意见》强调,要坚持问题导向,突出工作重点,治理为官不为,列举了当前阶段干部群众反映强烈、需要重点整治的8个方面"为官不为"问题。

四、鼓励探索容错纠错工作机制

"三个区分开来"原则的提出,得到全省广大党员干部的热烈响应。省纪委在贯彻"三个区分开来"原则开展纪律审查工作,制定相关制度规定的基础上,鼓励各地各单位建立容错免责机制,结合本地区、本行业改革发展实际和权力运行的特点,进一步细化可以宽容失误的事项。佛山、梅州、深圳、广州、惠州等地相继出台相关文件规定,用制度为改革创业保驾护航。比如,佛山继在全省率先制定"为官不为"标准之后,再次创全省之先,2015年8月21日,佛山市委审议通过《中共佛山市委关于落实省委"三个区分"激发改革创业新活力的若干意见》和《中共佛山市纪委佛山市监察局关于落实"三个区分开来"的工作规程(试行)》,明确了"履职容误"的具体界限,对干部工作出现失误或错误等方面明确提出了6种可以免予责任追究或从轻、减轻处理的情形,比如,"根据现有制度要求,结合实际制定有效管用的微观制度,或者对尚无明确规定的领域和事项,主动做好制度设计和创建,并严格按制度办事"的情形。2015年9月,梅州市委审议通过了关于贯彻"三个区分开来"原则的"一个意

见、两个办法"，即《中共梅州市委关于落实省委"三个区分"原则激发
干事创业热情整治为官不为行为的若干意见》《关于落实"三个区分"原
则实施容错减责的暂行规定》《梅州市领导干部"为官不为"问责暂行
办法》。2016年7月，深圳市委出台《关于支持改革创新、建立容错纠错机
制的若干规定（试行）》，明确了属于支持改革创新和容错纠错的7大类范
畴，提出要在党委政府统一领导下，各方面积极参与，形成协调有效的容
错纠错机制，纪检、组织、宣传、监察、审计等部门要坚持正确的工作导
向，审慎处理改革创新中的无意过失。2016年8月，广州市第十四届人大
常委会审议并表决通过《广州市人民代表大会常务委员会关于促进改革
创新的决定（草案）》，首次将"容错"写入政策，明确提出，"改革创新工
作未实现预期目标，但决策程序和实施程序符合法律、法规、规章等规
定，有关单位和个人勤勉尽责，未谋取非法利益，未与其他单位或个人恶
意串通的，对有关单位和个人不追究责任，不作负面评价"。2016年10月，
惠州市委市政府印发《惠州市贯彻落实"三个区分"原则治理"为官不
为"问题的实施意见（试行）》，提出了应当按照"三个区分"原则予以容
错的8种情形。惠州市还建立了容错免责程序，容错免责调查工作小组。

　　2016年5月25日，省人大常委会第26次会议审议通过《中国（广东）自
由贸易试验区条例》（《条例》），《条例》自7月1日起施行。和其他省份的
有关自贸试验区同类规范性文件或法规相比，《条例》在建立容错机制
方面有首创性的突破，将容错免责具体化、条件化，使之成为可操作的
法律条款，为在广东自贸试验区开展创新提供了切实有效的法律保障。
《条例》总则第四条规定："在自贸试验区进行的创新未能实现预期目
标，但是符合国家确定的改革方向，决策程序符合法律、法规规定，未牟
取私利或者未恶意串通损害公共利益的，对有关单位和个人不作负面评
价，减免相关责任。"

第四节　探索建立"廉洁示范区"

党的十八大以来，广东省委高度关注各类功能区在引领转型升级、稳增长调结构方面的重要作用，贯彻中央全面深化改革各项决策部署，大力推动各类功能区的创新发展。2013年7月，省委、省政府出台《关于进一步促进粤东西北地区振兴发展的决定》，对促进粤东西北地区振兴发展工作作出全面部署。《决定》出台以来，全省上下深入贯彻实施粤东西北地区振兴发展战略，狠抓交通基础设施建设、产业园区扩能增效、中心城区扩容提质"三大抓手"，扎实推进全面对口帮扶，粤东西北地区后发优势凸显，经济社会发展取得新成绩，形成新局面，日益成为广东经济发展的重要增长极。

广东省纪委抓住机遇，针对各类功能区特殊的产业结构、市场主体和政治生态、基础，在功能区廉政建设方面探索同步创新，形成品牌效应。在2012年指导珠海横琴新区成立廉政监督办公室的成功基础上，2013年又支持深圳前海深港现代服务业合作区成立廉政监督局。在总结珠海横琴、深圳前海经验的基础上，2014年又指导揭阳大南海石化工业区、云浮新区等先后成立了廉政监督办公室或廉政监督局，逐步确立了"条条派驻、块块统筹"的工作模式，形成了集纪检、监察、审计、经侦、反贪于一体的反腐败工作合力，推动基层反腐败体制由"协作反腐"向"一体反腐"转变。其中，珠海横琴新区廉政监督办公室和深圳前海深港现代服务业合作区廉政监督局最具有代表性，给全省各功能区整合反腐败资源力量提供了有益借鉴。

一、横琴廉政监督办公室的探索

珠海市横琴新区廉政监督办公室（简称"廉政办"）于2012年9月挂牌成立。廉政办内设综合部、纪检监察部、反贪污贿赂反渎职侵权部、审计监督部等4个部门，是国内第一个整合惩防腐败相关职能的机构，摆脱了某一职能部门"单打独斗"防治腐败的局面，是实现反腐倡廉由各部门

"协作反腐"向"整体防治"转变的有益尝试。其中,纪检监察部、反贪污贿赂反渎职侵权部、审计监督部对内既是横琴新区管委会负责纪检、监察、检察、审计工作的内设机构,对外又是珠海市纪委、监察局、检察院、审计局的派驻机构,业务工作接受上级部门的领导。廉政办主任由横琴新区党委副书记兼纪委书记担任,各部负责同志由市委组织部商各对口部门选拔任用,具体工作人员由市政府统筹调剂增加相应编制。

正式运作以来,横琴廉政办率先启动了领导干部重大事项报告核查公示试点工作,构建新区廉政风险防控体系,实施政府部门"千分制"量化绩效考核,开展预防腐败教育和地税审计、财政审计,接入"行政执法与刑事司法衔接"信息平台,拓宽监督空间,坚决查处了群众举报反映的几宗违法违纪案件,取得了一定的成效。2013年9月18日,横琴新区廉政办举行首个开放日活动,让群众与横琴新区廉政办进行零距离接触,面对面了解廉政办的工作流程。

二、深圳市前海廉政监督局的成立

深圳市前海深港现代服务业合作区廉政监督局(简称"前海廉政监督局")于2013年5月成立。前海廉政监督局作为市委市政府在前海深港合作区设立的直属机构,归口市纪委管理,下设案件调查处和预防腐败处(社区工作处)两个工作部门。工作人员分为监督局编制人员和市人民检察院、市公安局、市审计局派驻人员。监督局编制人员由市纪委统一管理,派驻人员行政关系和工资、福利由派出单位负责,日常管理由前海廉政监督局负责。编制人员和派驻人员在履行日常监督职能时,统一以前海廉政监督局工作人员身份依法开展工作;在履行职务犯罪侦查、经济犯罪侦查等职能时,由派驻人员依照法定权限和程序独立执行,立案、逮捕、审查起诉等均按照法律规定报上级机关批准。

前海廉政监督局的最大优势,在于突破了目前纪检监察、检察、公安、审计等监督部门分别设立的格局,在全国率先建立统一的廉政监督体制和运行机制。廉政监督局直接隶属于深圳市委、市政府,除了可以最大限度地整合与优化资源,还可以有效避免人情干扰或者权力干预对办案的掣肘,保证了廉政监督局的独立、有效运作。借鉴香港在反腐工作中的成功经验，廉政监督局内设案件调查、预防腐败和社区工作3个工作部门，以"打、防、教"三位一体的策略提升廉政监督效能。

　　廉政监督局坚持对腐败行为"零容忍"，成立当年就严肃查处了前海市政工程被非法层层分包转包和权钱交易的问题，该系列案涉案金额240万元，查处13人，提请市纪委党纪立案8人，提请市监察局政纪立案1人，提请市检察院立案侦查3人，提请市公安局侦查2人，将1人违纪线索移送省纪委交相关部门调查处理。在严惩贪腐的同时，将反贪重心前移，通过审核政府部门的法律文件、工作程序等工作堵塞贪污漏洞，使相关人员"不能贪"。廉政监督局成立后，着手组织前海管理局各处室、各局属公司梳理事务清单、权力清单、制度清单，编制风险防控手册，明确标出"高压线"所在，敲响防腐警钟，敦促切勿触碰。为防止行政审批中的权力寻租，监督局探索行政审批代理制，把市行政机关授权集中办理的69项行政审批和行政服务事项，以及非授权但在前海集中办理的81个事项，交由前海商务秘书公司整体代理。同时，大力推进入区企业审核改

　　2016年3月21日，前海深港现代服务业合作区廉政观察员聘任仪式在前海管理局举行。

革,取消提交《商业计划书》等事项,把入区企业审核全部纳入商事登记范围,与国际惯例接轨。2014年,针对工程招投标中的围标现象,监督局要求前海市政工程引进大型国企参加建设,提高参与投标企业的保证金额度,增加答辩环节,要求参与投标的企业提供专项方案,把无实力、缺资质的企业拒之门外。通过教育宣传让人"不想贪",培育反贪防贪和廉洁自律的深厚土壤,对一些"风险单位",监督局经常进行廉政约谈。

廉政监督局在充分履行惩治和预防功能的基础上,积极引入优质资源,扩大社会对预防腐败工作的参与。2014年12月19日,第二次前海廉政监督联席会议召开,通报前海廉政监督局成立以来相关工作,并成立第一届前海廉政监督咨询委员会,聘请了11名内地反腐研究领域的知名专家和两名香港廉政公署咨询委员会的现任委员。2015年2月,前海开发开放制度评估委员会成立,委员由来自多个领域的20名专家学者构成。根据计划,2016年6月底前完成首批制度审查。

2015年,前海召开建设"廉洁示范区"动员大会,并出台《关于推进前海建设"廉洁示范区"的工作意见》,制定10个方面68项措施,探索建立"不敢腐、不能腐、不想腐"的有效机制。其中,建立廉政观察员队伍就是重要措施之一。廉政观察员聘任期限为两年,主要职责是监督和反映前海管理局及各处室、公司执行法律法规和党风廉政建设方面的规定情况,党员领导干部及工作人员廉洁自律方面的情况。观察员基本上来自于四个方面:递交过关于前海地区议案提案的人大代表政协委员,驻前海的机关事业单位,区内办公企业、机构以及深度参与前海开发建设的施工单位。

三、"廉洁示范区"的提出与推进

2014年12月,国务院决定设立中国(广东)自由贸易试验区,广东自贸区涵盖三个片区:广州南沙新区片区、深圳前海蛇口片区和珠海横琴新区片区。2015年3月24日,中央政治局审议通过广东自由贸易试验区总体方案。2015年4月21日,中国(广东)自由贸易试验区在广州南沙片区举行挂牌仪式。广东改革开放几十年的经验证明,越是大发展、大建设的时期,越要加强廉政风险防控,预防腐败。与其他地方不同,"廉洁示范区"里基本上没有腐败存量,而遏制增量的关键,除了持续保持惩治腐败高压态势外,还在于把权力关进制度的笼子。因此,必须构建更加科学的权力结构,抓住促进权力规范透明运行这个核心,构建制度、科技、文化"三位一体"的防治腐败新模式,有效防控权力行使过程中的腐败风险。基于这样的形势判断,省纪委提出并大力推动把建设"廉洁示范区"的要求写入《中国(广东)自由贸易试验区条例》。

2015年9月,省纪律检查体制改革专项小组第八次会议提出,逐步推进功能区纪检组织建设,探索建立自贸区廉洁示范区。12月,在广东自贸区创建廉洁示范区推进会上,省委常委、省纪委书记黄先耀提出,要坚持高起点、高标准建设廉洁示范区,围绕打造教育、制度、监督三个平台,构建"不敢腐、不能腐、不想腐"的有效机制,实现干部清正、政府清廉、政治清明的目标,着眼解决当前党风廉政建设和反腐败斗争中遇到的重点难点问题,在法制、体制、机制和制度等方面积极探索和创新。突出抓好"两个责任"、领导干部个人有关事项报告和规范领导干部配偶、子女及其配偶经商回避制度、领导干部"八小时以外"监督、构建多渠道全方位的群众监督平台、实行综合监督体制、对违纪违法行为"零容忍"、严格"三个区分"、推动权力公开透明运行、科技防腐、建立廉洁成效评价体系等措施的落实。

2016年7月1日,《中国(广东)自由贸易试验区条例》正式实施,为"廉洁示范区"的建设提供了法律依据和保障。省纪委把三个自贸片区和廉政制度建设基础比较好的佛山五个经济功能区都列入"廉洁示范区"范围,制定了推进"廉洁示范区"的"十项措施",包括构建明责尽责、失职追责的责任体系;推进法治、廉洁、高效的服务政府建设;推进构建"结构合理、配制科学、程序严密、制约有效"的权力运行机制;推进法规制度建设;提升反腐败科技水平;创新监督体制机制;加大正风反腐力度;健全激励保障机制;加强廉洁文化建设;建立廉洁评估体系,以建立健全"不敢腐、不能腐、不想腐"的长效机制。各示范区在加大惩治腐败力度的同时,推出了一系列有效的改革举措:减少或下放了审批事项;建立纪检、监察、反贪、经侦、审计五位一体的集成化监督体制;借助"互联网+"构建风险防控体系;细化"三个区分"原则,推动履职容误机制落地；结合自身情况探索建立廉洁评价体系等一系列廉洁制度。

2016年8月14日，广东自贸试验区创建"廉洁示范区"研讨会在广州南沙召开。会议指出，在自贸试验区创建"廉洁示范区"是一项系统工程，要精心组织，细化措施，既要抓好"十项措施"的落实，完成规定动作，又要积极创新自选动作，推动一批先行先试的改革措施落细落实。要紧紧抓住促进权力规范透明运行这个核心，积极构建制度、科技、文化"三位一体"的防治腐败新模式，有效防控权力运行过程中的腐败风险。要建立客观科学的评价体系，把"廉洁、高效、诚信"作为评价"廉洁示范区"创建成效的重要指标，发挥评价考核的导向、约束、激励作用。要认真落实"两个责任"，各自贸区党（工）委要切实负起"廉洁示范区"建设的主体责任，纪（工）委负责监督推动各项工作落实，促使"两个责任"协同推进，进一步形成"廉洁示范区"建设的合力。要把创建"廉洁示范区"有机融入自贸试验区建设各项工作之中，加强领导、统筹兼顾，做到两手抓、两促进，以"廉洁示范区"建设的扎实成效保障自贸试验区持续健康发展。

第五节　探索开展预防腐败地方立法

党的十八大提出要"健全反腐败法律制度，防控廉政风险，防止利益冲突，更加科学有效地防治腐败"。习近平总书记在第十八届中央纪委第二次全体会议上提出"要善于用法治思维和法治方式反对腐败，加强反腐败国家立法，加强反腐倡廉党内法规制度建设，让法律制度刚性运行"。省委《贯彻落实〈中共中央关于全面深化改革若干重大问题的决定〉的意见》明确要求"制定省预防腐败条例"。第十一届广东省纪委第二次全体会议提出要"积极推动预防腐败地方立法"。第十一届广东省纪委第三次全体会议作出了"以构建不能腐的防范机制为重点，着力健全反腐倡廉法规制度体系"，"推进汕头、珠海颁布实施经济特区预防腐败条例工作，省预防腐败条例等纳入人大立法计划"。

一、指导汕头、珠海制定预防腐败特区立法

广东在预防腐败制度创新方面走在全国前列,但是探索在立法层面防止利益冲突,首先是从汕头和珠海两个特区破题。在省纪委的大力支持和指导下,汕头、珠海两地的预防腐败条例先后出台。

《汕头经济特区预防腐败条例》于2013年5月28日经汕头市第十三届人民代表大会常务委员会第十六次会议审议通过,8月1日施行。这是汕头发挥特区立法权优势,将反腐关口前移,化被动惩治为主动预防,变"反腐倡廉"为"倡廉反腐"的一项创新之举。《条例》的施行在广东省内乃至全国具有"牵一发而动全身"的示范效应,对其他地方探索预防腐败立法具有一定的参考借鉴价值。《条例》以认真剖析近年来汕头市腐败案件特点为基础,在立法指导思想上立足防患于未然,让权力在法治的轨道上运行;在具体条文设计上,坚持监督约束干部与保护激励干部并举,注重事前预警防控。《条例》分为总则、预防主体与职责、预防制度与措施、监督与保障、法律责任、附则等6章,共61条。对防止利益冲突做了比较细致、具体的规定,比如,规定领导干部不许要求或者指定录用、提拔配偶、子女等亲属,也不能用公款支付配偶、子女学习、培训、旅游等费用。领导干部的配偶与子女,也不得在领导干部管辖的地区和业务范围内,从事可能存在利益冲突的经办商业、企业、中介服务等活动。《条例》对"三公经费"公开也作了具体规定,要求汕头市、区(县)财政部门应当自人大批准预决算之日起20个工作日内,在政府门户网站公布公务接待费、公务用车购置和运行费、因公出国(境)费。除了围绕公权力运行推进预防腐败外,《条例》还将预防腐败向非公组织、社会组织以及基层自治组织等领域延伸,提出引导、支持和帮助非公有制经济组织和社会组织开展预防腐败工作,实现了预防腐败全面覆盖。

2013年7月26日,《珠海经济特区预防腐败条例》经珠海市第八届人民代表大会常务委员会第十二次会议审议通过,10月1日正式实施。《条例》颁布实施后的一年多时间里,全市上下深入开展《条例》宣传解读,逐项做好任务分解,督促抓好贯彻落实,相继出台一系列从严管钱、管人、管物、管事等配套制度,预防腐败工作全面开展。2014年前9个月,

全市"三公"经费比去年同期下降36.7%;市、区两级检察院共受理行贿犯罪档案查询7306人次,比去年全年增加46%;在中山大学廉政与治理研究中心公布的《2013年度广东廉情评估蓝皮书》中,珠海市群众对全市党政机关的廉洁感知指数在全省21个地级以上市中排名第2位。围绕《条例》的规定尤其是部分探索性预防措施,市监察局、市法制局、市财政局等部门,研究制定了重大决策听证、廉洁教育宣传、政府投资项目廉情评估、国有企业资产公开交易、行贿犯罪记录查询与运用、"三公"经费信息公开等15类共30多项配套制度,《条例》配套制度体系初步形成。一年来,珠海市纪委监察局共对7个发案单位和高廉政风险单位开展了制度审查补强工作,清理终止不管用的制度30项,完善有漏洞的制度117项,制定出台亟需的制度136项,相关单位的制度体系整肃一新,廉政风险防控工作得到加强。如针对近年来建设系统发生的案件,及时在全市规划建设系统开展了制度补强工作,一方面加强对规划设计方案的审查把关,另一方面加强测绘规划验收管理。在完善制度、强化权力制约的同时,珠海市引入现代技术手段和科学管理理念,先后建设了政府投资项目廉情预警评估系统、全市国资系统物业出租管理软件系统、各级"三资"监管交易平台,强化现代信息技术的支撑作用,努力赢得防治腐败主动权。其中,廉情预警评估系统运行以来,对全市2013年以来市级财政投资220亿元的225个项目全部进行了廉情评估,针对部分项目存在的投标人数少、中标节约率低、围标串标、投资控制不力等问题,发出廉情预警224个,向16个建设单位发出《预警告知书》,移交案件线索25条。截至2016年6月,政府投资项目中标节约率、概算核减率、预算核减率分别比2012年提高了1.5%、3.7%、3.5%,节约投资9.7亿元,发挥了科技手段在防腐中的威力。通过不断完善相关配套制度,初步形成预防腐败制度框架,推动了各级各部门尤其是一些重点领域、重点单位的预防腐败工作。

二、探索开展省级预防腐败立法

按照省委的决策部署,结合广东省党风廉政建设和反腐败斗争的具体实际,2014年5月,广东省人大常委会把《广东省预防腐败条例》列为

2014年立法计划新制定项目,由省纪委省监察厅负责牵头起草。

2013年6月,根据省政府廉政工作会议有关推进广东省反腐败地方立法工作的精神,省纪委与省人大等部门联合成立广东省廉政法规制度建设领导小组,由省人大内司委主任林浩坤同志任组长,成员包括省纪委、省人大、省检察院、省法制办的领导同志以及有关专家学者,统筹推进本省反腐倡廉法规制度建设。拉开了广东省反腐败地方立法工作规范化、专业化、科学化发展的序幕。8月,省纪委成立了《广东省预防腐败条例》调研起草工作领导小组,领导小组下设法规起草组和专家顾问组,成员由省内外法律和反腐败领域的专家学者组成。正式启动了《广东省预防腐败条例》调研起草工作。

2014年3月和5月,省纪委先后在汕头和广州召开预防腐败地方立法座谈会和专家论证会,听取专家学者和有关部门意见,研究起草《广东省预防腐败条例》。6月,就《广东省预防腐败条例(稿)》征求了各地级以上市市委市政府、纪委监察局,省委各部委,省直各单位,省各人民团体,中直驻粤各单位,省纪委监察厅各派驻(出)机构的意见。8月初,省纪委常委会审议了条例。9月,《广东省预防腐败条例(稿)》经省政府第32次常务会议审议通过,并提交省人大常委会审议。《广东省预防腐败条例(草案)》围绕构建"不想腐、不能腐、不敢腐"的有效机制这条主线,突出落实主体责任与监督责任,从加强权力制约与监督、规范国家工作人员行为操守、构建社会廉洁诚信体系、明确预防腐败工作职责和机制四个方面入手,重点解决本省反腐败工作中的重点难点问题和人民群众反映强烈的突出问题。将一些实践证明行之有效的制度和措施,以及在预防腐败研究领域具有可操作性和前瞻性的理论研究成果,固化为强制性措施。2014年10月22日《广东省预防腐败条例(草案)》正式向社会公开征求意见。《草案》明确规定,"裸官"不得担任领导职务。拟提任领导干部的,应如实报告个人房产、投资、债务、配偶子女从业等情况,并在一定范围内公开。不按要求报告的,不予提任。

2014年党的十八届四中全会通过的《中共中央关于全面推进依法治国若干重大问题的决定》提出,加快推进反腐败国家立法,完善惩治和预防腐败体系,形成不敢腐、不能腐、不想腐的有效机制,坚决遏制和预防腐败现象。完善惩治贪污贿赂犯罪法律制度,把贿赂犯罪对象由财物扩大为财物和其他财产性利益。考虑国家反腐败立法的统一性,经认真研究,省人大商省纪委等单位,中止了《广东省预防腐败条例》的立法议程,待国家层面的反腐败法律出台后,再结合实际制定本省的实施条例。

三、支持广州、深圳制定相关预防腐败立法

省纪委在牵头起草《广东省预防腐败条例》的同时,大力支持和指导广州、深圳两个副省级城市调研起草预防腐败条例。2014年4月30日,《广州市预防职务犯罪条例》经广州市第十四届人大常委会第二十八次会议审议通过,11月29日正式实施。2014年9月25日,《广州市廉洁城市建设条例(草案)》提交广州市第十四届人大常委会第23次会议审议。

为加强深圳市党风廉政建设和反腐败工作,按照广东省纪委、市委第六次党代会的工作部署和立法工作计划,深圳市预防腐败局起草了《深圳经济特区预防腐败条例》(《条例》)报请市法制办审查。《条例》重点防止公职人员特别是领导干部滥用权力,核心是强化对权力运行的约束监督,着力构建"不想腐、不能腐、不敢腐"的制度体系。《条例》对当前反腐败工作中的重点难点问题和人民群众反映强烈的突出问题,例如官商勾结,"裸官"贪腐,以"红包"礼金的形式变相受贿,领导干部亲属、子女以及特定关系人间接受贿,涉案财产转移海外以及干部"带病"提拔等,作出了有针对性的规定。《条例》借鉴国内外预防腐败的相关做法,结合深圳实际,设立了若干创新性预防措施,如借贷活动限制制度,公职人员向下属工作人员、管理或者服务对象借款或出借款,期限超过三个月或者金额超过本人一年工资总额的,应当在借贷行为发生之日起三十日内,书面向所在单位报告。2016年8月,《条例》在网上公开征求社会意见。

四、修订《广东省保护公民举报条例》等法规文件

《广东省保护公民举报条例》是1989年6月29日七届省人大第八次会议审议通过的,该《条例》明确规定,"公民对国家机关和国家工作人

员的违纪、违法和犯罪行为有举报的权利和义务,任何单位和个人不得压制和阻碍"。《条例》的实施,对保护公民举报积极性,规范国家机关和国家工作人员保障举报人的合法权益方面,发挥了重要作用。2014年9月25日,广东省第十二届人民代表大会常务委员会第十一次会议审议通报了对包括《广东省保护公民举报条例》在内的27项地方性法规进行修正的决定。对《广东省保护公民举报条例》的修正主要是对原《条例》第7条关于举报机构受理举报后反馈举报人的时限做出了调整,原《条例》规定,举报机构对受理举报的案件"应当自结案之日起一个月内将调查情况或处理结果告知举报人",这一规定虽然也保障了举报人对举报问题处置结果的知情权,但是,并没有对举报受理机关处置举报问题的时限提出明确要求。修正后,改为举报机构对受理举报的案件"必须在三个月内将调查情况或处理结果告知举报人"。这一重要修订明确规定了对公民所举报问题"三个月"的处置时限,进一步强化和保障了举报人的合法权益。

除了人大立法,省纪委省监察厅在纪检监察机关内部办理举报件的流程方面也做出了严格规定,严格规范信访举报问题办理流程,明确和细化各个环节的责任,以最大限度保障举报人和证人的权益。早在1989年,省纪委就制定了《广东省纪检信访工作细则(试行)》,1994年对该细则进行了修订。2003年,广东省纪委、省监察厅、省财政厅联合印发《关于奖励举报有功人员的暂行办法》。有的地级以上市还结合实际制定了奖励举报有功人员的操作办法,细化了保密要求、奖金标准、送达方式等规定。

在保护举报人和证人方面,2013年9月,省纪委出台《广东省纪检监察机关保护举报人和证人暂行办法》,明确了纪检监察机关在办理信访举报件的工作流程中应遵循的制度规范和应遵守的纪律规定。为鼓励群众实名举报,2002年,省纪委、省监察厅印发《关于实施实名举报反馈制度的试行办法》,2010年印发《广东省纪检监察机关处理实名举报暂行办法》,同时宣布原《试行办法》废止。这个《办法》的实施,有力地促进了信访举报工作,为查处违纪违法案件提供了一批很有价值的重要线索,收到了良好的政治效果、社会效果和法纪效果。为鼓励实名举报,

2011年下半年,广东在全省开展了优化实名举报环境,保障人民群众合法有序地开展信访举报活动的专项工作。进一步加大了实名举报法规制度的宣传力度,集中奖励了一批举报有功人员,严肃查处了一批打击报复案件和诬告陷害、诽谤案件。2015年,省纪委提出"实名举报100%核查"的工作要求,修订了《广东省纪检监察机关处理实名举报暂行办法》,进一步细化工作规范,强化跟踪督办,落实承办部门的责任,认真落实反馈工作要求,实现了全省地市实名举报核查率100%的目标。

第二十章
加强纪检监察队伍自身建设

党的十八大以来，党中央坚持全面从严治党，在党风廉政建设和反腐败斗争方面提出了一系列新理念、新理论、新举措；党的十八届三中全会以来，纪律检查体制改革全面推进，纪律审查工作力度明显加大，反腐败压倒性态势逐步形成，开创了党风廉政建设和反腐败事业新局面。形势的巨大变化，对纪检监察队伍自身建设提出了更高的要求，加强队伍自身建设以适应日新月异的反腐败斗争形势的任务日益紧迫。党中央高度重视纪检干部队伍建设。习近平总书记在中央纪委二次全会上提出要解决"谁来监督纪委"问题，在中央纪委三次全会上提出要解决好"灯下黑"问题，在五次全会上要求纪检机关"清理好门户"。中央纪委深入贯彻党的十八大和十八届二中、三中、四中全会精神，坚决贯彻落实习近平总书记系列重要讲话精神，特别是加强纪检监察机关自身建设的要求，加强组织创新，综合运用教育、警示、挽救、惩治方式，强化日常监督管理，为各级纪检监察机关做出了表率。

广东省各级纪检监察机关坚决贯彻中央纪委决策部署，在狠抓反腐败各项工作任务落实的同时，狠抓队伍自身建设。

第一节　深化转职能转方式转作风，聚焦主责主业

党的十八大以来，新一届中央纪委常委会适应党风廉政建设和反

腐败斗争新形势、新任务,作出了纪检监察机关"转职能、转方式、转作风"的重大部署。在中央纪委六次全会上,习近平总书记把党章规定的纪委的三项主要任务和五项经常性工作,概括归纳为"监督执纪问责"六个字。在省委领导下,广东各级纪检监察机关坚决贯彻中央纪委全会部署,从组织创新、制度安排、机制健全、教育培训等方面不断深化"三转",迅速适应变化了的反腐败形势,取得了明显成效。

一、聚焦主责主业转职能

省委对"三转"工作高度重视,省委书记胡春华指示要全面落实"三转"要求,迅速抓好纪检监察机关参与的议事协调机构清理、内设机构调整和队伍自身建设等各项工作。

2013年12月,省纪委、省监察厅参照中央纪委、监察部的做法,对机关内设机构进行了调整。优化重组机关纠风、党廉、执法监察、效能监察室,成立党风政风监督室、执法和效能监督室。撤销监察综合室,新增第五、第六两个纪检监察室和信息技术保障室。省纪委监察厅机关13个室(厅)的职能发生了变化,101名干部调整了工作岗位,向办案工作一线倾斜,使办案人员占机关总人数的50%以上。同时,立足"监督的再监督""检查的再检查"的职能定位,省纪委、省监察厅对参与的议事协调机构进行清理精简,由原来的213个减少到38个,将与纪检监察主责主业不相关的工作交给主责部门。

2014年6月,省纪委、省监察厅按照中央纪委的部署要求,再次对内设机构进行了调整。撤销了执法和效能监察室、信息技术保障室,新设立了第七、第八两个纪检监察和纪检监察干部监督室,在干部室基础上组建组织部,在宣教室基础上组建宣传部(加挂省预防腐败局办公室牌子),将预防腐败室合并到宣传部。经过两次调整后,省纪委监察厅共有17个室(厅、部),纪检监察室从原来4个增至8个,直接从事执纪监督业务的人员占比60%。同时,对省纪委监察厅参与的议事协调机构继续进行清理,由原来的213个减少到14个。

经过两轮内设机构调整,通过整合资源、盘活存量、内部挖潜,推动人员和力量向办案一线倾斜。省纪委、省监察厅机关在不增加机构、编制、人员的条件下，"三转"基本到位并取得了明显成效，各地级以上市纪委监察局也普遍增加一到两个纪检监察室，省市县三级纪检监察机关办案人数分别占机关总人数的50%、60%、70%以上，为突出办案主业奠定了坚实的组织基础。全省党风廉政建设和反腐败工作形成了惩治腐败、正风肃纪、巡视监督、治本预防、纪律检查体制改革和队伍自身建设六项任务新格局。

二、强化监督执纪问责转方式

结合深入转职能，全省各级纪检监察机关围绕监督执纪问责职能，同步转变工作方式，推动党风廉政建设和反腐败各项工作取得新进展新成效。在作风建设方面，在原有效能投诉网、网上办事大厅平台基础上，整合举报、受理、督办、监督、通报等功能，新建成广东省作风举报网，实现一张网投诉、一张网监督。省、市、县三级上下联动、条块结合，形成队伍专业化、活动经常化、布局网络化的暗访机制。同时，协调指导全省各地各部门聘请党风政风监督员、行风监督员、村务监督员，织密"四风"监督网络，充分发挥社会监督的作用。在转变监督方式方面，从监督具体行政行为向监督抽象行政行为转变，从传统监督手段向科技监督手段转变。2014年10月，省委、省政府出台《关于加强我省预防腐败信息共享和交换的意见》，同年12月，省纪委预防腐败信息系统建成，实现工商登记、地权管理等信息的实时在线查询，并在广州、佛山、珠海分别开展领导干部、国有企业和工程建设3个子系统的试用。切实强化事中监督，回归"对监督的再监督、对检查的再检查、对执法的再执法"角色本位。如治理公路三乱、小汽车定编管理监督职责，以往主要由省纪委、省监察厅与省交通厅、省财政厅联合履行。职能转变后，省纪委不再直接参与，改为主要对两个职能部门履职情况进行再监督、再检查。严格事后监督，全面落实党风廉政建设责任制，全面推行下级党委和同级部门党委（党组）书记向纪委全会述责述廉述德并接受纪委委员评议活动，开展新提任领导干部集体廉政谈话。严格实行"一案双查"，对违反党的政治纪律和政治规矩、组织纪律；四风问题突出，发生顶风违纪问题；出现区域性、系统性腐败案件的地方、部门和单位，既严肃追究直接责任者责任，又严肃追究有关领导班子和领导干部的责任。在转变办案方式方面，从"抓大放小"到"抓早抓小"转变，充分运用监督执纪"四种形态"，层层严把纪律关口，真正使严重违纪涉嫌违法立案审查的成为"极极少数"。认真筛选案件线索，对基层案件、党员干部轻微违纪案件、一般性案件实行早查早结、快查快结，提高办案效率。2014年，省纪委办案周期平均53天，比上一年度缩短9天，有效扩大了案件覆盖面，提高了腐败问题的揭露率和腐败案件的查处率。从"就案办案"向"以案治本"转变，紧紧围绕查办案件中暴露出来的问题，认真分析研究案发原因和规律，有针对性地健全制度规范，堵塞漏洞，不断推动办案成果向治本成果转化。

三、学思践悟转作风

2012年换届后，新一届省纪委常委会建立健全省纪委常委会学习秘书制度、机关理论中心组学习制度和理论务虚会制度，加强政治理论学习。省纪委常委会每月组织1次理论中心组学习，每季度组织1次专题讲座，每半年组织1次理论务虚会。5月，新当选的十一届省纪委常委会召开第一次会议，专题研究贯彻落实省第十一次党代会精神，全面加强纪检监察领导班子建设。会议讨论审议了《关于全省纪检监察机关深入学习贯彻省第十一次党代会精神的决定》和《中共广东省纪委常委会工作规则》。该《工作规则》明确了常委会职责、会议规则、会议程序和工作规范，健全完善议事决策和民主集中制等制度。省纪委常委会严格遵守《工作规则》，所有"三重一大"事项，一律按照集体领导、民主集中、个别酝酿、会议决定的原则，经常委会集体研究决定，并形成常委会决议来贯彻执行。省委常委、省纪委书记黄先耀讲话强调，正确处理好发展市场经济和保持党的纯洁性的关系，清醒地认识商品可以交换，但权力不能交换；市场价值取向可以多元，但党的宗旨不能多元；市场可以追求最大利益，但共产党只有人民利益；市场竞争充分自由，但党纪国法不能自由，始终做到立党为公、执纪为民。会议庄严提出，省纪委省监察厅领导班子成员要带头做"五个表率"：一是讲政治，做忠诚奉献的表率，二是抓作风，做求真务实的表率，三是勤学习，做与时俱进的表率，四是重民主，做团结共事的表率，五是树形象，做清正廉洁的表率。通过加强自身建设，树立纪检监察干部可亲、可信、可敬的良好形象，实现"五个看齐"，即：全省党政机关向纪检监察机关看齐，全省党员干部向纪检监察干部看齐，基层纪检监察干部向委厅机关干部看齐，委厅机关干部向委厅班子领导成员看齐，委厅班子领导成员向书记看齐。

针对依然严峻复杂的反腐败斗争形势，省纪委多次强调，纪检监察干部在反腐败这场没有硝烟的战斗中要敢于担当、敢于碰硬，做到"四个不能""四个绝不手软"，即：不能考虑个人的荣辱，不能计较个人的得失，不能顾忌个人的安危，更不能为个人留"后路"；对不收敛不收手顶风违纪行为绝不手软，对不忠诚不老实、组织给了机会不珍惜的绝不手软，对自以为有关系有靠山、明目张胆对抗组织调查的绝不手软，对纪检监察干部的违纪违法问题绝不手软。

党的十八大以来，全省各级纪检监察机关坚决贯彻中央和省委部署，认真开展党的群众路线教育实践活动、"三严三实"专题教育活动和"两学一做"专题教育活动，坚持问题导向，有针对性地培养纪检监察干部对党忠诚、执纪为民的政治品格。严肃党内政治生活，健全组织生活制度，每次教育活动和民主生活会后，都在广泛征求意见的基础上制订详细的整改落实方案，明确责任到人、到部门，实行销号督办，确保教育活动取得实实在在的成效。

2013年党的群众路线教育实践活动期间，省纪委常委会严格按照规定环节和动作认真开展学习教育活动，常委会组织开展中心组学习、机关学习讲堂、专题讲座、专门讨论会等活动21次，认真学习习近平总书记一系列重要讲话精神和有关文件规定。坚持以问题为导向，围绕"四风"在纪检监察干部队伍中有哪些表现、反腐倡廉工作如何体现为民务实清廉的要求、纪检监察机关开展党的群众路线教育实践活动要解决什么突出问题、实现什么目标等三个问题，采取各种有效方式广泛征求意见建议，黄先耀亲自主持召开5场座谈会，与机关各层级代表共50人谈心谈话，班子成员分成12个组到各地级以上市和10个近年来发生重大案件的省直单位面对面征求意见，活动共征集到来自机关干部职工、地级以上市纪委书记监察局局长、"两代表一委员"、特邀监察员、媒体代表、基层群众、监管服务对象以及工作联系单位的意见建议419条。委厅班子成员亲自撰写个人对照检查材料,经省委实践办、省委督导组严格把关后反复修改完善。省纪委常委会研究决定,从思想政治教育、机关作风建设、加强惩治和预防腐败工作、推进反腐倡廉建设改革创新和加强队伍建设等五个方面入手,采取57项整改措施,责任到人、限期整改。制定实施《关于切实改进工作作风的实施办法》《广东省纪检监察干部行为规范》等14个规章制度。

在"三严三实"专题教育期间,省纪委领导带头为全体党员干部讲专题党课,查找了六个方面要求不严、作风不实的问题,以普通党员身份4次参加所在党支部的专题学习研讨。班子成员在深入学习基础上,结合自身学习、工作经历在专题教育大会和所在党支部会议上讲专题党课,以普通党员身份参加所在党支部学习。在专题学习方面,省纪委以"学习焦裕禄精神,践行'三严三实'"为主题,组织赴河南兰考焦裕禄干部学院进行集中学习培训,现场感受焦裕禄的崇高党性和伟大人格。省纪委机关党委组织专题学习《习近平关于党风廉政建设和反腐败斗争论述摘编》等文献和中央纪委"学思践悟"专栏系列文章,学习成果在内部刊物《机关党的生活》上专刊登载。集中组织观看反腐倡廉话剧《沧海清风》、大型反腐倡廉电影《黑瞳》和专题纪录片《谷文昌》。组织机关青年干部到中共三大会址和广东省反腐倡廉教育基地参观学习。

四、大力推动市、县两级内设机构调整和"三转"

省纪委在完成机关"三转"和内设机构优化重组的基础上,加强工作指导督促,推动全省纪检监察系统调整内设机构,聚焦主责主业,强化监督执纪问责。一是认真开展省、市两级纪委内设机构调整自查工作。按照中央纪委统一部署,组织对省、市两级纪委内设机构调整情况进行深入自查,确保内设机构职能调整到位、工作运行到位。调整后,各市纪委执纪监督力量增至机关总编制的70%以上,各地级以上市纪委参与的议事协调机构由原来的平均146个减至12个,主业主责更加突出,履职效果更加明显。二是积极推进县级纪委内设机构调整。在省、市两级纪委完成内设机构调整的基础上,印发《关于推进全省县级纪检监察机关内设机构改革调整的通知》(粤纪办发〔2015〕10号),要求各县级纪委在保持机构、编制、职数基本不变的情况下，按照监督、执纪、综合三大模块，在年底前完成内设机构调整优化。截至2016年，全省所有县区完成调整。县级纪委平均设置监督执纪机构7个，占内设机构总数73%（其中纪检监察室数占比30%），监督执纪人员比例达70%以上，参与的议事协调机构从平均105个减至17个，主责主业更加突出。三是深入推进各级纪检监察机关"三转"。印发《关于开展创建"三转"示范点活动的通知》，选择4个市纪委和4个派驻机构，通过推进内设机构调整、议事协调机构再清理、规范领导干部兼职和分工、制定职责清单、转变履职方式等，开展创建"三转"示范点活动。各地级以上市纪委参照中央纪委、省纪委做法，围绕纪检监察主责主业，对内设机构进行了调整优化。各地级以上市纪委均组建了组织部、宣传部，设立了5~7个纪检监察室，执纪监督力量增至机关总编制的70%以上。

经过多次调整优化内设机构、清理参与的议事协调机构和明确纪检监察机关（构）主要领导干部职责分工，各级纪检监察机关主责主业更加集中，执纪监督职能进一步突出，聚焦党风廉政建设中心任务，做到不缺位、不越位、不错位。

第二节　加强组织创新，完善内部监督机制

反腐败力度的加大，使得纪检监察机关的威望空前提升，同时，纪检监察干部面临的拉拢腐蚀的风险明显增大。2015年9月，中央纪委召开纪检监察干部监督工作座谈会，王岐山同志在讲话中强调，严管就是厚爱，信任不能代替监督，加强纪检监察干部队伍建设，首先要解决"不敢"问题，瞪大眼睛、拉长耳朵，提高发现问题、监督执纪的能力，坚决清理门户；把纪律挺在前面，抓早抓小、动辄则咎，深化纪检体制改革，加强制度建设，强化"不能"；把党的领导体现在坚定信仰、坚定信念、坚定宗旨上，体现在贯彻执行党的路线方针政策上，按照忠诚干净担当的标准选好人、用对人，强化"不想"。广东先后有两任省纪委原书记（王

华元、朱明国)、一名副书记(钟世坚)、10名时任或曾任市纪委书记的领导干部被查处,给广东省纪检监察事业和队伍形象造成极大伤害。沉痛教训充分证明,纪检监察机关不是"廉洁保险箱",纪检监察干部不具有天生的"腐败免疫力",广东加强纪检监察干部队伍监督工作更为紧迫、更为必要。朱明国、钟世坚案发后,省纪委痛定思痛、汲取教训,充分认识党要管党、从严治党的重大意义,充分认识"打铁还需自身硬""信任不能代替监督"的深刻内涵,认真落实党中央、中央纪委和省委关于加强纪检监察干部队伍建设的部署和要求,重新审视广东纪检监察干部队伍的现状和问题,严格落实"两个责任",采取有效措施净化纪检监察干部队伍。

一、成立干部监督机构

早在2012年3月,省纪委就设立干部监督处,由干部室管理,负责组织协调、综合指导全省纪检监察系统干部监督工作。2013年7月召开的省纪委半年工作总结会指出,反腐败工作力度不断加大,反腐败斗争形势日趋尖锐、复杂、残酷,纪检监察干部处在反腐败斗争最前沿,面临腐败分子及其利益共同体的攻击诬蔑、拉拢腐蚀,风险考验不断增大。

2013年底省纪委机关机构调整时,又把干部监督处改组为干部监督办公室,成为省纪委机关独立的正处级内设机构。在机关内设干部监督机构,是省纪委实施组织和制度探索创新、强化自我监督的重大举措,同时,通过把纪委的自我监督与党内监督、社会监督和群众监督结合起来,回答了"谁来监督纪委"的问题。

2014年3月,中央纪委成立纪检监察干部监督室,进一步加大对纪检干部监督的力度。6月,省纪委结合新一轮机构调整,参照中央纪委的做法,将干部监督办公室升格为纪检监察干部监督室,全面负责全省纪检监察系统干部监督工作。省纪委制定出台《广东省纪委纪检监察干部监督室立案查处案件党纪政纪处理程序的意见(试行)》《关于进一步明确涉及纪检监察干部信访件处理方式的意见》等制度,规范干部监督室履职程序。省纪委大力推动各地级以上市纪委都成立了干部监督室,县级纪委落实了干部监督机构,或者设立了干部监督岗位。

二、成立内务监督委员会

2014年10月，省纪委成立广东省纪检监察机关内务监督委员会。首届15名内务监督委员会委员中，纪检监察系统外9人，占60%，包括人大代表、政协委员、民主党派和无党派人士以及专家学者、法律界人士、新闻媒体和机关单位的代表。省纪委为委员订阅"两刊一报"(《党风》《广东纪检监察研究》和《中国纪检监察报》)，方便委员实时了解最新的党风廉政建设和反腐败工作资讯信息。配套制定《广东省纪检监察机关内务监督委员会章程(暂行)》《内务监督委员会工作实施细则》，为内监委开展监督工作提供制度保障。

各地级以上市纪委也陆续成立了市级的内务监督委员会。充分发挥内务监督委员会委员作为纪检监察工作监督员、信息员和宣传员的职能作用，先后召开了省内监委主任办公会和全体会议，及时向委员通报近期全省纪律审查工作和纪检监察干部违纪违法问题查处情况，组织委员参观省纪委办案点，全面了解纪委安全文明办案工作，并到各地调研走

2014年10月29日，广东省纪检监察机关内务监督委员会召开成立大会。

访, 探讨研究发挥内监委监督作用的方式途径。

各地级以上市纪委也参照省纪委的做法, 陆续成立了内务监督委员会, 建立健全内务监督委员会工作制度机制, 积极开展活动, 对纪检监察干部进行监督。

三、强化内部监督, 坚决查处纪检干部违纪问题

2015年7月开始, 省纪委借鉴巡视工作经验, 在全省纪检监察系统开展内部巡察。对地级以上市纪委、省纪委派驻(出)机构领导班子及其成员党风廉政建设和廉洁自律、干部任用等情况开展巡察。巡察严格遵循"一次一授权""两个不固定"和"三个公开"的原则, 着力发现问题、形成震慑。第一批对汕头、肇庆、韶关、茂名、揭阳等5个地市纪委和派驻科技厅、水利厅等两个纪检组开展了巡察, 共谈话603人次, 发现问题109个, 涉及纪律审查、信访处置、办案纪律、干部选用等多个方面。对发现的问题及时反馈, 督促整改解决。同时, 指导市级纪委开展巡察工作, 将巡察监督延伸至基层纪检监察机关。各地级以上市纪委也参照省的做法开展巡察, 加强内部监督。2016年, 结合地市纪委换届工作, 对各地级以上市纪委开展巡察, 实现巡察对地级以上市纪委全覆盖。推动市、县纪委开展巡察工作, 层层传导压力, 力争实现省、市、县、乡四级纪检监察机关巡察全覆盖。

党的十八大以来, 广东省纪检监察机关受理的信访总量比较平稳, 并且自2016年以来开始出现较大幅度下降, 但是, 反映纪检监察干部违纪违法问题线索的信访举报却保持较大幅度的增长。针对这种情况, 省纪委坚持有信必核、有案必查, 对所有来信均按照中央纪委提出的五类线索处置方式及标准及时进行处置。加大对反映委厅机关干部和地市纪委领导班子成员违纪问题线索的核查力度, 特别是对党的十八大后不收敛、不收手, 问题线索反映集中、群众反映强烈, 现在重要岗位且可能还要提拔使用的纪检监察干部进行重点核查。

2014年, 全省共立案查处纪检监察干部32名, 其中厅级2人、县处级7人、乡科级22人, 较往年有大幅增长。省纪委立案查处了2名市纪委书记, 直接督办查处了2名市、县纪委干部, 点名道姓公开通报了8起典型案件。

同时，坚持抓早抓小，把函询、当面约谈、诫勉谈话作为干部监督的正常化制度，对干部出现的苗头性、倾向性问题，"小题大作"、举一反三。2015年，省纪委干部监督室收到上级纪委转办、委领导批转、信访室转来、本室自收的信访件共226件，比2014年的191件增长18.3%。全省立案查处95宗纪检监察干部案件，比2014年的55宗增长72.7%。整个十七大期间，全省只查处了70多名违纪违法的纪检监察干部。

2016年，省纪委组织开展重点线索排查，对在办、待办的反映纪检监察干部问题线索进行大起底，全面排查分析，坚持做到"三个优先"，即：对委厅主要领导交办的优先办理，对中央纪委或者巡视机构转来的优先办理，对举报事项具体、可查性强、行为性质恶劣的优先办理。对符合"三类人"（党的十八大后不收敛、不收手，问题线索反映集中、群众反映强烈，现在重要岗位且可能还要提拔使用的领导干部）、"三个后"（党的十八大以后、中央八项规定出台以后、党的群众路线教育实践活动以后）的问题线索，及时组织力量核查，从严作出处理。《中国纪检监察报》《中国监察》2015年7次刊登广东省开展纪检监察干部监督工作的做法。

四、完善制度机制，防控廉政风险

全省各级纪检监察机关主要做了三个层面的工作。

一是严格内部监督。省纪委修订常委会议事规则，建立完善省纪委理论中心组学习制度，每月组织一次集体学习，每半年召开一次理论务虚会，把习近平总书记系列重要讲话精神摆在突出位置来学，经常组织班子成员集中学习，领会精神、把握要义、理解精髓。先后组织省纪委机关理论中心组成员赴井冈山干部学院、焦裕禄干部学院、遵义干部学院、古田干部学院接受革命传统教育，净化心灵，纯洁党性。省、市两级纪检检察机关都设立了干部监督机构，省纪委制定《广东省纪检监察干部行为规范》《广东省纪检监察干部监督工作暂行办法》《关于对纪检监察干部进行信访约谈的实施细则》等系列制度，从组织和制度上探索干部监督新途径。

二是自觉接受社会监督。2013年党的群众路线教育实践活动期间，省纪委常委班子成员向社会公开做出"六项承诺"：不接受任何管理和服务对象赠送的"红包"、礼金，不接受任何人以任何名义赠送的购物卡、有价证券、会员卡，不接受任何基层单位或部门赠送的土特产或礼品，不参加任何用公款支付的旅游、健身、娱乐等活动，不参与任何有可能影响公正执行公务的宴请，不组织任何形式的同学、同行、同乡、同事或战友等"小圈子"聚会，为全省广大党员干部做表率。同时，省纪委、省监察厅研究制定了《广东省纪检监察干部行为规范》，并向社会公布，自觉接受广大干部群众和社会监督。《规范》有六条，包括：对党忠诚、信念坚定，坚决维护党的先进性和纯洁性；牢记宗旨、执纪为民，坚决维护人民群众根本利益；刚正不阿、秉公执纪，坚决与消极腐败现象作斗争；勤学敏行、开拓创新，自觉争当反腐倡廉建设排头兵；品行端正、情趣健康，自觉抵制各种不良社会风气；不搞特权、不谋私利，自觉做为民务实清廉的表率。《规范》精简、管用、易记，充分体现习近平总书记关于"忠诚干净担当"和"好干部"的标准要求，以及中央纪委关于用铁的纪律打造人民满意的纪检监察干部队伍的要求。

三是完善廉政风险防控机制。2015年，省纪委制定了《关于加强全省纪检监察机关廉政风险防控工作的指导意见》，并结合内设机构改革调整，率先在委厅机关开展定岗、定责、定工作流程、定风险、定措施"五位一体"风险防控工作。认真剖析纪检监察干部违纪违法案件所暴露出来的廉政风险问题，围绕纪检监察机关的信访举报处置权、案件检查权、定性量纪权、执法纠风权、干部选拔任免和监督管理权、资金资产支配权、巡视监督权等"七权"，重新梳理制定了上至省纪委、省监察厅领导班子成员，下至各部门不同岗位的工作规程，共绘制业务流程图109张、查找业务风险点985个，每个风险点都制定了相应的防控措施，确保纪检监察各项权力的行使更加规范，内部监督制约机制更加健全。同时，对易发廉政风险的重要岗位、重点工作和重点人员，建立健全制度机制，分散风险、预警风险，严格规范自由裁量权，大力压缩腐败发生的空间。根据廉政风险防控体系关于机关各级党组织的主体责任的梳理，省纪委机关逐步完善了机关党的建设、组织生活会等制度，落实基层党组织从严管党治党的主体责任。

第三节　加强教育培训，提升能力素质

党的十八大以来，省纪委加强了对全系统纪检监察干部的成建制、全覆盖教育培训，以适应党风廉政建设和反腐败斗争形势发展的需要，培训的力度、覆盖面都达到了历史最高峰。配合"三转"和巡视、派驻机构改革，加大了对基层纪检监察干部的教育培训力度，取得明显成效。

一、规范和加强干部教育、管理和培训

2012年，省纪委制定干部队伍建设"1+5"文件，即《广东省纪检监察干部队伍建设2013—2017年工作规划》以及《省纪委省监察厅机关干部工作管理办法（试行）》《省纪委省监察厅派驻（出）机构干部工作管理办法（试行）》《关于加强委厅年轻干部队伍建设的意见》等5个配套文件，不断提高队伍建设的制度化、规范化水平。召开全省干部工作会议，强调要用铁的纪律加强队伍建设，充分发挥纪检监察机关领导班子的表率作用，不断提升纪检监察干部队伍管理的规范化水平，深化干部人事制度改革，树立正确的用人导向。修订完善选人用人办法，推行处级职位和副厅级领导职位竞争选拔新方式，增强选人用人的科学性、合理性和竞争性，提高干部工作的透明度和公信度。健全完善纪检监察教育培训组织机构，与编制部门沟通协调，成立省反腐倡廉教育基地管理办公室，在接待省内外党员干部到基地参观交流和接受教育的同时，有计划地组织纪检监察干部到基地参观，接受教育。大力支持机关干部参加省委党校和中央纪委培训中心的教育培训，每年都选派大批干部参加相关教育培训。

2013年11月，省纪委依托中山大学政治行政学院，与中山大学合作共建全省纪检监察干部培训基地。基地成立后，即用半年时间对全省1600多名乡镇（街道）纪委书记轮训一遍，之后分批分层次对全省纪检监察干部进行全覆盖培训。

二、围绕"三转"主题开展培训

为推动"三转"落实到位,省纪委先后举办省市县三级纪委书记"三转"专题培训班,对全省355名纪委书记、监察局长进行集中培训;举办7期纪检组长培训班,对全省1279名纪检组长进行全员轮训;举办7期监督执纪业务培训班,对730名一线干部进行业务提高培训,督促各级纪检干部深化思想认识,改进工作方式和方法,更加科学有效地履行职能、担当责任。

以加强监督执纪问责能力为重点,为不同层级纪检监察干部量身定制课程,先后举办了纪检监察信访业务、党风政风监督业务、案件审查业务、巡视业务专题培训班,以及乡镇纪委书记培训班、省市县三级派驻纪检组长培训班,培训班针对性强、覆盖面广,共计14期,2213人参训。

实施干部"双挂"工程,每年从县级纪委遴选一批年轻优秀干部到委厅机关挂职锻炼1年,同时选派一批机关干部到县级纪委实践锻炼1年,形成机关和基层干部双向交流锻炼的长效机制。探索在广州市番禺区和惠州市博罗县打造两个干部锻炼基地,选派委厅机关缺乏基层工作经历的年轻干部到基地挂职锻炼。

三、在全系统开展分层次全覆盖教育培训

2014年,省纪委制定干部教育培训工作意见,坚持突出基层、夯实基础、规范系统、分类培训的原则,重点办好各类专题培训班,建立健全干部培训的刚性制度和长效机制。依托中国纪检监察学院、省委党校等机构,完成对省市县纪委班子成员和业务骨干共1300多人的刚性培训。与法国巴黎行政学院、新加坡南洋理工大学等境外高校联合办班,对纪检监察干部进行廉政建设专题培训,开阔干部的视野。依托省内高校优质教育资源和便利的基础设施,与中山大学合作成立广东省纪检监察干部培训基地,对3200名镇街纪委正副书记进行全员轮训,培训所需经费近1000万元,全部由省纪委负担。

坚持分层施教,确保领导干部学习在前,思考在前,表率在前。比如,在"三严三实"学习教育期间,省纪委依托焦裕禄干部学院,举办"学

习焦裕禄精神,践行'三严三实'专题教育培训班",全系统共举办4期赴焦裕禄学院培训班,安排委厅机关理论学习中心组成员、各地级以上市纪委书记和监察局局长、省纪委派驻纪检组长、委厅机关副厅级纪检监察专员、巡视机构全体同志等共171人参加了培训。委厅机关各室(厅、部)也结合自身业务工作需要组织培训班,比如举办全省信息工作、保密工作等业务培训班5期,共计培训695人。省纪委还协助6个地级以上市纪委和7个省纪委派驻(出)机构举办纪律审查业务、综合业务等培训班6期,共计培训910人。在中央纪委计划班次密集、参训人员选拔条件严格的情况下,克服人手少、时间紧、组织协调任务重等困难,按要求做好参训人员选派工作。

2015年,全系统共举办各类培训130期,同比增长165%;培训干部5009人次,同比增长25%。其中,参加中国纪检监察学院、中央纪委北戴河培训中心、杭州培训中心培训班84期,参训人数为586人。安排接收2期共11名新疆纪检监察干部来粤跟班学习办案业务。

积极拓展教学培训资源,深化培训合作机制,坚持"立足机关、借助高校、延伸社会、按需取材"的原则,整合优质师资力量,探索合作的长效机制。实施"走出去"战略,加强国(境)外反腐倡廉建设交流与合作,分别举办赴港澳廉政公署培训学习班和全省廉政建设赴法国培训班,参训学员56人。

恢复重建后历届省（委）纪委常委会组成人员
（1978.4—2016.6）

届别	姓名	职务	任职起止时间
第四届	李坚真（女）	书记	1978.4—1983.2
	李进阶	副书记	1978.4—1983.2
	白修成	副书记（兼）	1978.4—1983.2
	韩宗祜	副书记	1978.4—1983.2
	黄潞	副书记	1978.4—1983.2
	程里（女）	常务副书记	1982.8—1983.2
	路光	副书记	1979.8—1983.2
第五届	王宁	书记	1983.2—1985.8
	王宗春	书记	1985.8—1988.5
	程里（女）	常务副书记	1983.2—1985.11
	罗晋琛	副书记	1984.2—1988.5
	唐顶立	副书记	1983.2—1986.3
	路光	副书记	1983.2—1988.5
	康乐书	副书记	1986.4—1988.5
	石楚	常委	1983.2—1986.1
	梁冀	常委（兼）	1983.2—1988.5
	曾东汉	常委（兼）	1983.2—1988.5
	傅雪樵	常委	1983.2—1988.5
	窦英俊	常委	1983.2—1988.5
	谭启	常委	1983.2—1988.5
	何水云	常委	1985.8—1988.5
	陈文冠	常委	1986.1—1988.5
	朱树屏	常委	1985.1—1988.5
第六届	王宗春	书记	1988.5—1993.5
	于波	副书记	1988.5—1988.12 1993.3—1993.5
	康乐书	副书记	1988.5—1993.5

（续表）

第六届	侣志广	副书记	1990.5—1992.6
	陈文冠	副书记	1992.6–1993.5 （1988.5—1992.6任常委）
	唐顶立	常委	1988.5—1993.5
	何水云	常委	1988.5—1993.5
	朱树屏	常委	1988.5—1993.5
	黄培鎏	常委	1990.5—1993.5
	李汉今（女）	常委	1992.4—1993.5
	张应光	常委	1993.3–1993.5
第七届	王宗春	书记	1993.5—1998.5
	康乐书	副书记	1993.5—1996.5
	陈文冠	副书记	1993.5—1998.5
	朱树屏	副书记	1993.5—1998.5
	王华元	副书记	1996.9–1998.5
	黄培鎏	常委	1993.5—1996.4
	李汉今（女）	常委	1993.5—1997.8
	江青粦	常委	1993.5—1998.5
	程经楚	常委	1993.5—1998.5
	成兆基	常委	1993.5—1993.9
	张应光	常委	1993.5—1998.5
	唐善新	常委	1995.5—1998.3
	赵振华	常委	1996.4—1998.5
	丘 海	常委	1996.4—1998.5
	梁灿盛	常委	1997.12—1998.5
	季仲华	常委	1997.12—1998.5
	杨自胜	常委	1997.12—1998.5
第八届	王华元	书记	1998.5—2002.5
	梁灿盛	副书记	1998.5—2002.5
	江青粦	副书记	1998.5—2002.5
	赵振华	副书记	1998.5—2002.5
	丘 海	副书记	2000.7–2002.5 （1998.5—2000.7任常委）

(续表)

第八届	程经楚	常委	1998.5—2002.5
	季仲华	常委	1998.5—2002.5
	杨自胜	常委	1998.5—2002.5
	张宇航	常委	1998.5—2002.5
	陈小川(女)	常委	1998.5—2000.2
	巫颂平	常委	2000.5—2002.5
	欧真志	常委	2002.3—2002.5
第九届	王华元	书记	2002.5—2006.11
	朱明国	书记	2006.11—2007.5
	梁灿盛	副书记	2002.5—2007.5
	江青骅	副书记	2002.5—2007.5
	赵振华	副书记	2002.5—2007.5
	丘海	副书记	2002.5—2007.5
	季仲华	常委	2002.5—2007.5
	杨自胜	常委	2002.5—2007.5
	张宇航	常委	2002.5—2005.5
	巫颂平	常委	2002.5—2007.5
	欧真志	常委	2002.5—2004.6
	蒋乐仪(女)	常委	2003.5—2007.5
	梁万里	常委	2006.2—2007.5
	毛荣楷	常委	2006.2—2007.5
第十届	朱明国	书记	2007.5—2011.10
	黄先耀	书记	2011.10-2012.5
	赵振华	副书记	2007.5—2011.10
	丘海	副书记	2007.5—2012.5
	林浩坤	副书记	2007.5—2012.5
	梁万里	副书记	2007.5—2012.5
	钟世坚	副书记	2012.1—2012.5
	毛荣楷	副书记	2011.10—2012.5 (2007.5-2011.10任常委)
	徐春建	常委	2007.5—2009.10
	姜斌	常委	2007.5—2012.5

（续表）

第十届	秦通海	常委	2007.5—2012.5
	曹晓东	常委	2007.5—2012.5
	许泽红（女）	常委	2007.5—2012.5
	王兴宁	常委	2009.10- 2012.5
第十一届	黄先耀	书记	2012.5至今
	钟世坚	副书记	2012.5—2015.4
	毛荣楷	副书记	2012.5—2015.6
	王兴宁	副书记	2012.5—2015.6
	陈伟东	副书记	2012.5至今
	王衍诗	副书记	2015.6至今
	陈 波	副书记	2015.6至今
	曾超鹏	副书记	2016.1至今（2012.5–2016.1任常委）
	曾庆荣	常委	2012.5—2015.7
	何少青（女）	常委	2012.5—2015.4
	邓玉桂	常委	2012.5至今
	刘连生	常委	2012.5—2015.10
	曾凡瑞	常委	2012.5—2014.12
	张子兴	常委	2015.4—2015.10
	李在寅	常委	2015.4至今
	张晓牧（女）	常委	2015.10至今
	郑仰楷	常委	2015.12至今
	杨 飞	常委	2015.12至今

附录二

1987—2016年广东省监察厅领导人任职表

姓名	职务	任职起止时间
杨　洪	党组书记	1987.10—1988.11
于　波	厅长	1988.12—1993.4
朱树屏	厅长	1993.4—1998.3（1987.10-1993.4任副厅长）
江青彝	厅长	1998.4—2007.5（1994.4-1998.4任副厅长）
林浩坤	厅长	2007.4—2013.3
钟世坚	厅长	2013.3—2015.5
王衍诗	厅长	2016.1至今
成兆基	副厅长	1987.10—1993.9
王　梧	副厅长	1988.5—1993.1
张应光	副厅长	1993.1—1998.
杨自胜	副厅长	1998.12—2007.9
巫颂平	副厅长	1998.12—2000.7
谢谷梁	副厅长	2000.5—2005.3
武　田	副厅长	2000.5—2007.9
张　渝	副厅长	2003.8至今
秦通海	副厅长	2005.6—2012.9
王兴宁	副厅长	2007.7—2009.10
曾庆荣	副厅长	2010.1—2015.9
陈伟东	副厅长	2011.1—2012.9
符　雄	副厅长	2012.9—2015.1
李在寅	副厅长	2016.1至今

后　记

　　本书从决策立项到付印，历时两年零8个月。全书共分四编、二十章，系统回顾了自1978年党的纪律检查机关恢复重建到2016年党的十八届六中全会召开共38年的广东反腐倡廉发展历程，从党的反腐倡廉建设的侧面展示了改革开放以来广东各项事业发展的艰辛历程和取得的辉煌成就。

　　本书的框架布局、内容撰写和调整完善始终在省纪委常委会的领导和具体指导下，各章撰稿人如下：王涛写绪论和第三章；卢荻写第一和第二章；师春苗写第四章；周建华写第五和第七章；官立云写第六、十七、十九和二十章；王付昌写第八和第九章；曾祥祯写第十章；陈升写第十一章；任庆堂写第十二章；方金周写第十三章；曾祥祯、任庆堂写第十四章；郑慧华写第十五章；李炀写第十六章；蒋国林写第十八章。全书由官立云、曾祥祯负责统稿。本书编撰过程中得到省纪委、省监察厅、省预防腐败局领导和机关各室（厅、办）以及省纪检监察学会执行副会长任建华等许多老领导、老同志的大力支持。省国家保密局、《广东党风》杂志社也提供了大力支持和帮助。可以说，这部《改革开放以来广东反腐倡廉史》，凝聚了省纪委、省监察厅领导班子的心血，凝聚了所有为广东纪检监察事业而不懈奋斗的纪检监察干部的心血，凝聚了全省广大干部群众的心血。我们把它作为向党的十九大的献礼，向广东改革开放40周年的献礼。

　　由于编者水平有限，疏漏、错误之处在所难免，敬请读者批评指正。

编　者

2017年2月